Cuba: Arquitectura y Urbanismo

COLECCIÓN ARTE

EDICIONES UNIVERSAL, Miami, Florida, 1995

Cuba: Arquitectura y Urbanismo

Editado por
Felipe J. Préstamo y Hernández
Doctor en Educación
Arquitecto Urbanista, Profesor de Arquitectura
Universidad de Miami

Con una introducción por
Marcos Antonio Ramos
Doctor en Historia
Miembro de la Academia Norteamericana Correspondiente
de la Real Academia Española

EDICIONES UNIVERSAL

Primera edición, 1995

EDICIONES UNIVERSAL
P.O. Box 450353 (Shenandoah Station)
Miami, FL 33245-0353. USA
Tel: (305)642-3234   Fax: (305)642-7978

Library of Congress Catalog Card No.: 94-72563

I.S.B.N.: 0-89729-753-9

Patio central del Hotel Florida
La Habana, 1900-1910

Palacio de Justicia de Santa Clara
Santa Clara, Las Villas, 1930

INDICE

PRÓLOGO

Con esta obra hemos intentado reunir en una sola publicación algunos de los trabajos de arquitectos, educadores y críticos de arte representativos de una vasta obra creativa que culmina con la ciudad cubana contemporánea. Estos artículos, estudios y ensayos habían permanecido dispersos en bibliotecas de Estados Unidos y muchos de ellos no estaban realmente al alcance de personas ajenas al quehacer académico más constante y formal. Nos propusimos entonces ofrecerle al lector, especialmente a los miembros de las nuevas generaciones, la oportunidad de obtener una visión general de los diversos aspectos que han ejercido una influencia apreciable sobre el desarrollo de la Arquitectura y el Urbanismo en Cuba.

La selección ha sido bastante difícil, sobre todo por la imposibilidad de incluir todos los trabajos con calidad y relevancia. Por lo tanto, esta obra debe ser considerada sólo como un esfuerzo incial en el proceso de divulgación de estos aspectos del patrimonio cultural cubano.

Ante la imperiosa necesidad de enmarcar estas labores dentro de un contexto histórico y cultural adecuado, obtuvimos la cooperación del Dr. Marcos Antonio Ramos, historiador y académico cubano, el cual ha contribuido a este esfuerzo mediante la preparación de un panorama histórico general, *Cinco siglos de Historia: Arquitectura y Urbanismo en Cuba*, mediante el cual intenta relacionar el desarrollo del país - desde la llegada de los españoles hasta nuestros días - con la creación arquitectónica y urbanística. Se trata de un primer paso hacia la preparación y publicación de estudios históricos sobre la materia en un futuro cercano.

Es importante señalar que el libro está organizado por períodos que muestran, en perspectiva histórica, el crecimiento de la ciudad de La Habana. Después se presenta una serie de artículos que ofrecen una visión panorámica del período colonial. Finalmente, se incluyen trabajos de autores que escribieron acerca de las diversas relaciones entre arquitectura y sociedad a principios de este siglo. Una breve introducción en cada capítulo hace resaltar la importancia de la información relacionada con el desarrollo de la arquitectura.

Deseamos testimoniar públicamente nuestro agradecimiento a todas las personas que han hecho posible este libro. Por razones de espacio sólo podemos mencionar algunos nombres, por lo que presentamos por anticipado nuestras excusas a aquellos que no son mencionados, pero que permanecen en la mente y el corazón del editor.

Primeramente, Roger L. Schluntz, Decano de la Escuela de Arquitectura, por su apoyo a este esfuerzo, y Ambler Moss, Decano de la Escuela de Estudios Internacionales de la Universidad de Miami, por facilitar la ayuda de la Cátedra Bacardí para la preparación del manuscrito.

Juan Manuel Salvat, gerente de Ediciones Universal apoyó esta publicación desde el primer momento, es decir, cuando ésta consistía simplemente en un borrador general. José Antonio Madrigal, Profesor de Auburn University, transformó copias ilegibles en el texto que ahora presentamos. Además nos dio valiosos consejos que han aumentado la calidad de esta publicación.

Las fotos y dibujos incluidos en las publicaciones originales no pudieron ser reproducidas, por lo que se han sustituido con materiales de la Biblioteca del Congreso en Washington, D.C.. Mary Ison, directora del departamento de Prints and Photographs nos ayudó a localizar las fotos aquí incluidas. Eva Shade, directora asistente del Departamento de Impresiones nos ayudó a obtener las mejores reproducciones posibles.

La labor de investigación y localización de artículos fue facilitada por la cooperación de

Lesbia Orta Varona, Esperanza Varona y Ana Rosa Núñez, de la Biblioteca de la Universidad de Miami, también Sailaja Tunrukota y sus asistentes del Departamento de Préstamos Inter-Bibliotecarios de la misma institución.

Varias personas nos auxiliaron en la labor de obtener materiales o participaron de alguna manera en la preparación del libro. Entre ellos, recordamos especialmente al Arquitecto Jaime Salles y a los profesores de la Escuela de Arquitectura Rolando Llanes, Joseph Pubillones y Eric Valle. Varios estudiantes dibujaron planos y gráficos de las publicaciones. La señora Zoila López ayudó en la preparación del manuscrito.

El Profesor Pablo A. Colón, Profesor de Administración de Empresas en la Universidad del Turabo, en Gurabo, Puerto Rico, revisó un primer borrador de este libro, aportandonos valiosos comentario que han sido una gran ayuda a mi trabajo de editor.

A los mencionados, y a todas las demás personas que nos han ayudado, nuestra más sincera gratitud.

Felipe J. Préstamo y Hernández
University of Miami
Coral Gables 1994

Venta de Frutas, Mercado de Tacón
La Habana, (1898)

Castillo del Morro, 1905

CAPITULO I

CINCO SIGLOS DE HISTORIA: ARQUITECTURA Y URBANISMO EN CUBA

MARCOS ANTONIO RAMOS

Frente a mí, del lado de occidente, el Morro, plantado sobre su áspera roca, se eleva audaz y avanza sobre el mar. Pero ¿qué ha sido de aquella masa enorme que antaño me parecía amenazar al cielo? ¿esa roca colosal que mi imaginación elevaba a la altura del monte Atlas? Ya nada tiene la misma proporción; en lugar de aquella colosal y pesada fortaleza, la torre del Morro sólo me parece alta, delicada y armoniosa en sus contornos, una esbelta columna dórica sentada sobre su roca. ¿Pero qué juicio no altera el transcurrir del tiempo?"

Mercedes Santa Cruz, Condesa de Merlín,
en *La Habana*

"...la magia de las concreteras, la rotación de granzones y arenas en enormes cocktaileras de hierro gris, el portento de la placa de cemento que se endurece y entesa sobre una osamenta de cabillas; el prodigio del edificio que empieza por ser líquido, caldo de gravas, de guijarros, antes de erguirse con pasmosa verticalidad..."

Alejo Carpentier
en *Recurso del Método*

La publicación de *Arquitectura y Urbanismo en Cuba*, tiene su origen en la continua dedicación a esas materias del Doctor Felipe J. Préstamo, Profesor de Arquitectura en la Universidad de Miami. El Arquitecto Préstamo, autor de importantes estudios y ponencias, contribuyó a las celebraciones del Quinto Centenario del Descubrimiento de América con un trabajo que consideramos fundamental: *El Principio de la Urbanización en Cuba: Las Siete Villas de Velázquez*, en el que describe los primeros pasos de un urbanismo vernacular a partir del descubrimiento y la colonización, cuando se trazaron las primeras ciudades siguiendo la experiencia urbana de los fundadores. Ese ensayo, indispensable para cualquier futuro estudio sobre arquitectura colonial, ha sido incluido en la obra.

Con estos trabajos, organizados cronológicamente e iniciados con el estudio de Préstamo sobre las siete villas de Velázquez (1512-1515), se llega hasta los albores del siglo XX cubano.

Como se podrá notar fácilmente, la selección y ordenación de los materiales realizada por el doctor Préstamo permiten al estudioso alcanzar la visión de conjunto necesaria en este tipo de estudios. No se trata de un diccionario de la arquitectura o el urbanismo en el país, ni tampoco pretende ser un catálogo de arquitectos, constructores y expertos.

Marcos Antonio tiene un doctorado en Historia, y además es Académico de Número de la Academia Norteamericana y Académico correspondiente de la Real Academia Española.

El período más cercano a nosotros requiere una recopilación similar a la realizada por él y pudiera incluir trabajos sobre la arquitectura cubana de las últimas décadas; entre ellos, *Diez Años de Arquitectura en Cuba Revolucionaria* y otras obras de Roberto Segre; *Cuba ven't anni dopo*, de Tomás Maldonado; el estudio de Eduardo Luís Rodríguez sobre el Movimiento Moderno en Cuba, e importantes artículos publicados en revistas especializadas, como *Arquitectura* en Cuba, *Casabella* en Italia y *Architecture d'Aujourd'Hui* en Francia.

El editor no se propuso ofrecernos una recopilación completa, sino que se dedicó a reunir parte de la mejor papelería disponible. Su riguroso criterio de selección y la calidad de su investigación sobre los materiales disponibles le permitieron configurar una excelente visión panorámica de la arquitectura y el urbanismo en Cuba hasta inicios del siglo veinte. Creemos que esa antología y la obra de Joaquín E. Weiss sobre *La Arquitectura Colonial Cubana* se complementan en aspectos fundamentales, abriendo caminos y ofreciendo pistas de extraordinario valor para futuras investigaciones, a la vez que permiten a las nuevas generaciones de arquitectos, urbanistas y planificadores, el contacto imprescindible con un pasado sólo superado, en ciertos aspectos fundamentales, por las arquitecturas coloniales de Perú y México.

Al llevar a cabo, con evidente rigor, su labor de recopilación, el Profesor Préstamo escogió trabajos de José M. Bens Arrarte, Abel Fernández y Simón, Enrique S. Montoulieu, Martha de Castro, Pedro Martínez Inclán y Enrique Martínez y Martínez; un artículo suyo sobre *La Habana actual* de Martínez Inclán, así como una serie de manifiestos y cartas sobre arquitectura y urbanismo que tienen alguna relación con los temas cubano e hispanoamericano.

Por nuestra parte, al preparar este trabajo, a manera de introducción, nos propusimos más bien ofrecer un bosquejo histórico de la arquitectura en Cuba, así como datos fundamentales sobre el urbanismo y las comunicaciones; entre otras razones, por el carácter especializado de algunos de los materiales y por considerar necesaria una composición de lugar antes de pasar a trabajos que enfocan sólo un período histórico, o se relacionan únicamente con un determinado aspecto del urbanismo. Por lo tanto, en esta introducción serán citados otros autores y también nos referiremos al período actual, abordando algunas cuestiones contemporáneas que no son enfocadas en otras partes de la obra de Préstamo.

Se trata, pues, de una introducción a la historia de la arquitectura en Cuba hasta fines del siglo XX, con la cual, a pesar de sus limitaciones, intentamos contribuir al excelente panorama que nos brindan los trabajos publicados. Los datos y explicaciones adicionales no pretenden cubrir todos los aspectos, mucho menos profundizar en los acontecimientos políticos, complejidades económicas y múltiples problemas sociales que se mencionan y explican brevemente. Debe aclararse que en cuestiones de arquitectura y urbanismo no nos proponemos tampoco ir más allá de los límites trazados por el carácter introductorio de estas páginas.

Se han cumplido cuarenta años de la aparición de una utilísima colección de artículos sobre Cuba publicada en la *Revista Geográfica Española* bajo el título de uno de esos trabajos, el de Antonio Iraizoz: *Presencia de España en Cuba*. La publicación incluye otros artículos y ensayos de connotados especialistas en cultura hispánica e intelectuales interesados en la historia colonial. José María Chacón y Calvo, Conde de Casa Bayona, el más alto hispanista cubano, se encuentra entre ellos, acompañado de estudiosos como Valeriano Salas (director de la revista), Evelio Govantes, José Manuel Pérez Cabrera, Luis de Soto, José Sánchez Arcilla, Aquiles Maza, Angel Dotor, Luis Aguilar León, y otros. Nos referimos especialmente a ese notable esfuerzo en hacer resaltar la influencia española en la cultura y arquitectura insulares porque extraeremos del trabajo de Govantes: *La Huella de España en las Construcciones Civiles Habaneras*, algunas palabras que pudieran servirnos como punto de partida para una breve reseña histórica de la arquitectura en el país: "Cuando los conquistadores se establecieron en Cuba no encontraron, como los llegados a México y Lima, casas alhajadas con primor y lujo. El español que vino de Santo Domingo para buscar oro lavando las arenas de los ríos, sólo halló bohíos donde alivió las fatigas de las jornadas..."

La Cuba Precolombina

Acerca de la Cuba precolombina escribió Leví Marrero, autor de la enciclopédica obra *Cuba: Economía y Sociedad*, cuyos quince volúmenes constituyen tal vez la más importante investigación sobre el archipiélago cubano jamás publicada: "En el mundo americano prehispánico era Cuba tierra distante y marginal. El arribo de sus primeros habitantes, y de las aves y escasas especies de mamíferos que los precedieron, fue obra del azar, que los llevaría a una isla desasida de contactos permanentes con las tierras mesoamericanas tan próximas, densamente pobladas por grupos humanos altamente evolucionados en los campos cultural y político." En un libro muy anterior: *Los tres primeros historiadores*, Ignacio José de Urrutia describió aquella primitiva realidad cubana y se refirió a aspectos como el de las edificaciones existentes y el tema de la vivienda: "Con este orden de habitación (de techo de paja) formaban sus pueblos, algunos cortos, como de cinco a seis casas, otros de cincuenta, con mil habitantes, como los que vieron Xerez y Torres... No tenían en sus habitaciones menaje ni otros trastos...; sus camas eran hamacas..."

En *La Arquitectura colonial cubana*, Joaquín E. Weiss abunda sobre el bohío: "...su construcción era igualmente de elementos vegetales: yaguas de la palma real afianzadas a un entrelazado de cujes para formar las paredes, y hojas de la palma (guano), empleadas en la misma forma, en las techumbres que eran a dos o a cuatro vertientes. Había una gran plaza o batey frente a la cual se disponía la casa del cacique".

Con la llegada de los españoles, la situación empieza a cambiar gradualmente, aunque conviene tener en cuenta la afirmación del arqueólogo Juan Antonio Cosculluela: "las fuentes documentales de Cuba son escasas y en extremo confusas, sobre todo, aquellas que se refieren a la azarosa época de la colonización". La gran población indígena se encontraba en una situación de relativo atraso cultural y su rápida extinción le impidió ofrecer una sustancial contribución al proceso de desarrollo de la arquitectura colonial, aunque sí nos dejó el "bohío", el cual, con diversas modificaciones, continuó siendo hasta hoy la vivienda típica del campesino cubano, en contraste con el origen predominantemente europeo de la vivienda urbana.

Es importante tener en cuenta lo afirmado por José M. Bens Arrarte en relación al período (como puede leerse en *La Habana del siglo XVI y su admirable evolución rural y urbana* incluida en la obra de Préstamo): "Estos cinco lustros, desde el 1519 hasta el 1555 más que en la construcción de la villa se emplean en el fomento de las estancias, de los hatos y corrales; era necesario crear las fuentes para el propio sustento...En los comienzos del siglo XVI esta Habana es una reunión de bohíos y viviendas primitivas de embarrado y guano...con muchas irregularidades se hizo el reparto de tierras y solares". Irene A. Wright, en su *Historia Documentada de San Cristóbal de La Habana en el Siglo XVI*, describe así la primera etapa: "La Habana era humilde. No fue, en efecto, en las dos primeras décadas de su vida más que un núcleo de bohíos esparcidos a lo largo de la orilla de la bahía. Entonces, y durante mucho tiempo, era su centro la Plaza de Armas, donde se levantaban las modestas moradas de sus principales vecinos..."

En la construcción de las primeras calles y plazas de una ciudad que tuvo tres asentamientos entre 1514 y 1519 participaron modestos artesanos, los cuales trazaron en forma irregular las primeras iglesias y viviendas del período; tema en el cual no entramos debido a la variedad de las opiniones al respecto. Sin embargo, recomendamos la obra de Jenaro Artiles *La Habana de Velázquez*, publicada por el Municipio de La Habana en 1946. Así se inició la arquitectura colonial en Cuba antes de la aplicación de las Leyes de Indias. Téngase en cuenta que las primeras villas (incluyendo la primera capital, Nuestra Señora de la Asunción de Baracoa, donde se había erigido la primera catedral y una primitiva fortaleza), se asemejaban a los poblados de los indígenas (por ejemplo, la plaza de armas era el batey), pero se diferenciaban de las villas españolas, entre otras cosas porque en estas últimas no había "conucos" o huertos familiares.

Hacia una arquitectura cubana

Tendríamos que llegar al siglo XVII para enfrentarnos a la primera fase capital de nuestra arquitectura cubana, la hispano-mudéjar. La segunda y más espectacular sería la barroca, que comprende el siglo XVIII. Para la tercera, la neoclásica, habría que esperar al siglo XIX. El eclecticismo, evidente en el último siglo del milenio, es otro recordatorio de la gran diversidad de influencias recibidas en el país, así como de la trascendencia de los cambios políticos, económicos y sociales que ha experimentado la nación en los últimos tiempos.

A todo lo anterior se unen factores tan importantes como el clima, los recursos naturales, la ubicación geográfica, las islas y territorios vecinos, los cambios demográficos, la geopolítica, etc. Los que han recorrido esas sendas, como el Arquitecto Nicolás Quintana en su trabajo y *Evolución Histórica de la Arquitectura en Cuba*, han podido emitir una serie de juicios acerca de las realizaciones y los problemas enfrentados en cada época del desarrollo de la arquitectura y el urbanismo en Cuba y los han relacionado con algunos problemas o situaciones particulares, o se han aproximado a una visión de conjunto. Por ejemplo, Quintana hace hincapié sobre un factor común que, según él, dominaría cualquier enfoque de las artes plásticas que se irán desarrollando en el país: la cubanidad.

Ese autor señala la mediterraneidad como factor que influye en la identificación ambiental entre las islas caribeñas. También considera importante la tradición: "...grandes espacios techados de una sola vez; la filtración de la luz externa...los efectos altamente plásticos de los vitrales policromados en los medios puntos; el establecimiento de los espacios continuos y ventilación cruzada; el uso del agua, buscando frescura y sonido relajante".

Sin dejar de reconocer y recomendar las interpretaciones de profundidad muy apreciable, como las de Quintana, Préstamo, Joaquín Weiss, José María Bens Arrarte, Luis de Soto, Roberto Segre, Tomás Maldonado, Eduardo Luis Rodríguez y otros, nos dedicaremos a presentar a grandes rasgos el panorama histórico de la arquitectura en Cuba desde la época colonial hasta fines del segundo milenio de nuestra era. El siglo XX traería, además de nuevas influencias en arquitectura y urbanismo, revoluciones que alteraron sustancialmente el ambiente en el cual se desenvuelven tales actividades. Confiamos en que el lector podrá adentrarse en estos temas tan complicados con el auxilio de los trabajos que se incluyen en el libro.

Siglo XVI

Panorama del siglo

El conquistador Diego Velázquez, fundador de las primeras villas, fue el primer gobernador de Cuba (1511-1523) y su labor más importante tiene relación directa con la conquista y con los primeros esfuerzos de colonización.

El año de la llegada de Velázquez, Fernando el Católico (1452-1516), cuya esposa Isabel había fallecido, era Rey de Aragón y gobernaba Castilla, a pesar de que la corona de ese Reino le correspondía a su hija Juana la Loca. Pero el 4 de marzo de 1516 sería proclamado en Bruselas, como Rey de Aragón y Castilla, Don Carlos (1500-1558), el joven Duque de Borgoña, conocido en la historia como Carlos I de España y V de Alemania. A ese famoso personaje, coronado en 1520 como Emperador del Sacro Imperio Romano Germánico, le correspondería ser el más poderoso monarca de la Casa de Austria y de todo el siglo XVI. Durante los primeros años del reinado de Don Carlos, el Cardenal Francisco Jiménez de Cisneros, cuya erudición — en la historia eclesiástica española — es sólo superada por la de Isidoro de Sevilla, fungió como Regente del Reino.

Ante la imposibilidad práctica de llevar a cabo personalmente la ocupación de todo el territorio insular, Velázquez comisionó a dos subordinados: Pánfilo de Narváez y Francisco de Morales; se realizaron actos de violencia y se inició el repartimiento de los indios, aunque Velázquez los suprimió por un breve período. La mayor resistencia inicial al dominio español en Cuba la ofreció el cacique Hatuey, procedente de la vecina isla de La Española, el cual fue condenado a muerte.

Los primeros años de dominio español estuvieron plagados de problemas administrativos, rencillas e investigaciones. A Juan de Altamirano se le encargó un juicio de residencia contra Velázquez, hasta la designación oficial de Gonzalo de Guzmán como gobernador. Este último tuvo grandes dificultades con el clero durante su gestión. Juan de Vadillo recibiría a su vez la comisión de residenciar a Guzmán e investigar la actuación del Obispo Miguel Ramírez.

Sin embargo, el gobernador Francisco de Carreño (1577-1579) terminó el Castillo de La Fuerza y la Iglesia Parroquial, promovió la construcción de los conventos de San Francisco y Santo Domingo y construyó una casa para dormitorio de la guarnición, la cual estaría situada sobre la fortaleza que acababa de terminar. Su propósito era residir en aquel lugar. Al morir Carreño, le sustituyeron Gaspar de Torres, Pedro Guerra y Gabriel Luján.

El gobernador Juan de Tejeda (1589-1594) se propuso continuar fortaleciendo la ciudad. Tenía ordenes de construir el Morro y la Punta, fortalezas situadas a la entrada y para resguardo de La Habana. Su gobierno realizó obras públicas importantes, como la terminación de la Zanja Real. También se le acredita el haber traido a Bautista Antonelli a Cuba. Juan Maldonado (1594-1602) continuó su obra.

El país estuvo sometido a continuos ataques de corsarios y piratas, favorecidos por las guerras de Holanda, Inglaterra y Francia contra España. La Habana fue saqueada en 1537; Baracoa tuvo que ser abandonada por un tiempo; Santiago de Cuba fue atacada varias veces y Jacques de Sores tomó La Habana en 1555, un acontecimiento de gran importancia en la historia del siglo XVI cubano.

La Iglesia Católica desempeñó un importante papel en este período pues, aunque algunos obispos toleraron las irregularidades de los gobernadores, varios clérigos defendieron a los indígenas, obligados a trabajar para los colonizadores. Además, la Iglesia hizo contribuciones a los primeros esfuerzos educativos en el país. Entre los primeros obispos de Cuba estuvieron Miguel Ramírez y Diego Sarmiento — el primero en recorrer toda la diócesis. En este siglo entraron a la Isla los primeros negros esclavos; algunos clérigos, como el Padre Bartolomé Las Casas, solicitaron su presencia para aliviar la situación de los indios. Pero se trata de un solo factor entre muchos otros.

Para acercarnos al ambiente del siglo utilizaremos la opinión de Nicasio Silverio en su obra *Cuba y la Casa de Austria*, donde bosqueja las condiciones en zonas vecinas a San Cristóbal de La Habana y Santiago de Cuba: "Ardua tarea la encomendada a Gonzalo Pérez de Angulo (designado Gobernador de Cuba en 1548). Llegaba en momentos en que comenzaban a arribar con más frecuencia al puerto de La Habana las flotas o naos sueltas de Nueva España y Cartagena, alejando de Santiago la actividad isleña... Aparte de la agricultura, en visible atraso por falta de estímulos y del ganado, improductivo para la comarca, no quedaba otro recurso natural en la región que el cobre de las cercanas minas."

La tierra era propiedad real, por lo que se utilizó el nombre de realengo. Se desposeyó a los indígenas de la tierra que cultivaban y de las no cultivadas, partiendo del supuesto europeo de que éstas pertenecían a quien las ocupara para cultivarlas. Los repartos eran facultad del gobernador y se perdía el derecho si no se utilizaba al cabo de tres meses. Velázquez concedió mercedes, pero es probable que no se expidieran títulos. Las Ordenanzas de Alonso de Cáceres ratificaron la facultad de los cabildos a repartir de la tierra. Para ser hacendado pecuario bastaba tener indios y esclavos, adueñarse del ganado mostrenco y tener influencia en el Cabildo. La política comercial se basó en el sistema de restricciones surgido con la creación de la Casa de Contratación.

El historiador Calixto Masó utiliza un breve período de decadencia en la Isla (1524-1555) como título de uno de los capítulos de su *Historia de Cuba*. Tales condiciones fueron descritas por Miguel de Velázquez en el documento más antiguo escrito por una persona nacida en Cuba (1544), con estas palabras elocuentes: "tierra triste, como tiranizada y de señorío". Esa impresión es la que se recibe también con la lectura de la primera crónica cubana (redactada por un funcionario colonial español), un informe del "Lugar Teniente de Gobernador Manuel de Rojas" al Rey (1532).

Pero no todo era negativo en el panorama insular. La existencia de vastos recursos en maderas preciosas permitieron, como afirma Roberto Segre, en su breve resumen de *La Arquitectura en Cuba*, el desarrollo de carpinteros y ebanistas que llevarían a cabo maravillas en cuanto a decorados y cubiertas en las casas, templos y edificios monásticos de Cuba en los siglos XVI y XVII.

El Gobernador de la Isla estableció su residencia definitiva en La Habana en 1553, abandonando así su sede en Santiago de Cuba. En 1607 la Isla quedó dividida en dos ju-

1 Ygta maior.
2 Palacio Episcopal.
3 Colegio de infantes. alias: niños
4 Colegio de Niñas.
5 Casas de la esquina.
6 Casas del Gouernador.
7 Carcel Real.
8 Castillo de la fuerza vieja.
9 Cassas de los P.s de la comp.ª

Figura 1.1. Plano de La Habana,
mostrando la localización del Castillo de la Fuerza (1691)

19

Figura 1.2. Castillo del Morro, desde La Cabaña, 1898-1905

risdicciones: La Habana y Santiago de Cuba, con dos gobernadores, pero con supremacía del Capitán General de La Habana. Esta ciudad se convertiría inmediatamente, más que en escala obligada, en centro estratégico del tránsito de los galeones que eran abastecidos allí de agua, cueros, carne, etc. En aquella época, los viajeros que llegaban a la América probaban por vez primera especies y frutos que les resultaban exóticos: la papa, el maíz, el camote, el cacao, la mandioca; y, por supuesto, el tabaco y otros productos del Nuevo Mundo que también pasaban por La Habana, puerto donde se dispuso, a partir de 1541, "la concentración de las naos procedentes de otras latitudes americanas", como apunta el actual historiador de la ciudad, Eusebio Leal Spengler, en su opúsculo *Detén el Paso, Caminante... La Habana Vieja*.

Según ciertos datos, el primer ingeniero con cierto relieve en la historia insular fue Bartolomé Sánchez, designado por Real Cédula (en la cual es llamado "ingeniero" por Su Majestad el Rey) para levantar el nuevo castillo de la Real Fuerza en La Habana (en 1540 se había construido una fortaleza que subsistió hasta 1582 y que se conoce históricamente como La Fuerza Vieja), (Figura 1.1) sustituyendo a Gerónimo Bustamante de Herrera, impedido de trasladarse a Cuba a causa de una enfermedad. Durante el período colonial, la profesión de ingeniero militar estuvo casi siempre representada en la Isla. Weiss señala la preferencia "que a los ingenieros daban las Leyes de India". Y añade: "...a falta de arquitectos, intervinieron en las construcciones civiles... Pero en muchos casos el constructor no era ni arquitecto ni ingeniero, sino simplemente un oficial o maestro de cantería que realizaba las obras siguiendo una traza o patrón conocido, asistido de un

20

número de canteros, alarifes y carpinteros de su confianza". En opinión de José María de la Torre: "tales y tan variadas han sido las interesantes y útiles obras en que incesantemente y con el mayor tino se ha ocupado el sabio y necesario Cuerpo de Ingenieros de esta isla de Cuba".

Bautista Antonelli, hermano del famoso Juan Bautista Antonelli y padre de otro profesional del mismo nombre que llevó a cabo varias obras en la Cuba del siglo siguiente, sería tal vez el ingeniero más conocido e importante que ejerció en la isla durante el siglo XVI.

Fortalezas del siglo XVI

Se le acredita a Antonelli el haber iniciado e impulsado las labores de construcción de La Punta (Castillo de San Salvador de la Punta) y el Morro (Castillo de los Tres Santos Reyes Magos del Morro). (Figura 1.2) Quintana las considera más bien como "...extraordinarias piezas de escultura a gran escala". Antonelli también logró concluir las obras de la Zanja Real, iniciadas por Calona, con la cual se trajo el agua a La Habana. Según Diego Angulo, este ingeniero no "poseyó una personalidad extraordinaria, pero la categoría de las obras que se le encomendaron y el momento en que le cupo en suerte vivir, momento crítico en la historia de las fortificaciones americanas...lo convierten en el gran ingeniero del siglo XVI en las Indias." En relación con esto último escribe Segre: "España otorga primordial importancia a la defensa de los puertos del Caribe y, en particular, a la protección de La Habana". Por supuesto, debe tenerse en cuenta la Plaza de Armas sobre la cual escribió el historiador Emilio Roig de Leuchsenring una documentada monografía. Un espacio para plaza pública era imprescindible después que el puerto de Carenas se convirtió en el tercer y último emplazamiento de La Habana, pero el énfasis seguiría recayendo sobre las fortalezas, las obras más importantes del siglo XVI cubano.

El viajero norteamericano Samuel Hazard autor de: *Cuba a pluma y lápiz*, comentó acerca de estas dos fortalezas que gozaban "de renombre en todo el mundo y amerita que se les contemple de cerca, no sólo por su estructura, sino, además, por las magníficas vistas del mar y de la tierra circundante que se obtienen desde sus murallas almenadas".

En época del gobernador Juan Vitrián de Viamonte (1630-1634), Gerónimo Martín Pinzón esculpió y fundió la Giraldilla, veleta giratoria en lo alto de la Torre de Homenaje de la Real Fuerza, la cual lleva en una de sus manos la cruz de la Orden de Calatrava. Esa figura recibe su nombre de la que corona la torre de la Catedral de Sevilla, llamada Giralda. Según Leal Spengler, ambas (la sevillana y la habanera), son "símbolo de una esperanza de los viajeros que hacían la carrera de Indias entre las dos ciudades".

Edificaciones civiles

Entre las construcciones de tipo civil edificadas en el siglo XVI debe mencionarse la casa construida por Diego Velázquez en Santiago de Cuba, frente al solar donde se construía la Catedral. Allí murió el conquistador de Cuba en 1524. La Habana, que obtendría el título de Ciudad en 1592, tuvo entre sus primeras edificaciones civiles la Casa del Cabildo y la Casa del Gobernador. En opinión de Evelio Govantes: "...la casa de más lujo en La Habana a fines del siglo XVI, fue la del contador Francisco de Moncaya y que todos los historiadores de La Habana impropiamente llamaron del Tesorero Juan de Rojas... era una pobre construcción de tierra de dos pisos y azoteas, con un gran balcón en la segunda planta. Asi fueron, primitivamente, las casas en que residieron los Gobernadores y funcionaban los cabildos municipales hasta la segunda mitad del siglo XVIII; casas estas conocidas como de Armona en la Plaza de San Francisco, cuyos solares ocupa actualmente el edificio de la 'Lonja de Comercio'..."

También pueden mencionarse el hospital [llamado de San Felipe y Santiago], la cárcel, la carnicería y la pescadería. De acuerdo con Weiss, "con excepción de la aduana, ninguna de ellas pasó del más humilde rango arquitectónico". El edificio de la aduana fue terminado hacia 1584 y la insistencia del Rey fue un factor importante en el proyecto. Por indicación real se habían hecho gestiones a partir de 1569, pero la construcción no se inició hasta 1577. Los planos comprendían un edificio de dos plantas y setenta pies de largo, zaguán en la planta baja, así como un almacén espacioso y oficinas. En la planta alta residirían algunos funcionarios reales, entre los cuales estuvo, al menos por un breve período de tiempo, el Gobernador de la Isla.

Comunicaciones

En cuanto a comunicaciones, La Habana se comunicaba en el siglo XVI mediante *trillos* que después habrían de terraplenarse y pavimentarse, convirtiéndose en *calzadas*. Dos caminos conducían a la Chorrera, y otros conducían a Guanajay ("el camino de la Vuelta Abajo"), Batabanó ("el camino del Sur") y a Matanzas ("el camino de la Vuelta Arriba").

Arquitectura religiosa

Se construyó, además, un número apreciable de conventos e iglesias en este período, no sólo en La Habana sino en el interior, aunque debe aclararse que las primeras capillas, ermitas, iglesias y monasterios se establecieron en simples bohíos.

La primera iglesia de Cuba se edificó en Baracoa en un lugar llamado La Punta. La tradición afirma que los españoles encontraron una cruz de madera dejada por el descubridor Cristóbal Colón. El Papa León X la declaró Catedral en 1518, pero los obispos nunca llegaron a tomar posesión. Adriano VI, accediendo a Fray Juan de Witte, designado Obispo de Cuba, elevó la iglesia de Santiago de Cuba a la categoría de catedral en 1522. La primera iglesia santiaguera era de madera y paja, pero se quemó, y el Obispo Miguel Ramírez inició la edificación de la catedral en piedra, utilizando 2,000 pesos dejados por el conquistador Velázquez en su testamento. La construcción se inició en 1526. Debe señalarse que el templo sería reedificado en 1628. En Bayamo, la edificación de la primera iglesia estuvo a cargo de los vecinos, los cuales sólo disponían de pobres materiales. Un temporal destruyó el edificio. El primer templo en Trinidad era tosco y en el ofició por algún tiempo el Padre Bartolomé Las Casas, el Protector de los Indios, quien también lo hizo en Sancti Spíritus, donde pronunció un famoso sermón llamando a los colonizadores al arrepentimiento por el trato que daban a los indios. Allí se edificó una primitiva iglesia en el primer emplazamiento de la villa, en la elevación conocida todavía como "loma de la iglesia".

En La Habana no se construyó la primera iglesia de piedra hasta 1550, la cual fue destruida por los piratas. Según Irene A. Wright, "la primera iglesia de La Habana era un bohío. Consta que en 1524 le fueron destinados 32 pesos; desde el año 1519, por lo menos, se cobraban diezmos." Weiss explica que el templo, bajo la advocación de San Cristóbal (patrón de la ciudad), fue destruido por los piratas en 1538, los cuales, según se afirmaba, se llevaron "hasta las campanas de la iglesia". El edificio fue reconstruido y continuó en funciones hasta 1550 aproximadamente, en época del gobernador Pérez de Angulo,

Figura 1.3. Iglesia de San Francisco, La Habana

23

cuando se comenzó una iglesia más al sur, "cuya edificación, evidentemente, influyó años después en la elección del ámbito de la nueva plaza". Debe añadirse también lo afirmado por el profesor Luis de Soto en su trabajo *Iglesias y Conventos de La Habana Colonial* (incluido en *Presencia de España en Cuba)*: "El tiempo en su transcurso puede deteriorar y aún destruir esa envoltura material dejando incólume la esencia de su contenido, y tal ha sido el caso de nuestras edificaciones religiosas de la época española, expresión plástica de la fe de aquellos tiempos." La iglesia destruida por los piratas en 1538 fue reconstruida de la misma forma y en el mismo lugar, pero se edificó después un templo de piedra como Parroquia Mayor (1574). Se levantaba en el lugar que hoy ocupa en la plaza de Armas el palacio municipal.

A fines de siglo se construyeron en La Habana el Convento de San Francisco y el núcleo original del Convento de San Juan de Letrán, de la Orden de Santo Domingo. Según la opinión de Luis de Soto, el Convento de San Francisco: "...es, entre todos los conventos habaneros, el más interesante desde el punto de vista arquitectónico, constituyendo, por su insólito emplazamiento junto al mar, por la Plaza de su nombre situada a un costado de la Iglesia — donde se celebraban ferias típicas de la época — y por su airosa torre, la más alta entre las entonces existentes, un rasgo distintivo en la fisonomía de La Habana del siglo XVIII." (Figura 1.3)

Antes de terminar los primeros dos siglos de dominación colonial también se habían edificado templos en Guanabacoa, Jesús del Monte, Regla, Alquízar, Remedios, El Cobre, Holguín, Jiguaní, además de las iglesias de las siete villas, fundadas por Diego Velázquez en los inicios del siglo XVI, y que constituyen, "el principio de la urbanización en Cuba", de acuerdo con el trabajo de Préstamo incluido en esta obra. En menor escala se fueron construyendo ermitas con muros de embarrado y techos de guano. Entre ellas se pueden citar la de Nuestra Señora del Buen Viaje, El Humilladero, Santa Ana, San Sebastián, etc.

Sobre materiales y recursos

De acuerdo con Weiss: "...el paso del bohío de yaguas y guano al empleo del embarrado, y de éste a la construcción de `rafas, tapias y tejas', constituyó un proceso lento, pero sostenido, que preparó el camino para las formas constructivas más consistentes y con mayores posibilidades arquitectónicas que el siglo XVII desarrollaría ampliamente... la construcción de los primeros caminos facilitaría el cultivo de tierras distantes y la conducción de sus frutos a las poblaciones, a la vez que éstas daban los pasos necesarios para el aprovisionamiento en agua potable y materiales de construcción".

Siglo XVII

Panorama del siglo

Pedro de Valdés se hizo cargo de la gobernación de la Isla en 1602. Durante su mandato fue capturado el Obispo Juan de las Cabezas Altamirano por el corsario francés Gilberto Girón. Su rescate por parte de un grupo de pobladores de Bayamo en Cuba oriental motivó la primera producción literaria importante escrita en el país: *Espejo de Paciencia*, de Silvestre de Balboa, nacido en las Islas Canarias.

Gaspar Ruiz de Pereda (1607-1616) reconstruyó las murallas demolidas de La Punta y terminó las del Morro, emprendiendo la construcción de alojamientos y mejorando la condición de las tropas de la guarnición. Sancho de Alquízar (1616-1619) fomentó el cultivo de la caña, pero no tuvo tiempo de activar los trabajos de las minas de cobre. En época de Francisco de Venegas (1620-1624) se dividió el gobierno en dos jurisdicciones, La Habana y Santiago de Cuba. Lorenzo de Cabrera (1626-1630) no pudo impedir que Piet Heyn capturara, frente a la bahía de Matanzas, navíos de la flota de la Nueva España, con oro, plata, corambre, zarzaparrilla, añil y azúcar. El gobernador traficó clandestinamente, por lo cual fue residenciado. También es recordado por importar la primera carroza, lo cual tuvo imitadores entre las clases pudientes.

Juan Vitrían de Viamonte (1630-1634) y Francisco Riaño (1634-1639) continuaron enfrentando serios problemas causados por los holandeses. Alvaro de Luna (1639-1646) mejoró las defensas de la Isla. En época de su sucesor Diego de Villalba (1647-1653) se produjo una epidemia de fiebre pútrida que acabó con la tercera parte de la población. Durante el mandato de este último, los piratas atacaron Remedios. Villalba logró completar las obras del Castillo de Cojímar y fortificó La Punta y la Real Fuerza. Menos importantes fueron los gobiernos de Juan de Salamanca, José Fernández de Córdoba y Diego de Viana. Francisco Rodríguez Ledesma (1670-1680) llevó adelante las obras de las murallas del recinto y rechazó dos expediciones piráticas.

Severino de Manzaneda (1689-1695) confrontó graves problemas internos causados por su predecesor Diego de Viana. Manzaneda fundó Matanzas y ordenó construir el castillo de San Severino en esa ciudad, y una torre de vigía en la caleta de Bacuranao. En esa época se fundó también Santa Clara. Diego de Córdoba (1695-1702) terminó numerosas obras públicas.

Desde la época de Diego de Mazariegos (1555), el primero de los gobernadores militares, se acentuó la centralización de la administración colonial, fortaleciéndose la posición del Gobernador en este siglo XVII, ya que la hacienda pública se sometió paulatinamente a la autoridad del Capitán General.

A fines del siglo XVI las únicas dos poblaciones de Cuba con cierto desarrollo eran probablemente La Habana y Santiago de Cuba, lo cual no quiere decir que otras villas carecieran de edificios. Durante el siglo XVII la población de Cuba creció poco, con excepción de las personas de raza negra o mestizos, y al finalizar la centuria el total de sus habitantes no sobrepasaba los 30,000, incluyendo 4,000 indios de sangre pura que vivían generalmente en sus propios poblados. Algunos de ellos poseían sus propias tierras. Las encomiendas o consignación de indios a favor de los españoles, que se servían de ellos en varias labores, ya habían sido suprimidas. El resto de la población indígena desapareció o se fundió con los habitantes blancos. Iban surgiendo nuevos caseríos: Mariel, Pinar del Río, Bahía Honda, Alquízar, Guane, Santiago de las Vegas, Cojímar, Guanajay, Matanzas y Batabanó. Debe tenerse en cuenta que desde la época de las "siete villas" existían varios "bateyes" con población española que no son generalmente citados en los textos de historia como, por ejemplo, Caneyes abajo y Caneyes Arriba, Arcos, Manicarao, Jara o Yara y Ajaruco, además de tres pequeñas poblaciones llamadas igualmente Pueblo Viejo ubicadas en Sancti Spíritus, La Habana y Puerto Príncipe, respectivamente.

La industria azucarera comienza a funcionar de forma significativa a fines del siglo XVI. A pesar de la corrupción administrativa de los funcionarios coloniales, la falta de mercados y las evidentes restricciones mercantiles impuestas al país, empezaron a consolidarse las industrias azucarera, maderera y tabacalera. Esta última florecía ya y estaba bastante extendida en el territorio hacia 1630. En aquel entonces la producción de azucar se concentraba en las cercanías de La Habana, mientras la ganadería suplía las necesidades de las flotas y la población. El comercio ilícito continuó beneficiando a ciertos sectores de La Habana y sobre todo en el interior. Por lo tanto, los datos oficiales sobre el comercio no revelan el verdadero volumen de importaciones y exportaciones. Al contrabando con mercaderes extranjeros se le ha dado el nombre de "comercio de rescate". Gracias al contrabando se exportaban pieles en cantidades apreciables. Gran importancia para nuestro tema lo tienen necesariamente los muchos datos existentes relacionados con las maderas cubanas, las cuales eran muy solicitadas por los fabricantes de muebles finos, buques y también construcciones arquitectónicas.

Fundición y Astilleros

La construcción de barcos en Cuba, considerados entre los mejores de la región, hizo aumentar el aprovechamiento de las maderas. Por otra parte, la extracción de Cobre hizo posible la creación de la Fundición de La Habana a principios del siglo XVII, lo cual ayudó a resolver la demanda de anclas, cañones, cadenas y otros elementos constructivos. El astillero estaba cerca de la plaza, junto a la marina (donde estaba la maestranza de las fábricas de navíos) y fue trasladado más al interior de la bahía años después, según Julio Le Riverend en su obra *La Habana*. Ese mismo autor señala: "La construcción de navíos dispuso de medios de producción y avíos diversos como las fraguas, que las había en la antigua fundición de piezas de artillería, el cordaje, importado de Yucatán, además de los carpinteros de ribera, maestros y oficiales con experiencia en las diversas labores constructivas". De acuerdo con sus propios datos: "A mediados del siglo XVII la capital se convierte en apostadero y arsenal de la Armadilla destinada a custodiar las islas del Caribe Occidental... A partir de 1725... [se fabricaron] fragatas destinadas tanto a la defensa del Caribe como a la navegación trasatlántica". Las inversiones de fondos provenientes de México, así como el movimiento interno generado por la necesidad de utilizar esclavos, máquinas, caudales, artesanos, fueron, según el propio Le Riverend, "factores de aceleración de la economía regional urbana".

Constructores del siglo XVII

El siglo XVII, según Quintana, es "la época clave de nuestra tradición arquitectónica, que conforma nuestra base histórica..." En su opinión: "las propias limitaciones económicas obligaron al uso de la imaginación en una dirección creativa, no imitativa, con relación a los conceptos estilísticos entonces imperantes en Europa". Pero añade que "a través de lo andaluz llega a Cuba y su arquitectura lo morisco con todo su fino sibaritismo. Cuba no lo copia, sino que absorbe lo esencial y eterno en él y lo convierte en cubano." Ese mismo estudioso ve en ese proceso "los rasgos primeros de la cubanidad", que comienzan a aparecer en la arquitectura y la población.

Entre los constructores del siglo XVII pueden citarse José Hidalgo, Juan de Herrera Sotomayor, Juan de Ciscara Ibáñez, Francisco Pérez, y sobre todo Juan Bautista Antonelli, hijo de Bautista Antonelli, quien dirigió, como veremos, la etapa inicial de la construcción del castillo de San Pedro de la Roca (El Morro) en Santiago de Cuba (en la cual participaron otros constructores) y a quien se le encargaría después los fuertes de Cojímar y la Chorrera, así como las murallas del recinto urbano. Herrera Sotomayor trazó el plano del castillo de San Severino, en Matanzas, y también se le encargó una torre de vigía en Bacuranao.

Como dato curioso, Cristóbal Roda, colaborador de Bautista Antonelli (y sobrino suyo) se dirige al Rey de España en los inicios de este período (1606), según explica Manuel Pérez Beato en su libro *Ingenieros de Cuba*, para darle a conocer a Su Majestad que es "cosa afrentosa que un súbdito tenga más salario que el superior". Su aparejador ganaba mil ducados y por lo tanto le suplica al monarca que su sueldo "por lo menos se le iguale con el del aparejador".

Arquitectura religiosa

El siglo XVII se caracterizó igualmente por la intensidad de las construcciones religiosas. Se prepararon algunos proyectos para la reedificación de la Iglesia Parroquial Mayor y se construyeron la Iglesia del Espíritu Santo, la del Santo Cristo del Buen Viaje (originalmente Iglesia del Humilladero), el Santo Angel Custodio, el Oratorio de San Felipe de Neri y los conventos de Santa Clara de Asís (primero de monjas fundado en La Habana y centro de atracción para investigadores y estudiosos de la Habana colonial), Santa Catalina de Siena, San Agustín y San Juan de Letrán (Orden de Santo Domingo). El campanario de San Juan de Letrán sólo tuvo como rival el del Convento de San Francisco.

Según de Soto: "Entre las más antiguas iglesias coloniales que conserva La Habana figura la del Espíritu Santo, edificada a mediados del siglo XVII, elevada a la categoría de Parroquia en 1661 y que, humilde y sencilla, ha conservado a través de restauraciones posteriores su aspecto y su atractivo primitivos. Originariamente de una sola nave, fue ampliada en el siglo XVIII añadiéndose la serie de capillas laterales...Carente de todo barroquismo, la Iglesia del Espíritu Santo es un interesante exponente de la arquitectura religiosa de Cuba anterior al florecimiento de aquel estilo que iba a campear más tarde en la edificación de nuestros templos coloniales.

Se destacan en la arquitectura religiosa del interior del país en esos años, las iglesias parroquiales de San Juan de los Remedios y Sancti Spíritus. En relación con una iglesia de piedra, edificada previamente por el legendario colonizador Vasco Porcallo de Figueroa (quien fundó Remedios en 1514), se conoce poco. Debido a su destrucción por parte de piratas el templo fue reedificado en otro lugar en este siglo (ya existía en 1617) y estuvo asometido a varias modificaciones posteriores. La Iglesia Parroquial de Sancti Spíritus, según Weiss: "Es característica de la etapa más evolucionada de las iglesias comenzadas y en gran parte construidas en el siglo XVII. Su hastial apiñonado, remedio de un frontón, es más alto que ancho y mejora las proporciones de otros, como el de la iglesia habanera del Espíritu Santo".

Edificaciones civiles

En ese siglo se construyó también el Hospital de San Juan de Dios en La Habana. Las casas del Cabildo habanero no se terminaron hasta 1633. En la capital cubana se construyeron residencias familiares de cierta importancia, algunas con estilo señorial y otras de corte burgués que han pasado la prueba del tiempo algunas de ellas con tres pisos, el tercero dedicado a la servidumbre. Claro está, debe tenerse en cuenta que ciertas partes de las viviendas que se conservan fueron posteriormente rehechas, o retocadas con formas barrocas. Notables eran los balcones de madera (casi ninguno se conserva en la actualidad, con excepción de uno en Teniente Rey esquina a Aguiar y que se extiende por ambas calles), techos de alfarjes (que algunos atribuyen al siglo XVIII), cielos rasos de yeso, patios largos y estrechos, galerías de arcos y columnas de piedras. Ocasionalmente, la planta baja se dedicaba a comercios y almacenes y la segunda planta a vivienda.

Pueden citarse entre esas viejas residencias la de las familias Jústiz, Pedroso, Chacón, Pimienta, Riberos [o Rivero] de Vasconcelos, la del marqués de Villalta y la de Martín Calvo de la Puerta. En la calle de los Oficios coexistieron la primera casa del obispo (la parte primitiva pudiera ser la construcción civil más antigua que se conserva en La Habana) y dos colegios fundados a fines de siglo por el afamado obispo Diego Evelino de Compostela: el Colegio de San Francisco de Sales o de "Niñas Doncellas" (en cuyo edificio se destaca un patio claustral rodeado de galerías) y el Seminario de San Ambrosio (con un patio aproximadamente cuadrado).

El pre barroco

Evelio Govantes, para quien "del siglo XVI no conserva La Habana un solo edificio de carácter civil", anota sobre el XVII: "En la centuria siguiente comienza el `pre-barroco', que ha dejado algunos ejemplares. Dos de los más característicos por sus fachadas son las casas de Teniente Rey y Aguilar, y Obrapía y Villegas, con sus balcones techados y muros rematados por aleros de dos o más hileras de tejas empotradas". También advierte que "De estas construcciones y de otras de la misma época, desaparecieron los balconajes y las fachadas sufrieron mutilaciones bárbaras, por lo que es muy difícil clasificarlas si antes no se las estudia con el mayor cuidado. Entre las construcciones desfiguradas por la ignorancia y la torpeza, merece señalarse la de Tacón 12". Anota asimismo que "todas las fachadas de esta época tienen portadas con pilastras de orden toscano que sostienen un sencillo entablamento... dan ingreso al zaguán, generalmente colocado de modo que oculte el interior de la vivienda y que comunica con la crujía de frente a la calle. Del zaguán, se pasa a través de un arco, a veces dos, a la galería que circunda el patio, y que suele tener uno, dos o tres lados".

Mientras tanto, se construyeron varias casas en el interior del país que tienen importancia histórica para la arquitectura en Cuba. Entre las pocas que se conservan y dan una idea aceptable de su forma original deben citarse varias en Santiago de Cuba, Camagüey y otras ciudades, en las cuales se destacan patios y balcones de valor apreciable.

Plazas y problemas de urbanismo

Por otra parte, a las plazas públicas habaneras del siglo XVI, la plaza de Armas y la plaza Nueva, debemos añadir, como aportes del siglo XVII, la llamada "plazuela" de la Ciénaga —hoy plaza de la Catedral— (Figura 1.4) considerada como la principal, la Plaza de San Francisco (cuya finalidad puede haber sido proveer espacio a las pipas que abastecían de agua a las flotas y para depositar mercancías desembarcadas) y la del Cristo (cuyas casas circundantes pertenecen a los siglos XVIII y XIX). Según Le Riverend, "...los alrededores de la Plaza de Armas eran ocupadas por casas de mejor y más espaciosa construcción, particularmente después del incendio de 1622." También se refiere a ciertos problemas de urbanismo: "Las ordenanzas no se cumplían, al señalarse solares y construirse en ellos... La construcción de viviendas con los mejores materiales y técnicas disponibles contribuyó, sin duda, a que las vías del núcleo central fueran las primeras en someterse a las regulaciones urbanísticas."

Figura 1.4. Catedral y Plaza, La Habana

Fortalezas del siglo XVII

Volviendo al inagotable tema de las fortalezas coloniales, Francisco Castillo Meléndez, en su obra *La Defensa de la Isla de Cuba en la Segunda Mitad del Siglo XVII*, señala lo siguiente: "Política y militarmente el inicio del siglo XVII trajo consigo la división de la isla de Cuba en dos gobernaciones (1607). Los motivos para esta determinación nacían de la gran distancia que separaba a las dos ciudades de La Habana y Santiago, la falta de justicia que se observaba en las poblaciones de su comarca, la casi inexistente defensa que se planteaba a los corsarios y la abundancia de rescates que se daban en sus puertos. Pero por encima de todos sobresalió la consideración del valor estratégico de La Habana... el nuevo gobernador de Santiago quedaba subordinado en materia de gobierno y guerra al de La Habana, que seguía ostentando la condición de gobernador y capitán general de la isla." La Fuerza, el Morro y la Punta presidieron la arquitectura colonial en el siglo XVI.

En el siglo XVII empiezan a sobresalir grandes construcciones de otro tipo. Pueden mencionarse, sin embargo, los castillos de la Chorrera y Cojímar y el Torreón de San Lázaro, llamado así por un hospital de leprosos que se construyó en sus alrededores durante el siglo XVIII.

Además, después del ataque de Jacques de Sores se empezaron a concebir planes para

29

amurallar la ciudad. Tras algunos intentos preliminares y fracasos se dió comienzo a la construcción de la muralla, y se fijó una lápida por el lado sur con la fecha 3 de febrero de 1674. De acuerdo con Leal Spengler, la muralla comenzó a edificarse el 3 de enero de 1671 y alcanzó un perímetro de 5,770 varas (equivalentes a 4892 metros), una longitud de 2,100, un espesor promedio de 1.40 metros, y altura de 10.00. No pretendemos que estos datos tengan un carácter definitivo o absoluto, ya que existen diversas opiniones, las cuales surgen de comparar viejos documentos, como lo hacen muy acertadamente, entre otros, Castillo Méléndez, Leal Spengler y Weiss, en sus obras citadas. También contrastan las opiniones acerca de las características de las murallas, consideradas "pequeñas y bajas" por el viajero italiano Gemelli Careri y como "muro muy bueno y regular con sus baluartes a trechos", por el padre fray Isidoro de la Asunción, ambos personajes del siglo XVI. Las murallas tenían nueve puertas y comenzaron a ser derribadas en 1863.

Una fortaleza muy conocida, el Castillo del Morro en Santiago, al cual se le dió el nombre de "San Pedro de la Roca" fue construida, como hemos visto, bajo la dirección inicial del ingeniero Juan Bautista Antonelli (1637). Arrasada por los ingleses en 1662, pero reconstruida siendo gobernador el capitán Juan de Villalobos (1690-1694), esta es una de las fortificaciones más sólidas que se conserva de la dominación española.

El ingeniero Juan de Ciscara construyó en Santiago, durante ese mismo siglo, las fortalezas de la Punta, la Estrella, Santa Catalina y San Francisco (se conserva el plano de esta última trazado en 1668).

Síntesis de estilos de la Península

Para terminar nuestros comentarios sobre La Habana de fines del siglo XVI y principios del XVII utilizaremos la opinión de Leal Spengler, que pudiera aplicarse de cierta forma también al próximo siglo: "Síntesis de los estilos constructivos imperantes en la península ibérica, particularmente en el sur, que ejerció una poderosa influencia en el carácter de la arquitectura y de las costumbres de la isla, la ciudad ofrecía al que la viese por primera vez, un marcado contraste que otorgaba un encanto singular al conjunto monumental habanero".

Ese mismo historiador se refiere a "obras militares, ejecutadas sobre los patrones clásicos e ideales del renacimiento", a "casas patricias", a una "impresionante colección de rejas, cancelas, puertas y portones, estrelladas celosías y techos de alfarje y armadura". Según él: "El empleo de una piedra conchífera rica en formaciones madrepóricas y en sedimentaciones fósiles, no permitió el desbordamiento imaginativo que caracteriza a la arquitectura hispanoamericana del mismo período, si bien no es menos cierto que estaba ausente la etnia aborigen que pobló de artistas notables otras escuelas del continente".

A mayor abundamiento, Leal Spengler considera que esas dificultades fueron suplidas con el adorno de fachadas e interiores con "casetones, tramas que imitan bloques de cantería enmarcados en fajas azules, verdes, sobre tonos blancos, amarillos, violáceos" Se refiere también a "un pequeño zaguán, galerías claustradas con severas columnas de madera", a "aljibes de gran capacidad para colectar... el agua de las grandes precipitaciones". Además "la balconadura exterior corre generalmente delante de las puertas. Sostenida por canes de madera ricamente elaborados, sobre los cuales se apoyan barandas y columnas que soportan el tejadillo".

En opinión de Leal Spengler: "Nombrar esta arquitectura en sus elementos: alféizar, ajimez, alfardas, alfarje, arrabá... es retomar el hilo que nos lleva a la génesis de una cultura que estuvo presente en suelo español durante más de siete siglos, que se expresa aún en nuestro idioma, cuando decimos alcalde, albañil, almohada, azúcar..."

El estilo cubano del siglo XVII, según Weiss, es "expresión o consecuencia del acervo arquitectónico de los maestros constructores de esta época, en la que predominaban las formas y técnicas del arte mudéjar, practicado por los mahometanos para los cristianos en la España ya reconquistada". Para ese mismo autor, la persistencia de la influencia morisca en Cuba se explica, en parte, por los contactos que mantenía con Andalucía, "ámbito preferente del arte". No puede olvidarse que Sevilla era el puerto principal para las Indias y era sede de la Casa de Contratación. Weiss entiende que "los cambios que distinguen a la fase mudéjar de la primitiva no se generalizaron hasta la segunda década del siglo XVII", lo cual atribuye al mejoramiento económico y al ejercicio de maestros y artesanos más capacitados.

Siglo XVIII

Panorama del siglo

Los acontecimientos internacionales del siglo XVIII afectaron de tal manera a Cuba que resulta imposible pasar a analizar algunos aspectos fundamentales de su historia sin acudir al escenario mundial. Con el siglo XVII terminó la dinastía de los Austrias: Carlos II "el Hechizado" murió en 1700 y la sucesión recayó en un nieto de Luix XIV de Francia, Felipe de Anjou, primero de los borbones españoles, quien adoptó el nombre de Felipe V. En 1701 se inició la Guerra de Sucesión de España que duró hasta 1714. El Tratado de Utrecht fue firmado en 1713. El conflicto había tenido graves repercusiones en Cuba, punto de escala de las flotas, quedando la Isla bajo la amenaza de las flotas inglesas y holandesas y el tratado de paz no significó mucho para Cuba, pues en adelante España participaría en guerras con Inglaterra y otras potencias, lo cual obligó a la colonia a aumentar sus fortificaciones y prepararse para la defensa. Desde la paz de Utrecht los ingleses disfrutaban del llamado "asiento negrero" (derecho a traficar esclavos) en América hispana, lo cual crearía nuevas tensiones en la región.

En la guerra de Sucesión de Polonia de 1735, España y Francia fueron aliadas y se formó entonces el primer Pacto de Familia (entre monarcas pertenecientes a la familia Borbón). El Rey de España adquirió Nápoles y Sicilia de cuyo reinado se hizo cargo Carlos (el futuro rey Carlos III de España), hijo de Felipe V.

España aprovechó sus éxitos para privar a los ingleses del asiento o trata de esclavos. Se ordenó registrar los barcos sospechosos de conducir esclavos africanos. En 1732 el marino Roberto Jenkins acusó ante el Parlamento inglés a los españoles de haberle cortado una oreja en 1721, en un abordaje. En 1739 Inglaterra le declaró la guerra a España. Ese conflicto bélico es conocido históricamente como la "guerra de la oreja de Jenkins". El almirante británico Vernon cruzó por La Habana después de haber capturado Portobelo y en 1741 efectuó un desembarco en la bahía de Guantánamo, edificando allí una población que llamó Cumberland, pero fracasó finalmente. Esta "guerra de la oreja de Jenkins" se complicó con la guerra de la sucesión de Austria (1740-1748) que terminó con la paz de Aix le Chapelle. Antes de firmarse el fin de las hostilidades, las escuadras de los almirantes Knowles y Reggio combatieron entre Mariel y La Habana, quedando indecisa la batalla.

El Pacto de Familia, tratado que en 1761 firmaron Luis XV de Francia y Carlos III de España, con la posterior adhesión del rey de Nápoles y el duque de Parma tenía como objetivo oponer a Inglaterra y sus expansiones coloniales un frente unido. Al tener conocimiento del Pacto, Inglaterra preparó una expedición antes de la declaración de guerra de 1762, lo cual condujo a la toma de La Habana por los ingleses, acontecimiento que cambiaría en aspectos sustanciales el destino económico de Cuba. La dominación británica terminó el 10 de febrero de 1763 mediante el Tratado de París.

La Habana desempeñaría un papel importante como base de operaciones en la llamada "Revolución Americana" o guerra de independencia de las 13 colonias. Otros hechos históricos importantes afectarían la economía cubana, como la Revolución Francesa (1789) y la rebelión de los esclavos en la parte occidental de la isla de La Española (1791), acontecimientos relacionados con la fracasada invasión enviada a esa colonia por Napoléon Bonaparte y la independencia de Haití (1804) y con el traslado de miles de colonos franceses a Cuba, pero sobre todo con la conversión del país en principal exportador de azúcar en el mundo. Será necesario mencionar algunos de esos asuntos al analizar la situación interna de Cuba en el siglo XVIII.

La enumeración de guerras y conflictos no debe servir para ocultar factores de progreso. Grandes movimientos migratorios se producen en la primera mitad del siglo en Cuba, y con ellos crecerían las ciudades y surgirían nuevos centros rurales, a la vez que se diversificaría apreciablemente la agricultura.

A principios del siglo dos cubanos, Nicolás Chirino y Luis Chacón, ocuparon interinamente el gobierno colonial de la Isla y rechazaron proposiciones y amenazas de ingleses y holandeses. Pedro Benítez de Lugo, Pedro Alvarez Villarín, Laureano Torres, Vicente Raja, Gregorio Guazo, Dionisio Martínez de la Vega, Francisco Güemez, Francisco Cajigal y otros, gobernarían en las primeras seis décadas. Güemez (1734-1746) se destacó por promover mejoras en la sanidad, el orden público y el comercio, aunque se señala también que durante su mandato se estableció la Real Compañia de Comercio, un monopolio que afectó mucho a los cubanos, en opinión de algunos. Manuel Moreno Fraginalls expresa un criterio diferente en su obra *El Ingenio*: "...la tan vituperada Real Compañia del Comercio de La Habana era un excepcional paso de avance en la economía de la Isla... Independientemente de sus aspectos sociales, de la esclavización y la matanza, el predominio ejercido mediante estos monopolios marca el auge del período manufacturero y hace posible la posterior etapa industrial".

Güemez reconstruyó un tramo de la muralla entre la Tenaza y Paula y la continuó por el frente de la bahía, hacia el este. El gobernador estableció una casa de correos, impulsó el hospital de San Lázaro y construyó el cuartel de San Telmo, todo lo cual le mereció el nombramiento de Virrey de México.

Juan del Prado Portocarrero gobernaba a Cuba en 1762 cuando La Habana pasó a manos inglesas. Del Prado Portocarrero no fue el único que enfrentó una invasión extranjera, ya que su compatriota, el gobernador Cajigal estaba al mando de la jurisdicción de Santiago de Cuba en 1741 cuando Vernon desembarcó en la bahía de Guantánamo.

La toma de La Habana por los ingleses y el breve experimento colonial inglés en Cuba (1762-1763), fueron de enorme importancia en la historia del país. El Almirante George Pocock fue designado jefe de la escuadra enviada a Cuba por el Primer Ministro William Pitt, con el almirante Keppel de segundo. La defensa de la ciudad por parte de los españoles no estuvo bien dirigida, La Habana contaba con pocas tropas y muchos soldados sufrían fiebre amarilla. A pesar de los esfuerzos del Capitán de Navío Luis de Velasco (quien murió a consecuencia de heridas recibidas), el Castillo del Morro cayó en manos inglesas y la ciudad se vió obligada a rendirse a los pocos días. El cubano José Antonio Gómez ("Pepe Antonio"), Regidor del Cabildo de Guanabacoa, fue el héroe popular de la resistencia.

El Conde de Albemarle quedó al frente del gobierno del territorio ocupado que se extendía hasta la bahía de Matanzas. Los vecinos no desearon colaborar con las fuerzas de ocupación, aunque criollos como Gonzalo Recio de Oquendo y Sebastián Peñalver, así como el Cabildo de la Habana, ofrecieron alguna cooperación a Albemarle. A pesar de la mayor libertad de comercio y algunas concesiones hechas a la población por los ocupantes, se produjeron varias conspiraciones y el obispo Pedro Agustín Morell de Santa Cruz fue obligado a abandonar el país por su oposición a medidas británicas. Los ingleses exigieron el uso de un templo (el Convento de San Francisco) para el culto anglicano, aunque respetaron los privilegios concedidos por España a la religión católica. La repulsa popular fue recogida en letrillas y décimas.

Ambrosio de Villalpando Funes, Conde de Ricla y Grande de España, fue encargado del gobierno al abandonar la Isla los británicos. Durante su breve gestión (1763-1765) se inició la reconstrucción y ampliación del Morro y se comenzaron la fortaleza de la Cabaña y el Castillo de Atarés. Estableció además la Intendencia y organizó los hospitales. En su época se fundaron algunas publicaciones como *Gaceta de La Habana* y *El Pensador*. El Mariscal de Campo Alejandro O'Reilly fue designado para el nuevo cargo de Segundo Cabo y Subinspector de las tropas y milicias. O'Reilly se encargó de dividir la ciudad en barrios, darle nombre a las calles y numerarlas.

Su sucesor, el Mariscal de Campo Felipe Fondesviela, Marqués de la Torre, trató de embellecer durante su gestión (1771-1776) la capital y otras poblaciones. El historiador Vidal Morales se encarga de recordarnos que ese gobernador lo hizo "sin descuidar las demás obras de utilidad pública" y que, en su período, "se inició la prosperidad material de Cuba". Según Morales, construyó "el primer puente en Matanzas, y se hicieron paseos, y se empezaron casas consistoriales y cárceles en Trinidad, Sancti Spíritus, Villaclara, Remedios, Puerto Príncipe y Santiago". Fue la época de la fundación de Pinar del Río, Jaruco y Güines y del primer censo de población de la Isla: 172,620 habitantes, de ellos 96,400 eran blancos, 31,847 libres de color y 44,333 esclavos. En menos de tres años construyó la Alameda de Paula y la Alameda nueva en extramuros, actual Paseo de Martí. (Figura 1.5) Según Calixto Masó: "Empedró las principales calles dotando algunas de alumbrado público y edificó el Teatro, la Cárcel y el Reclusorio de Mujeres, iniciando la construcción del Palacio de Gobierno y del edificio de Correos. Terminó la Maestranza de Artillería, completó los trabajos de arquitectura de la fortaleza de La Cabaña, reparó las murallas y mejoró los muelles, especialmente el llamado de la Machina para facilitar la manipulación de las mercancías."

Los sucesores de tan recordado gobernante serían: el Mariscal de Campo Diego José Navarro, Juan Manuel Cajigal, el Mariscal de Campo Luis de Unzaga, el general Bernardo de Galvez, José Espeleta, y otros. Navarro continuó las labores del Marqués de la Torre. Galvez alcanzaría la fama por su participación en la Guerra de Independencia de Estados Unidos.

Pero la mayoría de los historiadores cubanos coinciden en señalar a Luis de las Casas (1790-1796) como el mejor gobernante español de Cuba. Las Casas, secundado por el gobernador de Santiago de Cuba, Juan Bautista Vaillant, por el intendente de Hacienda don José Pablo Valiente y por los cubanos Francisco de Arango y Parreño, el Doctor Tomás Romay, y otros, dio impulso a la agricultura, el comercio y la industria, creó establecimientos benéficos, atendió el mejoramiento de las poblaciones y su ornato y promovió como ningún otro predecesor suyo la educación. En su época se empezó a publicar *El Papel Periódico*, lo cual dio inicio a una larga tradición periodística en el país.

Masó nos recuerda que el gobierno de Luis de Las Casas coincidió con la Revolución Francesa y la insurrección en 1791 de los esclavos de Haiti, que influyó en la economía y en la actitud de ciertos sectores de la población. En opinión de ese historiador: "Las Casas pudo desarrollar sus planes a virtud de estos acontecimientos, pues la guerra de 1793 que terminó en 1795 con la paz de Basilea, hizo que el Capitán General de acuerdo con el Intendente de Hacienda José Pablo Valiente, abriera los puertos de Cuba a los bar-

Figura 1.5. Paseo del Prado, La Habana, (1940's)

cos de países amigos y neutrales, elevándose las rentas del fisco a más de un millón al año...."

Su sucesor lo sería Juan Procopio Bassecourt, Conde de Santa Clara, último gobernador de Cuba en el siglo XVIII.

Un acontecimiento fundamental de la última parte del siglo sería la fundación, en 1793, de la Sociedad Patriótica de La Habana por el Conde de Casa Montalvo, Francisco Joseph Basave, Juan Manuel O'Farrill, Luis Peñalver y otros que intentaban, imitando una sociedad similar fundada en Santiago de Cuba: "promover la agricultura, el comercio, la crianza de ganados y la industria popular, así como la educación e instrucción de la juventud." Se le conoce también como "Sociedad Económica de Amigos del País".

En el siglo XVIII se escribieron los primeros libros de historia de Cuba, entre ellos la *Historia de la isla y catedral de Cuba* del Obispo Pedro Agustín Morell de Santa Cruz. Este clérigo, nacido en Santo Domingo, pero de larga ejecutoria en Cuba, puede ser considerado, en opinión de José Manuel Pérez Cabrera como "el más antiguo de los historiadores vernaculares cuya obra haya sido conservada e impresa" aunque ese mismo autor reconoce a Ambrosio de Zayas Bazán, del siglo XVII, como el primer cubano por nacimiento que se ocupó en escribir la historia de su país.

34

En esta época la obra de los obispos tuvo mayor trascendencia, en algunos aspectos, que la de los gobernadores, como lo demuestran las labores de Diego Evelino de Compostela, Jerónimo Valdés, Morell de Santa Cruz y Juan José Díaz de Espada y Landa, quienes promovieron la educación, la beneficencia, las obras públicas, la arquitectura y la economía. La Iglesia respondió en el siglo XVIII a los intereses del país, hasta el punto que es posible hablar, en términos relativos, de un breve período de iglesia cubana en la historia de lo que podía considerarse todavía como una iglesia española.

El siglo XVIII coincidió con una época de grandes cambios económicos. Por lo tanto, es conveniente tener en cuenta algunos acontecimientos económicos ocurridos en los siglos anteriores: habiéndose agotado casi al principio de la colonia, el oro fue sustituido por la ganadería; la llegada de emigrantes canarios creó un nuevo núcleo social que hizo del tabaco un producto de exportación y hasta provocó luchas armadas. En opinión del historiador de la economía cubana Julio Le Riverend: "el cultivo de tabaco altera asimismo la disposición de las clases sociales: ya no impera sin objeciones la oligarquía de hacendados ganaderos, refugiada en las ciudades, frente a las cual se alzan grupos fuertes de campesinos, arrendatarios unos, censatarios otros, pobres todos, dedicados a la explotación de la hoja aromática. Se está formando, pues, una verdadera clase campesina". Mientras tanto, los primeros capitales se formaron con el comercio y fueron la base para el posterior desenvolvimiento de la economía basada en el azúcar. Calixto Masó, el historiador que dio a un capítulo de su reconocido texto de historia de Cuba el título: "Decadencia de la Isla (1524-1555)", escogió también los siguientes encabezamientos: "Progresos de la Factoría (1555-1697)" y "Transformación de la Factoría" (1697-1762)" e "Integración de la Colonia (1763-1808)". Según él: "La transformación de la Factoría en Colonia posibilitó junto con otros factores, el inicio del proceso revolucionario cubano". También señala que durante este período (el siglo XVIII) "se acentuó la identificación del progreso de la Isla con el trabajo esclavo que a partir del siglo XVIII constituye el trasfondo de las ideas, la economía y la sociedad cubanas." Las diferencias entre criollos y peninsulares se intensificarían notablemente. El período provee importantes antecedentes para la futura nacionalidad cubana.

Un episodio importante en la historia del país y relacionado íntimamente con la economía ocurre en la segunda década del siglo. El Rey Felipe V ordenó en 1717 la creación del llamado "estanco del tabaco" — una factoria general y sus sucursales comprarían todo el tabaco. Este monopolio estaba dirigido contra los vegueros, pero afectaba a pequeños manufactureros y comerciantes. En La Habana surgió una protesta encabezada por el procurador general de la ciudad, Pedro Fernández de Velasco. Los vegueros de zonas cercanas a la capital cubana se reunieron y armaron, obligando al gobernador Vicente Raja a renunciar y embarcarse rumbo a España. Su sucesor logró imponerse, pero los abusos habían sido demasiado grandes y continuados como para que los vegueros los aceptaran. Se produjeron otras rebeliones hasta que en 1723 los vegueros entraron en Santiago de Las Vegas y Bejucal. También tuvieron lugar motines en Guanabacoa. Las tropas reales atacaron y vencieron a los rebeldes.

Durante la dominación británica (1762-1763) Cuba se abrió por primera vez al comercio con una potencia europea que no era España, lo cual pudo haber sido el "punto de arranque" de un período de progreso económico. En 1774-1778 la Corona impulsó medidas que favorecían a la burguesía peninsular, pero que también significaron ventajas para las colonias americanas. Es importante tener en cuenta el impacto del reinado progresista de Carlos III en las colonias americanas, especialmente en Cuba. Luego de la supresión de la Real Compañía de Comercio, se creó la Intendencia de La Habana, se amplió a ocho el número de puertos españoles con los que Cuba podía comerciar y se redujeron algunos derechos arancelarios. El problema de los aranceles es muy complicado. De hecho la reforma de Carlos III elevó algunos aranceles a los productos considerados foráneos; o sea, a todos los que no procedían del "comercio nacional" (o del imperio español).

Además de todo esto, los acontecimientos de fines de siglo en Haití: la rebelión de los esclavos en esa colonia francesa, la independencia haitiana y el traslado a Cuba de numerosos colonos franceses, contribuirían a introducir otros grandes cambios en la economía cubana, aunque sus efectos se verían en el siglo siguiente. En cualquier caso, el siglo XVIII marcó el paso de una economía de factoría a una economía de plantación, Cuba estaba encaminándose a convertirse en la azucarera del mundo y el incremento del comercio también ayudaría a acelerar el ritmo de construcciones y expandir los horizontes de la arquitectura en Cuba.

El barroco

La arquitectura barroca es la del siglo XVII y parte del XVIII. El barroco es un estilo ornamental caracterizado por la abundancia de volutas y otros adornos en que predomina la línea curva. Se trata de una decoración exuberante y composiciones espaciales complejas. A veces el barroco es atemperado por elementos clásicos.

María Sánchez Agustí, en su obra *Edificios públicos de La Habana en el siglo XVIII*, señala sobre el siglo XVIII que "representó en La Habana la eclosión de la arquitectura barroca, distinguiéndose, al igual que en su historia, dos épocas claramente definidas: la primera, hasta 1763, denominada por algunos autores 'período de formación' y la segunda, a partir de esa fecha, o 'barroco propiamente cubano'". Para ella, el primero "se distingue por el carácter desordenado de sus fachadas". Considera a la Iglesia de San Francisco como un buen ejemplo. En su opinión "A partir de 1763 comienza la segunda época del barroco cubano, para algunos autores la única del período colonial que presenta originalidad e interés." Ella entiende que "la tónica constructiva de este período, por comparación al precedente, fue eminentemente civil y, por lo tanto, las construcciones más representativas fueron en su mayoría edificios destinados a la administración pública". La misma autora considera que "el ciclo de la arquitectura barroca se cierra en La Habana con la construcción de la Casa de Beneficencia, ya bajo supuestos neoclásicos".

Weiss hace énfasis en el carácter barroco de la arquitectura cubana de este siglo e indica que "fue sin duda afortunado que el cauce por el cual nos llegó la influencia de la arquitectura barroca española fuese Andalucía debido a que sus puertos — Sevilla y Cádiz — eran los únicos habilitados para el tráfico de la Isla con la metrópoli, pues el sincretismo del arte andaluz facilitó la aplicación de sus formas a nuestra arquitectura." En el siglo XVIII el estilo barroco marcó, según algunos, una diferenciación cubana que se expandiría notablemente por el interior del país, de lo cual quedaron testimonios en Santiago de Cuba, Trinidad, Camagüey y Sancti Spíritus.

Constructores del siglo XVIII

Entre los constructores del siglo XVIII pudiera mencionarse primero, siguiendo un orden cronológico, a Pedro Hernández de Santiago, un "maestro albañil y cantero", convertido después en "maestro arquitecto", quien construyó la iglesia de Nuestra Señora de Belén y la ermita de Nuestra Señora de Regla, al otro lado de la bahía habanera. Se le deben las torres de la iglesia de los franciscanos y la de la iglesia conventual de Santa Clara, así como la terminación de la torre de la iglesia parroquial del Espíritu Santo. Según un dato de Francisco Calcagno, se destacó un arquitecto de apellido Camacho, el cual bien pudiera ser el teniente Lorenzo Camacho, a quien se le atribuye un puente en la ciudad de Matanzas y la portada de la capilla de Nuestra Señora de Loreto, anexa a la catedral habanera.

Otros arquitectos importantes fueron Antonio Arredondo, José Perera, Bruno Caballero y Jorge Abarca. Arredondo, Caballero y Abarca eran coroneles de ingenieros. A Abarca se le debe un plan para mejorar las fortificaciones de la Habana después de la breve dominación británica.

La mayor parte de las obras de la época se deben a Abarca y a otros dos constructores, no mencionados hasta ahora: el coronel de ingenieros nacido en Cuba, Antonio Fernández de Trevejos y el arquitecto Pedro de Medina. Según Weiss, Fernández Trevejos participó en las obras de las casas de Gobierno y de Correos, de la plaza de Armas, del cuartel de Milicias, del teatro Coliseo, de las alamedas de Paula y Extramuros, de los Puentes Grandes, del Calabazar, de Arroyo Blanco y del Husillo. El ilustre médico cubano Tomás Romay elogió de la siguiente manera a Pedro Medina: "No se limitaban sus conocimientos a la arquitectura militar: La Santa Iglesia Catedral, la Casa de Gobierno y Consistoriales, la reparación de las enfermerías de Belén, del Coliseo y de la Casa de Correos, el cuartel de Milicias, el puente del Calabazar, el empedrado de nuestras calles, recomendarán su inteligencia en la arquitectura civil". José Manuel Pérez Cabrera hace énfasis en las labores de Agustín Crame (o Cramer) a quien concede, junto a Silvestre Abarca, un lugar de honor en las reparaciones de las fortificaciones habaneras después de la restauración española (1763).

El siglo de oro de la arquitectura colonial

Evelio Govantes es uno de los autores que señalan al siglo XVIII como el siglo de oro de la arquitectura colonial en Cuba. La ciudad de La Habana se había extendido considerablemente a fines del siglo XVII y su población alcanzaba ya los 25,000 habitantes. Durante el siglo XVIII, los solares vacíos y las huertas empiezan a desaparecer y en esos terrenos se construyen infinidad de casas y otros edificios, así como se llevan a cabo notables reedificaciones. La creciente prosperidad de los terratenientes y burgueses se traduciría en hermosas mansiones en la capital y el interior del país.

Según crecía la ciudad, se hacía más evidente la necesidad de paseos públicos, de lo cual se ocuparían varios gobernadores, especialmente el marqués de la Torre. Surgirían entonces la Alameda de Paula y la de Extramuros. La ciudad crecía fuera del recinto de sus murallas y para la dispersión de la urbe sirvieron las calzadas conocidas como Camino de San Antonio y Camino del Monte. De acuerdo con Weiss, estas dos calzadas, junto a la calle de la Zanja [la Zanja Real], "juegan un papel importante en el sistema vial de la ciudad". Muchas edificaciones se levantaron también en Santiago de Cuba, pues el siglo XVIII fue de relativa prosperidad, a pesar de los ataques ingleses a la jurisdicción.

Edificaciones civiles

Más evidente todavía es el número de casas del siglo anterior que son renovadas y ampliadas, así como las nuevas viviendas que se construyen en el siglo XVIII, algunas de las cuales siguen despertando la admiración tanto de los estudiosos de la arquitectura como del viajero promedio que visita la capital. Govantes lo resume así: "Los habaneros vieron la aparición del nuevo estilo [el barroco] con simpatías, y al barroco acudieron para tratar las fachadas e interiores de sus residencias, como se ve en las del Conde de la Reunión de Cuba, en la calle de Empedrado, Marqués de San Felipe y Santiago, en la Plaza de San Francisco, la de Oficio esquina a Muralla, la de Mercaderes 3, frente al Marqués de Arcos, las de la Plaza de la Catedral, y sobre todo en la portada de la 'Casa de la Obrapía', que es la obra barroca más libre y atrevida que nos dejó España en la arquitectura doméstica".

En opinión de Segre: "La casa cubana alcanza aquí su propia personalidad, y se definen con claridad los elementos funcionales que caracterizan cada una de sus plantas. En relación directa con las plazas exteriores por medio de los portales, posee en la planta baja el almacén o depósito de mercancías. La tercera y cuarta plantas constituyen las áreas privadas del terrateniente y su familia". Según Leal Spengler: "Residencias suntuosas surgen por doquier, a la austeridad e íntimo recogimiento que define a la arquitectura precedente, le suceden las altas fachadas de atrevidos pórticos con molduraciones barrocas, amplio portal y zaguán para el paso de la calesa, arco polilobulado que antecede a las galerías de los patios claustrados de nobles columnas, escalinatas que se resuelven dentro de una caja, a veces una bóveda, iluminada por óculos, que rompen el eco de la voz o filtran la luz solar a través de finísimos cristales de color".

Weiss, al hacer un énfasis marcado en las viviendas habaneras de la época, las divide en "Casas de la Plaza Nueva" y "Casas de la Plazuela de la Ciénaga". Sobre las de la "Plaza Nueva" afirma que fueron "un importante campo de experimentación de la arquitectura doméstica criolla; siendo evidente que allí alcanzó su pleno desarrollo el tipo de casa de "dos altos", con balcones de madera y cubierta de tejas, introducido en las últimas dos décadas del siglo XVII y mantenido hasta el advenimiento de la casa de azotea a fines del siglo XVIII". En cuanto a las de la "Plazuela de la Ciénaga" — actual plaza de la Catedral — señala como rasgo común el siguiente: "poseen estas casas soportales de arquerías y columnas de piedra, construidos asimismo a expensas de la plaza en una etapa posterior a la de la casa primitiva. También, como aquéllas, éstas debieron de tener balcones de madera en lugar de los actuales de hierro..." Para él, constituyen una variante de la casa habanera del siglo anterior.

Una edificación importante de la época lo fue el Palacio de los Marqueses de Bejucal, situado en Bejucal, provincia de La Habana. En esa notable residencia sería hospedado (en el siglo siguiente) Luis Felipe de Orléans, quien llegaría al trono de Francia. El palacio se construyó siguiendo las instrucciones de Juan Jose Núñez del Castillo, II Marqués de San Felipe y Santiago. Al igual que la iglesia parroquial, estaba construido con piedras de la región, de apreciable dureza. Sus galerías estaba rodeadas de balcones con balaustradas de madera, columnas, adornos y esculturas y una escalera monumental.

Los balcones

Los balcones volados de madera son tal vez la mayor contribución española a la arquitectura de la América tropical. Según Martha de Castro: "Tienen un carácter decorativo y han llegado a ser algo vital en Cuba...Los del siglo XVIII son los que ofrecen más elaboración en la talla". La escritora Anita Arroyo formula una pregunta: "¿Quién que haya recorrido con espíritu de evocación las calles más antiguas de nuestras poblaciones, bien en el sector de nuestra Habana vieja, bien en esos típicos callejones ondulantes y seductores de Trinidad, Sancti Spíritus o Santiago de Cuba, no ha podido asomarse con regocijo a esos escarapates abiertos que son nuestros sugestivos balcones coloniales de madera?"

Los interiores

En relación con los interiores, no demasiado diferentes a los del pasado siglo, Govantes afirma que "reciben la influencia del estilo en boga; y los zaguanes, que antes se situaban de modo que ocultasen los interiores, ocupan generalmente el eje del patio que atraía por la lozanía y frescor del verde de sus arriates y de las aguas de sus fuentes". A lo cual agrega Leal Spengler: "Entre la planta baja y el piso noble, profusamente decorado con pinturas murales hechas al temple o al fresco, inspiradas algunas en los recientes descubrimientos de Pompeya y Herculano y donde estaba la residencia familiar, existían los entresuelos, suerte de pequeñas habitaciones empleadas en ocasiones para vivienda de la servidumbre de confianza o como oficinas comerciales, desde ellos, sus reducidas ventanas se asoman al exterior, al zaguán y a la galería interior, tras de rejas de jaula y cuidadas tornerías. En el patio, si es mucha la grandeza, la fuente regala al silencio la sonoridad del agua".

Hacia la ciudad de las columnas

Segre comenta también la respuesta ecológica y sus "constantes" locales: "la profusión de columnas en portales y galerías sombreadas; la reja, cuyo arabesco filtra las imágenes visuales al exterior y permite la dilatación de la abertura en el muro; las mamparas, que dejan circular el aire en los ambientes interiores, y el arco de medio punto, quizás el componente más original de la arquitectura colonial cubana, elemento intermedio entre el sol tórrido y la atenuada luminosidad de la vivienda". Esa "profusión de columnas" llevó al eminente novelista cubano, Alejo Carpentier, Premio "Cervantes", a describir La Habana como "La ciudad de las columnas", lo cual ha tenido una buena acogida en un ambiente universal. La investigadora catalana Nissa Torrens recoge, en su libro *La Habana*, el tema de Carpentier: "...columnas mestizas, sincréticas, mezcla de estilos que es todo un estilo; desorden barroco que desafía lógicas importadas, columnas—pesadilla... calzadas de columnas, avenidas, galerías, caminos de columnas, iluminadas a giorno, tan numerosas, que ninguna población las tenía en tal reserva".

Arquitectura religiosa

En lo que se refiere a la historia eclesiástica cubana, las primeras órdenes monásticas que se establecieron en Cuba fueron los dominicanos y los franciscanos (siglo XVI), los agustinos y clarisas (XVII), los betlemitas, teresianas, mercedarios, jesuitas y carmelitas (siglo XVIII). En el siglo XVIII se reconstruyeron edificios de las órdenes que llegaron primero y se edificaron por primera vez los de aquellas que esperaron más para establecerse en Cuba. Según Jacobo de la Pezuela, la iglesia del convento de Santa Teresa de Jesús fue abierta al culto en 1707.

Entre las obras de reconstrucción y ampliación citaremos la iglesia del antiguo hospital de San Francisco de Paula y el convento de San Francisco de Asís, el cual fue utilizado por los británicos para la celebración de oficios religiosos anglicanos en 1762-1763. En opinión de Luis de Soto, en esta edificación "estilísticamente barroca", considerada por él como el más interesante de los conventos habaneros, se debía reconocer lo siguiente: "No obstante las obras sucesivas realizadas en ese edificio [destinado a uso laico después de desalojado el convento por los religiosos en 1841], sobre todo las de restauración y adaptación a su nuevo destino de Central de Correos, San Francisco, mantiene su prestancia y queda, junto con la Catedral y el Santo Cristo, como una muestra representativa de la arquitectura religiosa de Cuba colonial." Para ese autor, "la torre de 48 varas de altura", "la imagen de Santa Elena que la remataba", las "bóvedas de arista de sus naves y claustros", "el ritmo tranquilo de sus arcadas de medio punto, sus amplios patios y severos claustros", "la sobria escalera", "la disposición de las altas ventanas del antiguo coro" y "los ojos de buey característicos fungiendo como huecos de clerestorio", "imparten a este edificio una belleza estructural que los embates del tiempo y de los hombres no han disminuído".

El convento e iglesia de Nuestra Señora de Belén se construyó en la primera mitad del siglo. La orden de los betlemitas trabajó en Cuba hasta 1842. En 1854 los jesuitas se quedaron con el edificio y su colegio, uno de los más famosos en la historia del país, el Colegio Belén.

La Iglesia de Nuestra Señora de la Merced y la iglesia del antiguo colegio de los Jesuitas (hoy catedral de La Habana) datan de la segunda mitad del siglo XVIII. No se conoce mucho como estaban las obras de esta última iglesia al ser expulsados de Cuba los jesuitas en 1767. Debido a que la Parroquial Mayor de la Plaza de Armas estaba prácticamente en ruinas, esa congregación se trasladó al edificio jesuita al ser techado el mismo (1777). En 1793, al confirmarse la división de la Isla en dos diócesis (La Habana y Santiago de Cuba), la Iglesia Parroquial Mayor quedó erigida en catedral de La Habana. Su primer obispo, José Felipe de Trespalacios, ordenó la realización de obras complementarias. Según de la Pezuela, "consumó las rentas de su casa, además de las de su prelacía, en revestir y alhajar la iglesia de San Ignacio, convertida ya en Catedral, transformando y ampliando su edificio hasta dejarlo en el estado en que se encuentra hoy o poco menos." Después de que se escribieron esas palabras, la catedral ha sufrido algunas modificaciones.

Por la importancia histórica de la institución, el antiguo edificio del Seminario Conciliar de San Carlos y San Ambrosio no puede dejar de mencionarse. El colegio de niños fundado por el obispo Compostela en 1689 se trasladó a una estructura confiscada a los jesuitas y se le añadió el nombre de San Carlos, en honor del rey Carlos III, quien lo elevó a Seminario Conciliar en 1768. El edificio quedó terminado a mediados del siglo XVIII. En opinión de Weiss, "Exteriormente presenta grandes paños murales sin otro elemento de interés que la portada... composición en forma de retablo que practicaron los sucesores de Churriguera en España... recuerda ciertos ejemplares españoles, como la de la decana Universidad de Valladolid...en vez de columnas se usan pilares octogonales sin capital y pilastras estriadas... Las salas del Seminario se desarrollan en el perímetro de un vasto patio...Más tarde el obispo Espada mandó colocar en su centro una fuente de varios surtidores, hoy desaparecida...En suma, la antigua iglesia y claustro de los Jesuitas en La Habana — hoy Catedral y Seminario Conciliar — forman sin discusión el conjunto de arquitectura religiosa cubana más importante de la época colonial."

En el interior del país no quedó demasiado atrasada la arquitectura religiosa en el siglo XVIII. De acuerdo con datos de Weiss, la catedral de Santiago de Cuba — la primera erigida en la Isla ya que la catedral de Baracoa no llegó a edificarse — tuvo un edificio erigido en la primera mitad del siglo XVI, reconstruido en los años 1670-1684, 1686-1690 y 1785, y otro —con su frente a la plaza de Armas— que fue construido entre 1810 y 1818, y reformado en 1853-1854 y en 1922. La catedral (reformada en 1853 y en 1923) (Figura 1.6) "constaba de cinco naves separadas por gruesos pilares formados por haces de horcones de madura dura, con arcos y bóvedas del mismo material". Según Diego Angulo Iñiguez, director del Archivo de Indias de Sevilla, y citado por Weiss, era "la obra de arquitectura fundamentalmente lignaria de mayores proporciones de Cuba", solución análoga a la empleada en la Catedral de Lima. Del siglo XVIII datan también las iglesias santiagueras de Nuestra Señora de los Dolores, Santo Tomás, Santísima Trinidad y Nuestra Señora del Carmen.

La Parroquial Mayor de Bayamo, Iglesia de San Salvador, es una las iglesias más antiguas de Cuba (1516), pero tuvo que ser restaurada varias veces y queda poco de su aspecto original. Puerto Príncipe se ha caracterizado también por hermosos templos, es más, en Camagüey los edificios religiosos superaron a las mejores residencias privadas. El actual edificio de la Iglesia de Las Mercedes se erigió en 1756 y es considerada una de iglesias de la Isla con mayores valores arquitectónicos. La iglesia del Carmen, aunque terminada en 1825, procede del siglo XVIII, así como la Parroquial Mayor (un edificio anterior fue destruido en un incendio en 1616). En 1725 se fundó la capilla de Nuestra Señora de los Dolores. En Trinidad se conserva la ermita de Nuestra Señora de la Candelaria (1740). En el siglo XVIII también se edificó allí la iglesia de Santa Ana (originalmente una ermita de guano), pero el Convento de San Francisco de Asís es de mayor importancia arquitectónica. En Matanzas se terminó de construir en 1750 la Iglesia Parroquial de San Carlos, de mampostería sólida y techos de teja con buenas, bien dibujadas y pulidas maderas.

En Guanabacoa se erigió la iglesia conventual de Santo Domingo construida en 1728-1748. Según Angulo, "es el ejemplar más complicado e interesante del tipo de iglesia ha-

Figura 1.6. Catedral y Plaza Mayor, Santiago de Cuba. (1910)

41

banera cubierta con alfarjes". La Iglesia Parroquial Mayor data del siglo XVI, pero fue reedificada en el XVIII. En este siglo se construyó el Convento de San Francisco, el cual posteriormente sufrió varias reformas. En el municipio de Guanabacoa se construyó la Iglesia de Santa María del Rosario, población fundada por el primer conde de Casa-Bayona. El actual edificio se construyó en 1760-1766 y se le considera como una de las iglesias rurales más impresionantes del país, hasta el punto de llamársele "la catedral de los campos de Cuba", nombre que le dió un famoso obispo de La Habana: Juan José Díaz de Espada y Landa. (Figura 1.7)

Edificios gubernamentales y centros de asistencia pública

Entre las grandes edificaciones civiles del siglo XVIII se puede enumerar, en La Habana: la Casa Cuna (Casa de Beneficencia), el Hospital de San Lázaro, el Cuartel de Milicias, el Hospicio de San Isidro, el Coliseo, la Casa del Segundo Cabo (antigua Casa de Correos), el Palacio de los Capitanes Generales (la Casa del Cabildo)

La Casa Cuna pasó a ser en 1831 Casa de Maternidad. Fue construida con fondos aportados por el obispo Jerónimo Valdés, a quien se debe esa casa de expósitos. Las obras del Hospital de San Lázaro (fundado modestamente el siglo anterior) se llevaron a cabo a mediados del siglo XVIII. El Cuartel de Milicias, en las calles Monserrate y Empedrado, alojó desde el siglo XVIII la guanición de la Habana, que antes se albergaba en el castillo de La Fuerza. El Hospicio de San Isidro ya existía durante la toma de La Habana por los ingleses y ha tenido diversos usos. El Coliseo o Teatro Principal, construido en 1773, fue ampliado en 1846.

Como las obras de la Casa del Cabildo, las de la Casa de Correos (después Palacio del Segundo Cabo) quedaron terminadas en 1772. (Figura 1.8) A mediados del siglo XIX se trasladaron allí las oficinas del Subinspector Segundo Cabo. Según Weiss, "El edificio es de un barroco muy mesurado". La Casa del Cabildo sufrió los estragos del ciclón "Santa Teresa" en 1768 y no continuó realizando las funciones para las cuales había sido construida. Las obras de construcción del Palacio de los Capitanes Generales, en ese mismo sitio, se efectuaron a partir de 1776 y en 1835. Tanto esta edificación, como la Casa de Correos, revelan un barroco equilibrado, preludio del neoclasicismo. Frente a la Casa de Correos y a la de Gobierno sería erigido un *Templete* dórico, en el lugar donde presuntamente se habían celebrado el primer cabildo y la primera misa. Con ese edificio se inauguraría un nuevo estilo arquitectónico en el país, como veremos más adelante. (Figura 1.9)

Sánchez Agusti dice sobre estas edificaciones: "La importancia de la Casa de Correos no radica tanto en sí misma como en el influjo que ejerció tanto en la arquitectura doméstica como en los edificios públicos. En cuanto a la primera, cambió por completo el esquema de las fachadas de las casas habaneras. Los bellos balcones de madera torneada cubiertos con un tejadillo fueron sustituidos por barandas de hierro...las cubiertas de teja desaparecieron dando lugar a las azoteas. Las portadas semejantes a la de la Casa de Correos se repitieron una y otra vez, al igual que los arcos mixtilíneos y los motivos de placas recortadas". Otro dato interesante que nos aporta es el siguiente: "Más importante aún es su influencia en los edificios públicos. Tres años después de iniciada su obra se decidió que sirviera de modelo para las demás construcciones que se iban a comenzar en la Plaza de Armas.

La Casa de Gobierno, el Palacio de los Capitanes Generales, es la más conocida de todas y se diferencia sólamente, aparte de sus mayores dimensiones, porque las pilastras de la fachada fueron sustituidas por columnas adosadas, ya que los ricos encuadramien-

Figura 1.7. Iglesia, Santa María del Rosario

Figura 1.8. Palacio del Gobernador, Intendencia y Plaza, La Habana. (1900)

tos de las ventanas son muy parecidos a los que en un principio poseyó aquella". La Casa de Correos debía servir de modelo al edificio utilizado para casa de gobierno, pero el Palacio de los Capitanes Generales la superó en varios aspectos. Allí se realizó el traspaso de soberanía a la nueva nación cubana en 1902 y fue por dos décadas la sede de la Presidencia de la República. Actualmente radican en ese edificio las oficinas del Historiador de la Ciudad de La Habana.

Mientras tanto, en Santiago de Cuba, en época del gobernador Juan Bautista Vaillant (fines de siglo), además de crearse numerosas escuelas e instalarse el alumbrado público, se hicieron varias obras públicas, como un vasto edificio para el Ayuntamiento, obras de empedrado, mejoras a los muelles y la Plaza de Armas, etc.

Fortalezas del siglo XVIII

El sistema defensivo de la capital pasó por un proceso de ampliaciones durante el siglo XVIII. Pérez Cabrera lo expresa de la siguiente manera: "Los buques holandeses estuvieron muy cerca de veinte años amenazando nuestras costas, bloqueando el puerto de La

Habana o acechando el paso de las flotas y galeones de México y Tierra Firme; amagos e intentonas que movieron al gobierno de la metrópoli a disponer la edificación del fuerte de Santa Dorotea de la Luna, en la boca del río Almendares (la Chorrera), y del Torreón de Cojímar, al este de la ciudad." (Figura 1.10)

La pérdida temporal de la capital cubana a manos de las fuerzas británicas en 1762 demostró, en palabras de Jacobo de la Pezuela: "la debilidad verdadera" de la Plaza. Weiss se refiere al programa de la defensa de la capital posterior a la restauración española: "consistía en la reedificación del castillo del Morro, parcialmente destruido por los invasores, trabajos que duraron diez años; la construcción de los nuevos castillos de La Cabaña, del Príncipe y de Atarés; y el emplazamiento en otras partes de la ciudad de sendas baterías, cuarteles, almacenes, etc. Con estas fortificaciones 'quedó inexpugnable' La Habana."

Para Weiss, reflejando el casi unánime consenso de los historiadores: "Entre esas construcciones figura como de primerísima importancia la fortaleza de San Carlos de la Cabaña — así llamada en honor del rey Carlos III." Además de impresionantes valores arquitectónicos como los son la puerta exterior y el frente de su capilla, la Cabaña era tal vez la más formidable y segura de todas las fortalezas españolas en el Nuevo Mundo. A las lomas de Aróstegui y de Soto se les fortificó por tratarse de puntos dominantes de la ciudad. El ingeniero belga Agustín Cramer estuvo a cargo de las edificaciones así como Silvestre Abarca (con la ayuda de Pedro Medina) se encargó de La Cabaña.

En la primera loma se levantó, con la forma de un pentágono irregular, el vasto Castillo del Príncipe —en honor del príncipe Carlos, hijo de Carlos III. En la segunda loma fue edificado el Castillo de Atarés, llamado así en honor del Conde de Atarés, padre del Conde de Ricla, gobernador de Cuba. Ese último castillo es un hexágono irregular.

El proceso no terminó con esos esfuerzos, como señala Pérez Cabrera: "A fines del siglo XVIII, el temor a nuevos ataques foráneos hizo planear y ejecutar algunas obras complementarias de defensa: las baterías de San Lázaro, (Figura 1.11) San Nazario y Santa Clara, edificadas al oeste de la plaza, entre los castillos de la Chorrera y de la Punta, y el foso y el camino cubierto del recinto amurallado de la ciudad".

En 1734 se había terminado a orillas de la bahía de Matanzas el castillo de San Severino, iniciado en época del gobernador Severino de Manzaneda (1689-1695). En 1742-1745 se llevó a cabo la construcción del castillo de Nuestra Señora de los Angeles de Jagua en la bahía de ese nombre, al sur de Cuba. El proyecto había empezado a tomar forma entre 1660 y 1690. A principios del siglo XIX se fundó en sus alrededores la ciudad de Cienfuegos, una de las más importantes del país.

Hacia un nuevo urbanismo

Felicia Chateloin, en una obra sobre el siglo siguiente, *La Habana de Tacón*, nos recuerda que a pesar de todos los avances subsistían problemas fundamentales: "Ya desde fines del siglo XVIII, la necesidad de mejorar los servicios y la estructura urbana de La Habana se hizo más patente. En los siglos anteriores se habían preocupado por las fortificaciones, los cuarteles y las iglesias; se había insistido en el orden militar y en el religioso, pero en lo civil casi todo estaba por hacer...No había en los finales del siglo XVIII, ordenanzas que normaran el diseño urbano, lo que ocasionaba el caos. El Ayuntamiento no exigía ni siquiera un replanteo preliminar de las calles para la ejecución de un proyecto, y mucho menos habilitarlo con algunas facilidades sanitarias. Muchas veces se construía primero el edificio y luego se trazaba la calle, razón por la que, en ocasiones, era una verdadera proeza encausar estas calles en la cuadrícula hipodámica." En su opinión,

Figura 1.9. El Templete y la Plaza. La Habana. (1900-1901)

tampoco había barrios residenciales ni zonas dedicadas al comercio y a oficinas ni la ciudad estaba dividida en barrios. Ahora bien, algunas calles se caracterizaban por una gran actividad comercial, como Muralla, pero las oficinas y almacenes se encontraban en las mismas casas de vivienda.

Urbanización en el interior

El progreso de la industria azucarera facilitó la creación y adelanto de ciudades y villas cercanas a La Habana, donde brotarían los caseríos, caminos y edificios. Importantes centros de población urbanos surgieron en Bejucal (1713), Santa María del Rosario (1728), San Juan de Jaruco (1765), San Antonio de los Baños (1779). Matanzas empezaría a tomar forma de ciudad importante en este siglo y, en el siguiente, Cienfuegos y Cárdenas superarían en algunos aspectos determinados a la propia capital cubana.

Tránsito del XVIII al XIX

Cuba hizo grandes avances en el tránsito del siglo XVIII al XIX. En la última década del XVIII el nuevo Capitán General de la Isla, Luis de las Casas, ocupa la nueva Casa de Gobierno y quedan establecidas la Real Sociedad Económica de Amigos del País, el Real Consulado de Agricultura, Industria y Comercio y la Biblioteca Pública. En 1728 se había inaugurado la Universidad de La Habana.

En las últimas décadas del siglo estallaron las revoluciones Norteamericana y Francesa, así como la Haitiana. Esta última puso punto final a la dominación francesa sobre la parte occidental de la Española, lo cual significó la decadencia de la industria azucarera haitiana y el inicio de la transformación de Cuba en la mayor productora azucarera del mundo. También se benefició la industria del café con la llegada de muchos franceses que se trasladaron a Cuba, y quienes, al igual que importantes figuras de la industria del azúcar en el vecino país, llevaron a Cuba su talento y parte de su fortuna.

Además, en virtud de la cesión de la colonia del Haití español [la futura República dominicana] a Francia, mediante el Tratado de Basilea de 1795, una buena cantidad de do-

Figura 1.10. Fuerte, Cojimar, La Habana

47

minicanos se radicaron en Cuba a partir de esa fecha, como lo describe y documenta Carlos Esteban Deivi en *Las Emigraciones Dominicanas a Cuba*.

Acompañado de Aimé Bonpland, llegaría a la Perla de las Antillas en 1800 el gran sabio alemán Alejandro de Humboldt, considerado por algunos como el segundo descubridor de Cuba. Su *Ensayo Político sobre la isla de Cuba* pronto se convertiría en una obra fundamental para los estudiosos de la economía y la sociedad colonial.

Otro factor significativo lo sería el Obispado de La Habana, en manos de Juan José Díaz de Espada y Landa, un clérigo progresista y amigo de Cuba. Las aulas del Seminario de San Carlos y San Ambrosio se abrirían, a partir de su episcopado, a nuevos vientos de doctrina y a la juventud cubana. La influencia del clero cubano disminuiría al llegar la segunda mitad del siglo XIX y las nuevas y violentas confrontaciones entre criollos y peninsulares. A pesar de lo anterior, la tradición del Presbítero Félix Varela, a quien mencionaremos más adelante, la recogería un grupo de sacerdotes cubanos opuestos a la posición de obispos y sacerdotes integristas.

Siglo XIX

Panorama del siglo

El siglo XIX se inició bajo los signos del progreso y la esperanza. En él se destacarían figuras fundamentales para la historia y cultura del país, algunas de los cuales consideradas forjadoras de la nacionalidad cubana o lumbreras intelectuales: José Agustín Caballero, José María Heredia, Félix Varela, José Antonio Saco, José de la Luz y Caballero, Gertrudis Gómez de Avellaneda, Domingo del Monte, Antonio Bachiller y Morales, Felipe Poey, Anselmo Suárez y Romero, Julián del Casal y José Martí, entre otros.

El Padre Caballero defendió los derechos de los cubanos a la autonomía; Heredia se convirtió, no sólo en el cantor del Niágara, sino en nuestro primer poeta nacional; el Presbítero Varela — defensor de la libertad intelectual — fue un gran forjador de la nacionalidad cubana; Saco se opuso a las ideas anexionistas y dejó una monumental *Historia de la Esclavitud* que honra la erudición cubana; Luz Caballero fue el maestro por excelencia; la Avellaneda honró la poesía cubana e hispanoamericana; del Monte promovió la cultura; Bachiller y Morales fue un gran historiador de la cultura nacional; Poey hizo resplandecer la ciencia en medio de las tinieblas del oscurantismo colonial; Suárez y Romero y Cirilo Villaverde retrataron en sus novelas el estilo de vida de la colonia; Julián del Casal abrió caminos en el mundo de la poesía, y Jose Martí, polígrafo y orador insuperado, trazó como ningún otro la ruta que conduciría a la independencia. Puede afirmarse acerca de ellos, y de otros cubanos del siglo XIX, algo parecido a lo expresado por las palabras bíblicas: "...había gigantes en la tierra".

El Ayuntamiento de La Habana reconoció la Junta Revolucionaria de Sevilla en julio de 1808. La libertad de imprenta es proclamada el siguiente año y se inicia toda una tradición intelectual, al tiempo que se va forjando la nacionalidad cubana con figuras como las mencionadas anteriormente. Es más, algunos cubanos eminentes, como Francisco de Arango y Parreño, se destacarían en la administración pública. Sin embargo, la independencia no llegaría hasta principios del siglo veinte, luego de infinidad de conspiraciones y de varias guerras. La primera mitad del siglo se caracterizó por algunos intentos de reforma y ciertas concesiones, que eran suspendidas después por gobernadores intransigentes, a pesar de haber sido designados, algunos de ellos, por gobiernos liberales españoles.

En 1808, el gobernador español, Salvador de Muro y Salazar, Marqués de Someruelos, había proclamado a Fernando VII, declarando el estado de guerra con Francia, que había invadido España e impuesto como Rey a José Bonaparte, hermano de Napoleón. El año 1809 marca el inicio de una serie de conspiraciones y actividades revolucionarias en un período inicial de luchas independentistas que terminaría en época del gobernador Francisco Dionisio Vives.

Probablemente, la mejor descripción de los primeros esfuerzos separatistas la hace el historiador José Luciano Franco en su documentado estudio sobre "La Conspiración de Aponte", recogido en una colección de sus *Ensayos Históricos*. Román de la Luz Campa fue detenido junto a Judas Tadeo de Alfonso en octubre de 1809 y acusado de separatista. El doctor Infante escapó de Cuba y redactó el primer proyecto de Constitución para la Isla de Cuba (1812), el cual mantenía la esclavitud. Otra temprana conspiración llevó a la horca, el 9 de Abril de 1812, a José Antonio Aponte y otros ocho conspiradores separatistas de la raza de color, los cuales se proponían abolir la esclavitud.

El sucesor de Someruelos, Juan Ruiz de Apodaca puso en vigor la Constitución de 1812, una de las más progresistas de la época pues concedía libertad de imprenta, cierta independencia para el poder judicial, el voto a los mayores de 25 años. También creaba Diputaciones provinciales en los tres departamentos de la Isla. Pero Fernando VII regresó a la Península en 1814 y declaró nulos los actos de las Juntas, la Regencia y las Cortes.

Figura 1.11. Torreón de San Lázaro, La Habana

Por lo tanto, Apodaca restableció por decreto del 25 de julio de ese año, la situación anterior.

José Cienfuegos fue designado gobernador en 1816. El cubano Claudio Martínez de Pinillos, futuro Conde de Villanueva, fue designado auxiliar de Alejandro Ramírez, Intendente de Hacienda. Cienfuegos promovió el asentamiento de colonos blancos y fundó poblaciones. La economía de la Isla mejoró considerablemente alaumentar las rentas aduaneras, el precio del azúcar y el café y las exportaciones.

José Manuel Cajigal lo sustituyó en 1819, pero sólo gobernó el país un breve tiempo en medio de los problemas planteados por el pronunciamiento de Riego en España (enero de 1820). Al restablecerse la Constitución en España, un batallón exigió en la Plaza de Armas que ésta fuera proclamada en Cuba, lo cual fue aceptado por Cajigal.

Nicolás Mahy llegó al poder en 1821 y se puso al lado de los españoles que se oponían a los avances de los criollos. En su período fueron elegidos diputados a Cortes por la Isla de Cuba Félix Varela, Leonardo Santos Suárez y Tomás Gener. Al morir Mahy en 1822 fue sustituido brevemente por Sebastián Kindelán.

Francisco Dionisio Vives, Conde de Cuba, gobernó de 1823 a 1832 y se enfrentó a conspiraciones y sociedades secretas. Las logias masónicas estaban aumentando su influencia en todo el país ya que gran número de criollos se hicieron miembros de las mismas, para consternación de autoridades coloniales y de españoles radicados en Cuba, quienes se sintieron obligados a contrarrestar su influencia. En su mandato se creó la Comisión Militar Ejecutiva y Permanente. De acuerdo con la opinión de Masó "su actuación fue desmoralizadora y represiva sin llegar a utilizar procedimientos sangrientos, salvo la ejecución de Sánchez y Agüero, por lo que algunos historiadores lo califican de prudente, a pesar de que instaló en Cuba los organismos que permitieron funcionar el régimen de excepción". Su sucesor Mariano Ricafort seguiría una política similar. Durante su gestión se inició la Academia de Literatura y se sustituyó el Real Consulado por la Junta de Fomento.

El General Miguel Tacón, Duque de la Unión de Cuba, gobernó de 1834 a 1838, llevó a cabo numerosas obras públicas, combatió el juego y persiguió implacablemente a los ladrones. Tacón mejoró el alumbrado público y pavimentó las calles, pero también reprimió las ansias de reformas políticas de los cubanos, asumiendo "facultades omnímodas". Las obras públicas de Tacón y sus notables contribuciones a la infraestructura urbana serán explicadas en este trabajo.

Su sucesor, Joaquín de Espeleta, Segundo Cabo durante la administración de Tacón, lo sustituyó en 1938 y liberó los presos políticos. También fue altamente positivo el balance que dejó la gestión de Pedro Téllez Girón, Príncipe de Anglona, quien gobernó de 1840 a 1841, promovió la cultura y se mantuvo alejado de cualquier beneficio personal procedente del comercio clandestino de esclavos que estaba afectando la moral administrativa.

En esta primera mitad de siglo no sólo son introducidos por la fuerza numerosos esclavos, sino que se invitaría a peninsulares y canarios a radicarse en el país en cifras astronómicas. Los súbditos españoles que se iban estableciendo en el país servían el propósito de "emblanquecer" la Isla, ya que la población de esclavos, negros "libertos" y mulatos, había aumentado considerablemente. El temor a las rebeliones de esclavos inclinó a los funcionarios coloniales a aumentar la población blanca.

En este período abundaron las conspiraciones separatistas, entre las cuales se destacan la llamada "Rayos y Soles de Bolívar" y la "Gran Legión del Aguila Negra", en las cuales participó el gran poeta cubano José María Heredia (no debe confundirse con otro poeta cubano del mismo nombre, autor de Los Trofeos y miembro de la Academia Francesa).

La lucha contra la trata de esclavos fue intensa. La correspondencia de los gobernadores Tacón, Vives y Téllez Girón revela la constante llegada de agitadores procedentes de

Jamaica, muchos de los cuales eran misioneros o agentes de sociedades misioneras bautistas y metodistas infiltrados en las plantaciones de esclavos, como intentamos probar en nuestra obra *Panorama del Protestantismo en Cuba*. En la década de 1840 se destacó por su gestión abolicionista el cónsul inglés David Turnbull, esposo de una hija del obispo anglicano de Jamaica. Turnbull, socio corresponsal de la Sociedad Económica de Amigos del País, estuvo vinculado a los sectores progresistas de la cultura cubana y fue eventualmente expulsado del país. Entre las conspiraciones aplastadas por los funcionarios coloniales estuvo la de la Escalera que costó la vida al famoso poeta mulato Gabriel de la Concepción Valdés ("Plácido") en 1844.

Gerónimo Valdés se encargó del gobierno de la Isla en 1840, designado por Baldomero Espartero, quien había sustituido a la Reina María Cristina como Regente de España. Valdés aplicó a Cuba las medidas tomadas en España secularizando buena parte de los bienes de la Iglesia y reorganizó la Universidad de La Habana. Su régimen sólo duró hasta la caída de Espartero en 1843. Su sucesor Leopoldo O'Donnell centralizó, aun más, la administración pública.

En 1848, el nuevo Capitán General, Federico Roncally, aplastó la conspiración de la "Mina de la Rosa Cubana" organizada por Narciso López, exgobernador de Trinidad y antiguo militar español nacido en Venezuela, el cual tomó brevemente a Cárdenas en 1850 e izó por primera vez la bandera cubana en el territorio nacional.

En 1851, bajo el gobierno de José Gutiérrez de la Concha, Marqués de La Habana, y abanderado del despotismo más rampante, López volvió a desembarcar, siendo derrotado en Playitas, Pinar del Río. Entre los historiógrafos cubanos ha existido disparidad de criterios acerca de si Narciso López era anexionista — como casi todo parece indicar — o independentista. El historiador Herminio Portéll Vila defendió esa última tesis en su libro *Narciso López y su época*, rebatido en *Quince objeciones a Narciso López*, folleto del historiador marxista Sergio Aguirre.

Juan de la Pezuela (1853-1854) encabezó un breve gobierno con características más progresistas que los anteriores, pero de la Concha regresó en 1854 y mantuvo la más abierta hostilidad hacia los reformistas cubanos. Su sucesor, Francisco Serrano, Duque de la Torre, despertó las esperanzas de estos con algunas medidas liberales. En esa época el periódico *El Siglo*, fue adquirido por cubanos prestigiosos y de ideas reformistas. Francisco de Frías, se convirtió en director del mismo. Surge en esa época el Partido Reformista con el visto bueno de Serrano.

De 1863 a 1866 gobernó Domingo Dulce, de ideas básicamente liberales. Dulce persiguió la trata, apoyó el proyecto de "vientres libres" para declarar libres a los hijos de los esclavos, se opuso a los desmanes del Cuerpo de Voluntarios españoles y regresó al poder brevemente en 1869. En 1865 se convocó una Junta de Información sobre posibles reformas en Cuba y Puerto Rico, en la cual participarían figuras con la jerarquía del Conde de Pozos Dulces y José Morales Lemus. La Junta fracasó en el propósito de buscar una solución al problema cubano.

El 10 de Octubre de 1868 se inicia en la finca "La Demajagua", jurisdicción de Manzanillo, Oriente, bajo la dirección del patricio Carlos Manuel de Céspedes, "el Padre de la Patria", la Guerra de los Diez Años y un largo proceso que concluiría con la independencia de Cuba. Más adelante haremos referencia a algunas cuestiones importantes relacionadas con esa heroica lucha, pero su descripción minuciosa haría demasiado largo este trabajo.

Durante la Guerra de los Diez Años gobernaron el país a nombre de España Francisco Lersundi, Domingo Dulce (por segunda vez), Antonio Fernández y Caballero de Rodas, Blas Villate (el temido Conde de Valmaseda, quien gobernó más de una vez), Francisco Ceballos, José Gutiérrez de la Concha (por tercera vez), Joaquín Jovellar (dos veces) y Arsenio Martínez Campos. Este último estaba llamado a desempeñar un papel importante en las historias de Cuba y España.

Por espacio de varios años, buena parte del territorio cubano estuvo en manos de los separatistas, los cuales proclamaron la República de Cuba en armas. Varios acontecimientos lamentables enardecieron las pasiones, como el fusilamiento en 1871 de un grupo de estudiantes de medicina cubanos acusados de profanar la tumba de un integrista español, y la ejecución, en 1873, de 58 expedicionarios y tripulantes del vapor "Virginius" en Santiago de Cuba. Los 175 expedicionarios se habían propuesto hacer llegar material de guerra a los combatientes cubanos.

A sus inicios, la revolución obtuvo varios triunfos importantes, pero abundaron los problemas internos entre los revolucionarios. Como señala Vidal Morales: "La organización política de la República dejaba mucho que desear, y algunas veces entorpeció la acción militar de la revolución". Por el momento baste citar a Ramiro Guerra, uno de nuestros más insignes historiadores: "La guerra, la asoladora guerra tantas veces temida con todos sus heroísmos y sus horrores por varias generaciones de cubanos, con su pavorosa destrucción de vidas, hogares y riqueza, se desencadenaba sobre la mitad del territorio de la Isla. Los patriotas previsores, prudentes y de responsabilidad, habían querido evitarla por todos los medios desde la lejana época de Arango y Parreño, pero Cuba, al fin y al cabo, no había podido escapar al sangriento sacrificio, uno de los más doloros y terribles de la historia de América." Pocas naciones han tenido que esforzarse tanto por obtener su independencia, meta que exigió esfuerzos durante casi todo el siglo XIX y sobre todo en el sangriento período 1868-1898.

A los efectos de este estudio debe tenerse en cuenta que esta etapa no fue propicia para las obras públicas y el progreso de la arquitectura y el urbanismo en el país, aunque el proceso bélico afectó principalmente las regiones rurales y la parte oriental. Habría que esperar, sin embargo, a la derrota de las fuerzas españolas en 1898 para reanudar la marcha ascendente de Cuba, aunque, desde el punto de vista económico, el período 1884-1895 es considerado por algunos historiadores como de relativo auge.

El Pacto del Zanjón (1878), logrado por España gracias al avance de las numerosas y bien equipadas fuerzas comandadas por el casi legendario General Arsenio Martínez Campos, político que supo maniobrar y negociar, modificó la situación del país. La agitación continuó por algún tiempo ya que Antonio Maceo y otros patriotas que participaron de una famosa "Protesta de Baraguá" tardaron en aceptar la realidad de la derrota de las armas cubanas.

Cuba considerada provincia española, logró que se extendieran a su territorio ciertas leyes con las modificaciones propias del carácter colonial del experimento político en cuestión. La Isla fue dividida en seis provincias; Pinar del Río, Habana, Matanzas, Santa Clara (después denominada Las Villas), Puerto Príncipe (Camagüey) y Oriente. Se extendió a Cuba el Código Penal de 1870 y se dictó en 1881 la Ley Hipotecaria. En 1880 se dispuso que los esclavos, durante un lapso de cinco años, quedarían bajo el patronato de sus amos, hasta ser gradualmente puestos en libertad. Otro decreto puso punto final al patronato en 1886 (al siguiente año ya no había esclavos en el país). De acuerdo con Enrique Pérez Cisneros, en La abolición de la esclavitud en Cuba: "El 26 de octubre de 1886, Calleja [el general Emilio Calleja, gobernador de Cuba] ponía el 'cúmplase' a dicho decreto, el cual salía publicado en La Gaceta de La Habana del 30 de octubre."

A solicitud del pastor protestante cubano Pedro Duarte, ministro de la Iglesia Episcopal de Matanzas, puesto en prisión por sus labores religiosas en la ciudad de Matanzas, se extendió a Cuba, en 1886, la tolerancia religiosa establecida por la Constitución española. Hasta entonces las únicas iglesias no católicas que podían operar en el país eran las de la colonia extranjera residente en el país, la primera de las cuales fue organizada por los anglicanos o episcopales en 1871. Hasta hace unos pocos años, los historiadores cubanos ignoraron en sus escritos el importante dato de la extensión a Cuba de la libertad religiosa, aunque debe reconocerse que Raimundo Cabrera se refirió brevemente a la concesión hecha a los extranjeros en 1871.

Una ley electoral fue proclamada en enero de 1879, y se exigió una contribución de 25 pesos para votar. El procedimiento electoral favorecía a los comerciantes e industriales españoles. Ese año el partido español eligió 17 diputados a Cortes y los liberales sólo obtuvieron 7 escaños. En la elección de senadores (hecha por corporaciones) los españoles lograron 13 y los partidarios de la autonomía sólo tres.

Debe señalarse que el Convenio del Zanjón contenía como bases la concesión a Cuba de las condiciones legales de que disfrutaba Puerto Rico, una amnistía política desde 1868, libertad de todos los encausados, indulto a desertores del Ejército español (incluyendo los que se unieron a los revolucionarios cubanos), libertad a los esclavos africanos y colonos asiáticos que formaron parte de las fuerzas separatistas, exención para ellos de participar en servicios de guerra, libertad para retirarse de Cuba, así como una serie de facilidades para llevar a cabo la capitulación de los diferentes cuerpos armados separatistas.

A pesar de las limitaciones impuestas a sus actividades, resaltó la labor del Partido Liberal (que se proclamó autonomista), integrado sobre todo por profesionales e intelectuales nativos del país, como los fabulosos oradores José Antonio Cortina y Rafael Montoro. Uno de sus voceros más elocuentes, críticos y radicales, Rafael Fernández de Castro, fue autor de una frase muy criolla que se hizo popular y auguraba sutilmente el eventual final de la dominación española en Cuba: "lo bueno que tiene esto es lo malo que se está poniendo".

En relación al autonomismo, debe mencionarse en primer lugar la opinión de Alfredo Zayas, uno de los hábiles analistas de la política cubana. En su folleto *Cuba autonómica*, Zayas afirma que en Cuba, al igual que el resto de las colonias españolas, se disfrutó de cierta autonomía desde inicios de la colonia. A pesar del apoyo que Enrique Gay Calbó le concedió a esa tesis, Calixto Masó la refuta. Para Masó: "la independencia con que actuaron las autoridades coloniales basándose en la fórmula de `se acata, pero no se cumple', ni la libre actuación de los municipios pueden equipararse a un régimen autonómico, ya que lo que existió en los años iniciales de la Colonia fue el sistema de asimilación.". En un momento dado, los Presbíteros Caballero y Varela tuvieron tendencias autonomistas, así como gran parte de la mejor intelectualidad cubana del siglo XIX.

La economía cubana tomaría nuevos rumbos en el siglo XIX. La ya citada obra del economista e historiador Manuel Moreno Fraginalls: *El Ingenio*, publicada en tres volúmenes, debe ser tenida en cuenta en todo lo relacionado con la industria azucarera, al igual que la obra de Leví Marrero — que cubre toda la historia de Cuba hasta la segunda mitad del siglo XX. Al influjo del desarrollo azucarero efectuado desde fines del siglo anterior, el paisaje rural se transformó considerablemente, sobre todo en Occidente. Por ejemplo, se produjo un enorme crecimiento de la región matancera. Para 1827 ya el 25 por ciento del azúcar cubano era producido en esa provincia. En 1815 se concedieron facilidades para el repartimiento de haciendas. En 1817 se abolieron los privilegios de la Real Factoría del Tabaco. En 1818, se obtuvo la concesión del llamado "comercio libre".

Como hemos visto, el país seguía recibiendo a infinidad de esclavos, a pesar de medidas oficiales que suprimían la trata de esclavos, las cuales en realidad no fueron puestas en efecto. El número de esclavos, así como el de "libertos" aumentaría hasta el punto de ser mayoría en algunas regiones del país. La influencia de la población negra y mestiza ("mulata") empezaría a ser considerable en casi todos los aspectos y la cultura cubana llevaría esa impronta en el futuro. Tal vez el más amplio estudio publicado hasta el momento, después de las labores pioneras de Fernando Ortiz y Lydia Cabrera, es *Cultura Afrocubana*, de los profesores Jorge e Isabel Castellanos.

También llegarían españoles y extranjeros a poblar el país. Jordi Maluquer de Motes en *Nación e inmigración: los españoles en Cuba (ss. XIX y XX)* aclara la situación: "Cuba aparece como el único territorio latinoamericano receptor de un movimiento migratorio masivo a lo largo de todo el siglo XIX y primera parte del XX. Gentes de muy distintos orígenes se fueron acumulando, desde las últimas décadas del XVIII, para formar un singular conjunto humano de variadísima composición. A la postre, el elemento asiático y el americano, sin resultar despreciables, ocuparon un espacio mucho menor que el asumido por africanos y europeos." A pesar de esas afirmaciones, debe tenerse en cuenta que los miles de norteamericanos radicados en el país desde principios del siglo XIX lograron ejercer una influencia extraordinaria. Junto a nombres clásicos en la historia de la economía cubana como los de Julián de Zulueta, Fernando Diago, Tirso Mesa y otros, habría que mencionar una lista de apellidos anglosajones.

En cuanto a la influencia china, esta se sentiría, aunque en menor escala que la española y la negra, o la mulata. El Cónsul de Portugal en La Habana, José María Eca de Queiroz (el famoso novelista) escribía poco después de su llegada en 1872: "...Existen en esta Isla más de cien mil asiáticos que el reglamento de emigración del puerto de Macao pone hoy explícitamente bajo la protección del consulado portugués". La cifra puede ser exagerada. Juan Jiménez Pastrana dice, acerca de Eca de Queiroz, en *Los Chinos en la Historia de Cuba*: "...con sus concienzudos informes contribuyó a que su gobierno suprimiera el tráfico de cúlies hacia Cuba, que se hacía por Macao."

Se construyeron los primeros ferrocarriles tomando la delantera a la inmensa mayoría de los países occidentales. El 19 de noviembre de 1837 la Real Junta de Fomento inauguró solemnemente (y bajo lluvia) el tramo Habana-Bejucal. Con la publicación en Cuba (1987) de la obra *Caminos para el azúcar*, de los historiadores Oscar Zanetti y Alejandro García, y la aparición en Madrid (Consejo Superior de Investigaciones Científicas) de *La Nueva Frontera del Azúcar: El Ferrocarril y la Economía Cubana del Siglo XIX* de Eduardo L. Moyano Bazani, se ha avanzado considerablemente en el entendimiento del papel desarrollado por los ferrocarriles en la economía cubana. Séptimo país del mundo en utilizar el transporte ferroviario, Cuba carecía de una historia de sus ferrocarriles, como se apunta en la introducción de ese libro. Tal vez sería útil repetir un comentario de los autores de la obra: "La construcción del ferrocarril de La Habana a San Julián de los Güines sustituyó de golpe la concepción tradicional del transporte de azúcar en lentas y pesadas carretas por el sistema mucho más rápido y barato que ofrecía el ferrocarril".

El desarrollo de la agricultura sobrepasó las expectativas y el país disfrutó de cierta prosperidad, interrumpida por los efectos de las grandes guerras de liberación nacional (1868-1878 y 1895-1898), que devastaron las zonas rurales y consumieron casi todos los recursos del país, como también los de España, cegada por una absurda consigna: "Hasta el último soldado y la última peseta". Las clases dominantes empiezan a preocuparse sobre el destino del país, temerosas de una repetición de lo acontecido en el vecino Haití. Hasta la guerra civil norteamericana y la derrota del sur esclavista, la idea de la anexión a Estados Unidos fue promovida en esos altos círculos criollos, mientras se iba profundizando el abismo entre cubanos y peninsulares, lo cual conduciría a la eventual independencia que buscaba el sector separatista de la población cubana.

José G. Cayuela Fernández, en su libro *Bahía de Ultramar: España y Cuba en el siglo XIX. El control de las relaciones coloniales*, se discute minuciosamente las marcadas diferencias entre los diversos sectores que integraban la élite local, dividida en los siguientes grupos principales: viejas familias cubanas, políticamente inestables, las cuales hicieron su fortunas a finales en el siglo XVIII y a principios del siglo XIX, a raíz del primer "boom" azucarero; individuos que también realizaron sus fortunas a finales del siglo XVIII y en el primer tercio de siglo, pero cuyo patrimonio tuvo relación directa con el tráfico de esclavos y el control del entorno portuario, partidarios del anexionismo que cambiaron de posición después de la derrota de las armas sudistas en la Guerra Civil de Estados Unidos, y un grupo constituido por personas que hicieron su capital en la misma era, pero el núcleo de sus negocios estaba vinculado con los intereses de la metrópoli y sus simpatías eran propeninsulares. Esa división no favorecía a España, pues aumentaba el número de aquellos que ya no miraban hacia la Madre Patria como solución de sus problemas, mientras crecía dramáticamente el sentimiento patriótico de otros sectores no necesariamente ricos, pero favorecidos por el avance de la cultura y la educación, así como por el surgimiento de una nacionalidad en el período que estudiamos.

En medio de conspiraciones y luchas, Cuba y Puerto Rico se mantuvieron atadas a España durante casi todo el siglo XIX. Pero el último siglo de dominación española coincide con la modernización de la capital cubana, ciudad que se extiende y rebasa sus murallas, y con nuevos estímulos económicos para la construcción de vías de comunicación.

Comunicaciones

Hasta principios del siglo XIX las poblaciones se comunicaban entre sí y con La Habana por medio de goletas. Los caminos no eran más que fajas de dominio público utilizados por "volantas" y otros vehículos de ruedas; durante el período de lluvias no podían ser transitados ni siquiera por las bestias de carga. El "camino real central" de Cuba unía a La Habana con Santiago de Cuba, pasando por Güines, Unión de Reyes, Jovellanos, Santo Domingo, La Esperanza, Villaclara, Ciego de Avila, Puerto Príncipe, Guáimaro, Tunas y Embarcadero del Cauto; un trazado no muy diferente al de la futura Carretera Central. El "camino real de Vueltabajo" tiene relación directa con el desarrollo del cultivo del tabaco en Pinar del Río y pasaba por Marianao, Guanajay, Artemisa, Las Mangas, Paso Real y Pinar del Río. Estos caminos fueron trazados espontáneamente por viajeros y eran objeto de atención puramente local. En el panorama de este siglo se ofrecen datos mínimos sobre los ferrocarriles, por la importancia que tuvieron para el desarrollo de la economía de Cuba. Los ríos se utilizaban para conducir madera hacia la costa y el transporte por medio de los ríos se conectaba con el de cabotaje que existió desde el siglo XVI.

El servicio de correos de Santiago de Cuba a Batabanó y desde allí a La Habana (por tierra) había sido regularizado desde 1778. La administración de Correos había sido reorganizada bajo el Conde de Ricla. En 1764 la correspondencia había sido regularizada entre La Habana, Puerto Rico, Santo Domingo y Veracruz. La correspondencia a América del Sur salía de los puertos de la costa sur. Los viajes destinados a transportar la correspondencia se aumentaron a partir de 1802. Según *Correos Marítimos Españoles* de Francisco Garay Unibaso, la situación de incomunicación con Cuba llegó a ser tan apremiante, que en 1824 un particular propuso a España la creación de una empresa que transportara la correspondencia de Cuba. La Empresa de Correos Marítimos de La Habana quedó formalizada el 23 de abril de 1827.

El neoclasicismo

El neoclasicismo es definido generalmente como un regreso a los principios del arte y arquitectura del período romano. El neoclasicismo se inició en la década de 1750 como reacción contra los excesos del barroco y el rococó. Ese movimiento encarnaba la "simpleza noble y la grandeza calmada", consideradas como cualidades primordiales del arte griego. Los edificios neoclásicos son sólidos y rigurosos. Según Martha de Castro: "El siglo XIX trae a Cuba una nueva moda arquitectónica, el neoclasicismo, que en Europa había surgido también como reacción al barroco. Quizás como el primer gesto separatista, que en el arte suele verse antes que en la propia historia, las residencias empiezan a ostentar influencias más que de España, de Italia y Francia si bien es verdad que la sociedad cubana de entonces comenzaba ya a visitar otras capitales europeas". Muchas edificaciones fueron levantadas en los barrios de El Cerro y el Vedado. También en Jesús del Monte, Prado, Galiano, etc. Grandes edificios se erigieron en ciudades de reciente fundación, como Matanzas, (Figure 1.12) Cárdenas, Cienfuegos y Sagua la Grande.

En Sancti Spíritus y Trinidad (Figure 1.13) se mantendría en líneas generales el estilo barroco del siglo XVIII. Pero si el siglo XVIII fue el del barroco, el XIX sería el del neoclacisismo. Aconteció lo mismo que en Europa. Weiss atribuye al obispo Espada el carácter de gran introductor del neoclasicismo en Cuba. Al describir la fundación del cementerio que llevó el nombre del ilustre prelado, ese autor afirma lo siguiente: "...no fue una casualidad que tanto en la portada como en la capilla de este cementerio se emplearan ya formas clásicas; puesto que posteriormente Espada mostró de modo indubitable su simpatía por la 'sencillez y las líneas regulares' propias de este estilo. Pocos años más tarde hizo sustituir los altares barrocos de la Catedral por los actuales altares neoclásicos."

Constructores del siglo XIX

Entre los arquitectos del siglo XIX debe colocarse en lugar importante al Coronel de Ingenieros Antonio María de la Torre, quien trazó el monumento del actual Templete y la zona de extramuros de la ciudad; Manuel Pastor, a quien se atribuye la Maestranza de Artillería; Manuel José Carrerá, constructor de ferrocarriles, quien hizo los planos del Palacio de Aldama; a Eugenio Rayneri, a cargo del proyecto de la casa del conde de Casa-Moré; Antonio Mayo, del teatro Tacón; Emilio Sánchez Osorio, del Mercado de Colón en La Habana; Daniel Delaglio, arquitecto del teatro Sauto y la Iglesia de Versailles, en Matanzas; Lino Sánchez Mármol y Francisco de Albear. Para Weiss, Carrerá es "el más ilustre ingeniero-arquitecto del siglo XIX cubano, aunque reconoce grandes méritos, entre otros, a Pastor y Delaglio. En el libro XIX empiezan a destacarse en las edificaciones maestros de obra de raza negra, como parece desprenderse de la obra de Pedro Deschamps Chapeaux *El Negro en la Economía Habanera del Siglo XIX.*

El Palacio de Aldama

Mención especial merece la construcción, en 1838, del Palacio de Aldama. Esta espléndida mansión comprende dos casas contiguas, tratadas como una unidad arquitectónica, una para residencia del dueño y otra para su hija y su yerno. El estilo del Palacio es neoclásico italianizante. Según Weiss: "Desde el punto de vista arquitectónico, si el siglo XVII produjo los dos magníficos palacios barrocos de la Plaza de Armas habanera, la Casa de Gobierno y la Intendencia, el XIX nos legó al palacio de Aldama y la quinta de Santovenia, las residencias cubanas, urbana y suburbana, superlativas de todos los tiempos." El Palacio de Aldama fue erigido a extramuros de la ciudad, en el lado oeste del Campo de Marte. La construcción es toda de sillería, incluso los muros y tabiques interiores. La escalera principal forma una atrevida bóveda plana. Los voluntarios españoles (un cuerpo

Figura 1.12. Plaza de La Libertad, Matanzas, 1904

paramilitar) asaltaron el Palacio en 1868. Miguel Aldama, hijo del acaudalado propietario del palacio, desempeñó un importante papel en las luchas independentistas.

Otras edificaciones civiles

Fernándo Alvarez Tavío describe en un artículo sobre la arquitectura del siglo XIX la construcción de importantes residencias en La Habana: "Con el arribo de la opulencia, de origen tabacalero y azucarero, y su natural reflejo en las edificaciones particulares, las familias fueron dejando sus antiguas residencias del centro de La Habana Vieja, y se trasladaron en gran número al Cerro, barriada aristocrática que alcanzó su máximo esplendor en la segunda mitad del siglo XIX. Allí se alzaban, entre otras, las quintas de los Larrainaga, Villanueva, Benítez, Echarte, Santovenia, de influencia francesa, y Fernandina, de influencia italiana." Una de las primeras mansiones del Cerro fue la quinta del Conde de Fernandina, con un mobiliario impresionante por lo lujoso y variado. La del Conde de Santovenia, convertida en asilo de ancianos, es la más importante de esas mansiones y

57

se le considera émula de las villas italianas. En cuanto a la casa del Marqués de San Miguel de Bejucal, su fachada se asemeja relativamente a la residencia del Marqués de Pinar del Rio y se distingue en ella su hermosa baranda.

Leal Spengler se refiere al crecimiento urbano: "Nuevos barrios ocupan el espacio de las antiguas huertas y plantaciones y se construyen parroquias e iglesias. Del antiguo Campo de Marte partían en distintas direcciones la Calzada de Jesús del Monte y la de San Luis Gonzaga, que conducía directamente al amplio paseo militar que llegaba hasta las faldas del Castillo del Príncipe y pasaba ante las verjas de la Quinta de los Molinos, residencia de verano de los gobernadores, en medio de fuentes y jardines."

En Santiago de Cuba, durante la primera mitad del siglo, aumentó considerablemente el número de viviendas, las cuales mejoraron en calidad de construcción, ya que se edificaron muchas de mampostería y de mezcla y tejas.

Hacia la Era de Tacón

Con la erección del Templete (1827) se inicia en La Habana, según la opinión de algu-

Figura 1.13. La Placita, Trinidad. (1910)

nos, el auge del neoclasicismo en muchas construcciones, incluyendo las civiles. El Templete recoge la tradición existente en cuanto al sitio en que se celebraron en la capital el primer cabildo y la primera misa a la sombra de una ceiba, cuestiones debatibles en cuanto a ubicación, fechas y otros detalles. Existía allí una pilastra decorada con una imagen de Nuestra Señora del Pilar, pero el Capitán General Vives decidió restaurar la columna y levantar un monumento mayor. El monumento se debe a Antonio María de la Torre y el interior se decoró con murales del pintor francés Juan Bautista de Vermay.

En 1829, siguiendo instrucciones del Conde de Villanueva, fue ampliado y reconstruido el edificio destinado a la Intendencia General de Hacienda para instalar en él la Real Aduana.

Durante el gobierno de Miguel Tacón (1834-1838) se acometieron grandes obras públicas. Por su elegancia y amplitud, el Teatro Tacón (después conocido como Teatro Nacional), (Figurea 1.14) situado frente a la Alameda de Isabel II (actual Parque Central), estaba a la altura de los grandes coliseos españoles. Consideramos importante reproducir una lista de obras del Capitán General Tacón, marqués de la Unión de Cuba, preparada por nuestra colega Felicia Chatelóin: pavimentos, cloacas y sumideros; rotulación de las calles, reparación del hospital San Juan de Dios, remodelación de la Casa de Gobierno, el Campo Militar o Campo de Marte, Cárcel de Tacón, Variación del Puente Galeano, Fuente de Neptuno, Remozamiento del muelle, Residencia de Reposo del Capitán General y Jardín de Tacón, ampliación del Paseo Extramural, Paseo de Tacón, Calzada de San Luis Gonzaga, Cuartel de Carabineros en el Castillo de la Fuerza, Puerta de Monserrate y, por supuesto, el Teatro Tacón.

Es Tacón, por lo tanto, el agente catalizador de un nuevo urbanismo, lo cual Chatelóin y muchos otros historiadores atribuyen parcialmente a su rivalidad con el Intendente General de Hacienda, el Conde de Villanueva, lo cual le permitió convertirse en "símbolo de La Habana nueva". Según la propia Chatelóin: "Tanto la Revolución Industrial como el enriquecimiento de los terratenientes criollos, crearon las condiciones necesarias para que el plan urbano de Tacón, de lineamientos neoclásicos, llevara incorporado un mejoramiento en los servicios y una preocupación hacia la polución ambiental; y en medio de este construir por la ciudad se hacen sentir las discrepancias de gobierno entre la aristocracia criolla representada por el intendente Martínez de Pinillos, conde de Villanueva, y el poder español simbolizado por el capitán general don Miguel Tacón y Rosique, que se apoyaba en el sector comercial peninsular..."

Nicolás Tanco y La Habana

Ya avanzado el siglo, el colombiano Nicolás Tanco describió admirablemente La Habana, teniendo en cuenta su urbanismo y su evidente singularidad: "...la parte de intramuros compuesta en su totalidad de edificios antiguos, con sus casas de construcción puramente españolas, con sus estrechísimas y elevadas aceras... esta parte es antigua y en ella reside principalmente la población española... Lo contrario acontece con la parte de extramuros. Las calles son hermosas, anchas, los edificios por el estilo de Estados Unidos; las casas bajas con sus ventanas rasgadas, suelo de mármol, amuebladas con elegancia y habitadas por hijos del país y extranjeros." Pasa después a describir esa parte de la ciudad: "...se encuentran los hermosos paseos de Tacón e Isabel II, las elegantes alamedas de Prado y Jesús del Monte; las espaciosas calzadas de Prado y Jesús del Monte; las espaciosas calzadas de Galiano, Belascoaín y el Cerro, el magnífico Teatro Tacón, el campo militar, el cementerio, la Casa de Beneficencia, las casas de locos, los mejores hospitales como el de la quinta del Rey y el Graffenberg, la cárcel pública, los colegios más

Figura 1.14. Parque Central, Hotel Inglaterra y Teatro Tacón, La Habana. (1900-1906)
(Observe el pedestal de la estatua de Isabel II)

acreditados, el paradero de camino de hierro de La Habana, llamado de Villanueva, el teatro del Circo, el famoso café y salón de Escauriza, en fin las principales fábricas y establecimientos industriales. En la parte antigua están las casas de comercio..."

El Acueducto de Albear

Otras construcciones civiles importantes serían los teatros Payret e Irijoa, el mercado extramuros de Colón o del Polvorín (1882) en Zulueta y Monserrate, y la prolongación de Neptuno, pero sobre todo el acueducto conocido como Acueducto de Albear. Construido en 1856 por el General de Ingenieros Francisco de Albear, se le consideró como la obra de ingeniería más importante del siglo en el país, junto con la la actual torre del Castillo del Morro (1845). El escritor Gastón Baquero, en su trabajo *La mítica ciudad llamada La Habana*, recuerda como la Zanja Real, a la cual dió remate, fue "la primera obra importante de ingeniería hidráulica realizada por la Corona en el Nuevo Mundo" y facilitó a La Habana agua "por más de doscientos cuarenta años, hasta la construcción del Acueducto de Albear". Las labores de Albear recibieron cierto reconocimiento internacional. Se le concedió el Premio de Oro en la Exposición de Filadelfia de 1876, la cual conmemoraba el centenario de la independencia norteamericana, y la Medalla de Oro de la Exposición Mundial de París de 1878.

Una era de monumentos

En 1855 se le erigió un monumento por su condición de hijo predilecto de la ciudad capital a Francisco de Albear. Hemos arribado a una época de grandes monumentos: el de Carlos III (1803), el de Fernando VII (1834), la Fuente de la India (1837), el obelisco en honor de la Marina de Guerra (1847), la estatua de Cristóbal Colón (1862). La Fuente de Leones, erigida en el Campo de Marte, corresponde a ese mismo período.

Cementerios

Como hemos visto, el Obispo Espada había construido un cementerio en el barrio extramural de San Lázaro, el cual llevó el nombre del prelado. Con esa construcción se puso punto final al enterramiento en las iglesias. En 1870 se presentó un proyecto para el Cementerio de Colón en La Habana, el de mayor fama en el país, de estilo románico, con una gran portada principal de tres puertas.

En este período se construyen cementerios en todo el país. En 1887 se inaugura el Cementerio Bautista de La Habana.

Arquitectura religiosa

La política de los gobiernos liberales españoles hacia la Iglesia Católica y la creciente secularización de la sociedad cubana no propiciaban dedicar grandes recursos para la construcción de templos. En contraste con el siglo XVIII, caracterizado en La Habana por monumentos arquitectónicos religiosos como el convento de San Francisco y la Catedral, el XIX se distinguió por edificios públicos. A pesar de ello, se construyeron algunos templos y capillas en la capital. La Iglesia del Santo Angel Custodio, de estilo gótico y situada en la loma del Angel, fue construida originalmente en 1695 y reconstruida extensamente en 1846. La Iglesia del Pilar de Carraguao — en el barrio del Horcón — había sido erigida en 1814, y la Iglesia de San Salvador de la Prensa — nombre antiguo del Cerro —, en 1816. Pueden mencionarse también las iglesias del Carmelo y de El Vedado, entre otras.

Antes del ascenso liberal en España, la primera obra importante llevada a cabo en la capital cubana en ese siglo modificó la decoración de la Catedral, reconstruyendo y transformando el oratorio de San Ignacio, cambiando las estatuas de santos, altares barrocos y adornos, reemplazados por cuadros al óleo del pintor Juan Bautista Vermay. La nave del oratorio, con una portada por la calle de San Ignacio, como indica Alvarez Tavío, "paso a formar parte de la Catedral, como capilla de la Virgen de Loreto". En el Cementerio de Colón se construyó en la segunda mitad del siglo una importante capilla de forma octagonal y de tres cuerpos concéntricos.

En el interior del país hubo logros apreciables en la arquitectura religiosa durante este siglo. En Matanzas se terminó en 1870 la iglesia de San Pedro, en Versalles, la cual puede considerarse como una de las más importantes del país. (Figura 1.15) En 1832 se inauguró en esa ciudad la iglesia de San Juan Bautista, en Pueblo Nuevo, con una clara influencia neoclásica. Weiss señala que "por esta fecha aun había poco realizado en La Habana en este estilo" y recuerda que "es un temprano ejemplar de las pequeñas iglesias cubanas del novecientos con torre central, que más tarde incorporaron ordenes gigantes y frontón como las de Cabañas (1823), Sagua la Grande (1860), Colón (1875), etc." La iglesia parroquial de Cienfuegos fue terminada en 1833. La reconstrucción del templo concluyó en 1869. Entre 1856 y 1860 se construyó la Parroquial Mayor de María Santísima en Sagua la Grande, una de las mejores iglesias cubanas construidas en el interior del país en ese siglo. La iglesia de la Santísima Trinidad, de fines de siglo, y con fachada de tipo jesuítico-viñolesco, reemplazó a la antigua Parroquial Mayor de la ciudad de Trinidad. La iglesia de San Francisco de Paula también fue erigida en este período en esa histórica ciudad, situada en el centro de Cuba. En Viñales, en la actual provincia de Pinar del Río, se construyó una hermosa iglesia parroquial.

A fines del siglo se organizan las primeras iglesias protestantes cubanas, pero sus templos empezarían a erigirse a principios del siglo XX, ya que en los primeros años del protestantismo cubano se utilizaron locales alquilados. Sin embargo, en 1889, la Junta Bautista de Misiones del Sur de Estados Unidos adquirió, para albergar la primera congregación bautista de La Habana y las oficinas de esa denominación religiosa en Cuba, el amplio edificio del Teatro Jané, construido en 1881 en la esquina de las calles Zulueta y Dragones, el cual posee valores arquitectónicos apreciables. Su restauración fue terminada a fines de la década de 1980 por inspiración del Pastor Reinaldo Sánchez.

Los cuarteles del siglo XIX

En cuanto a fortificaciones, la situación cambió considerablemente, las murallas de La Habana se convirtieron en un estorbo para el crecimiento urbano y fueron derribadas gradualmente hasta alborear los primeros años del siglo XX. Se hicieron reparaciones en fortificaciones existentes y se construyeron algunas en el interior, sobre todo durante el fragor de las guerras por la independencia. En otras partes de este trabajo nos hemos referido a la construcción de cuarteles. La Maestranza de Artillería (1859), que se le atribuye a Manuel Pastor, ocupaba la manzana cuyos límites eran las calles de Cuba, Chacón y Tacón.

Resumen arquitectónico del XIX

Roberto Segre hace un breve resumen del siglo XIX: "En arquitectura, este período se caracteriza por la asimilación de los elementos neoclásicos que cambian la fisonomía de los edificios, los cuales conservaron durante siglos los componentes tradicionales hispánicos. Las blancas hileras de columnas, las cornisas rectilíneas, los techos planos, las aberturas de piso a techo y la proyección a escala urbanística, sustituyen los techos inclinados de tejas y los muros macizos de mampostería". Ese mismo autor aporta la siguiente crítica: "Sin embargo, esta transformación no somete el carácter específico que impone la tradición cubana; los patios sombreados, el cromatismo lumínico, las transparencias

Figura 1.15. Catedral de Matanzas en la Calle Jovellanos, Matanzas. (1905)

espaciales, la profusión de diafragmas interiores, la ligereza del mobiliario, persisten a lo largo del siglo XIX.

En cuanto a los materiales debe tenerse en cuenta la opinión de Weiss: "...si los siglos XVII y XVIII habían visto el apogeo de la carpintería de lo blanco y de la ebanistería, que se aplicaron de modo tan interesante a los techos, puertas, rejas y balcones; en el siglo XIX se produce el auge de la herrería en trabajos de hierro forjado y fundido. La variedad de diseños en barandas y rejas es asombrosa, y la escala y la complejidad de formas de algunas es notable. Aunque ciertas barandas o farolas pudieran haber sido importadas del extranjero, no hay la menor duda de que estos trabajos, en general, fueron ejecutados en las numerosas fundiciones y herrerías que entonces funcionaban en La Habana, Matanzas, Cárdenas y otras ciudades. Por otra parte, desaparecen los tejados, reemplazados por techos planos de vigas de madera y losas de barro (*Losa-portabla*), a menudo con cielos-rasos en el interior; y se introduce el mármol en los pisos, escaleras, fuentes, estatuas y demás elementos suntuarios de las casas de mayor prestancia." Según ese mismo autor, "los constructores criollos del siglo XIX optaron deliberadamente por la columna como elemento más ligero y apropiado, empleando el pilar en todo caso en los soportales. La imponente escalera dispuesta a un extremo de las galerías del patio es fórmula derivada del siglo XVIII; ahora, sin embargo, las barandas son de hierro en vez de madera y los pasos de mármol en vez de piedra o losas de barro". Weiss comenta también la 'escala majestuosa de las obras del novecientos, a los que algunos acusan de violar la 'escala humana', alegando que parecen construídas por una raza de gigantes..." Para él, "esos hombres del siglo XIX no eran gigantes de talle, pero pensaban en grande y vivían en grande, y así era su sentido del espacio. Con un espíritu patriarcal, mantenían la unidad de la familia, generalmente numerosa que permanecía largo tiempo en la casa y en ella desenvolvía buena parte de sus actividades sociales; era necesario que la casa tuviera la amplitud y la diversidad de ambientes que la hicieran útil, cómoda y agradable". Se refirió además al "efecto en la arquitectura del espíritu de empresa, aventurero casi, de los hombres del siglo XIX, que los llevó a fundar nuevas poblaciones y a la formación de nuevos barrios o 'repartos', plazas y avenidas..." Señaló también el número de "...arquitectos, propiamente dichos que figuran en ella en comparación con el número de ingenieros y maestros de obra", al referirse a lo que consideró como "auge de la arquitectura civil con la construcción de casas consistoriales, teatros, hospitales, estaciones de ferrocarril, mercados, cuarteles y otros edificios de utilidad pública; mientras que, paralelamente, se produce el desarrollo de la vivienda suburbana, que brindaba una vida más sosegada y cómoda de la que era posible en la ciudad."

Transición del XIX al XX: liquidación del régimen colonial español

Para entender tanto la transición del siglo XIX al siglo XX como las enormes transformaciones ocurridas en el país durante esta última etapa, será necesario acudir al marco de referencia que ofrecen ciertos datos históricos imprescindibles. Entre 1878 y 1898 (los últimos veinte años de dominación española) el país fue gobernado por los siguientes Capitanes Generales y gobernadores (con excepción de los que gobernaron brevemente): Arsenio Martínez Campos, Ramón Blanco, Luis Pendregast, Ramón Fajardo, Emilio Calleja, Sabas Marín, Manuel Salamanca, Camilo Polavieja, Alejandro Rodríguez, Valeriano Weyler y Adolfo Jiménez Castellanos. De estos, Martínez Campos, Sabas Marín y Ramón Blanco gobernaron más de una vez y Jiménez Castellanos fue el último gobernante español de Cuba.

Con el advenimiento de la independencia nacional, una nueva influencia empezaría a manifestarse en la arquitectura cubana: la norteamericana. Los Estados Unidos se habían convertido desde principios del siglo XIX en importante socio comercial de la Isla y su penetración empezaba a sentirse en todo el país, sobre todo mediante grandes inversiones de capital y la adquisición de tierras cultivables. Será necesario analizar el proceso político que, independientemente de detalles e intenciones originales, llevaría al país a la esfera de influencia norteamericana.

De 1895 a 1898 se libró la Guerra de Independencia inspirada por la prédica revolucionaria de José Martí, conocido históricamente como "El Apóstol de la Independencia de Cuba". Martí fundó en 1892 el Partido Revolucionario Cubano con el propósito de lograr la independencia de Cuba y Puerto Rico. Entre sus colaboradores estuvieron figuras como Ramón Emeterio Betances, Tomás Estrada Palma y Juan Gualberto Gómez, entre muchos otros. Numerosos patriotas que participaron en la Guerra de Los Diez Años (1868-1878) — concluída con la Paz del Zanjón, impuesta por el hábil general español Arsenio Martínez Campos — y otros esfuerzos independentistas, como el dominicano Máximo Gómez, los cubanos Antonio Maceo, Tomás Estrada Palma, Salvador Cisneros Betancourt y muchos otros, se agruparon junto a las nuevas generaciones de cubanos, llamados por Martí "Los Pinos Nuevos" en un famoso discurso.

También se movilizaron amplios sectores de las clases altas y la intelectualidad, viejos anexionistas (como los que apoyaron las expediciones de Narciso López a mediados del siglo XIX), antiguos reformistas simpatizantes del Conde de Pozos Dulces y el periódico *El Siglo*, y hasta antiguos miembros del Partido Autonomista (el cual llegó al poder brevemente en 1898 en los últimos días de la dominación española). En las anteriores gestas independentistas perdieron la vida miles de esforzados patriotas, como Carlos Manuel de Céspedes, Ignacio Agramonte y muchos héroes de la Guerra de los Diez Años y de "la Guerra Chiquita" (1878-1880), pero otros se disponían a tomar en sus manos la antorcha de la libertad.

La Guerra de Independencia se inició el 24 de Febrero de 1895. Pronto caería en combate el — 19 de mayo — José Martí. El año siguiente perdería la vida en el campo de batalla Antonio Maceo, Lugarteniente General del Ejército Libertador (conocido como "El Titán de Bronce" pues era un fornido mulato oriental.) Los cubanos llevaron la guerra a las seis provincias en que se había dividido el país, y en ocasiones estuvieron muy cerca de la capital.

A fines de 1896, gran parte de las regiones rurales, y algunas poblaciones, estaban ya en manos de los cubanos, mientras los ejércitos españoles eran frecuentemente derrotados en batalla o diezmados por la fiebre amarilla. Debe tenerse en cuenta que el régimen colonial no había utilizado los recursos necesarios para combatir las enfermedades endémicas y las estadísticas de mortalidad eran muy elevadas. Durante la Intervención Americana se harían grandes progresos en materia sanitaria y el médico cubano Carlos J. Finlay descubriría la transmisión de la fiebre amarilla por medio del mosquito *Stegomia fasciata*, lo cual contribuyó a erradicar del mundo esa enfermedad.

Un gran sector integrado por la mayoría de los peninsulares, y por un número apreciable de cubanos por nacimiento, continuó apoyando al régimen colonial y participó, al lado de los ejércitos españoles, en las hostilidades. En honor a la verdad histórica debe reconocerse que no todas las regiones del país estaban firmemente al lado de las fuerzas independentistas, ni contaban estas con el apoyo unánime de la población.

El episodio más lamentable de toda la dominación colonial de Cuba ocurrió con el Bando de Reconcentración dictado en La Habana, el 21 de Octubre de 1896, por el Capitán General Valeriano Weyler: los pobladores de las regiones rurales tuvieron que trasladarse a las poblaciones bajo pena de muerte. Aproximadamente 200,000 personas perdieron la vida en condiciones deprimentes, víctimas del hambre y las enfermedades. Cubiertos de harapos, los campesinos sufrieron el más despiadado de todos los tratos y la economía del país quedó arruinada.

La Guerra Hispano-Cubano-Americana

La breve Guerra Hispano-Cubano-Americana de 1898 se inició poco después de producirse la explosión del acorazado "Maine" en la bahía de La Habana. Una "Resolución Conjunta" del Congreso de Estados Unidos, con el apoyo del Presidente William McKinley, abriría el camino para la guerra con España, y de cierta manera, aunque precipitaba la salida de la metrópoli opresora, frustaría la consecución de la independencia total por parte de los cubanos. La Resolución proclamaba que "la isla de Cuba es, y, por derecho, debe ser libre e independiente".

En relación con estos asuntos, el historiador Emeterio Santovenia, señaló en su obra *La Expansión Territorial de los Estados Unidos*: "La guerra cubana de 1895 produjo, por una de las constantes paradojas de la historia de Cuba, resultados diametralmente opuestos a los imaginados por Martí. Las Repúblicas hispanoamericanas se abstuvieron de mezclarse en la lucha. Los Estados Unidos intervinieron, expulsaron a España de sus últimas posesiones y echaron en firme los cimientos de la dominación norteamericana en el Caribe, paso previo para apoderarse de Panamá y abrir el canal interoceánico. La Guerra Hispano-Cubano-Americana dio a los Estados Unidos, Puerto Rico y Guantánamo, que, junto con la Enmienda Platt, les aseguraron el dominio virtual del Caribe."

Las victorias norteamericanas en la batalla naval de Santiago de Cuba, donde fue destruida casi toda la armada española, dirigida por el Almirante Pascual Cervera, en el Caney, donde perdiera la vida el valeroso general español Joaquín Vara del Rey, y en la loma de San Juan, no deben servir para ocultar que las fuerzas coloniales ya se encontraban agotadas y parcialmente diezmadas gracias a los "mambises", cubanos que combatían bajo la dirección del Generalísimo Máximo Gómez y de su nuevo Lugarteniente General Calixto García. Tampoco puede olvidarse que ya en 1896 los revolucionarios cubanos habían invadido el país de Oriente a Occidente.

Hacia la independencia y la influencia norteamericana

Con la derrota española de 1898, Estados Unidos reemplazó a España como la nación dominante y le concedió la independencia a Cuba en 1902, pero le fueron impuestas humillantes restricciones a la soberanía nacional, contenidas en una enmienda a la constitución de 1901. La "Enmienda Platt" fue derogada en 1934, en época del Presidente Franklin Delano Roosevelt, por gestiones del gobierno revolucionario del Presidente Grau San Martín.

La historia de las relaciones entre Cuba y Estados Unidos de América es muy larga. Estos vínculos han sido a veces sumamente problemáticas, pero en otras ocasiones han resultado mutuamente beneficiosas. Desde Cuba se realizó la conquista de la Florida y de parte del sur y otras regiones de Norteamérica. Además de los estrechos lazos administrativos y eclesiásticos entre Cuba y la Florida, debe tenerse en cuenta la participación de cubanos en la Guerra de Independencia de Estados Unidos y los cuantiosos fondos enviados desde La Habana a las tropas comandadas por George Washington. Ese hecho es generalmente ignorado porque los textos de historia se refieren a "españoles" al mencionar las contribuciones de los cubanos. Decenas de miles de cubanos han combatido en las fuerzas armadas norteamericanas en la Guerra Civil, la Guerra Hispano-Cubano-Americana, la Primera y Segunda Guerra Mundial y las guerras de Corea y Vietnam.

Desde principios del siglo XIX, la relación comercial entre ambos países ha sido intensa, así como las cuantiosas inversiones norteamericanas en Cuba. La política de Estados Unidos hacia Cuba ha sido siempre la de "la fruta madura" y la espera paciente. La gran nación del norte ha cambiado de posición hacia los asuntos cubanos de acuerdo con sus propios intereses. La dominación española, la anexión, el protectorado y la independencia han sido favorecidas de acuerdo con las circunstancias. Lo mismo han estimulado a los cubanos a derrocar al gobierno español (o a algún gobierno criollo), que los han puesto en prisión por violar la Ley de Neutralidad o alguna otra disposición legal.

La Guerra Hispano-Cubano-Americana es un capítulo fundamental de la historia cubana, pero también de la norteamericana ya que Estados Unidos se convirtió en potencia mundial gracias a la guerra contra España. Una confrontación con el gobierno cubano en 1962 — la llamada "crisis de los cohetes" — estuvo a punto de llevar al país a una guerra con la Unión Soviética. Es imposible separar las historias de ambas naciones. Cuba ha sido, en varios aspectos, tan importante para Estados Unidos como Canadá y México, naciones vecinas e íntimamente relacionadas con su historia.

Cuando el Presidente McKinley, a finales del siglo XIX, aprobó la participación directa de Estados Unidos en el conflicto de los cubanos con España, distaba mucho de tener la más mínima idea acerca de la futura influencia de cubano-americanos residentes en Estados Unidos (representados en el Congreso y el Gobierno de la nación del norte) en la política exterior americana hacia su país de origen, como sucede a finales del siglo XX. Por otra parte, la huella norteamericana es cada día más evidente en la cultura cubana a pesar de tres décadas sin relaciones diplomáticas y comerciales.

Primera Intervención Norteamericana

El 14 de julio de 1898 bajo la ceiba conocida después como "Arbol de la Paz", norteamericanos y españoles convinieron la rendición de Santiago de Cuba sin partipación de los independentistas cubanos. Más adelante, el Tratado de París puso término a la dominación española en Cuba, a la vez que garantizaba las propiedades e intereses de los españoles radicados en el país. El primero de enero de 1899, el Capitán General Adolfo Jiménez Castellanos, a nombre de Su Majestad el Rey de España, trasmitió el mando al Mayor General John R. Brooke, quien entregaría el poder, once meses después, al General y Doctor Leonard Wood.

Los gobernadores norteamericanos John R. Brooke y Leonard Wood atendieron la sanidad y la educación, propiciaron las inversiones norteamericanas, separaron la Iglesia del Estado y prepararon el camino para el establecimiento de un gobierno propio mediante la convocatoria de una Convención Constituyente en 1901, aunque Wood evidenció claras tendencias anexionistas.

Rafael Esténger ofreció una interesante explicación del estilo de los gobernadores estadounidenses: "Aquel Gobierno interventor era una mezcla extraña. Mandaba un militar norteamericano; pero en buena armonía con asesores o secretarios criollos. Había inventado una especie de república de emergencia, donde el gobernador presidía un pequeño gabinete integrado por secretarios bien escogidos. Por otra parte, cada provincia tenía un gobernador civil, que era cubano, y uno militar que desempeñaba algún oficial de los Estados Unidos."

Independientemente de las interpretaciones históricas acerca del régimen interventor estadounidense, entre los norteamericanos que realizaron importantes contribuciones a

Cuba deben mencionarse al Doctor William C. Gorgas en el campo de la sanidad y al maestro Alexis E. Frye en la educación. Las arduas y eficaces labores de esos hombres eminentes, encargados de esos ramos durante la Intervención, no deben ser olvidadas.

La República de Cuba en Armas había existido ya, pero con un territorio restringido a los límites de las regiones ocupadas por los libertadores. Entre sus presidentes más notables estaban Carlos Manuel de Céspedes, Tomás Estrada Palma, Bartolomé Masó y Salvador Cisneros Betancourt. Habían sido adoptadas constituciones como la de Guáimaro (1869) y Jimaguayú (1895), y hasta se había logrado el reconocimiento de unas pocas naciones amigas. Pero la mayor de todas las transformaciones producidas en el país desde la llegada de Cristóbal Colón estaría relacionada con el traspaso de poderes y el cambio de soberanía. Con todas sus limitaciones surgía, en los albores del siglo XX, la República de Cuba.

El Generalísimo Máximo Gómez, jefe de los ejercitos independentistas, no aceptó aspirar a la Presidencia. Las elecciones celebradas en todo el territorio nacional favorecieron la candidatura del patriota bayamés Tomás Estrada Palma, acompañado en la boleta, como vicepresidente, por Luis Estévez Romero, de una ilustre familia de Santa Clara. Ambos eran apoyados por una coalición de partidos. La victoria de Estrada Palma se produjo al retraerse la candidatura de una coalición que apoyaba al ex Presidente de la República en Armas General Bartolomé Masó, de Manzanillo, y al eminente médico y patriota Doctor Eusebio Hernández, de Colón, Matanzas, su candidato vicepresidencial.

El 20 de mayo de 1902, en el Palacio de los Capitanes Generales, Wood entregó el mando a Estrada Palma.

Siglo XX

Panorama de las primeras décadas: "generales y doctores"

El país, devastado por la guerra, comenzó su reconstrucción a fines del siglo XIX; labor continuada con igual o mayor efectividad a principios del nuevo siglo bajo el primer gobierno cubano independiente, presidido por Tomás Estrada Palma (1902-1906), un gobernante abiertamente partidario de estrechas relaciones con los Estados Unidos y cuya administración se caracterizó por un riguroso conservadurismo fiscal y por el lema "más maestros que soldados". Esas peculiaridades no deben ser motivo de sorpresa. Estrada Palma, un maestro de escuela que había pasado gran parte de su vida en Estados Unidos, había dirigido un plantel educativo en el poblado cuáquero de Central Valley, estado de New York, donde también se desempeñó como maestro de escuela bíblica dominical en la iglesia local. Hasta sus peores enemigos reconocen la absoluta honradez del gobernante, quien andaba a pie por las calles para hacer las compras y montaba en tranvía, sin escolta, para asistir a los oficios dominicales en las modestas iglesias protestantes de la capital o para unirse a alguna procesión religiosa de los católicos, demostrando así su condición de mandatario más ecuménico en la historia de América.

Ese austero personaje inauguró lo que algunos denominarían después "república de los generales y doctores", como explicaremos más adelante. Pero los dudosos comicios de 1906, en los cuales sus partidarios impusieron la reelección, provocaron una revuelta liberal conocida como "La Guerrita de Agosto". Estrada Palma fue elegido originalmente como candidato de una coalición y no estaba afiliado a ningún partido político. Ya avanzada su gestión decidió favorecer al recién creado Partido Moderado (predecesor del Partido Conservador de Mario García Menocal). Algunas arbitrariedades cometidas por un famoso "gabinete de combate" durante los últimos meses de su administración deterioró la imagen del honrado político cubano. Una nueva ocupación norteamericana comenzó ese mismo año, al renunciar el Presidente y propiciar el retorno de Cuba a la condición de país ocupado.

Estrada Palma, además de promover intensamente la educación pública, continuó las obras públicas de la Intervención Americana, incluyendo la construcción de carreteras con afirmado de *telford macadam*, de las cuales se terminaron 256,4 kilómetros, más que Brooke y Wood (98) y el régimen colonial español (236). En cuanto a cuestiones de infraestructura urbana (a partir de Estrada Palma mencionaremos datos relacionados con la misma en todos los gobiernos de duración apreciable), se iniciaron las obras del Malecón habanero (originalmente un proyecto de la administración de Leonard Wood), ampliado por futuros gobiernos. También se comenzaron los trabajos del Canal del Roque en Matanzas.

El nuevo gobernador, Charles Magoon, ha sido criticado frecuentemente por los historiadores cubanos. Durante su gestión toleró la corrupción administrativa, la cual adquirió dimensiones alarmantes. Su designación se produjo debido a su fama como experto en asuntos coloniales. Pretendió complacer a los liberales sin disgustar a los moderados (conservadores), lo cual sólo podía lograrse mediante la concesión de cargos públicos. Creó una Comisión Consultiva que le ayudó en sus labores. Magoon hizo construir 606,15 kilómetros de carreteras de primera clase (para la época). Se repararon 1,800 kilómetros de caminos secundarios, se fabricaron más de 200 puentes y se efectuaron obras importantes en edificios públicos. Su administración es responsable de la contratación de un empréstito de 16.5 millones de dólares al 4,5 por 100 y a cuarenta años destinado al pago de obras de alcantarillado y pavimentación de La Habana. Magoon celebró elecciones y entregó el poder en 1909.

Los cubanos eligieron como Presidente al principal caudillo del Partido Liberal, el General de la Guerra de Independencia José Miguel Gómez (1909-1913), cuya gestión fue acusada en la prensa de corrupción (como le sucedería a casi todos sus sucesores), pero se le reconoció el haber gobernado con sentido democrático ya que no excluyó a los miembros del Partido Conservador de los cargos burocráticos. Su administración, que contaba con bastante apoyo entre inversionistas británicos y comerciantes españoles radicados en el país, continuó promoviendo el desarrollo ascendente del país, a pesar de haber enfrentado una breve guerra racial (1912). Su gobierno propició la promulgación de la Ley Arteaga que prohibía el pago de salarios en formas de vales o fichas a los obreros rurales. Se promulgó una Ley de Cierre y Descanso Dominical para los empleados y obreros. Se incluyó en el presupuesto la Academia de la Historia, el Museo Nacional y la Academia de Artes y Letras, y se creó la Cruz Roja Nacional. Bajo su administración se estableció la Academia de Cadetes del Morro. Pero su imagen fue afectada por algunas transacciones como el canje del Arsenal y la ley de Dragado, consideradas como gastos excesivos para beneficiar ciertos intereses poderosos.

Gómez terminó las carreteras cuyas obras habían sido iniciadas por Magoon, completó 521,5 kilómetros de carreteras de primera y construyó numerosos caminos y puentes. También hizo construir numerosas viviendas populares en el banco de Pogolotti. El Palacio de Justicia de Pinar del Río fue terminado durante su mandato. Las elecciones que celebró en 1912 dieron el triunfo a la oposición.

Gómez fue sustituido por otro general de la Guerra de Independencia, Mario García Menocal, el gran caudillo conservador bajo cuyo gobierno (1913-1921) se construyó el Palacio Presidencial de Cuba, (Figura 1.16) terminado en 1922. Ese edificio es utilizado actualmente como Museo de la Revolución. El general Menocal, miembro de la aristocracia criolla, había recibido el grado de Ingeniero en la Universidad de Cornell en Estados Unidos. El 19 de octubre de 1914, el Presidente García Menocal dictó la ley de Defensa Na-

Figura 1.16. Palacio Presidencial, La Habana. (Proyecto, 1914)

cional, disponiendo la acuñación de la moneda cubana, y la exportación de la extranjera, aunque la de los Estados Unidos siguió circulando en Cuba. García Menocal unificó el Ejército Permanente y la Guardia Rural, con la creación del Ejército de Cuba bajo el mando del Presidente. El gobierno habilitó los subpuertos para facilitar los embarques de azúcar y propició el establecimiento de nuevos centrales azucareros. También se permitió la inmigración de obreros temporales, haitianos y jamaicanos, para trabajar como cortadores de caña.

Durante la administración de García Menocal se aprobó una ley permitiendo el divorcio vincular. Además, a pesar de su ideología conservadora, su gobierno ayudó a la reunión de un congreso obrero, dictó leyes de retiro y otras medidas de tipo social. Este gobernante logró mantenerse en el poder durante otro período de cuatro años mediante una dudosa reelección en 1916, la cual provocó una nueva rebelíon liberal, conocida como "La Chambelona". Pero la administración conservadora disfrutaba de bastante apoyo en Estados Unidos. En 1917, Cuba declaró la guerra a las Potencias Centrales encabezadas por Alemania. La Primera Guerra Mundial favoreció la economía durante un breve período (conocido en Cuba como "Las Vacas Gordas"), pero la crisis económica de posguerra ("Las

Vacas Flacas") provocó una situación alarmante en la economía. El mayor problema fue la quiebra de los bancos.

Durante su mandato se formularon iniciativas en materia de planes para la construcción de un triple sistema de carreteras y un conjunto de pequeños hospitales. Ninguno de esos proyectos y planes fue adoptado por el Congreso. A pesar de esos fracasos, se logró la construcción de 551 kilómetros de carreteras de primera clase y fueron construidos el Hospital "Calixto García" — uno de los más importantes del país — y la Clínica de Maternidad e Infancia "Enrique Núñez". Se continuaron las obras del Canal del Roque y el Malecón habanero (extendido hasta el torreón de San Lázaro) y se inauguraron monumentos a Máximo Gómez y Tomás Estrada Palma. También se construyeron más de cien escuelas y nuevos edificios en la Universidad Nacional. (Figura 1.17)

Una coalición oficialista logró imponerse en 1920 con la candidatura de Alfredo Zayas, el candidato liberal derrotado en 1916. Este personaje, al no conseguir la postulación liberal en 1920, fundó el Partido Popular Cubano (conocido popularmente como "los cuatro gatos" debido al escaso número de sus afiliados y militantes) y se alió con los conservadores de García Menocal. Su período de gobierno (1921-1925) estuvo matizado por la

PERSPECTIVA DEL PROYECTO DE EDIFICIO PARA ESCUELA DE DIES Y SEIS AULAS DEL VEDADO
DEPARTAMENTO DE OBRAS PUBLICAS-CONSTRUCCIONES CIVILES-MIL NOVECIENTOS OCHO

Figura 1.17. Proyecto de Escuela Pública, 1908

astucia del mandatario y por la corrupción administrativa. Entre las acusaciones que se le hicieron estuvo la compra del enorme Convento de Santa Clara para albergar oficinas del Estado. Esa transacción fue criticada por sospechas de ganancias ilícitas para Zayas y sus colaboradores más cercanos. (Figura 1.18)

El Presidente, con una sólida formación humanística y una amplia cultura, "orador efectista que también escribió versos" (cita de Rafael Esténger), podía ser considerado como historiador aficionado y se le debía una notable obra, su *Lexicografia Antillana*, entre otros trabajos con algún valor intelectual, A Zayas se le pueden acreditar su respeto por las libertades públicas, la solución pacífica de un levantamiento armado (conocido como "Veteranos y Patriotas"), la recuperación parcial de la crisis económica y su habilidad y astucia al maniobrar ante las constantes demandas del enviado norteamericano Enoch Crowder. Entre sus aciertos debe anotarse el Tratado Hay-Quesada (que no fue ratificado por el Senado norteamericano hasta 1945) para reconocer la soberanía cubana sobre la Isla de Pinos.

En época de Zayas se terminó el Malecón habanero hasta el Vedado y se realizaron otras obras públicas importantes, pero algunos de sus planes no llegaron a realizarse, como la construcción de una Carretera Central a un costo de cerca de 400 millones de pesos. El Presidente permitió que se le erigiera una estatua en un parque al fondo del Palacio Presidencial, pero respetó el derecho de sus opositores a ridiculizarle.

Zayas le entregó el poder a Gerardo Machado (un general de la Guerra de Independencia apoyado por su propio Partido Liberal y por el Partido Popular que había abandonado su coalición con los conservadores). Machado gobernó de 1925 a 1933, disfrutó del apoyo popular durante los primeros años de su gestión y gozó del respaldo de los tres partidos tradicionales (Liberal, Conservador y Popular). El Presidente convocó una nueva asamblea constituyente en 1928, hizo que esta aprobara una desafortunada "prórroga de poderes" y se inclinó a un autoritarismo rampante. La crisis económica mundial, que sacudió el mundo a fines de los años veinte, y en la década del treinta, hizo tambalear su régimen, asediado por una serie de grupos revolucionarios que buscaban su derrocamiento, entre los cuales se destacaba el movimiento ABC.

Debe señalarse que sería imposible separar el nombre del general Machado de la historia de la arquitectura en Cuba ya que durante su administración se emprendió un vasto plan de construcciones, dirigido por el Secretario de Obras Públicas, Carlos Miguel de Céspedes. Fueron construidos en esa época el Capitolio Nacional — (Figura 1.19) donde sesionaron el Senado de la República y la Cámara de Representantes hasta 1959, y sirve actualmente de sede de la Academia de Ciencias de Cuba —, la Avenida de las Misiones, la escalinata de la Universidad y la Carretera Central — (Figura 1.20) obra que se extiende de este a oeste y que logró unir muchas de las principales poblaciones del país. Además, su gobierno construyó puentes, caminos, acueductos, hospitales, sistemas de alcantarillado, algunas viviendas populares, la escalinata que sirve de entrada a la Universidad de La Habana, (Figura 1.21) la Avenida de las Misiones y la Plaza de la Fraternidad en La Habana, etc. Machado cumplió, pues, su lema de campaña: "agua, caminos y escuelas".

Según Felicia Chateloin: "...luego del gobierno de Tacón y el plan urbano que éste desarrolló — semejante conceptualmente al de L' Enfant —, habrá que esperar hasta el período de mandato del dictador Gerardo Machado y Morales y su secretario de obras públicas, Carlos Miguel de Céspedes — quien invitó, en 1925, al urbanista francés Forestier — para encontrarnos un plan urbano comparable al de la época de Tacón, estructurado y con su carga simbólica..."

Derrocamiento de Machado y el final de "generales y doctores"

La caída de Machado el 12 de Agosto de 1933 se produjo en medio de gestiones de mediación del enviado norteamericano Benjamín Sumner Welles y fue precipitada por una gran agitación revolucionaria que obligó al ejército a ejercer presión sobre el gobernante. El primer régimen provisional que sucedió a Machado lo encabezaba el embajador Carlos Manuel de Céspedes — hijo del patriota con el mismo nombre considerado en Cuba como Padre de la Patria. La gestión de Céspedes sólo duró unas pocas semanas.

El 4 de septiembre de 1933 los sargentos y clases del Ejército se hicieron cargo del control de las fuerzas armadas bajo el liderazgo del sargento-taquígrafo Fulgencio Batista. Al Presidente Céspedes se le obligó a retirarse del poder. En esos acontecimientos participó de manera especial el Directorio Estudiantil Universitario, que había tenido una importante actuación en la lucha contra Machado. Por espacio de unos días el poder estuvo en manos de un gobierno colegiado de cinco miembros conocido históricamente como "La Pentarquía".

Uno de los miembros de "La Pentarquía", fue proclamado Presidente de la República, el profesor universitario antimachadista y médico eminente Ramón Grau San Martín, cuyo

Figura 1.18. Patio del Convento de Santa Clara, La Habana. (1910)

gobierno contó con la activa participación de su Secretario de Gobernación, Antonio Guiteras. La ascensión al poder de la administración Grau-Guiteras marca probablemente el final de la llamada "república de los generales y doctores" (título de una novela de Carlos Loveira), signada por la influencia de los antiguos altos oficiales del Ejército Libertador y de hombres públicos con inclinaciones intelectuales como el educador Tomás Estrada Palma, el historiador y poeta Alfredo Zayas, y el vicepresidente Enrique José Varona (1913-1917), filósofo positivista y gran reformador de la educación en Cuba.

Al tomar posesión de la Presidencia el 10 de septiembre de 1933, Grau San Martín juró el cargo desde la terraza norte del Palacio Presidencial, pero se negó aceptar la Constitución de 1901 — como algunos esperaban —, abrogando en la práctica la Enmienda Platt que se le había añadido a ese documento. El gobierno de Estados Unidos no reconoció la administración de Grau. Durante su breve gobierno se le concedió el voto a la mujer, se ordenó la intervención provisional de la Compañía Cubana de Electricidad, se promulgó una Ley de Nacionalización del Trabajo que obligaba a las empresas a emplear al menos un 50 por 100 de empleados u obreros cubanos nativos y se redujo la jornada laboral a ocho horas de trabajo.

Hacia la Constitución de 1940

Grau San Martín fue sustituido rápidamente (1934). Después de la breve interinatura del Ingeniero Carlos Hevia, el poder pasó a manos del Coronel de la Guerra de Independencia Carlos Mendieta, caudillo del Partido Unión Nacionalista (desprendimiento liberal opuesto a Machado) apoyado desde el Campamento Militar de Columbia por el coronel Fulgencio Batista, líder de la revolución del 4 de Septiembre de 1933, y quien había ofrecido inicialmente su respaldo a Grau.

Batista, el nuevo jefe de las Fuerzas Armadas, era apoyado por el influyente enviado norteamericano, Benjamín Sumner Welles, participante activo en las negociaciones para reemplazar a Machado. Durante el mandato de Mendieta fue abolida la Enmienda Platt, aunque como resultado de gestiones anteriores, sobre todo de la administración Grau-Guiteras.

Después de los gobiernos provisionales, el último de los cuales fue presidido por el diplomático José Agripino Barnet — sucesor de Mendieta —, una coalición tripartita que incluía a los liberales y nacionalistas llevó a Palacio en 1936 al ex alcalde de La Habana y líder del Partido acción Republicana Miguel Mariano Gómez (hijo del ex presidente José Miguel Gómez). Gómez fue destituido por el Congreso, algunos meses más tarde, por vetar una ley promovida por Batista. Durante el gobierno de Gómez se crearon el Consejo Corporativo de Educación, Sanidad y Beneficencia y la Sala de lo Contencioso y Leyes Especiales del Tribunal Supremo, también se aprobaron leyes contra el terrorismo.

Su sucesor, Federico Laredo Brú, abogado y Coronel de la Guerra de Independencia elegido vicepresidente con Gómez, condujo al país a una asamblea constituyente, la cual aprobó la Constitución de 1940, considerada una de las más avanzadas del continente. En esa asamblea participaron todos los partidos cubanos, incluyendo al Partido ABC (grupo opuesto a Machado y considerado por algunos como de corte fascista) y al Partido Comunista.

Durante los gobiernos de Miguel Mariano Gómez y Federico Laredo Brú las obras públicas principales estuvieron representadas por la construcción de cuarteles, hospitales militares, numerosas escuelas y dispensarios para el Instituto Cívico-Militar creados por las fuerzas armadas por inspiración del general Batista. Cerca de Santiago de Cuba se construyó la represa de Charco Mono con un lago artificial que era el mayor del país. La

Figura 1.19. Vista aerea del Capitolio Nacional, La Habana

universidad comenzó a desarrollar planes de construcción de edificios. También se construyeron algunas bibliotecas públicas.

En 1940 resultó electo presidente Fulgencio Batista, apoyado por la Coalición Socialista Democrática, formada por los antiguos liberales, varios grupos conservadores y los comunistas, a quienes había permitido controlar el movimiento sindical cubano, dirigido originalmente por socialistas utópicos y anarquistas, y continuado por algunos líderes a quienes los comunistas llamaban "reformistas". Cuba le declaró la guerra al Eje Berlín-Roma-Tokio. En 1943 Batista nombró un llamado "gabinete de unidad nacional" en el cual participó el Partido Socialista Popular (Comunista) que le había apoyado desde el principio de su administración.

Durante la administración de Batista se construyeron numerosos edificios, muchos de ellos relacionados con el Consejo Corporativo de Educación, Sanidad y Beneficencia. Una serie de planes para la Plaza de la República y la Biblioteca Nacional no se pudieron llevar a cabo. Se erigió un edificio adecuado para el Archivo Nacional de Cuba y se inauguraron carreteras y caminos.

Los gobiernos auténticos

Los sucesores inmediatos de Batista fueron dos presidentes elegidos por el Partido Revolucionario Cubano (Auténtico) y su aliado el Partido Republicano (desprendimniento del conservadurismo "menocalista") dirigido por el hábil político Guillermo Alonso Pujol. La victoria del autenticismo y de su candidato, Ramón Grau San Martín, en las elecciones de junio de 1944, fue llamada por sus partidarios "la jornada gloriosa".

Grau San Martín (1944-1948) y Carlos Prío Socarrás (1948-1952) encabezaron esas administraciones auténticas. Con Prío Socarrás, la famosa "generación del 30" (integrada por revolucionarios antimachadistas) pasa a controlar la cosa pública, aunque algunos de sus integrantes habían participado de la administración de Grau. Durante los ocho años auténticos se mantuvo la influencia americana, pero los cubanos alcanzaron un mayor control sobre los recursos del país. Los gobiernos auténticos tomaron importantes medidas económicas, a la vez que se aprobaron en el Congreso leyes complementarias a la Constitución de 1940. Estos dos presidentes fueron frecuentemente acusados de corrupción y hasta se inició un proceso judicial contra el Presidente Grau San Martín (la causa 82). Los críticos de ambos gobiernos señalan los frecuentes desórdenes estudiantiles, asi como cierta agitación pública en la que participaron ciertos elementos que vivían al margen de la ley. Esa situación no pudo ser siempre controlada por la fuerza pública.

Uno de los acontecimientos políticos de mayor importancia en esta época, caracterizada como la de Zayas por la libertad de expresión, fue la radicalización de numerosos elementos del partido de gobierno, que pasaron a la oposición, especialmente el senador Eduardo Chibás, fundador de un nuevo grupo, el Partido del Pueblo Cubano (Ortodoxo). Ese partido logró una votación apreciable en las elecciones parciales (congresionales y municipales) de 1950 y uno de sus candidatos al Congreso, el comentarista radial José Pardo Llada, obtuvo la más alta votación individual recibida por un candidato a la Cámara en la historia del país. Chibas se suicidó en 1951 en medio de una arenga radial oposicionista, y su muerte conmovió el país.

Durante el gobierno de Grau San Martín (1944-1948) se construyeron en La Habana y otras ciudades numerosas plazoletas o círculos para canalizar el tránsito público en las intersecciones importantes de avenidas, paseos y carreteras. El ministro de Obras Públicas, José San Martín, recibió el sobrenombre de "Pepe Plazoleta". También se construyeron puentes, carreteras, alamedas, malecones, dragados, pasos superiores e inferiores, escuelas, acueductos y todo tipo de edificios públicos. Las contribuciones a la infraestructura urbana fueron apreciables. En 1947 el Alcalde de La Habana, Manuel Fernández Supervielle se suicida ante los obstáculos que le impidieron cumplir su compromiso de mejorar el abastecimiento de agua a la capital. Su sucesor, Nicolás Castellanos, sería uno de los alcaldes más populares en la historia de La Habana.

Durante la administración de Prío Socarrás (1948-1952) se construyeron carreteras modernas por la costa norte de las provincias de La Habana y Matanzas para enlazar las playas, y otras unían a Sancti Spíritus y Trinidad y se extendían hacia Cienfuegos y Aguada de Pasajeros (Las Villas). Se dió gran impulso al proyecto de la Plaza de la República: la Biblioteca Nacional, el Palacio de Justicia, el de Comunicaciones, etc. El primer túnel bajo el Almendares, para comunicar a La Habana con Marianao fue construído, y también la Estación Terminal para autobuses en La Habana, así como numerosos acueductos, dispensarios, almacenes frigoríficos para la agricultura y la industria pesquera, y algunos hospitales. Los historiadores conceden parte del crédito por esas realizaciones a sus ministros de Obras Públicas, especialmente a Luis Casero Guillén, el popular ex alcalde de Santiago de Cuba.

Durante los gobiernos auténticos se iniciaron oficialmente las obras de la llamada "Via

Figura 1.20. La Carretera Central, afueras de La Habana

Mulata" que comunicó con el resto de la provincia algunas áreas aisladas de Oriente, como la primera capital de Cuba, Baracoa. El gobierno que reemplazó a Prío (presidido por Batista) dió gran impulso a ese proyecto. También se les debe el Barrio Obrero de Luyanó. En esa barriada habanera se erigieron edificios de apartamentos, cuatrocientas viviendas individuales, con sus escuelas, un hospital y un mercado.

Sociedad, economía y demandas arquitectónicas

Por otro lado, a pesar de las crisis políticas, las huelgas obreras y las protestas estudiantiles, la creciente prosperidad se notaba en el número y calidad de las edificaciones, sobre todo en la construcción de viviendas y mansiones, como las que se encuentran en el barrio de Miramar en La Habana y en la playa de Varadero, en Matanzas. Los acontecimientos que describiremos a continuación no afectarían ese ritmo hasta entrada la década de 1960. El crecimiento de las ciudades, la centralización política en La Habana y el desarrollo de sectores educados y pudientes que apreciaban y demandaban arquitectura de calidad internacional, son asuntos importantes que tienen relación directa con estos acontecimientos y con el desarrollo de la política, la economía y la educación en Cuba.

En su obra *Economía, Población y Territorio en Cuba (1899-1903)*, José Luis Luzón define a la Cuba del primer tercio de siglo "como un espacio geográfico ocupado por centrales, sus tierras aledañas y los puertos de exportación. Algunos centros urbanos, colectores y difusores de los bienes materiales necesarios para el funcionamiento del complejo agro-industrial. Y una gran capital, residencia de las clases altas..." Para él, La Habana era una "ciudad opulenta frente a campo mísero". Su afirmación es tan discutible como la hecha por un ministro cubano de Educación: "Cuba es La Habana, el resto es paisaje." Es cierto que la economía estaba basada en el monocultivo y La Habana absorbía gran parte de los recursos del país, pero cierto progreso se notaba en gran parte del territorio.

La crisis económica de los años 1929-1934 se afrontó con medidas estatales. Estas medidas, de carácter político-económico, condujeron al país a una estabilización que algunos consideran como "sin crecimiento". Se produjo una recuperación azucarera de Cuba con una mayor afluencia de divisas, y aunque la base económica continuó gravitando en torno a la producción azucarera, surgieron otros cultivos importantes y nuevas industrias. Por otro lado, crecía, la importancia del turismo internacional.

La recuperación de la economía cubana en los años cincuenta era algo real, si se tiene en cuenta la balanza comercial. En 1948, con una zafra azucarera récord, las exportaciones alcanzaron su máximo histórico y la balanza comercial continuó siendo positiva. A

Figura 1.21. Primer proyecto de la Universidad Nacional
de la Habana, 1908

pesar de eso, un amplio sector siguió sumido en la pobreza, lo cual contrastaba con los avances de una poderosa clase media y con un número cada vez mayor de profesionales y técnicos. La creación del Banco Nacional de Cuba y de una serie de mecanismos de crédito en época del Presidente Prío, y aún después, han sido generalmente señalados como indicios del avance del país.

En ese panorama, las únicas instituciones influyentes no eran las controladas directamente por las clases económicas dominantes o los partidos tradicionales o de nuevo cuño. La Iglesia cubana se había recuperado de la grave situación en que se encontraba al terminar la dominación española. El prestigio de haberle dado al país a Félix Varela, forjador de la nacionalidad y heraldo de la independencia, había sido empañado por la posición integrista de un sector del clero español, personificado por el Obispo de La Habana, Manuel Santander y Frutos, connotado exponente de la intolerancia integrista durante la Guerra de Independencia. Los gobiernos interventores norteamericanos favorecieron a la Iglesia Católica y las administraciones de Wood y Magoon la indemnizaron por las confiscaciones de propiedades en época de España. Un sector del catolicismo se inclinó bastante a la influencia norteamericana y se establecieron en el país nuevas órdenes religiosas con influencia estadounidense. Un sector católico de principios de siglo ha sido señalado como anexionista por los historiadores Herminio Portell Vilá y Joel James Figarola.

Al promediar el siglo XX la Iglesia había recuperado terreno y el 72.5% de los cubanos se identificaban como católicos. Pero el protestantismo se había extendido por todo el país y ejercía cierta influencia en la educación gracias a sus escuelas, sólo superadas en número por las instituciones católicas de enseñanza. Las escuelas protestantes podían ser consideradas a veces como "escuelas americanas" por la enseñanza del inglés y los misioneros estadounidenses que enseñaban en ella, pero en algunas prevalecía cierto énfasis nacionalista, como las importantes escuelas presbiterianas "La Progresiva" en Cárdenas y "Carlos de la Torre" en Sancti Spíritus. Los templos protestantes construidos en Cuba en las primeras décadas del siglo revelaban profundas influencias arquitectónicas norteamericanas.

La masonería conservaba todavía gran parte de la influencia de que había disfrutado en el siglo XIX, cuando militaba en sus filas todo un sector predominante en el movimiento separatista. Además de numerosos edificios utilizados para sus logias a través de todo el país (algunos con una arquitectura impresionante), erigieron un enorme edificio masónico en la capital y llegaron a operar una universidad. El cargo de Gran Maestro de la masonería cubana era una de la posiciones de mayor prestigio en Cuba. También tenían cierta ascendencia sobre la población las logias de los Caballeros de la Luz, organización fraternal que honra con su nombre la memoria de José de la Luz y Caballero y hace un marcado énfasis en valores patrióticos y ciudadanos.

Nuevas instituciones se habían enraizado en el país, algunas de las cuales reflejaban algún grado de penetración cultural norteamericana, a la vez que reflejaban las necesidades y aspiraciones de la clase media y los sectores profesionales. Esas instituciones cívicas ejercían una gran influencia en distintas poblaciones: clubes de "leones" y "rotarios", cámaras de comercio, "odd-fellows", etc.

Una institución política con vínculos internacionales de enorme importancia, el Partido Socialista Popular (Comunista), disponía de representación en el Congreso y los gobiernos municipales, aún en la época de intenso anticomunismo o *macartismo* que se había extendido a una amplia zona de opinión. El comunismo desempeñó un papel fundamental en el movimiento sindical y logró ejercer alguna influencia en la vida cultural del país y en el periodismo.

El movimiento sindical alcanzó su mayor influencia en la década de los cuarenta, bajo la dirección de líderes de gran habilidad como Lázaro Peña y Jesús Menéndez (comunistas), y Eusebio Mujal (antiguo simpatizante troskista que militó en las filas auténticas y después en las de los partidarios de Batista). El sindicalismo cubano había tomado forma desde fines del siglo XIX, cuando uno de sus líderes era el famoso dirigente Enrique Roig de San Martín, pero alcanzó su nivel más alto en este período, en el cual se llevaron a cabo numerosas huelgas en diversos sectores. La Confederación de Trabajadores de Cuba (CTC) — logró importantes conquistas para la clase trabajadora, aunque las leyes sociales no eran necesariamente obedecidas al pie de la letra en todas las regiones del país.

El regreso de Batista

El 10 de Marzo de 1952 un golpe de estado impidió la celebración de unas esperadas elecciones, en las que hubieran discutido el poder Carlos Hevia (escogido para suceder a Prío por la coalición oficialista encabezada por los auténticos), el intelectual Roberto Agramonte (de los "Ortodoxos") y el ex presidente Batista (del Partido Acción Unitaria). Los militares llevaron al poder a Batista, y este trató de hacerse de una base de apoyo popular mediante la rebaja de los alquileres y un plan de obras públicas. También ofreció mantener el orden en el país. El lema del nuevo gobierno era "Paz, Trabajo y Progreso". Batista logró el apoyo de algunos partidos tradicionales, declaró ilegal al Partido Socialista Popular (Comunista) —presidido por Juan Marinello y dirigido por Blas Roca — y obtuvo el respaldo del líder de los sindicatos (CTC) Eusebio Mujal, entre otros. Una medida de cierta trascendencia fue la aprobación de unos Estatutos Constitucionales basados en la Constitución de 1940 y la designación de un Consejo Consultivo para reemplazar al disuelto Congreso de la República.

Batista resultó elegido de nuevo en los comicios celebrados en 1954, en las cuales se retiró el único candidato oposicionista Grau San Martín. El candidato victorioso había sido apoyado por los Partidos Acción Progresista (continuación de Accion Unitaria), el Liberal, el Demócrata (antiguos conservadores) y el Unión Radical. A pesar del retraimiento de los auténticos, ese partido logró elegir algunos senadores y representantes, los cuales se convirtieron en la oposición parlamentaria al régimen. Algunos de los miembros de esa delegación oposicionista se constituyeron en grupo aparte como comité independiente; el principal de sus líderes era el comentarista radial Juan Amador Rodríguez.

La oposición se había dividido desde 1952 en un sector "electoralista" y otro partidario de la lucha armada. Durante el período 1952-1958 se llevaron a cabo numerosas conspiraciones contra el gobierno, intentos de unificación de las fuerzas oposicionistas y gestiones de instituciones cívicas para lograr una solución a la crisis causada por el golpe del 10 de marzo. En ese último aspecto sobresalieron la Sociedad de Amigos de la República (SAR), el Conjunto de Instituciones Cívicas (que incluía organizaciones de laicos católicos, grupos masónicos y el Concilio Cubano de Iglesias Evangélicas) y la Iglesia Católica.

El gobierno celebró elecciones el 3 de noviembre de 1958, pero una gran parte del electorado se abstuvo de votar, sobre todo en áreas afectadas por la lucha entre las tropas del gobierno y los rebeldes. Andrés Rivero Aguero, de la coalición oficialista, resultó elegido presidente, derrotando al ex presidente de la Constituyente de 1940 Carlos Márquez Sterling (hijo de Manuel Márquez Sterling, famoso periodista y diplomático) del Partido del Pueblo Libre, al expresidente Grau San Martín, apoyado por un sector del autenticismo, y al periodista Alberto Salas Amaro, del Partido Unión Cubana. Al terminarse la realización de los escrutinios se produjeron numerosas acusaciones de fraude en varias localidades.

El triunfo de la Revolución

El primer estudiante universitario asesinado a comienzos de 1953, en una manifestación estudiantil de oposición al gobierno de Batista, era alumno de la Facultad de Arquitectura — Rubén Batista Rubio — y el líder de la Federación de Estudiantes Universitarios, José Antonio Echevarría, asesinado el 13 de marzo de 1957, en relación con un asalto al Palacio Presidencial, era también estudiante de Arquitectura.

Batista fue derrocado en 1959 por los partidarios del abogado y antiguo líder estudiantil Fidel Castro, alzado en armas desde 1956 con un grupo de sus partidarios [el Ejército Rebelde] en la Sierra Maestra, enclavada en la zona oriental del país. La administración republicana del Presidente Dwight D. Eisenhower, que había cultivado excelentes relaciones con el gobierno de Batista, suspendió el envío de armas a su régimen y esto impresionó negativamente a las Fuerzas Armadas y a los elementos partidarios del gobierno. Además, para fines de 1958, gran parte del territorio nacional estaba en manos de los partidarios de Castro y las fuerzas rebeldes habían logrado tomar la ciudad de Santa Clara, en el centro del país. El médico argentino Ernesto (Che) Guevara y el combatiente revolucionario Camilo Cienfuegos figuraban entre los líderes del avance rebelde hacia occidente. Otros líderes del Ejército Rebelde eran Raúl Castro (hermano de Fidel y futuro Ministro de las Fuerzas Armadas Revolucionarias) y Huber Matos (futuro líder anticastrista), quienes estaban a cargo de otros frentes de lucha.

La Cuba contemporánea

El proceso revolucionario que llegó al poder el primero de enero de 1959 es demasiado complicado y reciente como para ser analizado en una obra introductoria como esta. Más adelante, en este mismo trabajo, nos adentraremos en cuestiones de arquitectura y urbanismo en la Cuba comtemporánea.

Educación en el siglo XX

En el largo recorrido histórico que se inicia con la transición de un siglo al otro, y que concluye con la situación actual, se hicieron grandes avances en la educación. Las complejidades del tema nos obligan a compartir simplemente algunos datos fundamentales.

A fines del siglo anterior, el país contaba con una universidad y con seis institutos de segunda enseñanza en las capitales provincias. El número de escuelas públicas de nivel primario o elemental era insuficiente. El gobierno interventor norteamericano y los gobiernos republicanos mejoraron dramáticamente esa situación. Cuba había logrado echar las bases de un sistema de educación moderno al iniciarse la segunda mitad del siglo XX. La anarquía de la educación en la época colonial, encargada a los municipios, había sido sustituida por una dirección educativa a cargo de la Secretaría de Instrucción Pública y Bellas Artes, más tarde Ministerio de Educación. Hasta 1930 las Juntas de Educación locales eran elegidas democráticamente.

En 1952 funcionaban tres universidades estatales en La Habana, Santa Clara y Santiago de Cuba, la Universidad Católica de Santo Tomás de Villanueva (con su propia escuela de arquitectura) en La Habana y veintiún Institutos de segunda enseñanza. También había aumentado el número de escuelas normales para maestros y otras instituciones especializadas y vocacionales, así como de aulas primarias, de las cuales había más de 30,000 en el país, con 34,000 maestros y matrícula de 1.300.000 alumnos. El número de escuelas privadas era de alrededor de mil, con 200,000 alumnos, bajo la orientación del Estado. En 1940, casi todos los maestros cubanos de escuela pública, en los niveles primario y secundario poseían títulos normales y universitarios.

En el período 1952-1959 se abrieron otras universidades privadas, en parte para llenar las necesidades educativas de un sector impedido de asistir a la Universidad de La Habana, debido a las huelgas estudiantiles. Estas universidades fueron nacionalizadas en 1961.

Al terminar el régimen colonial español sólo el 28 por ciento de la población había sido alfabetizada. En 1959, Cuba ocupaba la posición número 35 entre 136 países analizados, con un porcentaje de 75 al 80 en capacidad de leer y escribir. Sólo era superada en América Latina por Argentina y Uruguay. La calidad de los textos escolares editados en Cuba y preparados por autores cubanos era reconocida en Iberoamérica. Las exportaciones de libros cubanos ascendía en 1959 a diez millones de dólares anuales, una suma considerable para la época.

Durante las primeras dos décadas del gobierno revolucionario aumentó el número de universidades estatales (incluyendo nuevas escuelas para la formación de técnicos de todo tipo en el ramo de la construcción), así como el de escuelas tecnológicas, secundarias básicas y preuniversitarias. La educación primaria y la alfabetización recibieron también un gran impulso. Se crearon numerosas bibliotecas, archivos, museos e institutos de investigación. Al extenderse las oportunidades en el campo educacional, se abrieron las puertas por algún tiempo a estudiantes extranjeros becados, muchos de los cuales se alojan en la Isla de la Juventud (antigua Isla de Pinos), donde se han desarrollado varios proyectos arquitectónicos significativos relacionados con escuelas y dormitorios.

El alto número de carreras y especializaciones contrasta con las escasas profesiones universitarias que estaban disponibles a principios de siglo, aunque debe reconocerse que ese desarrollo se inició en 1899 con la atención prestada a la enseñanza por el gobierno militar de John R. Brooke. Es decir, el proceso de especialización se inició en aquel entonces y se intensificó aun más en la segunda mitad del siglo.

En las últimas décadas, miles de cubanos han realizado estudios avanzados en los antiguos países socialistas de Europa Oriental y la desaparecida URSS, mientras que infinidad de compatriotas pertenecientes a familias exiliadas han recibido grados académicos especializados en Estados Unidos y Europa Occidental.

Enseñanza de la Arquitectura

Hasta 1899, en cuestiones de arquitectura, sólo funcionaba una escuela profesional que preparaba maestros de obra. Al terminar la dominación española, se inaugura la carrera de arquitecto en la Universidad de La Habana, siguiendo los lineamientos del plan de Reforma Universitaria preparado por Enrique José Varona. En 1905, como resultado de una iniciativa del escritor independentista Nicolás Heredia, los alumnos de la Escuela de Ingeniería y Arquitectura lograron publicar los únicos dos números de la revista *Letras y Ciencias*. No se separaron las carreras de arquitecto e ingeniero hasta la promulgación de los Estatutos de 1942 en La Universidad de La Habana. La Facultad de Ingeniería y Arquitectura dió el paso entonces a las escuelas de Ingeniería y Arquitectura.

Los estudiantes de Arquitectura llegaron a cursar hasta seis años, lo cual la convertía en la segunda carrera en duración en la universidad, superada sólo por Medicina (siete años). En el curso 1954-1955, cursaban la carrera 738 estudiantes (637 hombres y 151 mujeres) en la Universidad de La Habana y 52 (43 hombres y 9 mujeres) en la Universidad Católica de Santo Tomás de Villanueva.

La Ley de Reforma de la Enseñanza Superior de 1962 estableció cinco años como duración de la carrera de Arquitectura. El Ministerio de Educación de Cuba se reestructuró en el año 1971. Con la ayuda de especialistas de los países socialistas se empezó la confección de un proyecto de Cuba. Se decidió, siguiendo el ejemplo de esos países, convertir el subsistema de la educación superior en un sistema independiente con el rango de Ministerio. Hasta aquel entonces la Escuela de Arquitectura había sido parte de la Universidad de La Habana, pero esa institución dio paso a varios centros de educación superior partiendo de cuatro de sus facultades. La Facultad de Tecnología, a la cual pertenecía Arquitectura, contaba en el curso 1975-1976 con 13,801 alumnos, y se convertiría en el Instituto Superior Politécnico "José Antonio Echevarría". En esa institución se cursan estudios de Arquitectura y diversas especialidades de Ingeniería. En total funcionan en Cuba 4 escuelas de Arquitectura, situadas en La Habana, Villaclara, Camagüey y Santiago de Cuba.

Las Escuelas de Artes y Oficios eran las instituciones de enseñanza vocacional más antiguas del país y ofrecían estudios de Constructor Civil. Desde su fundación en 1882 modificaron su estructura y funcionamiento. En 1943 se agregaron talleres nocturnos. En 1907 se crearon las Enseñanzas Especiales Superiores de Artes y Oficios. La primera Escuela de Artes y Oficios era la de La Habana. En 1928 se fundó la de Santiago de Cuba y posteriormente se crearon las de Colón, Santa Clara y Trinidad. También se estudiaba Construcción en el Centro Superior Tecnológico de Ceiba de Agua — a 45 kilómetros de La Habana — y en otros centros politécnicos.

En la época revolucionaria se abrieron numerosas institutos tecnológicos en el país. Además de la educación técnica formal, en 1962 el Ministerio de Industrias impartió cursos de tiempo completo a cerca de 6,000 trabajadores. En el período 1973-1974 se agregaron al sistema siete nuevos institutos técnicos y veintisiete politécnicos. En la década de los ochenta funcionaban 96 escuelas técnicas y profesionales; de éstas, 39 imparten educación industrial, 25 se abocan a la enseñanza agrícola y 32 al comercio (economía y administración). No contamos todavía con datos suficientes para determinar el efecto del llamado "período especial" y las restricciones económicas sobre la educación y cómo esto afecta las posibilidades de empleo en el ramo de la construcción.

La Revista Arquitectura

La Revista *Arquitectura* inició su publicación en 1917. Después de períodos de interrupción y de haber variado su título y formato en más de una ocasión, adoptó el título definitivo de *Arquitectura. Cuba*, con el cual aparece todavía. En sus páginas han aparecido artículos de eminentes escritores, historiadores y críticos de artes, así como algunos de los más notables arquitectos del país y el extranjero. La revista ha incluido también en sus páginas materiales literarios e históricos, aunque ha centrado su atención en cuestiones de arquitectura y las artes. Otras publicaciones similares son mencionadas en este trabajo.

Ministerio de Obras Públicas

Las obras públicas estuvieron a cargo de la Secretaría de Agricultura, Industria y Comercio en los primeros meses de la Intervención Americana, pero desde el gobierno de Leonard Wood pasaron a constituir un departamento aparte.

Durante la República la Secretaría de Obras Públicas fue ocupada por los siguientes funcionarios: Manuel Luciano Díaz (1902-1905), Rafael Montalvo (1905-1906), Diego Lombillo Clark (1906-1909) — bajo la supervisión del Teniente Coronel William M. Black durante la Segunda Intervención Americana —, Benito Lagueruela (1909), Francisco López Leiva (1909-1910), Joaquín Chalóns (1909-1901), José M. Babé (1910-1912), Rafael de Carrerá y Sterling (1912-1913), José Ramón Villalón (1913-1921), Orlando Freyre (1921-1922), Demetrio Castillo Pokorny (1922-1923), Aurelio Sandoval (1922-1923), Manuel de J. Carrerá y Sterling (1924-1925), Carlos Miguel de Céspedes (1925-1930), Jesús María Barraqué (1930-1931), Manuel Lombillo Clark (1931), Narciso Onetti y Gonsé (1931-1933), Eduardo Chibás Guerra (1933), José M. Irrisarri (1933) — bajo la Pentarquía que gobernó Cuba por unos días y de la cual él formaba parte—, Gustavo Moreno (1933-1934), Daniel Compte (1934), Enrique Ruiz Williams (1934-1935), Jorge Luis Echarte (1935-1936), Raúl Simeón (1936), José A. Casas (1936-1937), Maximino Borges (1937-1938), Enrique Ruiz Williams (1938-1939), Alberto Maruri (1939), Antonio de la Riva (1939-1940).

A partir de 1940 la Secretaría se convirtió en Ministerio de Obras Públicas. El cargo de Ministro, que reemplazó al de Secretario, fue ocupado a partir de 1940 por estos funcionarios: Francisco Herrero (1940-1941), José A. Mendigutía (1941), Enrique Luis Varela (1941-1942), Evelio Govantes (1942), Jerónimo Acosta (1942-1943), José F. Tejidor (1943-1944), Alfredo Nogueira (1944), Gustavo Moreno (1944-1945), José R. San Martín (1945-1947), Pedro Suárez (1947), Isauro Valdés Moreno (1947-1948), Manuel Febles (1948-1951), Luis Casero Guillén (1951-1952), José A. Mendigutía (1952-1954), Antonio Carvajal (1954-1955), Nicolás Arroyo (1955-1958) y Ramiro Oñate (1958).

Al triunfo de la Revolución fue designado para el cargo (1959) Manuel Ray Rivero. En 1960 se designó a Osmany Cienfuegos, quien ocupó la posición por varios años. En 1987, Homero Crabb Valdés fue nombrado para el Ministerio de la Construcción (sucesor del de Obras Públicas) conocido como MICONS. También se ha creado el Ministerio de Materiales de Construcción.

Comunicaciones

Antes de la Revolución, Cuba había alcanzado la condición de país con mayor longitud de vías férreas sin excluir a Estados Unidos. De acuerdo con Leví Marrero en su *Geografía de Cuba:* "Cuba poseía en 1957, 18,059 kilómetros de vías férreas... Desde el período inicial de la República hasta los primeros años de la década de 1920 el desarrollo de las comunicaciones ferroviarias continuó hasta alcanzar el sistema ferroviario su carácter nacional." El rápido crecimiento de la población en las primeras décadas de la República estimuló el desarrollo económico, la extensión del servicio ferroviario y la construcción de carreteras.

Durante la Primera Intervención Norteamericana (1898-1902) se construyó la carrera de Santiago de Cuba a Puerto Boniato, prolongada después hasta San Luis. En 1925, al iniciarse los estudios definitivos para la construcción de la Carretera Central, apunta Marrero, "había en Cuba 2,626 kilómetros de carreteras, de los cuales 1,332 kilómetros habían sido construídos entre 1909 y 1924." Hasta 1959 la Carretera Central, cuya extensión total es de 1,144 kilómetros fue el eje del sistema de carreteras de la Isla. Después del triunfo revolucionario de 1959 se construyó un nuevo sistema de carreteras, una de las cuales, conocida popularmente como "las ocho vías" ha reemplazado en aspectos fundamentales a la Carretera Central. Tradicionalmente, una serie de carreteras secundarias y caminos vecinales ha facilitado las comunicaciones con las carreteras principales (inicialmente la Central y ahora las del nuevo sistema).

Las comunicaciones aéreas han aumentado notablemente a partir de 1927, y el número de aeropuertos ha ido en ascenso constante. Lo mismo puede afirmarse en relación con las comunicaciones marítimas. El país dispone actualmente de una flota pesquera apreciable, aunque llegan noticias de que se halla casi paralizada por la falta de recursos.

Hacia el eclecticismo

Retomando el tema de la arquitectura cubana en el período que va desde fines de la dominación española hasta la Revolución, algunos (sobre todo Roberto Segre) han señalado que mientras en México, Brasil y Argentina se erigían en la segunda mitad del siglo XIX edificios públicos de carácter ecléctico, destruyendo la armonía urbanística de la era colonial, en Cuba se prolongaba la arquitectura de tradición hispánica, transformada por el neoclasicismo.

Extendiendo su análisis hasta las primeras tres décadas de la república, el profesor Luis de Soto llegó a la conclusión de que "existe por lo menos un tipo definido de arquitectura cubana, un 'estilo cubano' característico, el cual fue tomando forma durante el período colonial y se derivaba del barroco español, adaptado y modificado en Cuba." Ese mismo autor aclara que el carácter de la arquitectura cubana en tiempos modernos "es determinado por una mezcla de tendencias europeas y americanas". Como muchos otros, divide la arquitectura cubana en "colonial" y "republicana". En relación con esta última, entiende que hasta 1929 se notan fácilmente las siguientes influencias europeas: (a) la catalana, provocada por una reacción contra la centralización política en Castilla — se trata de una versión española del movimiento de *Art Nouveau*, aparecido en Francia a principios de siglo; (b) italiana y francesa, pues considera arquitectónicamente al suburbio habanero del Vedado como "una ciudad italiana del Renacimiento", con excepciones como el patio cubano. En su opinión, el edificio de la Sociedad Cubana de Ingenieros puede servir como ejemplo de una fuerte corriente italiana en nuestra arquitectura y el Palacio Gómez Mena, del Vedado, como una edificación con fuerte influencia del renacimiento francés; (c) española, ya que hace referencia a que el estilo del renacimiento español ha desempeñado un papel importante en la construcción. Menciona el Centro Gallego (versión interesante del barroco español) y el Casino Español; (d) clásico moderno, citando al Hospital General Freyre de Andrade (1920) y los edificios de la Universidad de La Habana y el Capitolio Nacional de la década del 1920 [obra de Otero, Labaut y Bens Arrate]. También señala influencias europeas procedentes de otras fuentes: "iglesias góticas", "chalets" suizos, holandeses, italianos o españoles, y hasta una casa de estilo gótico de la época de los Tudor.

De Soto encuentra influencias europeas y americanas combinadas en el Palacio Carvajal, el de Pedro Baró, la Iglesia de Nuestra Señora del Carmen (también erigida a inicios de la República), a la cual atribuye un estilo "Talaveresco", como el aplicado por Romero de Terreros a edificos mexicanos de los siglos XVII y XVIII. También distingue las influencias procedentes de Norteamérica e inicia su exposición refiriéndose a los *cottages* de Saratoga y Long Branch, cuya influencia aparecía en muchas casas de los primeros días republicanos, pero reconoce que las influencias españolas regresaron en las décadas de 1910 y 1920 por medio de "dos canales americanos, las misiones californianas y las adaptaciones que se le han hecho al viejo estilo colonial en la Florida". Menciona como posible punta de lanza del "funcionalismo moderno" la *Cuban Telephone Company*: "edificio moderno en todo su aspecto utilitario. (Figura 1.22) "Otra edificación de gran importancia en la época es el Centro Asturiano de La Habana, (Figura 1.23) inaugurado en no-

Figura 1.22. Plaza de la Fraternidad y edificio de la Compañía de Teléfonos, La Habana

viembre de 1927. En estas primeras décadas se erigieron el colegio de Belén, el Hotel Nacional, el edificio López Serrano, (Figura 1.24) el teatro *Auditorium* y el edificio Bacardí.

Monumentos republicanos

Entre los monumentos erigidos después del traspaso de poderes a la república cubana pueden mencionarse, en la capital, el monumento a Martí, inaugurado por el Presidente Estrada Palma en 1905, y los de Máximo Gómez, Antonio Maceo, José de la Luz y Caballero, el Conde de Pozos Dulces, el médico y científico Carlos J. Finlay, Mariana Grajales (madre de los Maceo), el Padre Manuel José Dobal, Luis Pasteur, América Arias (esposa del Presidente José Miguel Gómez), Juan Clemente Zenea, Tomás Estrada Palma, José Miguel Gómez, Miguel de Cervantes, Alfredo Zayas, el enorme monumento a Martí en la Plaza Cívica, obra de Juan José Sicre, y muchos otros. También se erigió un monumento a las víctimas del Maine, inaugurado en 1925. Numerosos bustos han sido erigidos en honor a otras figuras. En las ciudades y poblaciones del interior abundan los monumentos y bustos en honor de figuras como Martí, Maceo, Gómez y otros patriotas. Después del triunfo de la Revolución de 1959 se han erigido monumentos en memoria a los princi-

Figura 1.23. Centro Asturiano, La Habana

Figura 1.24. Edificio López Serrano, La Habana

88

pales personajes de la lucha contra el gobierno de Batista, a los combatientes de Playa Girón, etc.

Arquitectura religiosa

Es necesario abrir un paréntesis para mencionar la edificación de templos a lo largo del territorio nacional en el siglo XX, labor que aumentaría considerablemente en las primeras seis décadas por el establecimiento en el país de varias denominaciones protestantes o evangélicas y de una pequeña comunidad judía.

En un trabajo sobre *La Iglesia Católica en Cuba*, publicado en 1957, en el *Diario de la Marina*, por el periodista Juan Emilio Friguls, se mencionan, entre los principales templos católicos construidos en la capital y sus alrededores durante la República, los siguientes: "...el Santuario Nacional de San Antonio, de los Franciscanos; el de Jesús de Miramar, de los Capuchinos; los de Santa Rita y San Agustín, de los Agustinos; San Juan Bosco, de los Salesianos de la Víbora; La Milagrosa, de los Paúles; la iglesia de la Playa Habana, Baracoa [más bien Playa Baracoa], de líneas modernistas, construida por el Padre A. Gaztelu; la Parroquia del Corpus Christi, del country Club; la Parroquía del Carmen, de los Carmelitas; la de San Francisco, de los Franciscanos; Jesús Obrero, de los Dominicos; el Santuario del Inmaculado Corazón de María, de los Claretianos...la Parroquia de Cristo Rey, en la zona de La Habana Nueva. Grandes reformas han embellecido y ampliado en su interior, además, la Catedral de La Habana, donde se construyó a un costado, en el inmueble que ocupaba el antiguo Seminario, un amplio Palacio Cardenalicio."

Los protestantes o evangélicos construyeron cientos de templos durante este período, entre los cuales deben mencionarse por su valor arquitectónico, en La Habana, la Primera Iglesia Presbiteriana de Salud y Lealtad, la Catedral Episcopal de la Santísima Trinidad en Miramar, la Iglesia Metodista de K y 25 en el Vedado, los templos bautistas de Cárdenas y Cienfuegos, y otros, sobre todo en el interior. Las iglesias protestantes erigieron cientos de edificios de todas las denominaciones. Otra organización religiosa que se extendió por todo el país, los testigos de Jehová, no ha hecho aportes a la arquitectura debido a que sus congregaciones celebraban en Cuba sus reuniones en locales alquilados ("Salones del Reino") hasta que sus actividades fueron prohibidas por el gobierno en los años setenta. Los hebreos construyeron varias sinagogas en el país, de la cual la más conocida es la sinagoga de la Comunidad Hebrea de La Habana.

El eclecticismo

Según Segre, el eclecticismo que llegaría a Cuba a principios de siglo "refleja la variación estilística que corresponde al eclecticismo imperante en Europa en los primeros años del siglo XX: coexisten contemporáneamente el neobarroco, el neorrococó y el neorrenacimiento." Para ese autor, la arquitectura ecléctica "establece la tónica dominante, desde principios de siglo hasta la década del treinta, coincidiendo con la dictadura de Gerardo Machado." También atribuye esa situación al Estado, al cual considera "representación directa de la burguesía", y además "exterioriza las funciones básicas del 'orden' republicano a través de los monumentos, que compiten con las restantes capitales latinoamericanas y reproducen los modelos europeos o norteamericanos." Tomando como ejemplo principal el barrio del Vedado, en La Habana, afirma que allí "se entremezclan todos los estilos imaginables", y menciona el falso helénico, falso romano, falso renacimiento, falsos castillos de la Loira, falso recocó, falso *modern style*, sin olvidar los grandes remedos, debido a la ola de prosperidad traída por la Primera Guerra Mundial — remedos, a su vez, de otras cosas —, de lo que habían edificado en Estados Unidos Cornelius Vanderbilt y otros".

De acuerdo con Martha de Castro, en relación con la arquitectura cubana se plantean dos problemas a fines del primer cuarto de siglo: "...nacionalizarla o internacionalizarla. Lo primero da lugar al estilo *Neocolonial* y lo segundo al *Internacional o Funcional*". El neocolonial se desarrollaría en Cuba entre 1925 y 1930, más bien en la arquitectura privada y, en opinión de esa misma autora, "Tiende a continuar nuestro estilo tradicional, el barroco colonial. Se caracteriza en los exteriores por elementos ornamentales, tales como tejas, balcones, marquesinas, ventanas de barrotes de madera torneados, óculos cuadrifoliados, etc." Además, "la planta se desarrolla a través de patios y portales, pero con una distribución moderna adecuada a las necesidades del día y a las urgencias del confort moderno, como por ejemplo, el baño intercalado y los closets". En cuanto al "Internacional o Funcional", entiende que la arquitectura moderna surge ante nuevas necesidades, y en relación con el caso específico de Cuba piensa en el menor número de personas dedicadas al servicio doméstico al concluir la etapa colonial, lo cual "ha determinado una reducción de las proporciones de la casa a cuatro piezas fundamentales: el salón de estar (*living room*) cocina, baño y garaje".

Dentro de ese estilo distingue dos fases, la "Primera" y la "Actual" (su trabajo fue publicado originalmente en 1950). La "Primera" aparece en 1930, y la autora entiende que fue "un primer aspecto de rebeldía contra los estilos históricos tradicionales". Según ella, "...sus autores son llamados los 'nuevos tradicionalistas' por expresarse aún en una arquitectura de transición, mediante el uso de la tradición clásica-renacentista 'geometrizada'..." Ejerce sobre ella una gran influencia la Exposición de Artes Decorativas de París de 1925, todavía muy cercana al "Art Nouveau".

También tiene en cuenta tres características que Weiss atribuye a esa "Primera" etapa: "a) el uso de volúmenes en contraposición a masas, tratamiento de los muros a modo de 'cortinas'. La casa se construye como una jaula de hormigón; b) interés en la regularidad de planos asimétricos; c) el sistema ornamental logrado por la técnica y el carácter de los materiales, evitando el uso de la decoración aplicada".

Por su parte, Martha de Castro señala diferentes tipos constructivos que obedecen a la aclimatación de modelos importados: edificios de apartamentos, bloques de casas, la propiedad horizontal y las residencias particulares. Al entrar en la consideración de la fase que llama "Actual", señala que esta comienza su evolución a partir de 1940 "como producto de la asimilación por la nueva generación de los 'credos' de Le Corbusier, [Walter] Gropius, [Richard] Neutra y Frank Lloyd Wright." También indica cierta tendencia al cubismo, la asimetría y el interés en los volúmenes, en los espacios y en las plantas.

Influencias extranjeras

Al referirse en términos generales a esa época, pero haciendo remontar las influencias a épocas anteriores, Pedro Martínez Inclán opinaba en 1929, con comentarios que se aplicaban tanto al arte en general como a la arquitectura: "Desde muy antiguo, dos corrientes fecundas de arte y de ciencia llegan a nuestro país, y en el se relacionan, y se mezclan y se confunden. Una nos llega de Europa y la otra de los Estados Unidos de América".

En la práctica, Segre señala toda una nueva etapa al afirmar que, a partir de 1930, "comienza una tímida asimilación de las corrientes de vanguardia surgidas en Europa, una verdadera influencia del Movimiento Moderno se produce sólo a partir de la terminación de la Segunda Guerra Mundial." Tiene en cuenta los "altibajos de la evolución política de Cuba, desde la dictadura de Machado hasta la dictadura de Batista", los cuales, en su opinión, "no eran propicios para el desarrollo de una arquitectura fundamentada en motivaciones sociales e ideológicas que no se planteaban, ni siquiera superficialmente en el ámbito profesional". Utilizando sus propias categorías, Segre entiende que por lo anteriormente expresado "la 'arquitectura contemporánea', hasta la década del 50, corresponde más al 'clásico moderno' que se realizaba en los Estados Unidos — edificios monumentales, cúbicos, carentes de decoración — que a una verdadera asimilación conceptual de la vanguardia europea". Además, para él, "El nuevo período de expansión se inicia en la década del cincuenta, al realizarse cuantiosas inversiones en los servicios, las manufacturas y la infraestructura turística".

Arquitectos y el cambio generacional

Si nos limitamos a la primera mitad del siglo veinte, utilizando los datos de los profesores Martínez Inclán, de Castro y Segre, habría que considerar algunas generaciones de arquitectos importantes. Escribiendo en 1929, Martínez Inclán se refería a ciertas figuras de la "arquitectura moderna", no necesariamente arquitectos, como resulta obvio de la lectura de estos comentarios: "Mendigutía en Miramar, Morales en Padre Varela, Soto en la calle Finlay, Maruri y Weiss en el Vedado, creo que Castell en el edificio Bacardí, Rovirosa en su teatro... Govantes y Cabarrocas son los primeros en proyectar un gran edificio de líneas modernas empleando ornamento barroco de La Habana antigua. Centurión, en unión del general Loynaz del Castillo, llevaron por primera vez fuera de Cuba la arquitectura habanera en la Exposición de San Francisco de California."

Según los datos de la profesora de Castro, entre los arquitectos de "tendencia neocolonial" pueden mencionarse "Morales y Cia., Ernesto y Eugenio Batista, Manuel Angel González del Valle, Rafael Cárdenas, Fernando R. de Castro y Gustavo Botet." Entre los de la "Primera" fase del estilo funcional menciona a "Maruri y Weiss, Moenck y Quintana, Emilio de Soto, Govantes y Cabarrocas y Enrique Luis Varela". En la "nueva generación" [escribe en los años cuarenta y cincuenta] incluye a "Arroyo y Menéndez, Max Borges Jr., Gastón y Domínguez, Emilio del Junco, Servando S. Pita, Bosch y Romañach, Victor M. Morales, Mendoza y Guerra, Elena y Alicia Pujals, etc." A los que anteceden pudieran añadirse Nicolás Quintana, Frank Martínez, Manuel Gutiérrez y otros que son mencionados en otras partes de la presente obra.

Nicolás Quintana, en su *Evolución histórica de la arquitectura en Cuba* se refiere a una "fuerte corriente hacia la recuperación de los verdaderos valores de la arquitectura criolla" en la Escuela de Arquitectura, desde 1945 en adelante: "La generación de Mario Romañach, Nicolás Arroyo, Antonio Quintana, Emilio del Juanto, Rita Gutiérrez, Eugenio Batista, Eduardo Montoulie, Alberto Beale y otros, a su paso por la Escuela... habían demostrado un interés positivo en cambiar las cosas e integrar la educación de los arquitectos cubanos con las corrientes culturales y crativas más avanzadas de la época".

También describe brevemente la "quema de los Viñola", ocurrida en la Universidad de La Habana en 1947. En su opinión tal reacción "no fue específicamente en contra del *Tratado de los Cinco Ordenes* escrito por el arquitecto Viñola, sino en contra de la enseñanza no creativa que se efectuaba en la Escuela de Arquitectura".

Quintana destaca la ejecutoria del grupo ATEC (Agrupación Técnica de Estudios Contemporáneos), anexado al CIAM internacional. Según Quintana, "el grupo fue fundado por Eugenio Batista, Miguel Gastón, Nicolás Arroyo, Gabriela Menéndez, Tapia Ruano, Carlos Alzogaray, Beatriz Masó, Rita Gutiérrez y otros". También señala que la ATEC realizó el estudio *Los bateyes de las centrales azucareras*, en 1951, con la participación de Alberto Beale y Eugenio Batista y Las *villas pesqueras*, en 1953, de Frank Martínez, Ricardo Porro, René Calvache, Alberto Beale y Nicolás Quintana. El Patronato Pro-Urbanismo surgió simultáneamente. Quintana menciona los nombres de sus fundadores: Alfredo T. Quílez, Anita Arroyo, Pedro Martínez Inclán, Eduardo Montoulieu, Horacio Navarrete y Miguel Villa. El periodista Quílez presidió el grupo y la escritora Arroyo fungió como secretaria. Su lema era "Mejores ciudadanos, ciudadanos mejores" y la organización estaba "dedicada a la promulgación de los principios del estudio de las ciudades como un ejemplo orgánico, hombre-medio". De la unión de ATEC y el Patronato Pro-Urbanismo surgiría, entre otras iniciativas, la exposición *Trinidad... lo que fue, es y será*.

A pesar de que su enfoque pudiera ser discutible en algún detalle, debe considerarse la opinión de Eduardo Luis Rodríguez en su trabajo *Ideas y Realizaciones de la Arquitectura Residencial del Movimiento Moderno en Cuba* acerca de las nuevas generaciones: "Los jóvenes arquitectos graduados a partir de 1955 desplazan su interés de los modelos internacionales hacia los maestros cubanos. Un grupo, entre los que se encuentran Emilio Fernández y Pedro P. Yañez, sigue la tendencia estructuralista, la cual, manejada inexpertamente, produce en ocasiones estridencias y disonancias. Otro, integrado por Jorge del Río, Samuel Biniakonski, Matilde Ponce y varios más, enfatiza en las búsquedas de lo nacional, partiendo de lo ya logrado recientemente. No obstante, persiste en alguna medida la influencia de Wright, que es asumida por Salinas y González Romero... y [también] por Oscar Fernández Tauler".

Colegio de Arquitectos

En esa época se nota la creciente actividad del Colegio Nacional de Arquitectos (fundado en 1916). La profesión comenzaría a engrosarse no sólo de graduados de la Universidad de La Habana sino de la Universidad Católica de Santo Tomás de Villanueva, que funcionaba en la capital bajo la dirección de la orden religiosa de los agustinos. "Un estudiante de arquitectura, Enrique Ovares, fue elegido presidente de la poderosa Federación Estudiantil Universitaria en 1946.

Urbanismo y siglo XX

Desde los inicios del siglo numerosos arquitectos e higienistas se manifestaron contra la ausencia de una política que rigiera la expansión de la gran urbe habanera, preocupados por la necesidad de cohberencia entre vivienda, repartos o barrios y el buen ambiente comunal que resultaba imprescindible. Algunas experiencias pasadas, como la urbanización antigua intra y extramuros, no podían servir para remodelar o ampliar una ciudad con pretensiones de modernidad. A partir de 1912 comienza a manifestarse el interés por trazar planos reguladores.

Los problemas sociales y económicos del país redujeron la efectividad de aquellos que hacían tales reclamos. La crisis deflacionaria de 1920-1922, a la cual ya nos hemos referido, tiene relación con esos asuntos. El estudio del movimiento y de expansión y modernización de la ciudad se inicia en los alrededores de 1930. Algunos estudiosos han resaltado sus elementos descriptivos y señalado su ausencia de elementos realmente críticos.

En ese marco de referencia se producen varios fenómenos. Le Riverend se refiere a ellos en su obra sobre *La Habana*: "Aquella búsqueda tuvo otras manifestaciones: el estudio de ciertas mansiones de la aristocracia del siglo XIX; la defensa del patrimonio histórico y artístico de la vieja ciudad; la antigua toponimia urbana, iniciada por Manuel Pérez Beato (1936), sobre la cual se suscitó una polémica de éste contra el arquitecto Bens Arrarte, con quien se alineó Emilio Roig de Leuchsenring; la obra general sobre arquitectura cubana de Weiss; el interesante libro de Prat Puig sobre el prebarroco en Cuba, una cuantiosa serie de artículos sobre cuestiones puntuales del ingeniero Fernández Simón".

En el segundo cuarto de siglo fueron creadas la Junta Nacional de Arqueología y Etnología (1936) y la Comisión de Monumentos Edificios y Lugares Históricos y Artísticos Habaneros (1940). En el primer Congreso Nacional de Arquitectos celebrado en 1948, se debatieron cuestiones como "el estilo propio, las relaciones entre hábitat, trabajo, tiempo libre, escuelas, centros comerciales zonales, descentralización progresiva, apertura de espacios libres, e incluso la construcción económica con elementos prefabricados." Como afirma el propio Le Riverend: "...estaban dadas las bases para el advenimiento de nuevos y activos trabajos."

El Movimiento Moderno en Cuba

En su trabajo sobre el Movimiento Moderno en Cuba, el Arquitecto Eduardo Luís Rodríguez hace señalamientos que consideramos de importancia. En su opinión: "A partir de la segunda mitad del siglo XIX parece haber sido una constante en Cuba la preocupación por reflejar en las realizaciones arquitectónicas y urbanísticas un ansia de modernidad que aparentemente había estado ausente en los siglos precedentes."

Dos revistas especializadas de arquitectura circulaban en los años veinte *Colegio de Arquitectos de La Habana* y *El Arquitecto*. En sus páginas se desarrolló una polémica que incentivó y aceleró la implantación de las corrientes modernas de la arquitectura internacional. Rodríguez considera importante la influencia en este proceso de Silvio Acosta y Alberto Camacho, Director Técnico y Artístico, respectivamente, de la primera de esas publicaciones. Aunque a *El Arquitecto* le corresponde el mérito de "haber sido la primera en publicar, en 1926, un trabajo sobre 'las nuevas formas de la arquitectura", también fue portadora del rechazo hacia las mismas, como lo demuestran los artículos de uno de sus directores, Enrique Luis Varela.

La sucesora de las anteriores revistas, *Arquitectura y Artes Decorativas*, contribuyó a ponerle punto final a la discusión con un número antológico (octubre-noviembre, 1932) en que se hace una crítica al aferramiento al pasado: "Detenerse, estancarse, cuando todo en nuestro derredor sin cesar avanza, es retroceder... Vanguardistas o retaguardistas, progresistas o retrocesistas, he aquí la única alternativa". Según Rodríguez: "Muy pronto se dividen la opciones: los que abogan por el mantenimiento de las tradiciones y los que plantean la necesidad de romper con el pasado."

Una encuesta entre arquitectos eminentes arrojó como resultado que la mayoría abogaba por la inclusión de las tradiciones en las nuevas obras y existía cierto consenso acerca del factor principal "considerado como promotor de lo cubano: la adaptación al clima". Rodríguez sostiene que Silvio Acosta cambió en cierta forma de posición. En definitiva parece haber surgido una postura más equilibrada: "la integración de un sólo proceder teórico y práctico de lo más moderno basado en valores universales con lo más relevante presente en las tradiciones locales". La tendencia se populariza.

Entre las opiniones citadas por Rodríguez está la del Primer Congreso Nacional (1939), en el cual "se avanza hacia ideas regionalistas y contextualistas". El Congreso busca "...la fijación de una arquitectura típica cubana producto de las condiciones especiales que prevalecen en nuestro paIs, siempre sujetas a las nuevas modalidades de expresión arquitectónica".

Manuel Tapia Ruano hace un llamado en el Primer Congreso Nacional de Arquitectura (1948) al desarrollo de "...una arquitectura contemporánea propia, característica de nuestro país." También cita la opinión de Eugenio Batista en su artículo "La Casa Cubana: en *Artes Plásticas* (No. 2 de 1960): "...La tradición de patios, portales y persianas en lo material, y de ritmo, alegría y limpieza en lo espiritual".

La periodización que hace Rodríguez del Movimiento Moderno es la siguiente: una etapa de introducción y formación (1926-1944) y otra de desarrollo y auge (1945-1963). También expresa que "en ambas la arquitectura residencial irá marcando las pautas".

El primer período comienza con la difusión de los primeros trabajos teóricos sobre el funcionalismo y en 1927 se construye la residencia de Francisco Argüelles "primera obra del *Art Decó* en Cuba, que a partir de ese momento irá propagándose rápidamente tanto en viviendas como en edificios públicos". Otra opinión suya: "El *Art Decó* representa el primer movimiento de vanguardia que se recibe en Cuba; el que más se difundió y el inmediato antecesor de la modernidad más avanzada de finales de los años treinta". También identifica una tendencia contraria a la intención reconciliadora del *Art Decó* y cita como ejemplo más radical el edificio de apartamentos construido en 1931 para Justo Carrillo, según proyecto de Pedro Martínez Inclán. Otros nombres mencionados son los de Rafaél de Cárdenas, Mario Colli y Fernando R. de Castro. También señala que "la más importante tendencia de este período, es el neocolonial de transición comtrapuesto al pseudo-colonial ecléctico historicista" y afirma que "el máximo exponente de la nueva corriente es el arquitecto Eugenio Batista".

Al iniciar su consideración del período 1945-1963 menciona "como corriente de transición algo tardía, el Monumental Moderno, una especie de renacimiento neoclasicista que surge en Italia, y que llega a Cuba algún tiempo después de ser divulgada como el estilo oficial de la Exposición Universal de 1942". Además, apunta que "si bien es cierto que el Monumental Moderno nace asociado a regímenes neofascistas, su introducción en Cuba, y sobre todo, su selección como el estilo del Palacio de Justicia que José Pérez Benitoa construye en 1957, no pueden verse con el mismo contenido ideológico, sino como la asimilación de manera acrítica, una vez más, de una nueva moda europea".

A mayor abundamiento, afirma que "después de casi medio siglo de tanteos, equivocaciones y aciertos, es hacia 1945 cuando convergen una serie de factores, que sumados al estado de pensamiento generalizado producto de los debates de ideas de décadas anteriores, hacen de este el período de mayor riqueza formal y conceptual de toda la arquitectura cubana". El auge arquitectónico lo atribuye a la relativa prosperidad en torno a la Segunda Guerra Mundial y al acelerado crecimiento de la población, mencionando además factores culturales como los siguientes: una nueva generación de arquitectos graduados alrededor de 1945; la visita de arquitectos extranjeros (Richard Neutra, Walter Gropius, Josef Albers, José Luis Sert, Paul Lester Wiener, Roberto Burle Marx, Franco Albini); la actividad innovadora de la Agrupación Técnica de Estudios Contemporáneos (ATEC) —anexa al CIAM y fundada en 1943—; la creación en 1952 de la Asociación Renovadora del Colegio de Arquitectos, las revistas especializadas *Arquitectura* y *Espacio*, la participación cubana en eventos internacionales, la celebración en Cuba del VII Congreso Panamericano de Arquitectos en 1950, la vinculación creciente entre arquitectos y artistas plásticos de vanguardia, los concursos y exposiciones y la creación en 1955 de la Junta Nacional de Planificación.

Rodríguez hace referencia a una enorme variedad de influencias, motivaciones y aspiraciones que coexisten en la década de los cincuenta, y destaca las labores realizadas en esa época por Eduardo Cañas Abril, Humberto Alonso, Manuel Gutiérrez, Evelio Pina, Max y Enrique Borges, Félix Candela, Mario Romañach, Frank Martínez, Nicolás Quintana y Emilio del Junco. Para él, Romañach es la figura más importante del panorama arquitectónico en ese momento. En relación a Frank Martínez, señala que este "se desta-ca... por sus intentos de vincular la estética lecorbuseriana a una interpretación person-al. Nicolás Quintana recibe gran atención pues: "asume formas más universales, y basa el efecto de sus obras en la diferenciación volumétrica de las partes... A su vez enfatiza la necesidad de recrear un 'ambiente cubano'... Quizás lo más coherente y homogéneo de su obra se encuentre en Varadero." Finalmente, la residencia particular de Emilio del Junco (1957) es para Rodríguez "toda una lección referida a cómo obtener efectos plásticos y es-paciales basados en las tradiciones, a través del uso de formas simples... El mérito fundamental de la obra reside en la sensación de elegante equilibrio, e incluso de monumentalidad, obtenido de forma tal que todos los elementos parecen ser esenciales."

Arquitectura en la fase del "despegue" económico (1940-1960)

De acuerdo con *Perfil de Cuba*, una publicación del Ministerio de Relaciones Exteriores de Cuba (1966), en el período 1945-1958 la empresa privada logró construir 141,770 vi-viendas. En esa etapa se realizaron mejoras en la infrestructura urbana y se construye-ron caminos, túneles, acueductos, puentes, bloques y torres de apartamentos, así como importantes estructuras de servicios y centros comerciales, lo cual revela una creciente prosperidad. La nación se encontraba probablemente en una fase de despegue económico que le permitía mirar hacia un futuro de constante reducción de los niveles de subdesa-rrollo.

En opinión de Segre: "Los factores climáticos, el uso del hormigón armado, la influen-cia de las corrientes independientes latinoamericanas — México, Venezuela, Brasil —, fi-jan un alto nivel de diseño en algunas torres de viviendas o de oficinas erigidas en el cen-tro de La Habana, dignas de aparecer en los catálogos de obras canonizadas por la crítica internacional". En otra obra señala entre los "edificios significativos por sus elementos tecnológicos y figurativos: El Retiro Odontológico, el cabaret Tropicana, el Retiro Médico, el Tribunal de Cuentas, el Focsa, la Ciudad Deportiva".

En esa época se construye el importante Túnel de La Habana y los edificios de la Plaza Cívica, a la cual se llamaría después Plaza de la Revolución. A ello habría que añadir el hospital en Topes de Collantes (Trinidad), grandes centros turísticos en Varadero, Trini-dad y la Isla de Pinos, así como carreteras en regiones apartadas del interior de la Repú-blica. Continúan las obras de la Vía Mulata, que permitiría en el futuro la comunicación terrestre con Baracoa, la aislada primera capital de Cuba (en la provincia de Oriente).

Entre las medidas gubernamentales que tienen relación con la arquitectura y con las obras públicas en general puede mencionarse la Ley de Planificación Nacional y la forma-ción, en 1955, de la Junta Nacional de Planificación. De acuerdo con Quintana, se trata del clímax de muchos esfuerzos realizados anteriormente y "se avanza ya firmemente en el campo del urbanismo y la planificación". Entre otros aporta los siguientes datos: "Utili-zando a José Luis Sert y Paul Lester Wiener de consultores, el arquitecto Nicolás Arroyo hizo posible la existencia del organismo técnico que más necesitaba Cuba". También menciona como jefes de Planes Reguladores a los arquitectos Eduardo Montoulieu, Mario Romañach, Nicolás Quintana y Jorge Mantilla, y como directores a sus colegas Agustín Sohregui y Jaime Sallés, así como al economista Luis José Abalos y Armando Pérez Co-bos. En opinión de Quintana: "En pocos años la labor de la Junta de Planificación se hizo notar, el alcance de la obra comenzada mostraba cómo, de no interrumpirse, hubiera creado una base amplia y sólida expresión, digna del mejor diseño urbano contemporá-neo". Menciona como prueba los Planes Reguladores para La Habana y Varadero y estu-dios realizados en Trinidad e Isla de Pinos.

Arquitectura en el socialismo a partir de 1963

Eduardo Luis Rodríguez entiende que con el triunfo de la Revolución en 1959 "no se produce [en cuestión de estilo] un rompimiento brusco. Se siguen realizando obras relevantes como la residencia Bandín, construida en 1961 por Alberto Robaina. Los valores más significativos alcanzados en el período son asumidos literalmente en el Conjunto Habitacional de La Habana del Este, realizado hacia 1962 bajo la dirección de Roberto Carrazana." En su opinión "el contenido social de la obra es nuevo, su expresión formal proviene de modelos de la década anterior." Pero, con la realización en Cuba del VII Congreso de la Unión Internacional de Arquitectos se marca el fin del Movimiento Moderno en Cuba: "al cambiar el foco de interés hacia la construcción masiva de viviendas mediante un pragmatismo operativo y reduccionista que deja poco espacio para meditar en tradiciones nacionales".

Según Tomás Maldonado, a principios de la Revolución, la formación de equipos profesionales interdisciplinarios quedó centrada en manos de figuras que él considera como de gran prestigio. De acuerdo con el autor, "este grupo de proyectistas y constructores residentes en La Habana", incluía a Antonio Quintana, Fernando Salinas, Raúl González Romero, Mario Girona, Lanz y Del Pozo, Modesto Campos, Dacosta y Alvarez, Juan Tosca, etc. Sin embargo, en la estimación de Maldonado, ese grupo no poseía inicialmente el suficiente grado de especialización para enfrentar las diversas temáticas y prioridades del Gobierno Revolucionario.

Más adelante, en su importante trabajo *Cuba ven'anni dopo*, se refiere a los estudios realizados por un grupo de arquitectos (Enrique De Johng, Fernando Salinas, Hugo Dacosta, Fruto Vivas, etc), entre 1960 y 1965, para resolver cuestiones metodológicas y las nuevas prioridades agrícolas, habitacionales (a bajo costo) y el uso de los materiales disponibles. También hace mención del sistema *Multiflex* de Fernando Salinas, basado en una concepción evolutiva, participación de estructuras prefabricadas de cemento armado y de elementos ligeros fácilmente intercambiables; metodología de la que ha participado Josefina Rebellón, dirigiendo un equipo que creó el sistema estructural *Girón*, de extenso uso en la construcción de escuelas. Maldonado hace también énfasis en la "tipología tecnológica y distributiva de la casa basada en el uso de la plancha *Spiroll* y resalta las labores de Osmundo Machado al modificar el sistema "Larsen & Nielsen" y de Juan Tosca en el sistema estructural cubano, que obtuvo patente internacional. Menciona asimismo las labores de Andrés Garrudo, Nestor Garmendía, Fanny Navarrete, Reynaldo Tagores, Heriberto Duverger, etc.

Maldonado insiste en que la "demanda de construcciones en gran escala, característica de la sociedad socialista, hace imprescindible la aplicación de una alta tecnología. La tónica de su trabajo está cargada de elementos ideológicos, sobre todo en la sección "Arquitectura, cultura e ideología" donde se propuso ofrecer un trasfondo histórico y frecuentes consideraciones de tipo político.

A partir de 1963 se notarán, pues, nuevos énfasis en las obras públicas: un interés menor en mansiones o residencias privadas, ninguna contribución apreciable a la arquitectura religiosa y una marcada tendencia a invertir recursos en edificios multifamiliares, escuelas, hospitales y edificaciones militares. El lector extranjero debe tener en cuenta que al elimarse la industria privada, todos los recursos del país quedaron en manos del gobierno, el cual ha controlado casi absolutamente toda la actividad arquitectónica, de la misma manera que tiene en sus manos toda actividad empresarial significativa que se desarrolla en el país.

Como proyectos específicos pueden mencionarse la Habana del Este, la Escuela Nacional de Arte en Cubanacán, la Ciudad Universitaria "José Antonio Echevarría" (CUJAE), la zona de nuevo desarrollo de la ciudad de Nuevitas, Ciudad Sandino (Pinar del Río), Conjunto de Viviendas "José Martí" en Santiago de Cuba, Escuela de Administradores Agropecuarios, Terminal Marítima de Cienfuegos, Escuela de Medicina de la Universidad de Oriente, Instituto Tecnológico "Andre Voisin", hospitales "Mario Muñoz Monroy" (Colón) y "Lenin" (Holguín), y "Hermanos Amejeiras" (La Habana).

Luis Camnitzer en su reciente obra *New Art of Cuba* se refiere al Hospital "Hermanos Amejeiras": "Un edificio construido parcialmente bajo Batista para albergar al Banco Nacional fue terminado bajo Castro como el mayor hospital de La Habana, el 'Hermanos Amejeiras'. Aunque esta política tiene sentido desde el punto de vista económico, sacrifica el desarrollo de un lenguaje arquitectónico oficial." Para Camnitzer, este caso no es el único sino que es un caso significativo que explica como "edificios con estilo pomposo heredados del régimen de Batista fueron rediseñados internamente para lograr propósitos más útiles".

Desde una óptica revolucionaria, Segre combina elementos que incluyen elogios entusiastas y críticas respetuosas. Por ejemplo, se refiere a "la construcción masiva de simples viviendas o los servicios sociales básicos inexistentes en las llanuras de Camagüey o en los sitios inaccesibles del Escambray o la Sierra Maestra, el debate no podía ser otro que el uso racional de los recursos... la creación de una metodología que permitiera alcanzar una diversificación tipológica acorde a los nuevos temas requeridos por la sociedad... Por lo tanto, la discusión acerca de la expresión artística de la nueva arquitectura revolucionaria, el cuestionamiento y temor de la industrialización, la prefabricación y la valorización de las técnicas artesanales, la persistencia de la autonomía del diseñador o la sublimación de hipotéticas raíces afrocubanas aplicadas a las estructuras formales y espaciales, convirtieron a las escuelas nacionales de arte en una experiencia aislada, autónoma, cerrada en sí misma — un monólogo en vez de la apertura de un díalogo —, atemporal y ajena a los problemas esenciales...se quisieron anteponer los símbolos culturales a la realidad objetiva que los determina... Se reiteraba así el antagonismo entre una obra 'privilegiada' en términos estéticos y simbólicos y la masa de construcción 'estándar' — término asumido en sentido peyorativo —, contraposición heredada de la producción arquitectónica del sistema capitalista."

Al hacer énfasis en la celebración en Cuba del VII Congreso de la Unión Internacional de Arquitectos, Segre tiene en cuenta la enunciación de "la particularidad de la arquitectura del tercer mundo". Se refiere también a una arquitectura "esencial" reducida a sus elementos técnico-materiales primarios y menciona, entre las obras realizadas de 1965 a 1970: la Ciudad Universitaria "José Antonio Echevarría" de Humberto Alonso, la Escuela de Medicina de Santiago de Cuba, de Rodrigo Tascón; la Empresa de Mecánica Agrícola, de Fernando Salinas; el proyecto de la Facultad de Ciencias Agropecuarias, de Juan Tosca; el Pabellón Cuba, etc. Pasando al próximo decenio explica: "En la década del setenta madura la búsqueda de una síntesis en la arquitectura cubana, al clarificarse con el proceso de institucionalización del país [referencia a la Constitución de 1976], las prioridades y objetivos de las funciones sociales."

Para los autores cubanos y extranjeros partidarios de la Revolución, como el mismo Segre, las Escuelas Nacionales de Arte, aun cuando constituya el conjunto arquitectónico más polémico, es una enorme realización difundida en ambientes universales. El caso específico de la Escuela Nacional de Danza Moderna del arquitecto Ricardo Porro recibe una consideración muy especial en el número de octubre de 1983 de *Architecture d'Aujourd' Hui*, de París.

Una iniciativa que ha atraido gran atención ha sido el reconocimiento, por parte de la UNESCO, de la capital cubana como "Patrimonio de la Humanidad". De esa manera se obtuvieron recursos para rescatar el Centro Histórico de La Habana con obras iniciadas el 5 de mayo de 1981.

En la década de los noventa gran parte de los proyectos arquitectónicos y las obras públicas en general están detenidos por falta de recursos, lo cual parece haber afectado también la construcción de viviendas para la población mediante las llamadas "microbrigadas" de trabajo voluntario. Pero un proyecto patrocinado por el Gobierno Autónomo de Canarias ganó el premio del concurso sobre los problemas que presenta el Malecón habanero y sus zonas aledañas convocado por la Unión Nacional de Arquitectos e Ingenieros de Cuba y el gobierno local de La Habana. En relación con este proyecto se anunció que un equipo de arquitectos de la comunidad española de Canarias dirigiría a partir de abril de 1994 la puesta en marcha de proyecto para animar estéticamente el Malecón de La Habana.

Comentarios Finales

Independientemente del deterioro acelerado, tanto de las condiciones ambientales como de las estructuras arquitectónicas que se levantan a lo largo y ancho del país, en esta etapa difícil y sin precedentes, a la que los círculos oficialistas cubanos llaman "el período especial en tiempos de paz" — caracterizado por la escasez de combustible, la interrupción de proyectos importantes como la planta, termonuclear de Juraguá, y la carencia casi absoluta de recursos materiales —, la arquitectura cubana de los últimos treinta y cinco años, con el número apreciable de edificios dedicados a escuelas y hospitales en la lista de realizaciones, acompañadas de sus naturales luces y sombras, tendrá necesariamente que incluirse, al igual que los períodos colonial y republicano, dentro de una larga tradición arquitectónica. La historia de la arquitectura en el país no se inició con la Revolución de 1959 o en 1902, con la Independencia; tampoco con la restauración española después de la toma de La Habana por los ingleses (1762-1763), sino en los remotos siglos XVI y XVII, cuando Cuba era gobernada por la Casa de Austria.

CAPITULO II

LAS SIETE VILLAS DE VELAZQUEZ EN LA ETAPA INICIAL DE LA URBANIZACION DE HISPANO-AMERICA

FELIPE J. PRÉSTAMO Y HERNÁNDEZ

La etapa inicial de la urbanización de la América de los Reyes Católicos fue una época que podría ser descrita como un segundo descubrimiento. Después de la hazaña de Cristóbal Colón, España comienza a descubrir la magnitud de la América, y la complejidad de la tarea de extender las leyes e instrucciones de un reino que se acaba de consolidar después de la conquista de la peninsula Ibérica. Aún más, España debe descubrir como extender la religión Católica a pueblos hasta entonces desconocidos.

Dentro de este complejo proceso, la continuidad necesaria se apoya en el control de la corona española, que dirige con extraordinaria eficiencia, considerando las limitaciones de la época, el desarrollo inicial de las nuevas tierras. La corona española decide, implícitamente al principio, y muy claramente a partir de los finales del siglo XVI que la ciudad sería el centro del poder español, y que como tal debía de poseer, características funcionales y un claro sentido simbólico, expresado tanto en diseño y orientación, como en sus componentes tradicionales tales como plazas, edificios públicos y monumentos.

En este trabajo se ilustran algunas características de la etapa inicial de la urbanización de hispano-américa desde las fundaciones de los primeros asentamientos por Cristobal Colón, hasta el diseño y desarrollo de Antequera (hoy Oaxaca) en México en 1527. Durante esta etapa Diego Velázquez inicia la urbanización de la isla de Cuba, fundando en unos pocos meses siete villas que constituyen la base de colonización española de Cuba y que aún hoy son un componente importante de la estructura urbana de la isla.

Este trabajo puede ser considerado como precedente a la colección de artículos contenidos en este libro que ilustran algunos aspectos del desarrollo de la arquitectura y el urbanismo en Cuba.

Emergencia de dos Modelos de Urbanización

La fundación de nuevas ciudades durante este período es analizada siguiendo dos categorías: En la primera categoría, la inicial, las ciudades fueron trazadas siguiendo la experiencia urbana de los fundadores. Esta, en todos los casos, fue el recuerdo de la forma urbana de ciudades y aldeas de la madre patria. Esta experiencia pudiera referirse al concepto de la "memoria colectiva" desarrollado por Aldo Rossi a partir de los trabajos de Maurice Halbwachs (Rossi, 1982, pp. 226-228). Las ciudades fundadas en este período pueden ser analizadas como la transferencia de la experiencia tradicional urbana de España al nuevo continente.

En la segunda categoría se vislumbra la emergencia de un orden que se define en la Corte Española, al principio en forma ambigua. Este orden es desarrollado en la América por alarifes (agrimensores o "jumétricos") creando un modelo que en la parte final del período se define por ordenanzas muy precisas, incluidas en las Leyes de Indias de Felipe II, promulgadas en 1573, 50 años después del trazado de Ciudad de México. (Consejo de la Hispanidad, 1943).

Esta clasificación de ciudades es importante porque permite identificar las realizaciones del principio de la urbanización, en términos de su valor cultural y también

99

evaluarlas como realizaciones de un urbanismo vernacular en un momento histórico de gran importancia para la América. Muchas de estas ciudades no son importantes hoy día por su diseño original o por su forma urbana, pero deberían preservarse por ser hitos en la urbanización de América y debían ser consideradas un componente importante del patrimonio histórico urbanístico de Hispano-América.

Las fundaciones incluidas en la primera categoría, que pudiéramos llamar vernacular, son aquellas que a partir de La Navidad, en la Española, en 1492, fueron trazadas de acuerdo con el sentido común y la memoria urbana de sus fundadores. Ejemplos de esta categoría incluyen prominentemente a Santo Domingo (1502) y las siete villas fundadas por Diego Velázquez en Cuba (1512-1515), extendiéndose hasta la década de los 1530 cuando ciudades como Cartagena de Indias (1532) en Colombia se fundan con un trazado urbano espontáneo y con características medievales.

La segunda categoría comienza con las instrucciones que el Rey de España dio a Pedro Arias de Avila (Pedrarias Dávila) en 1513, las que se repiten posteriormente a otros oficiales y que son muy similares a las que recibe Cortés en 1523. En estas instrucciones se implica la creación de ciudades basadas en cuadrículas ortogonales (damero).

La traza urbana: continuidad y cambio

Cristóbal Colón fundó La Navidad en la Española en Diciembre 25, 1492, utilizando materiales de La Santa María su buque insignia. Este primer asentamiento sólo fue "un cortijo algo fuerte con palizada", según descripción de un testigo ocular de la fundación (Palm, 1984, p. 45). A su regreso, en el segundo viaje, cuando encuentra las ruinas de esa primera fundación, Colón trata de establecer de nuevo una base de operaciones y funda, el 2 de enero de 1494 a La Isabela, honrando así a la Reina de España, su benefactora. A continuación Colón construye dos fuertes, el de Santo Tomás (Janico) y el de la Magdalena a orillas del Río Yaque y otros más que desaparecieron posteriormente (Palm, 1984, pp. 48 y 49).

Las fundaciones de Colón estaban basadas en principios militares. Es evidente que después de la catástrofe de La Navidad, las consideraciones de la defensa del lugar fueran de gran importancia. El sitio de La Isabela estaba localizado en la desembocadura del Río Bahabonico y Colón los describió desde un punto de vista militar:

> el terreno escogido queda la mitad cercado de agua con una barranca de peña tajada, tal que por allí no ha menester defensa ninguna; la otra mitad está cercado por una arboleda espesa que apenas podrá un conejo andar por ella. (Morison, 1942, p. 102).

Es probable que Colón estuviera influenciado por las fundaciones de los portugueses que él había visitado en Guinea, Africa y también por las antiguas colonias de los italianos en el Mediterráneo oriental y en el Mar Negro. Estas "fatorías" (nombre portugués) eran sólo puntos de comercio fortificados, fácilmente accesibles desde el mar (Palm, 1984, p. 48). Este modelo fue recomendado por muchos españoles a principio de la colonización, pero nunca fue aceptado por los Reyes de España.

Después de las otras fundaciones de Colón, Concepción de la Vega y Santiago de los Caballeros en 1495 se funda otra villa, Bonao y finalmente la quinta en orden, Santo Domingo, fundada en la orilla oriental del Río Ozama, en 1498. Esta villa es posteriormente trasladada a la otra ribera del Río Ozama, donde se ubica actualmente.

Nicolás de Ovando y el inicio del urbanismo en América

Nicolás de Ovando relocaliza a Santo Domingo el 5 de agosto de 1502, y esta fundación es considerada por muchos historiadores como el verdadero punto de partida del largo proceso de urbanización de la América por España. Ovando pertenecía a una familia de la nobleza española y fue educado junto al príncipe heredero Don Juan. Se asegura que era amigo y protegido del Rey Fernando. Está relación directa a la corona española es indicio de que sus acciones en la Española representaban claramente las políticas de España con respecto a la urbanización del continente.

Ovando recibe en Granada, el 16 de septiembre de 1501 instrucciones "sobre lo que había que facer en las islas e tierra firme del Mar Océano como gobernador de ellas" (*Documentos Inéditos del Archivo de Indias*, 1883, Tomo XXXI) y entre ellas órdenes específicas sobre la fundación de ciudades, que constituyen las primeras directrices en materia de urbanismo:

> Item: porque la isla Española son necesarias de hacer algunas poblaciones, e de acá non se puede dar en ello cierta forma, veréis los lugares e sytios de dicha isla; e conforme a la calidad de la Tierra, e sitios e gente allende de los pueblos que agora hay, fareis facer las poblaciones e del número que vos pareciere y en los sytios e lugares que bien visto vos fuere. (pp. 13-25)

Estas instrucciones no indican ninguna preferencia o interés en ningún trazado geométrico por lo que la tesis de Palm (1984), Violich (1944) y otros historiadores, es que el trazado de Santo Domingo estuvo influenciado por el de la ciudad de Santa Fé, construida por los Reyes Católicos como base para el sitio militar de Granada. "Santa Fé se fizo para lo mismo, con sus calles derechas, e quatro puertas, una enfrente de otra muy fuertes." (del Pulgar, 1878, p. 510) (Ver figura 2.1).

El plano de Santo Domingo es regular y localiza la plaza y la iglesia en posición dominante, pero como bien indica Palm "el plano de Santo Domingo aún no constituye un ejemplo del damero plenamente desarrollado" (1984, p. 75) aunque ha sido aclamada como tal por cronistas e investigadores. El historiador español Gonzalez de Oviedo que visitó la ciudad en 1515, la definió "como un producto de nuestros tiempos trazada con regla y compás y a una medida las calles todas" (en Palm, 1985, pp. 75,76). Fue considerada superior a la "Barcelona gótica con calles enmarañadas y estrechas" (Rodríguez Demorizi, 1978, p. 14). Aún cuando la ciudad de Santo Domingo, trazada por Ovando, no fue una cuadrícula perfecta, fue sin lugar a dudas un trazado rectangular dominado por calles perpendiculares. (Figura 2.2)

Además de su trazado urbano, Santo Domingo es importante pues fue allí donde se aceptó, por primera vez, el poder legal del Estado español para trazar e implementar principios urbanísticos en América. Nicolás de Ovando fue demandado por Don Cristóbal de Tapia, por haber dispuesto Ovando que trasladara la ciudad a terrenos en la margen derecha del Río Ozama, que le habían sido dados en propiedad y de no haber sido compensado por la pérdida de esos terrenos.

Ovando defendió sus poderes como gobernador y su percepción de lo que debía ser la localización adecuada de edificios públicos y el trazado correcto de la ciudad. En realidad Ovando produjo "el primer caso de expropiación por causa de utilidad pública", y demostró tener "una recta visión de lo que debía ser la villa, con sus calles trazadas a cordel, con sus plazas y edificios en los lugares más adecuados" (Rodríguez Demorizi, 1978, p. 12).

El trazado de Santo Domingo es el preámbulo de lo que fue posteriormente el trazado

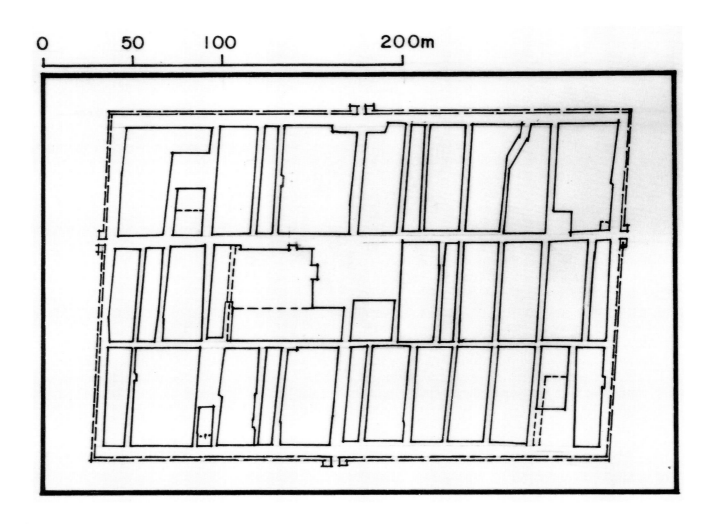

Figura 2.1. Plano de la ciudad de Santa Fé, Granada, España

normal de la ciudad hispanoamericana. La gran aceptación que recibió el "nuevo trazado" fue, sin dudas, un factor determinante en inducir a los Reyes españoles a preparar instrucciones precisas que llevarían al diseño del "damero urbano".

Hacia el damero como nuevo paradigma

Pedro Arias de Avila, (conocido como Pedrarias Dávila), otro miembro de la nobleza española, muy bien relacionado con la Casa Real, pues su esposa fue doña Isabel de Bobadilla, favorita de la reina Isabel la Católica, fue designado gobernador de Castilla de Oro, (Darién) en 1512. Pedrarias Dávila recibió las primeras instrucciones sobre diseño urbano para la América, en Valladolid, el 2 de agosto de 1513 once años después de la relocalización de Santo Domingo por Ovando. Las instrucciones dan prioridad a las fundaciones de nuevas ciudades:

6º Una de las principales cosas en que habéis mucho de mirar, es en los asientos o lugares que allá se habieren de asentar

Y continúan dando instrucciones sobre el sitio de la ciudad, abastecimiento de agua,

102

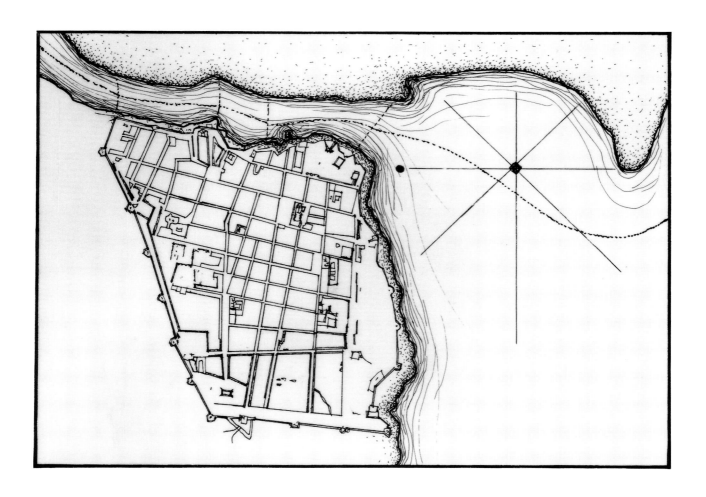

Figura 2.2. Ciudad de Santo Domingo, República Dominicana. (1756).

salubridad del lugar, calidad de la tierra agrícola y otras consideraciones. Con respecto al trazado urbano, las instrucciones implicaban un orden geométrico claro:

> 7° Vistar las cosas que para los asientos de los logares son nescesarias, e escogido el sitio más provechoso y en que incurren más de las cosas que para el pueblo son menester, habéis de repartir los solares del lugar para facer las casas, y estas han de ser repartidas segund las calidades de las personas, e sean de comienzo dados por orden; por manera que fechos los solares, el pueblo parezca

ordenado, así en el logar que se dejare para plaza, como el logar en que hobiere la iglesia, como en la orden que tuvieren las calles; porque en los logares que de nuevo se facen dando la orden en el comienzo sin ningund trabajo ni costa quedan ordenados, e los otros jamás se ordenan; (*Colección de Documentos Inéditos*, 1883, Tomo XXXIX, pp. 284-285).

Las instrucciones sobre la selección del sitio para las nuevas urbanizaciones (número 6) y las referentes al trazado urbano (número 7) se repiten textualmente en diversas ocasiones, y entre los que las reciben están Francisco de Garay en 1521 y Hernán Cortés en 1523. (Stanislawsky, 1947, pp. 96, 97)

Las instrucciones a Hernán Cortés, (*Colección de Documentos Inéditos*, Tomo 9, II, pp. 167-181 parrafos 11 y 12) son casi idénticos a los promulgados diez años antes, aunque más detalladas lo que indica que aparentemente el gobierno español había creado, aunque esquemáticamente, un modelo urbanístico constante para la América.

Tanto en el caso de Pedrarias Dávila como en el de Hernán Cortés, la implementación de las instrucciones reales recayeron en los alarifes (del árabe alarisha, agrimensor). Uno de estos alarifes fue Alonso García Bravo, llamado por Hernán Cortés "muy buen jumétrico" y a quien comisionó para que trazara la nueva Ciudad de México sobre las ruinas de Tenochtitlán, la antigua capital de los aztecas.

Alonso García Bravo, nació a fines del siglo XV. Debió haber cursado estudios de "geometría aplicada a la tierra" y era llamado por los otros conquistadores "jumétrico", nombre que se aplicaba, en general, a los alarifes. García Bravo se unió a la expedición de Pedrarias Dávila en 1513 y pasó brevemente por Santo Domingo en su viaje al Darién. Se considera que fue responsable del trazado de Ciudad Panamá en Darién, en 1519. Esta trazado fue no muy bien evaluado por el historiador Cieza de León.

esta ciudad fue trazada y edificada de levante a poniente, en tal manera que saliendo el sol no hay quien pueda andar por ninguna calle della porque no hace sombra ninguna (Cieza de León, citado por Palm, 1984, pp. 71,72)

La ciudad de Panamá fue destruída por terremotos y finalmente abandonada en 1671 (figura 2.3). Posteriormente García Bravo corrigió el error de orientación de esta ciudad, diseñando las retículas de otras ciudades desviadas de los cuatro puntos cardinales.

García Bravo estuvo también bajo las órdenes de Francisco Garay, quien recibió del Rey las mismas instrucciones dadas a Pedrarias Dávila y después de varios años se unió a Hernán Cortés, quien lo responsabiliza con el trazado de la Villa de la Vera-Cruz, cuando ésta se localiza en su sitio actual (Toussaint, 1956).

Después de la captura de Tenochtitlán, y la destrucción de la mayor parte de los edificios aztecas, Hernán Cortés ordena a García Bravo que trace la nueva ciudad española sobre las ruinas de la capital azteca. "La traza" de Ciudad México parte de la plaza principal (El Zócalo), y sus calles son propiamente orientadas de acuerdo a las condiciones climáticas del lugar. También los límites de la "ciudad española" están definidos por canales que se incorporaron propiamente al trazado urbano y que aislan la nueva ciudad de la población indígena.

El historiador mexicano Manuel Toussaint (1956) ha estudiado el diseño de "la traza" determinando cómo el nuevo modelo español se aplicó al sitio, imponiendo la retícula y el orden hispanos sobre los restos de la ciudad azteca. "La traza" de Ciudad México fue la guía del desarrollo de la ciudad, desde 1523 hasta mediados del siglo XIX (Toussaint, 1956, p. 20).

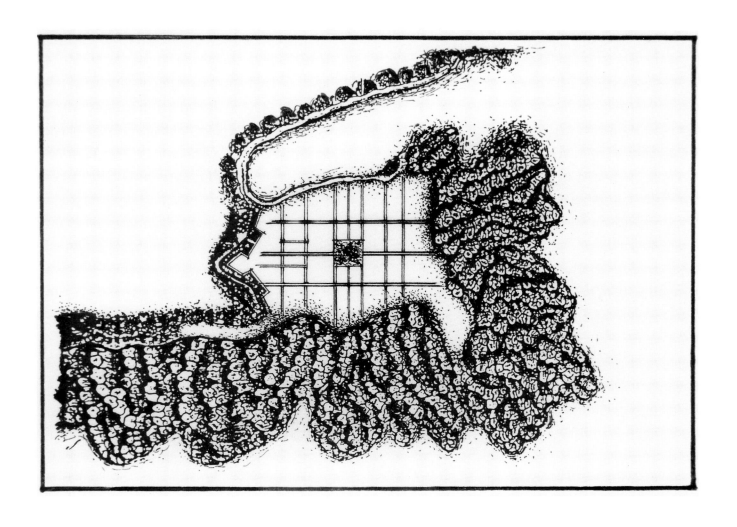

Figura 2.3. Plano de la Ciudad de Panamá (primera localización) 1630.

La culminación del nuevo paradigma: El trazado de Antequera (Oaxaca)

La culminación del proceso iniciado con las instrucciones del rey a Pedrarias Dávila en 1513 se produce en Antequera, en 1527, en el valle de Oaxaca. La nueva Antequera toma su nombre de la antigua ciudad de su mismo nombre, en la provincia de Málaga. Sus fundadores mencionaron la similaridad entre los dos paisajes geográficos, pero la memoria de la Madre Patria no los lleva a diseñar una ciudad similar a la Antequera española, con un trazado irregular, que data del período Pre-Romano. Ya en 1527 las nuevas reglas para trazar ciudades en América están definidas y aceptadas y el "buen jumétrico" García Bravo, produce una traza que puede considerarse el prototipo de la cuadrícula hispano-americana.

La ciudad fue fundada entre dos ríos y la plaza, que es cuadrada, está en un punto equidistante de ambos. García Bravo "trazó" la cuadrícula

> con una orientación correcta: no va precisamente de norte a sur, sino que se ve ligeramente inclinada para compensar la iluminación solar en las diversas estaciones. (Toussaint, 1956, p. 21) (Figura 2.4)

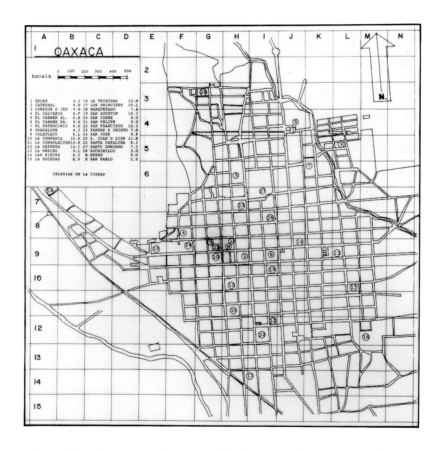

Figura 2.4. Plano de la ciudad de Oaxaca (Antequera) México
Trazada por Alonso García Bravo. Se considera uno de los primeros trazados
de "Damero" en Hispanoamérica

Toussaint mantiene que las experiencias en el trazado de Ciudad México, Antequera y otras como Puebla y Valladolid (Morelia), fueron las que sirvieron de base a las regulaciones de las Leyes de Indias. Esta posición es compartida por Edwin Walter Palm y otros, pero Stanislawski y otros historiadores norteamericanos consideran que las leyes fueron derivadas de los principios clásicos de Vitruvius. No es posible dilucidar este conflicto dentro de los límites de este trabajo, pero sí parece probable que las experiencias de los conquistadores, como Cortés, y los alarifes, como García Bravo, fueron contribuyentes importantes en la definición del modelo urbanístico que a partir de la segunda mitad del siglo XVI guió a la urbanización de Hispano-América.

La definición del Damero como "traza oficial" o modelo a ser aplicado en cada fundación se convierte en el nuevo paradigma que guía la urbanización de Hispanoamerica, pero el antiguo paradigma, la urbanización guiada por la memoria colectiva de la forma urbana de villas y aldeas españolas aun es importante en el Caribe y en tierras aledañas durante la primera parte del siglo XVI.

Este modelo se utilizó en la Isla de Santo Domingo en las primeras fundaciones y alcanzó su mas completa realización en Cuba, cuando Diego Velazquez colonizó la isla fundando siete villas que fueron las bases de la conquista y la urbanización de Cuba.

Diego Velázquez ocupa un lugar en la historia de la conquista española como militar y colonizador pero también debía ser reconocido como urbanizador, pues fundó cinco villas en La Española y las siete primeras en Cuba. Ninguna de estas fundaciones ha sido reconocida por sus características urbanísticas, ni por su localización regional, pues varias fueron relocalizadas para corregir errores del propio Velázquez en términos de ubicación, pero representan una realización extraordinaria para un solo individuo, apoyado por un pequeño grupo de españoles.

Diego Velázquez había participado en las campañas militares de España en Italia, como miembro del Ejército Español de Nápoles. Se unió a Cristóbal Colón en su segundo viaje y permaneció en la Española como militar y colonizador. Fue designado por Nicolás de Ovando su teniente en La Española. Su aparente éxito como militar y colonizador llevó a Diego Colón a asignarle la colonización de Cuba en 1511.

La expedición de Velázquez a Cuba

La expedición de Velázquez fue guiada claramente por el interés de los colonos españoles de encontrar una oportunidad de enriquecerse, después de la destrucción de los limitados recursos humanos y mineros de La Española. Fray Bartolomé de las Casas, refiriéndose a los seguidores de Velázquez, los identificó cáusticamente:

> estaban todos adeudados y trampeados... como tuviesen esta isla por cárcel, por salir de ella con el turco se fueran. (Las Casas, *Historia de las Indias*, Libro III, cap. XXI, en Marrero, 1975, Vol. I, p. 107)

Es probable que las únicas directrices que conociera Velázquez fueran las dadas a Oviedo en 1501 y a Diego Colón en Mayo 1509. La falta de una política específicamente urbana es evidente en las instrucciones a Diego Colón sobre poblaciones:

> Item: ansi mesmo, por quanto non se puede saber si será bien cerrar las poblaciones que hoy están fechas, o si será necesario non facer algunas más, informaos eys, luego que llegáredes allá, de qual será mexor; e avisadnos eys dello, largamente, con vuestro parescer. (*Colección de Documentos Inéditos*, 1879, Vol. XXXI, p. 399)

Tanto en las instrucciones a Ovando en 1501 como éstas en 1509 no hay ninguna indicación sobre trazado urbano, por lo que Velázquez no tenía ninguna guía, otra que su sentido común y la memoria colectiva de las formas urbanas Españolas.

Las siete villas: Urbanismo y arquitectura vernacular

No hemos podido localizar planos que muestren el trazado urbano de las siete villas durante la primera mitad del siglo XVI, tanto en su localización original, como en los nuevos sitios donde Puerto Príncipe, San Cristóbal y Sancti Spíritus fueron relocalizados, pero el lento desarrollo de esos asentamientos durante los primeros años hace posible identificar las partes originales de las villas en planos de fechas posteriores.

Los asentamientos indios en Cuba

Los indios en Cuba estaban agrupados en pequeños asentamientos que según Las Casas no estaban ordenados por calles sino que se agrupaban alrededor de la casa del cacique o jefe,

> frente a la cual había una plaza grande, más barrida y más llana, más luenga que cuadrada, que llamaban batey. (Las Casas, citado en Marrero, 1973, Vol. I, p. 57)

Velázquez no tomó en cuenta esta organización, sino que utilizó la tradición europea de la calle y la manzana como generador de la forma urbana, creando una plaza como centro alrededor de la cual se localizaron los modestos edificios públicos y la iglesia.

La fundacion de Nuestra Señora de la Asunción de Baracoa

Diego Velázquez llegó a Cuba a fines de 1510 o a principios de 1511, y exploró la costa sur-oriental en la proximidad de la Punta de Maisí, extremo oriental de la isla. Navegando alrededor de Maisí, funda la primera villa, Nuestra Señora de la Asunción de Baracoa en 1512, en una bahía que Cristóbal Colón había visitado en su primer viaje y a la que se refirió en su correspondencia como un paraje único por su localización y belleza paisajista.

El trazado de esta primera villa fue simple, una o dos calles paralelas a la costa con algunos callejones transversales y una pequeña plaza o espacio abierto (muy parecido al batey indio), donde se localizó la primera iglesia, un simple bohío cubierto con techo de palmas (Figura 2.5). Velázquez designó a Baracóa la capital de Cuba.

San Salvador de Bayamo

Después de la fundación de Baracoa, Velázquez organizó la ocupación militar de la isla, usando las ciudades que fue fundando como evidencia de la presencia y dominio español del territorio. La segunda villa que Velázquez fundó personalmente fue San Salvador de Bayamo, localizada junto al Río Yara cerca de la confluencia de éste con el Río Cauto, el mayor de Cuba, el cual sirvió de salida al mar a la nueva villa por varios años. El trazado urbano de San Salvador es similar a Baracoa: dos o tres calles paralelas al río, siguiendo su alineación, con varios callejones transversales y con una plaza donde estaba la iglesia. Estos elementos urbanos fueron localizados aproximadamente en el centro del trazado.

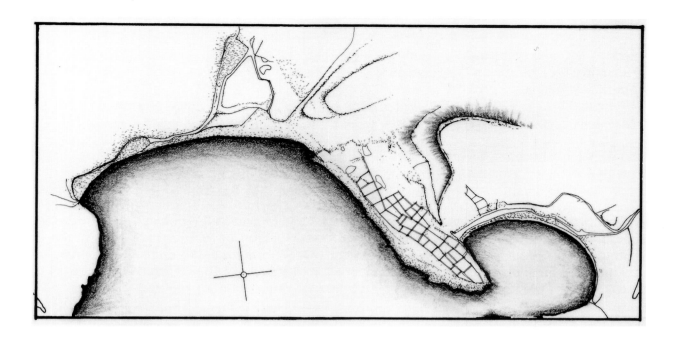

Figura 2.5. Plano de Nuestra Señora de la Asunción de Baracoa. (1776)
La ciudad creció lentamente durante el período colonial

La Villa de la Santisima Trinidad

Desde Bayamo, Velázquez envió a su segundo, Pánfilo de Narváez, acompañado del padre Bartolomé de las Casas en una expedición por tierra, mientras que él navegó en canoa por la costa sur, fundando la villa de la Santísima Trinidad sobre el Río Táyaba, a unos cinco kilómetros del mar, donde hoy se ubica el puerto de Casilda. Velázquez originalmente pensó en localizar a Trinidad en la Bahía de Jagua, donde hoy está la ciudad de Cienfuegos, y así lo comunicó al rey, pero después cambió de idea. Esta fue una decisión que molestó grandemente al padre las Casas que favorecía la localización en la Bahía de Jagua (Marrero, 1973, Vol. I, pp. 112-113). El trazado original de Trinidad parece estar dominado por la topografía del sitio y, tal como en las otras villas es irregular y simple.

Sancti Spíritus

El mismo año 1514 Velázquez fundó Sancti Spíritus, no lejos de Trinidad, pero tierra adentro. La villa fue trasladada a su presente localización en las márgenes del Río Yayabo, no lejos de la primera. Planos de Sancti Spíritus publicados en el siglo XVII muestran un trazado irregular probablemente influenciado por la topografía, y por trazados españoles de pueblos pre-romanos.

San Cristóbal de la Habana

Velázquez continuó su avance hacia el oeste y en el mismo año, 1514, fundó a San Cristóbal de la Habana en la costa sur de la provincia india de este nombre. No se conoce el sitio ni la configuración de esta villa que fue relocalizada, probablemente en 1517, en la costa norte de Cuba. Posteriormente es ubicada en su presente lugar, en la Bahía de Carenas, en 1519. La población original en la costa sur aún estaba habitada en 1518, cuando Hernán Cortés la visitó, buscando provisiones y voluntarios, para su expedición de conquista de México.

Santa María del Puerto del Príncipe

En el mismo año de 1514, subalternos de Velázquez que navegaban por la costa norte de la isla, fundaron a Santa María del Puerto del Príncipe en un lugar junto a la Bahía de Nuevitas. La villa fue destruida por un incendio y la trasladaron a su sitio actual en 1528. No sabemos nada del trazado de esta villa, aunque el actual Puerto Príncipe (Camagüey) fundado en 1528, cuatro años después de la muerte de Velázquez en Santiago de Cuba, tiene un trazado irregular, difícil de explicar pues la topografía del lugar es casi plana.

Santiago de Cuba

Velázquez concluyó sus expediciones de conquista, y con seis villas localizadas en puntos estratégicos decide relocalizar la capital de la isla, hasta entonces Baracoa, escogiendo un lugar más accesible en la costa sur. Velázquez consideró que la nueva ciudad podría ser la entrada a Yucatán. El informó al rey de su decisión, y la de los oficiales reales "de fundar una villa en un puerto muy bueno", y que por devoción católica llamaron Santiago y "donde se ubicaron la casa de contratación, y una fortaleza y sería el pueblo principal de la isla." (Marrero, 1973, Vol. I, p. 116) (Figura 2.6).

El trazado de la nueva capital, tal como aparece en planos de fecha posterior es regular y en cierta forma recuerda al trazado de Ovando para Santo Domingo. Ya en esta fecha se reconocía a la capital de La Española como una "bella ciudad" y es probable que Velázquez pusiera más interés en el trazado de Santiago, que definitivamente tendría carácter más permanente y donde él residió hasta su muerte en 1524.

El Proceso Urbanizador de Velázquez

Hay una evolución en el trazado de las villas de Velázquez, desde el trazado simple, como el de la aldea de Nuestra Señora de la Asunción de Baracoa en 1512, hasta Santiago de Cuba en 1515, que tiene una estructura reticular bien definida. La nueva capital prosperó inicialmente beneficiándose del comercio con Jamaica y tierra firme, creciendo de acuerdo con la retícula original, que aunque no perfectamente diseñada, representaba una preocupación con "el orden urbano" que comenzaba a interesar a la corte española.

Las siete villas tienen como característica común una clara adaptación a la topografía del sitio, a excepción de la segunda localización de Puerto Principe (Camagüey). La organización interna de estas villas esta claramente relacionada a típicas aldeas españolas, con una plaza, que era solamente un espacio abierto frente a una rustica iglesia, y donde estaba también el bohío donde residía el gobierno local.

Otra característica común fue la relacion con la religión Católica, asignando un patrón o protector a cada villa, una clara relación a una tradición que se inició en Grecia y alcanzó preponderancia en el Imperio Romano, donde cada asentamiento tenía un espiritu local, "Genius Loci." (Norberg, Schulz, 1982)

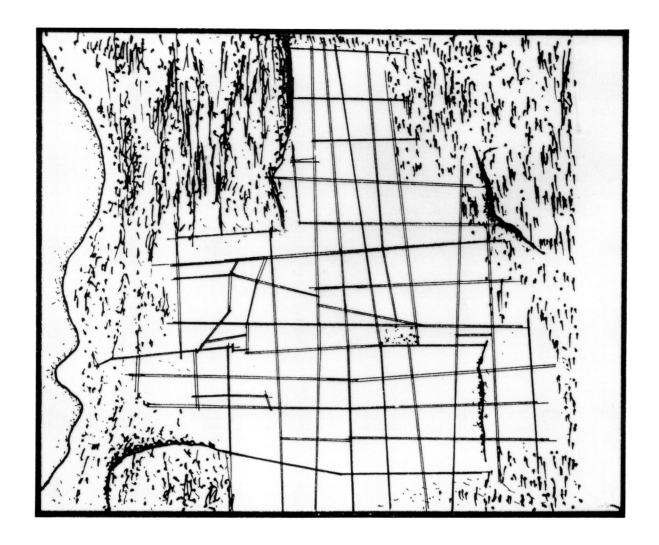

Figura 2.6. Plano de la Ciudad de Santiago de Cuba, (1751). El trazado urbano parece tener cierta semejanza con el de Santo Domingo en la Española

El crecimiento Urbano Villas en los Siglos XVI y XVII

Las "siete villas de Velázquez" continuaron siendo la base del sistema urbano de Cuba durante el siglo XVI, cuando la isla quedó prácticamente abandonada debido al desarrollo de México y la colonización inicial del Centro y sur América.

En 1570, el obispo de Cuba, Juan del Castillo, informó al Rey de las condiciones de las ciudades de Cuba. Las siete villas de Velázquez estaban en muy malas condiciones:

Baracoa: 8 vecinos españoles muy pobres y 17 indios casados
Santiago: 32 vecinos
Bayamo: Más de 70 españoles y 80 indios casados
Puerto Príncipe: 25 españoles pobres y 40 indios casados
Trinidad: 50 indios casados, ningún vecino español.
Sancti Spiritus: 20 españoles y 20 indios casados
La Habana: Más de 60 vecinos (Marrero, 1975, vol. II, p. 328).

Cuba comenzó a resurgir a partir del establecimiento de "La Flota" a mediados del siglo XVI. Este fue un sistema de "convoy" o viajes escoltados donde los barcos, provenientes

111

de diversos puertos del Caribe, se reunian en la Habana antes de partir "en flota" hacia España, protegidos por naves de guerra. La "Flota" utilizó, a partir de 1537, el puerto de la Habana como base final antes de partir para España, lo que desarrolló el comercio y la agricultura alrededor de esta villa. Las demás pueblos del interior tuvieron cierto crecimiento, pero ninguna alcanzó el nivel de la Habana que pasó a ser capital de la isla, de hecho, en 1556, desplazando a Santiago de Cuba. El crecimiento de las siete villas se puede evaluar comparativamente gracias a los informes presentados a la Corona entre 1682 y 1688, como respuesta a la Real Cédula de 5 de agosto de 1681 (Marrero, 1973, Vol. III, pp. 62-63). Este crecimiento se resume, en términos de población residente en la siguiente tabla:

TABLA 1.
VECINOS DE LOS ASENTAMIENTOS CUBANOS*

Ciudad	1608	1688
La Habana	500	3000
Bayamo	200	400
Puerto Príncipe	150	400
Santiago de Cuba	100	400
Sancti Spiritus	80	300
Trinidad	50	300
Baracoa	20	150

Fuente: Archivo General de Indias. Santo Domingo 150 (Obispo Cabezas Altamirano, 1608) y Archivo General de Indias, Contaduría, 1160 (Oficiales Reales, 1688), (Marrero, Leví. Cuba, Economía y sociedad, vol. III, p. 53).
*Debido a que sólo se consideraban "vecinos" a los españoles, estas cifras correspondían en su casi totalidad a familias europeas.

Estas cifras indican que las villas del interior de la isla se mantuvieron como centros de comarcas agrícolas con limitado comercio exterior, mientras que La Habana creció rápidamente como principal puerto y ciudad de la isla.

Otro inventario comparativo de las siete villas es el que preparó el obispo Pedro a. Morell de Santa Cruz, quien visitó a estas villas y evaluó las condiciones prevalecientes en la isla. La información sirvió de base para el resumen presentado en la siguiente tabla número 2.

Es evidente que el desarrollo de las seis villas del interior pudo ser asimilado dentro del trazado original, y que las pocas expansiones necesarias fueron más bien un crecimiento gradual de la traza original, por medio de nuevas calles o callejones. Este crecimiento guiado por condiciones locales y por el sentido común, en ninguna forma pudo alterar fundamentalmente el trazado de Velázquez o de sus lugartenientes. Baracoa, después de dos siglos y medio de fundada, sólo constaba de tres calles paralelas al mar y diez callejones perpendiculares, mientras que Bayamo, en el mismo tiempo, sólo tenía nueve calles en un sentido y quince en otro. Es evidente que sólo La Habana alcanzó el nivel de ciudad en estos doscientos cincuenta años.

TABLA 2
CARACTERÍSTICAS DE LAS SIETE VILLAS EN 1754-57
DE ACUERDO CON EL INFORME DEL OBISPO MORELL DE SANTA CRUZ

Ciudad	Dimensiones (en varas)		Calles		Cuadras	Población
	Larga	Ancho	NS	EO	(Manzanas)	(1757)
La Habana	2201	1321	12	23	633	53,800
Pto. Principe	2430	2370	12	10	—	7,530
Bayamo	2921	776	9	15	—	9,050
Stgo. de Cuba	1726	1562	(44 total)		133	7,090
Trinidad	--	(31 total)	—		264	3,490
Sancti Spiritus		--	—			2,275
Baracoa	1000	--	10	3	—	790

Fuente: Resumen de la información presentada por Marrero, L. en Cuba, Economía y Sociedad, Vol. III, pp. 66-68

Figura 2.7. Una calle y Casas coloniales. Trinidad

El urbanismo vernacular: preservación ó asimilación

Las ciudades del siglo XVI solo ocupan una pequeña parte de los pueblos y ciudades del siglo XX. La arquitectura original, chozas y bohíos, ha desaparecido y ante esta realidad, un esfuerzo por reconstruir el centro histórico de esas ciudades puede llevar a dos alternativas: el tratar a la traza original como una pequeña parte del centro histórico, apenas reconocible y carente de identidad propia o tratar de identificar a esta traza reconociendo su valor histórico único, aunque esto sea sólo una aproximación a la forma original. (Figura 2.7)

La mayor parte de los esfuerzos actuales se orientan a la preservación total o parcial de las formas urbanas del siglo XVII ó el XVIII. En algunos casos sólo se preservan algunos edificios o plazas que se consideran representativas del período colonial. Este enfoque ignora, o relega a un plano secundario el momento histórico de la fundación, marcado por la traza original, la que pudiera considerarse como un monumento que identifica y recuerda ese momento.

La traza original: Importancia de su permanencia

La ciudad o pueblo contemporáneo, que tuvo su origen en el siglo XVI, presenta un trazado que ha sido alterado por acción de procesos económicos, sociales y tecnológicos, durante más de cuatro siglos. Pero aun cuando esta forma urbana se ha transformado, sus elementos básicos, la calle y la manzana, representan el remanente histórico de la traza original. Este hecho es el que Aldo Rossi identifica como uno de los objetivos de una ciencia urbana. Esta ciencia incluye la historia como componente, y además aspectos técnicos, económicos y políticos. Rossi se basa en la obra de los urbanistas franceses Marcel Poéte y Pierre Lavedan. (Rossi, 1982, p. 98)

Rossi coincide con ellos en que los hechos urbanos son indicativos de las condiciones de la ciudad. Estos hechos son precisos y pueden verificarse estudiando a la ciudad actual. La razón de ser de esta ciudad es la continuidad:

> a las noticias históricas es necesario añadir las geográficas, las económicas, estadísticas, *pero es el conocimiento del pasado lo que constituye el término de confrontación y la medida para el porvenir.* Este conocimiento [referido al pasado histórico] se encuentra, pues en el estudio de los planos de la ciudad; los cuales poseen características formales precisas; la dirección de sus calles puede ser derecha, curva. Pero también la línea general de la ciudad tiene un significado propio y la identidad de existencias tiende naturalmente a expresarse con construcciones que, más allá de diferencias concretas presentan afinidades innegables. (Rossi, 1982, p. 89)

Además del valor que se le pueda asignar a las estructuras que ocupan el espacio histórico original de la ciudad, hay otra forma de evaluar ese espacio considerándolo como expresión de lo que significó emocionalmente la ciudad hispanoamericana, tanto a indios como a españoles. Este valor, que es llamado el espíritu del lugar (*Genius Loci*) por Norberg-Schulz (1980) es quizás más importante que ninguno otro, pues nos podría ayudar a redefinir y reafirmar la imagen y la identidad de las ciudades del período inicial.

Tradicionalmente el ser humano ha buscado una dimensión emocional en la fundación de ciudades. Los griegos buscaban el consejo de los oráculos y los romanos desarrollaron el concepto del espíritu del lugar: De acuerdo con esta creencia romana cada cosa independiente tiene su espíritu (*genius*), un espíritu guardián. Este espíritu da vida a perso-

Figura 2.8. Arcada en la Plaza Mayor, Sancti Spíritus.

115

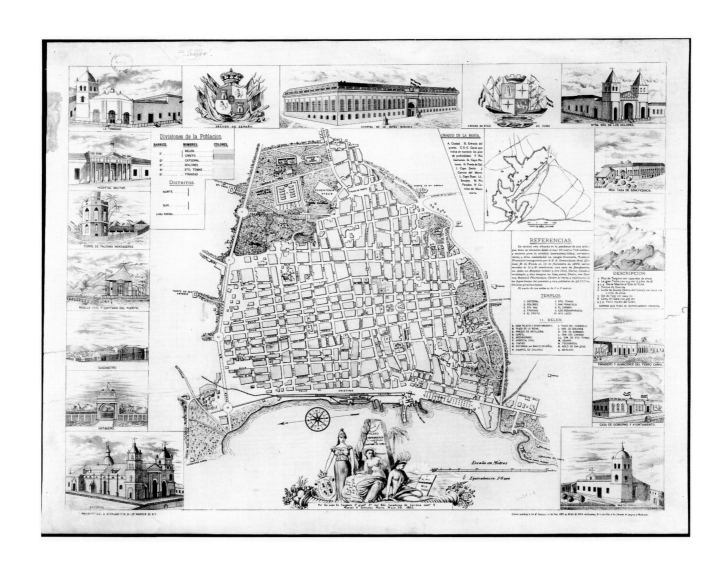

Figura 2.9. "Plano Topográfico e ilustrado de Santiago de Cuba, por el Sargento 1º.,
Gradº. del Ben. Cazadores de Chiclana numº. 5, Manuel B. Gimenez Marin, Mayor 30, 1883

116

nas y lugares, lo acompaña desde el nacimiento hasta la muerte y determina su carácter o esencia (Norberg-Schulz, 1980, p. 18). (Figura 2.8)

Los españoles buscaron ese espíritu en la religión católica, asignándole a cada ciudad un patrón protector. Las siete villas de Velázquez son un ejemplo de esta práctica. Tan marcada fue esa práctica que Fray Antonio de Remesal escribía en 1619 que la religiosidad de los castellanos se evidenciaba en los nombres que ponían a nuevas ciudades o lugares descubiertos, por lo que los mapas de las nuevas tierras mas parecen templos o conventos fundados por religiosos, que ciudades o lugares nombrados por gente seglar y de guerra. (Marrero, 1973, Vol. I, p. 112)

Hoy día estas ciudades tienen otro espíritu. Poseen diversos significados emocionales para residentes o visitantes, pero cualquiera que estos sean, la identidad del ser humano aún se relaciona con la ciudad. Norberg-Schulz estudia las relaciones entre el medio físico, constituido por la ciudad y su emplazamiento paisajista y la percepción del carácter del lugar urbano, determinado por la reacción del ser urbano hacia la ciudad. Norberg-Schulz presenta estas relaciones en varios ejemplos, en ciudades en Europa y Africa, y en un caso, analiza las relaciones entre el centro histórico de Praga, dominado por obras arquitectónicas de diversos períodos y estilos, y las áreas residenciales periféricas de nueva creación. El autor mantiene que ambas partes, con distinta identidad, conviven y se mezclan; enriqueciendo la calidad de vida de todos:

> De los nuevos barrios residenciales los residentes van a la Praga antigua a ser confirmados de su identidad. Sin el centro antiguo, Praga sería hoy estéril y sus residentes serían reducidos a ser fantasmas enajenados de su mundo. (Norberg-Schulz, 1980, p. 109).

Las siete villas de Velázquez tienen un doble significado en la historia de la urbanización de Cuba. Representan, al nivel del Caribe y la América, el último programa de fundaciones de ciudades guiado por la memoria colectiva "de la madre patria". Al nivel de Cuba, al mismo tiempo son la base de nuestra estructura urbana. (Figuras 2.9 y 2.10)

No hay ningún remanente arquitectónico de la época inicial, pero el trazado urbano permanece casi intacto.(Figura 2.11) Su restauración, y mantenimiento deberá ser realizado, no como una trampa para atraer turistas, sino como la preservación de un elemento básico de nuestra identidad cultural.

Figura 2.10. Calle y casas, Santiago de Cuba. (1901)

118

CAPITULO III

LA HABANA: DE ALDEA A CIUDAD AMURALLADA

Los artículos incluidos en este capítulo abarcan en su contenido eventos y realizacoines que ocurrieron durante los siglos XVI, XVII y XVIII. Se inició este período de más de trescientos años, con la fundación de una aldea en la costa sur de Cuba, por Diego Velázquez. Después de un asentamiento temporal, probablemente cerca de la desembocadura del río Almedares, San Cristóbal de La Habana se asienta en la Bahía que después llevaría su nombbare y así se inicia el período histórico que sirve de base a este capítulo. Primeramente José María Bens Arrarte describe a La Habana como la "Villa del Carpintero". Esta fue tranformandose y la arquitectura de la época fue definiendo y reforzando la forma urbana. El acontecer cotidiano se modificó por procesos políticos y económicos de escala internacional, dándole a La Habana una fisonomía propia.

El segundo artículo, también por Bens Arrarte, presenta un breve bosquejo del crecimiento de La Habana durante el siglo XVII y el tercero, por el mismo autor, discute aspectos de la Habana, ya convertida en ciudad amurallada, y que se extiende más allá del recinto amurallado. Bens describe la "urbanización de Extramuro" como el inicio de la gran ciudad capital de la colonia.

Los otros dos artículos en el capítulo presentan algunos detalles del proceso de urbanización de La Habana durante la Epoca Colonial. Su autor, Abel Fernández y Simón, ingeniero civil y arquitecto describen detalles no bien conocidos sobre el proceso de parcelación de la tierra. Fernández Simón identifica la cronólogia de las diversas urbanizaciones que fueron tranformando la aldea.

Como complemento, y propia culminación de su trabajo inicial, Fernández Simón presenta el último artículo una tipología de urbanizaciones, que en la opinión del editor, es único en su clase. Este trabajo es de gran actualidad hoy día cuando el trabajo de urbanistas franceses, como Jean Tricart, Manuel Poete, Jean Brunher y otros sobre la continuidad de la traza urbana son considerados básicos en el estudio de la ciudad contemporánea.

Al final del siglo XVIII La Habana es una de las ciudades mejor conocidas de La América y en los siglos siguientes comienza la transformación urbana que culmina en la metrópolis contemporánea.

Convento de Santa Teresa, Patio, La Habana, 1910.

LA HABANA DEL SIGLO XVI Y SU ADMIRABLE EVOLUCION RURAL Y URBANA (1519 AL 1555)

JOSÉ MARÍA BENS ARRARTE

La Habana se desarrolla en el lugar geográfico que más se destaca de toda la Isla, como estación obligada de toda la Isla, como estación obligada de una por entonces nueva ruta marítima, ruta que venía de España al Nuevo Mundo. Cuando aún no estaban hechas las Cartas Geográficas de estas tierras recién descubiertas, ni se habían estudiado los vientos y corrientes principales de estos mares se fundó La Habana al Sur, cerca de Batabanó, por las mismas razones que hicieron situar al frente al Mar Caribe y frente a la porción del continente más rico y que más se conocía a Santo Domingo de Guzmán en la Española y a Santiago de Cuba. En el 1519 se trasladaba por último a su definitivo asiento el llamado Puerto de Carenas.

Todos los historiadores que estudiaron su nacimiento y desarrollo, dan la lista con los nombres de los primeros cincuenta vecinos que la poblaron; también se sabe que la ocupación de la Isla, la efectuaron fuerzas al mando de Diego Velázquez y de su lugarteniente Pánfilo de Narváez, los cuales fundaron las siete primeras villas. En esa expedición como en otras que le sucedieron no venían mujeres, de donde se deduce claramente que esos pueblos procrearon con españoles e indias; por tanto antes de que arribasen años después las esposas y mujeres para los primeros colonizadores tuvo lugar el cruzamiento de las dos razas, una de las cuales estaba condenada a desaparecer. Esto nos parece la más firme razón para que se perdiese el nombre de San Cristóbal y quedase sólo en homenaje a las primeras mujeres desconocidas que doblemente le dieron vida a la ciudad, la voz india de la *Hauana*. En el siglo XIX, se les dedicará un recuerdo, al erigirse la Fuente de la India o de la Noble Habana.

Entre los primeros cincuenta vecinos que fundaron la villa, la historia nos dice que uno era sastre y otro carpintero; los demás eran oficiales, soldados y un clérigo. Entonces no se enseñaba como se hace hoy a la oficialidad en algunas academias de Europa y América el arte del trazado de ciudades. Muchas villas y pueblos del Africa y Oceanía, fundadas en el comienzo de este siglo guardan esas enseñanzas.[1] Por tanto la primera Habana que comprende una treintena de años hasta el saqueo e incendio de 1555 se puede decir que fue la villa del carpintero, levantada por manos indias. Este tuvo que dirigir la primera tala de aquellos montes espléndidos para procurarse las maderas de las precarias viviendas, así como las cercas que les servían de defensa. La naturaleza exhuberante que los rodeaba, la aclimatación a las altas temperaturas a que se vieron sometidos y las tempestades del trópico, les obligaron a una lucha continua para subsistir; los primeros trillos de salida al campo, a los montes y a la caleta que después fueron caminos de bestias, serventías y finalmente calzadas, marcarán las directrices en el siguiente siglo del avance y progreso de la villa. La mansedumbre y bondad natural de los siboneyes que no estaban organizados para resistir, les ayudó en mucho, pero por este carácter pacífico, los indios fueron expoleados y esclavizados hasta la total destrucción de su raza. En 1550, se estimaba la población fija en sesenta vecinos sin incluir indios, esclavos y negros libres.

Estos siete lustros, desde el 1519 hasta el 1555 más que en la construcción de la villa se emplean en el fomento de las estancias, de los hatos y corrales; era necesario crear las fuentes para el propio sustento y asegurar además con el desarrollo de aquella agricultura y ganadería embrionaria el avituallamiento de los galeones y otros bajeles que por aquí cruzaban. La aguada que se traía del Jagüey en la otra banda de la bahía y de la

Chorrera en pipas o bateas, fue otra de las dificultades a vencer. También se recogía en algibes y otros depósitos el agua de lluvia.

En los comienzos del siglo XVI esta Habana es una reunión de bohíos y viviendas primitivas de embarrado y guano que se extienden frente a la playa en el lugar donde el desembarco se hace más fácil, ocupando aproximadamente el sitio entre el Ayuntamiento y la Lonja actual; con muchas irregularidades se hizo el reparto de tierras y solares. Naturalmente, los parientes de Velázquez que aquí quedaron, sus socios, los oficiales y los que le siguen en el mando y gobernación de la villa, escogieron los mejores sitios y las más grandes *encomiendas*. Entonces sólo había espacios abiertos frente a la playa, uno de los cuales después se convertirá en plaza. Un lugar especial se le destina a un bohío más grande donde se alojará la iglesia. Las Leyes de Indias que hablan de los requisitos que deben tener las calles y plazas en las nuevas villas que se funden por estas tierras son del 1523, se conocerán aquí y se aplicarán en lo que se pueda mucho más tarde.

Las facilidades para el desembarco y la selección del terreno más llano y al parecer más salubre fueron las razones que situaron y dieron asiento definitivo a aquel poblado; pero una vez situado sólo podrá desarrollarse al igual que otras ciudades que fundaron los españoles en este continente, al amparo de un castillo. Después del primer saqueo por los piratas en 1538 se ve que las cercas y palizadas no bastan para la defensa y se dispone la construcción de la primera fortaleza que se levantará en 1539 por Mateo Aceituno.

La simple hilera de bohíos con frente a la playa orientados aproximadamente de Norte a Sur fue el asiento de la primera horizontal que engendraría la ciudad del futuro y creemos que originó la traza de la que se llamó después la calle de los Mercaderes y en cuanto a las verticales o primeros trillos para la salida al campo y a los montes, uno de ellos formaría después la calle Real denominada al siguiente siglo de la *Muralla*. Con los pocos elementos que vinieron a fundar la villa de San Cristóbal, no se podía hacer más. A este incipiente y pobre conjunto no le pudo haber deparado el destino mejor suerte que la del incendio y total destrucción, y si por un lado es de lamentar las muertes y pérdidas que sufrieron los vecinos en las dos ocasiones, las ventajas que de los mismos se derivaron influían en un mejoramiento de aquella primitiva célula urbana que hemos llamado la *villa del carpintero*.

España estaba sumamente ocupada con su propia construcción de la ciudad de Santo Domingo de Guzmán para que allí pensasen en La Habana, y ante las nuevas y más ricas conquistas que se hacían en el continente se comprende el olvido por la Corona de España en aquella época de la pequeña colonia agrícola que era la villa de San Cristóbal. Iba a ser las depradaciones de los piratas las que la harían recordar.

Una aplicación correcta de las Leyes de Indias en lo referente a la fundación y trazado de las nuevas ciudades lo da por ejemplo, el plano de la ciudad de Buenos Aires que se funda mucho después. Allí se ve en el estudio la fortaleza que la defiende, la plaza principal destinada a mercado y que sirve también de Plaza de Armas, el lugar reservado a la iglesia, las calles con su correcto trazado en cuadrícula que era el sistema de origen griego y latino que preferían los españoles. Ni siquiera Santo Domingo de Guzmán que fue la primera ciudad que ellos fundaron en América se trazó de acuerdo con las Leyes de Indias.

Aun cuando en el 1521. Hernán Cortés, con sus huestes funda la ciudad de Méjico, sobre las ruinas de la capital india de Tenochtitlán, al trazar las calles y plazas encomienda dicho trabajo a un soldado que era muy buen *jumétrico* el cual se ayudó con otro.

Para mejor conocer la evolución de esta Habana del siglo XVI que es el objeto de nuestro estudio, con la razón de su existencia, las causales que la forman, las obras y las trazas que éstas van dejando y los elementos y material humano que vienen a desarrollarla, conviene analizar un poco la labor que efectuaban los españoles por esos tiempos en este Nuevo Mundo.

Sabemos que el adelantado Diego Velázquez, y después los gobernadores de Cuba durante todo este siglo, dependían políticamente del virrey; además en Santo Domingo, residía el Tribunal de la Audiencia, el más alto entonces en América y con muchas facultades del Consejo Supremo en lo político y en lo militar.

Desde 1501 una expedición con dos mil quinientas personas entre las cuales venían profesores, hombres de letras, nobles, clérigos, gente de armas y aventureros había desembarcado en la Española y trabajaban en la construcción y engrandecimiento de la ciudad de Santo Domingo de Guzmán. Y cuando el virrey don Diego Colón acompañado de su esposa doña María de Toledo con una crecida corte llegó en 1509 a esa isla, la más querida por el Descubridor, tomó mayor incremento aquella ciudad.

Entre las obras notables que allí levantaron los españoles se cuentan: el Hospital de San Nicolás de Bari de 1503 a 1508; el Alcázar de don Diego Colón, construido en 1514; la Torre del Homenaje, que ya existía desde 1502 y en donde se alojaron mientras se terminaba el Alcázar; la Iglesia de San Andrés en 1512; la Catedral de Santa María Menor, cuyos trabajos duraron desde 1514 hasta el 1540; el Fuerte de Santa Bárbara en 1526 y la Iglesia del mismo nombre empezada en 1535 y terminada en 1571; el Convento de Nuestra Señora de las Mercedes en 1528; el Monasterio de la Iglesia de San Francisco en 1547 al 1556 y la Iglesia del Rosario e Imperial Convento de Santo Domingo que pronto se convirtió en la Sede de la Primera Real y Pontificia Universidad que se fundó en este Nuevo Mundo, en el 1538. Era por tanto imposible que este valioso conjunto urbano no influyera aunque tardíamente en el desarrollo de La Habana; creemos que las mejoras ejecutadas por Pérez de Angulo, son reflejos de la influencia dominicana.

Como se ve por lo anterior, las primeras actividades culturales y artísticas que realizaron los españoles en el Nuevo Mundo en este siglo XVI, tienen por escenario a la Ciudad Primada de Santo Domingo de Guzmán y como La Habana y las otras villas que funda Velazquez en Cuba cumpliendo órdenes del virrey, nacen con elementos que sobran de la Española y no de los más escogidos, por tanto permanecerán muchos años sólo ocupadas en la agricultura y en la ganadería; y no podrán llegar a ellas sino muy avanzada la época y por otras rutas las propias y verdaderas actividades que comprenden las vidas de las ciudades. Cierto es también que con Velázquez, vinieron dos figuras insignes, Hernán Cortés y el Padre Las Casas, y otros capitanes intrépidos que aún no se les había revelado su brillante destino, pero permanecieron poco tiempo en la Isla donde casi nada quedó de su labor, y esta no llegó a La Habana.

En cuanto al Padre Las Casas, con su acendrado amor a la justicia--y a causa de los horrores de que fue testigo en Cuba y en la Española--, por la heroica defensa que hizo del indio, se destacaría sobre sus contemporáneos como la primera figura de la colonización en el siglo XVI.

En esos tiempos los planos que salen de las manos de los Maestros Mayores de las grandes obras, Alcázares y Catedrales del Reino, van a Santo Domingo y otros irán más tarde a la Capital del Virreinato de Méjico. Sólo a mediado del siglo vendrá a La Habana, el primer plano de una obra arquitectónica, pero ésta será una fortaleza que se llamará Castillo de la Fuerza.

No podían tampoco La Habana y las otras villas fundadas en la Isla desarrollarse y progresar cuanto que estas dos décadas del siglo XVI, marcan las fechas de las expediciones y conquistas más notables que llevó a cabo España en las tierras del continente y todas ellas tienen como base de aprovisionamiento y como último punto de partida las villas de Cuba.

En el 1519 el mismo año del traslado de La Habana al Puerto de Carenas, la expedición de Hernán Cortés, que venía de la Española y de Trinidad donde se había aprovisionado, toca en la costa Sur en el primitivo emplazamiento de la ciudad y allí recoge cuanto puede en hombres y vituallas antes de partir a la conquista de Méjico.

Hernández de Córdova igualmente parte de nuestras costas a la conquista de Yucatán y allí muere de las heridas que recibe en combate. Un año después del primer saqueo de la villa, en 1539, por aquí pasa la expedición del Adelantado Hernando de Soto, que llegaba de España para emprender la conquista de la Florida de donde no volvió ya que fue sepultado en el río Mississipi. El encargo de construir la primera fortaleza de la ciudad se lo habían dado en España al Adelantado Hernando de Soto, pero éste le dejó la comisión a su lugarteniente Mateo Aceituno, que era vecino de Santiago de Cuba, el cual en un tiempo relativamente corto la construyó.

Con la construcción de esta fortaleza en el 1540, cambia el panorama del primitivo conjunto de bohíos; ahora tienen junto al litoral un pequeño recinto amurallado de planta cuadrada y de ciento cincuenta y siete pies de largo, con una torre en un ángulo también de planta cuadrada que se levanta a doce varas de altura comprendiendo las almenas. Debió ser imponente para los indios, mestizos y otros hijos de estas tierras que nunca vieron nada igual. Fue la primera torre que se elevó en estas latitudes.

Si alguna influencia pudo llegar a La Habana desde el primer asiento de los españoles en este Nuevo Mundo o sea de Santo Domingo de Guzmán viene a este Castillo de la Fuerza Vieja, que guarda similitudes con otro anterior que en aquella ciudad se había levantado y que es la Torre del Homenaje. Estas influencias se harán más marcadas en diversas mejoras de la ciudad a través de los varios letrados que desde Santo Domingo vienen a gobernarla.

Esta fortaleza cuya situación se conoce, ya que a trescientos pasos de ella y hacia el Sur se levantó el actual Castillo de la Fuerza, fue uno de los primeros errores de España en la Habana, por los malos materiales que emplearon en su ejecución, por su error de emplazamiento, frente al Cerro de la Peña Pobre y la muy deficiente dirección de Aceituno que sólo debió ser un albañil malo. Todo esto constituyó un motivo de trabajos adicionales para mejorarla y repetidas informaciones de gobernadores y capitanes, estuvieron de acuerdo que se había malgastado el dinero, que era imposible de reparar, pues sus murallas y torre de tapia con cimientos deficientes sólo se sostenían por las esquinas que fueron hechas de piedra o cantería y que de fortaleza sólo tenía el nombre; no mereciendo más atención que la necesaria para su derribo.

A pesar de esto, ella marca un período de avance de la naciente villa que se refleja en el mejoramiento de las construcciones, algunas de las cuales ya se ejecutan de mampostería y otras de cal y canto con techos de madera y cubiertas tejas pues ya conviven en la villa albañiles, carpinteros y otros operarios.

La primitiva iglesia de madera, tapia y techos de guano debió tener una espadaña en su frente donde estaban las campanas, y a sus altares vinieron las primeras manifestaciones de arte y escultura policromadas de que tenemos noticias, pero en el 1538, fue saqueada e incendiada.

Bajo la protección de la fortaleza crece un poco el caserío y se orientan algunas calles, pero éstas van a tener el mismo error que el que tienen las calles de Santo Domingo de Guzmán o sea un trazado casi de Norte a Sur y las transversales de Este a Oeste. El repartimiento de solares se efectúa con menos irregularidad.

El emplazamiento de la iglesia va a determinar la primera plaza de la villa; en uno de sus costados cuando empieza a delinearse, Juan de Roma el vecino más rico elevará sus casas de cal y canto y de dos pisos con techos de madera y cubiertas de tejas. Estas debieron ser en aquel tiempo las mejores casas de la ciudad, en las cuales su dueño por su carácter generoso con los europeos hospedaba gratuitamente a los frailes y otras personalidades que pasaban por este puerto.

Se sabe que Juanes de Avila, que fue gobernador en 1544, en una visita que giró desde Santiago de Cuba a La Habana, hizo construir una casa en el solar que se le cedió al efecto, obligando a los vecinos a suministrar los materiales por lo cual se le conocía con el nombre de la *casa del miedo*. Esta casa, estaba situada con frente a la bahía en los espacios que después formarían la Plaza de San Francisco. También hizo construir el hospital en 1544, que se emplazó aproximadamente en los solares que ocuparan treinta años más tarde los Dominicos, o sea detrás de la iglesia en el lado opuesto de la calle que se llamará de los Mercaderes.

Coincidiendo con este período hay una época de prosperidad y mejora al trasladarse la sede del Gobierno de la Isla en 1550 desde Santiago de Cuba a La Habana. Irene A. Wright, la escritora norteamericana, que más luz dio sobre la historia de San Cristóbal de La Habana durante el siglo XVI, en su notable obra basada en documentos del Archivo General de Indias, ofrece detalles interesantes que permiten seguir la evolución de la villa.

Pérez de Angulo fue el primer gobernador que fijó en La Habana su residencia oficial, comprendiendo la importancia que tenía su puerto como punto de tránsito y reunión de las flotas que iban y venían de España al continente y trató de mejorar la población. Como la primera iglesia era un *bohío*, Angulo nos dice que empezó obras para reemplazarla con otra de cal y canto, de cien pies de lado y la Capilla Mayor de cuarenta pies de ancho, con la Sacristía a espaldas de la Capilla. En el 1552 las paredes estaban a dos *estados* sobre el suelo y la Misa se cantaba en la Capilla del Hospital que el gobernador mejoró ensanchándolo y que contaba con dos salas. También construyó dos casas de tiendas detrás del hospital que fueron arrendadas para aumentar con su ingreso las rentas de aquella institución; y para la carnicería que era un bohío viejo sin puertas comenzó otra casa también de cal y canto y *tapiería enramada y tejada*. Igualmente hizo reformas en la cárcel poniéndole techos de tejas y una reja a fin de que los prisioneros tuvieran *vista y buen tratamiento*. Ya la villa cuenta con una plaza, calles reales que van desde el Sumidero hasta los alrededores donde se formará años más tarde la otra Plaza de San Francisco y calles secundarias que van hacia el campo y hacia el monte.

Por este monte que tenían a la espalda, que les impedía ver el acceso de la caleta, llegaron en 1555 los piratas franceses con Jackes D'Sores, sorprendiendo y tomando en media hora la ciudad ya que el gobernador huyó; y pusieron sitio a la Fuerza Vieja que le sirvió de marco a su alcaide Juan de Lobera, para la heroica defensa que hizo de la misma. Un ataque por sorpresa que en una noche realizó Pérez de Angulo no pudo librar la villa y aumentó sus dificultades. Finalmente después de rechazar una oferta de mil pesos, que fue lo único que por el estado de pobreza se pudo reunir, los piratas franceses prendieron fuego a "la Hauana" por los cuatro costados. Sólo quedaron en pie las paredes de la iglesia, las del hospital y las de las casas de Juan de Rojas. Como D'Sores era luterano menospreció las imágenes de la iglesia y sus soldados se hicieron capotes con sus vestiduras

Antes de finalizar el 1555, trágica reunión en las historia de la Ciudad de los tres cinco, otro saqueo por piratas franceses produjo la destrucción de numerosas estancias a ambos lados del puerto y los rescates de algunos vecinos, arruinando aún más la destruída villa.

Por el olvido y la poca defensa que le dio la Corona, pese a las múltiples gestiones, informes y peticiones, La Habana queda en 1555 *totalmente destruída y perdida*.[2] Sólo su privilegiada posición geográfica como estación obligada de tránsito de una ya más conocida ruta marítima la iba a hacer subsistir. Este es el flujo y reflujo que recibió aque-

125

lla primitiva célula urbana y que si perduró, fue por lo que a ella le llegó del mar. Las nuevas conquistas y las guerras que España sostenía en Europa, tampoco le permitían ayudar a la pequeña villa..

Esta es la época que los historiadores llaman de la *Edad Media Americana* o del feudalismo de los capitanes y mandones, de los encomenderos, de los repartimientos y acabamientos de indios y también del comienzo de la *cruzada negra* o la esclavitud africana que con todos sus horrores ensombrecería durante más de tres siglos estas tierras recién descubiertas.

En el 1531, Carlos I levantó la prohibición de venir a poblar el Nuevo Mundo que sólo estaba accesible a los naturales de Castilla y León, y fue en ese momento cuando la nobleza arruinada de las otras provincias, y sobretodo los segundones, más los aventureros y hasta la población penal de cárceles y presidios se volcó en estas tierras. Pero ya se sabía que en Cuba no había oro, ni especies y esta corriente humana no pasó por ella, fue directa al continente. Por aquel entonces a los condenados a muerte y a los ladrones y demás delincuentes se les perdonaba la pena, con tal de que vinieran a poblar el Nuevo Mundo. Esto en parte con los refinamientos de crueldad de aquel tiempo que eran universales, más la insaciable sed del oro, justifica y explica la ferocidad y los crímenes cometidos por los conquistadores sobre indios y negros y sólo queda como descargo de la nación colonizadora, los buenos deseos de Isabel la Católica, las defensas del indio, que realizaron fray Antón de Montesinos, fray Pedro de Córdoba, fray Francisco de Vitoria y el padre Las Casas y en líneas generales las obras de los Dominicos, los Franciscanos y los Jerónimos y las leyes un poco más humanas que dictó bajo esta influencia el emperador Carlos I.

La ciudad militar

La Fortaleza de la Fuerza Vieja, marcó el límite del desplazamiento hacia el Norte de La Habana del 1550. En su espalda y hacia la punta de la bahía todo está poblado de monte que obstruye el camino y *es muy perjudicial así para la salud de los vecinos de esta villa, como para que la artillería de la fortaleza pueda muy bien jugar y tener libres la vista.* (Actas Capitulares, Cabildo de 1550).

Este desplazamiento hacia el Norte, se verá también detenido por los accidentes naturales como el arroyo del Sumidero y la Ciénaga que estaba en su desembocadura, las aguas de la bahía que entraban hasta las proximidades del hoy parque de San Juan de Dios, el Cerro de la Peña Pobre y el monte que tenían detrás. Todas estas causales pesarán en la evolución de aquella primitiva célula urbana, la cual por encontrar más llanos y mejores terrenos se desplazará hacia el Sur. Este movimiento, engendró por el 1574 la Plaza de San Francisco y en el siguiente siglo la Plaza Nueva. Hasta el mismo Castillo de la Fuerza con el cual se inicia el período que hemos llamado de la Ciudadela Militar y que abarcará aún las primeras décadas del siglo XVII, sufre las influencias de este movimiento ya que se sitúa erróneamente al Sur de la Fuerza Vieja. Se comprende el deseo de aquellos gobernadores y vecinos que querían tener el nuevo Castillo dentro de la ciudad y casi frente a sus casa por que ellos eran en ese tiempo los propios defensores y veladores de la villa. (Figura 3.1)

La reconstrucción del poblado debió hacerse corrigiendo algunos errores en su trazado, rectificando y dándole salida a las pocas calles que se delineaban y cerrando parte del gran espacio abierto que formaba la Plaza de la Iglesia. En el interior del poblado es donde dejan toda su sapiencia el carpintero, los varios letrados que desde Santo Domingo vienen a gobernarla y algunos albañiles que fueron llegando; en líneas generales dominó la irregularidad y la impreparación; nada que tenga valor se pierde en el incendio de 1555, por el contrario pensamos, que las rectificaciones de los errores lo habrán mejorado. Pero a su vez, este incendio despertó la atención de la Corona que decide enviar directamente como gobernador al capitán Diego de Masariego que se había distinguido en Méjico, con el encargo de aumentar las defensas de la villa. Ya en España se sabe que *este puerto de la villa de La Habana es la escala principal de las Indias.* Y a pesar de que *era un pueblo de pocos vecinos y pobres, porque no tenían otra granjería que sus casas que alquilaban y la venta de los bastimentos que suministraban a los navíos que llegaban al puerto* se resuelve fortificarla.

Otra de las características y tal vez la principal de esta Habana del Siglo XVI, fue la pobreza;[3] esta pobreza se reflejó en las viviendas, en los edificios y en las obras públicas; y la encontraremos repetidas veces como razonamientos en múltiples informes y hasta ella

Figura 3.1. Castillo de la Fuerza. La Habana

pasa a las ordenanzas del célebre Oidor Alonso de Cáceres que en el 1574, decía: *Como somos tan pobres, no podemos siquiera hacer casas donde se reúnan los regidores y alcaldes* y después en las mismas ordenanzas, proyecta una petición al rey para que les permitiera una colecta o contribución entre los vecinos por la cantidad de cien ducados que se emplearían en beneficio de las obras públicas.

La pobreza se muestra también cuando se empieza a construir en el 1551, la Iglesia Parroquial sustituyendo a la anterior, por el maestro de albañilería Miguel de Espila que contrató la obra y la traza. En este trabajo se invierten treinta años ya que se hace con limosna, donativos de los vecinos y se viene a terminar con el legado del gobernador Juan de Rojas pero aún así por ser su techumbre de madera y no tener más arte que el de una hermosa bodega, según el historiador Valdés, se hace necesario reconstruirla en el siguiente siglo. No se le podía pedir más, al albañil que la empezó. Años más tarde se le proyectó una torre por Francisco de Calona pero no fue ejecutada.

Como consecuencia de una legislación más humana de Carlos I, y otras ordenanzas de 1543 dándole libertad a los indios y para evitar la extinción de la raza, en 1555 acuerda el Cabildo de La Habana la fundación de un pueblo de indios en Guanabacoa con el fin de que allí viviesen y trabajasen libremente los pocos que aún viajaban, y se cuida de designar a un religioso franciscano para doctrinarlos. Este viene a ser el primer desprendimiento de la célula urbana en formación.

El auge que toma la piratería en este siglo, las noticias que llegan de las expediciones que parten de Francia e Inglaterra y el deseo de gobernadores y residentes de aumentar las defensas de este poblado, llenan más de cuarenta años con ruegos y peticiones al monarca para el envío de material de guerra, hombres, dinero y esclavos, y obligarán a construir las fortalezas que formarán la Ciudadela Militar.

Nuevamente por la acción que viene del exterior como todas las que influyeron en el desarrollo y la evolución de aquel primer conglomerado humano, ya que del interior sólo tendría la ayuda de su feraz naturaleza, y por la imperativa necesidad de su defensa, llegó a La Habana en noviembre de 1558, el maestro mayor ingeniero Bartolomé Sánchez, acompañado de unos catorce oficiales y maestros de cantería trayendo consigo la traza, o sea el plano que se había ejecutado en España para una nueva fortaleza, más las herramientas que se necesitan en su construcción. Y así se empiezan el primero de diciembre del mismo año, las obras del Castillo de la Fuerza.

Para el estudio que nos ocupa sobre el desarrollo de la villa de la *Hauana*, ésta es la primera y más notable expedición de hombres preparados, que cambiarán poco a poco el escenario transformando la *villa del carpintero* hecha con manos indias, o sea el conjunto de bohíos y casa de embarrado y guano, en la otra Habana ya de mampostería y piedra, con techos de madera y cubiertas de tejas que ellos construyen; pero ahora será con manos negras. El gobernador Masariego y el Cabildo se sorprenden por que llegó Sánchez y los oficiales canteros y no traen consigo negros esclavos para realizar los trabajos; un año más tarde se indignarán porque Sánchez, emplea obreros y materiales en erigir casas suyas en la población. Estas casas con toda seguridad marcarán un adelanto.

Para los trabajos que tenía encomendado Sánchez, abrió una cantera en Guanabacoa encontrando una corriente de agua, y construyó un horno de cal; y como el sitio donde se levantaría el nuevo castillo estaba ocupado por las casas de Juan de Rojas, Melchor Rodríguez, Juan Gutiérrez, y otros o sean los vecinos más distinguidos de la población que tenían sus viviendas dando a la Plaza de la Iglesia, se procedió a expropiarlas y derribarlas.

Esta es la primera transformación que sufrió aquel conjunto, y la Plaza de la Iglesia que fue también la primera plaza mercado pronto vendrá a ser la Plaza de Armas. Pero por la necesidad de tener despejados los fuegos del castillo en sus espaldas todavía demorará sin construirse el otro frente. Antes de finalizar el siglo, se reconoció el error cometido al situar el castillo en el lugar que ocupa. Los vecinos desalojados de la Plaza de la Iglesia y que era la gente más rica debieron construir sus nuevas viviendas en las calles principales y hacia el Sur.

En el Cabildo de 25 de febrero de 1559 se proveyó:

que el señor gobernador o regidores vean el sitio donde se ha de dejar plaza en el lugar conveniente atento a que no se puede servir de la plaza que el pueblo había a causa de la fortaleza.

Y en el Cabildo de 3 de marzo de 1559 se trató: *que por cuanto en el Cabildo pasado se mandó que se señalara plaza para esta villa pues que la fortaleza que se hace ocupa la que de antes había, e para ello digeron que sea la plaza de cuatro solares tanto en ancho como en largo en que están los bujíos de Alonso Indio la calle en medio e quedó que hoy la estacacen para que ninguno se meta en ella a hacer casa e que lo señale el Señor teniente Juan de Rojas e Antonio de la Torre e todos los demás Justicia e regidores hoy dicho día.* (Actas Capitulares del Ayuntamiento de La Habana por Emilio Roig de Leuchsenring.)

No resulta fácil seguir el desarrollo de la villa a través de las Actas Capitulares, por cuanto no le dieron los primitivos alcaldes y regidores nombres a las calles, y sólo se mencionan ocasionalmente las calles reales y otras secundarias, resultando que al hacer las peticiones de solares los vecinos se refieren al que tienen al lado o al fondo o al frente y siempre dando los nombres propios y apellidos de los dueños. El Cabildo hacía merced y cada cual se situaba y se servía a su gusto alineándose o no ccn el vecino y como hasta después del 1550, no se persona el alarife de la villa para efectuar la medición, de ahí proviene la irregularidad y forma caprichosa del poblado en los primeros tiempos.

Tampoco se sabe cuáles eran las dimensiones de los solares que se mercedaban, aunque por las descripciones de algunos narradores de aquella época, el bohío de la vivienda tenía detrás patios con árboles y amplios corrales para algún ganado y animales domésticos cercando los linderos con tunas y palizadas; por tanto eran grandes. Una superficie aproximada se deduce de los cuatro solares de Alonso Yndio[4] mencionados anteriormente y que se tomaron para la nueva plaza.

Con Bartolomé Sánchez, empiezan las discordias entre los gobernadores y maestros ingenieros que vinieron de España a levantar el Castillo de la Fuerza. Por ellas antes de terminar el segundo año, Sánchez recibió órdenes de encargar la construcción de la obra a Masariego y volver a España. Pero por muy mandón que era, y a pesar de los conocimientos de que alardeaba el gobernador tuvo que pedir el envío de otro ingeniero *más cuerdo* y para suerte de La Habana este nombramiento recayó en Francisco de Calona, que fue recomendado al Consejo de Indias por el maestro mayor de la Catedral de Sevilla.

En Junio de 1562 desembarcaba en la Habana Francisco de Calona con dos oficiales de cantería para dirigir las obras de la primera y más notable de las construcciones que hizo España en esta villa en el siglo XVI. Este Castillo de la Fuerza venía a ser una huella indeleble dejada en estas tierras de aquel grande imperio español. Más de veinte años trabajará Calona en la erección de esta fortaleza que marca el período de la sillería y el empleo de las primeras bóvedas de piedra en las construcciones de la villa.

Con Sánchez se inicia y tiene por continuador a Calona durante su larga y genial vida, la Escuela de maestros Canteros que enseñarán a labrar y a asentar la piedra a sus descendientes y de ellos algo aprenderán los mestizos y los negros esclavos; naturalmente Calona y sus oficiales tuvieron que hacer casas para vivir en la villa y ciertamente por ser estas casas del arquitecto y sus auxiliares serían bien distintas de los primitivos bohíos.

El nuevo castillo se hizo de piedra con los adelantos y mejoras introducidos en las fortificaciones militares de aquel tiempo, que no poseía la llamada Fuerza Vieja; teniendo cuatro *caballeros* o sean esquinas con ángulos agudos de sillería sobresaliendo de la muralla que cerraba el cuadro de las cortinas de la muralla eran de *mampostería labrada de piedras crecidas*, el interior estaba cubierto con bóvedas de cañón seguido y lo rodeaba un foso con la entrada por un puente levadizo.

Irene A. Wright, la historiadora norteamericana que ya citamos, ofrece la más acabada relación del proceso constructivo de las fortalezas que se erigieron en La Habana en el siglo XVI, y también el Dr. Emilio Roig de Leuchsenring completa la Historia de La Habana de ese siglo, en el libro-prólogo de la publicación de las *Actas Capitulares*. Estas dos fuentes nos han permitido, aislar aquellos hechos principales y las causas que los produjeron para seguir la evolución de la villa en ese tiempo.

Estos años del siglo XVI, marcan en Europa la floración de uno de los cambios artísticos e intelectuales y hasta de las costumbres que más trascendencia ha tenido en la historia de la humanidad. Son los años del Renacimiento y de esa gran corriente de ideas que aun refleja algo en las iglesias y conventos de la ciudad de Santo Domingo de Guzmán, sólo llegará una gota a esta pobre aldea de San Cristóbal, en el monumento más antiguo que en ella se conoce y que data de 1557, el cual se ha conservado hasta nuestros días; es la lápida que se incrustó ha poco en los muros interiores del patio del Ayuntamiento y que recuerda el trágico accidente en que perdió la vida por un casual disparo de arcabuz doña María de Cepero. (Figura 5.5 p. 296) Esta pequeña obra bien pudo haber sido hecha en La Habana, ya que por un estudio analítico nos encontramos que su autor por los conocimientos que tenía de arte religioso, arquitectura y escultura, debió ser un platero y en La Habana de aquel tiempo había un platero. La obra en sí, semeja la puertecita de un sagrario enmarcada por un orden dórico de cuatro columnitas sosteniendo el entablamento con un frontón. Las proporciones de estos elementos son las mismas que se empleaban en esas partes de los altares y aun en otros muebles de la época; pero, lo bien colocada que se encuentra la cabecita del ángel con sus dos alas en el tímpano, todo esto nos revela preciosismo y minuciosidad, cualidades éstas que poseían entonces los plateros que hasta se dedicaban a veces a trabajos de arquitectura. De no acreditársele al platero, serían Bartolomé Sánchez o sus oficiales sus autores, o hasta el propio Francisco de Calona. Fuera ellos nadie podía haber ejecutado en aquella Habana dicho monumento.

Un período de progreso y crecimiento de la Villa a causa del mayor tránsito marítimo, tiene lugar en las tres últimas décadas de este siglo. Desde 1550 comienza a preocuparse el Cabildo por un mejor y más cómodo abastecimiento de agua y proyectan traerla de la Chorrera. En 1566, Francisco de Calona, el maestro mayor del Castillo de la Fuerza, a petición del Cabildo, presenta un informe junto con dos oficiales de cantería para resolver este problema. En las *Actas Capitulares,* Cabildo de 17 de agosto de 1566, que ya citamos, están los tres estudios que se basan en la nivelación de los terrenos colindantes desde el punto que se escogió junto al río hasta el interior de la villa.

Calona fue el que más acertado estuvo en la solución de aquel problema de hidráulica, prescindiendo de las otras opiniones que querían aprovechar una laguna cercana para economizar trabajos. Después de conocerse el presupuesto aproximado de dicho proyecto y acordarse las sisas o impuestos más los donativos y otros recursos que aportaron los vecinos, se comenzaron las obras. Cerca de treinta años, trabajándose alternativamente por las penurias y falta de recursos, se emplearán en ejecución de aquel primer y precario acueducto a cielo abierto, el cual finalmente sería resuelto y terminado por otro hombre genial de los pocos que vinieron a esta villa durante el siglo XVI, que fue el ingeniero italiano Juan Bautista Antonelli.

La Habana sirvió también de base para las expediciones y conquistas que hizo el adelantado Pedro Menéndez de Aviles que fué Gobernador de Cuba en 1569; y las fundaciones que realizó de nuevas poblaciones españolas en la Florida retardarían el progreso de esta villa. Una prueba de esto la tenemos en las *Actas Capitulares* Cabildo de 24 de octubre de 1571, cuando Gerónimo de Avellaneda, sobrino de Juan de Rojas que cumplía el legado de su tío, terminando las obras de la Iglesia Parroquial, suplicaba al Cabildo que impidiese partir para la Florida con el adelantado al carpintero Andrés Azaro, que le contrató las obras del techo para cubrir la iglesia, *la cual ya se la tenía pagada en su mayor parte y las maderas se encontraban labradas a su voluntad.* El Cabildo prohibió la partida de Azaro y la Iglesia Parroquial se terminó con su cubierta de madera y tejas.

De 1574 son las Ordenanzas del célebre Oidor de la Audiencia de Santo Domingo, Alonso de Cáceres, y nada retrata tanto esta época y sus costumbres como lo que allí nos dice el sincero Oidor. El Dr. Francisco Carrera Justiz, que las publicó en su valiosa obra sobre *Las Instituciones Locales de Cuba,* las comenta desde el punto de vista legal; pero sin estar agotado su análisis aún darán pauta para sucesivos trabajos. En lo que respecta al progreso y ornato urbano y a las alineaciones y medidas de los solares que mercedaba el Cabildo, resultan muy simples, ya que sólo tratan esas materias en los preceptos numerados del 63 al 69, los cuales reproducimos al final. No podían ser más extensas ya que el propio Oidor, como dijimos en páginas anteriores, alegaba la imperativa causal de la pobreza; este proyecto de Ordenanzas del doctor Cáceres tardará sesenta y seis años en aprobarse por la Corona y ponerse en vigor.

La vida privada y el atraso de la vida pública, y los crímenes corrientes contra esclavos e indios así como las prohibiciones de torturas, etc., con las sanciones consiguientes allí quedaron; estas Ordenanzas marcan un paso de avance y un mayor espíritu de justicia—si se puede llamar justicia a lo que imperaba en aquella primitiva sociedad casi feudal—, y están impregnadas aunque veladamente del sentido Criticista que señaló en el comienzo de la Colonización en un notable estudio el Dr. J. M. Chacón y Calvo.

El profesor Carrera Justiz, nos dice que: En resumen la obra del Oidor Cáceres es un monumento legislativo muy superior a la época en que se producía y dió forma a múltiples resoluciones dispersas, ofreciendo a los ayuntamientos cubanos, no sólo una organización política perfectamente adecuada, entonces, a las funciones de su ramo, sino además, base cierta de criterio en el desenvolvimiento de sus actividades.

En la Ordenanza No. 66, el Oidor Cáceres dispone que pueden recobrarse solares para construir edificios en la población, de aquellos terrenos que se habían mercedado por el Cabildo para fines agrícolas, o séase el paso de la evolución rural a la urbana frente a la expansión y el aumento de vecinos que experimentaba en esa fecha la villa y les instaba a construir en calles rectas casas bien hechas en vez de *bujíos* y termina dándonos una visión de la ciudad cuando nos informa *que las casas son la mitad de tapia y el techo de bujío.*

En octubre de 1577, se empezó a construir el mejor edificio civil que se había levantado en la villa en terrenos al lado del muelle, dominando la entrada de la bahía, con destino a la Aduana. Fue una orden del rey dada el año anterior que la cumplimentaron el gobernador y sus oficiales, aprobándose plano para un edificio de 70 pies y de dos pisos; la planta baja estaba destinada a almacén y oficinas con un zaguán y la planta alta se utilizaría como residencia. Las obras se hicieron por contrata ajustándose la carpintería y la albañilería; creemos que Calona y sus oficiales debieron ejecutarla.

También el gobernador Carreño que tenía su residencia en un bohío, el cual estaba frente al nuevo castillo, deseando cambiar y mejorar su vivienda, proyectó la construcción de un piso cubierto de terrado, o séase una casa sobre la propia fortaleza, y empezó las obras diligentemente. Irené A. Wright nos dice *que el gobernador Carreño deseaba destruir este bohío con otros que habían sido expropiados veinte años antes, para que la Plaza de Armas quede formada y hecha como conviene estar.*

En el 1574, viene a establecerse la Orden de los Franciscanos y en el Cabildo de septiembre 3, *fray Francisco Jiménez, persona a cuyo cargo estaba la fundación y fábrica de dicho monasterio, en los solares que ya ellos tenían concedidos, pidió que le nombrasen un mayordomo para el cobro de las limosnas de la villa y de los vecinos que se destinarían a la obra;* y el Cabildo le advierte a fray Jiménez, *que dentro de quince días comience el edi-*

ficio con cargo que si no lo comenzare o prosiguiere dentro de este término sea obligado a volver las limosnas a las personas de quien las hubiese cobrado.

En el 1578, o sea cuatro años más tarde, viene igualmente la Orden de los Dominicos que ocuparán para su iglesia y convento otro de los mejores lugares de aquella pobre aldea al fondo de la Parroquial. Con la llegada de estas dos Ordenes religiosas de los Mendicantes del *Poverello* de Asís y la de los Predicadores de Santo Domingo de Guzmán, y el establecimiento de sus iglesias y conventos, creemos que se abrió un nuevo proceso histórico en la Ciudadela Militar que era La Habana de aquel entonces, o por lo menos marcan una fecha muy importante.

Es una nueva fuerza espiritual y una valiosa corriente de ideas que viene a través de aquellos hombres cuya preparación dista mucho de la de los soldadotes, marineros, campesinos, criadores de yeguas, vacas y cochinos que juntos con los taberneros y posaderos eran casi la totalidad de los habitantes de aquel poblado, más la gente de tránsito que eran de lo peor. Exceptuando las expediciones de Sánchez y Calona y las que llegan después con el Maestre de Campo Juan de Tejeda y el Ingeniero italiano Bautista Antonelli y alguno que otro obispo y gobernador, los demás hombres que la Corona manda para gobernar esta ínsula, parece que no han visto ciudades, ni los alcáceres reales, ni las iglesias y conventos ni las obras de arte con que se llenaba España. Cierto que la pobreza o la perenne rapiña y la explotación de esclavos, y el temor a la piratería dominaban la vida de la ciudad, pero las faltas de iniciativa y preparación, impedían y retrasaban el desarrollo de la ciudad. Prueba de esta falta de iniciativa la encontramos al considerar las casas en que viven los gobernadores; desde Masariego que habitó en una casa de tablas con techos de guano, hasta el gobernador Carreño que quiere dejar el bohío para mudarse al piso alto que construyó en el Castillo de la Fuerza, el panorama es el mismo, y sin embargo han transcurrido dos décadas.

Estas dos Ordenes Religiosas que actuaron dos siglos antes contribuyendo en mucho al gran movimiento de ideas que fue el Renacimiento italiano, ya que se mostraron igualmente resueltas a emplear las artes como medio de enseñanza y moralización, ¿cómo no iban a ejercer en *La Española* en los primeros años del descubrimiento —como lo señala muy bien el Dr. Chacón y Calvo—, el sentido Criticista de la colonización y su mayor responsabilidad? Los Dominicos en la época del *Giotto* le pedían a los pintores composiciones pero con un fondo enciclopédico y sabio; los Franciscanos exigían escenas emotivas simples y familiares, todo lo cual ayudó a los artistas a romper con los formalismos del arte medioeval y prepararon la imaginación del pueblo para el cambio de las ideas que culminarían años más tarde.

Y si esto hicieron en los comienzos del Renacimiento y después en La Española, ¿cómo su llegada a esta villa de La Habana, no va a marcar una fecha importante o un período histórico? Eran los discípulos de Francisco de Asís, *cuya fe profunda no quitaba nada a la libertad del espíritu y del corazón*, eran Congregaciones entrenadas en el amor al prójimo, a la naturaleza y a todo lo creado, que se iban a encontrar con una sociedad y con un medio ambiente feudal sumamente atrasado. Este medio ambiente nos los pinta el sincero Oidor Alonso de Cáceres con mano maestra cuando en la Ordenanza No. 61 nos dice:

> *Porque hay muchos que tratan con gran crueldad a sus esclavos, azotándolos con gran crueldad y mechándolos con diferentes especies de resinas y los asan y hacen otras crueldades de que mueren, y quedan tan castigados y amedrentados que se vienen a matar ellos, y a echarse a la mar, o a huir o alzarse y con decir que mató a su esclavo no se procede contra ellos; que el que tales crueldades y excesivos castigo hiciere a su esclavo, la justicia lo compela a que lo venda el tal esclavo y le castigue con forma al exceso que en ello hubiere fecho.*[5]

El sitio escogido por los Franciscanos cerca del mar hacia el Sur de la ciudad, y que comprendía los solares que les mercedó el Cabildo más otra extensión de terreno que ellos compraron pensando que los necesitaban para la iglesia y convento, venía a cerrar el segundo de los grandes espacios abiertos o plazas de la ciudad. Este convento cuya construcción duraría siglo y medio iba a influir poderosamente en el desarrollo de La Habana tanto en lo material o séase en sus fábricas, como en lo espiritual y en la educación pública y mejoramiento de las costumbres.

A fines de 1584 el gobernador decía: *Tienen las paredes de la iglesia en buen estado*. El maestro mayor del Castillo de la Fuerza debió colaborar en su construcción y las hermosas bóvedas del primer claustro si no fueron hechas por Calona, seguramente pertenecen a la Escuela de Maestros Canteros que él formó en La Habana.

La primitiva iglesia de los Franciscanos no tenía torre, como tampoco la tuvo la primera iglesia de los Dominicos; la primera torre que se proyectó en la villa y que fue dibujada por Calona a petición del obispo era para la Iglesia Parroquial, pero la falta de recursos impidió construirla.

El convento de los Dominicos se situó en otro de los mejores lugares de la villa aunque al Principio en 1579 sólo tenían su *iglesia de paja y casa*, igualmente la reconstruirán y mejorarán en las siguientes décadas y en el otro siglo, pero más prácticos o con menos recursos, no cubrirán con bóvedas su nueva iglesia sino que empleando los carpinteros de barcos que trajo Texeda, casi harán barcos a la inversa en las bellas techumbres o composiciones de pares y nudillos sosteniendo el harnuelo y las llaves pareadas sobre ménsulas, dándoles a las piezas de madera una decoración geométrica grabada al fuego y estos carpinteros y sus descendientes crearán escuela en las techumbres de La Habana, característica ésta que pasará al estilo constructivo que aquí se formó. Por su labor de prédica y enseñanza los Dominicos influyeron en el progreso de la villa y fundaron aquí en el siglo XVIII, la primera Universidad Pontificia.

Pedro Menéndez había tratado de establecer una escuela de Jesuitas en La Habana, parece que para ello, nos dice Irene A. Wright, con fecha 11 de febrero de 1569 el Cabildo expropió ciertos solares para ese establecimiento *donde sean doctrinados los hijos de vecinos de toda la Isla y de otras cualquier parte que quisiesen venir a aquí mismo para los hijos de caciques y otros... y indios de la Florida que ocurrieren donde sean de leer y enseñar todas las ciencias y artes. Estaban estos solares junto donde los indios de Campeche tienen sus casas. A fines de 1577, poseían los jesuitas también su casa de paja donde hasta ahora han estado dos de misa y dos legos.*

En lo que respecta a la enseñanza sólo tenemos noticias de la labor que hicieron las Ordenes Religiosas, sin embargo, al final del siglo XVI, en una relación de vecinos con sus profesiones aparece un solo maestro.

El Morro y La Punta

El temor al creciente poderío naval inglés en el mil quinientos ochenta y siete, obligó a Felipe II a cambiar su política y a fortificar sus posesiones de las Indias ante el peligro de perderlas. Era necesario proteger debidamente las Armadas con la remesa de oro y plata que venían del continente y que se reunían en La Habana; por esta razón envió en viaje de estudio al Maestre de Campo Juan de Texeda acompañado del ingeniero militar Juan Bautista Antonelli, para que mejoraran las defensas de los diversos puertos con el objeto de que se bastasen ellos mismos.

Y fue así, como se decidió la construcción del Castillo de los Tres Reyes sobre el Morro y el otro más pequeño de San Salvador de la Punta, que convirtieron a la que ya era *baluarte de las Indias y llave* en una verdadera Ciudadela Militar.

A su regreso de España, el Maestre de Campo Texeda y el ingeniero Antonelli que traían los planos para las dos fortalezas, vinieron acompañados con un aparejador de cantería, doce oficiales canteros, dieciocho albañiles, carpinteros, herreros y un fundidor de metales pues ya se interesaban en aprovechar el cobre que aquí existía.

Los planos magistrales de Antonelli que se discutieron y aprobaron en España, se reproducen por la Sra. Irene A. Wright, en su documentada obra que ya citamos.

Después de un viaje lleno de accidentes, Texeda, con su expedición de soldados y cincuenta artesanos con sus familias llegaba a La Habana y fue recibido por el Cabildo como gobernador en marzo de 1589. La Corona había decidido nombrarlo en sustitución de Luján, subordinándole todos los alcaides. De esta manera, se terminaban por poco tiempo, los choques y rivalidades entre el poder civil y el poder militar que habían detenido el progreso de la villa.

En noviembre de 1589, asentaba Antonelli las piedras maestras del Fuerte de los Tres Reyes y en el 1591, comunicaba Texeda que el Morro *está todo en defensa por la parte de tierra.* También ya se había hecho la cadena con bloques de madera que cerraban la boca del puerto. Dos años más tarde, el Maestre de Campo había puesto en buenas condiciones el Castillo de la Punta y construido una trinchera que desde el castillo llegaba hasta el monte.

Durante su período de gobierno, Texeda al igual que sus antecesores que levantaron el Castillo de la Fuerza cruzó por las mismas penurias, falta de dinero para pagar jornales, y mantener a los esclavos e inclusive, falta de esclavos para el agotador trabajo que representaban aquellas nuevas fortificaciones; pero las actividades del Maestre de Campo, se completaban además con la construcción de buques, aprovechando las espléndidas maderas de Cuba, y pudo lanzar al agua siete u ocho barcos que por su ligereza llamaron la atención.

Aun aquel carácter emprendedor iba a realizar el más fuerte anhelo, que desde el 1550, preocupaba a La Habana y que era el de la traída de aguas desde la Chorrera; con la colaboración del ingeniero Antonelli, que fue quien solucionó las dificultades técnicas que impedían terminar la obra. Texeda en 1591 le aseguraba al rey *que ese año tomarían agua las flotas sin salir de la villa*, y que habría agua bastante para dar fuerza motriz a lo largo de la zanja y al mismo tiempo proveer la ciudad con un lavadero público y un pilón, no faltándole el agua al Castillo de la Fuerza ni al de la Punta. La villa además tuvo que construir una fundición para hacer cañones y cuarteles para alojar a las numerosas tropas que la Corona había destinado como guarniciones de las fortalezas.

En el 1597, se introdujo en Cuba el cultivo de la caña de azúcar y en las orillas de la Zanja Real, no tardaron en levantarse los primeros ingenios y hasta una sierra que abasteció de madera las nuevas casas y conventos, en construcción, de la ciudad. También desde la época del gobierno de Luján uno de sus oficiales, Sardo de Arana, había fomentado un tejar pues al igual que abundaban las maderas y las piedras de excelentes calidad, también esta tierra era rica en arcilla.

La vida nada regalada que aquí llevaba el Maestre de Campo, toda llena de privaciones más las fiebres y enfermedades y el implacable sol del trópico, sumado a las grandes dificultades que por falta del envío de dinero le ocasionaba la Corona, le hicieron desear en mucho volver a España, y en el 1592, venía don Juan Maldonado como gobernador, a sustituir a Texeda.

Maldonado continuó con ahinco las obras del Morro y las de la Punta pero tuvo que recurrir a varias arbitrariedades—como préstamos y sisas o impuestos sobre el vino que las ochenta tabernas que tenía la ciudad le pagaron, para reunir algún dinero con que continuar las obras, ya que los oficiales y canteros se negaron a seguir trabajando en vista de lo mucho que se les adeudaba. Calona que aún vivía con su numerosa familia y hasta el mismo Antonelli, habían tenido que solicitar tierras del Cabildo y emplearse como hortelanos para poder subsistir.

El Morro, obra maestra de las fortificaciones que levantaron los españoles en América, por su situación privilegiada sobre aquel promontorio rocoso que le servía de base, con sus baluartes, sus fosos y su ciudadela interna con la Plaza de Armas, cuarteles para la tropa, iglesia, depósitos y algibes se terminaría en el 1597 y vendría a ser el monumento militar que más caracterizaría *por se* a la ciudad del futuro. Sus problemas constructivos de muros y bastiones y los espacios abovedados que allí se cubrieron marcarían un avance más en el progreso de la villa.

Como recompensa del valor mostrado frente a los enemigos de su Católica Majestad, la Corona, en 1592 concedía a la villa en una Real Cédula el Título de Ciudad, confiriéndole su Escudo donde la heráldica situó estilizados los Tres Castillos que la defendían y una llave ya que la propia Universidad de Maestros Pilotos y dueños de navíos de Sevilla, había informado en años anteriores que La Habana era la primera escala y la llave antemural de las Indias.

Dos grandes tormentas tropicales o ciclones han dejado su constancia en la historia; uno en 1588, destruyó las cosechas, arruinó los ganados y casi acabó con las débiles viviendas de madera y embarrado de aquella pobre aldea, y produjo un estado de hambre y de penuria tal, que no habiendo con que mantener a los vecinos aumentados por las gentes de las escuadras que estaban en puerto, se vieron en la obligación de enviar propios y expediciones para traer bastimentos, harina y casabe de otras villas de la Isla y también de Méjico y Santo Domingo. El otro ciclón es el del 29 y 30 de agosto de 1595, *y hubo grandísima tormenta de mar viento que hizo grandísimo daño en las casas y estancias de la ciudad y particularmente en el Fuerte de la Punta por haber salido la mar de su límite y echado los navíos al monte.*

Esta tormenta derribó los muros y terraplenes del Fuerte de la Punta, que el gobernador Maldonado, reconstruyó diligentemente con nuevas trincheras auxiliado por el ingeniero Cristóbal de Roda, el cual modificó un poco la planta del castillo. Roda, que era sobrino de Antonelli fue traído por éste para que le auxiliara en la construcción de las grandes obras de defensa del puerto que se le habían encomendado.

Existe un informe a la Corona de ese tiempo, que aparece suscrito por el maestro mayor de las fábricas de la ciudad, Francisco de Calona, por Esteban Gutiérrez Navarrete, alarife de esta ciudad; Juan de la Torre, aparejador de las fábricas del rey Nuestro Señor en esta ciudad; Cristóbal de Roda, ingeniero del Rey Nuestro Señor; Gregorio López, vecino; y Manuel Pérez, cantero y vecino de la misma; éstos son los hombres que tienen a su cargo las principales edificaciones que se ejecutaban, trazan las calles y plazas y mejoran las alineaciones de las mismas cuando se mercedaban los solares, rectificando viejos errores e irregularidades y se preocupan de todos los problemas de ornato de aquella incipiente villa. Se puede decir que son ellos los que le dieron un poco la apariencia de ciudad a la Ciudadela Militar, que había resistido fuertemente todas las vicisitudes y la pobreza porque pasó durante el siglo XVI. Aún en el 1582, el gobernador escribía a la Corona alarmado por la gente de mal vivir que había llegado y recomendó: *que no conviene se tenga presidio en esta villa.*

¿Cómo ha podido resistir durante el siglo XVI, esta pequeña célula urbana los saqueos, el incendio y las depredaciones causadas por los piratas, más los daños que le produjeron las tormentas tropicales, y el abastecimiento y ayuda a las expediciones que por aquí pasaron o que de aquí partieron, más el avituallamiento continuo de los centenares de barcos que en los últimos años del siglo en ella recalaron? A esto responderemos, que fué la excelencia de su situación geográfica, lo que hizo el milagro, la estación obligada de la ya conocida ruta marítima, ruta por donde recibió La Habana fuertes influencias, nuevos impulsos y nuevas ideas, porque del interior o sea del resto de la isla nada más que los beneficios materiales de su pródiga y feraz naturaleza le llegaron.

Dijimos anteriormente que el siglo XVI, había sido el del Escudo con la Real Cédula de Ciudad y también el siglo de la pobreza, de la naciente sociedad de agricultores, ganaderos, militares y religiosos, apoyándose sobre la doble esclavitud india y africana, ya que esta última comienza desde los albores de la conquista en el 1505, pero lo que va a caracterizarlo en sus finales dejando en ella otra huella indeleble es el establecimiento en el 1597 de los primeros cultivos de la caña de azúcar que importada de las islas Canarias, se estableció en las inmediaciones de la ciudad.

Un dato histórico nos dice que en el año de 1574 entraron ciento sesenta buques de España y ciento quince de la América española, esto nos da un aproximado de las actividades de su puerto. En el 1598 la población contaba con ochocientos familias o sean cuatro mil habitantes. En el 1599 se fundaba en La Habana la Capilla de la Santa Vera Cruz y en España moría Felipe II.

Bien mirado La Habana debió tener en su escudo algún bajel o algún atributo que indicara cuanto le debe al tránsito o cruzamiento de su ruta marítima puesto que la llave, con su simbolismo un poco extraño y habiéndose perdido el dominio de lo que ella guardaba, se nos ocurre que va a representar vuelta a un lado o a otro, el paso alternativo de la miseria a la riqueza con el cierre o abertura de los canales de la abundacia.

Análisis de la descripción y planta de la ciudad de La Habana, por Cristóbal de Roda en el 1603[1] (Figura 3.2)

Al estudiar la ilustración que nos da la señora Irene A. Wright,[7] en su valiosa obra sobre la "Historia documentada de San Cristóbal de La Habana en el siglo XVI", nos encontramos con la reproducción de un documento cuya autenticidad parece fuera de toda duda, aunque es un plano pintoresco más que exacto de los que se ejecutan en aquella fecha.

Cristóbal de Roda, el autor, figuró como ingeniero auxiliar, en las construcciones de los Castillos de los Tres Reyes en el Morro y el de San Salvador de la Punta, cuya planta modificó. Era sobrino del ingeniero Juan Bautista Antonelli, quien lo trajo de España para que lo ayudara en las grandes obras proyectadas para la defensa de este puerto, que el rey le había encomendado. Roda por tanto trabajó en dichas fábricas, e intervino como sus antecesores en la serie ininterrumpida de discusiones y rozamientos entre los ingenieros y gobernadores; inclusive estuvo en la cárcel de la villa por un hecho delictuoso, lo que nó fué nada a su favor.

En el 1596 Roda consiguió que le aumentarán su paga a 800 ducados anuales y más tarde se le dio casa gratis; por tanto fue un testigo presencial de la época y el plano pintoresco o mejor la pintura de aquella Habana del Siglo XVI, que nos legó, es el documento gráfico más interesante que de esa fecha hemos visto.

Estas pinturas donde el autor dejaba la impresión aproximada de lo que tenía a la vista, se completaban con leyendas o distintas frases que aclaraban el dibujo; el trabajo de Roda que analizamos, tiene además numerosas pruebas y coincidencias con lo que realmente existió en aquel tiempo en La Habana. Decimos esto, porque de otras ciudades de América y justamente de este siglo, se publicaron planos o pinturas hechas por artistas europeos que reproducían diferentes narraciones, pero que nunca sus autores habían estado en estas tierras, y no tenían más valor que el consiguiente imaginativo.

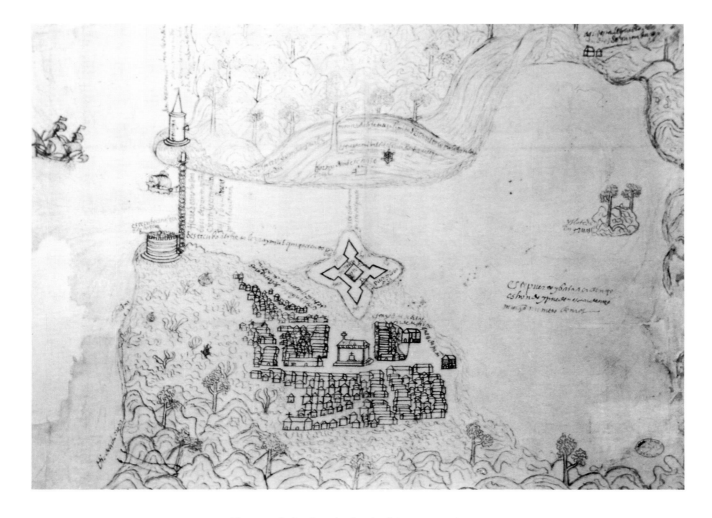

Figura 3.2. Ciudad y bahía, La Habana

El plano de Roda es convencional, no es una planta en el sentido técnico o exacto, como otras ilustraciones que nos da también en su obra la señora Wright. (Figura 3.2)

Pero lo primero que se observa en él y lo que más se destaca es la planta que aquí se da en *geometral* del Castillo de la Fuerza, con su patio, su foso, y el puente de entrada, que está dominando por decirlo así toda la composición de la ciudad; en su espalda y casi normal a un eje Este Oeste que atraviesa por sus vértices dos *caballeros* se encuentra la plaza principal con la iglesia la cual tiene su frente y entrada al Norte.

Una gran simplicidad ofrece en el dibujo la vista de la iglesia, con una puerta lateral, su techumbre a cuatro aguas y una cruz como remate sin más campanario ni espadaña. Los demás elementos de la ciudad y hasta los detalles de los montes aledaños no están reproducidos en geometral, sino en una aproximada perspectiva.

La plaza principal tiene alineados en sus dos frentes laterales las mejores casas de la ciudad que aparentemente son de cubiertas de madera, con techos de tejas o guano; detrás de la Parroquial y paralela a ella se encuentra la primera calle Real de la villa. También da a ella y se identifica fácilmente el Hospital viejo o simple construcción de dos salas y una capilla. La calle Real es la más ancha y más larga de todas llegando hasta el segundo gran espacio abierto frente al mar donde se formó la llamada Plaza de San Francisco.

Hay otra calle más pequeña cerca del Castillo de la Fuerza paralela a la calle Real que desemboca en la plaza que tal vez engendró después la que se llamó calle de Tacón; al lado izquierdo de esta plaza, con un trazado irregular, condicional ésta que domina bastan-

137

te en La Habana de todo este siglo, se ve la que pudo haber sido salida de la Ciénaga, desde la calle del Sumidero, el arroyo de este nombre que no lo marca.

En sentido longitudinal aparece una primera calle que partiendo de las cercanías de la iglesia va hasta el campo o al límite de la parte urbana. Encuadran la Plaza de San Francisco, el mejor edificio civil que fue la Aduana y la iglesia anexa al monasterio; en su frente están los muelles o desembarcaderos naturales del puerto.

Aún se encuentran dos calles irregulares más, una en sentido transversal que conduce a una ermita junto a la cual después se estableció el hospital nuevo, que estaba donde hoy existe el Parque de San Juan de Dios; la otra es un camino irregular. Es la salida a la caleta atravesando dos grupos de bohíos donde viven los negros esclavos de su majestad, empleados en las construcciones de las fortalezas, que también trabajaron en los conventos, y que una leyenda escrita le da a conocer.

Dentro de esta pintura que representa una etapa de la infancia histórica de La Habana, como ya dijimos antes domina la irregularidad, no es un dibujo exacto como los planos de las ciudades en los siglos XVIII y XIX, sino que es una interpretación aproximada y pintoresca pero que por ser la única existente y hecha por un testigo presencial toma toda su importancia y su valor.

Frente al Castillo de la Fuerza, de la otra banda de la bahía, una leyenda aclara que allí se encontraban las canteras de donde se extraían las piedras empleadas en las fortificaciones y que también existía un horno para hacer cal, detrás está el cerro que después se llamó de la Cabaña.

Sobre el Morro, no coloca Roda el Castillo de los Tres Reyes donde él trabajó y que ya estaba comenzado en esa fecha, sino que sitúa una atalaya con una cubierta puntiaguda que allí existía desde la época de Masariego, destinada a guarecer los que velaban en la boca del puerto.

En la Punta se ve dibujada otra construcción circular o fortín que el autor recomienda en una leyenda, que se debe hacer, para la defensa y la dota en su dibujo con unos cañones primitivos; igualmente en el 1603, ya estaba construido el Castillo de la Punta. Tal vez Roda, hizo su planta antes de que se realizaran esos trabajos.

Con un dibujo pleno de ingenuidad marca la cadena que parece de hierro que cerraba la boca del puerto y da la medida de ciento sesenta brazas o sea el ancho que tiene de punta a punta; después al interior, reproduce el Bajo de la Grúa con su vegetación inclusive e indica en la otra banda con unos bohíos y una leyenda donde se estableció el pueblo de Indios de Guanabacoa.

Finalmente, arbolado con algunos espécimens y la interpretación gráfica de los montes y accidentes naturales que encerraban la ciudad, llegando hasta señalar la vegetación especial de la playa, y de la caleta completan el dibujo o la pintura que de La Habana nos dejó Roda. El río de la Chorrera, lo ha situado tan cerca, con una simple inscripción y dos rayas, que parece que no quiso dejar de mencionarlo en su trabajo el autor, aunque está fuera de su sitio y sin dibujar.

Análisis del Plano de La Habana en 1604 que reproduce don José María de la Torre

En la historia sobre *La Habana Antigua y Moderna* de don José María de la Torre, se encuentra al final un mapa ilustrativo con un gran plano de La Habana durante los siglos XVIII y XIX conteniendo además una serie de pequeños planos o mejor croquis de la villa en los siglos anteriores; el autor de la obra nos dice que fueron ejecutados por él.

Uno de ellos que tiene fecha de 1604, nos interesa al objeto de nuestro estudio, por que es una visión más de La Habana del siglo XVI. La Torre no nos dice de quien reprodujo o tomó este plano, aunque en el prólogo agrega que por conducto de su tío don Antonio María de la Torre y de Cárdenas, que fue Secretario por espacio de veinte años del Gobierno Superior Civil de esta Isla (y comisionado en 1819 para la delineación de la vasta parte no poblada de extramuros), estaba en posesión de noticias y tradiciones sobre La Habana, tal vez inasequibles para otros.

El plano que vamos a analizar, parece reproducción de algún otro que es bien de la época, en él, se destaca el Castillo de la Fuerza, el de San Salvador de la Punta y está empezado el del Morro; también en un plano convencional más que exacto, pues ofrece caracteres de pintura por tener las plantas de los castillos en *geometral* y las fábricas y viviendas de la ciudad dando a calles y plazas en una aproximada perspectiva, por tanto coincide en esto con el plano de Roda casi de la misma fecha que estudiamos anteriormente.

Ahora bien, difiere del de Roda, en cuanto a que la plaza de la iglesia se encuentra ligeramente corrida hacia el Norte y exceptuando unas construcciones al borde de la bahía, que bien pudo ser la fundición, todo lo demás a la izquierda de la Fuerza, está como campo o terreno yermo. Frente al Castillo, aparecen unas casas cerrando el espacio irregular de la plaza; al lado se ve otro espacio abierto circundado de casas formando la que ya era Plaza de Armas. La Parroquial no está en el lugar que ocupó, aunque el propio La Torre, en el plano del siglo XVIII, la sitúa donde estuvo.

Igualmente se ve bien una calle Real de Norte a Sur que partiendo de la Plaza de la Iglesia cruza frente a la otra Plaza de San Francisco y llega casi hasta el fondo de la bahía.

Componiéndose con esta aproximada transversal, hay otra calle en sentido longitudinal, que La Torre identifica como la que después fue Real de la Muralla, y que es la salida al campo y al monte.

La calle de las *redes* que fue después la del Inquisidor, se pudiera reconocer en el extremo Sur de la ciudad; La Habana en este plano, ocupa una mayor superficie que en el plano de Roda.

En una descripción de la villa en 1598, hecha por un criado del gobernador Juan Maldonado y que publica La Torre en su obra, se dice:

> *Esta población se está construyendo con mucha irregularidad. La calle Real (hoy de la Muralla), la de las Redes (hoy del Inquisidor), la del Sumidero (hoy de O'Reilly) y la el Basurero (hoy del Teniente Rey) es en donde se fabrican las habitaciones en línea, las demás están planteadas al capricho del propietario, cercadas o defendidas, sus frentes, fondos y costados, con una muralla doble de lunas bravas. Todas las casas de esta villa son de paja y tablas de cedro, y en su corral tienen sembrados árboles frutales, de que resulta una plaga insufrible de mosquitos más feroces que los de Castilla.*

En cuanto a las iglesias se identifica el Convento de San Francisco y otra ermita que pudiera estar en donde hoy existe el Parque de San Juan de Dios. Aunque en el plano hay letras y números, el autor no da en su libro más detalles ni aparecen leyendas escritas que aclaren algunos pormenores. Los números creemos que expresan la profundidad del puerto. El pueblo de indios de Guanabacoa en la otra banda de la bahía lo hace resaltar con unos bohíos.

Pero este plano tiene algo que le da carácter y que es lo que principalmente quiso expresar su autor, me refiero, a las dos trazas bien marcadas de la primera horizontal de la villa con la primera vertical, con su vértice de cruzamiento. Son como si dijéramos los ejes cartesianos que aproximadamente originarán las ordenadas y abcisas que vendrán después y es por esta cualidad que encontramos interesante en mucho el plano de 1604, que nos da don José María de la Torre.

Análisis del plano que reproduce el historiador Manuel Pérez Beato en su obra "Archivo de Indias ingenieros" siglos XVI, XVII y XVIII

En la valiosa obra que publicó el Dr. Pérez Beato sobre noticias extractadas por el capitán ingeniero don Benito León y Canales, del Archivo de Indias, y que completa con trabajos históricos bibliográficos de su propio archivo el citado doctor Pérez Beato, hay un plano cuyo título es el siguiente: *Descripción de la planta de la ciudad de La Habana por Cristóbal de Roda* en 1603. (Figura 3.7, p. 170)

Este plano, es el tercero de esa misma fecha que hemos encontrado y nos brinda interesantes detalles para el objeto de nuestro estudio. No está aclarado en la obra si el plano que mencionamos anteriormente es reproducción de un original de aquella época o si está construido con los detalles y narraciones más salientes tomados de las historias que con tanto interés y devoción el Dr. Pérez Beato divulgó y publicó. Pero lo primero que nos choca es la demasiada regularidad y el trazado rectilíneo de algunas calles que en esa fecha no lo eran.

Tampoco concuerda con los otros dos planos que hemos analizado, uno de ellos del propio Roda, del mismo año. La Fortaleza que se designa con el nombre de la Fuerza Vieja corresponde bien al Castillo de la Fuerza. (La Fuerza Vieja en aquella fecha ya no existía, tenía otra planta y estaba situada trescientos pasos más al Norte.) Pudiera ser un simple error de imprenta.

La Iglesia Parroquial tampoco concuerda con la posición que le dio el propio Roda en el primer plano que hemos analizado, ni con la posición que le da don José María de la Torre en sus planos; igualmente el hospital viejo creemos que no está en su sitio.

No está de acuerdo este plano con la descripción de la ciudad que nos dejó en 1598 el criado de Maldonado, tiene demasiadas calles rectas, el camino de la Caleta es muy *geométrico*, no parece en nada ser copia de un plano antiguo ya que hasta el borde de la bahía, incluyendo los muelles, ofrece un contorno poligonal.

En cambio, acertadamente sitúa el arroyo del Sumidero y la Ciénaga en donde estuvieron, y las dos Plazas la de Armas y la de San Francisco, están bastante aproximadas. Da también detalles sobre el sitio de la fundición, sobre los emplazamientos del hospital nuevo de la cárcel y el convento de Santo Domingo y marca las casas destinadas a cuarteles y la casa del gobernador, esta última en la Plaza de San Francisco.

El plano del Dr. Pérez Beato posee en sí, un loable esfuerzo por localizar las dos palizadas o cercas con sus puertas de entrada que en el siglo XVI, tuvo la ciudad; una de ellas del tiempo del gobernador Luján cuando La Habana se aprestó para la defensa contra la armada del pirata Drake que había tomado Santo Domingo y otras posesiones españolas.

Pero estas puertas y palizadas las encontramos muy bien en el dibujo y tal vez no correspondieran con lo que existió; de todas maneras, pudiera ser un estudio convencional aproximado y no exacto. Pensamos que el plano que reproduce el doctor Pérez Beato, puede ser más bien el de una Habana ya avanzado el siglo XVII y en la cual las irregularidades que tuvo en su trazado la calle de Mercaderes fueron olvidadas.

También se nos ofrecen dudas sobre el tamaño y extensión que ocupaba la ciudad de aquel entonces que ya tenía ochocientos familias y cuatro mil habitantes contando con los negros esclavos, la tropa fija y la gente de las galeras que vivían en la villa y en las fortalezas.

A pesar de estas consideraciones, un poco personales, los muchos años dedicados al estudio de estas materias y las obras escritas por el doctor Manuel Pérez Beato sobre la historia de La Habana le dan a este documento toda la autoridad de que está investido su autor, y estas dudas o posibles errores nuestros pronto serán aclarados.

Cuando se terminen de publicar las Actas Capitulares del siglo XVI, por el Historiador de la Ciudad Dr. Emilio Roig de Leuchsenring y aparezcan algunos planos más y otros papeles perdidos en el Archivo de Indias, se ampliarán los conocimientos sobre la villa de aquel entonces y se rectificarán dudas y errores.

Y con este último análisis terminamos nuestro somero ensayo sobre la evolución de La Habana del siglo XVI, que a nuestro modesto entender más que ciudad, fue una Ciudadela Militar. Los planos que estudiamos, nos hicieron conocer otros detalles y familiarizarnos un poco con el desenvolvimiento de la primitiva célula urbana. Las valiosas publicaciones históricas que citamos, nos ayudaron en mucho a seguir el proceso constructivo de la villa.

Con seguridad las dos trazas longitudinal y transversal que se destacan en el plano que nos dejó don José María de la Torre, y la Plaza de la Iglesia constituyeron el núcleo o primer signo de vida en el origen de aquel conglomerado rural. Estos serían después los primitivos ejes del desarrollo urbano. El cruzamiento sobre el Castillo de San Salvador de la Punta de otros dos ejes que partirían de la Fuerza y del Morro nos daría las líneas de influencias y la traza del poderío de la Ciudadela Militar.

Finalmente, a ambos lados de la Zanja Real, una de las obras más importante que se ejecutó en la ciudad en ese siglo, se crearon actividades que la energía de la corriente de agua movió y allí se establecieron los primeros ingenios para moler cañas y también una sierra de cortar maderas. La Zanja fue el primer eje de desenvolvimiento industrial. Antes de ella los constructores de castillos, los constructores de barcos y los fundidores dejaron la suma de sus esfuerzos en el progreso y avance de la villa.

La línea imaginaria que uniera los conventos de San Francisco y Santo Domingo y la Iglesia Mayor, sería el eje místico de aquella rudimentaria sociedad de agricultores, ganaderos y militares, que lo mismo se batían con los piratas, haciendo velas y guardias, que asaban o quemaban a un negro esclavo o hacían trabajar treinta horas seguidas a un indio o acudían a las misas a descargar sus conciencias y se disciplinaban públicamente en las calles, a la ocasión de las procesiones de Corpus o Semana Santa. El Cabildo de la ciudad prohibió que las mujeres fuesen junto con los hombres cuando éstos se disciplinaban en los cortejos religiosos.

Hemos pretendido en todo el estudio que antecede encontrar el impulso vital de aquella Habana del siglo XVI, o sea la serie de fuerzas espirituales que la movían, más las condiciones sociales y económicas que influyeron en su desarrollo así como los accidentes geográficos que la modelaron. Porque sobre el canevá irregular de sus calles, creció rectificándose La Habana del siglo XVII. En ésta por el número de conventos e iglesias que vió elevarse se formó a nuestro juicio una Ciudadela Religiosa cuyos baluartes fueron sus respectivas fábricas y el eje místico de influencia, la calle de la Amargura.

De las mutuas acciones y reacciones naturales de todas estas fuerzas más lo que por el mar le llegó, surgió La Habana del siglo XVIII, que ésta sí, nos parece vino a ser una verdadera ciudad.

Apendice: Ordenanzas de Alonso de Cáceres. La Habana, 1574 (Preceptos números 63 al 69)

63. Que ninguna persona pueda tomar sitio para casa, ni asiento en el campo para hatos de vacas, ni criadores de puercos, ni para estancia, ni para otra cosa alguna sin que

tenga primero licencia para ello, so pena de 200 ducados, la cuarta parte para el denunciador y juez que lo sentenciare, y las otras partes para el arca del Consejo de esta villa.

64. Que los sitios y solares para casas, y asientos para estancias y hatos de vacas, y yeguas, y criaderos de puerco y de otros cualquier ganado y grangerías, se pidan en el Cabildo de esta villa, y en los demás Cabildos de esta Isla, cada uno en su jurisdicción, como lo han dado y concedido siempre hasta aquí, y que el Cabildo siendo sin perjuicio público y de tercero pueda dar licencia para tales solares y sitios.

65. Que el que pidiere los tales solares y criaderos haya de señalar y señale el lugar donde vive y pide el tal solar y asiento señalando hasta donde ha de llegar el tal asiento por todas partes muy declarado, y especificadamente y así declarado, se mande en el Cabildo que dé información como el tal asiento que pide, es sin perjuicio de tercero ni público y que para dar la dicha información se citen todos los más cercanos, aunque se digan estén muy lejos para que digan y prueben lo contrario si quisieren: Y asimismo se cite el procurado, de la villa para que vea si es en perjuicio de la República o egidos o monterías comunes que sean necesarios y constando en esta forma ser sin perjuicio, es de licencia por el Cabildo, e si de otra manera se hiciere la dicha información e citaciones diere el dicho Cabildo la dicha licencia, que sea todo en sí ninguno y sin ningún valor, como si nunca se hubiera concebido.

66. Que para solares de casas, porque esta villa se aumente y se ennoblezca, se pueden dar a las personas que los pidieren, en cualquier parte no obstante que estén los tales lugares concedidos antes para estancias, pueblos y edificios de la República han de ser preferidos, y porque de esta manera esta villa no se podría aumentar porque para estancias hay muchos lugares en toda esta Isla, para quien quisiere labrar.

67. Y cuando se concediere algún solar, se le dé con condición que lo pueble dentro de seis meses y que si en los dichos seis meses no lo poblare y fuere edificado el tal sitio, se le pueda dar a otra persona que lo pida.

68. Que la persona o persona a quien se le concediere solar o sitio para cualquier ganado, esté obligado a lo poblar dentro del término, y que sin poblarlo no lo pueden vender ni traspasar a otra persona alguna, sino que lo pueblen o lo dejen para que el Cabildo le conceda a otra persona, que si lo vendiere o traspasare, que se pierda lo que así recibió por la venta y traspaso, con otro tanto, la cuarta parte para el denunciador y juez que lo sentenciare y las otras para el arca del Consejo y si graciosamente sin interés los traspasare, incurra en pena de treinta ducados aplicados en la dicha forma.

69. Que cuando los solares se concedieron en la forma dicha, para señalarlos esté presente un alcalde y un regidor que diputare el Cabildo, y un alarife para que vean que no se metan en las calles públicas, que procuren que vayan derechas y que edifiquen como mejor y más hermoso parezca el edificio; y que para señalar y amojonar los asientos de estancias y hatos, vaya una persona nombrada por el Cabildo, citando para ello los más cercanos primeros, seis días antes para que vayan o envíen a los ver amojonarlos.

NOTAS

La Habana del Siglo XVI y su admirable evaluación rural y urbana.

1. Desgraciadamente también se enseña la ciencia demoníaca de la destrucción de ciudades.
2. Las quejas, las fuertes protestas y acusaciones inclusive, con motivo del saqueo e incendio de la ciudad, de aquellos primeros vecinos contra el Gobernador y contra la Corona de España que los tenía abandonados influyó en la decisión de ésta de fortificar la villa.
3. Otra prueba de la pobreza la encontramos en las Actas Capitulares, Cabildo de 1560, donde se le pide

al Gobernador dé protección a cuatro o cinco personas de los primeros conquistadores y pobladores de esta Isla, *que son tan pobres* que ninguna cosa tienen y tan viejos y enfermos que no lo pueden ganar, que morirían de hambre si los indios de esa tierra no lo sustentasen por amor de Dios, porque los españoles que en ella residen no la tienen para sí los más de ellos.

Esto último nos parece un poco increíble ya que siempre se comerció con los *bastimentos*; ahora bien, lo que si estamos seguros es que estas cuatro o cinco personas no fueron parientes de Velázquez ni de sus socios que aquí quedaron.

4. Estos indios con nombres y apellidos españoles que tenían solares en la calle Real y dando a la plaza y que cita en su Estudio Preliminar sobre La Habana el doctor E. Roig de Leuchsenring, creemos que eran hijos de los conquistadores con las indias. Los indios *guanajos* y los otros vivían en la estancia de Campeche, en la del Ancón y en Guanabacoa, etc.

5. La última parte de esta ordenanza <No. 61>, creemos nunca se ejecutó, no pasó de un simple buen deseo del *Oidor* que la *Justicia* de aquella época no reconoció.

6. Con permiso de la Macmillan Co. New York.

Casa donde nació Antonio Maceo. Santiago de Cuba

ESTUDIOS SOBRE LA HABANA DEL SIGLO XVI

JOSÉ MARÍA BENS ARRARTE

Bens Arrarte continúa en este artículo el análisis de algunos planos históricos, que comenzó en el artículo anterior, con los planos atribuidos a Cristóbal de Roda. (Figuras 3.3 y 3.4). Esta discusión de la planta de la ciudad nos presenta claramente la tranformación de la forma urbana en los primeros siglos de existencia de la Villa del Carpintero (El Editor)

Análisis del Plano de la "Baye et Ville de Havane

El plano de la "Baye et Ville de Havane ou St. Christoval", publicado en Amsterdam por los impresores J. Covens et C. Mortier, creemos que pertenece, bien a los finales del siglo XVI o a principios del siglo XVII. Basándose en los datos que contiene se puede fechar como de los alrededores del 1595. (Figura 3.3)

De su estudio se desprende que la bahía fue dibujado a ojo por algún marino holandés, el cual, en su croquis para el libro de derrotas, anotó lo que más le interesaba, o sean, los bajos de la entrada y del fondo, el cayo que ellos llaman de "Prytos", que después se denominó Cayo Cruz, otro obstáculo más frente a las cercanías donde se emplazó el Convento de San Francisco que llaman "Molha" (más bien parece un barco hundido que un cayo), la orientación y las profundidades del canal, indicando finalmente con dos anclas cuáles son los mejores lugares para sondear frente a las ensenadas del interior. No olvida de marcar los ríos que desaguan en éstas.

Pero si la bahía, que es lo que más les interesó, está bastante correcta comparándola con otros planos de su tiempo, en cambio, la Villa, a pesar de que anotaron muchas de sus características, se puede decir, sin duda alguna, que el que la dibujó no estuvo nunca en La Habana. No deja de indicar con un símbolo y un título, el lugar donde se encontraba el Castillo de la Fuerza y las casas que tenía a su alrededor, encerrando todo este conjunto en un círculo. En la Punta dibuja un fortín y le añade la siguiente leyenda: "A. Una torre donde se hace siempre guardia para ver si se descubre algún navío en mar, etc. desde que se le ve ponen en lo alto de la torre tantas banderas como navíos se han descubierto, a fin de que la Villa esté avisada." Otra construcción de planta cuadrada la sitúan cerca de este fortín. En la entrada de la bahía hay un título que dice: "Mesa de María P", y el Castillo del Morro lo da con un dibujo muy pequeño y un letrero. Un poco más abajo y en esa misma banda señala donde había una toma de agua que la subraya con el nombre de "Castillo de Agua".

Este plano tiene también los canales de la Zanja Real con sus tres desagües a la bahía, aunque difieren un poco en su recorrido del plano que analizamos en otro estudio anterior (Havana Portus Celeberrimus Totius Indiæ Occidentalis); este detalle de los canales de la zanja nos aclara el posible error en que hubiéramos incurrido de haber tomado los dibujos de la Punta y el Morro como fieles representaciones de los mismos. Las construcciones que allí existían y sus plantas no fueron vistos por el autor del plano.

La Villa que reproduce es una estilización o interpretación imaginativa de lo que fue en esa fecha. Su área está bien comprendida entre los dos primeros canales de la Zanja y en esto concuerda con otro plano de 1595, pero los croquis con que intenta representar las iglesias, castillos, casas y bohíos, están muy lejos de la realidad; sin embargo, cita con una leyenda el Convento de San Francisco, aunque le da un emplazamiento distinto del que ocupó. Destaca otros dos edificios que pueden ser la Parroquial y la Aduana. No hay

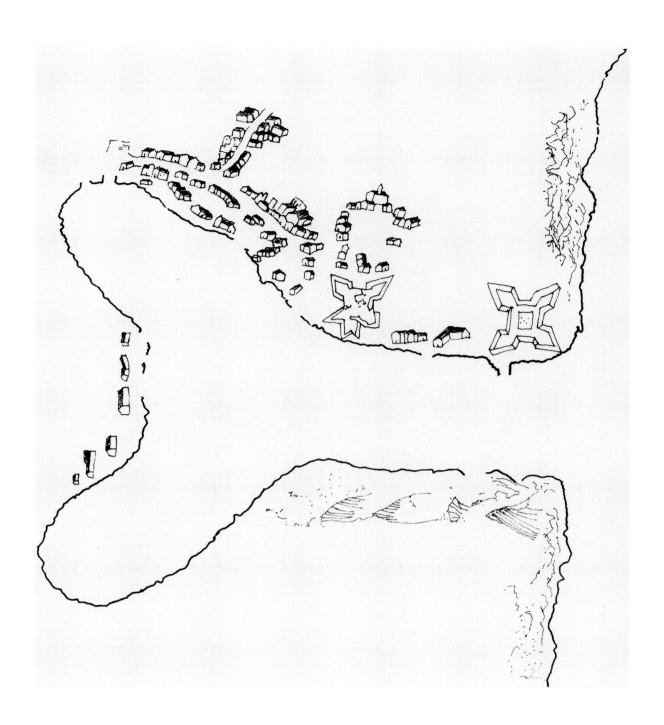

Figura 3.3. Plano de la bahía y la villa de San Cristóbal de La Habana,
hecho por los Holandeses en los primeros años del siglo XVII. (De la Torre)

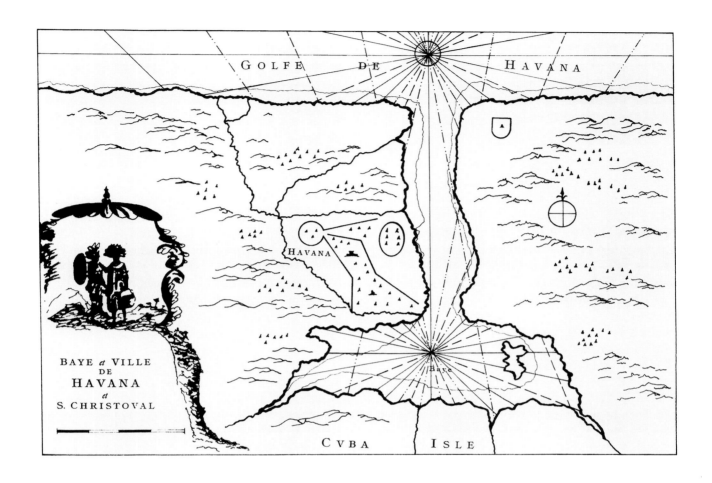

Figura 3.4. Plano de La Habana, París, Francia, 1615

nada que se parezca a calles y plazas, aunque indica tres caminos longitudinales que aparentemente se dirigen hacia una rotonda, la cual se encuentra junto al límite que tenía la ciudad; y ésta pudiera interpretarse como cercada a causa de las líneas que la bordean.

A pesar de lo tosco del trazado el plano tiene la pretensión de estar a escala y así nos dice en un subtítulo: "Echelle de une lieu" (Escala de una legua). Dejando a un lado la bahía, lo más interesante que encontramos en este plano es la viñeta que lo ilustra, siguiendo una costumbre que estaba muy en boga en aquella época y que representa una pareja de indios: el hombre con un escudo, su cortalanza muy europeo y una corona de plumas teatralmente vestido y la mujer sosteniendo en la mano un cesto o un caldero y trajeada con una púdica y honesta túnica que nunca usaron las indias, como para que no se asustaran los buenos protestantes, piratas y traficantes holandeses, a cuyo servicio estaba destinado dicho plano.

146

Análisis del Plano de La Habana. París, 1615

El estudio de una reproducción del plano manuscrito de la ciudad de La Habana en 1615 que se haya en las carteras del Depósito de la Marina de París, nos revela que es un simple croquis incompleto con muy pocos detalles de la bahía, pues sólo abarcan un tramo de la península donde se asentó la Villa y más bien parece un trabajo informativo sobre las fortificaciones hecho con fines militares o de piratería. Las guerras que sostuvo España con Francia y las masacres realizadas por los españoles en las incipientes colonias de hugonotes franceses de la Florida y golfo de México, tenían que tener represalias y esto justifica los planos de La Habana que levantaron los franceses.

Después de indicar con sus plantas aproximadas los castillos de la Fuerza y de la Punta, confunden las nuevas trincheras que se habían levantado junto a este último con otro fortín más, uniéndolos con unas líneas como si hubiesen existido dos castillos en la Punta. Militarmente el dato es bastante correcto y muy cerca de lo que realmente allí existió, como puede comprobarse en los planos que trae la obra de Irene Wright. En cambio, de la otra banda donde estaba el Castillo del Morro, dan muy pocos detalles; parece que en esta ocasión no la pudieron visitar.

El croquis reproduce varias profundidades de la entrada de la bahía y unos pocos datos o mejor, referencias de la Villa, indicando con letras las leyendas que seguramente acompañaran al documento en los archivos de París.

Por lo descuidado del trabajo, que sólo encierra un pequeño fragmento de La Habana de aquel entonces, este croquis no añade ni aclara nada en el proceso del desarrollo o crecimiento urbano de la Villa. El único interés que le vemos es que se encuentra reproducido en la misma lámina de la obra de La Sagra junto con el otro plano de La Habana que levantaron los franceses y que últimamente fue objeto de una controversia a causa de la fecha, por el historiador Manuel Pérez Beato, fallecido en el pasado año.

Después de las referencias que aclaran las leyendas, las cuales no las pudimos encontrar, podemos decir que lo que más le llamó la atención al autor o lo que más importancia le dio en el dibujo fueron las huertas con sus terrenos cultivados que se encontraban al exterior del área que ocupaba la Villa. Con este relleno tal vez quizo justificar que había trabajado mucho.

Don José María de la Torre copia este pequeño croquis en su obra La *Habana Antigua y Moderna*, pero le da como fecha el 1604 y no explica su procedencia.

Análisis del Plano de La Habana de los Conmienzos del Siglo XVII

El tercer plano que analizamos en esta ocasión pertenece a un levantamiento hecho por los holandeses de la costa Norte de la Isla comprendiendo las dos bahías de La Habana y Matanzas. Este plano es posible que guarde estrecha relación con el ataque a la "Armada de la Plata" y la toma en la bahía de Matanzas por Piet Hein, en el 1628, de los galeones con los dineros del Rey y comerciantes de Sevilla que ese año fueron a engrosar las arcas de los armadores y piratas de los Países Bajos.

En lo que respecta a La Habana sólo representa la bahía, en la cual el autor le dió tanta anchura a los canales de la Zanja Real o supuestos ríos que llevaban al mar las aguas de las cuencas cercanas, que convierte la península que ocupaba la Villa en una serie de islotes. Quizás la costumbre de los holandeses de vivir entre canales les hizo exagerar lo que vieron.

Los cayos de la entrada y los que estaban al interior y los verdaderos ríos que desaguaban en las ensenadas del fondo, así como las formas de éstas, concuerdan con otros planos de aquel tiempo. Tras diversas cotas con las profundidades y en la otra banda con una planta tosca y una leyenda, indica que allí estaba la fortaleza del Morro. Sólo da unas cuantas casas aisladas de la Villa, la cual no quiso o no pudo reproducir el autor. Estando la Villa ignorada, sólo por el gran castillo que tiene en el Morro, unido a otros datos que trae el plano de la Bahía de Matanzas, se puede fijar la fecha como de las primeras décadas del siglo XVII, y aquí hemos encontrado que La Sagra, de cuya obra lo tomamos, está equivocado en un siglo, pues en su Tábula o explicación de las láminas nos dice que este plano es de los primeros años del siglo XVIII. (Pudiera ser un simple error de imprenta.)

De haberlo estudiado aisladamente hubiéramos podido suponer que contenía un proyecto de canal que parece existió en la Junta de Guerra antes de que se procediese a la construcción de las Murallas, pues éstas eran obras de defensa que estaban muy en boga en aquel tiempo. Pero por ser de procedencia holandesa es posible que no lo conocieran las autoridades militares que gobernaban la Isla en aquel entonces. El proyecto de canal que se pensó hacer, ampliaba las vías de agua existentes o hacia otra nueva y unía las aguas del Golfo con las del fondo de la bahía cortando la península donde se asentaba la Villa. Lástima de pintoresco perdido; esto le hubiera dado a La Habana con sus puentes posteriores el aspecto de una Bruges tropical. De José María de la Torre reproduce toscamente en su obra ya citada el croquis de la bahía de La Habana, pero le da como fecha el 1604 y no aclara nada sobre él. La repetición de esa fecha, que tanto prodiga este historiador, nos hace desconfiar de ella.

Resumen

Con este capítulo terminamos el estudio de los planos antiguos de La Habana del siglo XVI y primeros años del XVII, que pudimos encontrar, tanto en la Biblioteca como en el Archivo Nacional. De su análisis minucioso obtenemos los resultados siguientes:

Que el plano más antiguo que se conoce hasta hoy de la Villa de La Habana es el dibujado por el piloto portugués "Carga-Patache". Este plano creemos que es de los alrededores del 1570 y parece haber sido hecho en la época en que era Gobernador de la Isla Menéndez de Avilés.[1] El llamado "Fuerte Nuevo" que con un dibujo y una leyenda que trae el croquis nos hizo equivocarnos sobre lo que representaba. Un estudio más avanzado nos lleva a pensar que o es la llamada Fuerza Vieja, que se reconstruyó provisionalmente por el gobernador García Osorio, emplazándole varios cañones, o es la casa fortín que el propio Gobernador levantó en la Punta para albergar y proteger los hombres y las armas que desde allí guardaban y velaban la Villa. El autor del plano por la descripción que da de todo lo que vió, descripción ésta que revela un espíritu observador y muy bien preparado, tampoco aclara mucho esto del "Fuerte Nuevo", pues nos dice: "Asimismo se va haciendo o debe ya estar hecho otro fuerte más hacia la mar..."

Este plano de "Carga-Patache" es la única visión que tenemos de La Habana con una sola fortaleza, el Castillo de la Fuerza, la Iglesia Parroquial y la Plaza de la Iglesia.

Después de este plano le sigue, cronológicamente, el ejecutado por Francisco Calvillo en abril de 1581, que reproduce la Villa ya con dos plazas, la de Armas y la que luego se llamó de San Francisco, que enmarcan junto al litoral de la bahía, el propio Convento de San Francisco y el edificio nuevo de la Aduana. Este plano muestra que la segunda plaza que tuvo la ciudad, se formó en los espacios libres que sirvieron siempre de desembarcadero y donde depositaban los navíos las pipas para cargar agua y que luego se llamó de San Francisco.[2]

Seguidamente viene el plano levantado por los cartógrafos del Rey en el 1595, donde aparecen por primera vez, la Zanja Real y los canales de la misma.

Para terminar con el siglo XVI, encontramos el plano de 1603 levantado por Cristóbal de Roda y que contiene una copia de los primeros trazos de la Villa, una pequeña expansión que se le dio a la misma, y el proyecto de muralla que hizo para el Gobernador Don Pedro Valdés, a solicitud de la Junta de Guerra. Los primeros trazos de la Villa, que a nuestro juicio fueron ejecutados por el Maestro Mayor Francisco de Calona, durante su larga vida y muchos años que trabajó en La Habana, hasta hoy no han aparecido.

Los otros dos planos de procedencia francesa, o sea como los franceses vieron La Habana, tal vez se pudieran relacionar con el interés que tuvo Enrique IV, "El Vert Galant", en las posibilidades de conquistas e ingresos que supuso abiertas en lejanas tierras.

Creemos que estos planos se complementan, pues el croquis fragmentario tiene precisamente lo que le falta de las nuevas fortificaciones de la Punta al primer plano. Este dato, bien puede corroborar la fecha de este último, cuyo autor fue un perito en la materia.

En cuanto a los planos ejecutados por los holandeses, se sabe que en abril de 1610 y en las propias narices de los españoles "Juan Carpintero", gran corsario que venía como sospechoso escribano a bordo de un buque holandés entró en La Habana a la ocasión de la compra de unos materiales, jarcias y arboladuras para las naves que aquí se construían, levantó un plano y sondeó el puerto. Este plano pudiera ser el mas terminado de los que analizamos. De todas maneras, los dos levantamientos guardan estrecha relación con los propósitos que tenían de tomar la bahía de Matanzas y atacar desde allí a La Habana. Pensamos que la Compañia Holandesa de las Indias Occidentales, quizás levantó otros planos más de esa fecha hasta el 1632, y que pueden estar depositados en los archivos o bibliotecas de ese país.

Después de los planos antiguos ya estudiados hemos encontrado dos planos más que aclaran la evolución de la Villa en la misma época, pero que son reconstruídos; unos de ellos fue hecho en el 1847 por Don José María de la Torre, quien nos dio una planta de La Habana a principios del siglo XVII. El otro fue ordenado por el historiador Don Manuel Pérez Beato en el 1935 para su obra La Habana Antigua y tiene por título "Plano Toponímico de La Habana, siglos XVI y XVII".

El primero se encuentra en la parte Superior de Un "Mapa Histórico-Pintoresco Antiguo de la Isla de Cuba", que ejecutó Don José María de la Torre en la época en que fué Catedrático de Geografía e Historia en la Real Universidad de La Habana. El plano de la Isla trae marcados los viajes de Colón, una serie de datos de los cacicazgos de indios, las expediciones de Diego Velázquez, etc.; en esta ocasión la Torre declaró que las principales autoridades que le sirvieron para la construcción de su plano fueron: "Colección de Viajes" (documentos inéditos del Archivo de Simancas y otros) por el señor Navarrete, obras de F. Colón, B. de las Casas, Oviedo, Bernal Días del Castillo, Torquemada, Gomara, Barcia (historiadores primitivos), Herrera, Solís, Inca García-Lazo, Charlevoix, Robertson, Clavigero, Irving, Restrepo, Codazzi, Baralt, Bancroff, Prescot, Alaman & Urrutia, Arrate, Pezuela; y sobre todo, el apéndice de documentos inéditos publicados por el Sr. La Sagra en su excelente obra *Historia Física, Política y Natural de esta Isla.*

La Planta o la visión de La Habana en los primeros años del siglo XVII de Don José María de la Torre está reconstruída sobre un plano de la bahía perteneciente por la exactitud de su levantamiento al siglo XVIII. Aparte de las cuatro calles paralelas a la bahía y las otras transversales, lo más interesante que tiene son las calzadas que partiendo de la calle Real, que después se llamó "de la Muralla", se bifurcan luego al exterior y constituyen los caminos de salida y que más tarde fueron las calzadas de Jesús del Monte y la del Cerro.

149

En cuanto al Plano toponímico de La Habana, siglo XVI y XVII, del Dr. Manuel Pérez Beato, ejecutado en el 1935, podemos decir que la bahía y las calzadas están tomadas del plano anterior de la Torrede, aunque le suprime las calles y le agrega una serie de valiosos datos de las fortificaciones, conventos, ermitas, playas, etc., y nombres propios de diversos lugares, frutos éstos de sus estudios e investigaciones y de los muchos años que dedicó a estas materias y a la formación de su notable archivo. Sin embargo, la Zanja Real difiere un poco en sus desagües a la bahía del recorrido que traen los planos antiguos.

NOTAS

1. En la Punta no se construyeron otras obras de defensa hasta la época del Gobernador Luján y del Alcaide de la Fuera Quiñones, en los años próximos al 1586 pero ya en esa fecha, estaban levantados los edificios de la Aduana y la Iglesia con el Convento de San Francisco; y el autor del plano "Carga-Patache" con seguridad de haber existido estas construcciones las hubiera dibujado o por lo menos, hubiera dejado constancia de ellas en su valiosa y corta crónica.

2. Un acta del Cabildo del 22 de noviembre de 1584, en donde se muestra la enemistad del Gobernador Luján con el Alcaide de La Fuerza, y en la que se dice: "e porque esta villa no tiene plaza porque la que tenía la ha tomado a deshecho el Alcaide Diego Fernández de Quiñones, diciendo que la quiere para plaza de Armas, con la fuerza que tiene de gente ha defendido e defiende la ejecución de la Real justicia por cuya causa no hay plaza donde se pueda ejecutar que no es pequeño inconveniente y defecto para un pueblo tan principal..." Esta acta donde piden también hacer una plazuela en el frente de la Aduana, la cual no pudo lograrse, hizo creer al historiador Don Manuel Pérez Beato que la segunda plaza que se había formado en la Villa no era la que después se llamó de San Francisco sino la que se conoció más tarde como la Plaza Nueva. En otra acta de abril de 1587, se destinaron para esa plaza los solares de una manzana que se encontraba "a las espaldas del Señor Francisco" y que vino a ser en el curso de los años la llamada Plaza Vieja.

El historiador Arrate, expone que la segunda plaza de la Villa fue la que después se llamó de San Francisco. Cuando estudiamos el crecimiento de la célula urbana que formó la villa, a priori coincidimos con esta opinión del mencionado historiador; ahora bien, desde 1581, ya estaba formada como se observa en el plano de Calvillo y aun en el mismo plano de Rodas, de 1603, sólo que se le consideraba como desembarcadero y no era lugar apropiado para "correr los toros y hacer fiestas".

Aún demoró algunos años en construirse la llamada Plaza Nueva que no se completó, con viviendas en sus frentes hasta la primera década del 1600, poco más o menos. Esta fue la tercera plaza de la villa, la cuarta vino a ser la Plaza de la Ciénaga que se formó en el 1632, y que al final del siglo XVIII se denominó Plaza de la Catedral.

ESTUDIOS SOBRE LA HABANA DEL SIGLO XVII

JOSÉ MARÍA BENS ARRARTE

El investigador que estudie hoy el desarrollo de la Habana durante el siglo XVII, creemos que se encuentra en mejores condiciones que sus colegas anteriores; y esto es, porque se van publicando documentos del Archivo de Indias, y apareciendo varios planos que permiten seguir con más fidelidad el proceso de la extensión y crecimiento de la Villa en esa centuria.

Cierto es también que se cuenta con diversas obras valiosas, entre ellas la Historia de las Fortificaciones hasta la primera mitad del siglo XVII que con varios planos publicó Irene A. Wright; pero aun falta avanzar con la publicación de las Actas Capitulares al cuidado del Historiador de la Ciudad, Dr. Emilio Roig de Leuchsenring y finalmente los Archivos de las Comunidades Religiosas que aquí se establecieron, no han aparecido o se han investigado muy poco.

Se nos ocurre una historia documentada de las construcciones religiosas, con las plantas y alzados de las numerosas iglesias y conventos que se fueron levantando desde el último cuarto del siglo XVI, hasta acabar con las obras de Fray Diego Avelino, el Obispo de Compostela. Esta completaría los conocimientos indispensables para apreciar mejor la evolución de aquella célula urbana en su paso de presidio o ciudadela militar hasta la ciudad ya formada como la encuentra el siglo XVIII.

Pero el estudio del crecimiento de la Habana durante el siglo XVII cuenta con un excelente punto de partida que es el plano levantado en el 1603 por el Ingeniero Cristóbal de Roda,[1] (Figura 3.7 p. 170) cumpliendo órdenes del Gobernador Don Pedro de Valdés; también con los planos del propio Roda de 1595 (Castillo de la Punta), y los de Juan de la Torre en 1612 (Castillo del Morro), y Andrés Valero[2], de 1627 (Castillo de la Punta), se sabe lo que estaba construido de los castillos, de los Tres Reyes o del Morro y el de San Salvador de la Punta; y lo que le faltaba al primero para su terminación, que tuvo lugar en el año 1630, aunque después de esta fecha se ejecutaron diversas adaptaciones y diversos trabajos para reparar los daños causados por los huracanes.

Sabemos que la obra máxima de la arquitectura militar que España termina en el siglo XVII es el Castillo del Morro; al igual que en el siglo anterior esa obra máxima lo había sido el Castillo de la Fuerza y que en el siglo XVIII lo será la Fortaleza de San Carlos de la Cabaña. Lástima que no hayan aparecido todavía los primitivos planos de las obras de los conventos e iglesias de la misma manera como ya disponemos de los de las fortificaciones; aunque por haberse conservado muchos de ellos en buenas condiciones, se conocen lo bastante para poder estudiarlos y analizarlos.

En el plano de la villa que nos dejó Roda (del 1603), se ve cuál era la forma en que había quedado la Plaza de Armas, que ya no sería más Plaza de la Iglesia, después del derribo de las últimas casas que la habían obstaculizado. Allí está situado claramente el perímetro que abarcaba la Parroquial con su cementerio y al fondo el Hospital Viejo. Igualmente se distingue la manzana que ocupaba el Hospital Nuevo, que se llamaría el Real de San Felipe y Santiago.

Las áreas de los edificios que ocupaban la Aduana, la Cárcel, y la Carnicería frente al Litoral, están bien definidas, lo mismo que las llamadas casas del gobernador. También la fundición está claramente marcada en el sitio donde se construyó en el siglo XIX, la que fuera la Maestranza de Artillería.

La llamada Cerca Vieja es la que proyectó levantar Maldonado durante su Gobierno y ella limita la superficie de la villa tal como estaba en el 1598, o sea el año en que murió Felipe II.

El emplazamiento que se le dio a la Fundición en el extremo Norte, en las afueras, y las obras de los castillos de la Punta y del Morro, todo eso creó un interés de movimiento y trabajo que obligó a la célula urbana a desplazarse un poco hacia el Norte, hasta formar una punta; nombre éste que después pudo guardar el barrio, aunque ya lo tenía desde los primeros tiempos el Castillo. Esta convergencia hacia la punta se impondría a las pocas calles que allí se desarrollaron, tal como puede verse en cualquier plano de la Habana del siglo XVIII.

Como ya dijimos en otra ocasión, este plano de Roda que está a la escala y que es de los pocos que han aparecido de esa fecha de las ciudades americanas, contiene el más correcto levantamiento que podía hacerse en aquella época.

Después de este plano sólo encontramos el gráfico con la vista de la Habana y sus fortificaciones que dejó en sus escritos el Pirata T. Gages, quien visitó esta ciudad en el 1637; entre las fechas de esos dos documentos han transcurrido poco más de tres décadas, y por las noticias que traen los historiadores, Arrate, Pezuela y J. M. de la Torre y los estudios e investigaciones en los edificios de las iglesias y conventos que se levantaron, intentaremos describir el proceso o avance arquitectónico de la villa.

Se sabe que los Dominicos habían hecho en el 1538 la Iglesia del Rosario con el Imperial Convento que luego fue la Primera Real y Pontificia Universidad de Santo Domingo de Guzmán, y cuando vinieron en el 1578 a construir su Iglesia y Convento a la Habana, ya tenían experiencia sobre la solidez que necesitaban las construcciones que se hicieran en el trópico; y creemos que aquella hermosa nave con su bella techumbre de madera que estudiamos en anterior trabajo (Revista del Colegio de Arquitectos, junio de 1930), así como también la portada principal que hacía frente a la que se llamó calle de los Mercaderes, y la entrada del Convento de la cual aún existe un medio arco, creemos que todo eso fue levantado en el siglo XVI. Entonces existía aquí en la Habana una valiosa escuela de maestros carpinteros y constructores de barcos, cuyas obras fueron bien celebradas en España. La abundancia y riqueza de nuestras maderas les obligaba a emplearlas con preferencia en las techumbres.

Además, no es posible pensar que aquellos alarifes y maestros, como los Calona, los de la Torre y otros, que venían de trabajar en las grandes construcciones de catedrales, conventos, colegios o universidades que se levantaban en España, se conformasen aquí con labrar la piedra geométricamente sin trazar con ella la más simple composición arquitectónica y permanecieran esclavos de la bóveda de cañón seguido, y de los muros, y "caballeros" que con algunas penetraciones y capialzados ejecutaban en las obras de los Castillos. La construcción de los dos conventos de San Francisco y Santo Domingo, con sus claustros y la Capilla de la Veracruz les iba a dar la ocasión.

El maestro mayor de todas las fábricas de la ciudad ejecutaría él mismo o aprobaría los planos que pudieran haber sido hechos o traídos por los propios frailes. Hemos estudiado detenidamente el edificio del Convento de San Francisco que aún existe y que se empezó a construir en el 1574 para ver partes corresponden al siglo XVI y primeros años del XVII, y del análisis de lo allí ejecutado, creemos que además de los muros exteriores, uno de ellos, el que da a la plaza con la arquitectónica portada o sea la entrada lateral de la iglesia,[3] nos parece que pertenece a la época brillante del renacimiento español, aunque ya con licencias en la rotura del frontón, pero todavía con motivos de heráldica. Esta portada es bien del siglo XVI, al igual que las bóvedas que forman el primer claustro y las de cañón seguido perpendiculares a la fachada por la calle que después fue de los Oficios. Estas bóvedas pertenecen a Calona o a sus discípulos o sea, aquella escuela de maestros canteros más los esclavos y mestizos que él enseñó, y que ya habían levantado el Castillo de la Fuerza.

Aumenta la creencia nuestra de que estas bóvedas pertenecen al siglo XVI, el caso de similitud, o sea, la misma manera de disponer otras bóvedas de medio punto perpendiculares al muro de la entrada que hemos visto en el Castillo del Morro y de las cuales tenemos noticias en los datos siguientes tomados de la obra de Irene A. Wright:

> "Durante el invierno de 1602 al 1603, trabajó Valdés en el Morro construyendo la muralla por la parte que mira la mar a la entrada del Puerto, cerrando bóvedas y sacando muy buena cantería para sillería y mampostería..." "En julio de 1604 dió cuenta de haber acabado tres bóvedas y que la cuarta quedaría cerrada a fin de mes; también construyó otra plataforma pegada al foso de la Fuerza Vieja..."
> "Ya tenía doce cañones la plataforma que hizo en el Morro, que afirmó ser la mejor obra que existía en la Habana...

El Maestro Francisco Calona hizo construir algo que se pareciese a las obras de arte en las cuales trabajó en España, antes de venir a Cuba, y se sabe que por encargo del Obispo Cabezas proyectó una torre para la Iglesia Parroquial, que por falta de recursos no pudo levantarse. Este proyecto, en su totalidad o parte, posiblemente fue aprovechado, bien para mejorar las iglesias y conventos, que ya estaban en construcción o para las que se fundaron años después.

La figura de Calona, el Maestro Mayor, es única. Desde el 1561, fecha en que salió de España, hasta su muerte acaecida por el 1607, trabajando calladamente en las obras de la villa, viendo pasar, uno tras otro, la serie de gobernadores y alcaides de las fortalezas habaneras que se sucedieron en esos 46 años, sufriendo persecuciones y hasta encarcelamiento, aunque sin perder nunca el favor real, y por ende, su puesto y su paga de 800 ducados anuales. Esta figura, repito, se nos hace más simpática, cuando origina la primera trifulca entre arquitectos e ingenieros que recuerda la historia de la Habana.

Y nada menos que escoge, para darle una lección, a quien era entonces la máxima autoridad en Cuba en materia de fortificaciones, al Ingeniero Baptista Antonelli, aprovechando la ocasión del derrumbe de una parte del Castillo de la Punta, que éste había levantado, escribió al Rey una carta diciéndole entre otros particulares lo siguiente:

> "No crea vuestra Majestad que los yngenieros saben fabricar especialmente obras de reyes, que an de ser permanecederas y si solo esta fuerza se hubiere caydo dixera mas que fue la biolencia del agua mas tambiien se ha caydo de una trinchera que sale de la mesma punta..." "y así digo, que si vuestra majestad quiere hacer obras permanecederas, las mande hazer a quien las sepa fabricar y no a yngenieros y mas si son extrangeros..."(Carta de Francisco Calona a su Majestad, septiembre 10 de 1595.

Lástima que Calona no nos hubiera dejado en sus cartas algunas noticias de sus obras y de las fábricas de los conventos.

¿Cómo se encontraban las primitivas iglesias de los Conventos de San Francisco y de Santo Domingo en los comienzos del siglo XVII? A esto, responderemos que hasta hoy se conocen muy pocos datos, y los que han aparecido son contradictorios; pero por el análisis de las formas arquitectónicas y el estudio de dichos monumentos, todo reafirma nuestra creencia de que las dos portadas que citamos, sus dos primeros claustros y sus naves con techumbres de madera, una de las cuales, la de los Dominicos, la conocimos, ya es-

153

taban construidos; y estas dos iglesias con sus altares mantendrían la rivalidad artística que en España y en Europa sostuvieron franciscanos y dominicos.

Cuando el Gobernador Maldonado, en el 1597, se dispuso a construir el Hospital Nuevo, pues el que existía resultaba demasiado viejo y pequeño, suponemos que debió pedir los planos al Rey o al Consejo de Indias, pues se trataba de una edificación importante con capacidad para 150 camas; y aun estas le parecían pocas al Gobernador, pues argumentaba "que la Habana necesitaba mucho más".

Maldonado describió el sitio que seleccionó, como el más adecuado, por hallarse en alto, tener buena ventilación y agua próxima, la de la Zanja que pasaba por allí cerca y por estar apartado de la villa. La Habana en aquella fecha se desarrollaba con preferencia hacia el sur, por los alrededores de la Plaza de San Francisco.

Se construyeron cuatro salas, dos en el piso bajo y otras dos en el piso superior, y una capilla; según parece, el hospital nuevo se abrió en el 1599, clausurándose el que existía, que no estaba aún terminado, pues en tiempo del siguiente gobernador Don Pedro de Valdés, se destinaban todavía fondos para acabar las obras.

En los finales del siglo XV y durante las primeras décadas del XVI, en España se habían lavantado cuatro grandes hospitales, los de Toledo, Granada, Santiago y Sevilla, y casi todos los maestros españoles conocían la planta, típica de ellos: la Iglesia a un lado y las salas, con las distintas dependencias, en otro, cerrando el rectángulo con un amplio patio, que se bordeaba de galerías con arcadas. El Hospital de Medina del Campo, es posiblemente el modelo que debío orientar a los maestros españoles que erigieron en la Habana el Hospital Nuevo.[4]

Después de una serie de controversias y discusiones entre el Obispo y el Gobernador, porque éste, en el 1603, cumpliendo una Real Cédula dispuso que fuera entregado a los Juaninos, Orden Religiosa dedicada a la atención de hospitales, ocuparon estos religiosos el edificio y allí permanecieron hasta el 1797.

Este Hospital Nuevo debió contar primeramente con la iglesia, las salas y los distintos servicios generales, bordeando su patio rodeado de arcadas. La Iglesia, sabemos que tenía la entrada principal dando a la calle que después se llamó de Aguiar, por donde estaba también la otra entrada para el Hospital. Al aumentarse los hermanos de la orden, hubo necesidad de construir más celdas y habitaciones en el piso alto y, finalmente, en el siguiente siglo, se amplió con otras construcciones y un segundo claustro que daba a la calle de Habana. En el espacio del segundo patio, estaba el cementerio. Sólo hemos encontrado un viejo y borroso grabado que trae la obra del doctor Pérez Beato "La Habana Antigua", y que no permite, por falta de detalles, poder realizar un análisis. Pero a simple vista observamos una cierta analogía, entre los remates de la fachada de la Iglesia y los de la Iglesia de San Agustín, que se levantó en esta Ciudad poco tiempo después (similitud en los dos muros de piñón.)

En el 1648 la Iglesia de San Juan de Dios que tenía su techumbre de madera, como las otras que se construyeron en este siglo en la Ciudad, fué declarada auxiliar de Parroquia.

"La erección del nuevo hospital no fue la única mejora urbana que se efectuó en la Ciudad durante este período. La aduana y las casas del cabildo fueron reparadas y se construyó un matadero. Se necesitaban fondos para continuar las obras de la cárcel que Maldonado empezó proponiendo a la Corona el Gobernador Valdés (su sucesor), y los oficiales reales que se vendieran los cargos de dos regimientos cuyo producto se aplicaría para este objeto. (Irene A. Wright.)

Durante el Gobierno a todas luces progresista de Don Pedro de Valdés, entre otras valiosas iniciativas que redundaron con un intenso trabajo en la fundición de cañones y en los astilleros, se trató de levantar en la Habana un monasterio de monjas; y en el 1603 en un memorable Cabildo abierto, celebrado en la Parroquial, el Gobernador explicó a los regidores, a los vecinos prominentes y a las demás autoridades, un vasto proyecto que tendía a mejorar por todos conceptos la villa y la prosperidad de la Isla. El historiador José Manuel de Ximeno, en un notable trabajo publicado en la Revista ARQUITECTURA (agosto de 1939), sobre "Las Casas que ocuparon los Capitulares durante los siglos XVI y XVII", después de aclarar, con toda minuciosidad, las distintas residencias donde se reunían los cabildos, así como las viviendas de los gobernadores, nos da cuenta de los proyectos que presentó Don Pedro de Valdés al citado Cabildo. El primero de ellos, era la creación de una armada de galeones de guerra, para acabar con la piratería y los rescates; seguidamente proponía se le pidiera licencia al Rey para que fuera de flota, pudieran ir de la Habana a España, cada año, dos o tres navíos cargados de frutos cubanos, así como se hacía en Santo Domingo y Puerto Rico. Después el Gobernador Valdés exponía:

"Va en aumento y creciendo en población (la Habana), y hay en ella muchos vecinos cargados de hijas que, por no tener con qué casarlas conforme a la calidad de su persona, las dejan de poner en estado y quedan por remediar, con manifiesto peligro de perder sus honras y buena reputación, y porque estos daños se aseguran si hubiesen monasterios de monjas donde entrasen a servir a Dios...", era necesario conocer el número de las que profesarían y la dote que cada una aportaría, para lo cual, dos o tres personas "honradas y celosas del servicio de Dios", averiguaran estos datos así como los vecinos que quisieran contribuir para luego escribir al Rey pidiéndole la ayuda para las fábricas. Este es el origen del Convento de Santa Clara.

Finalmente, proponía el Gobernador Valdés, que se solicitara la Real Autorización para que, "las penas de Cámara se aplicasen en lo sucesivo una mitad para terminar el Hospital y la otra para dar término a las obras de la Cárcel, el Matadero y la Pescadería, pues como era notorio, la Ciudad no contaba con un maravedís de propios".

Vista la alta conveniencia de los proyectos, se envió a España un Delegado para que hiciera las gestiones pertinentes, que fueron bastante favorables. En la Habana se empezaron a recoger limosnas y donativos, y con ellos pudo adquirirse el cuadrilongo limitado por las calles que después se llamaron de Cuba, Habana, Sol y Luz, y que estaba, en aquel entonces, en las afueras de la Ciudad, pues eran terrenos dedicados a la agricultura. Corridas todas las diligencias y después de cuarenta años de recoger fondos y auxilios, y de trabajarse en las fábricas desde el 1635, pues la Real Licencia se obtuvo en el 1632, pudo al fin inaugurarse el Monasterio con su Iglesia de una sola nave, su pequeña torre y su gran claustro de arcadas, bordeando un amplio jardín en el cual parece quedaron una antiguas casuchas, que según la tradición, pertenecían al matadero y a las viviendas de sus empleados. (Figura 3.6)

Felizmente, esta valiosa construcción del siglo XVII, ha llegado a nuestros días y después de cuidadosas obras de adaptación y restauración, se encuentra en ella instalado el Ministerio de Obras Públicas. La bella techumbre de madera de la Iglesia y la del Coro, están intactas y en la de este último puede leerse una inscripción que dice: "Gobernando el Señor Don Alvaro de Luna y Sarmiento y su Teniente General Don Fernando de Aguilar, se acabó esta Iglesia año de 1643."

El estudio y análisis de sus techos de madera, así como de los otros elementos arquitectónicos, columnas y arcadas del claustro y la composición de la torre, nos sirve para conocer aún mejor las formas y los motivos que estaban en uso en aquel tiempo

Figura 3.5. Patio del Convento de Santa Clara

entre los constructores de la Ciudad, ya que sus fachadas, no muy importantes, han sido totalmente reformadas.

También consiguió el diligente Don Pedro de Valdés durante su mando, que el Rey Felipe III le hiciera el primer y notable préstamo de cuarenta mil ducados a los dueños de aquellos primitivos ingenios que se establecieron junto a la Chorrera y en las cercanías de la Zanja Real. Esta fué la primera dádiva o bautizo del erario a la industria azucarera, que desde entonces a esta fecha y para no desmentir la historia, ha gozado de preeminencias y favores oficiales en todas las épocas.

Pero este Don Pedro de Valdés, una de las primeras figuras de la Historia de la Habana durante el siglo XVII, "el devoto" como lo llama Pezuela, se nos hace aún más interesante por el discreto homenaje que tributó a las hijas de esta tierra, al bautizar el excelente barco que para sí aquí construyó, con el sugestivo nombre de: "Criolla de la Habana".

NOTAS

1. Este plano de Roda se debe al loable esfuerzo imaginativo realizado por Don José María de La Torre en el 1857, cuando reconstruyó un plano indicando cómo era la Habana a principios del siglo XVII y que fue publicado en su obra, "lo que fuimos y lo que somos".
2. Andrés Valero sucedió a Juan de la Torre como Maestro Mayor de las fábricas de la Villa de San Cristóbal.
3. Esta portada, que la forman dos pilastras dóricas con retropilastras, sosteniendo el entablamento y un frontón abierto, un nicho al cual remata *una corona*, obligando a la pequeña moldura horizontal en que termina el muro a interrumpirse; esta portada, que a simple vista se ve su falta de similitud y concordancia con los órdenes superpuestos de la fachada principal y que aun en su interior el arco de la puerta que ella encierra no concuerda su centro con las bóveda y las arcadas de las capillas laterales. Esta portada, repetimos, junto con la balaustrada superior y las gargolas o ladrones, creemos que fueron hechas en la última década del siglo XVI.
4. Ya desde el 1582 se había inaugurado en Madrid una Escuela de Arte, de la cual nombraron Director en el 1584, al célebre Arquitecto español Juan de Herrera. Esta Escuela tenía por misión encargarse de la educación metódica de las sucesivas generaciones de arquitectos y facilitar conjuntamente las publicaciones de notables trabajos científicos con el auxilio del Estado. En arquitectura los únicos escritos que se conocían eran los de Diego Sagrado y una traducción de los libros de Serlio. En el 1582 publicó Francisco Lozano, Alarife de Madrid los Diez Libros de Arquitectura de León Baptista Alberdi y Patricio Caxeri, procedente de Arezzo, publicó en 1593 La Regla de los Cinco Ordenes de Arquitectura de Jacome de Vignole, añadiéndole trece dibujos de portadas romanas célebres del Renacimiento, que no figuraban en el original italiano. También se publicaron las obras tituladas "Varie Commensuracion" y "Teoría y Práctica sobre Fortificación", conforme a las medidas y defensas de estos tiempos de Cristóbal de Rojas, en el 1589. Estos libros, así como las construcciones de los arquitectos españoles, serían las fuentes que guiaron a los maestros y alarifes durante los primeros años del siglo XVII, interviniendo en el proceso creativo o en las simplificaciones y modificaciones que ellos introdujeron, el estado social y económico de las diversas colonias.

Entrada al Castillo de La Cabaña, La Habana, (1897).

APUNTES SOBRE LA HABANA DEL SIGLO XVIII: LA URBANIZACION DE EXTRAMURO

JOSÉ MARÍA BENS ARARTE

Pocos años después que el vecindario empezara a rebasar sus límites, se terminó en el 1740, el recinto amurallado de la ciudad de La Habana; sin embargo, ya existía desde el final del Siglo XVI un núcleo al exterior con el Castillo de la Punta, que defendía la entrada del Puerto.

Las murallas cuya construcción se dispuso por Real Cédula en el 1654, no se empezarían en firme hasta el 1674, terminándose una gran parte con el camino cubierto en el 1797. Esta valiosa obra de arquitectura militar, fue la consecuencia de la piratería y de las continuadas guerras que España sostuvo y ella prueba la importancia que le concedían a la llave antemural del golfo, los hombres que gobernaban el vasto imperio español. No era sólo, la necesidad de fortificar la ciudad protegiendo las armadas con el oro y la plata que aquí se reunían, sino que al hacerla inexpugnable en aquel tiempo, parece que protegían también las líneas de defensa del continente hispano.

En el Archivo de Indias, existe un plano de La Habana, de las primeras décadas del siglo XVIII, donde ya están trazadas las murallas sin los fosos y la parte que luego ocupó la otra porción de ciudad conocida como extramuros, aún permanece dedicada a la agricultura y a la ganadería con algunas primitivas industrias. Este plano nos va a dar el punto de partida para estudiar el paso de lo rural a lo urbano; y como se formó extramuros desde el primer cuarto del siglo XVIII, poco más o menos, hasta mediados del siglo XIX.

Estudiándolo se observa que aún no estaban ocupados por construcciones los espacios libres de los Egidos al interior del recinto fortificado (lástima grande que el Cabildo de la Ciudad lo fue mercedando poco a poco, hasta que desaparecieron). Al exterior de las murallas se ve en el plano la calzada que partía de la Puerta de Tierra, bifurcándose pronto en dos direcciones, una que se denominaba el Camino a San Antonio, a causa del Ingenio del mismo nombre, por el cual pasaba antes de llegar a la Chorrera, y la otra que era el Camino al Monte, a tierra adentro y que cruzaba por un puente sobre el arroyo que después se llamó de Chávez. Hay otro camino al exterior, que bordea el perímetro de la muralla, desde el fondo de la bahía hasta la Punta.

Los canales de la Zanja Real, por donde venía el agua a la ciudad se destacan claramente, viéndose el ramal que desaguaba en el Chorro, bajando casi todo él por la calle de San Juan de Dios. Este canal se divide dentro del recinto para llevar agua a los nuevos cuarteles (donde antes estuvo la fundición) y a la Punta. El otro ramal de la Zanja, baja por la que después se llamó calle de Luz, cruzando por detrás del Convento de Santa Clara, para desaguar junto a la Bahía, al final de dicha calle, donde suministraba el agua a los navíos. Este plano da el recorrido que tuvo la Zanja dentro de la villa.

La vida, o sea, el impulso vital de aquella ciudad que recogió en su trazado una herencia de irregularidades, a pesar de que quiso tener sus calles en cuadrícula y que su máxima preocupación defensiva, como la razón de su propio ser, se reflejaría en sus castillos y murallas, y hasta en las primeras calles junto al puerto, donde la idea de ofrecer cortos blancos parece haber inspirado las inflexiones de las mismas.[1] La vida de esa célula urbana, que ya era intensa, no podía quedar encerrada mucho tiempo dentro de aquellos espacios forrados de piedras. Y a pesar de las distintas disposiciones que impedían fabricar en extramuros, de las veces que se demolieron las precarias viviendas de embarrado y guano, y hasta de un gran incendio que arrasó una de las primeras barriadas, a pesar de todo, es el caso que en poco más de un siglo, se superó la fuerza de expansión vital formándose la otra ciudad allende las murallas.

Las dos salidas primitivas o las dos puertas de intramuros, van a orientar los caseríos del exterior, por lo que se conoce con el nombre de Urbanismo Lineal, de origen español, o sea la construcción de viviendas a lo largo de las calzadas. Este caso que tanto se ha repetido en nuestros pueblos y ciudades se observa claramente, y así vemos cómo en un plano de 1747, aparecen a ambos lados los primeros arrabales con sus calles orientadas por las calzadas existentes. El perímetro exterior de las murallas, será la futura base aunque las nuevas construcciones estarán distanciadas por las ordenanzas militades. Para mejor conocer la formación de extramuros, tenemos un plano ejecutado en el 1736, por mandato de la Real Hacienda, con motivo del célebre pleito de los Sigler por la reclamación de los terrenos que ocuparon las murallas y cuyo plano lo reproduce Dn. José M. de la Torre, en su obra sobre La Habana, de 1857.[2] El primer dato que indica el germen del barrio, tiene fecha de 1716 donde un tal Francisco Cañete, edificó frente al Peñón, una Ermita con techo de guano que dedica a la Virgen de Guadalupe; en el 1718 se trató de fabricarla de cantería y tejas pero hasta el 1742, no se reconstruyó de mampostería por el preclaro Obispo Lazo de la Vega que tanto intervino en la reconstrucción de iglesias y conventos. La figura de Lazo de la Vega, se destaca mucho en la historia de la ciudad durante la primera mitad del siglo XVII. En los años que dirige la diósesis termina en el 1738 en intramuros la Iglesia del Convento de San Francisco con los primeros techos abovedados que cubren un templo habanero, y la esbelta torre que había sido demolida por un huracán, la mejor por entonces de la ciudad. Reconstruye igualmente la iglesia de Paula haciéndole bóvedas de piedra con su pequeña cúpula sobre el crucero, y además levanta la iglesia de Santa María del Rosario, en el exterior, pero con techumbre de madera. (Figura 1.7)

Por el 1738, se trasladaron detrás de las murallas y al extremo sur de la ciudad, los careneros que estaban en otros lugares de la bahía y se formó el Arsenal que se terminaría en el 1747, instalándose en dicho sitio el Apostadero de la Marina. Las actividades que se crearon con la construcción de numerosos navíos dio nacimiento a un barrio que se situó junto a él y a lo largo del arroyo. El Arsenal de La Habana, durante el siglo XVIII, fue uno de los mejores de toda la América, y los hechos y acciones de los navíos célebres que de allí salieron justificaron su renombre.

En el 1753, se construyó la Ermita de Jesús, María y José, la cual se concluiría 3 años después, erigiéndose en auxiliar de parroquia en el 1772. A los desvelos de un párroco nombrado Miguel de Rodas, se debió la edificación y adorno del santuario, titulado del Santísimo Cristo de la Salud, en la calle de este nombre. En el 1742 se colocó según Dn. José M. de la Torre, "la venerable imagen, y creciendo la devoción y las dádivas para el culto, se dio mayor extensión al templo declarándolo auxiliar".

La construcción de las ermitas y las iglesias, muestra ya un adelanto en la formación de los barrios, los cuales han tenido que pasar primero por unas pocas casas de las mismas familias a las cuales se les han unido andando el tiempo otras viviendas para pequeños comercios e industrias que satisfagan las necesidades domésticas; todo ello sostenido e incrementado por el tránsito de las calzadas por donde entran en la ciudad los productos de las huertas, hatos y corrales. Las iglesias y las parroquias, vienen a darle al incipiente barrio donde ellas se levantan un foco o centro social de la comunidad y pudiéramos decir que constituyen una excitación localizada del organismo viviente que en su continua evolución forma la ciudad.

A mediados del siglo XVIII, ya existía junto a la calzada de San Luis Gonzaga, el barrio de Guadalupe con el antiguo Santuario y la primitiva Ermita a la Virgen de Guadalupe.

En el año 1751, y también en la barriada de Guadalupe, se construyó la Ermita de San Luis Gonzaga que dio nombre a la calzada, al extremo occidental en el mismo sitio por donde después cruzó casi medio siglo más tarde la calzada de la Beneficencia. Esta ermita tuvo que ser derribada en el 1835, cuando se formó el Paseo de Tacón.

En el plano de La Habana de 1747, aparecen ya los tres núcleos urbanos del Arsenal, de Jesús María y de Guadalupe; pero a causa del accidente geográfico del arroyo que después se llamó de Chávez, por donde entraba el agua de la bahía con profundidades de una y dos varas hasta interferir con el camino al monte, se hizo necesario construir un puente de madera, puente que al final del siglo lo construiría en piedra Dn. Miguel Chávez. Por ser el único lugar de paso que entonces existía, se convirtió, en centro radial de las calles que se fueron formando en sus inmediaciones; y así vemos en los planos cómo se dirigen hacia él los primitivos camino de las estancias, desde el conocido con el nombre del Campanario Viejo, hasta la Calzada de la Beneficencia y la otra que después se llamó de Vives, marcando en la configuración de esa parte de la ciudad, una parte de trazado de abanico. Otra alineación irregular que marcará igualmente la nueva ciudad de extramuros será el Canal de la Zanja Real y su bifurcación con el llamado Canal Nuevo; estos trazados serán después los de la propia calle de la Zanja y la otra calle que se llamará de Dragones por causa del cuartel que junto a ella se estableció.

La ruptura de España con Inglaterra, en el 1739, a causa del contrabando que éstos hacían en la América española, motivó que se destruyesen en el 1740 las fábricas de extramuros y que se abrieran fosos y estacadas en las murallas, formándose además, después de ellos el Campo de Marte; pero apenas se terminó esta guerra, volvieron esos lugares a poblarse y nuevamente a destruirse, hasta que en el 1765, el Director de Ingenieros Dn. Silvestre Albarca, puso en plan, las ordenanzas militares, que prohibían fábricas, cercas, vallados, zanjas, etc., ni siquiera árboles, en una distancia de 1,500 varas del camino cubierto y por ella se demolieron todos los edificios comprendidos desde la Puerta de Tierra, hasta la iglesia de Guadalupe.

Es innegable, que la importancia del Camino al Monte y del de San Antonio contribuyeron a la formación de los barrios que citamos en los párrafos anteriores. En cambio, a pesar de que después el 1746, se había establecido en uno de los extremos del camino o calzada que iba hacia la costa, el Hospital de San Lázaro o la primera Leprosería, la formación de los núcleos urbanos se detuvo en toda esa parte y sólo empezó a poblarse dicha calzada que tomó el mismo nombre del Hospital en los primeros años del siglo XIX. Persistía el temor de situarse en las costas, y además todas esas zonas estaban vedadas.

La nueva guerra que sostuvo España con Inglaterra y que produjo en el 1762 la toma de La Habana por las Escuadras de Albermarle y Pockock influiría grandemente con la serie de hechos que de ella se derivaron. La vuelta de la ciudad al poder de España una vez que se firmó la paz, creó interés en el trazado de extramuros. Este hecho de vital trascendencia en la historia de la Capital, hizo que los gobernantes españoles se diesen cuenta del valor de la que fue llave antemural del golfo.

NOTAS

1. También pudiera ser causa de esas inflexiones de las calles el deseo de cortar los vientos como se llamaba entonces.
2. En la estancia de Doña Magdalena Corbera y de Don Gaspar de Arteaga, donde ellos habían construido en el 1675, la ermita de Monserrate, se trazó la muralla continuando la parte interior como estancia hasta fines del siglo XVIII. Por una Real Ejecutoria se mandó reintegrar a la citada Doña Magdalena Corbera en tierras realengas las que se le quitaron con la fábrica de la Real Muralla, situada al poniente de la ciudad.

El Ayuntamiento en el 1719, instauró demanda formal para restituir el Egido de la Ciudad pero hasta el 1773 no se le hizo justicia a sus herederos restituyéndole tierras y solares para compensar las que les quitaron para las murallas. Por esa razón en el 1736 el alférez Dn. Bartolomé Lorenzo de Flores hizo por mandato de la Real Hacienda el plano de los terrenos de extramuros donde aparecen los solares y estancias entregados a los Sigler.

Teatro Terry, Cienfuegos, (1880-1901)

162

LOS DISTINTOS TIPOS DE URBANIZACIONES QUE FUERON ESTABLECIDOS EN LA CIUDAD DE LA HABANA DURANTE SU EPOCA COLONIAL

POR ABEL FERNÁNDEZ Y SIMÓN, M.C.I.C.C.

*"También é ido reparando calles y animando á los vecinos para que edifiquen; y han hecho algu
nas casas buenas, y cada día las van haciendo; con que este lugar se va ennobleciendo."*
Carta del Gobernador Gabriel Luján al Rey (fines del Siglo XVI.)

Preámbulo[1].—En esta Primera parte trataremos, aunque con brevedad, sobre los múltiples aspectos que caracterizaron el lento proceso seguido en el progreso urbano de la villa de La Habana durante sus primeros años o sea en el siglo XVI. Así pues, nos referiremos a las *mercedes* de solares en la población, hechas por el Concejo Habanero a los vecinos de la villa y al señalamiento de los mismos sobre el terreno, a las *calles reales* entonces existentes, a los *trazas de los alarifes*, a los *repartimientos* que se decretaron por el Concejo para costear las obras públicas y a otros puntos que consideramos puedan ser de interés para el benévolo lector.

Las facultades de los Concejos para mercedar tierras a los vecinos.—Los Concejos del siglo XVI, establecidos en la Isla, gozaban de muy amplias facultades de orden administrativo, las que a su vez les imponían graves deberes y responsabilidades en efecto, eran de la competencia de los ayuntamientos, entre otras atribuciones, el otorgamiento de licencias para la explotación de las minas y para la implantación de otras empresas de caracter industrial, comercial y agrícola, teniendo a su cargo la construccíon de las fortificaciones de la plaza, así como la defensa de la misma, el abastecimiento de las flotas y galeones que tocaban en el Puerto, la construcción y mantenimiento de las obras públicas, entre ellas las del abstecimiento de aguas potables, la construcción de edificos públicos tales como las Casas Capitulares, la Iglesia, los Hospitales, la casa de Aduanas, la cárcel, la Carnicería etc. etc...

Pero la más trascendental, de sus funciones, en el orden urbano y del fomento general del Municipio, era, sin duda, la facultad que tenía el Concejo de mercedar tierras, tanto en el campo para la cría de ganado mayor y menor (sabanas y sabanillas, hatos y corrales) y para los cultivos agrícolas (sitios de labor), como terrenos para fabricar las casas dentro del perímero urbano (solares) y para establecer huertas, estancias y conucos en los arrables aledaños a la Ciudad.

Para darse cuenta de la gran extensión del territorio que comprendía la jurisdicción del Concejo de la Habana (unos 30,000 kilómetros cuadrados) baste saber que incluía las actuales Provincias del Pinar del Río, la Habana y Matanzas y así vemos que existen documentos del siglo XVI en los que constan las mercedes de hatos y corrales hechos, en esa época, por dicho Concejo, en lugares tan distanciados entre sí y del Puerto de la Hauana como lo son en dirección hacia el oeste el conocido entonces por el de *Nuestra Señora de la Consolación*, donde hoy se encuentra el pueblo de La Palma, en la pintoresca región montañosa de la costa Norte de la Provincia de Pinar del Río, al Oeste del imponente macizo conocido entonces por el *Pan de Cabañas*, hoy de *Guajaybón*. También un sitio para ganado menor en el *Cabo de San Antón*, en el extremo occidental de la Isla. En dirección hacia el Este se mercedaron tierras en numerosos lugares tales como el conocido por *Ca-marioca* "a cuatro leguas de Matanzas y a tres leguas de un corral que se dice Guamacaro", así como en las planicies de *Guareiras*, en el extremo oriental de la Provincia de Matanzas.

De estas numerosas y liberales concesiones (la tierra sobraba entonces) de fértiles terrenos y valiosos solares urbanos, no solo se beneficiaron los vecinos pobres que habitaron, en aquella época, la villa de La Habana, sino que también los mas conspicuos e influyentes personajes de la administración pública. Aun los miembros del Clero hubieron de solicitar y obtener tierras y solares siendo así que vemos al propio Gobernador de la Isla, a los alcaldes, regidores, escribanos, procuradores, clérigos, etc. obteniendo hatos, corrales, solares y estancias, cuantiosos bienes adquiridos a títulos de conquistadores. Con el tiempo fueron pasando a poder de sus herederos cuando ya habían alcanzado un gran valor relativo, haciéndolos así pudientes y poderosos.

No obstante, justo es consignar, que cuando por alguno de los miembros del Concejo se hacía peticiones de algún terreno, por vía de merced, se acostumbraba que el interesado se saliera del Cabildo en ocasión de tratarse el asunto de su interés, dejando a los demás miembros que deliberaran o platicaran (como entonce se decía) con entera libertad de acción.

El primitivo caserío. El plano de la villa de fines del siglo XVI. Las trazas de los alarifes. Las calles reales.

Sabido es que la villa de La Habana, en sus primeros tiempos, era un caserío formado por humildes viviendas de tabla y guano, esparcidas a lo largo de la ribera del Puerto, muy parecido a las de hoy llamadas *playas* que existen en diferentes lugares de la costa de nuestra isla. Estas casas eran habitadas por marineros, soldados, artesanos y agricultores. No obstante su modestia, la población se veía prestigiada por la presencia en ella de un reducido grupo de personajes de rango, formado por el Gobernador, los alcaldes, regidores, escribanos, etc. que formaban el Concejo de la Villa, militares, clérigos, etc... Importante núcleo que ejercía la autoridad que les había sido delegada por lo más poderoso Monarca de su época. El hecho de ser el puerto de La Habana de un valor estratégico singular, ya que permitía asegurar el paso de los grandes convoys de galeones que transportaban a la Metrópoli las fabulosas riquezas extraidas de las minas de Tierrafirme, fue la causa primordial del engrandecimiento de la población en los años postreros del siglo XVI y en los años subsiguientes.

El plano de la primitiva villa.—Hemos creído muy útil y conveniente preparar un Plano (mejor diríamos un bosquejo) de lo que fue la primitiva villa de La Habana a fines del siglo XVI, tratando de desentrañar los escasos y confusos documentos y crónicas de la época que han llegado hasta nosotros. Su objeto es servir de guía en la descripción de las calles rurales, así como situar los edificios más importantes que existían en la villa, allá por los años de 1580 al 1590, fecha en que la población alcanzaba la cifra de unos 4,000 habitantes. (Figura 3.6)

Analizando dicho Plano encontramos que la población podrá ser dividida, entonces, en tres núcleos urbanos principales a saber:

(a) El triángulo formado por las actuales calles del Obispo, Habana y la ribera del Puerto. En este núcleo se encontraban el Castillo de la Real Fuerza, la Plaza de Armas, la Iglesia Parroquial Mayor, el Hospital de San Felipe y Santiago (luego de San Juan de Dios), el Convento de Santo Domingo y la Real Fundición de Artillería.

(b) el rectángulo formado por las actuales calles de la Muralla, del Obispo y de Aguiar y por el Puerto (al este). En este núcleo se encontraba la Casa de los Gobernadores, la Casa de Aduanas, el Convento de San Francisco, la Cárcel, la Plaza Nueva, etc...

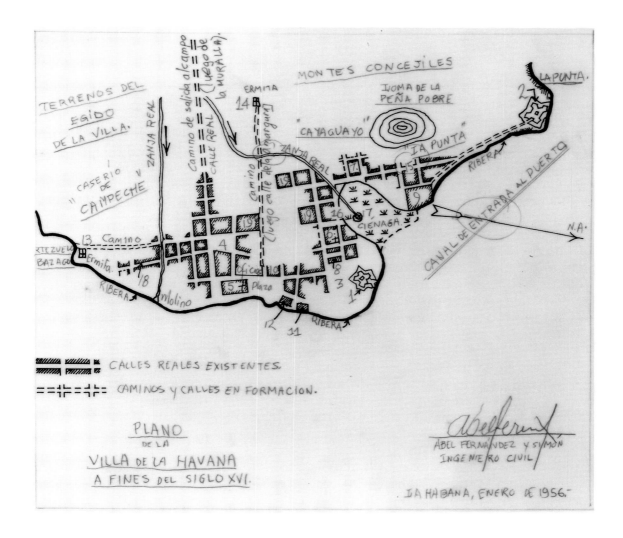

Figura 3.6. Plano de la villa de La Habana a fines del siglo XVI. (Enero, 1956)

(c) El triángulo formado por las calles de la Muralla, San Ignacio y el Puerto, se conocía este lugar por el barrio de "Campeche", encontrándose en él la Ermita del Humilladero y el Portezuelo de Bazago. Estaba este núcleo formado por las viviendas de pescadores y carpinteros de ribera que convivían con indios Mejicanos traídos de aquella región para auxiliar a los Castellanos en sus faenas industriales.

Las trazas de los alarifes.—Aun cuando, al principio, las calles no obedecieron, en su trazado, a disposición u ordenanza alguna, ni tuvieron orientación definida, sino que se fueron situando caprichosamente, según las necesidades que tenían los vecinos de estar cerca de la ribera del Puerto, de las primeras plazas públicas y de las fortalezas, conventos e iglesias y de los edificios públicos que se fueron edificando donde mejor convenían a las autoridades, así como por el aprovechamiento de aquellos terrenos que, topográficamente, les ofrecían mayores ventajas. Lo cierto es que ya en el año 1559 (después de la destrucción de la villa por los corsarios franceses), se ordenó a los vecinos que poseían solares por merced del Concejo que lo desyerbaran y desmontaran "para que se los midan e señalen para que vayan en *orden e traza...*"

En el año de 1578 y en relación con los solares de propios tomados por el Cabildo alrededor del Monasterio de Santo Domingo para darlos a censo perpetuo, se comisionó a los

165

señores Alcaldes y Regidores de la villa para "que los señalen e midan y estaquen, señalando cada solar conforme a la *traza e quadra* questa villa tiene dada..."

Es de conjetujarse, pues, que ya desde mediados del siglo XVI, y en cumplimiento de las Ordenanzas que entonces regían, existían, adscritos al Concejo *alarifes*[2] o simplemente albañiles diestros que eran los encargados de preparar las *TRAZAS* o sea los planos o bosquejos más o menos precisos que servían de pauta para regular los alineaciones de las calles y plazas, así como para señalar los solares mercedados por el Ayuntamiento.

Pero el documento que, en forma más clara y terminante da fe de la existencia de las dichas trazas, lo es, sin duda, el contenido en el Acta del Cabildo celebrado en la Habana el día 22 de Noviembre del año de 1596 "en donde se metió una "petición de Gregorio López, alarife de la Ciudad, sobre lo "tocante al dicho oficio; se le proveyó se le entreguen los *trazos de la Ciudad* y los demás recaudos que tenía en su poder "Esteban Gutiérrez, alarife que fue, y que use de dicho oficio "y en su ausencia Hernan Rodriguez, albañil".

Las calles reales.—Aunque sólo hemos podido encontrar escasos datos oficiales dignos de crédito sobre la existencia de determinadas calles, en la villa, a fines del siglo XVI, ya que los antecedentes que hasta nosotros han llegado son simples relatos o "cronicas" de dudosa veracidad, es evidente que tomando como ciertos los trazados de las calles contenidos en el plano de Roda (1603), del que más adelante trataremos con mayor detalle, así como la situación de los principales edificios públicos y religiosos que en dicho plano se señalan, mas teniendo en cuenta las múltiples referencias hechas en las Actas Capitulares de ese período, llegamos a la conclusión de que, a fines del referido siglo, existían por lo menos cuatro *CALLES REALES*, a saber:

a) La actual calle del Inquisidor (llamada al principio de *las redes sin salida*) que iba desde la Plaza Nueva (luego Vieja) hasta la punta de Campeche, cerca de la Ermita del Humilladero. En la faja costera donde luego se construyó la Alameda de Paula acostumbraban, entonces, los pescadores a tender sus redes para secarlas y remendarlas; carpinteros de ribera y calafates construían y reparaban, en esa tranquila playa, sus modestas embarcaciones. Existen documentos del año 1607 en que ya se hacían referencias directas a esta antigua calle.

b) La actual calle de los Oficios (llamada antes *de la Concepción*) así denominada por la existencia, en ella, de numerosas tiendas de menestrales y pequeñas industrias, los que daban un carácter peculiar a esa parte de la villa, siendo esta la calle principal a fines del siglo XVI.

En esa calle se encontraba, entonces, la *Casa de los Gobernadores*, situada entre las actuales calles de la Amargura y de Lamparilla, frente a la marina, así como el monumental e histórico *Convento de San Francisco de Asís*, el que aún se yergue, majestuoso, en esa céntrica parte del Puerto. Terminaba esta calle, por su extremo Norte, en la Plaza de Armas, pudiendo decirse que dicha vía enlazaba las tres Plazas que entonces existían (incluyendo la de San Francisco al costado del Convento).

c) La actual calle de la Muralla, conocido entonces como la *calle Real*, por antonomasia, que era muy importante y trasitada por cuanto por ella se salía al camino que conducía tanto a la vuelta de arriba como a la vuelta de abajo. Esta calle también tuvo, después, los nombres de *Ricla* y de *Cuna*.

d) La actual calle de O'Reilly (llamada antes calle *Honda* y calle del *Sumidero*) que también era importante porque partiendo de la Plaza de Armas y pasando por el costado del convento de frailes Dominicos, comunicaba (por la hoy llamada calle de Aguiar) con el

Hospital nuevo que se fundó con el nombre de *San Felipe y Santiago*, variando su nombre en 1603 a *Hospital de San Juan de Dios*. Este enlace de calles era, entonces, de obligado uso, por cuanto las calles actuales de Mercaderes, San Ignacio, Cuba y la del Empedrado estaban cerradas por la gran Ciénaga en la que más tarde se construyó la Plaza de la Catedral y sus edificios circundantes, al ser rellenadas esas marismas, abriéndose entonces la refereridas calles para facilitar el tránsito.

e) Aunque no es citada en los documentos antiguos como una calle propiamente dicha, existía también la actual calle de Aguiar en el tramo comprendido entre Empedrado y Peña Pobre. Era en realidad esa vía un camino tortuoso que conducía desde el Hospital nuevo hasta el pequeño castillo de la Punta, dejando a un lado (hacia el Puerto) la casa de la *Real Fundición de artillería*. En los primeros tiempos de la villa dicho camino se conocía como el "*camino de la fortaleza vieja*" y su prolongación hacia el norte y luego hacia el oeste se conocían como el "*camino de la Punta*" y el "*camino de la Caleta de Juan Guillén* (luego de San Lázaro).

f) Existían además, dos caminos importantes (dentro de la zona urbana de la villa), el uno que iba desde la actual esquina formada por las calles de Luz y San Ignacio al entonces llamado Portezuelo de Bazago (en parte de la actual calle de los Desamparados) y el otro, que partiendo desde la Plaza del Convento de San Francisco se dirigía, siguiendo la calle de la Amargura, aunque en forma sinuosa, hasta el extremo Oeste de dicha calle. Fue, a lo largo de este antiguo e histórico camino que, durante más de doscientos años consecutivos se celebró la celebérrima procesión del *vía-crucis*, en semana Santa, la que comenzaba en la Capilla del Santísimo Cristo de la Vera Cruz (en la Iglesia del Convento de San Francisco), terminando en la actual plaza del Cristo, donde se levantaban las cruces del Calvario. Ambos caminos aparecen señalados en el Plano.

Solares reservados por el Concejo para formar la Plaza Nueva y para ser dados a censo a los vecinos.

A mediados del siglo XVI se resolvió por el Concejo ocupar los terrenos que hoy forman la manzana limitada por las calles de Mercaderes, Muralla, San Ignacio y Teniente Rey, conocida por la *Plaza Vieja* (antes Nueva), ya que la primitiva plaza pública había sido ocupada por el Castillo de la Fuerza.

Por otra parte, estando el Concejo en necesidad de obtener fondos para cumplir sus obligaciones, se acordó que por el propio Ayuntamiento se reservaran determinados solares en lugares céntricos y valiosos de la vila para darlos *a censo* a los vecinos, cuyos réditos vendrían a engrosar los fondos municipales.

Un histórico barrio urbano del siglo XVI

En relación con el progreso urbano de la villa, el Gobernador Francisco Carreño hubo de manifestar en el año 1577, que "paresce quel pueblo se va extendiendo hacia "la fortaleza vieja..." En efecto, estudiando las consesiones de solares otorgados por el Concejo entre los años de 1550-1577 vemos que los vecinos de la villa Antonio Zuazo, Tomás Martín, Isabel de Sepúlveda, Pedro de Pando, Elvira de Madrid, Santos Bacaiete, Cristobal Martel, Francisco de Zamora, Bartolomé Harto, Andrés Camacho y otros más fueron obteniendo mercedes de solares contiguos los unos a los otros, formando así un pequeño, pero bien situado, núcleo de población entre el Hospital nuevo y el Castillo de la Punta. A nuestro entender estos terrenos, que pronto fueron poblados al ser construídas las moradas de dichos vecinos, son los que hoy existen en ambas aceras de la actual calle de Aguiar entre las calles de Chacón y Peña Pobre, calle que pertenecía al entonces llamado barrio de *La Punta*, caserío cercano a la Real Fundición de Artillería, pequeño pero importante centro fabril en aquella época.

Las leyes de Indias

Según se ha explicado en artículos anteriores, por las Leyes de Indias se dictaron las reglas pertinentes para el trazado de las villas y poblaciones de nueva creación en tierras americanas, las que debían fomentarse alrededor de una Plaza, debiéndose situar convenientemente la Iglesia, las casas de gobierno, la casa del Concejo de la villa, atarazanas, etc... sacando desde dicha Plaza las calles hasta las puertas y caminos principales debiendo dejar prevista la *forma de dilatar y seguir la población*, es decir la mejor manera de llevar a cabo los ensanches de la misma.[8]

Dado el reducido número de vecinos con que contaba la villa de la Habana en los primeros años posteriores a su fundación, su carencia de recursos económicos y la necesidad ineludible en que estaban de levantar obras de fortificación para la defensa del Puerto, es que no se pudo construir la Plaza ni los edificios ordenados por las Leyes de Indias ni mucho menos estudiar un trazado correcto para sus nacientes calles, siendo así que, cuando en el año de 1559 se señaló por el Concejo el lugar adecuado para allí establecer la *Plaza Nueva* (luego llamada Vieja) se hizo más bien con fines de lucro, ya que todos los solares situados en las calles que rodean la Plaza, con frente a la misma, fueron tomados por el Ayuntamiento para ser vendidos a censo a los vecinos, malográndose, con esta medida, el disponer de un *núcleo central urbano* que cumpliear con las disposiciones del Código Indiano.

El plano de Cristóbal de Roda.— Antes de entrar en la crítica de las ordenanzas de construcción, pasaremos al análisis del Plano de la Ciudad de la Habana, que fué levantado por el Ingeniero Cristóbal de Roda en el año de 1603, ya que el mismo marca el tránsito entre el modesto caserío que existía a fines del siglo XVI y la importante *Ciudad fortificada* que llegó a ser la Habana a mediados del siglo XVIII, confinada dentro de un recinto amurallado, por tierra y por mar. Daremos previamente algunas cosideraciones de carácter general a modo ilustrativo.[9] (Figura 3.7)

El plano de Roda.[10]—Este plano, de gran valor histórico, cuyo original se encuentra en el Archivo de Indias de Sevilla, fue reproducido por Don Germán Latorre, Catedrático de Geografía de la Universidad de dicha ciudad, en su Libro titulado "La cartografía colonial americana" (Sevilla, 1916) y que tiene su escala en pies de varas castellanas.

Es el primer plano (planimétrico) que demuestra las alineaciones de las calles de la ciudad, levantada por el Ingeniero, basándose, posiblemente, en las **TRAZAS** oficiales que habían sido previamente formadas por los **ALARIFES** municipales.

Constituye por sí solo, el plano de Roda, la primera manifestación efectiva de *planeamiento urbano* de la naciente ciudad ya que, esencialmente se trata de un proyecto de ensanche de la población, por cierto bastante ambicioso para la época en que fue concebido, ya que cubría una extensión tres veces mayor que el área que tenía la población a fines del siglo XVI, previendo un crecimiento de la zona urbana, hasta alcanzar unas 65 manzanas de casas, suficientes para dar cómodo alojamiento a una futura población de más de doce mil habitantes, el triple de la población de esa época.[11]

Adjunto presentamos un Plano de la ciudad según los ejes de las alineaciones trazadas por el Ingeniero Roda, señalando las calles con sus nombres actuales para el mejor entendimiento del dibujo. El límite del ensanche entonces propuesto era la línea poligonal de una proyectada obra de defensa a la que Roda llamó la *nueva cerca de la ciudad*, que según unos habría de consistir en una simple palizada y sus fosos, pero que por otros historiadores se afirma que se trataba de levantar una muralla de piedra de sillería de medianas dimensiones, con sus baluartes, terraplenes, fosos y puertas de salidas al campo, según Proyecto que el referido Ingeniero militar hubo de redactar por encargo del gobernador Don Pedro de Valdés, obra que no se llegó a construir debido a su elevado costo.

Este fue el primer intento formal de fortificar la ciudad por la parte de tierra, cuyo objetivo no fue logrado sino hasta mediados del siglo XVIII, al ser levantadas las famosas *Murallas del Recinto*, si bien su emplazamiento se llevó hasta las actuales calles de Monserrate—Egido, dándose mayor espacio a la población.

Si se compara el plano de Roda con los trazados de las antiguas ciudades medioevales, encontramos que aquel representa un gran paso de avance en materia de urbanismo ya que nos presenta un trazado en forma de *cuadrícula* (aunque un tanto irregular y no siempre en ángulo recto), según lo ordenado en las Leyes de Indias, en oposición al trazado en *laberinto* que caracterizó a las ciudades anteriores al descubrimiento de América.

De todos modos el plano de Roda constituyó, en su época un verdadero estudio topográfico de las calles y plazas existentes, que servió de pauta para el crecimiento de la ciudad en el siglo XVII y siguientes.

A continuación haremos una comparación entre el trazado de Roda y los planos actuales de la Ciudad, señalando algunas peculiaridades en lo que a las alineaciones de las calles se refiere: (Ver figura 3.8)

(a).— *Calles en dirección Norte-Sur.*— (longitudinales).— Las calles de Habana, Aguiar, Cuba y San Ignacio se construyeron, en líneas generales, siguiendo el trazado original, con muy ligeras desviaciones.

La calle de Oficios se mantuvo dentro del trazado en su parte central, con ligeras inflexiones en sus extremos. La calle de Inquisidor-Mercaderes constituye una excepción, formando una bayoneta, según puede verse en el Plano, siendo la que, en el conjunto, es de mayor irregularidad.

(b).—*Calles en dirección Este-Oeste* (transversales).

Las calles de Sol, Muralla, Obispo, O'Reilly, Empedrado, Tejadillo, Chacón, y Cuarteles se construyeron de acuerdo con el trazado original.

Las calles de Luz y Santa Clara sufrieron una ligera desviación en su rumbo, si bien quedaron rectas.

La calle del Teniente-Rey cambió bruscamente de rumbo, en forma diagonal, produciendo manzanas muy irregulares, en sus forma y dimensiones. Sin embargo se conservó recta. La calle de la Amargura sufrió una desviación produciendo manzanas en forma de cuña, pero también se conservó recta.

Por último, las calles de Lamparilla y Obrapía conservaron su trazado original, pero sufrieron una ligera inflexión entre la calle de Mercaderes y la ribera del Puerto.

Es de conjeturarse que algunas de las calles defectuosas señaladas ya existían en el año 1600 y que el Ingeniero Roda, trató, en su proyecto de alineaciones, de subsanar sus defectos y torceduras, lo que no pudo lograrse ya por la oposición de los intereses creados o bien por el alto costo que suponía construir nuevas calles rectas.

En el Plano referido se señalan, por medio de signos convencionales, las alineaciones de las calles que fueron construídas según el Proyecto de Roda, las alineaciones que fue-

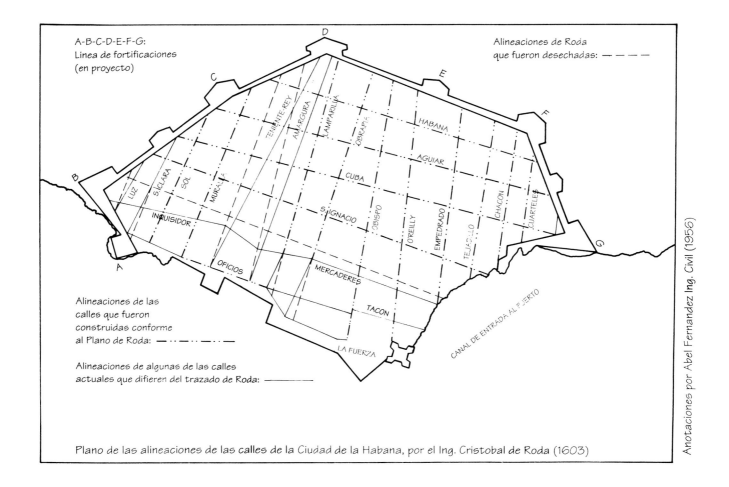

Figura 3.7. Plano de La Habana, basado en el plano de Roda de 1603,
mostrando variaciones en la orientación de calles

ron desechadas y las alineaciones de algunas de las calles actuales que difieren del trazado de Roda.

Las ordenansas de construcción promulgadas durante el siglo XIX

Es un hecho curioso que así como las Ordenanzas de Cáceres rigieron por un período
que duró cerca de dos siglos, por el contrario sucedió que el siglo XIX se caracterizó por
su actividad en la renovación de esta clase de regulaciones urbanas, a tal extremo que en
el breve período comprendido entre los años de 1837 y de 1862 se pusieron en vigor tres
ordenanzas.

1. Las ordenansas del año 1837.[12] El 15 de Septiembre del año 1837 fueron adoptadas
por el Ayuntamiento de la Habana las *"Ordenanzas de edificios de Madrid, Toledo y Sevilla,* acomodadas a los usos y costumbres de esta Ciudad.

Estas regulaciones permitieron aprovechar las experiencias obtenidas, hasta entonces,
por ciudades europeas de continuada e histórica tradición urbana, especialmente en lo
referente a la construcción de edificios.

Ya en estas Ordenanzas se determinaba "que todo vecino que quiera fabricar una casa
de nueva planta, deberá presentar al Ayuntamiento un plano de planta y demostración

de la fachada que vaya a tener el edificio, con la correspondiente memoria descriptiva de las obras a realizar."

Para construir plantas altas sobre los edificios existentes, así como para abrir huecos de puertas y ventanas en las fachadas de los mismos estaban obligados los propietarios de los inmuebles a dar parte oficialmente al Maestro Mayor de la Ciudad, a fin de que por ese funcionario municipal se resolviera si la licencia solicitada, en cada caso, debía o no ser concedida.

Como se ve, ya se atendía entonces, con estas y otras disposiciones semejantes, a que los edificios tuvieran la necesaria solidez y estabilidad y que sus fachadas se mantuvieran dentro de las reglas arquitectónicas que el ornato público exigía en toda ciudad importante.

2. Las Ordenanzas Municipales del año 1855.—Como resultado directo de la revisión del Bando de Gobernación y Policía aprobado en el año de 1842 por el Gobernador Don Gerónimo Valdés y con el fin de dejar separadas las materias de Gobierno de las de simple policía municipal, fueron aprobadas por el Gobernador Don José de la Concha, en 24 de Diciembre del año 1855 unas nuevas Ordenanzas municipales para la Ciudad de la Habana, las que fueron publicadas en la *Gaceta de la Habana.*

En el Capítulo referente a *Salubridad Pública* de dichas Ordenanzas se insertaron dos artículos que por los curiosos aspectos de orden sanitario que contienen, merecen ser conocidos y que son los siguientes:

En el Art. 22 se disponía que durante los ardorosos meses del verano cada vecino estaba obligado a regar con agua limpia el frente de su casa, una vez a las 8 de la mañana y otra vez de 4 a 5 de la tarde, so pena de incurrir en multa de uno a tres pesos.

El artículo 26 obligaba a los dueños de los comercios de bodega o zapatería a colocar en el umbral de la casa por su parte inferior, una vasija de agua limpia para bebida de los perros callejeros y en evitación de que ocurrieran casos de hidrofobia.

En el Capítulo correspondiente a Edificios aparecen los artículos siguientes, muy importantes en lo referente a las edificaciones urbanas:

Art. 121.—El Ayuntamiento, antes de conceder la aprobación de la obra de que se trata (construcción o reparación de edificios) oirá el parecer de un Maestro Mayor Arquitecto.

Art. 122.—Es del cargo de los Maestros Mayores Arquitectos de la ciudad:

1º—Informar si en las fábricas se falta a "las reglas de seguridad."

2º—"Cuidar de que se practiquen los acordelamientos y se guarden las líneas trazadas en ellos."

3º—"Vigilar, de acuerdo con la Dirección de composición de calles, que se observe el orden debido en la dimensión y colocación de las banquetas para el paso de los transeuntes de a pie…"

Por el artículo 123 se dictó una provisión que tendia al mejoramiento urbano de la ciudad al disponerse la prohibición de construir casas de guano, paja o madera en la zona comprendida entre la Calzada de Belascoaín y la llamada Habana vieja.

Las concepciones de Noda sobre los trazados de las poblaciones.[13]

En sus *reglas sobre trazado de las poblaciones* recomendaba Tranquilino Sandalio de Noda y Martinez las condicionales siguientes:

Calles de 20 metros de anchura, incluyendo las aceras rectas, perpendiculares entre sí y en dirección Nordeste a Suroeste, constando de carretera, dos arboledas y dos aceras; toda calle o plaza se trazarán expeditas, sin edificios dentro ni cerrándolas al frente. Entre los solares y la acera quedará un espacio de cinco a diez metros para carmen o jardín donde no podrá fabricarse, pues es forzoso para la salubridad pública."

Según el criterio de Noda las manzanas debían ser cuadradas, de cien metros de lado, con diez solares; disposición que luego fue mejorada.

3. Las ordenanzas de construcción del año 1862.

En el Periódico oficial de de 8 de Enero del año 1862 fueron publicadas, para su cumplimiento, las ordenanzas de construcción para la ciudad de la Habana, que habían sido aprobadas por el Gobernador político, Corregidor de la Habana en 30 de Diciembre de 1861. Posteriormente, por Decreto del Gobierno General de 10 de Abril de 1894, se dispuso su observancia en toda las demás poblaciones de la Isla.

En uno de los anteriores Capítulos se hizo un breve comentario sobre estas Ordenanzas en relación con las normas que en la misma se contienen, al cual nos remitimos.

En esta ocasión nos limitaremos a extractar en unas casos y a transcribir en otros algunos artículos de los capítulos II y III de dichas regulaciones que tratan, respectivamente, de las *Vías Urbanas y Proyectos de nueva población*, y que son los siguientes.

Arts. 14, 15 y 16. Se clasifican las calles según su anchura, en la forma siguiente:

a) Vías de *primer orden*, de no menos de 25 Mts. de ancho, con aceras de 2.50 Mts.

b) Vías de *segundo orden*, de no menos de 14 Mts. de latitud, con aceras de 1.67 Mts.

c) Vías de *tercer orden*, son las que excediendo de 9 Mts. de latitud no llegan a 14 Mts., con aceras de 1.10 Mts.

d) Vías de *cuarto orden*, son las que exediendo de 6 Mts. de latitud no llegan a 9 Mts. El ancho de las aceras es el que resulte de dejar un pavimento de 5 Mts. de latitud.

Art. 18.—"En los nuevos proyectos de población unicamente se admitirán vías o calles de los dos primeros órdenes..."

Art. 31.—"En cuanto lo permitan las circunstancias de la "localidad y con el objeto de que todos los edificios disfruten de los beneficios de los vientos más generalmente reinantes en el país, a la vez que sean castigados por el Sol lo menos posible, se trazarán las calles rectas entre dos líneas paralelas y en dirección de N. E. á S. O. y de N. O. á S. E."

Art. 32.—"En todo proyecto de nueva población, a distancias de cinco en cinco manzanas, se propondrá precisamente una calzada o vía de primer orden... Para todas las demás calles se adoptará, en general, el ancho de las de segundo orden o sea de catorce metros..."

Art. 33.—"Además del terreno que ocupen las calzadas y calles, los dueños de las que se reparten cederán el necesario para plazas, iglesias, escuelas, mercados u otros establecimientos públicos o municipales que en cada Reparto se determinen por la autoridad competente, sin que por esta cesión puedan exigir retribución alguna.

Art. 36.—*PORTALES*.—"En todas las casas de las plazas y calles de primero y segundo orden de los nuevos repartos se establecerán precisamente portales a expensas del terreno de los solares pero quedando los portales abiertos al tránsito público y debiendo desde luego proponerse y marcarse éstos en el plano del reparto."

Art. 37.—"El ancho de los portales será de 3.50 Mts. en las plazas y calles de primer orden y de 3 Mts. en las de segundo."

Art. 38.—"En los solares en que no se edifique y que se destinen a jardines, patios u otros usos, las cercas, verjas y en general todo cierre que se establezca en la calle se colocará dejando expedito el espacio correspondiente a los portales"

Art. 40.—"En las plazas y calles de primero segundo orden se pondrá arbolado, representándolo en el plano, y todo el que adquiera solares, y en su defecto el dueno del reparto quedará obligado a plantar en el sitio que se designe por el Excmo. Ayuntamiento los árboles correspondientes al frente de sus terrenos o costear su plantación cuando se le requiera al efecto por la autoridad competente."

172

Las ordenanzas de construcción del año 1862 son pródigas en atinadas disposiciones sobre la formación, presentación y aprobación de los *Proyectos de nuevas poblaciones* con sus memorias y planos demostrativos de las alineaciones y perfiles de las calles, sistemas de cloacas y otros servicios públicos, siendo de la obligación de los propietarios de los repartos la explanación de los terrenos así como la construcción de los pavimentos de las calles y de las aceras de piedra dura.

De todos estos interesantes particulares, por su extensión, no podemos ocuparnos en detalle en este ensayo que, por su propia naturaleza, ha de ser necesariamente breve.

Los distintos tipos de urbanizaciones que fueron desarrollados durante la época colonial. Adjunto se acompaña un Plano, formado por el Autor, en el que se demuestran los seis distintos tipos de urbanizaciones establecidos en la Ciudad de la Habana hasta el año de 1899, representándose, a escala de 1:5,000 metros los trazados de los repartos y ensanches de la población en distintos períodos. (Figura 3.9)

A continuación se dan las características de los referidos tipos urbanos tales como los anchos de las calles y aceras, la presencia de portales, arbolado y césped, la densidad de población, etc.

La nomenclatura usada corresponde a la que aparece en el Plano. (Figura 3.9)

TIPO "A"—(1600-1740). Urbanizaciones dentro del recinto de las Murallas (Intramuros) y Barrio de Guadalupe en los Extramuros.

Trazado *hipodámico* imperfecto y de calles estrechas.

Barrio típico representado en el Plano: el de San Felipe. Manzanas de 60 Mts. por 70 Mts., aproximadamente. Ancho de las calles: 22 pies castellanos o sea unos 6 Mts. Anchos de las aceras: Variables de uno, dos o tres pies. Densidad de población: 520 habitantes por hectárea.

El trazado de la ciudad de *Intramuros* fue realizado de acuerdo con el Plano de Roda (1603) y con las *trazas* de los diversos ensanches posteriores al mismo, al ser repartidas las primitivas huertas y estancias que existían dentro de aquella limitada zona.

TIPO "B".—(1740-1800). Ensanches de la Ciudad de Extramuros.

Barrio típico representado en el Plano.— El de San Nicolás. Trazado *laberíntico*, formado por calles estrechas y tortuosas del tipo *medioeval* (reminiscencias de las antiguas ciudades semíticas del cercano Oriente).

Ancho de las calles 5, 6 y 7 metros.

Ancho de las aceras: 2 y 3 pies.

Manzanas irregulares de variadas formas y tamaños. Densidad de población: 710 Habitantes por hectárea.

Parece ser que tanto ese ensanche como otros similares de la misma época, tales como los actuales barrios del Pilar, de Atarés y otros (entonces pobres y humildes arrabales) se fueron formando caprichosamente sin obedecer a trazado oficial alguno.

TIPO "C".—(1819).—Delineaciones de los Extramuros: Barrio típico representado en el Plano: El de *Monserrate*.

Trazado hipodámico, menos imperfecto que el de la Habana Vieja con calles rectas y paralelas, en general de ancho mediano y aceras de latitud aceptable, sin césped ni arbolado.

Ancho de las calles: 10 Metros, a excepción de la calle de Agrimensor Don José Noriega Mallorquín puede verse el trazado de dicha población.[14]

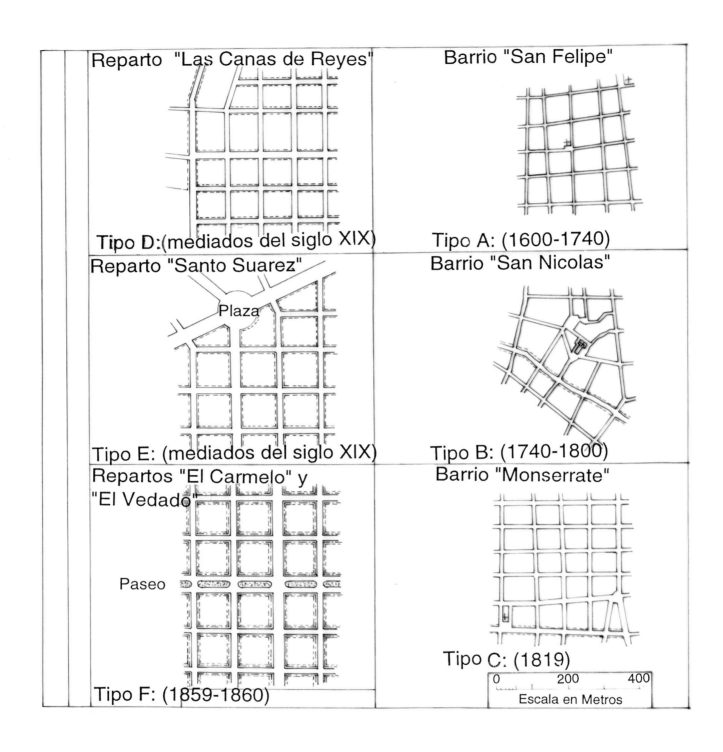

Reparto "Las Canas de Reyes"

Tipo D:(mediados del siglo XIX)

Reparto "Santo Suarez"

Plaza

Tipo E: (mediados del siglo XIX)

Repartos "El Carmelo" y "El Vedado"

Paseo

Tipo F: (1859-1860)

Barrio "San Felipe"

Tipo A: (1600-1740)

Barrio "San Nicolas"

Tipo B: (1740-1800)

Barrio "Monserrate"

Tipo C: (1819)

| 0 | 200 | 400 |

Escala en Metros

Figura 3.8. Seis tipos distintos de urbanizaciones de La Habana colonial
ver páginas 159 a 163 por Fernández y Simón

174

TIPO "D".—(Mediados del siglo XIX).

Tipo *de transición* entre los trazados de los siglos XVII y XVIII de calles estrechas sin portales, césped ni arbolado y los trazados *modernos* de la segunda mitad del siglo XIX, en cuadrícula con calles paralelas alcanzando los 14 Mts. de latitud y más anchas, manzanas de tamaño adecuado, portales y anchas aceras con césped y arbolado, ya de acuerdo con las prescripciones de las Ordenanzas de construcción del año 1862.

Trazados típicos representado en el Plano: El Reparto de *"Las Cañas de Reyes"*, en el Cerro, (1859).

Ancho de las calles: 13.56 Mts. (16 varas cubanas), a exepción de la calle Príncipe de Asturias, (hoy Primelles) que es de 20 Mts. Ancho de las aceras: 3.50 Mts. con cesped y arbolado.

Manzanas de 70 Mts. por 90 Mts.

Densidad de población: 290 habitantes por hectárea.

El Reparto "Las Cañas" tiene la particularidad de tener portales (de 2.50 Mts.) únicamente en aquellas calles que salen a la Calzada del Cerro (la que también esta dotada de portales más anchos), tales como las calles de Infanta, Churruca, Primelles, Colón, etc., en contraste con las calles transversales tales como San Cristóbal, Pezuela, Santa Teresa, Daoiz y Velarde que carecen de dichos portales. Es por ello que hemos considerado este peculiar tipo de trazado como de transición según se ha explicado.[15]

TIPO "E".—(Mediados del siglo XIX). Trazado en cuadrícula, de calles anchas paralelas con *portales generalizados* en todas las calles, con aceras amplias dotadas de césped y arbolado; manzanas de buen tamaño. Trazado típico representado en el Plano: El del Reparto *"Santos Suárez»*, en Jesús del Monte (1860).

Ancho de las Calles: 14 Mts. a excepción de la Calzada de Serrano que tiene 24 Mts. de latitud con aceras de 6 Mts. de ancho.

Ancho de las aceras: 3.25 Mts. con césped y arbolado.

Manzana de 90 Mts. por 100 Mts.

Portales de 2.50 Mts.

Densidad de Población: 230 habitantes por hectárea.

Debemos dejar aclarado que este tipo de trazado no llenaba completamente las condicionales establecidas en la Ordenanzas del año 1862 (posteriores a la aprobación de este Reparto), si bien la diferencia es muy ligera ya que solo limita a que los portales son de 2.50 Mts. de ancho, en lugar de los 3 Mts. que, como mínimo determina dicha reglamentación.

Es curioso observar que entre el año de 1862 y el año de 1899 hubo un período de estancamiento en la realización de nuevos ensanches de población y que solo después, a principios del siglo actual, es qué se produjo una era de extraordinaria actividad en este aspecto del progreso urbano, especialmente en los barrios de Arroyo Apolo, Luyanó, etc., ya dentro de la vigencia de las Ordenanzas del año 1862.

Sin embargo es doloroso confesar, que ni antes ni después se observaron las sabias disposiciones contenidas en el art. 32 de las mismas que obligaba a los propietarios de los repartos a construir una *vía de primer orden* (no menos de 25 Mts. de ancho a distancias de *cinco en cinco manzanas*, sabía previsión que, de haberse cumplido, hubiera facilitado grandemente el tránsito de los vehículos.

TIPO "F".—(1859 y 1860) Los Repartos de población de "El Carmelo" y de "El Vedado".

Trazado moderno, en cuadrícula, de calles paralelas de primero y segundo orden, con amplias aceras dotadas de césped y arbolado, con jardines y portales en todas las calles; 33 por ciento de superficie descubierta dentro del área de las manzanas.

175

Trazado típico representado en el Plano:—El del Reparto de *"El Carmelo"* (parcial).

Ancho de las calles: 16 Mts. a excepción de las calles de 23 y de Línea que son de primer orden, así como las Avenidas de Paseo y calle G que alcanzan el ancho exepcional de 50 Mts. con doble calle y "parterre" central.

Ancho de las aceras: 4.50 Mts. con césped y arbolado.

Manzanas de 100 Mts. por 100 Mts.

Jardines de 5.00 Mts. (privados).

Portales de 4.00 Mts. (privados).

Orientación de las calles Nordeste-Suroeste.

Densidad de población 160 habitantes por hectárea.

Para darse cuenta de la alta proporción alcanzada en el Vedado, en lo referente a los" *espacios descubiertos*", (calles, jardines, patios y pasillos), debemos consignar que, en este perfeccionado tipo de urbanización, dicha proporción, se eleva hasta el 55 por ciento del área total, siendo así que la misma está limitada a menos del 30 por ciento en los antiguos barrios situados en la Habana Vieja.

El barrio de Vedado como modelo de planeamiento urbano.—[16] Según opinión de algunos ilustrados urbanistas contemporáneos resulta difícil, por no decir imposible, encontrar en las principales ciudades del continente americano y aún en las de la vieja Europa, un ejemplo de planeamiento urbano destinado a residencias privadas, que date de mediados del siglo pasado, que contenga tantos perfeccionamientos y ventajas, como el conocido con el nombre de *El Vedado*, en la Ciudad de la Habana.

Considérese, en efecto, un territorio formado por terrenos calcáreos de unos tres kilómetros de longitud por dos kilómotros de latitud, rodeado por su parte Norte y Este por la costa brava del Golfo de Méjico (a lo largo de la cual se construyó el famoso Paseo del Malecón), desde la que asciende el terreno en suave pendiente hasta la línea meridional de colinas que, comenzando en las alturas de la Universidad Nacional y siguiendo por el Castillo del Príncipe y meseta de San Antonio, Aldecoa y Kohly, sobre la cota de 40 Mts., cierra por el Oeste el profundo, agreste y pintoresco cañón del Río Almendares para buscar de nuevo la costa en la ancha desembocadura de dicha corriente fluvial.

En ese territorio, dotado de tantas bellezas naturales y tan cercano a la ciudad antigua, se trazó, a mediados del siglo XIX, el importante ensanche de población conocido hoy por *"El Vedado"*, con una extensión de más de 500 hectáreas urbanizadas que incluye, además, los repartos de "El Carmelo, "Medina", "Azotea", "Rebollo", "Ampliación de Vedado" y "Kohly".

Por sus anchas calles y hermosas avenidas y paseos, parques y monumentos, por sus jardines privados y especialmente por sus incontables edificios destinados a residencias, particulares o colectivas, artísticos y suntuosos, proyectados y construidos por los Arquitectos cubanos del siglo actual, haciendo derroche de inventiva, buen gusto y refinamiento arquitectónico, es que El Vedado constituye un legítimo orgullo para los habaneros, que lo reputan como el más alto exponente del avance urbano alcanzado por nuestra Capital en los últimos decenios, con raíces casi centenarias en su concepción, trazado y desarrollo primitivo, según se ha explicado.

Aprobación de los proyectos de repartos de población de "El Carmelo", "El Vedado" y de sus ampliaciones.

Con fecha 26 de Enero del año 1859, los Srs. José Domingo Trigo y Juan Espino, presentaron un escrito al Sr. Presidente del Ayuntamiento de la Habana en el que decía "que conociendo la imperiosa necesidad de ensanche en que se encuentra la población para proveer de casas en donde se pueda dar cabida a multitud de familias que viven en comunidad por ser hoy el único recurso, concibieron el proyecto en el punto conocido por "La Chorrera", de una población que con el nombre de "El Carmelo" tuviera por límites el mar, el río Almendares, las estancias de Baeza y El Coronel y la Quinta del Vedado.

Los planos fueron formados y autorizados por el Ing. Luis Yboleón Bosque. Del total de 105 manzanas repartidas se reservaron dos para iglesias tres para mercados y una para parque.

El proyecto fue aprobado por el Ayuntamiento en 8 de Abril de 1859 y por el Gobernador Capitán General en 5 de Mayo del propio año.

El Reparto de "El Vedado".—El 11 de Abril del año 1860 el Sr. José de Frías y Jacott, por sí y a nombre de sus hermanos Don Francisco (Conde de Pozos Dulces), Doña Dolores y Doña Ana, propietarios de la finca titulada "El Vedado", situada entre el Reparto "El Carmelo" y la Batería de Santa Clara, deseosos de repartir en solares parte de la finca mencionada, para la formación de una población que preste desarrollo a la de esta Capital, siendo continuación de la de "El Carmelo" y designándola con el nombre de *"Barrio del Vedado"* solicitaron del Ayuntamiento la aprobación del plano de reparto hecho por el Ing. Don. Luis Yboleón, comprendiendo 29 manzanas.

Ampliaciones. En el año de 1877 se solicitó del Ayuntamiento la aprobación del Reparto "Prolongación del Vedado" según proyecto del Ing. Don. José Ocampo, para la urbanización del resto de la Hacienda "Balzaín de Africa o Vedado".

El Reparto *"Medina"* aprobado en el año de 1883 que incluye el Reparto *"Azotea"*, aprobado en 1908.

El Reparto *"Rebollo"* en la finca *"La Campana"*, el que había sido aprobado en el año de 1885, declarada su caducidad por el Ayuntamiento en 25 de Enero de 1915 y autorizada de nuevo su urbanización en ese propio acuerdo, según el Plano formado por el Ing. Sr. Ignacio de Vega en el año anterior.[18]

Relación, por orden cronológico, de los Repartos de población aprobados entre los años de 1820 y 1883.
   Grupo "A". (1820-1850).
      Betancourt.—(Contiguo a la Cda. de Belascoaín, barrio de San Leopoldo).
      Urra.—Barrio del Pilar.
      Nicolás de Torres.—(en el ángulo formado por las Calzadas de Jesús del Monte y de Luyanó).
      Carlos del Rey.—Cerro.
      Echeverría.—Barrio del Pilar.
      Rodríguez.—(Conocido como Barrio de Concha).
   Grupo "B".—(1852-1861).
      Quinta del Rey.—(Angulo formado por las Calzadas de Cristina y de Concha).
      Santa Catalina.—Cerro.
      Omoa.—Barrio de Villanueva.
      Chaple.—Cerro.
      Jibacoa.—(Al Norte de la Ave. de Carlos III).
      Peñalver y Sanabria.—Barrio de Pueblo Nuevo.
      Pérez (Luyanó), en el Barrio de Concha.
      El Retiro.—Pueblo Nuevo.
      Ana Márquez.
      Aldecoa.—Cerro.
      El Carmelo.—Actual barrio del Vedado.

Las Cañas de Reyes, en el Cerro.

Los Angeles (Espeliús).—Al Este del Puente Alcoy, Río Luyanó.

NOTA.— Las calles de este Reparto son de 14 Mts. de ancho, con portales de 3.00 Mts.

Carmona.—Pueblo Nuevo.

Correa.—Jesús del Monte.

Ferrer (hoy Lawton).—Arroyo Apolo.

Santo Suárez.—Jesús del Monte.

Vedado.—En el barrio del mismo nombre

Ojeda.—Luyanó.

Grupo "C".—(1862-1883).

Orbe.—Luyanó.

Catalina de la Cruz.—Arroyo Apolo.

San Lázaro. (Terrenos del Hospital).—Al Oeste de la Cda. de la Infanta.

Obrapía de Aramburo.—Barrio de Cayo Hueso.

Medina.—En el actual barrio de su nombre.

NOTAS

1. Deseamos dejar debida constancia de que, la redacción de este ensayo ha sido posible gracias a los numerosos y fidedignos datos y antecedentes que aparecen en las conocidas obras y artículos consultados por nosotros, de historiadores, ingenieros, arquitectos, urbanistas, arqueólogos y archiveros tan ilustrados como José M. Bens Arrarte, Luis Bay Sevilla, Carlos Mendoza, Emilio Vasconcelos, Irene Wright, Mario J. Buschiazzo, Dr. Ramón Meza, Miguel A. Hernández Roger, Luis Morales Pedroso, Angel Luis Valladares y otros conocidos autores.

Asimismo hemos consultado, de modo especial, las actas Capitulares del Ayuntamiento de La Habana, publicadas bajo la dirección del doctor Emilio Roig de Leuchsenring, Historiador de la Ciudad de La Habana, Tomos I, II y III, durante la administración de los Alcaldes Municipales Dr. Antonio Beruff Mendieta y Dr. Raúl G. Menocal, años de 1937, 1939 y 1946 (fechas de las ediciones).

2. La palabra alarife es de origen árabe y significa maestro, se aplica a los arquitectos, maestros de obras y albañiles.

Es conveniente dejar aclarado que los nombres de las calles citadas anteriormente, son relativamente modernos ya que en el siglo XVI y parte del siguiente, las calles de la villa carecían de nombres, distinguiéndose más bien mediante referencias generalmente imprecisas usadas por los vecinos, tales como "donde está un limón", "en la costa arriba", "delante de la piedra blanca" y otras que pueden verse en algunos antiguos documentos.

3. El acta Capitular más antigua, referente a la admisión de un nuevo vecino (de las conservadas en los archivos) es la del cabildo celebrado en 5 de Julio de 1555, según la cual, Alonso Sánchez del Corral pidió a los señores Justicia y Regidores lo recibieran por vecino de la villa "e sus mercedes lo recibieron por tal vecino y lo mandaron apuntar en este Libro por tal."

4. Se llamaban *velas* a la vigilancia nocturna de las costas, que hacían los vecinos, para estar atentos a la aparición de navíos enemigos y dar la voz de alarma, labor que era obligatoria y gratuita, ya que constituía uno de los deberes propios de los dichos vecinos para con el Concejo.

5. Se refiere a los cercados que se conocen por *setos vivos* o sea for formado por arbustos tal como el almácigo, el piñón florido y otros que prenden en el terreno por estacas enterradas en el mismo.

6. Queremos aprovechar esta oportunidad para recordar los nombres de los oficiales canteros que, procedentes de Sevilla, fueron a la Ciudad de Santo Domingo en el año de 1510, para laborar las piedras de importantes construcciones en esa Ciudad y que fueron: Ortuño de Artiga, Pedro Correa, Pedro de Matienzo, Francisco de Albaida, Alonso de Herrera, Juan de Anero, Juan de Molina, Juan de Oña, Juan de Olivares, Juan Valenciano, y Juan Gallego.

7. *Aparejador* es el oficial que, en las obras de importancia, prepara y dispone los materiales que han de entrar en ella.

8. Esta sabia previsión constituye el embrión o fundamento de los hoy llamados *Planos reguladores* de las poblaciones.

9. Existe tanta diferencia entre el trazado de las estrechas calles de la Habana del año 1600 y las modernas y amplias Avenidas y Plazas actuales, como la que separa, a través de los casi cuatro siglos transcurridos, a los rudimentarios métodos seguidos a fines del siglo XVI para el levantamiento de planos de ciudades utilizando reglas, cordeles y goniómetros de alidadas de pinulas, con los modernos sistemas seguidos, al mismo objeto, usando cintas de *invar* y teodolitos y niveles perfeccionados, según los cánones de la actual *topografía de precisión*, asignatura que con singular maestría, hace más de 40 años, nos enseñaba el ilustre Profesor, ya desaparecido, Dr. Alejandro Ruiz Cadalso, en su Cátedra de la Escuela de Ingenieros de la Universidad de la Habana.

10. Entre los escasos planos de la villa de fines del siglo XVI, haremos una breve referencia sobre los dos siguientes:

a) Un plano formado por el piloto portugués conocido por "carga-patache", que es más bien un ligero croquis del Puerto de la Habana mostrando los tres castillos, la Iglesia, el Hospital nuevo y las canteras que existían entre el Morro y la loma de la Cabaña, así como también se señalaban el Caserío de la Villa y las lomas de Luyanó.

b) Un plano de la villa y del Puerto de la Habana, atribuido a Francisco Calvillo. Se trata de un curioso dibujo representando el caserío "a vista de pájaro" en el que puede verse el Castillo de la Fuerza, la Iglesia, el Hospital y la cadena que cerraba la entrada del canal del Puerto, con un gran torreón en la parte de "La Punta", así como la atalaya construida por el Gobernador Mazariegos en el Promontorio del Morro.

11. Ya en tiempos del Gobernador Lujan se intentó un primer ensanche de la población y de rectificación de las calles existentes, a cuyo efecto se ordenó la demolición y el traslado para la zona de los arrabales, de hasta unos 40 bohíos de tabla y guano, habida cuenta de su mal emplazamiento y de su carácter combustible, lo que constituía un peligro para el resto de la población.

12. Como nota curiosa, que retrata el espíritu de la época, transcribiremos parte del acuerdo tomado por el Concejo en cabildo celebrado el 25 de Agosto del año 1577.
"Dijo el señor Gobernador que la caxa del Cabildo está hecha e los padrones para las medidas están en el Cabildo e que es bien que se meta todo en la dicha caxa, e que de jee el escribano... E que demas "desto se compre la Recopilación de leyes y el libro de las siete Partidas o el hordenamiento real. E todo se meta dentro de la dicha caxa."

13. Hemos limitado el texto de los comentarios relativos a estas ordenanzas así como a las del año 1855 con el fin de poder dar mayor extensión al articulado de las ordenanzas del año 1862, por ser estas las últimas puestas en vigor y las que, en definitiva, sirvieron de base al desarrollo urbano alcanzado por la Ciudad en los últimos decenios transcurridos.

14.Tranquilino Sandalio de Noda y Martínez (1808-1867) nació en un cafetal cercano al pueblo de las Cañas, en la provincia de Pinar del Río. Famoso autodidacta, filósofo y escritor, era también filólogo, naturalista y agrimensor. Escribió, entre otras obras, la llamada "*El Atlante Cubano*" que trata sobre Agrimensura. Trabajó intensamente, en el fomento de la región conocida por la Vuelta Abajo, proyectando caminos y trazando poblaciones.

15. Aun cuando en los tipos de urbanisaciones "A", "B" y "C" descritos, las calles eran estrechas y carentes, de portales y arbolado, ello no quiere decir que no existían en la Ciudad, en aquella época los hoy llamados "*espacios o áreas verdes*", ya que según se ha explicado en otro Capítulo, los Ingenieros urbanistas de entonces se habían venido preocupando, desde el siglo XVIII, de dotar a la población de, amplios parques, alamedas y avenidas, aprovechando grandes areas yermas pertenecientes al procomún que existían en distintos lugares de la Ciudad en formación.

Así vemos que la Alameda de Extramuros, el actual Parque Central, el Jardín Botánico y el Campo Militar formaban, a principios del siglo XIX, un verdadero bosque, existiendo además otros Paseos, avenidas y Quintas de recreo de abundante y frondoso arbolado, distribuídos en distintos lugares de la población los que proporcionaban al viandante en sus recorridos y a los niños en sus juegos amplios y variados lugares de esparcimiento, los que por virtud de su espléndida flora eran amables, pintorescos y salutíferos. En Capítulo aparte trataremos este interesante aspecto característico de la urbe colonial.

16. Como dato curioso queremos consignar aquí que en la urbanización de la villa de Colón, en la provincia de Matanzas, fundada en el año de 1818 con un humilde caserío y elevada a la categoría de Alcaldía Mayor y Tenencia de Gobierno en el año 1855, hubo de seguirse en el trazado de sus calles el tipo de *transición* de la misma escuela que el adoptado pocos años después para el Reparto "Las Cañas" en la Ciudad de la Habana.

En efecto, tenemos que las calles de la villa de Colón que cruzan la actual Carretera Central (calle con portales), antiguamente conocida por Isabel II o Camino Real de los Arabos, están provistas de portales, mientras que las calles transversales o sean las paralelas a dicha carretera carecen de los mismos, lo que da particularidad y distinción a esa importante y próspera villa matancera.

Debemos estos datos al ilustrado Ingeniero Civil Sr. Luis Ramos Ravella, muy conocedor de las provincias centrales de nuestra Isla.

17. Se llamaba *monte vedado* al territorio comprendido entre la caleta de San Lázaro y la boca del río de la Chorrera, derivándose su nombre de la prohibición que se dictó, en el siglo XVI, de transitar por los caminos de monte y de apacentar ganados vacunos en ese lugar.

En Cabildo celebrado en 10 de Diciembre del año 1585 se acordó "que por cuanto hay noticia e se tiene por cierta como este Puerto e villa de la Habana en días e años pasados ha sido de corsarios franceses secuestado e robado... e entraron por el *camino que viene de la caleta* por el monte de esta villa e para que de aquí en adelante los dichos corsarios no puedan venir por el monte como lo hicieron, acordaron e mandaron... que los dichos caminos que van a la Chorrera e salen a la playa e mar cierren e que no se anden sino por la *propia playa que va al pueblo viejo.*"

Se apercibía de multas de 50 pesos a los españoles o de cien azotes en defecto de su pago; pena de un año de servicio en la fortaleza si fuere indio y pena de desjarretamiento de un pie si fuere negro libre o esclavo o mestizo, en casos de desobediencia.

18. Además de los seis tipos de urbanizaciones coloniales descritas anteriormente existe un séptimo tipo urbano que fue desarrollado en la Ciudad durante el último tercio del siglo XIX, ocupando su parte más céntrica y a favor de las condicionales establecidas en las Ordenanzas de Construcción del año 1882.

Nos referimos al llamado "*REPARTO DE LAS MURALLAS*" en cuyos terrenos se levantaron los edificios más suntuosos y monumentales de la Ciudad (tanto en la época colonial como en la republicana), caracterizados por sus elevados puntales y sus portales con arcadas y columnatas. La importancia de este ensanche de población, relativamente moderno, merece que le dediquemos un Capítulo especial.

NOTA.-En el preciso y completo Plano de la ciudad de la Habana, formado por Don Esteban Pichardo, Agrimensor y Maestro de Obras, en el Año de 1894, aparecen señalados la mayor parte de los numerosos Repartos de población que existían al final de la época colonial, mostrándose con líneas continuas las calles entonces construidas y con líneas de trazos las simplemente proyectadas o en vías de construcción. En dicho plano puede apreciarse la forma, la situación relativa y los límites de dichos ensanches de población, así como los nombres originales de sus calles y Avenidas.

EVOLUCION URBANA DE LA CIUDAD DE LA HABANA
DURANTE SU EPOCA COLONIAL

ABEL FERNÁNDEZ Y SIMÓN, M.C.I.C.C.

Dedicado a exaltar la memoria de los Maestros Mayores de Obras: Mateo Aceytuno y Francisco de Calona y de los Ingenieros, Baptista Antonelli, Bartolomé Sánchez y Cristóbal de Roda, constructores que fueron de las primeras fortificaciones y del primer Acueducto que tuvo la ciudad de La Habana.

Preámbulo. Reconocimiento al mérito de la labor realizada por los "precursores". —Por grandes y trascendentales que sean las conquistas realizadas, hasta el presente, en el camino del progreso humano, en el campo de las ciencias, de las letras y de las artes, y por grandes que sean en el futuro las realizaciones que se puedan alcanzar en esta *era atómica* que ahora se inicia y en las nuevas eras por venir, cuya magnitud ni siquiera podemos vislumbrar, nunca serán dichas conquistas tan fundamentales y meritorias, en la Historia de la Humanidad, como las logradas en los siglos primeros, en que el hombre, venciendo los infinitos obstáculos que le oponían la Naturaleza, su propia ignorancia y la escasez de medios económicos y de comunicación, logró talar los montes, extirpar las malas yerbas y abrir los primeros surcos donde germinaron *simientes primitivas* que, más tarde, al evolucionar, habían de dar los sazonados frutos (materiales e intelectuales) que hoy fácilmente cosecha el hombre sobre nuéstro planeta.

La labor ímproba, pero fecunda, realizada por estos anónimos *precursores* así como por los que, con el andar del tiempo les fueron sucediendo, (nuestros abuelos espirituales), debe ser reconocida, enaltecida y exaltada cuando menos mediante el recuerdo de sus iniciativas y de sus logros, difundiendo aquellas y éstos por medio de la letra de molde y de la ilustración gráfica, sin regatear, en un ápice, sus altos merecimientos, ya que por virtud de esa continuada labor, a través de los siglos, aprovechando dolorosas experiencias, depurando teorías y perfeccionando invenciones del ingenio humano, es que se ha llegado, con paso lento pero seguro, al avanzado estado actual de cultura y de progreso de que hoy nos enorgullecemos. (Figura 3.9)

Objetivo de este ensayo.—El objetivo principal de este modesto aporte (el que aspira a ocupar un rincón en el campo del urbanismo histórico cubano), es el de dar a conocer a nuestros caros lectores, en forma abreviada, el desenvolvimiento urbano de la Ciudad de La Habana e historial de sus barrios, durante los *cuatro períodos* en que, arbitrariamente, hemos dividido el tiempo transcurrido entre la fundación de la villa de San *Crixpoual de la Havana* en el año de 1519 y el histórico año de 1899 en que terminó la época colonial, mediante la ilustración ofrecida por un *PLANO GENERAL DE LA CIUDAD* que aparece adjunto a este trabajo, el que ha sido especialmente formado por el autor para esta ocasión. (Figura 3.10)

Así pues, es que, rebuscando entre viejos Libros, mapas y papeles, de muy diversas épocas y procedencias, nos aprestamos contribuir con nuestro "grano de arena" en la, para nosotros gratísima labor de reconstruir, siquiera mentalmente, hechos, sucesos y realizaciones acaecidos en épocas pasadas, los que por no estar muy lejanos, pueden y deben ser tenidos por verídicos.[1]

Planos consultados.—Para la redacción de este trabajo el general, y especialmente para la determinacion de los diferentes ensanches de la población realizados en los distintos

Figura 3.9. El puerto de La Habana, visto desde La Cabaña, (1901-1905)

períodos, han sido consultados y comparados, por el Autor, numerosos planos y mapas antiguos de la Ciudad, los que se encuentran repartidos en Archivos y Bibliotecas tanto nacionales como extranjeros.

Plano de la ciudad colonial mostrando las areas ocupadas por las urbanizaciones correspondientes a los diferentes períodos históricos.

Adjunto presentamos el Plano a que se refiere el título anterior mostrando, mediante signos convencionales y letras, el área ocupada por todas y cada una de las urbanizaciones que se fueron realizando, sucesivamente, en cada uno de los cuatro períodos en que hemos dividido la *EPOCA COLONIAL,* a fin de facilitar al lector la tarea de interpretar las descripciones referencias y comentarios de carácter histórico-topográfico que figuran en este ensayo. (Figura 3.11)

Terminada esta breve explicación nos disponemos a entrar de lleno en materia, describiendo las diferentes urbanizaciones y ensanches de población realizados en cada uno de los períodos referidos, con expresión de sus áreas y de su población, haciendo, al propio tiempo, una breve mención de las circunstancias favorables que fueron la causa directa del fomento de cada nueva zona.

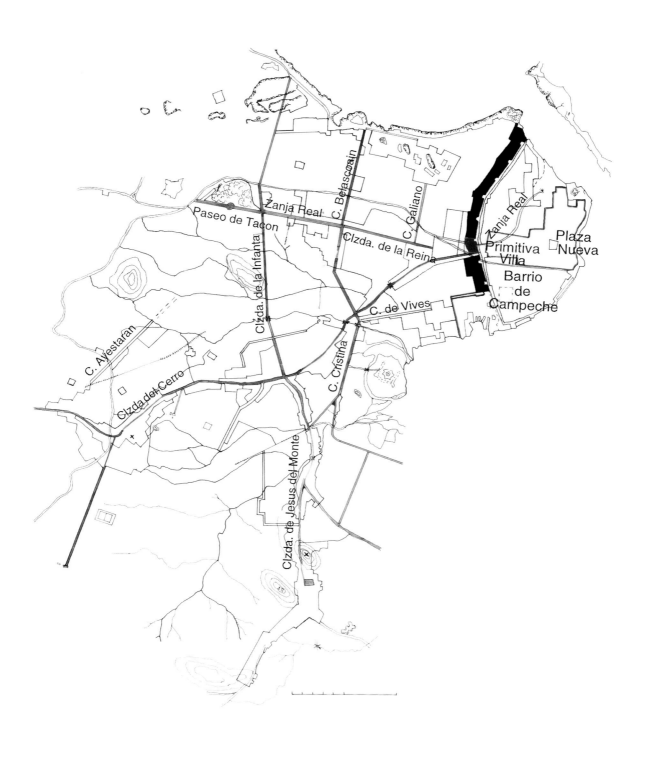

Figura 3.10. Plano de La Habana mostrando las areas de urbanizaciones durante
el período colonial (Fernández y Simón)

183

A.—*PRIMER PERIODO.* (1519-1600).—*Area ocupada por la primitiva Villa a fines del siglo XVI.—Población.* Según se ha explicado en otro Capítulo y de acuerdo con la información obtenida de los escasos planos y documentos de esa época, la población primitiva ocupaba solamente las llamadas *calles reales* que en número de cuatro entonces existían (Oficios, Mercaderes, Teniente Rey y Muralla) siendo esta la salida al *Camino Real* (A-1), habiéndose formado, además, un pequeño poblado en la parte Norte, a lo largo de las calles de la Habana y de Aguiar, conduciendo ésta al *Castillo de La Punta* y al camino de la *Caleta de Juan Guillén* (luego de San Lázaro) donde se hacia la vigilancia de esa parte de la costa. (A2)

El espacio ocupado por la primitiva villa, a fines del siglo XVI, según se ha explicado, era de unas 37 hectáreas o sea algo más de un tercio de un kilómetro cuadrado.

En 1598 la población contaba con unos 800 vecinos (cabezas de familia) los que con sus allegados, autoridades, religiosos y tropas de la guarnición de la plaza podían sumar hasta unas cuatro mil personas.

En esta histórica zona, cuna de la Ciudad, se construyeron en aquel período, además de los tres Castillos que desde entonces guardan la entrada del puerto, cuatro edificios notables (entre otros) que son: el convento de frailes menores de San Francisco, comenzando en el año de 1574, el que fue situado en la calle de Oficios con su fondo en la ribera del Puerto; el convento de frailes Dominicos de San Juan de Letrán, comenzando en 1578, cuya iglesia estuvo situada en la esquina de O'Reilly y Mercaderes; el hospital de San Felipe y Santiago situado al borde del lugar conocido entonces por "La Ciénaga", fundado en 1570, ocupando el lugar donde hoy se encuentra el parque de San Juan de Dios, y por último la Casa de la Real Aduana, comenzada en 1578, situada en la calle de Baratillo con fondo a lo marina, donde tenía un muelle propio el despacho de las mercaderías. De estos cuatro históricos edificios solo permanece el primero, ya que los otros tres han desaparecido.

También fueron construidos en aquella época los tres más antiguos parques o plazas de la Ciudad, que son la llamada Plaza de Armas contigua al Castillo de la Fuerza, la Plaza Nueva que luego se llamó Vieja, formada en el año 1559 y la Plaza de San Francisco, al costado de la Iglesia de ese nombre donde existió un primitivo mercado.[2]

Las actividades de la población, en aquella época, se distribuían entre la construcción de las fortificaciones, de la *Zanja Real*, de los conventos y de los edificios públicos y privados, los trabajos en la Real Fundición de Artillería, las labores agrícolas en las vecinas estancias y la pesca, especialmente de tortugas, cuya carne, convenientemente salada, era entonces muy apreciada como alimento de los tripulantes de los barcos.

B.—*SEGUNDO PERIODO.—Ensanches realizados entre los años de 1600 y 1750.*—Al final de este período la Ciudad se había extendido considerablemente ocupando los siguientes espacios:

1. El resto de la zona que, al ser construida la *Muralla del recinto*, se conoció con el nombre de INTRAMUROS, cuyos ensanches se hicieron a ambos lados de la primitiva villa, a saber:

El barrio llamado de *La Punta*, situado al Norte de la calle de Teniente Rey (B-1) con una superficie de 53 hectáreas.(3) En este barrio se construyeron en aquel período, entre otros notables edificios, el convento de monjas de *Santa Catalina de Sena*, situado en la calle O'Reilly y terminado en el año 1698; la iglesia del *Santo Cristo del Buen Viaje*, situada en la calle de Villegas y terminado en el año de 1693, y la Iglesia del *Santo Angel Custodio*, terminada en el año 1690, situada en la Loma de la *Peña Pobre*, cerca de la Muralla.

El otro barrio, llamado de *Campeche*, situado al Sur de la calle de la Muralla, que estaba entonces habitado por indios mejicanos traidos de esa provincia, para auxiliar a los castellanos en las labores industriales, (B-2) con una superficie de 38 hectáreas. La parte Noroeste de este barrio se conocía con el nombre de *Rancho de los Isleños o Curazao*.

En este barrio, uno de los más históricos de la Ciudad, el que aún conserva su típica apariencia colonial, se construyeron en aquella época, entre otros importantes edificios, el convento de monjas de *Santa Clara de Asís*, fundado en el año 1644, en la calle de Sol esquina a Cuba; el *Hospital de San Francisco de Paula*, para mujeres pobres, levantado en el año 1745, del cual se conserva la Capilla, que ha sido restaurada y declarada monumento nacional; la iglesia y Hospicio de *San Isidro Labrador*, construido en el año 1720, cuya vetusta torre aún está en pie, y por último el hospital de convalecientes de *San Diego de Alcalá*, fundado en el año 1704. (Nuestra Señora de Belén).

Cupo en suerte al barrio de Campeche, ya elevado a la categoría de *Cuartel* (con 4 nuevos barrios), contar con dos de los más antiguos y típicos paseos coloniales (construídos en períodos posteriores), siendo el primero la llamada *Alameda de Paula* (año de 1777). (Figura 3.11) dotada de una original y artística fuente y una gran rotonda central del lado de la Bahía, paseo que luego fue mejorado recibiendo el nombre de Salón de O'Donnell; el segundo lo fue el llamado *Paseo de Roncaly*, (1848), que ocupaba el lugar que hoy corresponde a la calle de Desamparados, formado por una doble hilera de árboles, fuentes y bancos de piedra, el cual corría a lo largo de los altos y robustos pretiles de las cortinas de la *Muralla de Mar*, que existió entre el Hospital de Paula y el Arsenal, a modo de un largo malecón. Este paseo, desde el que se disfrutaba de los bellos paisajes de las verdes colinas de Guanabacoa y de Luyanó, fue demolido para establecer allí la zona de comunicaciones de los llamados *Muelles de San José*.

Los dos referidos barrios de Intramuros, situados a lo largo de la ribera del Puerto, se

Figura 3.11. Alameda de Paula. Mediados del siglo XIX, La Habana

fueron lentamente fomentando, en este segundo período, a favor de los trabajos de construcción de los centenares de edificios públicos, religiosos y privados que allí se levantaron, así como de la fabricación de las Murallas que se situaron a lo largo de las calles de Monserrate y Egido, importante obra que se costeó con una fuerte subvención en metálico que le fue impuesta, durante varios años, a las Cajas de México. En esta época se abrieron las *Canteras de Sotolongo*, situadas en los terrenos del que luego fue el Arsenal, cerca de la Bahía. Los vecinos de esos dos barrios atendían también al cultivo de numerosas *estancias* cercanas, las que proveían a la población de abundantes productos del agro, aves de corral y ganado menor.

2.— Una Zona rectangular, aislada formada por unas doce pequeñas manzanas de humildes casas, situada al oeste de los terrenos ocupados por el *Real Arsenal*, que constituyó lo que fue y aún es el barrio de *Jesús María* (B-3) con una superficie de 9 hectáreas, en el que se erigió en el año de 1756 la Iglesia de *Jesús, María y José*, con un pequeño parque.

En la ribera de la Bahía, desde la calle de Egido, hasta la desembocadura del Arroyo Chávez se establecieron, en ese período tres centros de construcción de barcos, a saber:

El Arsenal que se dedicaba a la construcción de barcos de guerra para la Armada, con límite en la calle de Factoría.[4]

La Carraca, dedicada a la construcción de pequeños barcos para la pesca y la navegación de cabotaje.

El astillero de Tallapiedra, donde se construían barcos mercantes de gran tonelaje.

En estos talleres, dedicados a las construcciones navales encontraban trabajo centenares de carpinteros de ribera, calafates, cordeleros, herreros y demás artesanos de esta peculiar industria, los que se fueron estableciendo en el nuevo barrio, extendiéndose posteriormente hacia los vecinos barrios de *Vives y de la Ceiba*.

3.—Una zona irregular en su forma y en el trazado de sus callejuelas, que se creó a lo largo de la actual calle de *Guadalupe* (luego del Monte), la que, al final de este período, se encontraba pavimentada hasta la calle de Carmen. Esta zona estaba limitada, al Norte, por el Camino de *San Antonio el Chiquito* (luego Calzada de la Reina), al Sur por la calle de Corrales, al Este por la calle de Amistad y al Oeste, de un lado por la calle de Antón Recio y del otro lado por la calle de San Nicolás (B-4), con una superficie de 13 hectáreas.

En el centro de esta antigua zona se erigió, en el año de 1716 una modesta ermita, que se situó en la esquina Suroeste de las calles de Monte y Aguila, la que se llamó de *Guadalupe del Peñón*, la que, al ser reconstruida en el año de 1742 llegó a ser parroquia, luego demolida para el despejo del *Campo Militar*.

Este modesto barrio vivía a expensas de las numerosas estancias, huertos y molinos de tabaco que existían en los terrenos del que luego fue Campo de Marte y en otros lugares vecinos, así como de los numerosos aserraderos de maderas que se habían establecido en lo que luego fue barrio del Arsenal.[5]

4.—Otro pequeño ensanche que, en aquella época, era conocido con el nombre del *nuevo barrio de la Salud*, o simplemente de *Guadalupe*, (nombre este que aún conserva) zona que se fomentó entre el cauce de la zanja Real (actual calle de la Zanja) por el Norte y el Camino de San Antonio (Reina) por el el Sur, estando limitado al Este por la actual calle de Galiano y al Oeste por la actual calle de Lealtad (B-5), con una superficie de 14 hectáreas. Este ensanche se prolongaba a lo largo de las actuales calles de Reina y Carlos III, por su acera norte, en forma de estrecha lengüeta con términos en la calle de Aramburu, invadiendo terrenos del que más tarde fué barrio de *Pueblo Nuevo*. En la esquina de las Calzadas de la Reina y de la Beneficencia (luego de Belascoaín) se erigió, en el año 1751, la ermita de San Luis Gonzaga, la que fue demolida al construirse el *Paseo Militar de Tacón* (Carlos III).

El barrio de Guadalupe se fomentó alrededor del *Santuario del Cristo de la Salud*, año de 1742 (esquina de Campanario y Salud) a favor del importante tráfico, dirigido hacia el Puerto, de productos elaborados por las industrias del tabaco y del azucar de caña, cuyas materias primas eran suministradas a los numerosos molinos, trapiches y fábricas que existían en la Zona de Extramuros y en los barrios de Jesús del Monte y del Cerro, por gran cantidad de plantíos que se habían establecido en los valles y vegas de la Zanja Real, de los arroyos de Chávez y de Agua Dulce, así como en los del propio Río de la Chorrera y sus afluentes.

5.—Un pequeño núcleo que existía en la esquina Sureste del cruce de la Zanja Real con lo que luego fué Calzada de la Infanta (B-6), con una superficie de una hectárea.

6.—Un modesto caserío alejado de la Ciudad, formado por tiendas mixtas y por mesones de arrieros y de boyeros que se fué fomentando a favor de los caminos de las actuales Calzadas del Cerro y de Jesús del Monte, en la llamada *esquina de Tejas*, caserío que se extendía mayormente por el antiguo camino del *Guanchero o de la Cruz del Padre* (con este último nombre figura en los planos de la época), hoy la Calzada de Buenos Aires, (B-7) con una superficie de 4 hectáreas.

Area total de los ensanches del segundo período.—Población en 1750. En resumen, tenemos que el área ocupada por las urbanizaciones de este período, de lento progreso, sumaba, (incluyendo las 19 hectáreas del Arsenal) unas 151 hectáreas o sea uno y medio kilómetros cuadrados.

La población de la Ciudad, en el año de 1750, era de unos 62,000 habitantes, cifra estimada, pues hasta el año de 1773 no se realizó el primer *Padrón vecinal* del que se obtuvieron datos precisos.

C.—*TERCER PERIODO.—Ensanches realizados entre los años de 1750 y 1850.—Población.*[6]

Antecedentes.—Es este período el que, con propiedad, puede llamarse el *siglo de oro* del progreso urbano de La Habana, en la época colonial. En efecto, en este período fue que se lograron grandes mejoras y adelantos debido a la aplicación del vapor de agua a la navegación, a los Ferrocarriles y a la industria azucarera; se construyeron magníficos paseos en la Ciudad tales como, entre otros, la *Alameda de Extramuros* (El Prado) y el *Paseo Militar de Tacón* (Carlos III), éste con 60 varas de latitud, tres calles y dos paseos intermedios, ambos dotados de plazas circulares, artísticas fuentes y estatuas y frondoso arbolado; se abrieron al tránsito público nuevas y amplias avenidas como las de Vives, Galiano, Cristina y otras; se pavimentaron los principales caminos de salida al campo como las Calzadas del Cerro y su prolongación de Puentes Grandes, de Jesús del Monte, de Luyanó y otras; se construyeron suntuosos Palacios como los de la *Intendencia*, de la *Casa de Gobierno* y de *Aldama*; se levantaron edificios públicos tan importantes como la *Nueva Cárcel* y su anexo hospital, los *Mercados de Tacón y de Cristina*, el *Gran Teatro de Tacón*, la *Real Factoría de Tabacos*, la *Casa de Beneficencia*, el *Cementerio de Espada*, etc....

También fueron construidos, en este período, la Fortaleza de la Cabaña, los Castillos de Atarés y del Príncipe, la Batería de Santa Clara y otras obras de fortificación de la Plaza.

El auge alcanzado por la agricultura, por la ganadería, por las construcciones navales y por otras diversas industrias, así como la prosperidad del comercio exterior, hizo que la población de la Ciudad se duplicara en un período de 85 años, ya que la misma se elevó desde 75,618 habitantes que tenía en el año de 1773 hasta 149,060 habitantes que había en el año de 1859.[7]

En este período se llevaron a cabo los siguientes ensanches:

1.—Una zona que ocupó los actuales barrios del Arsenal, Ceiba, Vives y parte del de

San Nicolás, situados al Sur de la Calzado del Monte, (C-1) con una superficie de 25 hectáreas.

Esta zona se fomentó a favor de los muelles de cabotaje de Tallapiedra, de la Fábrica del Gas del Alumbrado y de los alambiques y otras industrias que allí se establecieron. Por ese lugar del Puerto y utilizando el ancho cauce del *arroyo de Chávez* (luego del Matadero) de suficiente calado para chalanas y barcazas, se transportaba, entonces, gran cantidad de maderas preciosas desde el *varadero* del Cerro, cercano a la Quinta del Obispo, procedentes de los bosques de las Provincias de La Habana y Pinar del Río, maderas que eran destinadas, parte para la construcción de barcos y parte para la construcción de edificios, tanto en la Ciudad como en la Metrópoli (sabido es que en la construcción del Monasterio del Escorial se utilizaron maderas cubanas). Por dicho canal se transportaban también, al Puerto, efectos y mercaderías diversas procedentes del interior de la Provincia.

En este período se construyó en el año 1834, en parte de los vecinos barrios de Vives y de Chávez, la *Calzada de Vives*, aprovechando el despejo causado en esa zona por el segundo incendio de Jesús María, ocurrido en el año 1828. En esta calle se construyó la *Plaza de la Reina Amalia* situándola entre las calles de Carmen y Rastro, la que luego desapareció.

2.—Otra zona ocupó los actuales barrios de Peñalver, Marte, parte del de San Nicolás y parte del de Chávez, situados todos al Sur de la Calzada de la Reina y al Este de la de Belascoaín, (C-2) con una superficie de 28 hectáreas.

En esta zona se construyeron, en aquel período, numerosas humildes viviendas para alojar a los artesanos y braceros que se necesitaban en la Ciudad, así como para los empleados de los comercios que se fueron entonces fomentando a lo largo de la Calzada del Monte, vetustas viviendas, muchas de las cuales aún permanecen, en su mayoría cubiertas por tejados del tipo español.

En el extremo oriental de esta Zona se erigió, en el año de 1854, el templo de *San Nicolás de Bari* cuya pequeña plaza es el centro de un laberinto de intrincadas callejuelas, de gran tipicidad. Ocupando el borde norte de este ensanche se encuentra la Calzada de la Reina (hoy Simón Bolívar).

A propósito de esta Avenida, séanos permitido rendir aquí un merecido tributo de admiración a los ingenieros y arquitectos que en el año 1735, con clara visión del futuro y venciendo la resistencia de un medio árido y de los intereses creados, lograron trazar y construir, aunque en principio, una calle tan amplia y recta como lo es la que entonces se llamó de *San Luis Gonzaga*, rectificando un tortuoso y accidentado camino carretero.

En esta majestuosa Avenida, durante el pasado siglo, se construyeron magníficos edificios de clásicos estilos, con portales, en los que se alternaban, cuadra por cuadra, los órdenes de arcadas con las columnatas coronadas por rectos entablamentos, llegando a constituir la misma por su amplitud y su excepcional orientación, aún hoy día, una de las principales arterias de la Ciudad, presentando impresionantes y bellas perspectivas por la circunstancia de tener, en sus extremos, de una parte la florida Plaza de la Fraternidad y de otra parte las altas torres de monumentales y modernos edificios, lo que le prestan apariencia de gran "*Boulevard*".

3.—Una zona que ocupó los actuales barrios de Dragones, Tacón y de la Punta y parte de los actuales barrios de Guadalupe, San Leopoldo, Monserrate y Colón, situados todos al Norte de la Calzada de la Reina, al Oeste de la calle del Morro y su prolongación Zulueta y al Este de Belascoaín, (C-3) con una superficie de 98 hectáreas.

En el centro de esta extensa zona se erigió, en el año de 1844 la Iglesia de Nuestra *Señora de Monserrate*, por traslado de la Ermita de igual nombre, la que estuvo situada en la calle de Bernaza, detrás de la plazuela de Albear, donde luego se levantó la estatua del insigne Ingeniero que construyó el Acueducto de su nombre, cuya memoria tanto veneramos los que hoy ejercemos la profesión que él supo honrar en grado sumo.

A lo largo del paseo del Padro y en su lado Oeste se construyeron hasta diez y ocho *Barracones*, de planta rectangular, dispuestos en dos filas, con sus calles intermedias, limitados al Oeste por la calle de Consulado y en sus extremos por las calles de Neptuno y de Colón, formando un conjunto regular y simétrico que constrastaba con el resto de las urbanizaciones cercanas.

También en esta céntrica zona se fundó, en el año de 1818 el *Jardín Botánico* que pronto se trasladó a la Quinta de los Molinos del Rey con el fin de dar paso al *Depósito del Ferrocarril de Villanueva* donde se construyó un vistoso edificio de torres almenadas (Estación de pasajeros) con frente al *Campo Militar o de Marte*, formado éste entre las Murallas, la Calzada del Monte y el barrio de Guadalupe, el que fue construído en el año 1837, confinándolo dentro de un recinto de unas cinco hectáreas, rodeado de una verja de hierro sobre un sólido basamento con pilares de sillería, con sus portadas y adornos y remates alegóricos al arte de la guerra.

En este período se construyeron, en esta zona, el *Cuartel de Lanceros*, en la calle de Dragones y la *Escuela Práctica de Artillería*, la que estuvo situada en la calle de San Miguel, cerca del que luego fue el Parque Central.

En el año 1818 y en cumplimiento de las Reales Ordenes dictadas en el año anterior se procedió, por el Real Cuerpo de Ingenieros, a delinear y ensanchar la zona de *Extramuros*, lo que se verificó dando mejor orientación, más rectitud y mayor anchura a las calles, estaquillando las esquinas de las manzanas. Así fue que los nuevos repartos de población que se fomentaron en aquel período, especialmente los comprendidos dentro del rectángulo formado por el Paseo del Prado, la Calzada de la Reina, la Calzada de Belascoaín y el litoral, resultaron ser de mejor trazado, con calles más anchas y manzanas más regulares que las de los antiguos barrios, con lo que se logró un apreciable paso de avance, en lo que a Urbanismo se refiere, en aquella época.

Aprovechando las indudables ventajas que esos nuevos ensanches de la población les ofrecían, fue que la acaudalada burguesía de entonces construyó centenares de casas, más o menos importantes por su tamaño y arquitectura, situándolas, de preferencia, en el Paseo del Prado, en las Calzadas de la Reina y de Galiano (Figura 3.12) y en las calles de Salud, San Miguel, Campanario, Consulado y Amistad, por no citar otras, amplios edificios de sólidos muros y recias techumbres, de gran comodidad para el alojamiento de familias de numerosas prole y parentela, que allí podían, holgadamente, celebrar en privado, sus acostumbradas reuniones y fiestas, características de la vida social en esa época.

Pero lo que más le daba un carácter propio e inconfundible a esas casonas coloniales era, sin duda el *patio criollo*, lugar recoleto y deleitoso, a veces rodeado de sombreadas lonjas, en cuyo centro solía destacarse una artística fuente (reminiscencia moruna) o simplemente una estatuilla o un labrado jarrón sobre pedestal, rodeada por canteros o "*parterres*" rectangulares, en cuyos floridos bosquecillos se confundían los rosales con las aralias, los jazmines con el platanillo, las parras con las higueras y, en aquellos verdaderamente espaciosos (pequeños huertos conventuales) crecían corpulentos árboles frutales, ceibas y palmas reales, bellos exponentes de nuestra incomparable flora tropical.[8]

4.-Dos pequeñitas zonas situadas al Norte y al Sur del Paseo de Carlos III, entre Belascoaín e Infanta, en el actual barrio de Pueblo Nuevo (C-4) con una superficie, sumada, de 13 hectáreas.

En esta zona se construyó la Casa-jardín o Quinta *"El Retiro"* (con este nombre se conoció después esa barriada), levantada por el Coronel Don Vicente Garcini, en la que luego existió una Casa Sanitaria, en parte de cuya enfermería había existido un *trapiche* o inge-

Figura 3.12. Calle Galiano. Comercios y carruajes. La Habana. (1900-1910)

nio de mieles fomentado por dicho Coronel. Asimismo se levantó en esta zona el *Cuartel de Caballería*, situado en la esquina de Zanja y Belascoaín, amplio y vetusto edificio que, durante muchos años, ocupó la Escuela de Medicina y que ha poco fué demolido.

Esta zona adquirió cierta importancia debido a la apertura del *Paseo Militar o de Tacón* (Carlos III) y al establecimiento del ferrocarril de La Habana, el que corría a lo largo del antiguo cauce de la Zanja Real, que había sido previamente rellenado.

5.—Una zona, alrededor de la Calzada de San Lázaro, ocupada por la *Casa de Beneficencia* (1794), por el *Hospital de San Lázaro* (1754), por la *Casa de Dementes de San Dionisio* (1826), por el *Cementerio de Espada* (1804)) y por otras construcciones aledañas, siendo la más importante el *Asilo de Mendigos de San José o de Artes y Oficios*, con su imponente pórtico de severa y clásica arquitectura, situado éste en la Calzada de Belascoaín, mas un pequeño núcleo fabricado al Oeste de dicha Calzada, en su intersección con la calle de Neptuno (C-5), situados estos edificios en el antiguo barrio de San Lázaro, ocupando una superficie de 11 hectáreas.

Como es natural, este grupo de importantes establecimientos, dedicados, por rara coincidencia, a dispensar el bien a los enfermos pobres y a los necesitados, contribuyeron al fomento del referido barrio y al del vecino barrio que hoy se conoce con el nombre de San Leopoldo.

6.—Otro importante núcleo de población, creado en este período, fué el que se situó a ambos lados de las Calzadas del Cerro y de Jesús del Monte, ocupando la casi totalidad del barrio del Pilar (llamado entonces del *Horcón*), así como parte de los actuales barrios de Atarés y de Villanueva (C-6) con una superficie de 39 hectáreas.

Ya en este punto queremos hacer una explicación para dar cuenta, aunque brevemente, de un trascendental paso de avance, dado en este período, relativo a los primeros trabajos de pavimentación, en forma científica y sistemática, llevados a cabo, entonces en los principales caminos y Calzadas que, desde la antigua ciudad, conducían al interior de la Provincia[9]

En el año de 1796 se pavimentó el tramo de la Calzada del Monte entre el *Puente de Chávez* (cuya construcción databa del año 1644, con el nombre de la *Puente Nuevo*) y la esquina de Tejas, en 850 metros de longitud; en el año siguiente se pavimentó un tramo de 130 metros, en la propia calle, a partir de la Plaza de las Ursulinas, hacia el Oeste; el tramo restante de dicha Calzada hasta la calle de Carmen y el *Puente de Antón Mozo*, en el cruce de la cañada de Antón Recio ya existían de antiguo.

En el año de 1832 se pavimentó la Calzada de Jesús del Monte, en un tramo de ocho kilómetros de longitud, entre la esquina de Tejas y la *Casa del Portazgo*, en Arroyo Apolo, Calzada que fue construida en el año de 1843, llevándola hasta Arroyo Naranjo y continuándola, en 1851, hasta el pueblo del Calabazar.[10]

En el propio año se pavimentó un tramo de la Calzada de Luyanó (o de Güines), de 3,200 metros de longitud, desde la Esquina de Toyo hasta el sólido y artístico *Puente de Alcoy*, obra proyectada y dirigida por el Ingeniero Don Francisco de Albear, la que hoy, con más de un siglo, permanece en perfecto estado de conservación

En el año 1830 se construyó el llamado *Puente de Cotilla*, en el cruce de la Calzada del Cerro con el cauce de la Zanja Real y en el año de 1834 se prolongó dicha calzada hasta Puentes Grandes, construyéndose, en este lugar, el gran *Puente de Diego Velázquez*, sobre el arroyo Mordazo. En el año de 1832 se pavimentó la Calzada de Cristina, entre los puentes sobre los arroyos de Chávez y Agua Dulce, vía que fue reconstruída en 1847.

La pavimentación de las referidas vías de comunicación facilitó grandemente el tráfico de mercaderías y de pasajeros entre la ciudad y los numerosos pueblos situados en los ricos valles del interior de la Provincia de la Habana, contribuyendo notablemente al fomento de los barrios del Pilar, de Atarés y de Villanueva, así como también al de los más alejados barrios del Cerro, de Puentes Grandes, de Jesús del Monte y de Arroyo Apolo. En esta zona se erigió en el año de 1814 la Iglesia del *Pilar de Carraguao*, con frente a la calle de Estévez en el barrio del Horcón.

7.—Una importante zona residencial que se fomentó a lo largo y a ambos lados de la Calzada del Cerro, desde la esquina de Tejas, en dirección al Oeste, con un núcleo en el cruce de dicha Calzada con la Zanja Real (C-70, con una superficie de 24 hectáreas.

En esta zona se construyeron, en la primera mitad del siglo pasado, numerosas residencias familiares llamadas *Quintas de recreo*, rodeadas de amplios y bellos jardínes siendo, entonces las principales la de doña Leonor Herrera (donde luego se estableció la Casa de Salud del Centro Asturiano) y la de los conde de Fernandina, de Santovenia, de Lombillo y de Peñalver, conocida esta con el nombre de *Quinta de Obispo*, entre otras muchas.

En esa zona y anexas a la Zanja Real habían sido establecidas, antiguamente, algunas pequeñas industrias, cuyas maquinarias eran operadas por medio de grandes ruedas de madera movidas con el agua de dicha acequia maestra, entonces muy caudalosa en cualquier época del año.

En el año de 1816 se erigió la Iglesia de *San Salvador de la Prensa* (nombre antiguo del barrio del Cerro) en el centro de una pequeña plaza cuadrangular

8.—Una estrecha faja que se pobló a lo largo y ambos lados de la Calzada de Jesús del Monte, entre el Puente de Agua Dulce y la *esquina de Toyo*, a la manera de los típicos caseríos de los Caminos Reales cubanos de aquella época, formado por bodegones, tiendas mixtas, carreterías, aserraderos de maderas etc.... (C-8) con una superficie de 12 hectáreas. Este tramo de Calzada era entonces de tránsito obligado para la salida de los vehículos que iban hacia Bejucal al sur y hacia Güines, hacia el este.

Area total de los ensanches de tercer período.—Población.

En resumen, tenemos que el área ocupada por los ensanches realizados en este período sumaba, incluyendo los terrenos de la Alameda de Extramuros, el Campo de Marte y el Jardín Botánico (luego Depósito de Villanueva), unas 255 hectáreas.

La población de la Ciudad, en el año de 1850, según cifra deducida de los Censos oficiales de aquella época, era de unos 168,000 habitantes.

D.—CUARTO Y ULTIMO PERIODO.—Ensanches realizados entre los años de 1850 y 1899.—Antecedentes.

En este período se dieron los siguientes pasos de avance en el progreso urbano de la ciudad: A mediados del siglo se puso en servicio el Ferrocarril del Oeste, cuyo Paradero (aún existente) se levantó en la Calzada de Cristina, cerca del Arroyo Matadero y cuyos almacenes de carga y descarga de mercaderías estaban al pie de la Loma de Atarés.

Asimismo se puso en servicio público el llamado Ferrocarril de Bahía con terminal en el pueblo de Regla, en donde estaba el *Paradero de Fesser*, haciéndose la comunicación con la Habana por medio de un servicio de "*Ferry-boats*" (llamados popularmente los "*vaporcitos*") que hacían viajes continuos entre el emboque de Regla y el situado en el *Muelle de Luz*. (Figura 3.13)

En esta época se construyó también el Ferrocarril de Marianao con terminal en la *Estación de Concha*, situada en Carlos III y Arbol Seco.

También, en este período, se puso en servicio el llamado Ferrocarril del Carmelo, conocido vulgarmente por "*la maquinita*", la que partiendo de la Punta, frente al *Depósito de Ingenieros*, corría por la actual Calzada de San Lázaro (entonces conocida por *Ancha del Norte*), para seguir luego por la calle Marina, y atravesando diagonalmente las manzanas del Reparto del Vedado, entrar en la recta y ancha calle de Línea hasta el Paradero, situado en la calle 18, cerca del Río Almendares.

El servicio del transporte interurbano, de pasajeros, se hacía por medio de los tranvías o "*carritos*" tirados por tres caballos, los que iban desde el centro de la Habana Vieja, en el Paradero de la Plazuela de San Juan de Dios, hasta los barrios del Príncipe, del Cerro y de Jesús del Monte.

Este servicio interno era complementado por los ómnibus o "*guaguas*" de Estanillo, con su terminal en la Plaza de la Catedral, usadas más bien por obreros, sirvientes, lavanderas, etc. que en ellas podían transportar bultos de ropa y comestibles. Eran también tiradas por caballos y llegaban, en su recorrido, hasta los pueblos vecinos. Estas notables mejoras en el transporte, así como otros progresos de diversa índole, alcanzados entonces, fueron, sin duda, de gran trascendencia en el grado de adelanto que ya gozaba la Ciudad al final de este último período colonial.

En este período se llevaron a cabo los ensanches siguientes:

1.—Habiéndose comenzado el derribo de las *Murrallas del Recinto* (en la parte de tierra) en el año de 1863, se proyectó el llamado *Reparto de las Murallas*,[11] o sea la nueva población que hubo de formarse en los años siguientes, en el amplio, céntrico y valioso espacio (corazón de La Habana colonial, que había estado ocupado durante más de dos siglos, por las grandes obras de fortificación que se levantaron para la defensa de la an-

Figura 3.13. Muelle de Luz y estación al ferry a Regla, La Habana. (1880-1901)

tigua ciudad de Intramuros. Era la faja de terreno comprendida entre las calles de Monserrate-Egido y el Paseo del Prado, con su eje en la calle de Zulueta, de 1,750 metros de longitud, desde la Punta hasta el Arsenal. El nuevo reparto de población se realizó según los Planos formados por el Excmo. Ayuntamiento en el año de 1865.

Este ensanche contiene, dentro de su amplio perímetro, las más espaciosas avenidas y plazas, así como algunos de los más bellos y mejor arbolados parques coloniales. En el mismo se construyeron, tanto en la segunda mitad del siglo pasado, como durante la era republicana, numerosos edificios de carácter monumental, los más costosos y suntuosos de la Ciudad, realzados estos por sus *portales de clásica sarcadas y columnatas* (siguiendo las prescripciones de las Ordenanzas de Construcción del año 1861). Estos edificios alineados alrededor de las amplias plazas y rectas avenidas y paseos, constituyen un armonioso y singular conjunto urbano, el que sin duda, presta un carácter propio e inconfundible a la ciudad. El Reparto de las Murallas ha sido especialmente señalado en el Plano (D-1) y tiene una superficie de 26 hectáreas.

2.—Dentro de la ancha zona de Extramuros, limitada al Oeste por la Calzada de Belascoaín, se poblaron, en este período, dos espacios considerables: el uno, situado en su parte Sur, cubriendo la porción que había permanecido yerma del actual barrio de Chávez, en el que se estableció el *Rastro de ganado menor*, cercano al nuevo *Matadero* (D-2), con una superficie de 22 hectáreas. El otro espacio estaba situado en la porción Norte y ocupó un polígono formado por parte de los actuales barrios de San Leopoldo y Monserrate, llamados *el balcón de La Habana*, por recibir directamente la fresca brisa del mar, en los que fue preciso rellenar las tres canteras que existían en la calle de las Lagunas, así como por parte del barrio de Colón (D-3) con una superficie de 27 hectáreas.

De esta manera fue que quedó completamente poblado, en este período, el extenso cuadrilátero formado por las calles de Monserrate-Egido al Este, el litoral al Norte, la Calzada de Belascoaín la Oeste y la Bahía al Sur, territorio ocupado por quince barrios de la división actual de la Ciudad.

3.—En la zona adyacente a la descrita anteriormente y más moderna que ella, se pobló, en este período el resto del barrio de San Lázaro (calles del Vapor y del Príncipe), (D-4) con 18 hectáreas, el nuevo barrio de *Cayo Hueso* conocido entonces también por *Aramburu*, en el que se construyó el *parque de Trillo* y en el que se establecieron numerosas industrias tales como fábricas de tabacos y de cigarros, de hielo, de cerveza, de confituras y otras, construyéndose, asimismo, numerosas viviendas para la clase media (D-5) con 55 hectáreas. Se ensanchó, además, el barrio de *Pueblo Nuevo* ocupando un espacio al Sur de Carlos III, con límite en la calle de Maloja y al Oeste de la calle División con límite en la calle Delicias, (D-6) con 8 hectáreas.

Fue precisamente el rectángulo comprendido entre Carlos III, Delicias, Desagüe y División (unas 10 manzanas) el lugar en que estuvo situado, por largo tiempo, el llamado *Campo o Placer de Peñalver*, espacio yermo que había sido dejado respetando la zona de despejo de las antiguas Murallas y que servía, entonces, como un parque público donde los niños y los adolescentes podían holgar a sus anchas. En este placer, que estaba atravesado por la arbolada Calzada de Belascoaín, se construyeron la *Escuela de Cadetes* y la *Escuela de Artes y Oficios* (ésta ya en la era republicana).

4.—Otra zona de bastante extensión que se pobló alrededor del núcleo, ya existente, de los barrios de Villanueva y de Atarés en éste se construyó la *Quinta del Rey*, (D-7) con una superficie de 65 hectáreas.

5.—El ensanche del barrio del Cerro y parte del barrio de Puentes Grandes, con su eje en la Calzada del Cerro, distribuido en tres lugares, a saber: el primero formado a lo largo de la calle de Falgueras, desde la calle Auditor hasta la calle de *Tulipán*, en la que se construyó el bello y típico parque del mismo nombre (D-8) con 42 hectáreas; el segundo que fue fomentado anexo a la Iglesia de San Salvador, al Sur de la calle del mismo nombre y de la Calzada de Palatino una nueva y recta Avenida, que con más de un kilómetro de longitud, conducía, bordeada de altísimas palmas reales a modo de típica *guardarraya*, (Figura 4.46) hasta la *Quinta de Palatino*. Esta casa de vivienda fue construída en el año 1902, por la Sra. Rosalía Abreu, levantando allí un suntuoso *Chateau*, de estilo gótico francés, (D-9) con 12 hectáres; el tercero (ya en el barrio de Puentes Grandes) que ocupó un buen espacio al Oeste de la Zanja Real, con su eje en la Calzada del Cerro, desde el *Puente de Cotilla* hasta la *Estación del Ferrocarril Urbano*, en el cruce de dicha Calzada con la calle de Ferrer, (D-10) con 28 hectáreas. En este último ensanche fue establecida, en el año de 1872 la benéfica institución conocida por el *Asilo de San Vicente de Paul* para niñas huérfanas. También se construyeron amplias y sólidas mansiones coloniales, muchas de las cuales aún perduran. En la calle Peñón, y junto a la Zanja Ral existió la *Tenería y Molino de Garrich*, industria señalada en los planos de la época.

6.—Un importante ensanche, de moderno planeamiento y anchas calles, conocido entonces por el *barrio de Concha* (hoy de Manuel de la Cruz), situado entre las Calzadas del Luyanó y de Concha y las calles de Luco y de Fomento, en el que se estableció la casa de Salud de "*La Benéfica*", del Centro Gallego, (D-11) con 29 hectáreas.

7.—Un núcleo que ocupó parte del Reparto Santos Suárez y de los terrenos de Don José Correa y de Don Julio Durege, terrenos que son atravesados por el Arroyo Maboa y sus afluentes, limitados al Oeste por la calle de San Benigno, al Este por la Calzada de Jesús del Monte, al Norte por el Ferrocarril del Oeste y al Sur por la calle de Correa, formado por manzanas rectangulares y amplias calles, arboladas, (D-12) con 27 hectáreas.

8.—Un espacio triangular, cuyas calles son prolongación de las calles del ensanche anterior, limitado por las Calzadas de Jesús del Monte y de Luyanó y por la calle de Mangos, al Sur y cerca de la cual ya se había erigido, en el año 1698, la *Iglesia de Jesús del Monte*, en el sitio donde había existido un Ingenio de azúcar del mismo nombre, ocupando la cúspide de una pequeña colina. (D-13) con 13 hectáreas.

9.—Una estrecha faja que se fomentó a lo largo y a ambos lados de la propia Calzada de Jesús del Monte, comenzando en la calle de Mangos y terminando en la calle de Carmen (al pie de la *Loma de Mazo*), en el lugar conocido por "*la Víbora*" (D-14) con 31 hectáreas.

10.—Un extenso rectángulo situado en los entonces llamados Repartos de "*El Carmelo*" y "*El Vedado*", comprendido entre las calles 3 y 15, en sentido longitudinal y las calles 24 y Paseo en sentido transversal, (no incluido en el Plano General) con 157 hectáreas.

En esta zona se construyeron las *Iglesias del Carmelo* y *del Vedado*, así como la Estación del Ferrocarril Urbano (a vapor) además de numerosas residencias familiares, de gran amplitud con hermosos patios y jardines, de las que ya quedan muy pocas.

El Reparto del Carmelo fue formado por Don José Domingo Trigo en el año de 1859 y continuado, al poco tiempo, por el Conde de Pozos Dulces, con el nombre del Vedado, estando dotado de amplias y arboladas calles y Paseos, con espaciosas aceras, teniendo como condicional la de dejar cinco metros para los jardines delanteros y cuatro metros para los portales de la fachada aún cuando éstos son de uso privado.

NOTAS

1. En esta propia Revista hemos publicado recientemente tres ensayos históricos cuyos títulos y fechas de publicación son los siguientes:

(a). *Panorama de la Ciudad de San Cristóbal de la Habana a fines del siglo XVI.*—Vol. V. Núm. 9.—Septiembre de 1954.

(b). *Breve bosquejo historico del descubrimiento y conquista de la Isla de Cuba, así como de la fundación de sus primeras poblaciones.*—Vol. V. Núm. 12. Diciembre de 1954.

(c). *Evolución sanitaria de las aguas de consumo público de la Ciudad de la Habana.*—Vo.VI.—Núm 3. Marzo de 1955.

En dichos ensayos han sido tratados con bastante amplitud, algunas materias que tienen estrecha relación con el presente Capítulo, tales como la fundación de la Villa y sus primeros pobladores, las primitivas fortificaciones, las primeras calles Reales, la espansión de la Ciudad entre los años de 1600 y 1750, los progresos de los barrios de Extramuros y de los situados a lo largo de la Zanja Real, los ingenios de azúcar de caña que existían a fines del siglo XVIII a lo largo del cauce del Río de la Chorrera, las invasiones del cólera, etc. En gracia a la brevedad, omitimos aquí el volver de nuevo sobre dichos asuntos, evitando así incurrir en enojosas repeticiones.

2. En esta reducida zona se levantaron, en períodos posteriores tres notabilísimos edificios de indudable mérito arquitectónico, como lo fueron la *Santa Iglesia Catedral* (1779) situada en la plaza de su nombre, de estilo barroco, así como los palacios de la *Intendencia* y de la *Casa de Gobierno* que fueron construidos, respectivamente, en los años de 1772 y 1792, según el estilo renacimiento con adornos barrocos sencillos, en las jambas de los huecos de las puertas y de las ventanas y en algunos detalles de la composición de de las fachadas.

Estos tres edificios, conjuntamente con el *Palacio de Aldama* situado frente al Campo de Marte (1842) construido según el estilo neo-clásico y con la *Portada del Cementerio de Colón*, (obras arquitectónicas más valiosas y notables, a nuestro juicio, de la época colonial simbolizando, al propio tiempo, con sus venerables y labrados sillares, un glorioso pasado de construcciones urbanas dignas de ser mostradas, con orgullo, a los visitantes.

3. Las cifras indicadas para las superficies o áreas de las distintas zonas urbanas descritas, han sido deducidas, por el Autor, directamente de los más precisos Planos de la Ciudad, de cada período, estimándose que dichas cifras representan las áreas reales o verdaderas con un error no mayor del cinco por ciento.

4. El primer astillero que se instaló en la Ciudad estuvo, a principios del siglo XVII, en la ribera del Puerto, al final de la actual calle del Obispo; pocos años después fue trasladado al lugar conocido por la Machina y en el año de 1738 se trasladó, ya con el nombre de Real Arsenal de la Armada, al amplio lugar que ocupó hasta su demolición, ocurrida a principios del siglo actual.

5. Desde los primeros tiempo de la fundación de la Ciudad se fueron estableciendo numerosas *estancias o sitios de labor*, situadas en las inmediaciones de las zonas pobladas, dedicándolas, en su mayor parte, al cultivo de la *maloja* (hojas, tallos y mazorcas verdes y tiernas de la planta del maíz), alimento principal de los ganados caballar y mular y de las vacas lecheras, los que en considerable número existían en aquellos tiempos, ocupando grandes establos dentro de las zonas urbanas.

A medida que se fueron extendiendo los nuevos repartos de población, se alejaron las referidas zonas de cultivo, de modo tal que hasta hace unos 40 años aún ocupaban dichas estancias gran parte de Luyanó, Jesús del Monte, El Cerro y, el barrio del Príncipe, territorios ahora completamente urbanizados.

Estas labores agrícolas, ejercitadas en barrios semi-rurales, contribuyeron, económicamente, al fomento de distintos sectores de la ciudad, en diferentes períodos.

6. Es conveniente dejar aclarado aquí, para la mejor comprensión de lo que sigue, que en el año de 1899 no existían los barrios actuales de Cayo Hueso, Manuel de la Cruz, Medina y Príncipe, los que fueron creados por acuerdos del Consistorio tomados en años posteriores y por segregación de parte de los territorios ocupados originalmente por algunos de los barrios entonces existentes.

7. Para darse cuenta de la gran importancia comercial que tenía el Puerto de la Habana a principios del siglo pasado, baste recordar que por el mismo se exportaron, en el año 1823, hasta 300,000 cajas de azúcar de caña de 16 arrobas, después de cubierto el consumo local; la exportación de este producto, por dicho Puerto. se había elevado, en el año 1851, a más de un millón y medio de cajas, partida esta que, conjuntamente con el aguardiente de caña, la miel de purga, la cera, el café y el tabaco (elaborado y en rama), formaron un volumen de mercaderías exportadas por dicha Plaza, en ese año, cuyo valor aproximado excedió de cuarenta millones de pesos.

En 1817 existían en la Provincia de La Habana, unos 300 pequeños ingenios de azúcar, distribuídos en las jurisdicciones de Santiago de las Vegas, Bejucal, Jaruco, Güines y Guanabacoa.

El puerto de La Habana era visitado, cada año, a mediados del siglo pasado, por unos cuatro mil buques, procedentes de todos los puertos del Mundo.

8. Algunas, aunque contadas, fuentes de este tipo aún pueden admirarse en los patios de antiguas casas señoriales situadas en la Habana Vieja, en el Paseo del Prado y en el barrio del Cerro, en las que puede apreciarse el original diseño de sus artísticos tazones de pulido alabastro, coronados por angelotes, por cisnes o por delfines (en las que recordamos), talladas figurillas que sostienen el surtidor central.

Eran estas fuentes, escalinatas y balaustradas de nuestros jardines una de las manifestaciones del lujo que entonces imperaba entre los habaneros, que acostumbraban costear con largueza las exigencias que les imponía una vida muelle y regalada.

9. En el Boletín de Obras Públicas fue publicado por el Ingeniero Pablo Ortega y Ros un notable trabajo titulado El Historial de las Carreteras de Cuba, que contiene una documentada información sobre esta interesante materia.

10. La mayor parte de las alcantarillas y puentes que fueron construídos en las calles de la Ciudad, por los ingenieros de la Junta de Fomento, entre los años de 1795 y 1854, tales como el de Villarín en la Calzada de la Infanta, los de Agua Dulce y Maboa en la Calzada de Jesús del Monte, y el de Cotilla en la Calzada del Cerro, han quedado sepultados (aunque en servicio) bajo los nuevos pavimentos.

Estos puentes lucían, en aquella época, su bella arquitectura, constituida por pilas estribos, bóvedas, pretiles, pilarotes, aceras, etc..., de sólida y artística obra de sillería. En la actualidad sólo se pueden ver muy pocos, tales como el Puente de Alcoy, el del Calabazar y el de Mordazo, debido a la circunstancia de que, por estar situados en lugares agrestes y alejados, no han podido conservar su original apariencia.

11. El Reparto de las Murallas, el Reparto del Carmelo y su prolongación del Vedado, así como el Cementerio de Colón fueron las grandes realizaciones de planeamiento urbano que tuvieron lugar durante la segunda mitad del siglo pasado.

CAPITULO IV

LAS BASES DE LA HABANA METROPOLITANA

En este capítulo se presentan cuatro artículos que cubren eventos ocurridos durante el siglo XIX y la primera parte del siglo XX. Dos artículos de José María Bens describen aspectos del crecimiento de San Cristóbal de La Habana en este periódo. El tercer artículo, por el ingeniero Enrique J. Montoulieu y de la Torre presenta sus recomendaciones para el crecimiento y regularización de la ciudad. Finalmente un resumen del libro La Habana Actual (1919) de Pedro Martinez Inclán.

Bens Arrarte en sus artículos sobre La Habana durante el Siglo XIX y XX describe, en un estilo que pudiera ser llamado "historia hablada" eventos y aspiraciones históricas, así como realizaciones arquitectónicas, enlazando el Siglo XIX con el inicio de la república en este siglo.

El capítulo continúa con uno de los trabajos de mayor trascendencia en la larga historia de San Cristóbal de La Habana. El ingeniero Montoulieu y de la Torre publicó en abril de 1923 su proyecto para el crecimiento de La Habana. Este trabajo fué el "Discurso de Ingreso" a la Academia de Ciencias de La Habana el 18 de abril de 1923. Este discurso fué reproducido por la revista *Ingeniería Civil* en 1953, de donde se reproduce..

Al final de este capítulo se presenta una reseña del libro "*La Habana Actual*" *Estudio de la Capital de Cuba, desde el punto de vista de la Arquitectura de Ciudades*, por Pedro Martínez Inclán publicado en La Habana en 1925. Este libro, que fué el primer tratado urbanístico publicado en Cuba, y quizás el primero en Hispano América, presenta la visión de Martínez Inclán de una gran ciudad, siguiendo teorías y prácticas prevalecientes en Europa en aquella época.

Tanto Montoulieu como Martínez Inclán fueron precursores del proceso urbanistico que se desarrollará posteriormente en Cuba. Como pioneros en el arte y ciencia del urbanismo, ellos establecieron una sólida base para el futuro desarrollo de La Habana y demostraron como las profesiones de arquitectura e ingeniería pueden responder a los ideales y aspiraciones de la ciudadania cubana.

El Siglo XIX fue testigo de tres grandes proyectos urbanísticos de España en la América: El ensanche de La Habana, por Don Antonio María de la Torre (1819), que racionaliza el crecimiento espontáneo de la "ciudad extramuros", urbanizando técnicamente un área mayor que la ciudad amurallada. Esta obra, que responde a la misma legislación que facilitó el ensanche de Madrid, Bilbáo y otras ciudades españolas, incluyendo Barcelona por Ildefonso Cerdá, es poco conocida. No fue posible encontrar artículos que describieran en detalle este proyecto de de la Torre, lo que apunta la necesidad de una investigación sobre este tema.

El segundo gran proyecto urbanístico es el "Proyecto de Nueva Población" que se ubicaría en los predios disponibles luego "que se demolieran las murallas de La Habana", preparando el Coronel de Ingenieros Don Manuel Portilla y Portilla en 1857. Portilla y Portilla articuló la trama urbana de las dos partes de La Habana, intramuros y extramuros, creando uno de los más atractivos elementos de la ciudad.

El último proyecto de la gran trilogía fue el acueducto para La Habana por el Coronel de Ingenieros Don Francisco de Albear y Lara. El proyecto de Albear y Lara ganó Medallas de Oro, como extraordinaria obra de ingeniería, en la Exposición de Filadelfia en 1876 y en la Exposición Universal de Paris en 1878.

Con estas tres grandes obras España parece cerrar con broche de oro su largo proceso urbanizador en Cuba. Es triste que la grandeza de estas obras se empañen por la memoria de la violencia de la guerra de Independencia, pero cuando se analizan estos eventos, casi un siglo después, se llega a la conclusión irrevocable que las realizaciones de la paz siempre superan a la crueldad de la guerra.

Calle, Santiago de Cuba, 1900

URBANISMO Y ARQUITECTURA SIGLOS XIX Y XX.

JOSÉ MARÍA BENS ARRARTE

I. LA HABANA COLONIAL DURANTE EL SIGLO XIX

La gran aventura de La Habana desde mediados del XIX hasta los primeros años del siglo XX fue el derribo de las Murallas y la construcción de las nuevas calles y edificios, que en los valiosos solares ocupados por aquellas fortificaciones ya inútiles, se iban a levantar. (Figuras 4.1 y 4.2)

Desde 1857 el coronel de ingenieros don Manuel Portilla y Portilla, había hecho el trazado del llamado reparto de las Murallas, y aunque situó dos calles amplias para la época, la de Monserrate y Zulueta, y al igual amplió las transversales, sin embargo, en las proximidades de la puerta de la Punta no vio grande, pues avanzaba con manzanas rectangulares hasta donde hoy se encuentra la calle de Cárcel.

Don Manuel Portilla pudo haber ganado un nombre en la historia de la Ciudad, si hubiera continuado la serie de parques y paseos que en ella existían hasta el Arsenal. La primera "cintura verde" de La Habana no la pudo ejecutar. Quizás este trabajo, a mucho mayor costo esté reservado a las generaciones futuras.

Por esos años en el 1859 el Ayuntamiento habanero había aprobado el proyecto de la nueva población de El Carmelo, que presentara don J. Domingo Trigo, y que con sus grandes aciertos se prolongaría por Pozos Dulces en el 1860 en su finca de el Vedado, estableciéndose entonces y por dos ilustres cubanos las magníficas condicionales que al aplicarse en nuestros tiempos en otros repartos colindantes, delinearon toda esa parte de la ciudad.

También los parcelamientos de Santos Suárez y Correa se habían establecido y de común acuerdo formarían otra gran célula urbana aunque con menores aciertos. Estos eran los nuevos caseríos exteriores que la Compañia de los Ferrocarriles Urbanos y Omnibus de La Habana pondrían en comunicación con la Ciudad.

Dos décadas antes, la arquitectura civil había tenido algunos logros por el 1836, en los edificios de la Nueva Cárcel, el Mercado y el Teatro que construyó Pancho Marty al cual se denominó Teatro Tacón; (Figura 4.3) también se destacó la Maestranza de Artillería construida por el 1840 junto al litoral. Y en las grandes residencias nada superó a los palacios que levantara don Domingo Aldama frente al Campo de Marte en el 1842.[1]

El patio de la Cárcel con sus grandes columnas toscanas y el pórtico del Palacio de Aldama fueron construcciones clásicas notables. El neoclásico o el academismo entonces en boga entre nosotros, se anotaba otros éxitos en las puertas de Monserrate y en algunas casonas de La Habana colonial y quintas de la barriada del Cerro.

Durante el mando del general Tacón la parte de la Ciudad llamada "Extramuros", sufrió radicales transformaciones por la reconstrucción de la Calzada de San Luis Gonzaga que después se llamó de la Reina y su continuación en el nuevo Paseo Militar, que hoy se conoce con el nombre de Carlos III. Los parques, las fuentes y estatuas con que entonces se embelleció La Habana, todas estas series de iniciativas brillantes marcan un período de un superior desarrollo urbanístico y arquitectural que es el que más se destaca durante la primera mitad del siglo XIX. En su contra y producto del atraso sanitario en que se vivía, en el 1833 el cólera morbo causó más de 12,000 víctimas.

El Paseo Militar que construyó Tacón fue un verdadero prado de cortes, por su anchu-

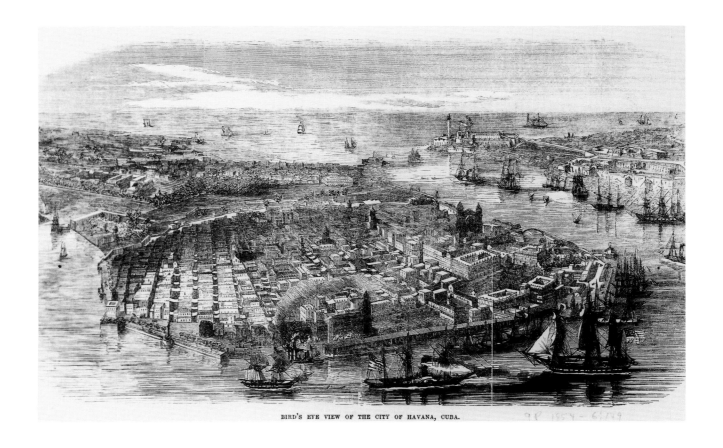

Figura 4.1. La Habana (1854)

ra; las calles laterales con su arbolado césped más las rotondas que tenía embellecidas con columnas monumentales, y la serie de fuentes con buenas esculturas que allí se colocaron, aumentaría su interés. Es por decirlo así la primera prolongación de La Habana hacia el oeste que se debía al despótico Tacón cuyo recuerdo siempre es doloroso para el alma cubana.

Por ese tiempo la costa la ocupaban distintas fortificaciones, y el realengo Balzaín con sus 25 caballerías que eran terrenos vedados, sólo se usaba para la extracción de arenas y piedras y la fabricación de cal y carbón, ya que sus montes con poca madera, pero llenos de mangle y uvas caletas, no producían otra cosa.

Hubo que esperar hasta el 1859 como ya dijimos antes, en que Don José Domingo Trigo con certera visión promoviera el reparto El Carmelo y llevara hasta allá las líneas del ferrocarril que también aprovechó Pozos Dulces al formar la nueva población de El Vedado. Y es entonces que la más notable prolongación de La Habana hacia el oeste se realiza por la Avenida donde van las dobles líneas del ferrocarril, que después se extendieron hasta el río. El Paseo Militar de Tacón se detendría junto a las lomas del Príncipe. Eran las barriadas exteriores a la periferia, y nada hacía pensar en aquel entonces, que en un poco más de medio siglo estarían unidas a la Capital.[2]

La segunda mitad del siglo XIX es pródiga en adelantos por la construcción de los edificios que levanta la iniciativa particular en el reparto de las Murallas, (Figura 4.3) entre los cuales se encuentran el Palacio Villalba frente a la Puerta de Tierra, el circo teatro Jane construído en 1881 en la esquina de Dragones y Zulueta, y que vendido años

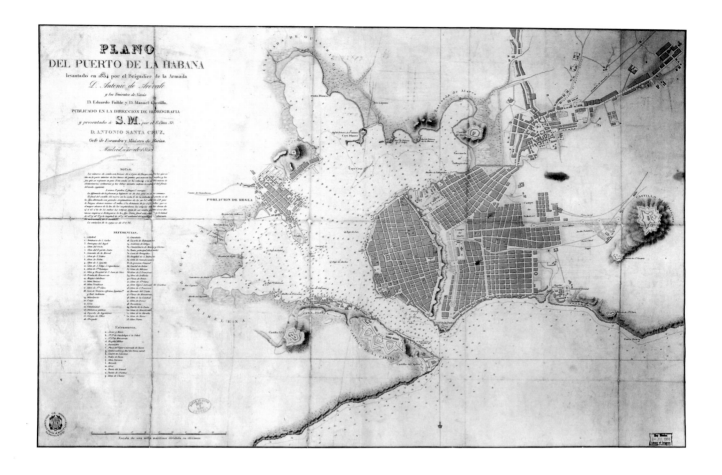

Figura 4.2. Plano del Puerto de La Habana (1855)

después a la Congregación Bautista, ésta lo ha conservado restaurándolo; los teatros de Irijoa y Albizu (1870). La Manzana de Gómez que empezada en el 1890 por los Zulueta, pasó después a poder de don Andrés Gómez Mena quien la construyó en esos tiempos hasta el primer piso, con una cimentación ya preparada para mayor altura; aquí se hizo un sótano aprovechando parte de los fosos de las Murallas. La quinta llamada de Balboa junto a los Egidos y el palacio de Berenguer.

En octubre de 1871 se ponía la primera piedra de las obras del cementerio de Colón. Esta fue la más artística obra que se ejecutó en la Habana en todo el siglo XIX. Su planta, sus plazas circulares al interior, la portada y la capilla todas de piedra con elementos románticos, honrarían la memoria de su autor el Arq. Calixto Loira y sus valiosos continuadores.

Otro notable edificio se levantaría en Palatino junto a los tanques del Acueducto de Albear. La arquería y la esbeltez de sus pilares acusaron unas proporciones nuevas para esa época.

Culmina la construcción de los edificios del reparto de las Murallas (Figura 4.4)

Figura 4.3. Teatro Tacón, La Habana. (1900)

durante los últimos años del siglo XIX con el Mercado de Colón (1884) valiosa obra de arquitectura clásica que al igual hace honor a sus autores y también se construye un segundo coliseo frente al Parque de Isabel II que fue el Teatro Payret. En extramuros y con un estilo neoclásico se construía por el Arq. Calixto de Loira el Asilo de Mendigos junto a la Casa de Beneficencia.

En las afueras de La Habana y por los esfuerzos de preclaros hijos del país y con dona- tivos particulares se construyó en el 1879 el Hospital Mercedes que marcaría un progreso más de nuestra Escuela de Medicina, derribándose entonces el vetusto Convento y Hospi- tal de San Juan de Dios.

Por último, los grandes trabajos del Acueducto de Albear, otra de las más brillantes obras que entonces se hicieron, empezarían en el 1858 completándose al instalarse la red de distribución en el 1893.

Cierto que desde mediados de siglo se observó una inquietud constante de progreso. Desde 1862 se suceden las iniciativas felices. Una de ellas fue aquel proyecto del arqui- tecto municipal Saturnino García que previendo como buen visionario los avances de la locomoción y el futuro de la ciudad intentó dotarla de una "gran vía", la cual partiendo desde los muelles se continuaría hasta el Castillo del Príncipe. La proyectada "Avenida

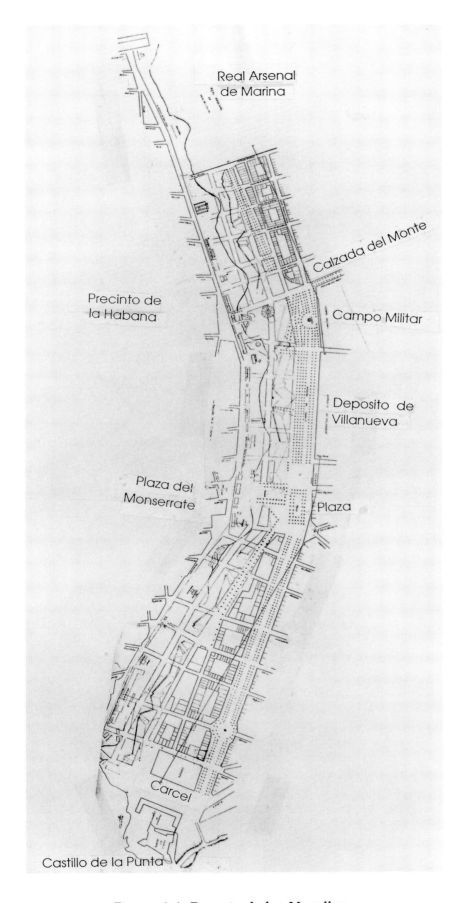

Real Arsenal
de Marina

Calzada del Monte

Precinto de
la Habana

Campo Militar

Deposito de
Villanueva

Plaza del
Monserrate

Plaza

Carcel

Castillo de la Punta

Figura 4.4. Reparto de las Murallas

203

Serrano" que se lograba uniendo las calles de Obispo y O'Reilly con el derribo de las manzanas intermedias, cuando sólo existían casas de uno o dos pisos y que atravesaba por la calle de San Rafael o San José hasta la Calzada de Infanta, con un presupuesto de $2.3000,000 no fue una iniciativa aislada, y aunque no llegó a ejecutarse ejerció una influencia beneficiosa para otros mejoramientos.

Por esa misma fecha, 1862 y después de invertir más de 20 años en peticiones y lamentos se comenzó el derribo de las Murallas, y amplias avenidas en sentido transversal iban a ocupar los inútiles terrenos de fosos y bastiones.

Concurría también la circunstancia de un período de mayor cultura por el retorno a Cuba del conde de Pozos Dulces y otros esclarecidos patriotas, los cuales por sus viajes y estancias en Europa y los Estados Unidos y con la publicación del periódico El Siglo aportarían nuevas ideas de progreso y mejoramientos. En La Habana de aquel entonces se comentaba por la prensa la política de Napoleón III y la de Bismarck. Se sabe que influyó en el consistorio habanero para aprobar el proyecto de la "Avenida Serrano" las grandes obras de los boulevares que se ejecutaban en París con el "Plano de los Artistas" y la bien conocida Avenida de New York o Broadway.

Hay en la extensión de La Habana en la segunda mitad del siglo XIX dos lecciones urbanísticas trascendentales, una que comprende la parte donde se respetaron en su formación las sabias ordenanzas municipales de 1861 y se logró toda la ciudad nueva del Vedado y hasta su continuación en el Miramar.[3]

La otra parte de la Ciudad parece que lleva por lema la política de "dejar hacer" a cada propietario del reparto lo que más le convino a sus intereses, sin respetar las ordenanzas, a trueque de costosos errores que gravitarán "per insecula" sobre la ciudad. Esto ha producido los desordenados parcelamientos de Jesús del Monte, Víbora y Arroyo Apolo, en los cuales no se continuaron las calles, ni se respetaron las pendientes permitidas por la ciudad. Una simple prueba de ello la tenemos en la que pudo ser una valiosa arteria de circulación, la Avenida Serrano proyectada en 1860 por los señores Santos Suárez, Durege y Correa, la cual fue bloqueada en sus extremos por los repartos colindantes.

EL PLANO DE ALBEAR DE 1874

Es difícil encontrar en la historia de La Habana el levantamiento de un plano tan correcto y con tantos lujo de detalles como el que ejecutó en el año de 1874 para el excelentísimo ayuntamiento el coronel de ingenieros don Francisco de Albear y Lara. (Figura 4.5)

Fué realmente un plano regulador que acredita a Albear como un connotado urbanista. Contiene las curvas de nivel que representan el relieve del terreno de medio en medio metro, a excepción de las correspondientes a las alturas de Luz y Atarés donde para evitar confusiones las pusieron a un metro. La cota cero corresponde a las más altas mareas, cuya altura fue tomado en los baños de mar donde hoy está el Malecón. En los planos parciales y a la escala de uno por mil se indicaron la numeración existente en cada cuadra, la extensión de los frentes de cada casa con el número de pisos y las accesorias que tenía, así como los lugares donde había cercas ya de madera o de piedra. Esta obra de Albear da la ciudad tal como era en aquella época y deja en él, una serie de proyectos y mejoras que lo harían el más destacado plano del siglo XIX. Se sabe que trabajó en esta plano el arquitecto Calixto de Loira, que era un hombre de confianza de Albear.

Como hacía pocos años que se trabajaba en el derribo de las Murallas, aún se ven en el plano con líneas de puntos los fosos y bastiones, y marcando su fuerte impresión por ser lugares de tránsito aún están la puerta de Tierra y las puertas de Monserrate con las plazas que junto a ellas se formaron; después siguen las puertas de Colón y la de la Punta. Superpuesto está el trazado del reparto, pero todavía sin numeración en las manzanas. Hay una zona de mayor blancura que reproduce los amplios espacios abiertos que iban de mar a mar y que cerraron y limitaron la ciudad colonial, y como apoyándose sobre aquel contorno se observa el amplio desarrollo de la ciudad de Extramuros que cubre una extensión de más del doble de la llamada Habana Antigua.

Han quedado como directrices de los siglos anteriores las salidas del campo o al monte que convergen hacia el puente de Chávez y el de Cristina. La calle de la Reina con el Paseo de Tacón se nos representan como la esquina dorsal o el eje de mayor tránsito de la ciudad, y la calle ancha del Norte y su prolongación en la de Marina ofrece la salida natural junto a la costa. La Zanja Real sólo está soterrada hasta la calle de Lucena y ha formado con sus sinuosidades la Calzada de la Zanja, por donde va el ferrocarril. En esta fecha la Calzada de Galiano tenía árboles.

Con El Prado que trazara el Marqués de la Torre en el 1772 (Figura 4.6) extramuros tenía un sentido más amplio de ciudad tropical. Junto a la bahía estaban los espacios del que fuera famoso Arsenal por los excelentes navíos que construyó en los tiempos de los barcos de madera. Dominando el centro o el corazón de la urbe que se fue formando por el crecimiento incesante de la primitiva villa de La Habana quedó el vasto Campo de Marte, el más grande espacio que se trazó en el siglo anterior. Junto a éste quedaron igualmente los terrenos del Jardín Botánico, donde se instaló en el 1837 la estación de Villanueva. Estos dos grandes espacios libres que las exigencias militares de las Murallas conservaron serán los únicos que se salven de los continuos parcelamientos que la invadieron en todos sentidos. Ni siquiera se salvaron los "ejidos"... Y lo triste es que la costumbre no se ha perdido.

Extramuros en el 1874, que es cuando Albear levanta su plano, está encerrada por el río Chávez, la Calzada de Belascoaín y el mar. Más allá de Belascoaín junto al cuartel de madera extendiéndose hasta la Beneficencia hay una serie de manzanas que llegan hasta las calles de Soledad y Marqués González. Después, los grandes espacios que quedan hasta la Calzada de Infanta y la Quinta de los Molinos o la residencia veraniega de los gobernadores, permanecen zonas rurales atravesadas por pequeños arroyos y algunas desviaciones de la Zanja Real cuyas aguas se van a verter en la pequeña ensenada entre la Batería de Isabel II y el Hospital de San Lázaro. Detrás del hospital estaba el cementerio que construyó a principios del siglo XIX el Obispo Espada. Hay un pequeño caserío que ocupan la calle de Hornos, Carnero y Príncipe contiguos a la Leprosería. Detrás están las canteras de San Lázaro y esa calle de Príncipe que es el camino que tanto hollaron los presidiarios que bajaban del Castillo, y como costumbre de la época trabajan en las obras públicas.

No se siente en esta villa tropical reclinada sobre el Golfo en las esferas oficiales otros anhelos que los de vivir como se pueda, preocupándose muy pocos por su correcto desarrollo. Serán los nativos, las mentalidades cubanas las que mejoraron en extramuros el trazado de las calles, que son más anchas y mejor orientadas que las de la ciudad colonial.

La antigua barriada de Jesús María contigua al Arsenal, la barriada del Santo Cristo de la Salud y la pequeña iglesia de San Nicolás, son los restos con la urbanización mal trazadas que ya existía desde el siglo XVIII y que se formó por la salida natural de la Calzada del Monte y las proximidades del río Chávez con el puente de su nombre.

Frente a los principales paseos del Prado e Isabel II se ve en el plano de Albear el Teatro de Tacón, no lejos de ellos ocupando espacios en el Reparto de las Murallas estaba el circo de Chiarini, y retirada en las afueras al lado del Asilo de Mendigos otra valiosa iniciativa cubana, que colinda con la Beneficencia, se encontraba la Plaza de Toros.

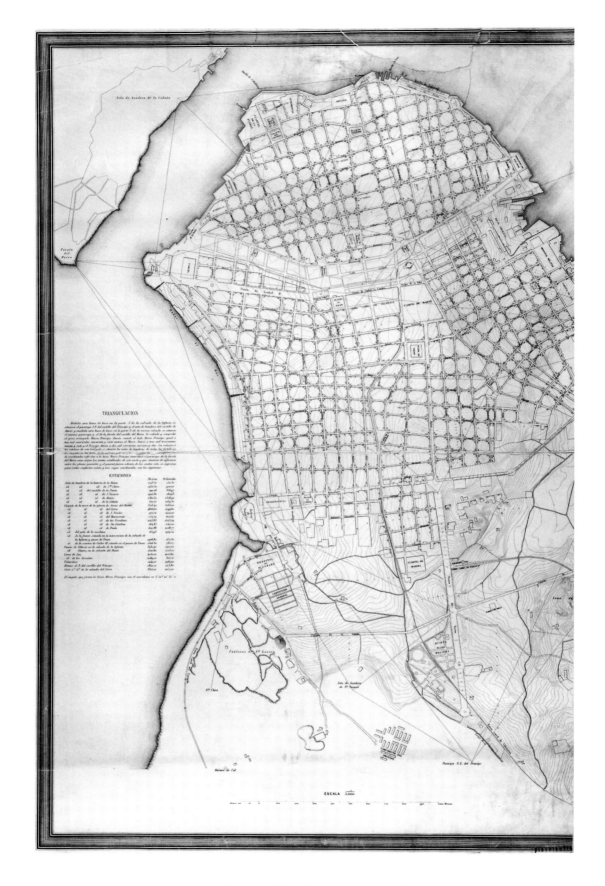

Figura 4.5. (Parte izquierda)
Plano de La Habana, por el Ingeniero F. Albear

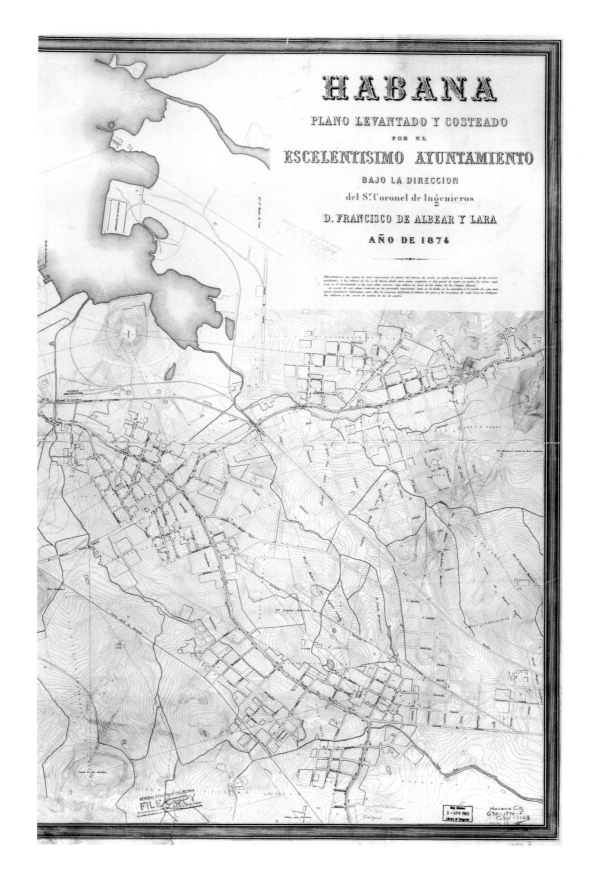

Figura 4.5. Parte derecha
Plano de La Habana por el Ingeniero F. Albear

Figura 4.6. El Prado, La Habana (cerca de 1900)

La Iglesia de Monserrate, la del Santo Cristo de la Salud, la Iglesia de San Nicolás y la Iglesia de Jesús María son los únicos campanarios de toda esa parte de la Ciudad, y exceptuando la de Monserrate que se construyó en la Calzada de Galiano en el siglo XIX, las otras como la mayoría de las iglesias de La Habana vieja se terminaron en el siglo XVIII. (Figura 4.6)

Extramuros, tiene bien la característica de su tiempo con el paso de los ferrocarriles por el centro de las calles. La higiene pública como en muchas ciudades del mundo, dejaba mucho que desear; existían numerosas calles de tierra que nunca se barrían y en las cuales el tránsito de bestias con el riego continuo del estiércol producía un fango, y un polvo cuando se secaban después de la lluvias, que obrando como agentes naturales contaminaban aguas y ambiente, y contribuían en mucho a las continuas epidemias que tanto se repitieron en la anterior centuria.

Como sistemas de transportes La Habana contaba en 1893 con dos líneas de ferrocarril urbano, una que iba a El Carmelo pasando por El Vedado y la otra con tracción animal llegaba hasta los caseríos del Cerro y Jesús del Monte además del servicio que hacían inumerables coches de alquiler. Pocos después empezaban a funcionar las llamadas guaguas de Estanillo que hacían mayores recorridos. (Figura 4.7) Los ferrocarriles que llegaban hasta la estación de Villanueva cruzaban por el paseo de Tacón y la Quinta de los Molinos y la Calzada de Infanta hasta la calle de la Zanja. También había el ferrocarril de Marianao que por la parte occidental del Cerro avanzaba hasta el paradero o estación de Concha, junto al Paseo de Tacón, y el ferrocarril del Oeste que cruzando la Calzada de Jesús del Monte iba a terminar en la estación de Cristina cerca del Castillo de Atarés, con un ramal que llegaba hasta los almacenes de Hacendados.

Pero la narración simple de los principales cambios y nuevas modalidades de aquella célula urbana que ya tenía tres siglos de fundada en los primeros años del siglo XIX, no podría nunca dar las verdaderas manifestaciones de vida, si no explicáramos el trágico proceso imperante en la gobernación del país que ejerció España en todo ese tiempo.

Sostener la administración de una colonia por un ministerio situado a 1,700 leguas allá en Madrid que desconocía las necesidades y las costumbres de pueblos tan lejanos, y aprovecharse de la riqueza de éstos para saciar la caterva de funcionarios peninsulares que nos mandaban, sólo podía producir una desmoralización profunda, una administración viciada en todo sentido y perennes atrasos en los desarrollos urbanos y de todos los órdenes de Cuba, y por ende de la ciudad La Habana.

Fueron muy contados los capitanes generales que sintieron el deseo de ver progresar la Capital de la Isla, y casi todas las iniciativas de mejoramiento provenían de los preclaros hijos del país, de la Sociedad Económica y de los Ayuntamientos o de aquellas urgentes necesidades que había que remediar.

Los capitanes generales con gobierno absoluto, las mayorías de las veces malograban las iniciativas de los diputados cubanos en aquellos breves períodos de nuestra historia en que pareció que se les recibía en las Cortes de Madrid. La funesta política de Tacón y sus actos dictatoriales, y las obras públicas que realizó expoliando a las instituciones y a las clases pudientes, aprovechándose de los pingües beneficios que el contrabando negrero producía; y sobre todo usando hasta más no poder la sufrida mano de obra de los presidiarios, dejó tal ola de descontento que hasta el Ayuntamiento protestó ante las Cortes contra el Capitán General, destacando en el informe los buenos recuerdos que había dejado su antecesor el Conde de Santa Clara.

Hasta 1837 se disfrutó en Cuba de derechos políticos y por ende se tuvo participación en las funciones legislativas, pero nunca en la medida que correspondía; desde 1837 hasta 1879 se le privó en absoluto de representación en los cuerpos colegisladores; desde 1879 después de la Paz del Zanjón aunque en la ley aparece que se nos reconoce el derecho de representación en Cortes y aunque hay representantes de Cuba en el Congreso y en el Senado español, sin embargo Cuba no estaba representada verdaderamente, ni eran oídos los pocos que en realidad lo eran, manteniéndose por medios políticos y combinaciones electorales el obstruccionismo que caracterizó la administración colonial hasta terminar con la exclusión completa de nuestros diputados.

Fue el descontento ante el fracaso que experimentaron los comisionados cubanos en el 1865 y las tremendas expoliaciones e injusticias que cometió España los que produjeron, por la desesperación de las clases pudientes y el ansia de libertad que se sentía, la Revolución de Yara o la gesta gloriosa de Carlos Manuel de Céspedes y Francisco Vicente Aguilera en el 1868.

Ni siquiera los ayuntamientos que eran presididos por los tenientes gobernadores nombrados siempre entre los españoles más recalcitrantes, y que obstaculizaban las pequeñas iniciativas de algunos concejales pudientes hijos del país, podían actuar con libertad. Toda esta serie de arbitrariedades y pésimo trato que se le daba a la colonia, la falta de instrucción pública, la carencia de escuelas que a sabiendas mantenía España, el atraso de la Universidad y de los Institutos, la misma línea divisoria que separaba en campos irreconciliables a los hijos del país, en cuyas manos estaban casi toda la riqueza de la agricultura y de la ganadería, y los peninsulares heridos en lo hondo por la pérdida de todas las colonias de La América del Sur que ya se habían independizado; todo esto y las duras medidas represivas, junto con las masacres y fusilamientos con que trataban de

Figura 4.7. La Habana 1904. (1 de 2 fotos, izquierda)

abortar los capitanes generales los diversos intentos que se llevaron a cabo por la independencia de Cuba, todas estas causales que forman el cuadro político impedirían o retardarían el crecimiento de La Habana que era la capital de la Colonia, la residencia de los gobernadores y casi la representación de toda Cuba.

Pocos libros se han escrito tan de mano maestra como el que publicó en el 1891 el doctor Raimundo Cabrera y que se titula *Cuba ante sus jueces*, cuyo alto valor fue reconocido por Enrique José Varona, y cuyo prólogo escrito en 1887 por Rafael Montoro terminaba con la siguiente frase "Tan cierto es como que no llegará a esta feliz concordia sino el día en que un amplio gobierno propio haga imposible a un tiempo mismo la temeraria imposición de los poderosos de ahora y el justo resentimiento de los oprimidos."[4]

Chocaron a todo lo largo del siglo XIX los más altos pensadores cubanos, nuestra más grandes mentalidades contra la incultura y el obstruccionismo de los preconsules de la Colonia; y este hecho naturalmente produjo el otro choque de la fuerza y virilidad de un pueblo joven por lograr su independencia contra las armas de España, y que después de jalonar todo el siglo de víctimas y mártires, completó su esfuerzo al cabo de la Guerra de los Treinta Años con la victoria por las armas de los ejércitos cubanos.

210

Figura 4.7. La Habana 1904 (2 de 2 fotos, derecha)

II. LA HABANA REPUBLICANA

En los últimos años de la contienda libertadora, la labor de las autoridades españolas en la ciudad y el progreso de la misma había sido nulo, y aquella aglomeración que en el 1893 contaba con 200,000 habitantes permanecía viendo avanzar lentamente aquel derribo de las Murallas que duraba años así como las construcciones y las vías que poco a poco en sus terrenos se estaban levantando.

Sorprendió a los ingenieros militares de la primera ocupación norteamericana el estado caótico en que se encontraban las áreas comprendidas entre el baluarte y el castillo de la Punta y desde la calle Colón hasta el mar.

También los últimos paseos junto al mar de La Habana se habían terminado desde 1843 con la llamada cortina de Valdés; luego seguían la Maestranza de Artillería, el baluarte de la Punta y otras baterías, pues aunque la calle de Cuba había avanzado con las casas, sin embargo, restos de las Murallas, casuchas y construcciones destinadas a almacenes bloqueaban los espacios hasta el mar.

La Alameda de Extramuros o el Paseo del Prado tenía construído el edificio de la Cárcel en su extremo y frente a él los barracones de la Maestranza de Ingenieros que se adosaban al Castillo de la Punta. Detrás de la Cárcel sólo existían con unas pocas cuadras la calle del Morro, el resto hasta la calle de Colón en el 1900 seguía perteneciendo a las Murallas, y en sus terrenos se encontraban los llamados Fosos Municipales.

Extramuros o la otra parte de La Habana que se había construído allende las fortificaciones, tenía junto al litoral la Calzada ancha del Norte o San Lázaro con sus casas dando fondo a la playa, y todo parecía ignorar que aquellos terrenos donde la ingenua Habana de esa época tomaba sus baños, celebraba las romerías de San Rafael y hacía arder las fogatas o candeladas de San Juan, iban a tener una superior destinación constituyendo en las décadas futuras la gran fachada de la ciudad o la Avenida del Golfo.

Cierto que el coronel de ingenieros don Francisco de Albear cuando levantó el plano de La Habana por encargo del Real Ayuntamiento en el 1874 había proyectado un paseo o alameda bordeando el mar, el cual se construía sobre un muro de piedra que con una elevación de varios metros sobre los arrecifes defendía la costa en caso de mal tiempo.

Le fue fácil al general Wood y a sus técnicos comprender el alto valor que tendría para La Habana del futuro la construcción de un moderno paseo o malecón, y hay que acreditarle a ellos por ser sus iniciadores una gran parte del mundial renombre que hoy tiene la llamada Avenida del Golfo. Desde 1901 un ilustre cubano, el doctor Leopoldo Cancio, que actuaba como Secretario de finanzas del general Wood, contestaba en un informe: "La proyectada avenida es de tal importancia y utilidad que todas las cosas que tiendan al logro de su estado legal deben ser resueltas sin demora." Y después de atender los problemas que traían la venta de los terrenos y las construcciones que se levantarían en los nuevos solares que le daban frente, se empezó por las autoridades norteamericanas y de acuerdo con el proyecto del ingeniero jefe de la ciudad Mr. W. J. Barden la construcción del Paseo del Malecón. El proyecto constaba con ordenadas fachadas en los edificios, los cuales tenían la condicional del clásico portal habanero, después entre dos aceras anchas había un espacio interior para árboles y césped, luego venía la avenida propiamente dicha, trazada de acuerdo con los vehículos de tracción animal que estaban de boga, o sea que era una avenida para pasear en coche, y finalmente, la ancha acera con el muro del malecón que se apoyaba en los arrecifes dando al mar. Doble fila de farolas, para iluminar ambas aceras contaba el proyecto.

Las autoridades de ocupación norteamericanas construyeron el Malecón hasta la cercanía de la calle de Lealtad y el total de las obras se pagó con la venta de los terrenos para las edificaciones.

Siguiendo el programa de abrir los amplios espacios que aún quedaban y con el fin de embellecer el litoral dando ensanche el Paseo del Prado, el general Wood ordenó la demolición de los barracones de la Maestranza de Ingenieros. En aquel momento otro ilustre cubano el doctor Fermín Valdés Domínguez logró y obtuvo de las autoridades norteamericanas que se respetase un lienzo de pared de aquel edificio contra el cual en horas de obcecación y ceguera habían sido inmolados sus compañeros los estudiantes de medicina mártires del 71. El propio ingeniero de la ciudad Mr. Barden hizo un pequeño proyecto de monumento recordatorio con un pedazo del muro, un tarja explicativa y una pequeña reja de hierro sobre pilares que lo encerraban. También contenía otra tarja más que por iniciativa del periódico *La Discusión* se colocó en el 1899.

Aumentados los espacios que existían entre la Cárcel y el Castillo de la Punta, el cual volvió a ofrecer a los habaneros su secular silueta se empezó a comprender que un Supe-

Figura 4.8. El Transatlántico Mauritania entrando al Puerto de La Habana (1930)

rior destino esperaba a las últimas áreas junto al mar del reparto de las Murallas. (Figura 4.8)

Ya había sido apeada meses atrás la Reina Isabel II del monumento que tenía en el paseo de su nombre, cuando las autoridades norteamericanas emprendieron la reconstrucción del llamado Parque Central (Figura 4.9) continuándose estas obras con el Paseo del Prado en toda su longitud, al cual se le dió un nuevo trazado con dos calles interiores separadas por un cantero para césped y flores, contando además con bancos y alineamientos de árboles con su césped a ambos lados. (Figura 4.10)

Y en el punto focal o sea la intersección del Prado con la Avenida del Golfo, allí frente al Castillo de la Punta erigieron un pequeño templete clásico que fue la bien conocida glorieta para la música que alegró la juventud de varias generaciones de habaneros. Esta glorieta de hormigón que creó escuela, y de la cual se reprodujeron aunque no con tanto acierto otras muchas en diversos parques de las ciudades del interior, fue inaugurada el día 20 de mayo de 1902 con las fiestas de la proclamación de la República. (Figura 4.11)

Por razones de higiene y limpieza se había demolido desde los comienzos de la intervención, el edificio llamado de la Pescadería que se encontraba cerca de la Plaza de la Catedral y en sus espacios hasta la Cortina de Valdés se había construido un pequeño parque.

Figura 4.9. El Parque Central y Hotel Inglaterra, La Habana. (1901)

Con estas obras de transformación de La Habana, en los parques y paseos se iniciaron los llamados pisos de cemento que sustituirían a los de gravilla o macadan empleados con anterioridad, y también hicieron su aparición los jardines con césped bien cortado que se conocen como parque inglés.

Dos obras de arquitectura, dos construcciones notables se anotarían en su haber las autoridades norteamericanas de la Primera Intervención. Una fué la Escuela de Artes y Oficios, de correctas proporciones con sus fachadas clásicas de piedra, una planta muy bien estudiada y su escalera recta monumental, que conducía al salón de actos, y demás dependencias de la escuela. La otra fue la Academia de Ciencias que al igual tendría su fachada de piedra con jambas de inspiración colonial estilizadas y dos cariátides sosteniendo un pequeño frontis; su vestíbulo y escalera de honor y el anfiteatro de la planta alta bien estudiado acreditaron del Secretario de Obras Públicas del general Wood, el ingeniero cubano señor José Ramón Villalón.

Pero si aquella administración se había anotado bien ganados éxitos en las obras ejecutadas en parques y paseos y el comienzo de la Avenida del Golfo, les estaba reservado otro triunfo espectacular y que fue el saneamiento de La Habana. La erradicación de la viruela y de la fiebre amarilla, la comprobación de las teorías de Finlay y el saneamiento y recogida de trastos y basuras realizado casa por casa, la limpieza de toda la ciudad acabando con las fuentes de preocreación del mosquito transmisor, todos estos acertadísimos trabajos convertirían a una de las más sucias ciudades del trópico que era La Haba-

214

Figura 4.10. El Paseo del Prado (mirando al norte), La Habana. 1904

na, donde las epidemias y las enfermedades hacía pagar cara su estancia a los extranjeros, en un ciudad sana y feliz. Todo esto, hecho al comienzo del siglo, iba a exaltar la gloria de Finlay y la gloria de las autoridades y de los abnegados técnicos norteamericanos que la comprobaron.

Estos trabajos tendrían como colofón el implantamiento, de grado o por fuerza de multas, u otras penalidades, de unas nuevas Ordenanzas Sanitarias que servirían de base primordial a la construcción de una gran capital. Estudiaron también los ingenieros norteamericanos las obras del alcantarillado y la pavimentación de La Habana, que no se llevarían a término hasta el período del gobierno del general José Miguel Gómez.

Empezaba nuestra época sanitaria y los nuevos aparatos con sus sifas y cierres de agua, ventiladores de gases y reventilación general cambiarían los planos de las nuevas construcciones habaneras; el baño o la panacea de nuestros fuertes veranos iba a campear desde entonces en dueño y señor de los diversos trazados. Primero vendrían las casetas en los patios con duchas y servicios, hasta el siguiente período del baño intercalado ya más moderno y con todos sus aparatos. Hoy a medio siglo de distancia parece un mal recuerdo aquel "común" con su estado antihigiénico, que por una de esas raras casuali-

Figura 4.11. Prado y Malecón. La Glorieta, La Habana. 1902

dades se dejaba para los fondos de la casas y en la cercanía de la cocina y que salvo muy contados casos, predominaba en todos los demás.

Con el cese de la soberanía española, una serie de grandes iniciativas y nuevas empresas de servicio público empezaron a fomentarse. Una de las que más ayudó al avance de aquella primitiva Habana de los comienzos del siglo XX fue la transformación del sistema del ferrocarril urbano con carros tirados por mulos o caballos en la nueva empresa, (ya hoy desaparecida) la cual electrificando las líneas y construyendo una nueva planta que se levantó en la esquina de Colón y Blanco, puso el servicio de tranvías que comunicaba todos los barrios de la Capital. Estaciones terminales con depósitos de carros, talleres, etc., se construyeron en El Carmelo, Príncipe, Cerro y Jesús del Monte. Al igual la línea del ferrocarril del Vedado que usaba una pequeña máquina de vapor fue electrificada. La superior velocidad de aquel sistema de transporte entre los barrios aledaños fue uno de los factores que más ayudó al progreso y extensión de la Capital.

La antigua Compañía del Gas de La Habana, que tenía a su cargo el alumbrado público se transformó y la electricidad con sus incipientes fuentes lumínicas, sus bombillos incandescentes y sus lámparas de arco sustituiría con gran ventaja a la poca iluminación de los mecheros de gas.

Pero si dentro del marco de la ciudad de La Habana se sucedían todos esos adelantos conjuntamente otra gran obra, a la escala de la nación fue el establecimiento del llamado Ferrocarril Central. La preparación de las autoridades norteamericanas y la voluntad de un gran empresario el señor William Van Horne, hizo posible que en un período de tiempo sumamente corto esta gran obra anhelada y pedida durante muchos años se convirtiese en una próspera realidad.

Mejoras en los hospitales, la recogida de mendigos, el establecimiento de nuevos asilos y otras instituciones de beneficencia, así como la terminación del bandolerismo y la organización de los nuevos cuerpos de policía para el cuidado de las poblaciones, y de la Guardia Rural para la vigilancia en los campos, todas estas medidas iban a crear un climax de paz pública apto para el renuevo de los grandes trabajos que la fabricación de azúcar y en general la agricultura demandaba.

El 20 de mayo de 1902 se inauguraba el gobierno del austero don Tomás Estrada Palma y con él, un capítulo de nuestra historia donde quedarían los primeros pasos de la naciente República.

El gobierno del presidente don Tomás Estrada Palma puso especial cuidado en cumplir con exactitud sus compromisos pecuniarios, dedicando preferente atención a las obras públicas, a la escala que le permitían sus modestos recursos y a los saneamientos iniciados o proyectados por el gobierno interventor.

Con todas las riquezas cubanas sacrificadas en aras de la independencia y con la deuda del empréstito de $35,000,000 que se confrontó para pagar al Ejército Libertador, es comprensible aquel cuadro modesto y de limitadas obras públicas que se realizaron por el secretario de ese departamento don Manuel Luciano Díaz.

El 20 de mayo de 1902 se agolpaba el público por el litoral y en la calle de Cuba, en su extremo sobre la terraza del baluarte de la Punta la muchedumbre presenciaba llena de emoción y de recogimiento el acto de izar la enseña cubana en la fortaleza del Morro. Aún no se habían quitado los restos de las Murallas y aunque los Fosos Municipales que estaban junto a ellas con sus rejas de acceso al fondo de la calle de Cuarteles ya habían sido trasladados, se comenzó finalmente la demolición de lo que quedaba de las famosas Murallas; un pequeño ángulo con una garita se dejó como monumento histórico, detrás de la Iglesia del Angel, construyéndose en aquellos espacios el paseo de la Avenida de las Palmas.

Quedaron un pequeño edificio en la esquina de Refugio que se adaptó para una estación de policía, el edificio donde estaba instalado el Necrocomio y una nave o almacén dando a la calle de Cárcel que fue ocupada tiempo después por el Departamento de Fomento del Municipio de La Habana.

Demolido también el baluarte de la Punta con la muralla que daba al mar y construido el muro del Malecón hasta el pequeño Castillo, empezaron a tomar importancia todos estos espacios que formaban otra gran ventana de la ciudad abierta sobre el mar.

Don Tomás Estrada Palma ilustre patricio que tomó parte en las dos contiendas libertadoras del 68 y 95, con una aureola de probidad y honradez, dejó en el momento de su partida, cerca de $16,000,000 en las arcas del tesoro nacional, pues era su principal empeño liquidar en poco tiempo la deuda pública. Durante su gobierno se trabajó en la organización del país y comenzaron a incrementarse, por la estabilidad política y el orden público imperante, las compañías anónimas, que desenvolverían los recursos, mejorándose la agricultura y tomando un nuevo impulso la industria azucarera arruinada durante la Guerra de la Independencia. Por estos años se terminará la era de los «cachimbos» o pequeños ingenios sucediéndoles poco tiempo después los colosos de la industria azucarera o los grandes centrales.

Un período de actividades urbanísticas que deja una huella profunda en la composición de la ciudad, podemos decir que se abrió en el 1898 durante la ocupación norteamericana, se prolongó atenuándose durante el gobierno de don Tomás Estrada Palma y llegó a su apogeo durante el gobierno del general José Miguel Gómez, después del paréntesis fecundo de la Segunda Intervención. Este es el primer período urbanístico que hemos llamado de La Habana Republicana.

Pocas veces en la historia de Cuba se ha tropezado con una administración hábil de construir y de resolver lo que hoy llamamos el moderno problema de la asistencia social por las obras públicas, como en el tiempo del gobernador Magoon. Al estado de pobreza y miseria que existía, correspondió abriendo con largueza y magnanimidad, por doquiera, fuentes de trabajo y creando empleos. Y como si fuera poco esto, la importancia de las obras cuyas contratas otorgó son suficientes, sin contar las carreteras que hizo para dar brillo y prestigio a cualquiera administración. Sin embargo, pequeñeces y errores muy humanos, que después hemos visto reproducirse a una mayor escala, todo esto opacaría su gobierno.[1]

Terminado el paréntesis doloroso de la Revolución de Agosto y de la Segunda Intervención y con el comienzo del gobierno del general José Miguel Gómez se cumplirá el primer ciclo urbanístico que ya citamos.

A las transformaciones de la ciudad que hemos descrito vienen a sumarse la ejecución del alcantarillado y la pavimentación de La Habana, que tienen lugar en ese tiempo y que habían sido contratados desde la administración del gobernador Magoon.

Pero ya la naciente República tiene otros anhelos y aspiraciones. Y surge la idea de construir un nuevo Palacio Presidencial, y en la elección de los terrenos se empieza a considerar lo mucho que ganaría la ciudad si se sacasen de su recinto los ferrocarriles. Planeado el cambio de los terrenos de Villanueva por el Arsenal, cambio que no trajo más que aciertos y beneficios y una moderna estación terminal con elevados para la entrada y salida de los trenes, se suprimió el paso de éstos por las calles de la Capital. Los amplios terrenos que ocupaba la Estación de Villanueva pasaron a la propiedad del Estado y para construir en ellos un nuevo Palacio Presidencial se celebró un concurso que por su índole internacional reunió algunos notables proyectos de distinguidos arquitectos extranjeros. En una segunda etapa, al ser declarado desierto el primer concurso, una firma de arquitectos cubanos asociados con otros profesores extranjeros obtuvo el premio y se empezó la construcción del nuevo Palacio Presidencial. También se comenzó un nuevo edificio para el Instituto de Segunda Enseñanza en terrenos del reparto de las Murallas. Se continuaron los trabajos del Malecón que ya llegaba al parque de Maceo. Un ciclón que azotó a La Habana por aquellos años destruyó la red telefónica de la Antigua Central. Y esto motivó que una nueva empresa con el último adelanto que se había obtenido en los teléfonos, llamados automáticos, se implantase en La Habana, facilitando en grado sumo la rapidez de las comunicaciones y por ende sirviendo al adelanto técnico comercial e industrial del país.

Los trabajos que se habían desarrollado en las Conferencias Nacionales de Beneficencia y Corrección, que desde 1901 se llevaban a cabo, por el mejoramiento de las viviendas de las clases menesterosas, la divulgación de conocimientos que nuestros intelectuales habían hecho, de los cuales se hizo eco generosamente la prensa, traerían un nuevo estado de cosas que haría posible el nacimiento de la Ley Valdés-Cantero y con ella la barriada de casas modestas para los obreros, que se levantó en Pogolotti, Marianao, en el año 1910.[2]

Los estudios del Dr. Ramón Alfonso sobre *Las viviendas del campesino pobre en Cuba, su descripción y estudio médico-social, La Casa del pobre* por el Dr. Manuel Delfín y los estudios del Dr. Diego Tamayo sobre *Los males que irogaban a las clases pobres, las malas condiciones en que vivían* en las ciudadelas o casas de vecindad, más otro trabajo valioso del Dr. José María Collantes explicando la manera de adquirir las viviendas por las clases trabajadoras y los sistemas de construcción de casas obreras por el Estado y los Municipios que se ejecutaban en Europa; todos estos trabajos que se presentaron en la

Conferencia Nacional de Beneficencia y Corrección que tuvo lugar en la ciudad de Matanzas en el 1904, y que ya desde 1901 había reunido a los intelectuales y espíritus generosos de la Isla, esa poderosa savia de puro talento cubano culminaría en la barriada obrera de Pogolotti.

NOTAS

I. La Habana colonial durante el siglo XIX

1. En Octubre de 1871 se puso la primera piedra de las obras del Cementerio de Colón, una de las más brillantes que se hicieron en el siglo XIX. Los trabajos del llamado Gran Plano de Albear o el plano regulador de La Habana de 1874 y la construcción del Acueducto que lleva su nombre, iban a reunir todas las directrices del crecimiento de la ciudad en aquella fecha.
Repetidas epidemias que asolaron la isla y La Habana durante el siglo XIX producidas por la falta de saneamiento y la deficiente higiene pública que reinaba en aquel entonces, vino a agravarse aún más cuando se hizo endémica la fiebre amarilla, que nos vino de Veracruz en el 1761.
Ya desde el siglo anterior, o sea, desde el 1788, se estableció el alumbrado público y las primeras casas de baño. en 1802, un espantoso incendio redujo a cenizas todo el caserío del barrio de Jesús María.
En 1820 y años siguientes, hubo varios tumultos promovidos por la exaltación de los partidos políticos, y se formaron sociedades secretas para promover la separación de la isla de la Metrópoli.
El primero de septiembre de 1851 moría en el cadalso, por la libertad de Cuba, el General Narciso López.
Posteriormente, pocos hechos importantes registra la historia de la ciudad, puesto que la Guerra de la Independencia, que empezó en 1868, es suceso que atañe a la historia de toda la isla, por más que La Habana sufriera como las principales poblaciones de la Gran Antilla, las tristes consecuencias de la contienda.
Terminada la primera parte de la Guerra con la Paz del Zanjón y considerada la isla como provincia ultramarina española, eligió La Habana su primer Ayuntamiento en 1879. En el 1892, la Diputación Provincial escogió el terreno llamado "Placer de Peñalver", para levantar el edificio de la Escuela Provincial de Artes y Oficios, que se ejecutara gracias a los esfuerzos de don Fernando Aguado, en el 1902.
En el 1819, Don Antonio María de la Torre fue comisionado para la delineación de la vasta parte no poblada de Extramuros; y es entonces cuando se corrigieron los errores de orientación de las viejas calles coloniales y se le dió una mayor anchura a las nuevas calles que se trazaron. Poco tiempo después, en el 1828, y por encargo del gobernador Vives, construía el Templete en la Plaza de Armas.
2. En el 1836 se inauguraban por el General Tacón las obras de embellecimiento de la Plaza de Armas con la estatua de Fernando VII en el centro. También en ese mismo año llegaron a la Habana las fuentes de la India y la de los Leones, que por iniciativa del Conde de Villanueva se habían encargado a Italia de acuerdo con los planos de don Miguel Pastor. Poco tiempo después, llegaba la Fuente de Neptuno, que se instaló en las cercanías del puerto. Igualmente se levantó en el Paseo de su nombre la estatua de Carlos III, y allí se fueron colocando varias fuentes de mármol, la de Ceres, la de Esculapio y otras más, con las cuales el gobernador Tacón realzaba el gran paseo que había hecho y que se denominó entonces el "Paseo Militar".
En el 1837 se inauguraba la Estación del Ferrocarril de Villanueva en los terrenos donde se encontraba el Jardín Botánico, frente al Paseo que más tarde se denominaría de Isabel II.
3. Sin embargo,el desarrollo del Vedado iba a paralizarse a causa de la quiebra de la Caja de Ahorros de La Habana, en 1884, a la cual los Frías eran deudores de fuertes cantidades; y de hecho quedaron hipotecados gran número de manzanas del reparto. Sólo fue después de la intervención cuando se pudo llegar a un acuerdo entre el Sr. William Reddy, que era poseedor de los créditos de la Caja de Ahorros, y la sucesión de los Frías. Por el 1910 continúa el éxodo de nuestras principales familias hacia el Vedado y nuevos palacetes y valiosas residencias iban sustituyendo a las viejas casonas coloniales. El movimiento de renovación de las residencias fue iniciado por los arquitectos Leonardo Morales y José F. Mata.
En la primera década de la República se asiste al despertar de las iniciativas de un grupo de nuevos industriales cubanos asociados con algunos norteamericanos y españoles, destacándose entre todos ellos el Lic. José López Rodrígues, el cual tiene en su haber muchos logros en la industrialización de Cuba. También la urbanización de nuevas áreas aledañas a la Capital, los nuevos repartos que se ejecutaban por Lawton, Ampliaciones de Santos Suárez, Medina, Bossino, La Azotea y otros; las utilidades que se producirían con el aumento de valor de los solares y el crecimiento de la población, todas estas causales crearon también un primer período de nuestra arquitectura republicana.
4. Las expoliciones de los funcionarios coloniales, cuyos cargos se daban en Madrid como prebendas, y

que no venían a este país más que con el deseo de enriquecerse; las masacres y fusilamientos con que trataban de abortar los Capitanes Generales los diversos intentos que se llevaron a cabo por la independencia de Cuba; los procedimientos inquisitoriales del "componte" o la paliza, aplicada en los campos y cuarteles; los fusilamientos por la espalda con el pretexto de la fuga intentada; el riego con sangre cubana de los caminos, las calles, los paseos y las plazas públicas; el agarrotamiento de tantos mártires por la causa de la independencia, como Pintó y Narciso López, que murieron donde estuvo el Parque de la Punta, detrás de la cárcel; el fusilamiento de los Estudiantes del 71; todas estas páginas heroicas, flotarían como un hálito impalpable o como el reflejo de la adolorida alma cubana entre los muros, las casas, los árboles y lo inanimado de La Habana colonial.

Diez años de ruinas y de lágrimas que dejó la Revolución de Yara, donde quedó para siempre fijado como un jalón el deseo incontenible de la libertad de un pueblo, y que se completaría después con la gesta de Martí al reanudarse las operaciones en el 95, todas estas hondas causales impedirían el avance urbano de aquella Habana ya casi en los finales del siglo XIX.

El despotismo de Tacón, O'Donnell y Lersundi llenaron la primera mitad del siglo XIX. La otra mitad, que empieza con el sacrificio generoso de Narciso López, la llenará el formidable esfuerzo de los cubanos con sus más grandes hombres y guerreros para lograr la libertad.

Estas serán las causales, las fuertes corrientes con todas las manifestaciones de la vida, la acción y la reacción que guiarán los impulsos y los retrasos de aquella célula urbana que fué la Capital de la colonia en el siglo XIX y a la cual, como un duro cordón umbilical, encerraba y asfixiaba aquella sierpe de piedra que se contorneaba entre fosos y bastiones que fueron las murallas de La Habana.

En el 1928, en un estudio sobre los progresos urbanísticos de La Habana, en los primeros párrafos decía lo siguiente:

"No creo pecar de exagerado si afirmo en esos últimos treinta años se ha construído más que en los cuatro siglos precedentes. Un simple tratado de historia económica y política darán las razones de este rápido cambio, sin que mis palabras encierren una crítica a la últimas generaciones cubanas, cuya labor constructiva en planos más elevados fue algo que nunca podremos igualar."

Creemos haber explicado en esta rápida visión de La Habana en el siglo XIX, las razones que detuvieron el progreso o adelanto de la Ciudad.

Desaparecidas éstas, un cálculo comparativo entre las áreas fabricadas y la población de La Habana en el 1919, con la que existía en los últimos años del siglo anterior, nos sirvió para sentar la tesis anterior.

II. La Habana Republicana

1. Es comprensible que no se podían otorgar millones de pesos en contratas en aquel tiempo de penuria, y después de un corto período revolucionario, sin tropezar con funcionarios y contratistas, pocos escrupulosos, más las protestas y dificultades que llevaba aparejada la inversión de tan crecidas sumas. Esto deslució su administración, que ya se había anotado grandes logros con los adelantos legislativos que implantó.

2. Aunque el estudio que nos ocupa es sólo investigar el proceso de nuestra arquitectura y el desarrollo y mejoramiento de las ciudades; sin embargo, no es posible terminar una modesta síntesis de todos los adelantos que en los diversos órdenes se realizaron en Cuba, sin destacar los valiosísimos esfuerzos y las iniciativas felices con que los técnicos norteamericanos resolvieron el problema de la escuela pública en Cuba. Si aun con errores y omisiones, que siempre se producen en los sintéticos ensayos sobre la historia de tal o cual período de la vida de una ciudad o de una nación, con el mismo empeño con que hemos tratado de destacar los aciertos y los logros felices que se produjeron en nuestra historia desde 1898, nos encontramos que por uno de esos designios del destino o la reunión de las corrientes de la infrahistoria como diría Unamuno, los elementos de mayor preparación cultural de Cuba empiezan a reunirse, desde 1901, en los llamados congresos de Beneficencia y Corrección, que tuvieron lugar en La Habana, Matanzas y Santa Clara. Hombres de gran preparación, pues nunca faltaron en Cuba en todos los momentos de su historia, élites que habían frecuentado los altos centros de enseñanzas europeos y americanos, se reunieron, y con el altruismo del que sabe, repartieron enseñanzas y adelantos a granel. Esto justifica los rápidos progresos que se obtuvieron en la asistencia social, que por aquella época se llamaba beneficencia, así como las campañas antituberculosas que se ejecutaron y la terminación de la viruela, aminorando bastante los estragos que hacía el tifus, pasando nuestra Capital en muy pocos años de un alto índice de mortandad a un estado normal con el índice por mil.

LOS AVANCES URBANISTICOS DE LA HABANA

JOSÉ MARÍA BENS ARRARTE

Para el estudio de los progresos realizados en la planificación de la ciudad de La Habana desde el comienzo del siglo tenemos un excelente punto de partida que es el plano levantado por los ingenieros militares norteamericanos en el 1899 durante la Primera Intervención.

En este plano se observan bien las causales del cierre de casi todos los frentes al agua, o al mar de La Habana colonial y hasta de la parte de extramuros; y eso se explica por las necesidades militares y los tiempos de piratería e inseguridad que se vivieron durante las pasadas centurias. Estaban casi todos ocupados por baterías o edificios militares.

Desde el Castillo de la Fuerza en cuyos alrededores se funda La Habana en el siglo XVI hasta el Castillo de la Punta que es también de esa misma época, se encontraban en el 1899 la Comandancia General de Ingenieros, situada en Tacón 1 (edificio este que se prolongaba hasta la Muralla que daba al mar y que después de sufrir modificaciones y reconstrucciones para alojar distintas dependencias del Estado, al fin fue demolido). Después venía la Maestranza de Artillería con sus almacenes que cerraba desde la calle Chacón hasta el Baluarte de la Punta. Finalmente ocupando una de las entradas del Puerto estaba el secular Castillo de la Punta, que tenía adosado el edificio de la Maestranza de Ingenieros. En todo ese amplio litoral que hoy se encuentra felizmente abierto sólo existían como paseos la llamada Cortina de Valdés detrás del Seminario y el Parque de la Punta con planta circular, que contenía en su centro la fuente de Neptuno. Este parque no estaba construído en el 1874 cuando Albear levantó el plano de La Habana.

Después, hasta la Batería de la Reina, situada frente a la Casa de Beneficencia, se encontraban las caletas que formaban la costa, plena de arrecifes y algo alejadas de ella los fondos de las casas que hacían frente por la calle de San Lázaro. Se ven en el plano los accidentes naturales que obligaron a detener la construcción del Malecón en los primeros años, junto a la calle de Lealtad, ya que era necesario ganarle terrenos al mar; de la misma manera que se hizo tiempo después en la extremidad donde hoy se encuentra el Parque de Maceo para que cruzasen sobre estos rellenos la Avenida del Golfo.

Volviendo al litoral y después de la Batería de la Reina, venían: la Batería de Santa Clara, emplazada sobre las rocas junto a las canteras de San Lázaro; a ésta le seguían ya en el Vedado las Baterías número 3-A, la otra 3-B y por último, la número 4 junto a la Chorrera.

Estas eran las defensas militares que las necesidades de la época exigían y que el poco adelanto de la artillería obligaba a emplazarlas en el litoral.

Una simple comparación con la serie de grandes paseos, jardines, parques, incluyendo la bella Avenida del Golfo que hoy ocupan el lugar, basta para mostrar las diferentes condiciones que imperaban entonces y la seguridad en que vivimos actualmente.

Fué también otra necesidad imperiosa para la incipiente Habana de 1555, la que obligó a declarar terrenos vedados en toda la extensión de la Caleta y la costa por donde entraron en aquella fecha las huestes del pirata francés Jacques de Sores, los que después de un breve sitio, tomaron la villa. Esta disposición de aquellos primitivos Regidores del Cabildo de la "Hauana" y la poca seguridad que en aquellos tiempos ofrecían las costas, impidió que se planificaran esos terrenos durante los siglos XVII y XVIII; y sólo fue a mediado del siglo XIX que por don Domingo Trigo y el Conde de Pozos Dulces se hicieron los primeros parcelamientos del "Carmelo" y del "Vedado", pero ya con una planificación moderna que recogía en aquel tiempo los adelantos de todos los órdenes que se habían logrado con los parcelamientos rodeados de jardines.

Pero el estudio del plano que citamos del año 1899 apasiona cuando vemos levantarse ante los ojos del intelecto y del recuerdo lo que fue la ciudad de aquel entonces. Esto perdonará el excesivo detallismo con que tratamos, aunque sea de seguir sus frentes al mar.

Después del Castillo de la Fuerza y junto a la Explanada de Neptuno comenzaban los Muelles de Caballería que los usaban las goletas y bergantines. (Figura 4.12 y 413) Luego seguían los muelles de San Francisco, Santa Clara y la Machina, llamado este último por el enorme trípode de hiero que allí se había levantado y que no era más que una grúa fija para extraer pesos, luego estaban los muelles de cabotaje junto a la Plaza de Luz que aun hoy subsisten. Finalmente venían los muelles de San José al fondo de la Iglesia y del Hospital de Paula y el resto de la bahía hasta el Arsenal sólo contaba con aquella primitiva Alameda de Paula que en el 1772 había construido el Marqués de la Torre. (Figura 4.14) Detrás del Arsenal se ve el emplazamiento del Hospital Militar de San Ambrosio y luego por último sobre la cima de una loma está el Castillo de Atarés.

Pero qué distintos son hoy sus frentes y costados. En el 1900 lo flanqueaban las sali-

Figura 4.12. El Puerto de La Habana, desde La Cabaña

das de los ríos Chávez y Agua Dulce con terrenos cenagosos a ambos lados y nada hacía pensar el cambio que con el amaleconamiento junto al mar y el entubamiento de estos dos ríos se iba a dar a toda esta zona ganándole a su vez grandes espacios al mar. También se ven en el plano el llamado Cayo Cruz que en otros planos alegres de la ciudad se le denominaba Cayo Puto. Durante el siglo XVI y XVII se consideró al puerto de La Habana como el más célebre de todas las Indias Occidentales y había la célebre frase latina: "Habana portus celeberrimus totius Indiae occidentalis." Pero empezarían a ganarle terrenos al mar junto a las bocas de los ríos Chávez y Aguas Dulce debajo de Atarés, y seguirían reduciendo aun más el fondo del puerto al maleconear los alrededores de Cayo Cruz uniéndolos a tierra firme y formando dos ensenadas, donde la pestilencia del agua, y el relleno de esa parte baja con basuras, todo esto comenzaría a destruir la leyenda del célebre puerto, haciéndole por aquellos contornos pequeño y mal oliente.

Por último, el más formidable relleno que recuerda la historia de La Habana, cuando se planeó unir por una recta el saliente de la Explanada de Neptuno con los arrecifes donde se levanta el Castillo de la Punta, se ejecutó en el gobierno del general Machado. Este grandioso relleno que le permitió el lujo a La Habana colonial de asentar sobre él los parques y avenidas del nuevo Malecón disminuiría aun más las condiciones del puerto al su-

Figura 4.13. El Muelle de Tallapiedras, La Habana. (1904)

Figura 4.14. Muelle de Paula y La Alameda, La Habana. (1905)

primir todas aquellas dársenas que se formaban junto a la Cortina de Valdés y junto al Baluarte de la Punta donde rompían los nortes. ¿Cuántos cambios y modalidades y qué transformaciones sufrió aquella incipiente y casi provinciana ciudad después que la sorprendió el siglo XX?

En estudios anteriores hemos dado el proceso del desarrollo de La Habana durante los primeros gobiernos republicanos, pero se pueden ver en el plano de 1899 la amplitud que ocupaban las llamadas Canteras de San Lázaro y aquella otra Cantera que después se denominó el Hoyo de Aulet; se observan igualmente el vetusto edificio de la Leprosería o el Hospital de San Lázaro, el Cementerio del Obispo Espada que aunque desafectado conservaba sus portadas, sus tapias, sus nichos principales, y arriba sobre la loma estaba la Pirotecnia Militar donde después se instalaría por el 1905 la Universidad de La Habana. Se observa que La Habana de aquel entonces aún estaba lejos de llegar a la Calzada de Infanta; sólo por las calles viejas de Hornos y Príncipe detrás de la leprosería se arrimaba un poco. Y el Vedado, nuestro monumental Vedado, orgullo de La Habana desde hace muchos años, sólo estaba construído hasta la calle G y no más de tres manzanas a ambos lados de la calle Línea. Es interesante conocer cómo se desarrolló en la arquitectura de muchas de las casas del Vedado por el 1880, el llamado entonces estilo del hierro que usaba finas columnas de ese material en pórticos y colgadizos y que hizo exclamar a un comentarista de estos tiempos, frente a las recias columnas de piedra con que se alzaban los pórticos de la Calzada de Galiano, una singular expresión al recordar la ligereza de otras construcciones de la misma ciudad. Algunas de las casas del Vedado de este estilo

224

Figura 4.15. La Plaza de la Catedral y las primeras guaguas, La Habana. 1900

llegaron a nuestros días y aun por la Calzada de Buenos Aires quedó alguna que otra. Sin embargo, si el Vedado de 1800 fue moderno por sus avances arquitecturales y por el empleo de sus columnas de hierro, en cambio el Cerro, con las grandes quintas que allí se levantaban fue más clásico y tradicional. Volviendo al plano objeto de nuestro estudio se ven en él los Puentes de Chávez y de Cristina y el amplio espacio que ocupaba el Puente de Agua Dulce.

Las lomas de la Asunción y las lomas de los Jesuitas están dentro de los amplios espacios que separaban la ciudad de los barrios aledaños del Cerro y Jesús del Monte. Luyanó estaba apenas construido. Por la parte del Príncipe se encuentra el Campamento Militar. Al interior de la ciudad aparecen los terrenos de Villanueva o la Estación del Ferrocarril y los depósitos. El Arsenal aun conserva su distribución secular con sus careneros y viejas edificaciones con pedazos de las murallas contra las cuales estaban adosados diversos almacenes. Aún funcionaban los mercados de Cristina, el Viejo Mercado de Tacón y el otro Mercado de Colón que se llamaba también la Plaza del Polvorín. La cárcel levantaba sus recios muros y su arquitectura neoclásica por el fondo dando al Parque de la Punta. Los cuadros del Ferrocarril urbano tirados por caballos y las célebres guaguas de Estanillo (Figura 4.15) junto con los coches de alquiler y los coches de lujo para los paseos por el Prado y para los entierros, eran los vehículos que con sus ruidos atestaban la ciudad; (Figuras 4.16 y 4.17) y los viejos carretones de dos ruedas aún no habían sido

225

Figura 4.16. Carroza Funeral. La Habana (1900-1906)

reemplazados por los carros de fabricación americana de cuatro ruedas que al poco tiempo y en grandes cantidades importó el norteamericano Horter.

En anteriores estudios publicados en la Revista del Colegio de Arquitectos, vimos los trabajos que para la Planificación de La Habana se habían desarrollado bajo el Gobierno Interventor, así como la continuación de los mismos por el ilustre patricio don Tomás Estrada Palma después de inaugurada la República en el 1902. También pasamos, como sobre ascuas por el Movimiento subversivo de la Revolución de Agosto en 1906 y el triste paréntesis de la 2da. Intervención, el cual se terminó en 1909, al ocupar la Presidencia el Gral. José Miguel Gómez, después de triunfar en unas elecciones generales.

El restablecimiento de la soberanía nacional fue acogido con júbilo y el nuevo gobierno del General José Miguel Gómez pudo en los primeros momentos desenvolverse sin dificultades, procediendo con verdadero espíritu y cordialidad a la reorganización del país, poniendo en vigor las leyes complementarias de la primera constitución redactadas por la Comisión Consultiva que había promulgado el gobierno provisional. Durante este período se contrató un empréstito de $16,500,000 para diversas obras públicas. Aun hubo otro período convulsivo con la revolución racista en el 1910 pero pronto fue sofocado y el país siguió su marcha institucional hasta las nuevas elecciones de 1913 en que dio comienzo el gobierno del General Mario García Menocal.

Desde los primeros años de la República se utilizó la antigua batería de la Reina que se encontraba frente a la Casa de Beneficencia para instalar en sus locales una estación de

Figura 4.17. Carreta de bueyes La Habana, (con buenas casas al fondo). (1900)

policía; pero al avanzar los trabajos del Malecón durante los dos gobiernos anteriores hasta la caleta del Torreón de San Lázaro y para lo cual fue necesario ganarle terrenos al mar, como también hubo necesidad de hacerlo frente a la calle de Gervasio, le tocó su turno a la vieja batería la cual fue demolida construyéndose años después en sus terrenos el parque de Maceo en donde se levantaría en el 1916 el monumento al Generalísimo Antonio Maceo.

La lección urbanística que dieron los ingenieros norteamericanos de abrir y embellecer el litoral, construyendo además una valiosa avenida de circunvalación iba a ser perfectamente continuada y a mayor escala por técnicos cubanos en los alrededores de la vieja batería de la Reina, y el bello paseo de nuestro Malecón se prolongaría durante el gobierno del general Menocal y del Dr. Zayas hasta las cercanías de la otra batería de Santa Clara. Durante el gobierno del Dr. Zayas se empezó a construir el monumento al Maine.

Durante ese interregno que abarca desde 1902 hasta 1916 y después que se vendieron los solares que daban frente a la Avenida del Golfo, que eran los fondos de las viejas casas situadas en la calle de San Lázaro comenzó la construcción de los edificios, la mayoría de los cuales se han conservado hasta hoy y a los que se le exigió con muy buen acierto como antes dijimos la condicional del portal. Una serie de edificaciones clásicas o habaneras, proporcionadas algunas, con buenos detalles la mayoría, y otras banales o corrientes se fueron construyendo. En los primeros tiempos cuando existía la glorieta tuvo bastante auge el llamado Hotel Miramar en la esquina de Prado y Malecón.

Durante el gobierno del general Menocal se le dio bastante atención a la calle 23 del Vedado que aún no estaba completada; en las cercanías de la calle Paseo existió una furnia sobre la cual pasó el terraplén del tranvía eléctrico, y desde L hasta el mar atravesando terrenos de los repartos de Medina y San Lázaro, que aun no estaban construidos, se prolongó la calle 23. El general Menocal termino esa valiosa arteria y durante su período se avanzó la urbanización del reparto de San Lázaro, que iba a unir los barrios extremos del Vedado y Medina con la otra antigua parte de La Habana, unificándose todas estas grandes áreas. Un cambio de terrenos dejados para parques formó los espacios que después comprenderían en el gobierno del general Machado la Plaza del Maine.

En el 1916 inauguraba el general Menocal el monumento al Generalísimo Antonio Maceo, la obra maestra del escultor Boni; fue necesario reconstruir otra parte del Malecón que frente a la calle Marina había destrozado un violento ciclón. Se terminó la pavimentación de las aceras de La Habana. Un edificio que había empezado a construir el gobierno provincial en una manzana del Reparto de las Murallas frente a la Avenida de las Palmas, fue adquirido por el general Menocal con el propósito de convertirlo en un Palacio Presidencial y a ese fin nuestros más destacados artistas trabajaron en él, ultimándose la decoración interior por la casa Tiffani de New York. (Figura 4.18) Inaugurado el Palacio Presidencial, el general Menocal concibió hacer un nuevo paseo en los espacios que ocupaban la Avenida de las Palmas, y la prolongación de la calle Zulueta donde se encontraba otro edificio de una estación de policía y al final de la calle el pequeño Necrocomio, y fué consultado para ejecutar el proyecto al célebre maestro jardinista Jean C. N. Forestier quien desde París hizo un proyecto comprendiendo también los espacios del parque de la Punta, conteniendo un monumento a Cristóbal Colón y destinándose el edificio de la antigua Cárcel para instalar en él un museo. Este proyecto por diferentes causales no pudo ser ejecutado.

En este período de gobierno se pavimentan acertadamente varias calles de La Habana con adoquines de granito, y los alrededores del Parque Central con un adoquín de escoria que no dió buenos resultados; también se pavimentaron con adoquines de madera dura la calle de San Rafael hasta Galiano, empleandose un adoquín de pinotea americano embreado en la calle O'Reilly; este último no resistía la menor inundación de la calle, se abofaba rompiéndose el pavimento con suma frecuencia. De todas maneras, estos ensayos de pavimentación fueron correctamente hechos y bien estudiados y superan en mucho a los pavimentos actuales a base de hormigón y gruesa capa de asfalto.

El último de los pavimentos, el más malo a emplear en una ciudad en el trópico, debió ser el del asfalto, que no sabemos si es por su baratez o por la rapidez en que se coloca (aunque tiene el más elevado gasto de entretenimiento y reparación) es el que hoy se emplea.

El estado climatológico y la temperatura de La Habana cuando tenía sus pavimentos de granito, de escoria y de madera, era muy superior y más confortable, que las elevadas temperaturas y el estado de la ciudad actualmente, pues se sabe que el asfalto es un excelente acumulador del calor.

Durante el gobierno del general Menocal se pavimentaron de granito las carreteras de salidas de La Habana y un circuito de circunvalación.

Un gran acontecimiento de origen mundial trastornaría y desequilibraría en parte por un breve tiempo nuestra historia republicana. En julio de 1914 estalló la primera guerra europea que después se convertiría en mundial y la industria azucarera, que desde tiem-

Figura 4.18. Palacio Presidencial, La Habana

pos atrás había regido los destinos del país, tuvo que incrementarse en tal forma por el a-
lza que obtuvo ese producto en los mercados mundiales, que una serie de nuevos y colosos ingenios o fábricas de azúcar se construyeron, talándose a continuación un gran cantidad de bosque para dejar paso a las nuevas colonias de caña que por todas partes se
sembraban.

En 1917 Cuba se vio forzada, con otra serie de países de Latinoamérica a ingresar en la
contienda. Es comprensible que las grandes obras de construcción de ingenios y nuevas
colonias de cañas paralizaron las obras públicas y diese término a lo que nosotros llamamos primer período urbanístico de La Habana republicana. No quiere esto decir que la
paralización fuese completa, sino que hubo un ritmo menor. La construcción del hospital
Calixto García debido a la iniciativa de aquel gran sanitario cubano y hombre de ciencias
que fue Emilio Núñez, la construcción del hospital Lebredo que vino a ser un paso más
en la lucha antituberculosa. La demolición del antiguo cementerio de Espada que aunque
desafectado, con sus muros y tapias impedía el ensanche de la Calzada de San Lázaro; y
la demolición después que se le dio fuego a los edificios que ocupaba la Leprosería o
Hospital de San Lázaro y conjuntamente las obras de construcción de nuevos pabellones
en la Universidad Nacional, y el proyecto de una nueva escalera de Ingreso frente a la
Calzada de San Lázaro que en el 1916 y bajo la égida del secretario de Obras Públicas

229

José Ramón Villalón ejecutó el artista Emilio Heredia, (Figura 4.19) y aunque esta última obra no fue ejecutada y era distinta a la que se construyó después, sin embargo todas ellas formarían pasos o eslabones intermedios en el avance urbanístico de la Capital. Aun quiso el general Menocal trasladar la Casa de Beneficencia y construirla de nuevo en la finca La Osa, que era propiedad del Estado y que se encontraba en Marianao, pero estas iniciativas por distintas causales no pudieron realizarse.

La arquitectura privada que había logrado notables especímenes o sea verdaderas obras de arte en algunas grandes residencias, que con esmerado gusto levantaron sus propietarios en los comienzos de la calle 17 que fue la más aristocrática, o la que gozó de más renombre pues la Avenida de Paseo por esa fecha estaba muy poco fabricada. La arquitectura privada, repetimos, con los grandes capitales que entraron en Cuba por la venta del azúcar, iba a pasar por un período de verdadero esplendor. Los adelantos de las costumbres y un mayor refinamiento y confort que exigía la sociedad habanera y sobre todo la plétora de dinero y de destacados artistas, algunos nativos y otros extranjeros que se radicaron en Cuba producirían una serie de verdaderos palacios rodeados de jardines en toda esa barriada del Vedado, como no existían en otras ciudades del mundo. El Vedado fue uno de los barrios más ricos y más grandes de las ciudades americanas.

Figura 4.19. Proyecto de Escalinata de La Habana
por Emilio Heredia (no ejecutado) 1916

Valiosas producciones de los arquitectos cubanos Morales, Del Alamo, Reyneri, Centurión, Rafecas, Franca, Soto y Echevarría, Guerra, Rodríguez Castells, Mata, Armando y Enrique Gil, Cayado, Borges, Arellano y Mendoza, Navarrete Toñarely, Echarte, Batista y otros se terminaban en estilos clásicos con una arquitectura muy tropical muy habanera pero que empleaba elementos renacentistas, franceses, italianos y últimamente españoles, y dejaron obras trabajadas en todas sus fachadas como si fueran esculturas, con una ornamentación correcta y delicada y con un lujo de detalles en pisos, mármoles, carpintería, baños y artesonados que ya quisieran haberlo tenido los subsiguientes período que se han producido. Nuestras arquitectura palacial de las vacas gordas, mirada hoy con desdén y en algunos casos demolida ha merecido muy poco estudio.

Pero el desenfrenado egoísmo de unos cuantos hombres quizás diez o doce de los grandes tenedores de azúcar que a raíz de terminada la Guerra Mundial no quisieron vender azúcar a $0.17 la libra, como se las pagaban sino que pretendieron elevar el precio hasta la cantidad de $0.30, al negarse a vender produjo la más grande "crac" bancaria de toda la historia de Cuba.

Finalmente se reconstruyeron dos antiguos edificios coloniales en la calle de Tacón que se adaptaron para la Secretaría de Estado y Justicia, decorándose interiormente. Otro edificio que se construyó fue una nueva estación de policía en Dragones y Zulueta la cual acusó una modernidad por el empleo de ladrillos de colores americanos y la cubierta de pequeñas tejas también importadas que estuvieron de moda por unos cuantos años. Con la construcción del edificio de la Cruz Roja con su gran pórtico clásico en los solares que quedaban del antiguo reparto de las Murallas y con la valiosa plaza parque conocida con el nombre de Parque Villalón que se hizo en el Vedado y en el cual se instaló la antigua fuente de Neptuno que durante tantos años estuvo en el Parque de la Punta, casi podemos decir que se termina un período brillante de urbanismo y arquitectura cubana.

Por estos años de auge económico y casi inconscientemente construyó La Habana su distrito bancario o su pequeño Wall Street. Altos edificios de ocho y diez pisos vinieron a robar el aire y la luz a las calles antiguas que su misma estrechez impedía ponerlos en valor. Sin embargo construidos en épocas de fiebre bursátil, por el acierto de sus composiciones y la fineza de sus detalles clásicos no dejan de tener interés y constituir una atracción urbana.

Siguiendo a los bancos y a pesar de existir las ordenanzas de construcción que regulaban la altura de los edificios en función del ancho de la calle se construyeron en muchos lugares de la Ciudad altos edificios y salvo que alguno que otro, que efectivamente añaden un valor artístico al conjunto de la urbe, los restantes no han tenido acierto al extremo de necesitarse una muy plausible disposición municipal que impidiese su erección en el Vedado. La arquitectura religiosa siguió también la misma marcha que llevaba la Ciudad; viejos conventos fueron desafectados y abiertas al tráfico las calles que cerraban sus muros y en compensación en las afueras y en los repartos se levantaron nuevas iglesias y otros conventos también que no llevaban la nota romántica de ancianidad en sus piedras pero contribuían con sus agujas y campanarios a siluetar algunos barrios de la Capital.

Se observa que antes del 1918, la plétora de dinero o la gran riqueza económica que hubo en Cuba, a causa de los altos precios a que se vendió el azúcar, motivó que varios destacados artistas extranjeros, escultores, pintores y algunos arquitectos vinieran a trabajar a la Habana, reflejándose su actuación en edificios privados y en los palacios que entonces se levantaron, tanto para el Gobierno como para las Sociedades Regionales, lográndose algunas realizaciones notables.

También la joven república estaba animada del deseo de honrar a sus grandes libertadores y continuando aquel movimiento que empezó en el 1902, al levantar en el Parque Central el monumento al Apóstol Martí, vinieron después, el gran monumento con que se honró al Lugarteniente General Antonio Maceo; iniciándose poco tiempo después el concurso para el monumento que se proyectó levantar al Generalísimo Máximo Gómez. También se hizo otro gran monumento al General José Miguel Gómez y otro más modesto al Dr. Alfredo Zayas, ubicándose algunos de éstos en la Avenida de los Presidentes, donde se levantó, al comienzo de la Avenida, una estatua al ilustre patricio Don Tomás Estrada Palma. En la otra gran Avenida del Vedado, o sea la calle Paseo, se erigió otro monumento al Mayor General Alejandro Rodríguez, que fue Alcalde de la Habana. En el Prado se colocó el busto de Zenea, el poeta mártir, y del gran tribuno Manuel de la Cruz. En el Ministerio de Salubridad se levantó en el patio la estatua del Dr. Carlos Finlay, situándose también la estatua de Don José de la Luz y Caballero en el parque de su nombre, alzándose al igual bustos de otros próceres lo mismo en el Municipio, que en la Universidad o en el Ministerio de Obras Públicas.

Fruto de sus estudios y de sus viajes posteriores fue el libro que publicó Martinez Inclán en el 1925, titulado "La Habana Actual", y aunque por aquel entonces la ignorancia y la falta de preparación le cerraron las puertas, pudo sin embargo desde su Cátedra de la Universidad, para la cual sería nombrado en el 1927, realizar una brillante prédica cuyos resultados saltan a la vista. No fue la "Vox clamatis in desertis" como él dice, en uno de sus capítulos; tarde o temprano los razonamientos y las verdades técnicas que exponía en sus ideas han ido haciendo su camino.

La Habana, que había visto levantarse en la calle de Obispo el Banco Nacional, y en los alrededores del Parque Central el valioso Palacio del Centro Gallego, (Figura 4.20) y el Palacio Presidencial frente a la explanada de la Punta, (Figura 4.21) a los cuales se unió unos cuantos años después el Palacio del Centro Asturiano; (figura 4.22) la Habana que ya había construído el Vedado Tennis Club y la serie de grandes residencias que se erigieron en la calle 17 y en la avenida de Paseo, y unos cuantos edificios altos que rompieron los niveles tranquilos de las casas de dos y tres plantas que entonces existían, esta Habana que fue calificada como la ciudad más alegre del mundo iba casi sin sentirlo, prolongando su malecón y haciendo su camino hasta que llegaron las espectaculares transformaciones, ejecutadas después de los trabajos del urbanista francés Jean C. N. Forestier por el Secretario de Obras Públicas Dr. Carlos Miguel de Céspedes.

Dos edificios antiguos en la calle de Tacón se adaptaron para Secretaría de Estado y Justicia y para la Secretaría de Gobernación, influyendo en su decorado el italiano Atilo Balzaretti.

En la arquitectura residencial se destacó el palacete que para los Marqueses de Avilés, construyó en la calle 17, el arquitecto norteamericano Newton. Trabajó en esta residencia el arquitecto Leonardo Morales y fue construída por la acreditada firma de Purdy and Henderson.

Otras residencias señoriales difíciles de superar levantadas por aquellos tiempos fueron la del señor Alfredo Gómez Mena, construída en Calzada y Paseo, por el Arq. Francisco Centurión; la del Dr. Pablo Mendoza, construída en la calle de Paseo por Leonardo Morales; y el palacete para los Marqueses de Pinar del Río, Manolo Carvajal y Margarita Mendoza, que fue proyectado por los destacados arquitectos de New York Carriere and Hartung y que se construyó en la calle 17.

Figura 4.20. Palacio del Centro Gallego

NOTAS

1. El Criticón de la Habana cuando habla de la Calzada de Galiano, en el año de 1883, nos dice: "Pasemos a otras sensaciones. Vamos saliendo de los barrios que nos recuerdan TIRO, por lo comercial y entramos en una calle que bajo otro aspecto nos recuerda también a esas ciudades prehistóricas de las que quedan solo restos. Persépolis, Nínive, Babilonia, etc. Vienen involuntariamente a la memoria al contemplar las largas filas de macizas columnas. sin gracia arquitectónica y que dan carácter tan monumental y pesado a construcciones de una época, en que todo es ligero y artístico, y en que la industria del hierro facilita al arquitecto los medios de lucírsela con poco costo, brindándole en delgado paral la resistencia de una pirámide. Mas a pesar de este defecto sorprende agradablemente la Calzada de Galiano al salirse de las estrechísimas y malsanas calles que componen casi toda esta población, por la novedad que ofrece y porque nos hallamos en un centro social que nos empieza a apartar de los negocios y materialismo de la vida."

Esto que nos dice "El Criticón de la Habana", en el año de 1883, aunque nos habla de ruinas, pirámides y ciudades que sólo vió en las láminas de alguna Historia Antigua, sin embargo, por la decidida defensa que hace de la "Arquitectura moderna"... "de aquel entonces 1883", nos merece todo género de alabanzas.

Y si bien es cierto que no aclara en donde floreció esa Arquitectura del Hierro en la Habana del 1883, esto no es difícil adivinarlo, pues muchas de esas casas construídas en el Vedado llegaron hasta el 1920, y aun hoy quedan algunas hechas al final del siglo.

La Calzada de Galiano, al igual que el paseo del Prado y los interminables pórticos de la Calzada del

Monte y de la del Cerro, se construyeron empleando el estilo neo clásico, con sus intercolumnios dóricos o toscanos, algunos de ellos muy bien proporcionados.

En el Reparto de las Murallas floreció en las últimas décadas del siglo XIX, en los portales una arquitectura que empleaba pilares altos con arcadas que alcazaban la altura de dos pisos, a fin de ventilar los entresuelos.

Figura 4.21. Manzana de Gómez y el Palacio del Centro Asturiano, La Habana

Figura 4.22. Avenida de las Misiones y Palacio Presidencial, La Habana

El Arco de Belén, Calle Acosta, La Habana, 1906.

EL CRECIMIENTO DE LA HABANA Y SU REGULARIZACION

ENRIQUE J. MONTOULIEU Y DE LA TORRE

Discurso de Ingreso en la Academia de Ciencias de La Habana, leído en la sesión celebrada a ese efecto el 18 de Abril de 1923, publicado en los "Anales", de esa Institución, Tomo LIX, 1923.)

Es problema de actualidad la construcción de la Plaza de la República que se está realizando en los terrenos de la Loma donde estaba situada la Ermita de los Catalanes. Igualmente es de actualidad el problema de los planos reguladores de ciudades.

Ultimamente se celebró un Forum sobre estos problemas en el Colegio de Arquitectos y los señores que tomaron parte en él, al hacer el recuento o la historia de la ubicación de la Plaza de la República, hicieron mención del magnífico trabajo realizado por el Ing. Civil Enrique J. Montoulieu y de la Torre sobre "El Crecimiento de La Habana y su Regularización" que trataba de la construcción de vías de comunicación que facilitaran el tránsito habanero de un barrio a otro de la Ciudad-Capital.

Ese trabajo de Montoulieu, redactado y publicado hace ya 30 años, fue con motivo de su entrada como Académico de Número en la Sección de Ciencias Físicas y Naturales de la Academia de Ciencias de La Habana.

El 18 de Abril de 1923, el Ing. Montoulieu leyó su Discurso de Ingreso en esa docta corporación, y desde entonces, todos los que como él se han preocupado del crecimiento de la Capital de la República han considerado ese trabajo como guía en qué basar sus propias recomendaciones, o aluden a él como referencia.

Treinta años después, en 1953 las avenidas y plazas que indicó Montoulieu en 1923, cobran vigencia porque en ese lapso de tiempo, salvo honrosas excepciones, se ha realizado muy poco para hacer de La Habana una gran Ciudad. (Publicado en los "Anales", de esa Institución, Tomo LIX, 1923.)

En este número de INGENIERIA CIVIL reproducimos ese trabajo, que hoy es tan de actualidad como en 1923, y le rendimos el homenaje póstumo que se merece, ya que, desde 1951, y tras cruenta enfermedad, dejó de existir, dejando una estela de estimación entre los compañeros que convivieron con él en la lucha diaria de la vida, y un vacío en las distintas instituciones a las que perteneció.

LA DIRECCION

En los clásicos días en que el Mundo antiguo despertaba deslumbrando al esplendor de la Civilización Romana, Varro señalaba en su obra *De Re Rustica* con la gentil elegancia del latino romance:

Divina Natura dedit Agros,
Ars Humana aedificavit Urbes.

(La Diosa Naturaleza nos regaló los campos,
el Arte Humano edificó las ciudades.)

Siglos después repetía Cowper en su obra The Task en el crudo laconismo sajón:

God made the country and Man made the Town.

(Dios hizo la campiña y el Hombre la ciudad.)

Meditando un poco sobre esta última sentencia desde nuestro punto de vista personal actual, como cubanos, algo más, como hombres de ciencia, y aun mucho más, como funcionarios públicos conscientes de nuestro deber, La Tarea (The Task) que nos asigna Cowper se nos agranda progresivamente, elevándose, irguiéndose sobre nuestro apocado ánimo, como si cada una de esas gradaciones del punto de vista fuera un ciclópeo escalón edificado para andares de gigante más que para avances liliputienses. Y quizás me comprenderéis mejor, señores, cuando os explique que pienso que si Dios hizo el país, y al hombre le toca hacer la ciudad, tarea fácil y ligera parece el cumplir esa labor humana, ya sea en el asfixiante Sahara como en la helada Groenlandia; pero cuando se trata del Oasis del Mundo, del Paraíso Viviente, "de la tierra más fermosa que ojos humanos vieron", como dijo el Gran Almirante, haciéndole olvidar los terrores del Mar Tenebroso, yo bien sé que vuestros corazones ahora vibran con el mío, con irrefrenable orgullo, cuando pensamos que esa tierra es nuestra tierra, que es nuestra Patria!

Y ahora comprenderéis, y me daréis toda la razón cuando os deis cabal cuenta, como yo me doy, de que es difícil y casi imposible esta misión confiada a cualquier hombre de ciencia, pues Dios sólo pudo hacer un país tan esplendorosamente bello como el país cubano. Y si al hombre le toca hacer la ciudad, creedme, señores, que para hacer una labor adecuada, hay que hacerla tan bella y digna del país, que es casi una labor sobrehumana, superior a limitadas fuerzas intelectuales. Cabe en verdad en este trance envidiar a los hombres de ciencia, a los artífices de Grecia y Roma que pudieron oponer con dignidad y sin desdoro, cual diadema brillante de su Patria, bajo el dosel cristalino azul de sus cielos los soberbios frontis de sus palacios y monumentos, que aún hoy, en el envanecido siglo de la electricidad, imita en vil plagio todo el orbe moderno, sin haber podido, no ya producir, ni aun modificar en nada el reglaje de su clasicismo, victoria y prez del invencible e inmortal Genio Latino. Hoy también, en el siglo del acero, las primeras Empresas Ferroviarias del Mundo, tanto en perfección técnica como en importancia económica, están retrocediendo dos mil años, desmontando sus ultramodernos puentes de acero para sustituirlos por puentes de piedra imitando los magníficos Pontibus romanos, de aquellas Vías Cesáreas, que aun nos sirven de modelo.

Por eso nuestra tarea, así como la de otros funcionarios públicos a quienes compete en todo o en parte esta labor, se nos antoja grande y nuestras fuerzas asaz pequeñas para cumplirla. La Habana, ciudad capitalina de Cuba, el país más bello del orbe, debe ser hecha por los cubanos la ciudad más bella del Planeta. Por tanto, ante la magnitud de esta labor, debemos todos de contribuir modesta pero asiduamente, con todos los entusiasmos del patriotismo más sano y del civismo más desinteresado, como hijos de esta tierra, a aportar cada uno desde nuestro puesto, desde nuestro "bohío", nuestro "grano de arena", para engrosar la gran obra de hacer de la Habana "la ciudad más sana y más bella del orbe".

Esta no es una obra de un solo hombre, ni de un solo Departamento, ni de una sola Corporación. Para su éxito, debe ser obra de todos unidos en un solo esfuerzo. Obras Públicas y el Ayuntamiento con sus estudios técnicos y disposiciones ejecutivas; la Prensa y las Asociaciones Cívicas y de Propietarios con sus gestiones y cooperación; los Poderes Públicos con su sanción y ayuda. (Véase Apéndice Primero.)

El presente trabajo debe considerarse como un conjunto de ideas sugeridas por la práctica de estudios durante 15 años sobre el plano de la Habana, y de observación constante de su crecimiento en extensión y en tráfico. Si en el presente o en el futuro estas ideas son consideradas de utilidad por el pueblo o sus gobernantes, quedará el autor satisfecho de su modesta pero sincera contribución a la Gran Habana del futuro.

El plan de la Gran Habana

El Plan o Proyecto de Trazado de una gran ciudad moderna, puede sintetizarse en la reciente definición de Mac Anemy "Proyectar una ciudad es sencillamente prevenirlo todo para un futuro desarrollo". Es la guía que conduce por cauces adecuados los impulsos de la Comunidad hacia una mejor y más amplia vida. Superficialmente tiene que luchar con las cosas físicas al proyectar las calles, parques y líneas para el tránsito rápido, pero su significancia real es mucho más profunda. Un plano adecuado de la ciudad tiene una influencia poderosa, para el bien, sobre el desarrollo mental y moral de los habitantes. Es la base firme para la constitución de una comunidad sana y dichosa, o más concisamente, como lo expresa Lewis, Ingeniero Jefe de la Junta de Presupuestos y Valoraciones de la Ciudad de New York: "Proyectar una ciudad, es sencillamente el ejercicio de una tal previsión que promueva el desarrollo ordenado y vistoso de la ciudad y sus alrededores según líneas racionales con la debida consideración a la salud, amenidad y conveniencia y a su avance comercial e industrial".

Qué plan adoptar o imitar

Este mismo Ingeniero llama más recientemente la atención hacia "la predisposición general por parte del público en todos los países, a ver méritos peculiares en proyectos de ciudades extranjeras, por ejemplo, el inglés admirando las anchas calles bordeadas por edificios bien agrupados de las ciudades alemanas, mientras que éstos se encantan con los amplios y esmeraldinos "lawns" que rodean las residencias inglesas. Y esto es tan universal porque es humano el admirar lo que no se posee, y casi sólo hasta que se posee".

Pero nosotros creemos y siempre hemos creído que esto es un escollo peligroso que conviene evadir a tiempo y persistentemente, no dejándonos llevar inconscientemente por la atracción de exotismos que puedan desnaturalizar la labor creadora de una obra "nacional" derivada de las necesidades locales climatológicas y raciales y hasta habituales, y así declaramos que en lo poco que planeamos nos hemos dejado guiar más por la observación de las necesidades citadas, durante largos años de estudio "sobre el mapa", que por la admiración que naturalmente tenemos por los grandes trazados de las modernas urbes de Europa y América. Grande error sería el imitar, por ejemplo, al planear la Gran

Habana, el admirable trazado de L'Enfant para Washington, la capital de un país de vasta extensión y de enorme población, ciudad planeada para Capital y no Capital planeada o modificada como la Habana para servir al mismo tiempo para ciudad comercial o centro de tráfico marítimo.

Para una labor armónica podríamos sintetizar nuestro criterio en la siguiente sentencia: *El Plan de la Gran Habana debe ser tan independiente como lo es Cuba geográficamente.*

La *Gran Habana* debe planearse bajo estos tres aspectos dominantes, observados conjuntamente.

1. La Habana, Capital de la Gran República Antillana.
2. La Habana, futuro Puerto Libre, gran centro de travesía mercantil de las líneas marítimas entre Europa y Norte América y Oceanía y Sur América, a través de los canales istmianos de Centro América.
3. La Habana, Centro del Turismo Pan-Americano y punto principal de salida de los productos agrícolas de Cuba, la futura gran abastecedora invernal del vasto Mercado Norte Americano.

El crecimiento de la Ciudad de La Habana

La Habana es un gran núcleo urbano que cual planta tropical crece exuberantemente y cada día más necesita de buenos jardineros que guíen, eduquen y regulen su vigoroso desarrollo.

Al hacernos cargo a fines de 1907 del Negociado de Aguas y Cloacas de la Jefatura de la Ciudad, hubimos de solicitar el plano de la Habana en aquella época en que constaran todas las distintas partes de la ciudad y pueblos vecinos que entonces se surtían de agua del Canal de Albear, informándosenos que no existía dicho plano y sí planos de los distintos barrios y pueblos, por ejemplo: el plano de Pichardo, que contenía la Habana antigua hasta Infanta, parte del Vedado, Cerro y parte de Jesús del Monte; otro plano separado del Vedado; otro plano separado de Guanabacoa y algunos de los Repartos nuevos de la Víbora, que comenzaban en aquella época a desarrollarse a los cinco años de instaurarse la República, todos a distintas escalas. Surgió en seguida en nuestra mente la consideración de la necesidad de un plano general que aunque fuera aproximadamente, indicara la posición relativa de los distintos pueblos vecinos y barrios interiores y exteriores de la Ciudad, que por lo menos en cuanto al servicio del Abasto de Agua estaban en relación directa con el núcleo central de esta Ciudad, y así dispuse que inmediatamente se diera comienzo a un plano que se terminó el año siguiente (1908), bajo el nombre de Plano General de la Habana y sus Pueblos Vecinos (escala 1:20.000), que abarcaba aproximadamente desde Cojímar a la Playa de Marianao por el Norte, por el Oeste y Sur hasta el circuíto de Arroyo Arenas, Cano, Wajay y Vento y por el Este con los pueblos de Cotorro, San Francisco, Guanabacoa y Cojímar. Al mismo tiempo, se dio comienzo a otros planos más detallados, uno de cada División del interior de la Ciudad (escala 1:5000) División Norte, que comprendía los barrios del Cerro y Vedado además de la Habana antigua; División Sur, que comprendía los barrios de Jesús de Monte, Luyanó y Víbora; División Oeste, que comprendía Marianao hasta la Playa. Sobre estos planos se ha ido estudiando durante quince años tras año, el crecimiento rapidísimo de esta Ciudad, cuyo resultado se indica en el adjunto plano que muestra en áreas rosadas la urbanización existente en 1900 y en áreas verdes la urbanización adicional desde 1900 hasta 1922. En estos 22 años la ciudad de la Habana ha crecido en superficie ocupada por urbanización en proporción a dos veces y media la ocupada en 1900 pero el crecimiento no ha sido ordenado o regulado por ningún plan de urbanización general, sino, que ha sido a lo largo de las viejas calzadas que partían de la antigua Habana hacia las afueras de la Ciudad, y a lo largo del litoral marítimo, con el resultado de que la distinta orientación de los nuevos repartos, según se han ido construyendo, si bien se ajustaba más o menos a la conveniencia local, no seguían ni prestaban ninguna armonía con las grandes corrientes de tráfico que debían establecerse entre los nuevos Repartos y el núcleo central de la Ciudad.

Las calzada actuales, vistas con respecto a la configuración general del núcleo o área poblada de la ciudad, son solamente *Avenidas marginales*, y las únicas parcialmente centrales, como Ayestarán e Infanta, indican con su tráfico actual que no son suficientes y que deben sin demora abrirse nuevas arterias centrales y diagonales con sus conexiones locales. Por ejemplo: la hermosa calle 23 en su parte construída, única avenida terminada que puede mostrar la Habana, indica con el gran tráfico que tiene desde el día que se abrió al servicio público, que está prestando aun siendo *Marginal* el servicio propio y el ajeno, éste siendo el tráfico pesado de la Avenida Central que falta y cuyo tráfico cruza y daña su pavimento, que más bien debiera estar dedicado para el tráfico local de ese barrio residencial y el típico de una Avenida Marginal como en realidad es.

Plan de avenidas de la Ciudad de La Habana para llenar las necesidades presentes y futuras del tráfico urbano (Figura 4.23)

El presente Plan de Avenidas lo hemos venido estudiando durante los últimos quince años, en relación con los proyectos originales de *Mejoramiento del abasto de agua* de la Ciudad que hemos venido desarrollando en dicho período de tiempo.

La necesidad de estudiar los presentes y futuros centros de población de los distintos barrios de la Ciudad para poder calcular la capacidad y situación topográfica más económica de las distintas tuberías maestras de conducción del *Abasto de agua* a dichos centros de población, hizo desde el primer momento inclinarnos en la previsión de las necesidades del tráfico futuro entre los distintos barrios de la Ciudad, atendiendo conjuntamente al mismo tiempo que el trazado topográfico más económico, a la permanencia futura de dicho trazado, pues es evidente que si al atravesar grandes extensiones yermas de terreno no se hubiera tenido presente esa precaución, nos encontraríamos que las grandes y costosas maestras que han atravesado dichos espacios yermos entre los barrios de la Ciudad, habría posteriormente que moverlas a nuevos emplazamientos, aparte de que adoptándose como norma en el trazado de las maestras de agua la línea más cerca de la recta, conveniencias tanto de las leyes hidráulicas como de la economía en la inversión del capital, al hacerse después modificaciones posteriores en estas líneas rectas, se convertirían los trazados primitivos en tortuosos, con pérdida de carga o presión y con otras inconveniencias similares de índole práctica. Por eso siempre que hemos tenido que estudiar o proyectar el trazado de una importante maestra de agua, en dichas condiciones, invariablemente hemos estudiado previamente un trazado de calzada futura que las necesidades del tráfico hagan necesario practicar en el porvenir, y allí dentro de esas futuras avenidas han quedado instaladas dichas arterias del *abasto de agua*. Se ha tenido en cuenta desde el primer momento la utilización de todas las avenidas y calzadas ya existentes de modo que las nuevas vías proyectadas vengan a complementar un Plan, lo más armónico posible, que se ajuste a las necesidades presentes y futura de la Ciudad, tanto comerciales y de tráfico como de ornato y embellecimiento.

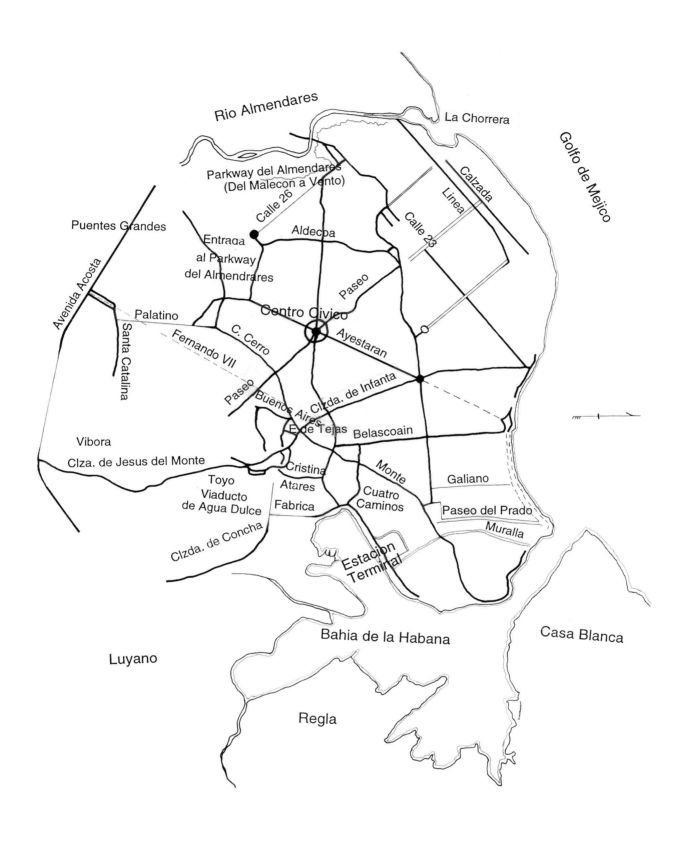

Figura 4.23. La Habana, 1900-1922. Por Enrique J. Montoulieu, Ing.
Jefe de la ciudad. (Trazado por estudiantes de UM)

242

Avenida Central o del Puerto

En el año 1913 estudiamos el trazado e instalación de una maestra de gravedad para la zona baja del Vedado a partir del codo existente en la tubería de 42" antigua, en la esquina de Universidad y Consejero Arango, en el Cerro, y esto hizo que se estudiara conjuntamente, mejor dicho, previamente, el trazado de una gran arteria de tráfico que uniera dichos barrios importantes de la Ciudad hasta hoy separados por grandes extensiones de terreno yermo, pero que cada día se palpa más la urgente necesidad de comunicarlos por una o más arterias de tráfico. El resultado de este estudio se muestra en el adjunto plano con el nombre de Avenida Central o del Puerto, de 24 metros de ancho, por la cual se ha buscado la distancia más corta entre el Puerto y el Puente Almendares, al final de la calle 23, de Este a Oeste. (Figura 4.24) Esta Avenida se proyecta arrancar de la Zona Marítima de comunicación frente al Castillo de Atarés y pasando por la ladera Norte de dicho Castillo gana en elevación para montar sobre un viaducto o paso superior sobre las líneas de los Ferrocarriles Unidos en el patio de la Estación de Cristina, cruzando sobre la Calzada de este nombre y desembarcando en la calle de Pila entre Clavel y Omoa, cuya calle de Pila se ensanchará hacia el Norte cruzando a nivel de la Calzada del Monte en su punto más ancho, abriéndose a través de unos cincuenta metros de fabricación hasta la calle de Flores. En este punto se verificará la unión o confluencia de esta importante Avenida con la prolongación de Belascoaín por Nueva del Pilar ensanchándose la existente calle de Flores que a su vez está en la prolongación de aquellas calles.

Siguiendo hacia el Oeste esta nueva Avenida Central o del Puerto seguirá en línea recta a pasar por el Norte de la Iglesia del Pilar, hasta la calle Universidad, la que se ensancha-

Figura 4.24. Plaza de Maine y Avenida del Puerto, La Habana

243

rá sobre terreno yermo hacia el Norte siguiendo esta calle hasta la prolongación de la calle Saravia donde hará una pequeña deflexión siguiendo por una recta de más de dos kilómetros y medio sobre la prolongación del frente Sur del Cementerio de Colón, en cuya esquina Suroeste conectará esta Avenida Central con la calle 26 hasta la calle 23 y el Puente Almendares. Como vemos en el plano, el trazado de esta Avenida no solamente resulta conveniente bajo el punto de vista de su rectitud lineal, sino de su adaptación al terreno; al subir la falda Norte del Castillo de Atarés gana en elevación necesaria para montar el viaducto indispensable para salvar el gran tráfico ferroviario de los Ferrocarriles del Oeste y el rodado de la Calzada de Cristina, permitiendo también el pasarle antes por encima de las líneas que hoy están en la Zona de Comunicación y que se fijarán o desviarán en un corte en la ladera Este del Castillo. La circunstancia de estar los murallones exteriores del citado Castillo a elevación conveniente y a distancia cortísima del centro comercial de la Ciudad, brinda condiciones notables para su aprovechamiento como un gran tanque o depósito de agua ya prácticamente construído como reserva para la protección contra incendios del corazón comercial de la Habana así como para mejorar grandemente durante el día la presión de dicha zona. Aprovechándose como ya hemos dicho los murallones exteriores del Castillo con un sencillo revestimiento de placas reforzadas de hormigón adosadas a su paramento interior, podemos extraer toda la gruesa mampostería que forma el recinto interior de dicho Castillo, rodeado por los fosos, y extrayendo esta mampostería hasta el nivel del fondo de éstos, revistiendo también su fondo con dicha placa reforzada, tendremos un gran reservorio en punto ideal para la defensa y mejora de la zona comercial de la Habana, pues al pie de este Castillo por la Calzada de Cristina, lado Este, bajo la acera, proyectamos en 1911 y está instalada ya una maestra de 36" de diámetro por la cual se conectará dicho reservorio al centro comercial de la Ciudad. Una simple planta de bombas eléctricas que funcionaría de noche, instalada al pie del Castillo, completaría el buen funcionamiento de esta mejora del *Abasto de agua* de la Ciudad. Pero, la mampostería producto del recinto o edificio interior del Castillo, sumamente insalubre para la pequeña guarnición militar que allí se aloja, servirá no solamente para construirle un confortable cuartel a la misma, que se edificaría en las laderas de la loma que quedarían convertidas en un pintoresco y saludable parque público, sino que su sobrante, después de realizada esta pequeña obra, serviría para la construcción de los estribos que levantados en los espacios libres entre las vías ferroviarias que allí se cruzarán, soportarán el viaducto que conducirá a la Calzada por sobre dichos obstáculos. Entre el punto de desembarco aproximadamente en Pila y Omoa y la Zona yerma que empieza en la calle Universidad, solamente se atraviesan unos cuatrocientos metros lineales de fabricación económica cuya destrucción será de poco costo para la Ciudad y ya en pleno campo abierto al salir de Universidad y Consejero Arango, se cruza el cada día más transitado Ferrocarril de Marianao, precisamente por debajo de un alto terraplén que permite pasar la Calzada bajo las líneas del Ferrocarril que va Zanja y Galiano sin el serio obstáculo y peligro del cruce de vías del citado ferrocarril interurbano. Al llegar al cruce de Ayestarán coincide el cruce de esta Calzada con la intersección de la misma con la prolongación de la calle Paseo, del Vedado. Este punto viene a ser el centro geométrico de la Ciudad de la Habana equidistante de los barrios más extremos que forman el núcleo de la Ciudad, a tres kilómetros de la Estación Terminal e igual distancia a Puentes Grandes y al Malecón y a la Loma de Luz. Este vendrá a ser el *Centro cívico (Civic Center)* de la Ciudad capitalina, alrededor de la cual se deberán construir los grandes edificios monumentales de oficinas públicas, como Ayuntamiento, Correos, Juzgados, Central de Policía, etc., etc., para lo cual debería celebrarse un concurso internacional para el adecuado proyecto de este detalle importantísimo que tanto persiguen, estudian y planean las más

244

grandes capitales modernas. La topografía entre este Centro Cívico y las cercanías del Puente Almendares por donde va emplazada esta Avenida Central es tan uniforme que tal parece que la Naturalez ha dejado preparada o indicada con un "thalweg" o pequeño valle en el fondo del cual va emplazada esta gran Avenida.

Como observación adicional debemos notar que esta Avenida pasa a unos doscientos cincuenta metros del Mercado Unico, dejando el congestionado cruce de Cuatro Caminos al Norte y el de la Esquina de Tejas al Sur, aliviando el tráfico de las Calzadas de Belascoaín, Monte, Infanta y Ayestarán, en su trayecto entre la Bahía y la principal salida hacia el Oeste de la Ciudad, que es el Puente Almendares. (Véase el Apéndice núm. 2.)

Los Repartos de urbanización en estudio o ya aprobados que comprendan terrenos atravesados por esta gran Avenida y que aún se hayan llevado a total ejecución deben de ser invitados a incluir y respetar esta importantísima e indispensable arteria de tráfico.

Calzada del Cerro al Vedado por Aldecoa

En el año 1910 proyectamos la maestra conductora de agua bombeada que fue instalada el mismo año para la zona alta del Vedado y Cerro. Para buscar el mejor emplazamiento de esta conductora de Palatino al Vedado, que a su paso debía de alimentar el servicio de Puentes Grandes además del Cerro hasta llegar a la parte alta del Vedado, debiendo atravesar los terrenos yermos entre el Cerro y Puentes Grandes hacia Aldecoa, proyectamos el doblar la calle 26 del Vedado alrededor (Sur) del Hospital de Aldecoa y entrar en el Cerro por la prolongación de la calle de Santa Ana para que esta prolongación de la calle 26 en el Vedado salvando los cruces de vías ferroviarias de la Ciénaga, viniera a aprovechar el puente que se había de construir para el cruce de la Calzada de Ayestarán por sobre las líneas del Ferrocarril de Marianao al entrar aquella Avenida al Cerro por la calle Ayuntamiento. Esta Avenida sigue la prolongación de Santa Ana y desde Aldecoa por el frente Este del Cementerio hasta el Vedado. En Aldecoa tendrá la entrada al Parkway Almendares que se extenderá en su margen del Malecón a Vento.

Prolongación de Paseo desde Zapata hasta la Calzada del Cerro por Auditor

Como complemento de los anteriores proyectos de vías de comunicación entre el Cerro y el Vedado, se proyectó la prolongación de Paseo alrededor (Norte) de la Loma de los Jesuítas y como hemos dicho antes esta prolongación cruza Ayestarán en el mismo punto que la Calzada Central o del Puerto cruza dicha Avenida. Esta prolongación daría una comunicación directa entre el centro geométrico del Vedado y el del Cerro y aun prolongándose hasta la Avenida de Serrano en su intersección con los Ferrocarriles Unidos y la calle Rodríguez daría una comunicación recta por Serrano y Zayas hasta el centro del barrio de la Víbora. La Avenida Juan Bruno Zayas, en la Víbora, sería ampliada en dos cuadras entre Libertad y Santa Catalina.

Prolongación de la Calle G, o Avenida de los Presidentes, desde 23 hasta Carlos III

Adjunto a este trabajo, o a continuación se acompaña la Memoria de nuestro proyecto para la prolongación de la Avenida de los Presidentes, o calle G, del Vedado, desde 23 hasta Carlos III. (Figura 4.25) Como complemento a un Circuito de Paseo Central para la Ciudad de la Habana, de diez kilómetros de extensión, comprendiendo Prado, Malecón

Figura 4.25. Calles G y Avenida de los Presidentes, Vedado, La Habana

hasta G, G hasta Carlos III y Reina hasta Prado. Con arreglo a este Proyecto, el Presidente Menocal dictó un Decreto en Mayo 12 de 1921, aprobando fondos (30,000 mensuales) para proseguir las obras.

Nuevas obras de ornato en el centro de la Ciudad

Anteproyecto de enlace de las Avenidas Carlos III, G o Avenida de los Presidentes y otras vías transversales entre Zapata y calle 23. (Julio, 1923)

La unión de la Calle G Del Vedado con el Paseo de Carlos III, (Figura 4.27) de antiguo proyectado, en planta, siempre tropezó en su práctica ejecución con la dificultad de establecer su rasante a través de la loma del Príncipe con un perfil económico y una pendiente relativamente moderada, a causa de la proximidad del farallón del frente Sur de dicha loma a la Calzada de Infanta, en su cruce con Carlos III y los grandes desniveles a salvar.

Esta dificultad topográfica ha sido vencida en el presente Anteproyecto de la Jefatura de Obras Públicas de la Ciudad (véase el plano adjunto) (Figura 4.26), utilizándose la longitud adicional prestada por el desarrollo de dos ramas curvas ascendentes en que se bifurcará la Calzada Central de Carlos III a partir de Zapata. Entre ambas, al encontrarse al pie del farallón de la loma, queda una plaza o recinto oval de 120 metros en su mayor diámetro normal al eje de G y 80 metros en su diámetro menor que coincide con dicho eje. La longitud adicional de ambas rampas siendo de 40 metros, el ascenso obtenido al 5% es de 2 metros, o sea muy superior al que se hubiera alcanzado siguiendo el eje de G,

Figura 4.26. Anteproyecto de enlace de las avenidas Carlos III
y G o Avenida de los Presidentes E. J. Montoulieu

detalle importante en este caso, por tratarse de un desmonte profundo y de considerable longitud y amplitud. A partir de este punto de unión de dichas ramas en curva, lugar ideal para colocar la estatua ecuestre de Máximo Gómez; de allí partirá la Avenida de la Universidad, y de este punto la Avenida vuelve a ser recta y coincidiendo su eje con el de la calle G y ascendiendo al 5% a través de la loma del Príncipe, requiere un desmonte máximo de 10 metros frente a la entrada del Castillo del Príncipe. El producto de este desmonte ya se ha destinado (1918) a los grandes terraplenes del Malecón.

La rasante de la Calzada Central tiene su vértice en curva vertical a pocos metros al Sur del eje de la calle 29, cuyo vértice como punto más elevado de la rasante se establece como centro de unión de tres Calzadas importantes, a saber: la Entrada al Hospital Nacional Calixto García, la Entrada al Presidio Nacional y arranque de una nueva Avenida de circunvalación del Castillo que con el nombre de Ronda del Castillo servirá de enlace marginal del Reparto del Vedado con la gran Avenida G. Su eje será un círculo de 300 metros de radio que partiendo del vértice citado terminará en la Calzada de Zapata casi en su intersección con la calle C. La segunda de dichas Calzadas servirá no sólo de entrada al Castillo sino que al bordear su frente Este conducirá al borde del farallón Sur de la loma del Príncipe en su punto más elevado, a 50 metros sobre el nivel del mar, donde se formará un pequeño Parque que dominará hermosa vista de toda la ciudad y su litoral marítimo, punto que se señala en el plano con el nombre de *Balcones del Príncipe*. La perspectiva desde este sitio abarca desde las típicas arboledas de la Quinta de los Molinos, en primer término, hasta las fortalezas de la entrada del Puerto y las lomas de la Víbora como detalles más lejanos. Haciéndose por este medio tan bello y extenso Panorama desde el centro de la ciudad fácilmente accesible, así rompiendo la alegada monotonía del paisaje de nuestro principal paseo, el bello Malecón. Precisamente al pie de este mirador

Figura 4.27. Paseo de Carlos III, La Habana. (1890-1910)

quedará según se puede ver en el plano adjunto el recinto oval que arriba se describe, en cuyo centro se propone crear un amplio estanque alimentado por grandes fuentes y juegos de agua; el caudal para éstos no tiene que usarse del Acueducto, puesto que se podrá utilizar el agua que conduce precisamente a este punto la antigua Zanja Real; el caudal será impulsado por bombas eléctricas en una Planta soterrada que hoy funciona para uso provisional del Acueducto, en la esquina de Carlos III y Zapata, o bien el reboso del Nuevo Reservorio Terminal de la Prolongación del Canal de Albear proyectado cerca de este punto.

Este gran estanque que puede ser llenado durante el día y así funcionando las fuentes a la hora del paseo, puede servir por su elevación para la irrigación de la Quinta de los Molinos, que acaso en el futuro pueda ser destinada a contener los más exuberantes jardines de la urbe abiertos para recreo del público capitalino, donde los visitantes extranjeros encuentren un frondoso Jardín Botánico, ya indispensable en una ciudad tropical de la importancia de la Habana y puedan allí admirar la exuberante y variada Flora Cubana.

Para ilustrar la situación relativa de las obras proyectadas con respecto al resto de la Ciudad se acompaña un Plano General de la misma en el cual van indicados con letras gruesas los puntos principales de la Ciudad unidos por el circuito de Avenidas cuyo último eslabón de unión vienen a ser las obras de enlace que se refiere este Anteproyecto. (Figura 4.23)

Las distancias entre dichos puntos, son aproximadamente las siguientes: Parque de la Punta por Malecón hasta G, 3,850 metros; calle G, o Avenida de los Presidentes, desde Malecón hasta Carlos III, 2,000 metros; Avenida Carlos III y G hasta Parque de la India, 2,350 metros; Avenida de Prado desde Parque de la India hasta Parque de la Punta, 1,400 metros; resultando una longitud total de Avenidas dentro de este circuito, de unos 9,600 metros, o sean cerca de 10 kilómetros. (Figura 4.28)

No se necesita encarecer la gran importancia que para el ornato y tráfico de la República tiene la terminación de las obras necesarias para completar este hermoso circuito. Este quedará por tanto abierto a la circulación tan pronto como se realicen las obras de enlace que se proponen en este *Anteproyecto*, de las cuales ya se han realizado la mayor parte de las excavaciones o desmontes cuyo producto se ha aprovechado para el relleno del Malecón. También se viene realizando progresivamente la pavimentación de ambas vías de la calle G, seguido por la ornamentación de los *parterres* centrales, de Malecón hacia Carlos III. Habilitada lo Quinta de los Molinos como el verdadero Parque Central y Jardín Botánico de la Ciudad, abierto al público, puede ya destinarse la prolongación de la Avenida de la Reina por dentro del Campo de Marte hasta el Parque de la India para el tráfico exclusivo de automóviles, con exclusión de camiones y otros vehículos de carga, quedando de esta manera completado el gran circuito mencionado.

Figura 4.28. Paseo del Prado y vista del Castillo del Morro, La Habana

Como complemento de este gran circuito de paseo, ya hace años que se viene clamando por una amplia Avenida que descongestione la Zona Comercial de Zulueta al Mar, y es ya hora de que se comience seriamente el estudio de tan necesaria vía. Con frecuencia se ha indicado para este fin el ensanche de una de las calles que se extienden de Zulueta a la Bahía, derribándose las casas de una o ambas aceras para darle más amplitud a la calle, pero como esto a primera vista resultaría de un costo excesivo que haría imposible su realización, en ente *Anteproyecto* se propone el que se practique o abra una nueva Avenida de no menos de 12 metros entre contenes, que uniera la Plaza de las Ursulinas con la antigua Plaza Vieja, hoy Parque Juan Bruno Zayas, abriéndose dicha Avenida precisamente por el Centro de las largas manzanas comprendidas entre las calles de Muralla y Teniente Rey. De esta manera al expropiarse las casas necesarias se aprovecharían sus patios en el centro de dichas manzanas con un mínimo de gasto por indemnización. Del Parque Juan Bruno Zayas, atravesando una manzana, se uniría esta Avenida con la Plaza de San Francisco desde cuyo punto podría extenderse por la prolongación del Malecón existente desde la entrada de la calle de Cuba, por fuera de la Cortina de Valdés, hasta dicha Plaza de la Lonja o San Francisco. (Véase el Apéndice núm. cuarto.)

Debe decretarse permanentemente para el futuro que todas las esquinas de nueva fabricación dejen un chaflán no menor de 2 metros por cada calle, y de esta manera, sobre todo en la zona comercial, quedarían unas pequeñas plazoletas en cada intersección de calles con gran beneficio no sólo del creciente tráfico sino del ornato público. (El nuevo Alcalde de la Habana, Sr. Cuesta ha iniciado esta sencilla e importante medida a instancias del exponente.)

Cruceros importantes como la Esquina de Tejas, donde exista terreno yermo, deben de ensancharse sin demora por expropiación forzosa. Allí en la Esquina de Tejas debería de expropiarse inmediatamente una faja de terreno por la Calzada del Cerro, desde la Calzada de Buenos Aires sobre la acera Norte, para facilitar el tráfico hacia la Víbora desde Infanta por Buenos Aires.

En 1910 propuso oficialmente el exponente, desde el cargo de Ingeniero Jefe de la Ciudad, que también desempeñaba interinamente, la expropiación entonces, de los terrenos yermos entre Belascoaín, Cristina, Arroyo y Matadero para una gran plaza que hoy daría frente al Mercado Unico, pero esto hoy es ya imposible.

Prolongación de Ayestarán

La prolongación de Ayestarán desde Tulipán hasta Cerro por la calle Ayuntamiento deberá terminarse construyéndose un puente sobre las líneas de Ferrocarril de Marianao al entrar dicha calle Ayuntamiento. Al cruzar la Calzada del Cerro seguirá diagonalmente hasta Salvador y Palatino cuya Calzada se ensanchará hasta Santa Catalina, a donde dará entrada al "Parkway" Almendares por la zona del acueducto Fernando VII. La prolongación de la Avenida Acosta hasta Puentes Grandes al Oeste y hasta Porvenir al Este completará el primer circuíto exterior que cerrará en Regla.

El segundo circuito comprenderá desde la Playa de Marianao por su Calzada, calle Paseo y calle Almendares de Marianao, prolongada a través del Río Almendares hasta la carretera Aldabó y ésta hasta Los Pinos y de allí a Guanabacoa por Loma San Juan, terminando en Casa Blanca.

El tercer circuito será el actual de Marianao, Cano, Wajay, Mazorra, Rancho Boyeros, Calabazar y de allí al Cotorro y Santa María y de allí por San Miguel a Guanabacoa, Cojímar y Casa Blanca.

Es digno hacerse notar la coincidencia de que proyectándose o prolongándose la Calza-

Figura 4.29. Muelle de Luz, La Habana (1910-1915)

da de Ayestarán hacia el Norte desde Carlos III e Infanta completa el Sistema de Avenidas Centrales de la Habana, pues su prolongación coincide con el centro del Parque Maceo terminando el eje de la Calzada en el Monumento del General Maceo. Esta Avenida diagonal que atraviesa el barrio Cayo Hueso debe planearse para el futuro, tomándose desde luego las medidas necesarias y restricciones oportunas en la fabricación que caiga dentro de esa prolongación, le dará una salida importantísima al Parque Maceo en su esquina Suroeste en relación con el proyecto del gran Centro Cívico (Civic Center), proyectado, y antes descrito, cuyo gran centro de la urbe debe dársele un carácter monumental similar a la Plaza de La Estrella de París, proyectándose todos los edificios públicos alrededor de este Centro Cívico, como antes decimos, por un concurso de arquitectura internacional.

Zona marítima de comunicación

El Malecón debiera continuarse por la calle de Cuba por la parte exterior del edificio de la Maestranza, por toda la costa del Canal de entrada a la bahía alrededor del Castillo de la Fuerza, entrando en la explanada del Muelle de Caballería, la calle San Pedro hasta la Plaza de San Francisco o Lonja, donde conectará con las zonas de comunicación o avenida exterior que se viene dejando por los Nuevos Muelles de San Francisco o el de la

Machina. (Figura 4.29) Existía un antiguo proyecto para realizar esta prolongación del Malecón hasta este punto, que debe reconsiderarse y ponerse en ejecución cuanto antes. La Alameda de Paula debe convertirse en una amplia avenida de tráfico como prolongación a esta zona marítima de comunicación y conectarla con la calle Desamparados, ampliando ésta donde sea posible, hasta llegar al muro del antiguo Arsenal en la calle del Egido. Aquí debe abrirse esta importante vía de comunicación a través de los terrenos del Arsenal hasta comunicar con la Avenida de Tallapiedra o zona marítima de estos Muelles, ampliando este tramo de Avenida en todo lo posible hasta el Muelle de Atarés donde se unirá con la prolongación de la calle Fábrica y con la entrada principal de la Avenida Central o del Puerto que antes hemos descrito.

El problema del tráfico en el Crucero de Agua Dulce

Este problema que cada día se hace más agudo porque al aumentar tanto el tráfico urbano como el ferroviario a través de dicho cruce, se aumentan los peligros de ese crucero así como el retardo del tráfico rodado a través de líneas ferroviarias que cruzan por ese sitio.

Existe una resolución del Gobierno por el cual se obliga a las Empresas ferroviarias propietarias de dichas líneas que construyan un elevado desde Atarés por encima de las calles que cruzan Agua Dulce y como la ejecución de esta importante obra se demora año tras año, se nos ocurre que pudiera buscarse una solución armónica entre el Estado, el Municipio y las citadas Empresas Ferroviarias que quitara por lo menos provisionalmente los grandes molestias y peligros actuales de dicho crucero. Con el fin de contribuir a esa solución armónica hemos estudiado un viaducto de paso superior a dichas líneas ferroviarias proyectado todo sobre terrenos yermos, hoy sin uso alguno, en el espacio comprendido entre la Calzada de Cristina, la Calzada de Jesús del Monte, la Calzada de Concha, por el cauce del antiguo Arroyo Maboa hoy entubado, que cruzaba por el centro de esta zona, a través de la calle Marina.

El viaducto consistiría de una placa de hormigón armado sobre arquitrabes y columnas del mismo material que, partiendo a nivel de la Calzada de Cristina en el tramo entre las calles Concha y Corta iría ascendiendo con una rampa de un cinco por ciento a pasar por sobre las líneas a unos cinco metros de altura y descendiendo sobre el antiguo cauce del arroyo Maboa, desde la calle Marina hasta la prolongación de la Calzada de Concha. Contribuiría su tráfico a esta gran Avenida con una rama y continuando hacia el Sur la otra rama por el cauce del antiguo Arroyo, cruzaría la Calzada de Jesús del Monte frente a la calle Tamarindo en una avenida diagonal hasta la intersección de las calles Dolores y San Leonardo. El viaducto llevaría dos calles de seis metros de ancho cada una separadas por una acera central donde irían los faroles del alumbrado y con barandas a ambos lados del viaducto. Las calles transversales a Cristina, tributarias a este viaducto, o sean las de Concha y Corta, serían ensanchadas convenientemente para dar paso al tráfico procedente de Infanta y Cerro, así como que el tráfico de Belascoaín (prolongado) hasta Pila, tendría acceso al viaducto por la calle de San Francisco que también sería ampliada convenientemente[3] Se podría dividir el tráfico de tal manera que los automóviles, ambulancias y coches, o sea el tráfico ligero, cruzase por sobre el viaducto, y el tráfico pesado de camiones y carros de carga de materiales y mercancías pasase a nivel de la calle, pues éste puede sufrir las pequeñas demoras de los cruces de los trenes, así como su velocidad facilitar el evitar accidentes en dicho crucero. Siendo casi tan importante como este crucero para el tráfico y la vida comercial de la Ciudad, el que se expedite sin interrupción alguna paralela a los Muelles del Litoral de la bahía una amplia Avenida de comunicación, la solución que se debe de estudiar a este problema con los Ferrocarriles debía de relacionarse con la concesión por estas Empresas del cruce a nivel o por viaducto que ellos construyeran a través de los terrenos del Arsenal, entre Desamparados y Tallapiedra y el viaducto de Atarés de tal manera que, los centenares de miles de toneladas de mercancías que, entran en los muelles de la Habana del extranjero y que hay que conducir lenta y penosamente a través de las estrechas calles de intramuros, tengan fácil y rápida salida por dicha Zona de Comunicación hacia la Avenida Central o del Puerto, o hacia Jesús del Monte por la calle Fábrica. El que suscribe opina que esta solución mixta es de más importancia que el viaducto o elevado por los Ferrocarriles desde Atarés hasta por sobre el crucero de Agua Dulce, que basta ahora se ha venido pidiendo a las Empresas Ferroviarias, como solución al problema del tráfico en la Zona de Agua Dulce.

Salutación

Para terminar, no creo que pueda escoger salutación más adecuada a esta doctísima Corporación que es digna del País, cuya sapiencia personifica, que descubrirme como Ingeniero ante dos inmortales sombras que se "sienten" en este recinto como si estuvieran presentes, pues cual dijo Herrick parodiando a Homero: "las almas de los Grandes nunca con sus cuerpos mueren": el gran Finlay, que a la par que salvar a la Humanidad para todas las edades de la terrible plaga amarilla, me enorgullezco en decirlo, hizo posible la construcción de la obra de ingeniería más grande que ha hecho el Hombre desde las Pirámides de Egipto; el Canal de Panamá, obra que hubiera sido fácilmente al genio de Lesseps, el segundo Suez, si no hubiera sido por el más molesto insecto, el mosquito. He aquí el prodigio anonadante de que un tenue ser viviente sea serio obstáculo a la ciclópea labor de arrancar de raíz a las montañas. Gloria a Finlay, sabio cubano!

Otra sombra augusta llena este recinto, ante cuyo glorioso nombre me inclino reverente, con ese fervor de convencido creyente que sólo da el íntimo conocimiento y cabal apreciación de las virtudes y grandezas del genio; y cuán hermosos legados nos dejó, si pensamos con el P. Mariana que "No hay legado más rico que la Honradez". Y a vosotros, habitantes de la Habana, todos los días, todas las horas, en cada segundo de vuestra vida ciudadana, llega a vuestro hogar, al seno de vuestra familia, el mensaje, el recuerdo, el resultado de la gran obra de ese Ingeniero cubano, del ilustre *Francisco de Albear.* Quince años hemos llevado en contacto con su gran obra y han sido otros tantos años de creciente admiración y respeto. Su nombre inmaculado perdurará como su gran obra: para siempre!

En estos dos grandes sabios cubanos veo personificada a esta ilustre Corporación, y saludando en ellos, al Médico y al Ingeniero, a la esclarecida Academia de Ciencias de Cuba, les rindo humilde mi más solemne homenaje.

APENDICES

Primero

Después de terminado este trabajo llegó ayer a nuestras manos el número del día 12 de abril, 1923, del *New York Times* y en el cual hemos leído un artículo de Charles D. Lay referente a este asunto de Planeamiento de ciudades y en el dice lo siguiente en abono de lo que decimos en este último párrafo de nuestro trabajo:

"El planear ciudades hoy es asunto de ocupar varios expertos, los cuales deben trabajar conjuntamente y en perfecta armonía, sin que ninguno asuma la dirección (sino que todos la compartan), pues si tenéis que planear una ciudad, ¿por dónde debéis de comenzar?"

Señala entonces que "hay que oir a los Ingenieros de los distintos Departamentos y Empresas públicas, al Ingeniero de la Ciudad (y aquí va ya mi parte con este trabajo), al Ingeniero de las Empresas de Transportes públicos, a los Arquitectos Municipales sobre fachadas y alineaciones, a los Arquitectos paisajistas sobre parques y plazas, a los Ingenieros de las Empresas Ferroviarias para sus vías y patios, a los Ingenieros de acueductos y alcantarillado, a los Ingenieros de muelles y dársenas, en fin, la Ciudad moderna es tal problema de Ingeniería, que a veces no se cuenta con el ornato conjuntamente con él".

Segundo

Después de terminar este trabajo llega a nuestras manos el número de abril de 1923, del mes corriente, de la *Revista The American City* en cuya página 334 viene un trabajo por el eminente Proyectista de Ciudades, de fama internacional, Mr. Raymond Unwin, quien, en su visita actual a los Estados Unidos después de 12 años de ausencia, hacía las siguientes observaciones que consideramos muy aplicables a nuestra capital cubana. Señala el aumento extraordinario en el número de automóviles en las calles, que agravado con las numerosas y frecuentes paradas debido a los repetidos cruces de calles que resultan del sistema de trazado *Tablero de damas*, tan en boga en América, ha llevado la dificultad del tráfico urbano a convertirse ya en una completa paralización en algunos puntos céntricos. Dice Mr. Unwin: "Comparándolo con ciudades europeas hay tres circunstancias que aumentan las dificultades en ciudades americanas:

1. El número de automóviles, en proporción a la población, en América es de 5 a 10 veces más que en Europa.
2. A causa de la altura de los edificios el número de personas que necesitan ocupar y usar las calles es de 5 a 10 veces más que en Europa.
3. *El sistema general del trazado* del Plan de las Ciudades en América que consiste en una repetición de manzanas rectangulares, es un plan, bien sea regular o irregular del tipo de *Tablero de damas*. Esto resulta en la interrupción máxima del tráfico, debido a las innumerables calles traviesas, y en las mínimas facilidades de orientación y encauzamiento del tráfico que sólo se expedita donde han sido proyectadas previamente, o se han desarrollado calzadas de tal manera dispuestas, que unan los centros importantes de tráfico y vías secundarias auxiliares entre ellos".

Señalando las desventajas del *Plan de emparrillado o Tablero de damas*, dice Unwin: "Este sistema no se presta al libre movimiento del tráfico por las calles ni tampoco a la economía en su construcción y mantenimiento. Tampoco hay orientación natural, ni es posible "cortar camino" de un punto importante a otro de la ciudad a menos que estos puntos se encuentren en la misma calle. Además, debido a que cualquier calle puede usarse, para ir de un punto a otro, se requiere que todas las calles tengan el mismo ancho con el evidente costo extravagante tanto en construcción como en mantenimiento. Y por último, lo más importante, al no poder definirse, en el plan de *Tablero de damas*, rutas principales entre dos puntos importantes *no es posible fácilmente seleccionar unas pocas vías maestras de tráfico y no solamente construir éstas de ancho adecuado sino también protegerlas de las demasiado frecuentes interrupciones por el tráfico de las calles traviesas*, siendo éstos los dos requisitos igualmente necesarios para una buena Avenida de tráfico".

Por otra parte, otro experto, Frank Koester, en su obra *Modern City Planning* (1915), dice, refiriéndose al Plan de Trazado Concéntrico de la Ciudad:

"El plan que más se acerca al ideal desde el punto de vista teórico, es aquel en el cual el principal Centro Cívico de la Ciudad se sitúa en el Centro geométrico de la misma, con circuítos de avenidas circunferenciales concéntricos a intervalos regulares con referencia a dicho punto, los cuales a su vez están interconectados por medio de calles o avenidas radiales, diagonales y transversales."

Aplicando estas observaciones o nuestro Plan esbozado en este trabajo, vemos que la Avenida Central propuesto no solamente sirve de límite práctico al Plan de Urbanización del Vedado y Ayestarán por el Norte como al de los Repartos del Cerro y Tulipán y Puentes Grandes por el Sur, sino que al pasar a lo largo del frente Sur del Cementerio de Colón *carece de calles traviesas por más de 800 metros*. Asimismo vemos que la futura prolongación de Ayestarán, hacia el Norte, a través del y diagonalmente al *Tablero de damas* del Reparto San Lázaro, uniendo puntos tan importantes del tráfico como el Parque Maceo y Carlos III e Infanta, evitará el largo rodeo que hay que dar para ir de uno a otro de dichos puntos.

Tercero

Para facilitar el acceso al nuevo Viaducto, se prolongará Alejandro Ramírez, de Jesús del Monte hasta Corta, y se ensanchará la calle de Vigía, desde Jesús del Monte a San Joaquín. Las líneas de tranvías de Cristina, desde Concha hasta Jesús del Monte, se desviarán por debajo del viaducto para dejar libre la Calzada de Cristina al tráfico rodado en su entrada a dicho viaducto.

Cuarto

El Pasaje Obispo-O'Reilly. Por la orden militar del Gobernador General Leonard Wood, de abril de 1902, quedó concedido al Dr. Tiburcio Castañeda el permiso como obra sanitaria de la capital de la República el ensanche de las calles de Obispo y O'Reilly desde la Plaza de Armas o del Ayuntamiento hasta la plazoleta de Albear. El ancho sería lo necesario para circular una línea doble de automóviles por cada lado, y una línea de tranvías por el centro de la calle.

Las aceras exteriores de Obispo y O'Reilly llevarán portales para la circulación del público. En este detalle se tomó como modelo la Rue de Rivoli, de París. Las calles transversales a O'Reilly y Obispo serían también ensanchadas.

En el centro de la manzana entre Obispo y O'Reilly, va un pasaje cubierto que daría acceso a los establecimientos a cada lado.

Además de esta hermosa y bien emplazada vía de lujo, que conectaría la prolongación del Malecón, la antigua e histórica Plaza de Armas, el notable edificio que ocupa nuestros Ayuntamiento, de gran valor histórico, directamente con el Parque Central, como una esquina del Parque del Nuevo Capitolio, proponemos como ya hemos dicho, el que se practique o abra la nueva Avenida, para tráfico comercial de no menos de 12 metros de ancho que uniera la Plaza de las Ursulinas, que es el desemboque natural de las anchas Calzadas de Monte y Zanja, que conducen fuera de la ciudad, y la antigua Plaza Vieja, hoy Parque Juan Bruno Zayas, como centro de la zona comercial de la ciudad, ésta unida también a través de sólo una manzana con la Plaza de la Lonja o San Francisco.

Edificio del Casino Español, La Habana

UNA VISION RETROSPECTIVA A LA HABANA ACTUAL DE PEDRO MARTINEZ INCLAN

FELIPE J. PRÉSTAMO Y HERNANDEZ

En Enero de 1925 se publicó el libro *"La Habana Actual". Estudio de la capital de Cuba desde el punto de vista de la Arquitectura de Ciudades*, por el arquitecto Pedro Martínez Inclán. Este libro impreso por P. Fernandez y Cía., fue escrito en 1919, por lo que la "actualidad urbanística," presentada en esta publicación se refiere, básicamente a la segunda década de este siglo.

La visión de la ciudad, tanto presente ó futura, que presenta Martínez Inclán está basada en un profundo conocimiento de "La Habana Actual" y en su familiaridad con la literatura técnica de la época. El libro está organizado en 23 capítulos y entre sus 260 páginas hay un gran número de fotos de lugares y edificios que el autor presenta como ilustraciones de su análisis de la ciudad o como base para sus recomendaciones.

Lo que ha dado un gran valor a este libro es que cada aspecto básico de la ciudad es presentado claramente, describiendo, a veces con ironía, los problemas de aquel momento y destacando las oportunidades que existían para desarrollar soluciones a esos problemas. Cada recomendación está basada en teorías ampliamente aceptadas a principio de siglo en Europa y América, y claramente referida a las condiciones y limitaciones del momento.

Martínez Inclán está influenciado por el urbanismo francés del Beaux Arts, y por las experiencias de las ciudades europeas. Sus recomendaciones también reflejan el conocimiento de los teóricos ingleses del urbanismo de principios de siglo. Otro aspecto que es mencionado continuamente es el desarrollo económico de la isla, con énfasis en el turismo, y sobre todo, con la calidad de la vida de los residentes y visitantes de la Habana de principios del siglo.

Una de las limitaciones de este libro es la ausencia de una discusión del papel que podría desarrollar la Habana como capital de Cuba, aunque se hacen varias referencias a las condiciones de los pueblos y áreas inmediatas a la ciudad. A continuación presentamos algunos aspectos de importancia en el libro.

Martínez Inclán inicia su obra con una descripción de lo que serían las primeras imágenes que recibieran a un viajero que llegara a La Habana en un buque, detallando vistas panorámicas e imágenes precisas de ciertos lugares de la rivera y el puerto. (Figura 4.30) La descripción crítica del puerto de la Habana se acompaña con referencias a posibles mejoras, tales como reforestación, jardinería, higiene y mejoras a la contaminada bahía cuya calidad ambiental ya constituía un serio problema en esa época.

Las recomendaciones para la mejora del puerto se basan en las experiencias que en aquella época estaban completando Buenos Aires y Rio de Janeiro. Martínez Inclán aconseja que estos modelos están al alcance de Cuba, no así las costosas infraestructuras de los puertos de Inglaterra, Francia o Estados Unidos. Completa sus recomendaciones llamando a la bahía y a todo el litoral "el vestíbulo de la Habana".

Identifica como lugares que debian ser diseñadas las colinas que rodean la bahía y las plazas tales como "La Alameda de Paula, la Plaza de la Luz, la de la Lonja (San Francisco) la explanada de la Capitanía o de Caballería, la Cortina de Valdés, la Maestranza y todo el Malecón hasta Marianao" (p. 18). (Figura 4.31)

Concluye el capítulo con una exhortación a los arquitectos cubanos recordandoles que "las bahías son para el viajero los vestíbulos de las ciudades; y que los vestíbulos son los que primero y más intensamente impresionan a los visitantes de una casa" (p. 20).

Figura 4.30. Glorieta del Malecón y el Morro, La Habana (1904)

Los dos capítulos siguientes se refieren a la zona comercial de la ciudad. El capítulo II trata de condiciones existentes y el III sobre la arquitectura de la zona comercial y las posibilidades de mejorarla. Las figuras 4.32 a 4.36 presentan algunos aspectos de mercados, calles comerciales, y vendedores ambulantes que ilustran algunos aspectos del comercio de la Habana en la época.

Los problemas que Martínez Inclán discute son el gran volumen de tráfico, el número de automóviles, lo estrecho de calles y aceras. Como política general se opone al "ensanche" de las calles de La Habana Vieja, dejando "las avenidas y boulevares" para la ciudad mas allá de Monserrate (La Habana extramuros).

Las recomendaciones para la Habana Colonial se basan en pequeños cambios que no destruyan el ambiente urbano, chaflanes en ciertas esquinas, aceras más anchas en otras, extensión de la actividad comercial a otras partes de La Habana Vieja.

Martínez Inclán "recorre" mentalmente calles y plazas alabando o criticando a edificios existentes pero haciendo un emocionado llamamiento a preservar el ambiente de La Habana Vieja. Concluye que la tarea de llevar estas recomendaciones a la práctica es muy difícil pero "los arquitectos cubanos no deben olvidar nuestra zona comercial. Es más fácil para quien no tenga amor a lo antiguo hacer trazados de nuevas avenidas que adornar nuestras antiguas plazas" (p. 43). Las figuras 4.37a a 4.40 presentan imágenes de algunos lugares mencionados en el texto.

Figura 4.31. Muelle de San Francisco, La Habana. 1904

Los capítulos IV, VI y VII se refieren a diversos aspectos de las zonas residenciales de La Habana. Esta parte del libro tiene un gran interés porque Martínez Inclán presenta una tipología de la vivienda urbana, desde las lujosas residencias del Paseo del Prado (la zona mas importante a principios del siglo) hasta las viviendas de alquiler para la clase media, las que son descritas con cuidado. (Las figuras 4.42 a 4.46 muestran algunas de esas áreas).

Martínez Inclán interrumpe la discusión de las zonas residenciales iniciada en el capítulo IV, dedicándole cinco páginas a describir una ambiciosa propuesta para convertir a la zona alrededor del parque Central en un gran Centro Cívico para la ciudad, proyecto que él relaciona claramente con la literatura inglesa de la época en materia de centros cívicos.

Después de ese breve paréntesis, el autor regresa al análisis de las zonas residenciales periféricas, describiendo las características de las diversas zonas, desde la Víbora hasta el Vedado. Concluye el capítulo indicando una desventaja de la Habana de la época:

"No hay un barrio o reparto de importancia en que se hayan construido grandes villas o *chateaux* ó como quieran llamarse en medio de grandes extensiones de jardines

259

Figura 4.32. Vendedor ambulante, La Habana. (1890-1904)

Figura 4.33. Carro de vendedor de carne, La Habana (1905)

al uso de las grandes capitales. Los ricos de la Habana prefieren esas residencias del Vedado, como mitad casas de campo y mitad residencias ciudadanas" (p. 67).

El tema de las áreas residenciales se concluye en el capítulo VII donde el autor introduce el tema de la vivienda para las familias de bajos ingresos. El plantea que en 1919 "más de 100,000 personas viven en la promiscuidad más lamentable y que a pesar de todas las reglas y ordenanzas sanitarias y a pesar de todos los inspectores y subinspectores que tienen nuestras primeras instituciones políticas, existen numerosas casas de vecindad sin servicios sanitarios eficientes, con cuartos sin ventilación adecuados, algunos sin luz y casi sin aire" (p. 69).

Martínez Inclán se queja de la falta de interés de los líderes municipales (concejales) en esos problemas, indicando que para hacer más grave la situación "no se conoce el problema de la vivienda de la ciudad con suficiente detalle, lo cual es requerido para programar planes de largo alcance."

Como opciones a considerar el autor propone la formación de cooperativas o asociaciones para construir viviendas baratas, tal como se estaba haciendo en Europa en esos momentos, complementado con legislación que promueva respaldo oficial, apoyada en políticas de tasación suplementarias. Incluye ejemplos de programas en Alemania, España, e Inglaterra y observa que la legislación Francesa en esa materia podría adaptarse fácilmente a la situación cubana.

Termina el capítulo describiendo los programas de vivienda para los empleados de la

Figura 4.34. Vendedor de helados, La Habana. (1870-1910)

fábrica de chocolates Cadbury en Inglaterra (que ya eran muy populares en Cuba) y el de la fábrica de jabones y detergentes Lever Brothers también en Inglaterra. Menciona otros ejemplos en Europa, concluyendo con una exhortación a los industriales cubanos para que desarrollen programas de viviendas para sus empleados siguiendo modelos europeos.

Los dos capítulos siguientes, el VIII dedicado a los edificios públicos y el IX a las iglesias de La Habana son descriptivos de condiciones imperantes al momento de escribir el libro y tienen un gran interés por presentar las realizaciones arquitectónicas de la época, indicando con lenguaje claro y a veces tajante, limitaciones y problemas de la infraestructura urbana.

Martínez Inclán continúa su recorrido imaginario de la ciudad, indicando problemas y refiriendo experiencias en ciudades de Europa y América que pudieran ser precedentes valiosos en el desarrollo de planes para diversos aspectos de la Habana, y en algunos casos de Cuba. El capítulo X habla del arbolado de la ciudad (o la falta de él). El capítulo XI se refiere a parques y plazas de la ciudad y el capítulo XII se refiere a los monumentos de

Figura 4.35. Mercado de Tacón, La Habana. (1904)

La Habana. Este último tiene un interés especial pues presenta en unas pocas páginas
un inventario con revisiones críticas "del arte en los espacios públicos de la ciudad."

Un monumento llamó la atención de Martínez Inclán: el dedicado al presidente Don
Tomás Estrada Palma, en la Avenida de los Presidentes. (Figura 4.44). Esta es la descripción de esta obra:

> Hubo en Cuba un Presidente de la Republica que consagró a su patria toda una vida
> de abnegación. Primero, en inmigración trabajó de maestro de escuela viviendo mo-
> destamente. Guardó con la mayor honradez todos los fondos de la Cuba Libre de
> aquellas fechas. Ahorró tenazmente, hizo las mayores economías y el dinero de su
> patria parecía tener doble valor manejado por sus manos honestas. Fue elegido más
> tarde Presidente de la República de Cuba. Continuó durante varios años su vida de
> austeridad y de devoción a la patria que había observado anteriormente. Cometió
> acaso algunos errores, especialmente el de admitir ser reelecto en una república que

263

Figura 4.36. Kiosco en La Habana Colonial (1904)

odia las reelecciones, pero guardó en el tesoro nacional muchos millones de pesos mirando siempre al porvenir y sin desatender ni mucho menos los principales servicios públicos. Pudiera haber cedido por debilidad, y siempre creyendo obrar con un fin bueno, a las ideas oligárquicas de algunos consejeros; pero después de Martí no hay otro cubano más merecedor del amor, del respeto y aun de la veneración de todos los cubanos.

Arrojado de la presidencia por una revolución, vivió pobremente en el campo y murió olvidado y lleno de amargura, viendo dilapidar deshonrosamente por manos extranjeras y por manos de sus propios amigos el dinero acumulado por él para Cuba a costa de tantos sacrificios.

Don Tomás, aquel buen D. Tomás tenía derecho a un lugar en la Avenida de los Presidentes. Se acordó encargar un monumento. El autor no sabe quién lo encargó ni quién lo hizo. Pasó cerca de él para contemplarlo en compañía de un distinguido escultor y amigo. Sobre un pedestal vulgar de clásicas y vulgarísimas molduras y feas proporciones aparece un gigante de bronce hecho para ser colocado seguramente a más altura como las estatuas heroicas. Debajo de su hueco levitón enorme, pueden anidar todas las palomas del Vedado. En el frente una figura decorativa de bronce que parece de hierro colado, tan tosco e impropio es su modelado, en actitud de escribir algo en un pergamino no se sabe bien, si sentada o si en el aire por arte mágico. Debe de ser la Historia. Visto de cerca el monumento es tosco y pesado. Visto desde la calle 23 es insignificante y ridículo para colocarlo al final de una avenida de 52 metros.

Pobre Don Tomás! Hasta después de muerto le persigue la ingratitud de sus conciudadanos (p.164-165).

Concluye el capítulo con una relación de las esculturas de algunas más conocidas tumbas del cementerio de Colón, el que le parece a Martínez Inclán "un cementerio un poco pagano, a pesar de estar lleno de santos y de cruces".

El libro continúa con un capítulo sobre la individualidad de la Habana y también se refiere a los pueblos cercanos. Aquí el arquitecto urbanista hace un esfuerzo porque los arquitectos respeten y desarrollen el carácter único de la ciudad, que ha sido desarrollado durante siglos de cambios, influenciados por muchas fuerzas y procesos de carácter internacional.

Una vez más Martínez Inclán demuestra su admiración por las ciudades europeas y su conocimiento de lugares y monumentos que son parte de la imagen urbana. Termina recomendando que los arquitectos "llenen de árboles las avenidas y de flores los jardínes, aprovechad los tesoros de nuestra tierra pródiga en embellecerla y no embadurneis con cemento el manto verde que la naturaleza ha colocado para cuidar y recrear nuestra vista". (p.186) (Las figuras 4.46 y 4.47 muestran el carácter de paisajes en los alrededores de La Habana)

El capítulo XIV, Red Primaria de Avenidas y Parques es el más importante del libro. Aquí Martínez Inclán presenta un plan para La Habana del futuro, recomendando una red de avenidas, algunas monumentales, otras que son solamente ampliaciones de algunas calles existentes. En otros casos se articulan varias calles creando paseos o avenidas, que en conjunto definen una ciudad monumental.

La red vial se complementa con grandes parques suburbanos y con una serie de plazas urbanas que aunque no diseñadas, están localizadas en lugares prominentes en la ciudad de 1900. El plano en la figura 4.48 es una representación esquemática de la propuesta de Martínez Inclán.

Figura 4.37. Calle Obispo, La Habana. (1906)

Las 26 avenidas que forman la red vial son:

I. Desde los muelles de San Francisco, siguiendo por Muralla (ensanchada).
II. Reina - Carlos III - Calle G.
III. Avenida de los Muelles hasta Marianao por la calle Matadero.
IV. El Malecón, desde el Castillo de la Fuerza hasta el río Almendares, continuando por la orilla del río, el que se integraría en un nuevo parque lineal.
V. Avenida de Atarés - Palatino.
VI. Avenida Arroyo del Matadero a Gran Plaza Vedado Marianao.
VII. Calle de Paseo - Gran Plaza.
VIII. Prolongación de Galiano hasta Alambique.
IX. Belascoain - Nueva del Pilar, hasta el Cerro.
X. Infanta.
XI. Muelles de Atarés, Fernandina y Maestra de Agua.
XII. Galiano, Fábrica, Luyanó, Nuestra Señora de los Angeles, Porvenir, Carretera de Managua.
XIII. Calzada de Palatino hasta la gran Plaza.
XIV. Ayestaran hasta Puentes Grandes.
XV. La Calle 23.
XVI. La Calle 26.
VII. Avenida de Acosta - Gran Parque - Marianao.

Figura 4.38. Calle O'Reilly, La Habana, (1906)

Figura 4.39. Calle Empedrado, La Habana (1906)

Figura 4.40. Banco de Nova Scotia, La Habana

Figura 4.41. Residencias en El Prado (1905)

XVIII.   Santa Catalina - Cerro - Gran Plaza.
XIX.   Gran Paseo del Rio Almendares.
XX.   Diagonal junto al Cementerio recomendada antes de la ampliación del Cementerio que
          ha hecho imposible realizar esta propuesta.
XXI.   Calzada de Buenos Aires.
XXII.   Calzada de Concha.
XXIII.   Acueducto.
XXIV.   Avenida de Regla.
XXV.   Calzada de Luyanó.
XXVI.   Avenida a Puentes Grandes.

Esta red está propiamente integrada con la forma urbana de la ciudad de principios del siglo. Las calles que se proponen como ampliaciones estaban sólo parcialmente desarrolladas y Martínez Inclán explica en cada caso la factibilidad de los proyectos. Una gran parte de este plan se ha desarrollado, aunque no en la forma integral que se presenta en el libro.

La red vial sirve de contexto a un sistema de plazas recomendadas en lugares de gran accesibilidad. Las plazas principales son:

Plaza de los Cuatro Caminos.
Plaza de Máximo Gomez (Monte y Aguila).

Figura 4.42. Residencias en El Prado. (1910)

Plaza Independencia e Infanta.
Plaza Independencia y Padre Varela.
Plaza Carlos III y G.
Plaza Esquina de Tejas.
Plaza Cerro y Palatino.
Plaza de Toyo
Plaza de Agua Dulce.
Plaza en la unión de Fábrica, Concha y Avenida de Regla.
La Gran Plaza. Sería del tamaño de L'Etoile de París unida a jardines, enlazando a varias de las nuevas avenidas recomendadas en el libro.

También el autor recomienda plazas y parques en futuras urbanizaciones. El plan de desarrollo fue la visión de una gran Habana que muy pocas personas podrían comprender en la Cuba de 1920. La ciudad que él trata de crear sería una urbe europea en el Caribe, (Figuras 4.49 y 4.50) que incorporaría obras de artes en plazas y parques, edificios públicos dominando sitios importantes en una ciudad de parques y jardines.

271

Figura 4.43. Residencias en el Vedado, La Habana

Además de las obras urbanísticas, sus recomendaciones incluían vivienda para familias de bajos ingresos (un planteamiento revolucionario en aquella época) y programas de conservación de monumentos y lugares históricos. El sistema vial serviría a nuevas áreas de urbanización para familias de altos ingresos, pero también creaba mejores condiciones de accesibilidad para barriadas populares. En su carácter regional, el plan propone mejor acceso al puerto, el más importante de Cuba, y establece una mejor relación con las zonas agrícolas immediatas a la ciudad.

A través de todo el libro, Martínez Inclán insiste en la necesidad de adquirir terrenos para usos públicos creando una reserva que permitiría el desarrollo de programas en el futuro. También propone nuevas leyes y reglamentos que autorizaran a los gobiernos municipales a dirigir eficazmente el proceso de urbanización en todos sus aspectos, en un ambiente de libertad, con plena participación de todos las ciudadanos .

Termina la parte más importante de su libro con una carta a quien fuera Presidente de Cuba cuando su libro se publicara. Reproducimos esta carta abierta:

Sr. Presidente de la República de Cuba, en la fecha en que este libro se publique:

De todas las obras de reforma y embellecimiento que pudieran hacerse en la Habana, ninguna tan importante como la propuesta en este Capítulo. Tal parece que la Providencia ha conservado sin urbanizar esos terrenos situados entre la Calzada de Zapa-

272

Figura 4.44. Residencias en el Vedado (1900)

ta y el Cerro, para que pueda hacerse de la Habana todavía una ciudad bella y una ciudad de moderno trazado.

Esas diagonales casi rectas que cruzan la gran plaza llamémosla de Las Villas, en todos sentidos, facilitan la comunicación rápida y directa entre todos los puntos de la ciudad actual y de la ciudad del porvenir. Esa Gran Plaza con los jardines proyectados constituirán una vigorosa individualidad para la Habana. No la tienen tan bella, New York, Filadelfia, México ni Buenos Aires. Si usted pone de acuerdo a los propietarios de esos terrenos para que en vez de manzanas aisladas casi inútiles cedan para usos públicos los terrenos de la plaza y de los jardines, que se ven en el mapa. Si usted en caso de que no se pongan de acuerdo, expropia por motivos, que no pueden ser más justificados, de utilidad pública esos terrenos, traza las avenidas de la Gran Plaza y los jardines; y vende después a particulares en grandes lotes en conjunto los terrenos sobrantes para fines de urbanización. Si usted todavía apoya la constitución de una gran compañía garantizada moral y materialmente hasta donde lo permitan nuestras leyes, usted hará una obra grandiosa que no le costará nada al estado. Usted hará la más bella y útil obra que jamás pueda hacerse por un Presidente de Cuba. Usted merecerá el bien de la Patria.

Figura 4.45. Hotel Plaza, Calle Zulueta, La Habana (1900-1906)
(En la esquina, oficinas del Diario de la Marina)

Los cuatro capítulos finales del libro tratan de los servicios municipales, las responsabilidades y las oportunidades de los ciudadanos y las autoridades. El libro termina con palabras sencillas y emotivas que revelan la personalidad y los valores de Pedro Martínez Inclán.

Por tanto el autor se permite esperar que cuando se lea este libro inspirado en obras notables de Arte Cívico se tomen en consideración algunas de sus ideas y se lleven a cabo si fuese posible algunas de las obras detalladas en esta larga lista que precede. El autor, pobre a pesar de sus largos años de empleado en oficinas gubernamentales, sacrifica sus pocos ahorros para publicar este modesto libro por una sola razón. Todo hombre viene al mundo para hacer alguna obra útil. El autor cree cumplir con este deber publicando la presente obra.

La Habana Actual de Martínez Inclán nos ofrece una visión de la arquitectura y el urbanismo cubano a principios de siglo. En este libro se aprecia la dificultad de desarrollar programas relevantes para las ciudades cubanas frente a la indiferencia o la ignorancia de aquellos que pudieran haber orientado la urbanización de Cuba hacia metas de rele-

Figura 4.46. Guardarayas de Palmas, afueras de La Habana (1909)

Figura 4.47. Paisaje en las afueras de La Habana. (1909)

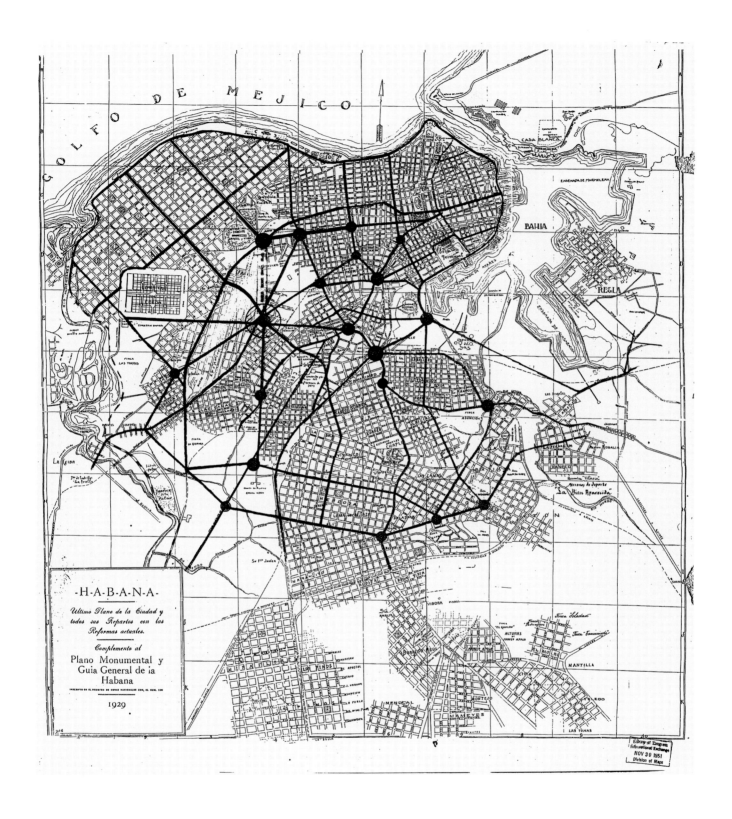

Figura 4.48. Plano de La Habana. Propuestas de Pedro Martínez Inclán (1917)

277

vancia social y de gran sentido nacionalista. El legado de Martínez Inclán es aún extraordinariamente importante al final del siglo que el inició con idealismo, sinceridad, y amor a la ciudad cubana.

Figura 4.49. El Paseo del Prado y el Parque Central, La Habana. (1904)

Figura 4.50. Palacio de la Asociación de Dependientes del Comercio. Calles Morro y Trocadero, La Habana. (1909)

Convento de San Francisco, La Habana
(Dibujo sin fecha)

CAPITULO V

ARQUITECTURA, ARTE Y URBANISMO

La doctora Martha de Castro, profesora de Arte de la Universidad de La Habana, ofreció un curso de Arte Cubano colonial en la sesión de Verano, en julio y agosto de 1944. Posteriomente, la Revista de la Universidad de La Habana publicó dos artículos (1948 y 1949) por la Doctora de Castro que resumían dicho curso. Los dos artículos se reproducen aquí, presentando una brillante exposición que vincula Arte y Arquitectura en el período colonial.

Lamentablemente los artículos de la Revista de la Universidad de La Habana no incluian fotos de las realizaciones discutidas en el texto. Hemos insertado fotos de algunas de las obras que se mencionan en el texto, seleccionadas en las colecciones de la División de Impresos y Fotografias de la Biblioteca del Congreso de los Estados Unidos en Washington, D.C.

Martha de Castro ofreció una visión panorámica del desarollo del arte y la arquitectura en la época colonial. Esta visión claramente relaciona a La Habana y a otras ciudades de Cuba y ademas presenta, sistemáticamente, como los procesos políticos influenciaron el curso del arte en Cuba. Ella concluyó, como también podrá hacer el lector, que si bien no se puede clamar por un "estilo cubano colonial," se puede afirmar la existencia de "un arte cubano colonial" creado por generaciones de artistas que enriquecieron con sus realizaciones, la calidad de vida de la sociedad cubana durante siglos.

Los otros dos artículos en el capítulo se relacionan con la integración de arte, arquitectura y urbanismo en Cuba. En el primero, Martha de Castro describe las Plazas y Paseos de La Habana Colonial, en el lenguaje poético que la caracterizó. En el otro artículo el Ingeniero-Arquitecto Abel Fernández y Simón presenta una detallada descripción de muchas de las mismas plazas complementando el analisis de Martha de Castro.

La relación de arte y arquitectura en Cuba presentada en este capítulo podría ser un punto de partida para investigaciones que exploran este aspecto de la sociedad cubana colonial, tan poco estudiado.

Convento de Santa Clara, Patio. La Habana

ARTE CUBANO COLONIAL

MARTHA DE CASTRO

Resumen de un curso ofrecido por la Dra. Martha de Castro en la Universidad de la Habana, Curso de Verano, Julio-Agosto de 1944. El curso constó de dieciocho conferencias ilustradas con proyecciones y visitas a los principales monumentos de La Habana y sus alrededores. Al finalizar cada alumno presentó dos informes, producto de sus investigaciones dentro de la bibliografía recomendada.

Al desarrollar por escrito este programa de dieciocho lecciones el material se ha reducido a diez capítulos de acuerdo con un interés metodológico, dándole más extensión a la Arquitectura que, como se verá, fue la más importante de nuestras artes coloniales.

I. Lo colonial. Comienzos de la arquitectura en el siglo XVI: fortalezas y bohíos.

Con el término "colonial", escuetamente, solemos aludir al período de la colonización española de América. Para Cuba, la época de la colonia comprende los cuatro siglos anteriores al actual, los siglos XVI, XVII, XVIII y XIX en que España tenía a la "siempre fiel Isla de Cuba" como la joya más preciada de su corona.

Son cuatro siglos de nuestra historia que Emeterio Santovenia ha llamado con certeza nuestra etapa "formativa" puesto que aún no ha despertado en el cubano la conciencia emancipadora, la que alboreará al finalizar la centuria decimanona en que comienzan las conspiraciones que culminarán en las guerras de independencia.

Cuba durante años vivirá callada, apacible, anónimamente, su vida de mera colonia española. Por eso es que a pesar de los reparos nos parece apropiado el nombre de "colonial" que lleva esta época.

El medio geográfico como factor estilístico.—Ahora bien, a esta pequeña isla mecida en el Caribe con un clima ideal y uniforme ¿qué habría de perturbarla? Intereses extraños a ella de naciones enemigas: Inglaterra y España utilizaron al Caribe como teatro para sus luchas interesadas y surgen las primeras fortificaciones de América, con lo que el arte se va modelando subrepticiamente. He aquí un arte "colonial cubano" que se esboza ya, muy pobre, muy incipiente, pero latente.

Esto nos lleva a otro concepto de interés inusitado: ¿existe un estilo colonial cubano? La visión panorámica que pretendemos esbozar aquí responderá a ésto.

Un estilo es el resultado de una serie de factores: nacionales, temporales e individuales. Entre los factores nacionales se destacan el elemento geográfico, el social y el racial.

El elemento geográfico pesa decisivamente sobre nuestra historia cubana. La admirable posición de Cuba como llave del Golfo la ha hecho siempre interesante a los ojos de las potencias extranjeras. Pero hay algo más, nuestra condición de insularidad, nuestra situación en el trópico con una temperatura casi invariable, la uniformidad de su suelo, influyen poderosamente sobre el carácter cubano como ha demostrado el Profesor Salvador Massip[1] determinando un aislamiento casi total, sobre todo en la época a que nos referimos. Esto se observa en el arte, durante estos cuatro siglos no hay más contacto que con España, uno solo será pues nuestro arte, y el más representativo entonces, la arquitectura, será española, mas aun gaditana y sevillana, puesto que de Sevilla y Cádiz vino casi toda la inmigración.

La tropicalidad se observa en la vida muelle y sedentaria, en que no hay que luchar por la producción de la tierra y en que el clima suave y bondadoso invita a la voluptuosidad. La uniformidad y regularidad del suelo hace al cubano igual, monótono, la chispa del ingenio le viene del andaluz y la despreocupación y el choteo, del negro, quien desde muy temprano se introdujo en nuestra vida colonial.

En las artes plásticas de hoy la tropicalidad se siente a menudo a través de la voluptuosidad del negro. Es un hecho interesante destacar que nuestros primeros artistas, músicos, pintores y escultores fueron de la raza de color, según rezan los documentos de la época[2.] Además de estos factores individuales, hay factores temporales que nos hablan de la sociedad colonial, de la vida perezosa y blanda del criollo a la que servían de marco aquellas casonas inmensas[3].

Síntesis histórica de Cuba en los siglos XVI a XIX.—Los cuatro siglos de la colonización española en Cuba ofrecen caracteres diferentes tanto para su historia como para su arte.

La "siempre fiel Isla de Cuba" fue durante mucho tiempo olvidada por la Metrópoli, pues hasta 1511 —pleno siglo XVI— es que se decide a iniciar su colonización, y no por intereses lucrativos, que ya se sabía que aquí no había riquezas que explotar, sino por esa posición privilegiada de que ya hemos hablado, que la hacía una base segura de vigilancia sobre las posesiones españolas del continente, sobre todo México.

En 1511 se envía a Diego Velázquez a colonizar la Isla y funda las siete primeras villas advocadas a un santo patrón como era costumbre entonces: la Asunción de Baracoa, San Salvador del Bayamo, Santiago de Cuba, Santa María del Puerto del Príncipe, Santísima Trinidad, Sancti Spíritus y San Cristóbal de La Habana en 1519. Fundiéndose en un feliz consorcio "eurindiano", como diría Ricardo Rojas[4], la España religiosa y la India de América. No es posible en este breve bosquejo relatar aquí detalladamente lo que tuvo aquella cruzada de heroica, de cruel, de mística y de dura, en que con la espada y con la cruz se colonizaron tierras que se consideraban herejes por hombres de condiciones tan disímiles como Vasco Porcallo de Figueroa, Pánfilo de Narváez y el Padre Bartolomé de Las Casas, este último tan tierno y bondadoso para los naturales. La Iglesia, El Cabildo y el Fortín fueron los tres pivotes sobre los que España cimentó su dominio en América.

Nuestro primer siglo de colonización fue una época difícil, primero de lucha y sometimiento, y después de continuas incursiones de piratas y corsarios que venían a avituallarse para siguir rumbo a Veracruz, Portobelo o Cartagena. España se vio en la precisión de fortificar a Cuba, no tanto para su propia defensa, sino para la de México, en cuyo riquísimo virreinato otras potencias habían puesto sus miras. Los "situados" mexicanos se emplearon hasta aún entrado el siglo XVII para fortificar el Caribe. No está aun mal pues decir que el siglo XVI fue de fortificaciones para el Caribe como para México iba a ser de cristianización y evangelización, de erección de conventos.

Ha sido llamado el siglo XVII de nuestra arquitectura por el Profesor Joaquín Weiss[5] "período inicial o formativo". Es el momento en que se divide la Isla en dos sectores administrativos centralizados en La Habana a la que el monarca español llamará "llave de todas las Indias", "principalísimo antemural". La construcción de las murallas y las cada día más intensivas relaciones de España con el Continente la obligan a salir un poco de su estancamiento.

Pero el siglo XVIII será el momento más interesante de nuestra arquitectura, es el instante en que la situación ambiental contribuye a que cristalice un genuino estilo criollo, lo que podemos considerar como nuestro "barroco cubano".

El siglo que para España se llamó de las luces, época de Carlos III y sus ministros Floridablanca, Campomanes, etcétera, se tradujo para Cuba en los gobiernos beneficiosos del Conde de Ricla, el Marqués de la Torre y Don Luis de las Casas, en cuya época se hacen plazas, paseos públicos, muelles, se pavimentan las calles. La toma de La Habana por los ingleses en 1762 abre el puerto, y permite, a más de un comercio intensivo, la afluencia de una inmigración más discriminada que se distingue en la lucha y defensa de la Isla y se enriquece en negocios de azucar con lo que se adquieren títulos de nobleza. Esta sociedad comienza a edificar sus residencias con más altas pretensiones, y puede hacerlo porque han venido artesanos y maestros de obra de más capacidad.

El despertar de nuestra conciencia emancipadora hace que el siglo XIX sea entre nosotros el momento en que en el arte también se comience a romper con España. Otras influencias, a más de ésta llegarán a Cuba y cede a la moda en las curvas barrocas un nuevo interés en la línea recta, en las fachadas desnudas, académicas, la influencia neoclásica llega a nosotros un siglo después que a Europa, como sucede siempre en América.

Comienzos de la arquitectura en el siglo XVI: *fortalezas y bohíos.*-La evolución de la villa de San Cristóbal de La Habana en el siglo XVI ofrece dos períodos cuyo límite lo marca el año de 1555 en que fue saqueada, quemada y totalmente destruida por el corsario francés Jacques de Sores. El primer período lo constituye la "villa del carpintero" (de 1519 a 1555), el segundo período la "ciudadela militar" (de 1555 a 1592)[6]. Joaquín Weiss[7] le ha llamado "siglo del bohío". pero a nuestro juicio son más exactos los primeros apelativos.

La primitiva villa de La Habana comenzó a crecer por el año de 1523 siguiendo más o menos rigurosamente —como en todas las poblaciones de la América— las Leyes de Indias. En 1598 Hernando de Parra, criado del Gobernador Maldonado, nos ha dejado un relato sumamente vivo, que recoge José Maria de la Torre, de lo que fue esta población durante este primer siglo de su colonización, en que las casas eran de tabla y paja, cercas de tunas bravas y alumbradas con velas de sebo. Respecto a la población, estaba situada junto a la bahía y trazada irregularmente, de Norte a Sur, cortadas las calles por otras perpendicularmente de Este a Oeste. Las más regulares fueron las calles Real (hoy Muralla), la de las Redes (hoy Inquisidor), la del Sumidero (hoy O'Reilly), y la del Basurero (hoy Teniente Rey), las demás eran meros caminos campesinos[8].

La primera villa, la "del carpintero", estuvo, pues, hecha de bohíos de tabla y guano con paredes de embarrado. No es hasta finales del siglo que comienza a construirse con mampostería y cal y canto; la cal procedente de hornos de los alrededores, entre ellos uno situado al otro lado de la bahía, por donde iba a elevarse al siglo siguiente la fortaleza de La Cabaña.

En el fomento de hatos y corrales, en una vida puramente agrícola y sedentaria vivió La Habana hasta 1533 en que fue destruída por piratas franceses. Llevando a España a decidir, deciden el año siguiente, la construcción de su primera obra de defensa, la *Fortaleza Vieja* en terrenos de lo que después fue la antigua Maestranza y obra de Mateo Aceituno, siendo gobernante Hernando de Soto.

Esta primera fortaleza, bien pobre con relación a las que vinieron después, debió haber parecido, sin embargo, imponente a los vecinos de la villa. Pero ella no impidió que en 1555 fuera destruida junto con toda la población por el corsario francés, calvinista, Jacques de Sores, a pesar de la heroica defensa que de ella hizo su alcaide Juan de Lobera. Esto fue en época del Gobernador Gonzalo Pérez de Angulo.

El segundo período de la población habanera del siglo XVI —época de la "ciudadela militar"— comienza en el 1556 con la construcción del *Castillo de la Fuerza* en los terrenos de Alonso de Rojas, gobernando Diego de Mazariegos. Este segundo período representa una evolución. A la primitiva villa de colonos agrícolas sucede el envío de España de maestros de obra, albañiles e ingenieros y se enseña a los primitivos constructores indios, y negros que comienzan a importarse, a asentar y labrar las piedras. Así volvió a resurgir una población arrasada totalmente, como el Ave Fénix de sus cenizas y debida únicamente a su posición geográfica, inigualada, ya que no a otra causa.

En la obra intervinieron tres ingenieros: Bustamante de Herrera, Bartolomé Sánchez y el maestro Francisco de Calona, que iba a distinguirse en todas las obras principales de ingeniería del siglo.

Solamente en la parte inferior del actual Castillo de la Fuerza hay restos de aquél, pues pasó por sucesivas reconstrucciones y reparaciones en los siglos posteriores, debidas a los sucesivos asaltos y ataques que sufrió la población. La torre data ya del siglo XVII, sobre la que se colocó la estatua más antigua que poseemos, la llamada Habana.

En este mismo año de 1556 se erige el *Torreón de San Lázaro* como vigía y atalaya de las costas. A Francisco de Calona se debe una de las obras de ingeniería más grande del siglo, la construcción de la *Zanja Real*, trayendo el agua desde el río de la Chorrera hasta el centro de la población, a la Plazuela de la Ciénaga (hoy de la Catedral) donde desembocaba en el llamado Callejón del Chorro.

El temor inminente de Inglaterra, que se sentían en las posesiones españolas de América estaba representado en el famoso corsario Sir Francis Drake, llevó a la construcción de dos fortalezas más en época de Juan Texeda, para proteger las costas de la Isla de Cuba, y fueron los *Castillos de San Salvador de la Punta* y el de los *Tres Reyes (Morro)*, aprovechando la entrada de la bahía, verdaderas obras de ingeniería, de mayor envergadura que La Fuerza, y que se encargaron a un ingeniero de fama para las posesiones españolas de América, Bautista Antonelli, con quien trabajó su sobrino Cristóbal de Roda, a quien se debe el primer plano de La Habana.

Se cierra el siglo en 1592 con la obtención del título de ciudad para La Habana, y un siglo después en su escudo de armas aparecerán estos tres castillos (La Fuerza, La Punta y el Morro) con una llave sobre campo azul (la llave del golfo). (Figura 5.1)

Figura 5.1. La Cabaña, La Punta y la entrada del Puerto, La Habana. (1900)

II. Arquitectura del siglo XVII: militar, religiosa y doméstica.

El siglo XVII, hasta hace poco descuidado por arquitectos e historiadores, representa, sin embargo, un momento interesante para Cuba. La primitiva "ciudadela militar" va poco a poco convirtiéndose en la "ciudadela religiosa", cuyo eje vertebral y místico será ahora la calle de la Amargura[1]

Ha pasado el primer momento de conquista y colonización, e intensificadas las relaciones con la Metrópoli, comienzan a venir órdenes religiosas que construirán sus conventos, pero no se descuidan las edificaciones militares de defensa. Así el perfil de la población va creciendo entre iglesias y fortalezas de piedra, pues desde principios de siglo a iniciativa del Regidor Sotolongo se prohiben las casas de guano y se pide por el Alarife del Cabildo la implantación en La Habana de las Ordenanzas de Construcción que regían en la ciudad de Cádiz.

Arquitectura militar.—Las sucesivas invasiones de piratas y corsarios, debidas a la política de monopolio que sostiene España obligan a tomar una medida decisiva para la protección de las costas. Y así el Gobernador Gelder (1650-54) propone a la Corte abrir un foso para unir las aguas de la bahía con las del mar, quedando aislada y defendida de este modo la población, pero el proyecto que iba a prosperar fue el de su sucesor, Juan Montaño Blasquet, que propuso amurallar la ciudad por el recinto de tierra, construcción que duró de 1633 a 1740, constituyendo un inmenso polígono que se extendía desde el Castillo de la Punta al Hospital de San Francisco de Paula y que lo abrían las puertas de la Punta, de Tierra, Nueva del Arsenal, de la Tenaza, de la Luz y posteriormente las de Colón y Monserrate.

A pesar del inmenso gasto que representó la construcción de estas murallas, la realidad demostró su inutilidad cuando la toma de La Habana por los ingleses, además de que la población crecía rápidamente en sus barrios extramurales, constituyendo una Habana de intramuros y otra de extramuros. Todo esto hizo que en 1863 se procediera a derribar las murallas. La Habana de hoy muestra algunos restos de estas murallas como recuerdos de antaño.

Como complemento a las construcciones defensivas de La Habana se elevan también en este siglo (1646) los Castillos de *Cojímar* y la *Chorrera* por el ingeniero Juan Bautista Antonelli, en época del Gobernador Alvaro de Luna y Sarmiento.

Arquitectura religiosa.—Pero, como ya dijimos, hay también una arquitectura religiosa que va surgiendo a la vera de sus murallas.

No nos atreveríamos a señalarles un estilo definido a estas primeras edificaciones religiosas. Son meras construcciones de cantería o mampostería, muy sencillas y pobres. Son simples iglesias uninaves, pues la nave lateral se les agregará posteriormente, y sobre ella se elevará el campanario, a menudo hacia la izquierda. Al exterior no se traduce más que un piñón determinado por el techo a dos aguas, y el campanario, generalmente uno, de remate piramidal. Las paredes, de grueso espesor, para contrarrestar el calor, ostentan sus desnudos contrafuertes adheridos a los muros.

Lo más valioso de estas iglesias del siglo XVII son sus techos de origen morisco compuestos del sistema llamado de artesa, de par y nudillos con grandes tirantes pareados. Estos techos se continúan en el siglo siguiente ostentando una mayor riqueza, destacándose en ellos las grandes ménsulas o cuadrales hermosamente decorados, y que según el Dr. Francisco Prat y Puig, arqueólogo español que los ha estudiado detenidamente, son perfectamente funcionales.

Las principales edificaciones religiosas del siglo XVII son: la Iglesia del Espíritu Santo, el convenio de Santa Clara (1644), la Iglesia de San Agustín (hoy San Francisco) (1633) y la Iglesia de Santo Domingo (ca. 1650) ya derruida, y que fue sede de la Real Universidad Pontificia. Todas estas iglesias están en La Habana.

La Iglesia del Santo Cristo del Buen Viaje, aunque data de 1640, creemos que su fachada es muy posterior, por su mayor elaboración y por sus torres que no se ven en esta época. Es casi seguro que en esta fecha lo que existía allí fuera la primitiva Ermita del Humilladero, antecesora de la iglesia actual y lugar donde se elevaba el Calvario al finalizar las procesiones de Cuaresma que iban por la calle de la Amargura[2].

Arquitectura doméstica.—Hemos dicho que la dificultad de comunicaciones, a más de otras circunstancias hace que los estilos lleguen a América con sumo retraso, y este siglo XVII que será el momento en que impere en Europa el estilo barroco dará entre nosotros una arquitectura pobre, provinciana, de reminiscencias andaluzas, y no de las grandes ciudades, sino la pintoresca y sencilla de las provincias de Ronda, Sanlúcar, Osuna y Arcos de la Frontera, de donde proceden los constructores y maestros de la obra.

Esta primera casa de origen andaluz se irá adaptando poco a poco a las necesidades del clima, comenzando a esbozarse la casona criolla del setecientos, que ésta si tendrá ya, como veremos, caracteres nuestros. Su planta, que perdurará durante toda nuestra época colonial, será cuadrada o en forma de L alrededor de un patio de origen italiano-morisco-andaluz, y que entre nosotros será el eje de ventilación de la casa. Allí estarán el pozo y el aljibe que surtían de agua a la vivienda, a más de las plantas tropicales que daban sombra y frescor.

El exterior lo constituían fachadas muy simples de gruesos muros, de hasta 2 varas de espesor, con ventanas de hierros sencillos que empiezan a sustituirse pronto por la madera rica y resistente del país, siendo en los primeros momentos, simples horcones sin escuadrar.

III. Arquitectura del siglo XVIII. Gobiernos benefactores. El barroco colonial cubano.

El siglo XVIII fue para Cuba, como ya dijimos antes el momento más interesante en la evolución de nuestro arte colonial, aquél en que da su nota de mayor originalidad —quizás la única— al producirse el estilo barroco cubano.

A la época de bienestar económico como consecuencia de la toma de la Habana por los ingleses —ya citada— se suman los gobiernos beneficiosos del conde de Ricla, del Marqués de la Torre, de Don Luis de las Casas, del conde de Santa Clara y de otros. En época del primero se continúan las edificaciones militares como *La Cabaña* en 1763, los *Castillos del Príncipe* y *Atarés* y se reconstruye el *Morro* bajo la dirección de los ingenieros Silvestre Abarca y Crame. Al Marqués de la Torre se deben la pavimentación y alumbrado de las calles, con la construcción del *Teatro Coliseo* (1775), así como de la *Alameda de Paula* y el *Paseo Extramuros*. A Don Luis de las Casas, la *Casa de Beneficencia y Maternidad*.

El barroco colonial cubano: sus caracteres.—Entre nosotros iban a verse, naturalmente, los estilos imperantes en la Metrópoli. La carencia de una raza autóctona de espíritu artístico imposibilita la afirmación de una tradición en ese aspecto. La pobreza del medio y las condiciones de la piedra —caliza dura, conchífera llena de oquedades—, impidió entre nosotros el plateresco y no es sino el herreriano, ya mezclado con detalles churriguerescos el que viene a Cuba desde el siglo XVII, pero que se destacará en el XVIII. En toda la historia del arte colonial americano se observa esta mezcla confusa de estilos que han de llegar necesariamente retrasados y cuyos autores no fueron ingenieros de primera talla, sino alarifes y maestros de obra andaluces que no habían visto más que lo que se hacía en sus tierras, si bien es verdad que ésta no será pueblerina, sino la de ciudades como Cádiz, Sevilla, Málaga. Entre ellos suenan nombres de arquitectos como Pedro de Medina, Antonio Fernández Trevejos, Ignacio José Balboa, Perera, Camacho y otros.

Los historiadores y arquitectos cubanos que se han ocupado de este aspecto —Weiss, Bens Arrarte, Silvio Acosta, etc.—, están de acuerdo en que en el siglo XVIII llega a Cuba una arquitectura, que si bien modesta, y en muchos casos pobre, ofrece, sin embargo, en el movimiento y en las libertades y licencias, caracteres que caen más de lleno en el barroco español que en el clasicismo herreriano[1].

Estos estilos españoles llegan a América como una cierta imposición, pero cuando arriban, en momentos especiales de captación del medio ambiente, éstos se transforman, y sucede que a mitad de siglo —de 1760 al siglo XIX— se produce entre nosotros un estilo propio que a nuestro juicio podemos llamar "barroco cubano colonial"[2].

Este ha sido clasificado como *herreriano-churrigueresco* al que nosotros hemos agregado, de *movimiento borrominesco*, ya que si nuestro barroco no se pudo explayar en ornamentación influida por Churriguera, tuvo al menos un movimiento innegable en sus fachadas que lo acercan al arquitecto italiano Borromini. La influencia churrigueresca, sumamente atemperada, se observa sólo en detalles ornamentales que rompen la estructura herreriana. Estos detalles son: ménsulas, copas, piñas, pequeñas balaustradas en terracota, a las que podemos agregar el carácter que dan a las fachadas muy simples los balcones y ventanas movidas de madera torneada.

El mejor exponente de nuestro barroco cubano es la "casa criolla", genuino producto de nuestro clima tropical y de nuestras condiciones de vida muelle y sedentaria. Esa casona inmensa del setecientos, que la hemos visto aparecer desde el siglo anterior, perdurará entre nosotros hasta principios de la era republicana en que las nuevas condiciones de vida la harán desaparecer. La distribución y planta de la casa cubana en torno a un patio central con su saguán o vestíbulo, su entresuelo y demás dependencias responde a un conocimiento profundo de las necesidades de la familia cubana de entonces.

En cuanto a la traducción en madera de los hierros españoles en ventanas y balcones, demuestran en el arquitecto, que ya puede llamársele tal, conocimientos de la calidad y resistencia a la intemperie, así como el sentido ornamental aprovechable en nuestra rica madera dura: ácana, jiquí, dagame, cedro y caoba.

Esta madera se aprovecha igualmente, y con óptimos resultados, en los techos de iglesias y conventos, siguiendo el sistema de par y nudillo con sus variantes cupulares en que las vigas aparecen colocadas en forma de abanico, formando rosetas. Casi todas nuestras iglesias del seiscientos y setecientos ostentan estos techos, muchos de los cuales perduran. Sin embargo, con ellos alternan ya en el siglo XVIII las bóvedas de piedra, en cañón, arista o cúpulas de media naranja, como las llaman en México. Son ejemplos de estas últimas en La Habana: la de la Iglesia de San Francisco de Paula y la del Convento de San Francisco, entre otras.

Estudio formal y de la "voluntad de forma".—Siguiendo a Enrique Wölfflin[3] nos hemos venido interesando hace años en el estudio formal de nuestro barroco cubano[4], investigando el carácter que adoptó una "forma barroca española" al venir a Cuba, y en un estudio meramente de fachadas, al que remitimos a los lectores, clasificamos nuestro colonial, siguiendo a dos arquitectos cubanos ya mencionados, Bens Arrarte y Silvio Acosta en tres períodos: 1) de formación o primario (de 1700 a 1760); 2) cubano (de 1760 a principios del siglo XIX); 3) neoclásico (siglo XIX)[5].

El barroco, como se ve, se desenvuelve en dos períodos: el primero español y el segundo cubano. Al primero corresponden la superposición de órdenes sobre altos pedestales, los nichos, óculos, piñones, balaustradas de terracota, torres cuadradas o poligonales y movimiento ascensional. Casi todas nuestras edificaciones religiosas están en este período: iglesias de La Merced, San Francisco, (Figura 5.2) Santo Domingo (ya desaparecido), Paula, Las Mercedes de Camagüey, etc. El segundo período es el llamado netamente cubano, caracterizado por la supresión de pedestales, arrancando las columnas y pilastras del suelo, observable en los tres ejemplos típicos de nuestra arquitectura: los Palacios de Intendencia (Figura 5.3) y de los Capitanes Generales y la Catedral habanera nuestro "dorado tríptico".

Para Bens Arrarte una característica típica del momento de apogeo del barroco cubano es la "habanera jamba" como la llama. Una jamba con clave y volutas que nace en la Intendencia, pasa al Palacio de los Capitanes Generales, se ensaya en residencias como la de los Peñalver, Obispo Espada, etc., para adquirir vida propia y soltura en la fachada catedralicia.

Aplicando la caracterización polar de Wölfflin, como lo hemos hecho en nuestra obra citada a este respecto, encontramos la posibilidad de aplicación de polo barroco, y sólo en sus caracteres de "pintoresco", "profundo" y "unitario", El primero se observa en la vivienda burguesa, sobre todo del interior de la Isla, en que los grandes balcones de madera y los aleros o guardapolvos ponen su nota cálida y vibrante en más de una fachada simple. La profundidad se nota en edificios como la Catedral de La Habana; el sentido unitario en la trabazón de elementos que componen esta misma fachada originando ejes de movimiento y en la unión perfecta de las dos torres con el cuerpo central de la Iglesia del Cristo.

El estudio detenido de nuestra sociedad colonial dieciochesca[6] nos ha llevado a interpretar una "voluntad de forma" criolla que ha comprendido las calidades de clima y de la piedra, y que a pesar de la pobreza y carencia de artistas traduce en nosotros este gusto de ornato y de belleza voluptuosa de la curva.

Barroco tardío en el interior de la Isla (siglos XVIII y XIX)

Santiago de Cuba.—Se habrá observado que a lo largo de este estudio nos hemos limitado a destacar la arquitectura habanera, puesto que sólo ella tiene interés hasta el siglo XVIII. Ya a finales de este siglo y en el XIX comienzan a adquirir importancia algunas ciudades del interior como Santiago de Cuba, situada en la parte oriental de la Isla con una naturaleza sumamente pintoresca por lo accidentada, las casas santiagueras ofrecen interés superior a sus iglesias.

La dificultad de comunicaciones hace que el barroco no llegue a estas ciudades sino entrado el siglo, y que aún a lo largo del XIX se construyan casas en este estilo, aunque ya mezcladas con la influencia neoclásica que imperaba entonces en La Habana. De aquí el nombre que le hemos dado a esta arquitectura de Barroca tardía.

El barroquismo de la vivienda burguesa santiaguera está dado en el movimiento de balcones y ventanas, que con el portón claveteado de la puerta principal rompen la monotonía del muro liso. En Santiago a menudo el hierro sustituye a la madera en ventanas y balcones como un detalle neoclásico ya. Es también típico de esta región el "pretorio" o pequeña tribuna de ingreso adosada a las fachadas debido al desnivel del terreno.

Camagüey.—La casa camagüeyana, quizás la más típica de Cuba colonial, ofrece paredes lisas entonadas en blanco o en colores más cálidos sobre las que expande su sombra acogedora el alero de tejas criollas que se proyecta grandemente apoyado en elaboradas

Figura 5.2. Convento de San Francisco, La Habana. Detalle de fachada

291

Figura 5.3. Edificio del Tribunal Supremo. Arco de entrada. Plaza Mayor, La Habana. (1905)

tornapuntas. Le acompañan grandes ventanas y balcones volados de madera torneada con su portón claveteado. Y en el interior el arco mixtilíneo de sabor morisco, típico del Camagüey colonial.

El motivo más interesante de la casa camagüeyana, sea ella rica o pobre, es el patio sombreado y acogedor con su aljibe y sus plantas y flores en canteros y tiestos.

Todavía quedan casas de este tipo en la parte vieja de la ciudad por las calles y plazas del Cristo, San Juan de Dios y Paco Recio.

Trinidad.—Callada y olvidada vive Trinidad hasta el siglo XIX (1855) en que comienzan el fausto y esplendor que le proporcionan sus cuarenta y seis ingenios, cuando en sus fiestas el champagne brotaba de las fuentes y venían artistas italianos a decorar las residencias. La arquitectura trinitaria, por lo tanto, no adoleció de la humildad y sencillez de la santiaguera o camagüeyana, sino que se crearon residencias palaciales que en algunos casos superaron a la misma Habana. Son ellos los palacios Iznaga, Borrell, Bécquer y Cantero.

Aislada, en medio de montañas, Trinidad tuvo poco contacto con el exterior de aquí que dio una arquitectura propia de elementos barrocos a los que se mezcla la corriente neoclásica imperante ya en este siglo. (Figura 5.4)

Las fachadas de las casas burguesas trinitarias difieren poco de las camagüeyanas: aleros y ventanas voladas con tejaroces o guardapolvos de albañilería. Se ven algunas ventanas de hierro —influencia neoclásica— terminadas en la parte superior a manera de cáliz o consola. Pero, a pesar de ello, la utilización de vla madera continua en puertas, mediopuntos, etc.

Sancti-Spíritus.—De construcción semejante a Trinidad y contemporánea a ella, ofrece la diferencia de que por su cercanía y fácil comunicación con poblaciones más nuevas ha sido modernizada más rápidamente.

La casa colonial espirituana no tiene más diferencia que la puerta panelada, cuadrangular, con jambas forradas de madera y las ventanas voladas en hierro, no en madera, recogidas en haz o floreo.

Arquitectura del siglo XIX. Influencia del gobierno de Tacón.

El gobierno de Don Miguel Tacón que tan crueles recuerdos dejó en los habaneros de entonces, tiene un interés especial, sin embargo, para el historiador de nuestro arte colonial. Como todos los tiranos de siempre, para encubrir sus numerosas fechorías, Tacón dejó una serie de obras públicas; el alumbrado, la pavimentación, la pescadería, los mercados, la Cárcel, el Teatro Tacón, el embellecimiento del Paseo Extramuros y la construcción de uno nuevo que llevaría su nombre, a más de los de Paseo Militar o de Carlos III, y muchas obras más.

Como ya dijimos anteriormente, nuestra ciudad comienza a urbanizarse en tiempos del gobierno del Marqués de la Torre en que a la Habana, clausurada en sus murallas, comienza a sumarse la otra Habana nueva, allende sus muros.

Ya en esta época que nos ocupa, la Habana posee dentro de sus murallas varias plazas importantes: la de *Armas* primera de todas en fundarse, y la más importante, pues allí habrían de estar los Palacios de Gobierno e Intendencia, como el sitio en que se dijo la primera misa y estuvo la primera parroquia. *La Plaza de San Francisco*, conocidísima por sus ferias y convento que aún perdura. La *Nueva*, llamada después *Vieja*, de la *Constitución*, de *Isabel II* y *Mercado de Cristina* y que fue una de las más aristocráticas que tuvi-

Figura 5.4. Catedral y Plaza, Trinidad

mos. Allí estuvieron las residencias de los Condes de Jaruco y Jibacoa. De la del *Cristo* ya hablamos al referir que allí estuvo el primer Humilladero por ser el sitio adonde terminaba la procesión los viernes de Cuaresma. La *Plazuela de la Ciénaga*, después *Plaza de la Catedral*, por ser el sitio del primitivo oratorio jesuita que llegó a ser más tarde Catedral.

En tiempos del Marqués de la Torre se hizo el primer paseo, la *Alameda de Paula* y el *Paseo Extramuros*, adornado este último con numerosas fuentes, de las cuales quedan aún la de los *Leones,* y la de la *India* o *Noble Habana* que hoy contemplamos en la Plaza de la Fraternidad o antiguo *Campo de Marte*, obra también de Tacón. La estatua, obra del escultor Gaggini, representa a una india de expresión y actitud helénicas.

El neoclasicismo: sus caracteres. Residencias de la Habana y Quintas del Cerro.— El siglo XIX trae a Cuba una nueva moda arquitectónica, el neoclasicismo, que en Europa había surgido también como reacción al barroco. Quizás como el primer gesto separatista, que en el arte suele verse antes que en la propia historia, las residencias comienzan a ostentar influencias, más que de España, de Italia y Francia, si bien es verdad que la sociedad cubana de entonces comenzaba ya a visitar otras capitales europeas. En la Ha-

294

bana se construyen una serie de palacetes que pudieran quizás ejemplarizar el espíritu nuevo, rebelde y libertario que se abría en la Cuba de mediados del siglo pasado.

Al uso del arco y las curvas barrocas sucede ahora la construcción columnar arquitrabada, el entablamento, el pretil y la balaustrada, en vez del tejado, los órdenes clásicos, el hierro y el mármol en sustitución de la madera y cantería. Con ello iniciará Cuba su largo período de eclecticismo.

Son ejemplos de estilo neoclásico en la Habana, el *Palacio de Aldama* (1838), el *Palacio Balboa* (hoy Gobierno Provincial), y el del *Conde de Casa Moré*.

Además, correspondiendo a una inspiración clásica más fiel hay que citar el *Templete* (1827-28) construido para conmemorar el sitio donde la leyenda cuenta se dijo la primera misa.

Los barrios extramurales, el Cerro, Jesús del Monte, Galiano, Prado, etc., se edifican siguiendo la nueva moda, de ellos el Cerro tuvo los ejemplares más interesantes. Sus "quintas" de recreo, pues éste era un lugar de temporada, constituyeron una derivación de la casona criolla, usándose pavimentos de mármol, y por la circunstancia de su emplazamiento pudieron rodearse de jardines a la inglesa decorados con fuentes y estatuas. Se vieron también las influencias italianas y francesas, y así la casa del *Conde de Fernandina* fue italiana y la de *Santovenia*, francesa. Hay que citar también las del Obispo (antigua de *Peñalver*), *Villanueva* y *Lombillo*.

El neoclasicismo fuera de la Habana: Matanzas.— La ciudad de Matanzas toma incremento en el siglo XIX bajo el gobierno de Tacón. Sus principales construcciones de la época colonial datan de entonces y naturalmente se edifican en estilo neoclásico. Son interesantes el *Palacio de Gobierno* y el *Teatro Esteban* (Sauto) (1860-63), pero sobre todo las iglesias de San Pedro (1870) y San Juan Bautista (1828-32)

V. Escultura Colonial en los siglos XVIII a XIX).

Así como la arquitectura, primera de todas las artes, por la necesidad que tiene el hombre de hacerse de un techo, surge entre nosotros en seguida, la escultura y pintura tardan tres siglos en producirse. No urgidas por una necesidad perentoria sino debidas a un mayor refinamiento espiritual, que nuestra población no obtiene hasta entrado el siglo XIX cuando urbanizada la capital se piensa en adornar sus plazas y paseos, como ya vimos, y con monumentos, que sí son de relativo valor artístico, no dejan por ello de tener un interés histórico y documental por perpetuar personajes ilustres y o momentos trascendentes de nuestra historia cubana. El arte como documento se salva siempre, a pesar de la pobreza de la forma.

A una población que comienza a refinarse que acaba de abrir su Academia de Pintura y Escultura en ese mismo siglo (1818), no puede exigírsele un espíritu artístico discriminador y seleccionador de obras, en su mayor parte confeccionadas en el extranjero o hechas en Cuba por artistas extraños a nuestro medio y de segunda categoría, porque entonces sólo venían a América los que no habían podido distiguirse en su tierra natal.

Comenzando por la reseña de nuestros monumentos, se cita el primero de todos la lápida que aun conserva el Ayuntamiento de la Habana (antiguo Palacio de Gobierno) que conmemora la muerte de la infeliz habanera Doña María de Cepero, víctima de un tiro de arcabuz que recibió mientras oraba en la primitiva iglesia parroquial, que ocupaba aquel sitio entonces. (Figura 5.5) Representa un templete y es de una fina y delicada talla que alguien ha comparado con la labor de los orfebres renacentistas. Quizás fue obra de un platero que viniera con los primeros colonizadores, pues pudiera remontarse al siglo XVII.

HIC FINEN EECITTORMENTO BELICO
YN OPINATE PERCUSA MARIA CEPERO
AÑO J.557. PR. NR.A.M

Primer Monumento Nacional. 1557

Figura 5.5. Primer Monumento Nacional, La Habana. 1557

Le sigue en importancia la Columna conmemorativa de la Primera Misa que hizo levantar en 1754, en el sitio donde estuvo la primitiva ceiba bajo la que se ofició, el Gobernador y Mariscal de Campo Cajigal de la Vega. Es una simple columna en piedra, coronada por una imagen de Nuestra Señora del Pilar. Vino a adquirir importancia y lucimiento cuando se construyó junto a ella, en 1828, el Templete.

Ya bien entrado el siglo XIX se construyen tres monumentos importantes que adolecen de ese carácter ecléctico que tendrán nuestras artes en ese siglo en que predominarán los estilos clásicos que imponen las influencias de las Academias en el mundo entero. El romanticismo, ese movimiento tan interesante que se observa dentro de la escultura y la pintura del siglo XIX tiene entre nosotros una leve repercusión en la concepción de estos monumentos, pero la forma externa de expresión es académica, neoclásica.

El monumento al Obispo Don Apolinar Serrano y Diez, de extensa fama por sus virtudes, fue obra de suscripción popular en 1878, realizada por un escultor italiano, Pietro Costa en Florencia. Está bastante bien ejecutado dentro de las líneas neoclásicas. Una vez concluido se trajo a Cuba y emplazó en un nicho de orla renacentista en la Capilla de Nuestra Señora de Loreto en la Catedral de la Habana.

El monumento a los Estudiantes fusilados el 27 de Noviembre de 1871 fue obra también de suscripción popular realizada en 1890 y encargada a un joven escultor cubano que entonces estudiaba en Italia, José de Vilalta Saavedra. Muy criticada ha sido esta obra por haberse otorgado el premio para su ejecución a un joven estudiante y no a un artista ya consagrado, lo que era cierto, la obra en que se pretendía exponer un momento de intenso dramatismo y dolor en que vivió Cuba en sus dias coloniales por el asesinato de ocho jóvenes inocentes, resultó una obra fría y falta de espíritu, a más de una factura mediocre. Fue criticado, igualmente. su emplazamiento en el Cementerio de Colón en vez de en una de nuestras principales avenidas para recuerdo imborrable. Un hecho como éste que conmovió tan profundamente a la sociedad se prestaba para haber realizado un monumento romántico, pero esto no quedó más que en el tema: "la conciencia pública, a través del tiempo, justifica la inocencia". El monumento lo constituye una columna truncada cubierta de un manto fúnebre con estatuas que representan la Conciencia Pública, la Justicia y la Inocencia.

También en el Cementerio de Colón se alza otro monumento, el de los Bomberos, construido en 1897, también por cuestación popular, para conmemorar la hecatombe del 17 de Mayo de 1890, en que en una terrible explosión pereció una veintena de jóvenes bomberos mientras apagaban un fuego. Es una obra de mayores alientos, sin embargo de adolecer del mismo defecto de la anterior: concepción romántica y expresion académica. Representa una columna elaborada, coronada por el Angel de la Fe y rodeada de figuras tales como la Abnegación, el Dolor, el Heroísmo y el Martirio. Su autor es un español, ya de alguna fama, que parece hizo en aquella época alguna obra en México, Agustín Querol, asesorado de otro español también, Julio Martínez Zapata.

Breve recuento de nuestra estatuaria: Vilalta Savedra y Miguel Melero. Según datos de Eugenio Sánchez de Fuentes, una de las estatuas más antiguas que tiene la Habana es la Giraldilla que corona la cúpula del Castillo de la Fuerza, llamada también de la Habana, ya que la tradición contaba que "había quienes habían ido a la Habana y no habían visto la Habana". Es una pequeña victoria en bronce que gira a manera de veleta. Según el autor mencionado, es obra del artífice Jerónimo Martín Pinzón cuyas fechas son 1607-1649.

Sumamente deteriorada hoy, está la estatua de Carlos III en el paseo de su nombre o de Tacón. Con objeto de perpetuar la memoria de un rey que tan beneficioso había sido para Cuba, se erigió su estatua en 1803 por Cosme Velázquez, Director de la Academia de

Figura 5.6. Estatua de Fernando VII, y Palacio del Gobernador, La Habana. (1900)

Bellas Artes de Cádiz, la que fue erróneamente atribuida a Canova por los historiadores Valdés y José Ma. de la Torre. Aún conserva la elegancia y gracia del manto de inspiración clásica en que está envuelto.

Un monarca también beneficioso para Cuba, a pesar de lo mucho que se le imputa, fue Fernando VII, que tiene su estatua en mármol en la Plaza de Armas, comenzada en 1834 por José Alvarez Pereira y concluida por repentina muerte de éste, por Don Antonio Solá, ambos españoles. (Figura 5.6)

Es una obra, como la anterior, y las que le seguirán, de factura académica, ejemplares de discípulos aventajados que siguen muy de cerca modelos impuestos.

En el patio del Ayuntamiento habanero está la estatua de Cristóbal Colón, comprada en Italia en 1860 al escultor J. Cucchiari y atribuida al francés Garbeille, de quien nos ocuparemos en seguida, por haber sido él quien la trajo a Cuba. (Figura 5.7)

También de Colón, representando su regreso a España, encadenado, conserva la Sociedad Económica de Amigos del País una obra del español Venancio Vallmitjana, bien ejecutada y concebida.

Al francés Philippe Garbeille, que parece residía en la Habana desde antes de 1854, se

Figura 5.7. Estatua de Colón, patio del Palacio del Ayuntamiento, La Habana

deben una serie de obras de personajes ilustres y de la sociedad habanera. Entre las más importantes está la estatua en mármol de Isabel II (1857) que se situó en la plaza de su nombre frente al Teatro Tacón (Figura 5.8) y que vino a sustituir a otra más pequeña realizada en 1840. Representaba a la Reina, elegantemente vestida en traje de corte pero adoleciendo de la frialdad del estilo. Retirada hace mucho tiempo, hoy se encuentra en el Museo de Cárdenas, provincia de Matanzas.

Pertenecen también a dicho autor los bustos en mármol de José de la Luz y Caballero, Antonio Bachiller y Morales y Félix Varela, los tres grandes filósofos, hechos para que ocuparan la fachada del Colegio el Salvador, y que al fin se colocaron en el Aula Magna de la Universidad de la Habana. Hoy ocupan un rincón de los jardínes universitarios.

Y llegamos por fin a la breve reseña de los dos primeros escultores cubanos que se conocen. Uno de ellos ya lo mencionamos, *José de Vilalta Saavedra*, como autor del monumento a los Estudiantes del 71. Nació dicho escultor en la Habana en 1863 y realizó estudios en Canarias con Pellicer, y después en Florencia y Roma donde ejecutó la mayor parte de sus obras. Entre las más conocidas está también la Estatua y Monumento al Brigadier de Ingenieros Albear, constructor del acueducto habanero. Es una obra bastante acabada en su técnica pero pobre de inspiración como es el Monumento a los Estudiantes. Igualmente son obras suyas la estatua de Martí en el Parque Central, el grupo y

Figura 5.8. Estatua de Isabel II. Parque Central 1895-1898
Hotel Inglaterra y Teatro Colón, La Habana. (1895-1898)

relieves de la puerta de entrada del Cementerio de Colón y los bustos de Gertrudis Gómez de Avellaneda, Felipe Poey y el titulado "El matón" del Museo habanero.

Pero entre las figuras más grandes que tuvieron las artes en Cuba en los últimos días de su período colonial está *Miguel Melero* (1836-1907), verdadero pionero de nuestro movimiento artístico que aunque no fuera más que por su labor de maestro en la dirección de la Academia de Pintura y Escultura de San Alejandro. Primer cubano que rigió sus destinos, merece eterna recordación y gratitud. A Melero se le debe, entre otras cosas, el inaugurar, antes que en otras academias de Europa las clases de dibujo para mujeres. Melero, alumno aventajadísimo en Cuba de Leclerc, Mialhe y Cisneros, y en París de Cabanel y Gigouxt, adolece de lo que alguien ha llamado alguna vez los defectos de su tiempo o los "peros" de la época, la influencia guiadora pero perniciosa de las Academias en Europa, de la de Bellas Artes de París o la de Roma, y a pesar de que en Francia en esos momentos la gran mayoría de los artistas comienza a romper con el neoclasicismo académico para militar en las tendencias renovadoras del romanticismo, del naturalismo e impresionismo, Melero y tantos otros artistas cubanos que van becados a Europa entonces vuelven ajenos a todo aquello. La sociedad cubana no estaba aún suficientemente madura para poder captar estos movimientos nuevos.

Las obras más conocidas de Melero como escultor, puesto que como pintor lo veremos más adelante, son la estatua de Cristóbal Colón en la villa de su nombre, la de Santo Tomás en la Capilla Central del Cementerio de Colón, la de Cortina en el propio camposanto, y los bustos de Zorrilla y Echegaray.

VI. Una manifestación interesante: la talla en madera de altares e imágenes en los siglos XVIII y XIX.

Iniciamos un acápite de apasionado interés para el historiador de las artes en Cuba, y del que, desgraciadamente, carecemos de todo dato o documentación: la talla en madera de altares e imágenes.

Gran parte de nuestras iglesias habaneras y de otras ciudades de la Isla poseían en el siglo pasado retablos en madera e imágenes, genuinos ejemplares en más de un caso del barroquismo español de los siglos XVII y XVIII, cuya imaginería constituye uno de los capítulos más interesantes de toda la historia del arte español y universal de todas las épocas.

Dice Serafín Ramírez[1] que los conventos de San Agustín, San Felipe y otros, entre los que podemos agregar por reseñas, ya que no por documentos, la Catedral y Convento de San Francisco que poseían altares de estilo churrigueresco, que fueron en su mayor parte destruídos por manos inhábiles y sustituidos por otros de vulgar estilo. Pensamos en el afán innovador del Obispo de Espada y Landa, del que siempre lamentaremos los que nos interesamos en estas cosas, que guiado por las ideas de su época desnudara los templos habaneros de altares e imágenes por considerarlos resabios de un culto fetichista. Gracias a que su piqueta demoledora no llegó a las afueras de la capital. se salvaron los de la Iglesia Parroquial de Guanabacoa y los de Santa María del Rosario, así como algunos del interior de la Isla, merecedores de un serio estudio. Dentro de la urbe capitalina se conservaron milagrosamente los del Oratorio de San Felipe, hoy muy desfigurados por la pintura que los cubre en el moderno templo del Carmen.

Ahora bien, muy poco se sabe de estas obras y mucho menos de sus posibles autores. Dice Ramírez[2] que las primeras manifestaciones de las artes en Cuba se debieron a las comunidades religiosas que se establecieron aquí de fines del siglo XVIII a principios del XIX. Parece que trajeron con ellos cuadros e imágenes, y quizás algunos artistas, pero lo más interesante del dato es que enseñaron el oficio a carpinteros y albañiles de la raza de color, único que le era permitido a aquéllos, pues ya dijo Humboldt que el cultivo intelectual "estaba limitado únicamente a la clase de los blancos..."[3]

Ya señalamos en otra parte la aptitud artística de negros y mulatos entre nosotros. Si se citan a nuestros primeros músicos entre esa raza ¿por qué no pensar también en escultores, imagineros y entalladores cubanos trabajando a la sombra de los conventos, anónimamente, pues según parece los frailes se reservaban la dirección de las obras?

El estudio acucioso de las imágenes de Santa María del Rosario hecho por el arqueólogo español Francisco Prat y Puig[4] ha hecho pensar a dicho autor. comparándolas con las de otros templos habaneros, en la posibilidad de que existieran entre nosotros talleres adonde se copiaban imágenes traídas de España. El Dr. Prat señala el hallazgo en el interior del templo rosareño, de la cabeza de la estatua de San José y de un papel en que se decía el autor de dicho trabajo era José Valentín Cruz que esculpía en la Habana a fines del siglo XVIII. Igualmente hay un documento fechado en 23 de Enero de 1646 que se conserva en el Convento de Santa Clara en que se dice autor del retablo regalado por él a la Iglesia el maestro Juan de Salas, natural de la Habana quien promete donar también para dicho altar una imagen de Nuestra Señora de la Concepción de la que es devoto, no diciendo si esta última es obra de él también.[5] La imagen que se conserva en el actual Convento de Santa Clara en Luyanó, es una Virgen vestida y adornada de joyas, posiblemente de ascendencia sevillana, observable en el preciosismo y amaneramiento. El retablo ha desaparecido. La Dr. Anita Arroyo relata, en su libro mencionado, haber visto restos de un altar, que podría ser aquél, pero sin datos que lo idenfiquen, depositados en el sótano de dicho Convento.

Los altares de San Felipe, Guanabacoa y Santa María del Rosario se han atribuido, quizás un poco a la ligera, a José Nicolás de la Escalera[6], pintor cubano del siglo XVIII, no existiendo para ello otro documento que el llamarse a sí mismo "decorador de Santa María del Rosario", sabiéndose que las pinturas sí son de él en su mayor parte, pero hay que tener en cuenta que si estos retablos de Santa María son obra de Escalera, el estilo difiere algo de los otros, por una finura y elegancia de espíritu rococó que es posible se debiese a la copia de muebles importados.

Los de la Parroquial de Guanabacoa y San Felipe son de estilo churrigueresco español de talla mucho más exuberante.

En la Capilla de los Dolores de la Iglesia de San Salvador de Bayamo hay otro retablo de madera dorada de sumo interés por su estilo, que difiere bastante de los anteriores por su carácter plateresco más que barroco de influencia mexicana[7] y hasta quiteña, lo que no tendría nada de extraño, por atribuírsele en Bayamo a un mulato natural de allí, Manuel del Socorro Rodríguez, hombre de letras que parece residió un tiempo en Quito, lo que hace pensar que no fuera obra suya sino adquirida allí.

Las imágenes que se encuentran en nuestras iglesias y que datan de la época colonial pertenecen al siglo XVIII y principios del XIX. La mayor parte es posible pensar que se trajeron de España, donadas por familias pudientes. De ascendencia granadina o sevillana. casi todas ellas, se alternan las policromadas y estofadas con las llamadas "de candelero" o vestidas, estas últimas abundan mucho, como son los Calvarios de Monserrate, San Nicolás, Santa María del Rosario y Guanabacoa, y muchas más cuyos datos desconocemos.

Las imágenes de Santa María del Rosario, admirablemente conervadas, se cuentan, según el Dr. Prat entre las obras más valiosas que poseemos. En la imposibilidad de hacer un estudio detallado de ellas, remitimos a los lectores a las obras ya citadas de dicho autor, basta decir que Prat las considera posiblemente hechas en España en talleres granadinos o sevillanos, citando como las tres más interesantes el "Cristo en la Cruz", de quien llega a asegurarse casi la paternidad de Guixón (siglo XVII), el "Santo Domingo de Guzmán", quizás la más lograda, de influencia granadina de Pedro de Mena, e influido por el mismo o mejor aún por Mora, el "San Juan Nepomuceno", de manos extremadamente delicadas. Ambos pueden datarse del siglo XVII. También interesante es el "San Francisco de Asís" de escuela sevillana, y ya más amanerados y decadentes, "San Antonio de Padua" y "San Miguel Arcángel", influencia sevillana del siglo XVIII, de los Roldanes.

VII. Las artes industriales en Cuba. Su significación.

Las mal llamadas artes menores, hoy afortunadamente reivindicadas bajo el título de artes industriales, y equiparadas a sus hermanas mayores las artes puras, constituyen, posiblemente, el mejor documento acerca de la sociedad de una época, puesto que por su carácter práctico son el producto vivo de esa sociedad. Las artes industriales de Cuba han sido detenidamente estudiadas y pedagógicamente expuestas por la Dra. Anita Arroyo, uno de nuestro sólidos valores, quien comenzando en forma de tesis doctoral su estu-

Figura 5.9. Ventanas de Madera en la Calle Alameda, Trinidad. (1900-1910)

dio acerca del valor de las artes industriales como documento histórico concluyó por escribir todo un libro sobre "las artes industriales en Cuba" ya que según ella afirma, no podemos llamarlas "cubanas" aún.

Citaremos brevemente algunas de las manifestaciones más importantes de la época colonial, indicando al que quiera hacer un estudio más detenido la obra ya citada.[1]

Manifestaciones de la epoca colonial: trabajos en madera, hierro, platería, vidrieras, etc.—La *madera*, primera de nuestras riquezas. a falta de metales preciosos, tuvo en Cuba múltiples aplicaciones por sus condiciones de dureza, resistencia a la intemperie y baratura. La rica y variada madera cubana se utilizó en techos de ascendencia árabe-andaluza, como los planos de vigueteria horizontal, los de artesa, en pares y nudillos con grandes tirantes, de los que hay ejemplos en el Convento de Santa Clara y Parroquial de Guanabacoa, acupulados como en Santa María del Rosario y Santo Domingo de Guanabacoa. La reciente restauración de la Parroquial Mayor de Remedios llevada a cabo por el arquitecto Aquiles Maza y auspiciada por los señores Eutimio Falla Bonet y Mario Darna, dejaron al descubierto hermosos y muy originales artesonados de la nave mayor y presbiterio de ascendencia directa árabe-andaluza con decoración de flores y follajes. Hasta

303

Figura 5.10. Ventanas en hierro, La Habana (1910)

ahora éste es el único ejemplo conocido en Cuba de ornamentación en los techos que si bien de estructura original siempre eran sencillísimos. El arquitecto Maza cita haber visto en una de las celdas del Convento de Santa Clara en la Habana un techo que aún conserva una decoración pintada de follajes en negro y flores en color, semejante al de la nave mayor de la iglesia de Remedios. De los balcones y ventanas de madera de gran variedad ya hablamos al ocuparnos de la arquitectura.[2] Igualmente se destacan las cancelas y portones, así como las persianas, maravillosa solución para recibir luz y ventilación en el interior. (Figura 5.9)

Pero quizás la más interesante aplicación de la madera se hizo en muebles: cómodas y armarios religiosos que conservan aún algunas de nuestras iglesias, como la Merced y la del Rosario tantas veces citada. En cuanto al mobiliario casero hay que citar la traducción al cubano del Luis XV francés, realizados en caoba o palisandro, sustituyendo la tapicería por rejillas, más adaptables al clima. Son típicos nuestros también las "comadritas", los "canastilleros" "jugueteros", "coperos" y el "tinajero", antecedente de los modernos filtros, neveras y refrigeradores eléctricos.

El *hierro* traído de España en el siglo XVII dará también entre nosotros una hermosa

304

contribución. Ya en otra ocasión hemos destacado el barroquismo de nuestros hierros coloniales, en los que a menudo se concentra la belleza de las fachadas.[3] El hierro dulce o forjado se utiliza en balcones y ventanas rectilíneas, arcuadas o mixtilineas. (Figura 5.10) Son también de hierro los portafaroles que ponen su nota pintoresca y barroca en más de una esquina. Los guardacantones con que se protege la mampostería de las casas del rozamiento de las ruedas de coches y quitrines. Algunos ostentan motivos típicos como los castillos habaneros o el caduceo de la Medicina, si la casa era habitada por un médico. Hay también hermosos ejemplares de hierro en cancelas, arcos angrelados y barandas.

Parece que existieron *plateros* entre nosotros desde el siglo XVIII, dados los ornamentos religiosos que aún conservan mucha de nuestras iglesias. En el templo de la Caridad de Camagüey, primitiva ermita de campo, se halla un finísimo altar en plata, labrada primorosamente. La Iglesia de las Mercedes de la propia ciudad posee un riquísimo Santo Sepulcro que se exhibe en Semana Santa y un Trono de la Virgen. En cuanto a la Habana, la Iglesia de Santa María del Rosario ostenta en su "Tesoro" el Sagrario con un rosario repujado que demuestra fue hecho expresamente para esta Iglesia, atriles, porta-misales, cálices, sacras, candelabros, etc., exponentes todos de la riqueza de esta parroquia favorecida por la familia de Casa Bayona. Para terminar citaremos solamente, del "Tesoro" de la catedral habanera, ya que todas nuestras iglesias ostentan joyas análogas, una gran Custodia en plata maciza de estilo gótico hecha en España, un valioso tabernáculo en filigrana, bandejas y veintidós ornamentos florales en plata primorosamente repujada y procedentes de la Iglesia de Santa María del Rosario. entre muchas más. Entre los Objetos de plata fabricados en Cuba está también el machete, arma de nuestros guajiros.

Una aplicación típica del *vidrio* en la época colonial fueron las lucetas o lunetos de brillantes colores (azul, blanco, rojo y verde principalmente) utilizados para iluminar los interiores. Ya fueran rectangulares, semicirculares, elipsoidales o cuadrifoliados, ellos ponían en el interior de la casona colonial su nota alegre y barroca. Generalmente con diseños de carácter geométrico, habiendo, sin embargo, algunos de motivos realistas. Entre los primeros debe citarse la bellísima gema de forma elipsoidal del Palacio de Pedroso en la Habana, y entre los segundos el de una casa de la Calzada de la Reina, cuyo diseño es el Morro con un buque entrando.

Son también hermosos ejemplares de vidriería las mamparas o pequeñas puertas de cristal enmarcadas en madera. Las más usuales tenían aplicadas calcomanías a ambos lados. y otras, combinaciones de mosaicos de colores a manera de las lucetas.

VIII. Causas que retardan el nacimiento de la Pintura en los siglos XVIII y XIX.

Nuestra época colonial durante los primeros momentos de su evolución, como ya hemos dicho anteriormente, permanece ajena a todo movimiento artístico. Cuba, pobre colonia del Caribe, carente de riquezas propias, no es mirada por el colonizador sino como se dice vulgarmente. "sitio de parada y fonda", lugar de breve estadía, de paso a colonias más ricas. En breves palabras, sitio de avituallamiento y reparación de barcos.

¿Qué preparación artística podía pedírsele a una sociedad heterogénea de peninsulares generalmente de la peor especie— y criollos adormecidos en el trópico e indistintamente mezclados a una raza inferior como era la de color (negra o mulata)?

El español o criollo enriquecido en negocios de azúcar o tabaco no tuvo más entretenimiento o solaz durante mucho tiempo, que pasear en las tardes en volanta o quitrín por la Caleta, Alameda o el Paseo Extramuros, para terminar al anochecer en las quincallerías de la Plaza Vieja. Como espectáculos de mayor color las procesiones religiosas y marchas de la tropa, unido al ambiente pintoresco y de baja calidad que ostentaba la ciudad en sus días de ferias.

La música, primera de nuestras artes en aparecer, puesto que el cubano desde muy pronto demostró aptitudes especiales para ella, estuvo durante algún tiempo en manos de cuatro únicos músicos que no alcanzaban para todo pues eran llamados constantemente, tanto para las ceremonias religiosas como para las profanas. Bernardo Barros[1] refiere con datos específicos lo soez y escandaloso de muchas de las canciones populares entonces. Pero junto a espectáculos tan bajos como eran los bailes de "cuna" de la gente de color estaban las retretas de la Plaza de Armas en que se tocaba música de ópera. o aún las representaciones teatrales de compañías españolas y francesas, algunas de cierto relieve, en teatros como el Principal o de la Alameda y más tarde el de Tacón, pero ésto es a fines del siglo XVIII y entrado el XIX.

La sociedad cubana de entonces no está pues preparada para entender ni apreciar la pintura, y si a pesar de ello las comunidades religiosas la utilizan como propaganda alentando la obra de un retratista que perpetuará las efigies de los Capitanes Generales y de la hidalguía (Vicente Escobar)— cuyos clientes exigirán "retratos sin sombras" esto es, sin claro-obscuro, es necesario pensar que toda ella tuviera una calidad bastante mediocre.

A pesar de ello nuestra pintura tiene momentos de interés en su inicio quizás más que en su evolución— tal la labor de dos "primitivos" cubanos que han servido para hablarnos, de una parte, de la religiosidad de la época, de otra, de nuestra historia colonial de entonces. Son ellos José Nicolás de la Escalera y Vicente Escobar.

A éstos hay que unir los nombres de una serie de artistas extranjeros —franceses en su mayor parte que como viajeros inquietos, y turistas al fin, como diríamos hoy, han captado nuestro paisaje y nuestro ambiente "con más habilidad que cubanidad" y con "tropicalismo de opereta" como dijera en una ocasión nuestro crítico Guy Pérez Cisneros, pero cuya colección constituye un capítulo del costumbrismo cubano. A unos y a otros nos referiremos en seguida.

Los primitivos de la misma: *Escalera y Escobar*. Como un precursor entre nosotros podemos considerar a *José Nicolás de la Escalera* (1734-1804), pintor que se ha dado en llamar jesuítico, pues parece fué formado al calor de las comunidades religiosas. Los primeros y únicos datos que tenemos acerca de él nos lo dan Calcagno y Serafín Ramírez[2] y son sumamente vagos. Nos lo muestran como pintor y decorador de Santa María del Rosario, lo que ha llevado a algunos[3] a considerarlo también autor de sus altares y posiblemente de otros de templos también habaneros. Lo único que parece cierto es lo que relatan sus obras, en que aparece como simple copista de estampas e imágenes de madera, posiblemente bajo la dirección de algún monje. Obra floja de sensibilidad estandarizada y patética, con cierta emotividad en el color, siendo el dibujo deficiente. Esa emotividad en el color rosado salmón y azules desteñidos— nos hablan de una sensualidad ya latente en el artista criollo, quien probablemente tiene que subordinar su personalidad a las exigencias eclesiásticas.

De Escalera se conservan una Santa Marta, un San Juan Nepomuceno y el San José y el Niño del Museo Nacional. En la Iglesia de Santa María del Rosario cuatro lienzos que decoran las pechinas de la bóveda central: La Rosaleda, Glorificación de Santo Domingo, Santo Domingo y la familia de Casa Bayona y la Donación de la Virgen a Santo Domingo, a más de otras (atribuidas a él o a sus discípulos) como Santo Domingo de Guzmán, San Francisco de Asís, el Arcángel Gabriel. etc.

El primer pintor de la raza de color que se conoce es *Vicente Escobar* (1757-1834). Evelio Govantes en una conferencia dictada en el Lyceum (1942) con motivo de una exposición retrospectiva de retratos del pintor, nos da datos, apoyados en serios documentos que varían en algo los vulgarizados hasta ahora por Calcagno,[4] Rosaín[5] y otros. En primer lugar su segundo apellido Florez, así como el hecho de aparecer bautizado en el año 1762 en la Parroquial Mayor de San Cristóbal de la Habana. Igualmente Calcagno asegura que en 1827 fue nombrado Pintor de Cámara de la Reina María Cristina, y lo cierto es que dicha Reina no contrajo matrimonio hasta dos años después (1829). Se dice además de Escobar que abrió taller y tuvo discípulos, cuyos cuadros si no fuera por la firma los consideraríamos de éste. Son ellos Juan del Río, Ocón y el propio Plácido, el poeta, según Calcagno.

También se afirma que viajó por Italia, Francia y España, y que fue miembro de la Real Academia de San Fernando de Madrid.

Escobar es el primer retratista entre nosotros. y según Calcagno "el primero en su género", lo que nos indica la fama de que disfrutó. Tenía, parece, una habilidad especial para captar el parecido y —aunque en algunos casos, halague al cliente, achaque común a todo retratista de moda,— tienen sus cuadros en que se percibe la huella de Goya, cierta vida, color y realismo en contraste con el patetismo sensiblero de Escalera. Su obra está un poco falta de relieve y de profundidad, así como de calidad en el dibujo, a más de esa ausencia de "sombras" que exigían sus clientes. Un poco estereotipados los personajes están casi siempre en la misma actitud y acompañados de los mismos aditamentos tintero, bastón de mando, etc.— parecía como si tuviera un modelo común, pero es que a Escobar sólo le preocupaban los rostros, el parecido.

Se propuso pintar a los Capitanes Generales y parece dejó una galería de éstos que se perdió al terminar la colonia en que fueron llevados a España. Pero aún nos queda una buena colección de retratos de damas y caballeros de la aristocracia en que podemos apreciar el estilo de su autor. Son ellos los del Marqués del Real Transporte, de Don Pablo Casal y de Justa y Lorenzo Allo y Bermúdez[6] entre otros anónimos en que se destaca un encantador retrato de niño. El fino espíritu irónico con que Goya subrayaba sus retratos se percibe a menudo en la obra de Escobar, como puede verse en el retrato de la Sra. N. del Museo Nacional. Toda esta galería es un documento viviente del traje y la época.

El grabado en los inicios de la Pintura Colonial.

En los siglos XVIII y XIX hay una serie de pintores que visitan nuestras tierras, unos a manera de viajeros ansiosos de captar nuestro paisaje y ambiente tropical y otros llamados por las fábricas de tabaco y cigarro así como los ingenios de azúcar para trabajar a sus órdenes. De ellos han quedado una serie de grabados que como ya dijimos, constituyen un capítulo del costumbrismo cubano, documento vivo de toda una época. Las cajetillas de cigarros ilustran litografías de autores conocidos y otros anónimos populares que en forma satírica y pintoresca sintetizan nuestro "choteo" cubano. Había colecciones como el "Almanaque Profético para el año 1866", la "Vida de la Mulata" y la "Galería de Voluntarios Españoles".

Estas cajetillas con los libros "Isla de Cuba", "Isla de Cuba Pintoresca", "Los ingenios de Cuba" y "Peces y Crustáceos de la Isla de Cuba" son una buena muestra de este interesante capítulo en los orígenes de nuestra pintura.

Aparte de ello, estos artistas e ilustradores franceses en su mayoría nos han dejado estampados paisajes, ciudades y tipos populares vistos a través de un prisma extranjero.

Son los más conocidos *F. J. Báez* (1748-1838) que trabajó para el libro "Peces y Crustáceos de la Isla de Cuba"; *Hipólito Garneray* (1783-1858) que hacia 1810 nos dejó una serie de estampas interesantes de plazas. paseos y mercados de la Habana de entonces. (Figura 5.11). *Leonardo Barañano*, cuyos grabados de 1856 son vistas panorámicas de ciudades de Cuba. (Figura 5.12). *Eduardo Laplante*, autor del ya citado "Libro de los Inge-

Figura 5.11. Estatua de Neptuno y Fuente, La Habana. Dibujo por Hipólito Garneray

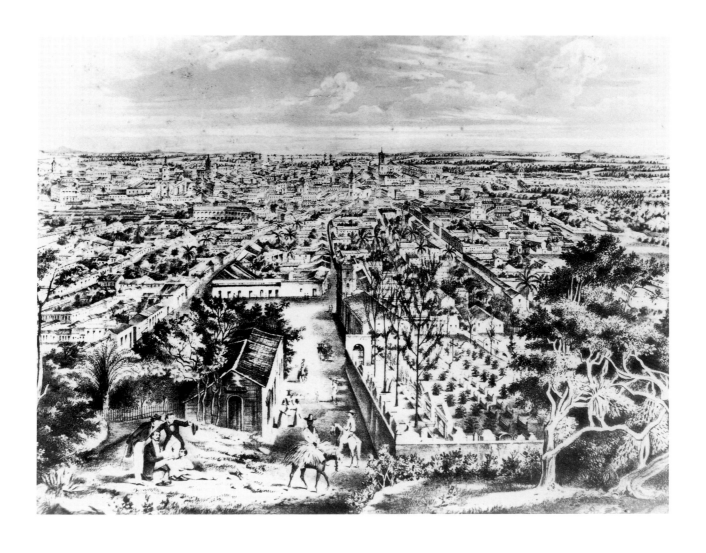

Figura 5.12. Ciudad de Puerto Príncipe. Dibujo por Leonardo Barañano.

Figura 5.13. Ingenio Flor de Cuba,
propiedad de los Sres. Arrieta, por La Plante

nios" (1858) con exquisitos grabados de los más importantes ingenios de Cuba (Figura 5.13) con detalles acerca de la elaboración del azúcar y dependencias de los ingenios; *Federico Mialhe*, unos de los mejores grabadores y paisajistas, director de la Academia de San Alejandro y profesor de paisaje en el Liceo Artístico y Literario de la Habana. Mialhe es autor de los libros "Isla de Cuba" e "Isla de Cuba Pintoresca" con sus grabados y creador de tipos y costumbres populares como el "Zapateado", el "Casero", "Sabaneros", vistos a través de un temperamento francés.

IX. Academicismo en los siglos XVIII y XIX.

Pero a estos primeros pasos de la pintura cubana en que parecía iba a encaminarse hacia lo criollo, sucede un estancamiento de muchos años. A una pintura sin ritmos como dijera Mañach y sin tendencias definidas, pero por lo mismo, libre, y ajena a toda imposición externa habría de seguir la rigurosa enseñanza académica, calcada de todas las academias de Europa, basada en la copia de modelos clásicos mediante la técnica constante del claro-obscuro bituminoso.

Cuando ya en Europa han triunfado del neoclasicismo el movimiento romántico y la tendencia naturalista con su secuela impresionista que ha lavado y aclarado los colores buscando la luz, y cuando ya el gran público sigue seriamente los dictados de los Salones Independientes quedando las academias un poco a la zaga, del otro lado del Atlántico, como pueblos nuevos que empezamos a vivir, comienza entonces para nosotros el largo período de enseñanza rígida, de moldes estrechos, del que ya Europa, más vieja, había logrado sacudirse.

El primer extranjero que vino a Cuba y que dio clases de dibujo y pintura, según las

310

enseñanzas académicas, fue *José Perovani*, nacido en Brescia, Italia y muerto de cólera en México en 1835, en donde había retratado a los virreyes, decorado el nuevo teatro y despertado el gusto por la pintura al fresco. Allí recibió el diploma de académico de mérito de San Carlos de la Nueva España.

Perovani ya tuvo intenciones de abrir una academia de dibujo y pintura en la Habana pero le faltaron recursos para ello. Decoró el antiguo Cementerio Espada con tres frescos en la portada: "Tiempo" y "Eternidad" al centro, "Religión" y "Medicina" a los lados, y en la Capilla el "Juicio Final".

Llamado en 1810 por el Obispo Espada pintó en la Catedral habanera los frescos de "La Ascensión", "La Cena de los Apóstoles" y "La Potestad de la Iglesia dada a San Pedro", siendo también obra suya allí el primitivo altar mayor en estuco, imitando mármol y jaspe. En la Iglesia del Espíritu Santo dejó dos óleos y dos frescos, titulados estos últimos "Temporal en el Cabo San Antonio". También se dice de Perovani que acompañó a los tres príncipes franceses que entonces nos visitaron, Luis Felipe de Orléans, el Duque de Montpensier y el Conde de Beaujolois, al ingenio Santa Teresa de la familia de Aróstegui donde pintó frescos.

Fundación de la Escuela de Pintura y Escultura de San Alejandro (1818). Pintores extranjeros y cubanos relacionados con la misma: Vermay y Melero.—A iniciativas de Don Luis de las Casas, del Intendente Alejandro Ramírez y del Obispo Espada se funda en 1818 la Escuela de Pintura y Escultura de San Alejandro por petición del francés *Juan Bautista Vermay*.

Este pintor había nacido en Tournay, Francia, de 1784 al 86, muriendo de cólera en la Habana en 1833. Además de pintor, Vermay fue arquitecto, escultor, músico y poeta, según Calcagno.[2] Se dice, igualmente, que fué discípulo del gran pintor Jacques Louis David protegido de Napoleón y de la Reina Hortensia. Tanto Calcagno, como Rosaín[3] y todos los que se han ocupado de la biografía del primer director de San Alejandro señalan el haber ganado un concurso con su cuadro "Muerte de María Estuardo" venciendo al propio David, a Gros, a Gérard y a Girodet, hecho sumamente dudoso dada la calidad de la pintura de éste comparada con la de aquellos maestros.

Parece que desterrado Vermay de Francia por cuestiones políticas o quizás por no haber podido medirse con aquellos viene a América, invitado a Cuba por el Obispo Espada, a quien se lo había recomendado otro gran pintor, Goya. En la Habana termina los frescos de la Catedral interrumpidos con la muerte de Perovani. Además se consagra pintando los tres cuadros que decoran el Templete: "La fiesta de la inauguracion". "La primera misa" y "El primer cabildo" en los que recuerda la gran pintura de historia de su maestro David, pero sin la genialidad de éste.

Influido por Goya está el retrato de la "Familia Manrique de Lara", frío y convencional, a pesar del sentido irónico y psicológico de la pintura goyesca, y del toque de color que algunos han señalado en la cotorra como preludio de una pintura de veta tropical.

Vermay dejó igualmente pinturas en las iglesias de la Salud, Santo Angel y San Nicolás. En 1818 funda y es primer director de la Escuela de Pintura y Escultura de San Alejandro, y en 1827 construye el Teatro Diorama.

A la muerte de Vermay se suceden en la dirección de la Academia de San Alejandro una serie de extranjeros franceses en su mayor parte de relativo relieve: Camilo Cujás, Guillermo Colson, cuya pintura "de manera ancha" segun Ramírez[4] parece ya influida por Delacroix. Por último, Joseph Leclerc. Hércules Morelli, Augusto Ferrán, Federico Mialhe y Francisco Cisneros son los directores extranjeros inmediatos a Miguel Melero (1836-1907) primer cubano en la dirección, la que obtuvo venciendo gran resistencia por parte de los españoles residentes aquí, logrando la plaza por concurso, por oposición y por aprobación del Capitán General con su cuadro titulado "Rapto de Dejanira por el centauro Nesso". Melero había sido alumno distinguido de la Academia y becado del Liceo de la Habana, realizando estudios de ampliación en París y Roma con Gérome, Cabanel, Carpeaux y Falguiére, desde donde regresó con su propia formación académica, a pesar de la tendencia impresionista que dictaba sus fueros en la Francia de entonces.

Melero ha dejado una honda huella en su labor como maestro. A él se debe la introducción del modelo vivo, el preparado en grises como medio básico de valoración que continuaría años después otro pintor también notable, Leopoldo Romañach, de quien no nos ocuparemos en este estudio por haber vivido ya plenamente dentro de la era republicana. También se debe a Melero el acceso de las mujeres a la Academia, como ya dijimos, cuando aún se discutía en centros análogos de Europa. Durante cerca de treinta años profesó la cátedra de colorido y la dirección de San Alejandro.

Son obras de dicho pintor, la decoración de la Capilla de Lourdes en la Iglesia de la Merced y la de la Capilla del Cementerio de Colón, así como algunos lienzos profanos y religiosos.

Entre los discípulos aventajados de Melero se cuentan Menocal, también de la época republicana, y dos jovenes tronchados en plena juventud cuando prometían mucho al arte, su hijo Miguel Angel y José Arburu. Nuestro Museo Nacional y algunas colecciones privadas muestran, aún con orgullo. obras de ambos.

X. Lo folklórico y lo tropical en la pintura colonial de los siglos VIII y XIX.

Paralelamente a todo este desenvolvimiento académico de nuestra pintura, aparecen exponentes de un despertar del sentimiento tropical y folklórico, cuyos nombres son Esteban Chartrand, Víctor Patricio de Landaluze, Francisco Cisneros y Juan Jorge Peoli.

Con un interés metodológico, que es el que nos guía en estos apuntes, vamos a desarrollar este acápite en tres partes: paisaje, retratos y caricaturas y sentido de lo folklórico.

1) **Paisaje.**—Ya hicimos referencia al citar a los grabadores, al hecho de que desde muy pronto los artistas extranjeros se fijaron en nuestro paisaje y trataron de captarlo, a ellos se le habrán de unir algunos otros artistas nacidos ya en Cuba.

Lo primero que hay que aclarar, naturalmente, es que no es posible pretender hallar en ellos la tropicalidad, que no aparecerá en nuestros artistas hasta muy entrado nuestro siglo. En muchos de ellos, es bueno decir, sin embargo, hay ya un tropicalismo naciente, en otros, éste es totalmente falso, apresado a través de un temperamento extranjero, pero hay, por lo menos, el deseo o la voluntad de lograrlo.

Es necesario advertir también que no es posible encontrar, en la Cuba colonial del siglo XIX el paisaje impresionista, cuyo interés primordial en la luz hubiera llevado más fácilmente a la esencia de lo tropical.

Este paisaje cubano del siglo pasado es una obra romántica, vista a traves del temperamento de aquellos artistas franceses de la escuela de Barbizon, en su concepto lírico o dramático del paisaje, pero siempre literario.

Entre estos artistas citaremos a *Ramón Barrera* que nace en Matanzas a principios del siglo XIX y muere en 1870. Es este pintor un precursor de Landaluze en el costumbrismo, y de Chartrand en el paisaje de veta tropical. Pero lo más señalado de Barrera es su ingenuidad plena de emoción, expresada con una técnica limitada. Son ejemplos de ello sus obras "Desembarcadero del estero" y "Carro paraguas para proteger la negrada en dias de lluvias".

Emilio Reinoso es el paisajista poético y sensible de viejas ciudades y rincones de la Habana, como "La Calzada del Cerro en 1880".

Esteban Chartrand, citado ya entre los más notables dentro del movimiento tropical y folklórico es quizás la figura más conocida y apreciada —entre la sociedad colonial de entonces— siendo rara la familia de aquella época que no tuviera un Chartrand.

Vive este artista en la segunda mitad del siglo XIX, muriendo hacia 1890. Es un paisajista romántico, que posiblemente conociera la obra de los pintores de Barbizon, si bien más en el tema que en la técnica. Hay en él más que nada capacidad emotiva. espontaneidad y algo de la fineza de Corot. Son paisajes a los que aún no ha llegado el interés impresionista en la luz. La luz empleada es una luz europea, obscura, desconocedora de los "matices de la paleta cubana", de la gama de los verdes.

Felipe Chartrand (1825-1889), hermano del anterior es llamado por muchos "Chartrand el malo", injustamente, pues su obra tiene también calidades. Se sabe que nació en Matanzas y que vivió en Francia hacia 1848. Parece que, como el anterior, conoció la escuela de Barbizon, de la que tomó su verismo no exento de emoción.

Henri Cleenewerch es un pintor belga, también paisajista de nuestros bosques umbrosos y de escenas de la vida de los esclavos. Como en los anteriores su gama es también sombría.

Valentín Sanz Carta (1850-1898). Este es ya un paisajista de mayor envergadura que los anteriores, quien no solamente utiliza el motivo tropical sino lo siente más hondamente. Su paleta es más clara. Representante también de la escuela de Barbizon, hay en él fuerza y estilo personal, paleta agresiva, de hermosas tonalidades, y dos cosas muy importantes en un pintor, unidad tonal y sentimiento plástico.

Sanz Carta había nacido en Canarias y vino a Cuba en 1884, siendo profesor de paisaje en la Escuela de San Alejandro. Más tarde emigra a los Estados Unidos donde muere.

2) **Retratos y caricaturas.**—El retrato, que había comenzado con aquella galería de capitanes generales y gentes de la hidalguía, con el mulato Escobar, que había marcado su huella irónica y psicológica en el francés Vermay, no pierde su hilo de continuidad, puesto que ya halagando al cliente o ya subrayando sus defectos, existirá siempre en toda sociedad por incipiente que ella sea.

Hay muchos retratos de nuestra epoca colonial que no han sido aún suficientemente estudiados. Esto y la falta de espacio, nos obliga a referirnos solamente a dos de los retratistas conocidos. Uno de ellos es *Guillermo Collazo* (1850-1896) quien pasó gran parte de su vida fuera de Cuba, pues desde muy temprano fue enviado por sus padres a New York por encontrarse complicado en conspiraciones políticas. Allí estudió con el pintor Sarony. Es ésta su etapa retratista de la que conocemos el retrato de "Virginia Ojea", en que demuestra al pintor refinado y adulador de damas elegantes de la sociedad cubana de entonces.

Pero lo mejor de Collazo no es su labor como retratista en sí, sino la calidad de su pintura, característica de un temperamento exquisito, afín a los pintores impresionistas por su preocupación formal e interés en las texturas. Pero con quien más puntos de contacto tiene es con la pintura dieciochesca francesa, y sobre todo, con Fragonard, por su frivolidad, delicadeza y finura. Son exponentes de esta pintura rococó de Collazo, "La siesta", "Junto al lago", "Horas felices" y "El violoncellista".

Habiendo emigrado Collazo de New York a Francia, residiendo toda su vida en París en un ambiente de lujo y refinamiento como nos lo describe su amigo intimo el poeta Julián del Casal, su pintura, como acabamos de ver, es poco cubana, ajena completamente al medio ambiente revolucionario que vivía su patria entonces y en el que él se había iniciado en su juventud. Sin embargo, el sensualismo, ya señalado, que se desprende de las telas de Collazo ha sido señalado ya como una influencia del ambiente tropical que llevaba en su sangre.

El otro retratista que mencionaremos, más conocido por sus caricaturas, es *Francisco Cisneros* (1823-1878). Natural de El Salvador, es pintor y litógrafo, director de la Academia de San Alejandro en 1859. Cisneros es un artista mediano, amanerado y clásico.

Entre sus retratos se cuentan los de los poetas "Gertrudis Gómez de Avellaneda", "José María de Heredia", "Rafael María de Mendive" y "Fornaris". Pero más que el retrato la caricatura tiene un interés especial entre nosotros por señalar el nacimiento del humorismo y del "choteo", típicos de nuestro ambiente.

La caricatura colonial, técnicamente hablando, tiene más de humorismo y broma, muy propia de esa semi-inconsciencia innata o buscada a propósito del cubano de siempre, que de verdadera caricatura. Ello es debido al momento trascendental que vive Cuba de la mitad del siglo XIX al alborear de la República. Las conspiraciones que han abocado en dos sucesivas guerras por la independencia, el ejemplo del Continente, ya liberado, hacen que España mantenga a la "siempre fiel Isla de Cuba" con una política reaccionaria, tendiente a detener toda evolución intelectual. Dice Barros: "Era el último vestigio de una leyenda de oro; el final estruendoso y doliente de la epopeya de los conquistadores".[1]

En esos momentos en que se lucha por la creación de una nacionalidad, el Arte permanece confuso y vagaroso, porque éste no abre nunca senderos sino es el resultado de otros factores. He aquí la explicación no sólo de los defectos técnicos de la caricatura sino de toda la pobreza de nuestra pintura colonial.

Cuando se establece nuestra República y se aquietan los ánimos para laborar de conjunto en la construcción de una nacionalidad, se encuentran ya solucionadas muchas cuestiones en el campo del Arte. La mayor parte de las luchas de escuela han terminado o están próximas a terminar, de aquí que nuestra pintura no tenga ritmos como dijera Mañach[2] sino que marche sin transiciones y con brusquedades, no llegando a encontrarse a sí misma hasta los momentos actuales en que vivimos en que ya podemos hablar con orgullo de una Pintura Cubana.

La caricatura colonial es defectuosa, de puras deformaciones: cabezas muy grandes sobre cuerpos diminutos. Otras veces no hay caricatura sino simple humorismo que se desprende más de lo que subraya el comentario que de la representación perfectamente realista. Son ejemplos de ambas las que aparecen en periódicos humoristas de la época como "La Charanga" o "El Moro Muza" dirigidas por el español Juan Martínez Villergas en que satiriza lo cubano.

Son sus cultivadores *Cisneros*, de quien ya hablamos, ilustrador del "Moro Muza" con caricaturas políticas pueriles y defectuosas.

Uno de los más conocidos es *Juan Jorge Peoli* (1825-1893?) nacido en Cuba de familia venezolana que fue uno de los primeros becados de San Alejandro, dirigiéndose a estudiar a Italia. Vivió muchos años en Europa, muriendo en New York.

Además de asuntos bíblicos y académicos, Peoli cultivó la caricatura con éxito en su época. Son retratos "caricaturizados" en tinta y acuarela de personas de su época. Mañach[3] lo considera de un humorismo defectuoso, pues como dijimos anteriormente, estaba basado en deformaciones del natural: cabezas muy grandes sobre cuerpos pequeñísimos, si bien le concede conocimientos técnicos de claro-obscuro y dibujo. Como ejemplos pueden citarse "Laura Peoli", "Antonio del Portillo" y "Mateo Madan", entre otros.

Víctor Patricio de Landaluze, natural de Bilbao, España, también cultiva la caricatura, pero sobre todo, el humorismo, ilustrando los periódicos satíricos para lo cubano de Martínez Villergas, "El Moro Muza", "La Charanga" y "Don Junípero". (Figura 5.14)

Se desconoce la fecha de nacimiento de Landaluze y hay discrepancia acerca de la época en que llega a Cuba, que se señala en 1863, pero parece deducirse de una atenta revi-

Figura 5.14. Iglesia del Cristo, La Habana. Por Landaluze

sión de periódicos de entonces, como el citado "La Charanga" y la obra "Los cubanos pintados por sí mismos", que ya estaba en Cuba en 1850. Muere en Guanabacoa en 1889.

3) **Sentido de lo folklórico**.—A la pintura costumbrista, citada ya al estudiar a los grabadores hay que sumar, y en párrafo aparte, la obra de *Landaluze*. No la caricatura política, odiosa para los cubanos rebeldes de entonces, sino lo que hay en él de pintor folklórico, de costumbres, hecho en ratos de ocio. Las ilustraciones de su obra "Tipos y costumbres de la Isla de Cuba", en que capta nuestros tipos populares, fijando por primera vez algunos: como el "Liborio" o guajiro de nuestros campos, además de ser el primero en desarrollar el "motivo negro".

Sus tipos han quedado como genuinos de nuestro folklore: el calesero, el billetero, el ñáñigo, la mulata adelantada, la curandera, la partera, el oficial de causas, el mascavidrio, el calambuco, el zacatecas, etc., que son algunos de los títulos de su múltiple y variada producción.

Para Mañach[4] Landaluze es un español "aplatanado"[5] en lo artístico, pero mucho más cubano en su pintura que Chartrand o Melero.

Es un virtuoso de la acuarela, aunque cultiva también el óleo, pero con calidades de acuarela. Hay en Landaluze un alto sentido de los valores plásticos.

Conclusión: ¿existe un estilo cubano colonial?

Como resumen a lo señalado en páginas anteriores podemos decir que difícilmente podríamos hablar de un estilo cubano colonial, si bien nuestra arquitectura barroca del siglo XVIII tiene ya algunos caracteres para ese título a nuestro juicio.[6] Pero siendo el estilo el resultado de una serie diversa de factores que no siempre concurren y adoleciendo la Escultura y Pintura de perfiles bien definidos y del necesario relieve, sólo nos atrevemos a señalar una arquitectura barroca cubana del siglo XVIII, que ha comprendido el clima y las calidades de nuestras maderas, las que aprovecha en techos, ventanas, balcones y puertas; el nacimiento incipiente de nuestro humorismo o "choteo" en Cisneros, Peoli y Landaluze; y la veta sensual, de raíz tropical que despunta esporádicamente en Escalera, Sanz Carta, Collazo o Landaluze.

No nos atrevemos a llamar un *estilo cubano colonial* pero sí osamos afirmar la existencia de un *arte cubano colonial*.

NOTAS

I. Comienzos de la Arquitectura en el siglo XVI.

1. Massip, S., *Factores geográficos de la cubanidad*. Passim.
2. Entre otros Ramírez, S., *La Habana Arística*.
3. Véase cualquier novela de la época: *Cecilia Valdés*, por Cirilo Villaverde, o los *Artículos de Costumbres*, de I., V. Betancourt.
4. Rojas, R., Eurindia.
5. Weiss, J., *Arquitectura Cubana Colonial*, p. 8.
6. Bens Arrarte, J. M., "La Habana del Siglo XVI y su admirable evolución rural y urbana".
7. Op. cit., p. 7.
8. Cf. Torre, José Mª de la, *Lo que fuimos y lo que somos, o La Habana antigua y moderna*, ps. 20 y ss.

II. Arquitectura del siglo XVII: Militar, religiosa y domestica.

1.   Bens Arrarte, J. M., "La Habana del siglo XVI y su admirable evolución rural y urbana".
2.   Para más datos acerca de esta arquitectura véanse Weiss, J., *Arquitectura Colonial*, ps. 8-10 y mi obra *Contribución al estudio de la Arquitectura Cubana: algunas ideas acerca de nuestro Barroco Colonial*. Cap. IV.

III. Arquitectura del siglo XVIII

1. Bens Arrarte, J. M., "Arquitectura Colonial", y Weiss, J., *Arquitectura Cubana Colonial*, ps. 11 y ss.
2. Castro, Martha de, *Contribución al estudio de la Arquitectura Cubana: algunas ideas acerca de nuestro Barroco Colonial*. Cap. IV.
3. Wölfflin, E., *Conceptos fundamentales de la Historia del Arte*. Passim.
4. Castro, Martha de, *Contribución al estudio de la Arquitectura Cubana: algunas ideas acerca de nuestro Barroco Colonial*, Cap. IV, y *Un ensayo de aplicación de la teoría de Wölfflin a la Arquitectura Colonial Cubana*.
5. Bens Arrarte, J. M., "Arquitectura Colonial".
6. Castro, Martha de, *Op. cit.*, Cap V.

VI. Una manifestación interesante: La talla en Madera.

1.   Ramírez, S., *La Habana Artística*, pp. 219-221.
2.   Ramírez S., *Op. cit.*, loc.
3.   Ramírez, S., *Op. cit.*, loc.
4.   Prat y Puig. F., Artículos publicados en el *Diario de la Marina* el 5 y 26 de julio de 1942 y 9 de abril de 1943.
5.   Arroyo, a., *Las artes industriales en Cuba*, pp. 138 y 139.
6.   Weiss, J., *Arquitectura Cubano Colonial*, pp. 30 y 33.
7.   Weiss, *Op. cit.*, pp. 40 y 50.
8.   Prat y Puig, F., *Op. cit.*

VII. Las artes industriales en Cuba. Su significación

1. Arroyo, A., *Las artes industriales en Cuba*. Passim.
2. Castro, M. de, *Contribución al estudio de la Arquitectura Cubana: algunas ideas acerca de nuestro Barroco Colonial*. Cf. *Capítulo III de estos apuntes*.
3. Castro, m. de, *Op. cit.*

VIII. Causas que retardan el nacimiento de la Pintura en los siglos XVIII y XIX

1.   Barros, Bernardo G., "Origen y desarrollo de la pintura en Cuba", pp. 64-66.
2.   Calcagno, F., *Diccionario Biográfico Cubano* y Ramírez, S., *La Habana Artística*.
3.   Weiss, J., *Arquitectura Cubana Colonial*, pp. 30 y 33.
4.   *Op. cit.*
5.   Rosain, D., *Necrópolis de La Habana*.
6.   Siendo *Allo* el segundo apellido de mi abuelo paterno (Raimundo de Castro y Allo) debo advertir aquí que se escribe en esta forma y no *Ayo o* como aparece en obras recients que reseñan la pintura de esta época.

IX. Academicismo en los siglos XVIII y XIX

1. Mañach, J., "La Pintura en Cuba: desde sus orígenes hasta 1900". pp. 225 y 226.
2. Calcagno, F., *Diccionario Biográfico Cubano*.
3.   Rosain, D., *Necrópolis de La Habana*.

4. Ramírez, S., *La Habana Artística.*

X. Lo Folklorico y lo tropical en la pintura Colonial de los siglos XVIII y XIX

1. Barros, B.G., "La caricatura contemporánea", p. 274.
2. Mañach, J., "La Pintura en Cuba: desde sus orígenes a 1900", pp. 225 y 226.
3. Mañach, J., *Op. cit.*, p. 241.
4. Mañach, J., *Op. cit.*, p. 241.
5. Vocablo criollo que significa cubanizado o adaptado a nuestro ambiente.
6. Cb. Castro, M. de, *Contribución al estudio de la Arquitectura Cubana*; algunas ideas acerca de nuestro Barroco colonial. Passim.

Parque Central, La Habana, 1900

PLAZAS Y PASEOS DE LA HABANA COLONIAL

MARTHA DE CASTRO

> Hablemos de la Habana antigua. Pero, antes de avanzar, hay que decir que debemos entender por la Habana antigua. ¿La que Pánfilo de Narváez y Bartolomé de las Casas erigieron en la región meridional del cacicazgo que aquí hubo? ¿La que de allí fue trasplanta a las márgenes del río Almendares? ¿La que, en definitiva, quedó establecida en la orila occidental del puerto de Carenas? ¿O, en sentido más práctico, la de los siglos anteriores al actual, la Habana en que se plasmaron los pronunciamientos físicos del arte y los hábitos netamente coloniales?"

> Emeterio S. Santovenia: "El destino Histórico de la Habana Antigua". Revista de la Universidad de la Habana, año 11, números 8-9, marzo a junio, 1935, (pág. 57.)

Hemos venido aquí a evocar, no la primitiva villa de San Cristobal de la Habana, sino la que pomposamente ostentaba el título de ciudad, desde 1592. La Habana del Marqués de la Torre, de Someruelos, del despótico Tacón; en una palabra, La Habana de los siglos XVIII y XIX con el encanto de su, perfume colonial. La Habana de volantas y quitrines, de entorchados y casacas, de vida languida y muelle.

Esta villa de San Cristóbal de la Habana comenzó sus primeros pasos en el siglo XVI, en que se fundó. Al crearse una villa lo primero que se escogía era un terreno para situar su plaza principal, si estaba en el litoral, junto a la playa, allí, según se lee en la Leyes de Indias, se trazaba una plaza de corte medieval, las más de las veces, irregular, en la que convergían callejuelas estrechas, recomendables para climas cálidos, y el espacio central, ancho, para que pudieran realizarse fiestas de a caballo y a pie.

Así han sido trazadas todas nuestras plazas coloniales, de modo que encierran un aire de emboscada o de sorpresa, al irrumpirse en ellas bruscamente, lo cual no les resta encanto. En torno a la plaza principal se escogían solares para la casa del gobierno municipal, el templo católico y las granjerías reales. El Rey, la Iglesia y el Municipio, los tres soportes de la conquista. A su alrededor se agrupaba el vencindario de tabla y guano, paja y yagua.

Durante este "siglo del bohío" como le ha llamado Joaquín Weiss, se trazaron y delinearon nuestras principales plazas, cuyos comienzos fueron humildísimos.

Esta primitiva plaza fue llamada de la *Iglesia*, porque allí estuvo la primera parroquial, y junto a una ceiba, que la de hoy no es la auténtica, se dijo la primera misa y se realizó el primer Cabildo; más tarde se denominó *Plaza de Armas* porque allí realizaba ejercicios la tropa, cuyo cuartel general estaba en el Castillo de la Real Fuerza, levantado en uno de sus extremos. Esta plaza fue el centro y de ella irradió toda la población, "a lo largo de la orilla de la bahía", según cuenta la historiadora Irene Wright.

El Castillo de la Fuerza, situado en uno de los extremos de la plaza, fue el heredero del primitivo fortín construido en 1538 por el capitán Mateo Aceituno, por orden del Gobernador Hernando de Soto, con motivo de un ataque e incendio de la villa por piratas franceses. En épocas posteriores se reconstruyó y amplió con su foso y torre, cuya campana daba las horas y la queda, así como repetía las señales del Morro. Corona a esta torre una estatua en bronce llamada de La Habana, por lo que se generó el dicho de que "hay quienes han venido a la Habana y no han visto la Habana". La Fuerza fue residencia de los capitanes generales antes de construirse el Palacio de Gobierno en la misma plaza, habiendo siempre allí una guarnición de tropas.

No se sabe ciertamente en qué sitio de la plaza se dijeron la primera misa y cabildo, pues ceibas debió haber muchas en medio de aquella naturaleza todavía virgen. En 1754 el Capitán General Don Francisco Cajigal de la Vega, erigió un obelisco en conmemoración al hecho, junto a una ceiba que recordara la otra; consistente en una columna barroca coronada por la estatua de Nuestra Señora del Pilar. Un siglo después, en 1828, el Gobernador Francisco Dionisio Vives construyó un Templete conmemorativo de capiteles dóricos sobre base ática, que desentona grandemente en medio de la plaza barroca. (Figura 5.15) En el interior están los tres históricos cuadros pintados por Vermay, en que se relata la escena.

Junto al Templete abría sus acogedoras arcadas la palacial residencia del Conde de Santovenia, de la que las crónicas nos relatan sus fiestas y saraos, sus luces, junto con las del Palacio de Gobierno eran posiblemente las únicas que iluminaban la plaza en las noches de retreta.

El nombre de Plaza de la Iglesia que se le dio en un principio se debió a estar allí desde los primeros días de la fundación la Parroquial Mayor, primero en terrenos donde está hoy el Tribunal Supremo y por último en el actual Ayuntamiento o antiguo Palacio de Gobierno. En un principio fue de tabla y guano, y después de mampostería, pero sumamente pobre; la voladura del navío "Invencible" en 1741 la destruyó. Dos años después el Marqués de la Torre, nuestro primer urbanista, construyó allí la Casa de Gobierno, siguiendo los planos de la de Intendencia, que se elevaba a su lado desde 1770. El que es hoy nuestro Tribunal Supremo debió ofrecer un conjunto ponderado y sereno con su arcada toscana y su balcón corrido de hierro. Sus jambas y ménsulas, que comienzan a moverse, preludian ya lo que será feliz resultado en la fachada de la Catedral. El arco mixtilíneo que da acceso al zaguán es uno de los más hermosos que poseemos.

El Palacio de Gobierno, hoy Ayuntamiento, erigido sobre los cimientos de la antigua Parroquial, de 1776 a 1792, acaba de darle un conjunto elegante y señorial a esta plaza, que, como vemos, fue creciendo poco a poco. Obra, como la anterior de Fernández Trevejos, ella señala ya un paso de avance en cuanto a movimiento barroco, destacándose su soportal de gran puntal y su cornisa superior que enmarca un reloj. La portada en mármol de Carrara fue hecha en 1835 y se aparta del estilo general.

En este mismo año fue colocada en el centro de la plaza la estatua en mármol de Fernando VII, debida al escultor Solá, entre canteros de flores, arbustos y palma.

Dice Pezuela en su *Diccionario Geográfico, Estadístico, Histórico de la Isla de Cuba*, que la Plaza de Armas "siempre fué el lugar más animado y limpio de la población". Cronistas de la época Idelfonso Vivanco, Samuel Hazard, la condesa de Merlín, y otros, nos cuentan de la animación y bullicio que reinaba en esta plaza desde las primeras horas de la mañana en que la invadían cargadores y pasajeros que embarcaban por el muelle de Caballería, así como gente de negocios. Pero la hora predilecta de la sociedad habanera era la de la retreta, a las ocho de la noche, en que quitrines y volantas invadían la plaza, dando vueltas sin cesar, para lucir sus gracias las habaneras, que rara vez se dignaban descender a conversar con los caballeros que paseaban de frac y sombrero de copa.

La retreta deja oir selectos trozos de ópera hasta las nueve de la noche, en que concluía, dedicando su última pieza junto al balcón del Capitán General. Inmediatamente se apagaban las luces y desbandaban los carruajes. A las once, dice Alvaro de la Iglesia en sus *Tradiciones Cubanas*, no queda ya nadie en la plaza sólo "una nube de perfumes en que se mezclan el Patchoulí, el agua de lavanda, el azahar y la Colonia, como una estela que han dejado tras de sí la elegancia y la belleza". Las bellas se dirigen a refrescar a "La Dominica", a "Escauriza" o "Louvre", este preferido por sus helados y granizados, que se decía eran "tan buenos como en los Estados Unidos", siendo "el mejor lugar de La Habana para observar la alta vida social durante la noche". Y concluye Hazard que era "una agradable manera de pasar la noche".

Figura 5.15. El Templete, La Habana

Si encaminamos nuestros pasos por la calle de Oficios, tropezamos en seguida con la segunda de nuestras plazas coloniales, según Bens Arrate, y la más irregular de todas, la de San Francisco. Según Pérez Beato esta plaza se formó en 1628, por lo que debió haber sido la tercera. (Figura 5.16)

Ya desde 1574 se había iniciado allí la fábrica del convento de San Francisco en el extremo sur de la plazoleta, que según Valdés era "a pesar de tener su frente hacia ella, el mejor de la Isla, no sólo por su mayor capacidad, sino por la solidez y gusto de su construcción". La obra concluyóse en 1738, mediante el Obispo Fray Juan Laso de la Vega, que luego fue enterrado allí.

Pintoresca fachada lateral la del convento de San Francisco, cuerpo largo y estrecho, cuyos últimos sillares descansan en la misma bahía; su perfil acusa distintamente bovedillas, arbotantes y contrafuertes, así como la alta y elegante torre que se alza sobre la fachada principal, la más airosa de la ciudad durante mucho tiempo estuvo coronada por una estatua de San Francisco o de Santa Elena --los historiadores discrepan— que se derribó cuando el huracán de 1846. Al centro de esta fachada lateral se abre una puerta de perfil más clásico que el frente, perteneciente a la Capilla de la Tercera Orden, advocada al Cristo milagroso de la Vera-Cruz, del que la leyenda cuenta sudó sangre en el año de 1700, durante una ceremonia. Por esta puerta se repartía sopa a los pobres diariamente a las doce del día, así como salía la procesión del Vía-Crucis el Viernes Santo. Espectáculo tétrico debía ofrecer esta plaza cuando a las doce de la noche partían los monjes y fieles, a la luz de candilejas, encaminándose lo largo de la calle de San Salvador de Horta, conocida después por la de la Amargura o camino del Calvario, el que se armaba en la plazuela del Cristo.

Junto a la calle de la Amargura se alzaron también las señoriales mansiones de los Marqueses de San Felipe y Santiago y de Campo-Florido. Y en el solar en que hoy está el anacrónico y moderno edificio de la Lonja, estuvo la primitiva lonja, conocida por casa de Armona o de Aróstegui, que eran dos casas contiguas. La última fue residencia de uno de los primeros y más ricos ciudadanos de la Habana, Don Martín de Aróstegui, dueño también de la loma de Aróstegui, donde se construyó después el Castillo del Príncipe. Esta casa de Aróstegui está íntimamente unida a nuestra historia colonial: en ella vivieron los capitanes generales, antes de la edificación del Palacio de Gobierno; además allí se abrió el Café del León de Oro, que tan famoso iba a ser a lo largo del siglo XIX, con su ruleta, en que se jugaban peluconas junto con el porvenir de una familia.

Al transitar por la plaza de San Francisco siempre vienen a nuestra mente las páginas de Manuel Costales en el Paseo Pintoresco por la Isla de Cuba al retratar el bullicio y animación que había allí durante el día por la cercanía de los muelles, Aduana, almacenes, etc., así como de un mercado que parece hubo en época del Conde de Santa Clara. En las noches volvía a dormir la plaza y su quietud era turbada por algún que otro aguador que llenaba sus cántaros en la Fuente de los Leones que después estuvo en el Paseo de Isabel II y hoy en la Plaza de la Fraternidad, por el centinela impasible o por algún caballero que llegaba retrasado a la retreta de la plaza de Armas.

Pero la animación era perenne en los días de feria, al entrar en su titular el tres de octubre los chiquillos irrumpían en la plaza y convento lanzando cohetes y voladores, mientras se izaba la bandera del patrón al vuelo de las campanas.

Los festejos comenzaban por misa y salve en la mañana y procesión al atardecer. La plaza se adornaba con pencas de guano, palmas y cañas bravas, entre las que se abrían garitos y mesas de tijera donde las negras exponían baratijas y doraban tortillas de San

Figura 5.16. Plaza de San Francisco o de Aduanas, La Habana. 1900

Rafael, vendían alcorza, maní, agua de loja y ollas de ponche de leche. Los dueños de puestos atronaban con sus gritos proponiendo la lotería de barajas, el gallo indio o negro, la perinola y los dados al cebo de cinco medios por cada uno, mientras que los jugadores de *monte y manigua* echaban la baraja en cualquier parte. En la noche la plaza parecía una inmensa cocuyera, de tal modo brillaban los fanales, guarda-brisas y farolitos de papel, con la llama brillante de los asadores de tortas, entre los que resaltaban los trajes chillones y risas escandalosas de negros y mulatos, que terminarían la jornada en los bailes de *cuna*.

Pero si nos trasladamos a un día de abril del año 1838, un espectáculo muy diferente nos ofrecerá la plaza, ya no es la turba soez y baja de los días de feria, sino la alta sociedad habanera que engalana sus balcones y concurre a la iglesia de moda en quitrines y volantas: va a velarse el sello Real; avancemos con ellos hacia la fachada de la iglesia y convento que tan poca perspectiva ofrece, detengámonos a contemplarla: fachada barroca española de principios del siglo XVIII, con órdenes superpuestos, altos podios, mensulones, volutas y cuadrifolios, sobre la que se eleva la torre monumental muy bien asentada. Penetremos, no hoy, en las oficinas de Correos, sino en aquel día de abril de 1838; y con el celo devoto de los fieles dirijamos nuestros pasos hacia la iglesia de tres naves con bóvedas de piedra, y evoquemos aquella gran cúpula que se alzaba sobre el crucero con cornisas decoradas en verde y oro. Salgamos a sus tres amplios claustros y hagamos nuestra última peregrinación frente al aula desde donde aquel Maestro de Maestros, Don José de la Luz y Caballero, dictó sus clases de filosofía.

Con el espíritu ya un poco más ligero acerquémonos a la tercera, para algunos historiadores, segunda, de nuestras plazas coloniales: la llamada Plaza Nueva, Vieja, de Fernando VII, de la Constitución y por último Mercado de Cristina. Según Bens Arrate y la Torre ya en 1559 se había formado, y parece tuvo una fuente adonde iban los aguadores a proveerse. Durante los siglos XVIII y XIX llegó a ser la más aristocrática de nuestras plazas, siendo sus vecinos más ilustres los Condes de Jaruco y de Jibacoa, Don José María de Arrate, Don Melquíades Aparecio, etcétera, y desde 1834, la casa esquina de San Ignacio y Teniente Rey fue sede de la Sociedad Filarmónica, a cuyos bailes acudía la sociedad habanera de entonces; muy cerca estuvo también la primera Casa Cuna fundada por el Obispo Valdés. Por sus portales y calles que la rodean Mercaderes, San Ignacio, Muralla y Teniente Rey, había gran comercio de mercadería y quincallería, lo que las mantenía siempre visitada por damas elegantes.

Pero no sólo la burguesía habanera ha escrito sus páginas en esta plaza; escenas llenas de color y de fuerza nos pintan el despotismo colonial sobre la esclavitud negra: allí estuvo la picota donde se azotaba al rebelde, y sus losas fueron manchadas de sangre en medio de corridas de toros.

Y en 1836 convertida en Mercado de Cristina era invadida por la turba esclava, desde el clarear del día. Cuenta un cronista moderno que gusta de revivir nuestras viejas estampas con su pluma de poeta, que debió haber sido un espectáculo pintoresco ver descender de las estancias hacia la ciudad las piaras de guanajos con su típico graznar o los centenares de cerdos entre gruñidos que anunciaban la próxima Nochebuena, entre los que resaltaría el típico malojero, el arriero encargado de cerones o el chino viandero, entre el equilibrio inverosímil de sus dos cestas a modo de balanza

No por ello pierde la Plaza Vieja su espíritu aristocrático. Sus varios palacios tienen amplios portales bajo majestuosas arcadas y percibimos sobre la ancha puerta claveteada el escudo nobiliario de la familia, tallado en piedra; logias cerradas en balcones que ayer fueron de madera torneada y hoy son de hierro calado; frescas persianas en varillaje de abanico; lucetas de alegres colores entre una tracería geométrica, que a veces semeja cestos de flores o frutas. No rompamos su encanto penetrando en ellas hoy, observemos sólo una de sus fachadas, por ejemplo, la casa que perteneció a don Gabriel Beltrán de Santa Cruz, Conde de Jaruco, donde se dice nació la Condesa de Merlín, la que todavía ostenta el escudo condal. Parece data de la segunda mitad del siglo XVII, siendo edificada en el XVIII, agregándosele el piso alto y los portales, así como su balcón que aparece en grabados del siglo XVII como de madera. (Figura 5.17)

La Habana, ciudad costera, necesitó desde los primeros días de su fundación, un patrón para sus marinos, y éste fue el Santo Cristo del Buen Viaje, cuya ermita y después Parroquia se construyó en 1640 en el primitivo lugar llamado del Humilladero; fue ordenada su edificación por el Gobernador Don Alvaro de Luna y Sarmiento, viendo la devoción con que los fieles seguían la procesión del Vía-Crucis los Viernes de Cuaresma a lo largo de la calle de la Amargura y finalizando en el Humilladero, donde se armaba un tablado con la escena de la Crucifixión. Esta procesión, de que ya hablamos, partía de la Puerta de la Orden Tercera de San Francisco, deteniéndose en estas estaciones, de las que la primera era esquina a Mercaderes, pudiendo verse hoy todavía su cruz, pintada de verde, por lo que se llama de la Cruz Verde aquel sitio. (Figura 5.18) En Amargura y Agui-ar estaba la capilla de la Tercera Orden de San Agustín, donde se celebraba una estación con gran brillantez. En el patio de la antigua iglesia de San Agustín, hoy de San Francisco, está todavía la cruz que señalaba la estación del Vía-Crucis. Miguel de Castro Palomino y Borroto tenía en la esquina de Villegas una urna con Jesús Crucificado, donde se detenía la procesión a cantar algo relativo a la duodécima estación, "Jesús muere en la cruz". La esquina de Amargura y Aguacate se conocía con el nombre de "Las piadosas mujeres", porque allí vivían las beatas Josefa y Petrona Urrutia, quienes al pasar el corte-jo, ejemplificaban la escena del encuentro de Jesús con las mujeres de Jerusalem. A esta procesión concurría toda la población, encabezada por el Capitán General, siendo suprimida por el obispo en 1807 por haber degenerado ya en acto grotesco, indigno del progreso de La Habana.

Ya en pleno siglo XIX el primitivo Humilladero o plaza del Cristo fue sitio muy concurri-do por haber mercado en ella, trasladado de la Plaza Nueva que entonces se llamó Vieja, además de ser punto de estacionamiento de caleseros para "buscar viajes". Decía Bachi-ller y Morales en 1841, "allí se disputan los *marchantes* con la petulancia más enfadosa ganando la partida el muy pronto en gobernar el caballo y en colocarse ante el que va en su busca".

Figura 5.17. La Plaza Vieja, arcada y carruaje, La Habana. Por Landaluze

Figura 5.18. Casa de la Cruz Verde. Esquina de Amarguras y Mercaderes, La Habana

En cuanto a la iglesia del Santo Cristo, ella atrae nuestra atención por su buena proporción, por el equilibrio de sus torres, a nuestro juicio el más ajustado dentro de la construcción eclesiástica colonial. Sucesivas ampliaciones y reparaciones hacen que el templo se concluyera posiblemente ya dentro del siglo XVIII, que fue el barroco para nosotros. Dos arcos de desigual amplitud proyectan una amplia zona de sombras en la fachada que nos dan la nota de profundidad inherente al barroco.

*
* *

"El más bello rincón colonial de la ciudad de San Cristóbal de la Habana" es para Roig de Leuchsenring, según lo ha repetido varias veces la Plaza de la Catedral, (Figura 5.19) llamada en su origen Plazuela de la Ciénaga, por la naturaleza de su suelo cenagoso, e inundado por la proximidad del mar y más que nada por las aguas de lluvia; en ella desembocaba hasta un brazo de la Zanja Real, por lo que una de sus callejuelas se llamó Callejón del Chorro. Es, como las anteriores, una plaza medieval, cerrada, a la que no llevan, fundamentalmente más que dos calles: San Ignacio y Empedrado. La piedra caliza, conchífera de sus edificios, se sacó del litoral mismo.

Parece que la plaza se empezó a formar durante el siglo XVII, en que comenzaron a alzarse las paredes de la Casa del Conde de Bayona, (Figura 5.20) la más venerable de sus casonas, compañera de la iglesia que le hace frente, viejo retablo barroco esta iglesia, hermoso a todas horas del día, a la claridad meridiana del mediodía, así como a la caída de la tarde, en que aparece cansada, envejecida, como ensimismada. Triste y misterioso, dice Regino Pedroso, es el ambiente que se desprende de aquel lugar, no hay que olvidar que la Catedral actual surgió del primitivo Oratorio Jesuita que estaba allí, por lo que el espíritu de Ignacio de Loyola parece que la poseyó durante mucho tiempo. Es tétrico el recuerdo de que en la casa de Bayona funcionó un tiempo el tribunal de la Inquisición. La antigua casa del Marqués de Aguas Claras, (Figura 5.21) la primera de la derecha, tiene un carácter duro y agresivo, en su avance audaz hacia la plaza; ella lleva imbíbito el espíritu del antepasado de su dueño, aquel Ponce de León, conquistador de la Florida; el Marqués de entonces pleiteaba con todo el mundo, posiblemente hasta con los padres de la Iglesia. Un carácter más ligero y gracioso ofrecen las residencias de enfrente, del Conde de Lombillo y del Marqués de Arcos, propio del espíritu de sus dueños, más mundano y festivo.

Pocas cosas hay tan hermosas en nuestro colonial como la fachada catedralicia con su carácter barroco, herreriano-churrigueresco, traducido en planos en entrantes y salientes, sus óculos y el vuelo movido de sus entablamentos y cornisas. En el interior, el recuerdo del Obispo Estrada, decorándola al gusto neo-clásico, sustituyendo los antiguos altares barrocos por otros al gusto de la época, y las vigas de madera por cielo raso, aditamentos a los que se unen las pinturas de Vermay y Perovani.

Una de las más atractivas casas de la Plaza de la Catedral es la ya citada del Marqués de Arcos (Figura 5.22) (familia Peñalver y Cárdenas), en donde estuvo después el Liceo Artístico. Fue reconstruida en 1746, y uno de los detalles más bellos de su fachada es la loggia, descubierta hace poco, con su balcón corrido de hierro, estilo Luis XV, su galería de persianas, y sus medios puntos de colores.

Por su vejez digamos algo de la residencia del Conde de Bayona, perteneciente a la familia Chacón, que, además del Tribunal de la Inquisición se alojó allí el periódico *La Discusión*, y hoy el bar del ron "Havana Club" de Arechabala. La fachada, muy sencilla, poco nos dice. Es de piedra conchífera traída del litoral a la que hace sombra el alero criollo.

Un aspecto hermoso debía ofrecer esta plaza en aquellos días de bodas y bautizos, cuando invadida de quitrines se ofrecía en todo su esplendor la belleza criolla entre los entorchados de los uniformes y el tricornio del Capitán General; o el día de Reyes en que --como ha dicho alguien-- "la turba esclava irrumpía con sus trajes colorinescos, sus tambores, sus gritos, sus danzas ancestrales, y una ancha fuerza negra apagaba por un momento con un gran clamor bárbaro, el suave rumor místico de las preces cristianas".

No hay que olvidar que la Plaza de la Catedral representa dos siglos de devenir histórico entre nosotros, que ella dio sus toques de rebato anunciando la proximidad de corsarios y piratas, y que vio desfilar bajo sus naves, toda una larga serie de obispos: Santiago de Compostela, el innovador Obispo de Espada y Landa, José de Tres Palacios y Morell de Santa Cruz.

*
* *

Así poco a poco fue surgiendo la Habana colonial: el humilde vecindario creció hasta

09441. FRONT CATHEDRAL. A BIT OF OLD HAVANA, CUBA.

Figura 5.19. Plaza y Catedral, La Habana. (1905-1908)

Figura 5.20. Casa del Conde Casa Bayona (frente a la Catedral)
Casa del Marquéz de Arcos, en la esquina, La Habana. (1900-1910)

convertirse en residencias burguesas que buscaban asentarse en las plazas públicas, por su mejor situación y lucimiento, pudiendo adosarles soportales.

Desde mediados del siglo XVII la población comienza a amedrentarse por sucesivas invasiones de piratas y corsarios, debido a la política de monopolio que sostienen sus gobernantes, reflejo de la decadencia de la metrópoli, después de Felipe II. Y así el Gobernador Gelden intenta abrir un foso para unir las aguas de la bahía con las del mar, aislando de este modo la población. El proyecto fracasa, y por el año de 1633 se comienza a cercar el recinto de la ciudad por medio de murallas, proyecto del Capitán General Montaño. En 1740 se terminó de amurallar La Habana. Mucho dinero y muchas fuerzas inútiles costó esta muralla que constaba de bastiones, fosos y puentes levadizos, con lo que la ciudad pudo ostentar su título de "principalísimo antemural", de las Indias Occidentales. El recinto amurallado corría desde el Castillo de la Punta al Hospital de San Francisco de Paula, y lo abrían las puertas de la Punta, de Tierra, Nueva del Arsenal, de la Tenaza y de la Luz, y ya posteriormente en, época de Tacón, las de Colón y Monserrate.

Cerco estrecho y opresor el de estas murallas, semejante al que comenzaba a aherrojar las mentes. Cerco inútil, puesto que la invasión inglesa tomó con facilidad la población sin agrietar una de estas murallas, cumpliéndose el veredicto que lanzara Antonelli.

Figura 5.21. Casa del Marquéz de Aguas Claras, Plaza de la Catedral, La Habana

Pronto resultaron inútiles las murallas, la población crecía en sus barrios extremos: San Lázaro, Monserrate, el Horcón y Jesús María, y así se fué formando una nueva ciudad extramuros; he aquí los nombres de Intramuros y Extramuros o Habana Vieja y Nueva, y llegó un momento en que la población extramural había crecido tanto que resultaron inútiles las murallas, por lo que en 1863 se procedió a derribarlas. Hoy tan sólo quedan sus recuerdos, materiales: una garita frente a la Avenida del Puerto, un bastión junto al Palacio Presidencial, y un lienzo de muro con su antiquísimo jagüey en el Instituto de la Habana y dos almacenes junto a los muelles. Recuerdos impalpables, pero no por ello menos ciertos, los que nos hablan de sus tradiciones y leyendas de que las crónicas están plagadas: los pesados rastrillos levantándose a las cuatro de la mañana para abrir sus puertas a los habitantes de extramuros, y dejándose caer a las ocho o diez de la noche, entre toques de cornetas y cañonazos, costumbre y origen de nuestro cañonazo de las nueve. Y aquella leyenda divertida, de cómo los ciudadanos guasones solían llevar la víspera de Reyes a los peninsulares recién llegados a lo alto de la muralla con un farol y una campanilla, para que pudieran guiar a los Reyes Magos hacia la puerta de entrada de la ciudad, augurándoles si lo cumplían toda clase de prosperidades.

Figura 5.22. Casa del Marquéz de Arcos, La Habana (1910)

*
* *

Como una estampa olvidada en un rincón de la ciudad colonial se encuentra al extremo de la vieja alameda la fachada ruinosa de la que en un tiempo fuera Iglesia y Hospital de Paula.[1]

Dos edificios que son la obra de nuestro primer urbanista, el Marqués de la Torre, quien al llegar a La Habana en 1772 decidió dotarla de un paseo, un teatro y un Palacio de Gobierno. Bien miserable era el aspecto de la población: un pobre caserío de embarrado y guano, algunas fortalezas e iglesias, plazas cenagosas y llenas de malezas. No había un paseo, no había un teatro; las únicas diversiones eran las procesiones y las paradas militares, así como recorrer en las noches las calles de la Muralla y de Mercaderes, llenas de pequeños bazares, que alumbradas por quinqués ofrecían el aspecto de una feria. Hasta fines del siglo XVIII el alumbrado público se componía de la luna y algún que otro farolillo de la ronda, verdadero cocuyo en las tinieblas, como dijo un escritor. Era tan peligroso deambular a altas horas de la noche, que se salía escoltado por media docena de lacayos portando antorchas.

Considerando el Marqués de la Torre que el paseo era de primera necesidad se preocupó en formar primero la Alameda de Paula, junto al mar, y después el Paseo de Isabel II o Nuevo Prado. Trazó la Alameda de Paula junto a la bahía, en un lugar espléndido por sus brisas y panorama. Oigamos lo que él mismo nos cuenta: "No hay paraje más agradable en La Habana por su situación y sus vistas, expuesto a los aires frescos descubriendo toda la bahía y colocado en el lugar más principal de la población, logra el pueblo dentro del recinto, donde antes había un muladar, el sitio de recreo más propio para un clima tan ardiente y que parecía elegido para este fin desde la fundación de la ciudad."

En un principio parece tuvo álamos y bancos, después fue mejorada por Someruelos, y por último O'Donnell hizo de ella el Salón de su nombre, que es el aspecto en que se observa en las litografías, con escalinatas, bancos, barandajes de hierro calado y faroles de gas. Sin embargo, a pesar de su elegante conjunto, pasó muy pronto de moda y ya a mediados del siglo XIX se prefería la Alameda de Isabel II o el Nuevo Paseo Extramuro o de Tacón.

Junto a la Alameda se alzaron mansiones señoriales, como las de los Marqueses de la Real Proclamación y de Campo-Florido, y sobre todo tres edificios muy ligados a su pasado: el Teatro Principal, la Iglesia y el Hospital de Paula.

Tan necesario como un paseo resultaba un teatro, en una población que crecía día a día y que ya se había aficionado a representaciones teatrales, desde el día ya lejano del año de 1559 en que se dio la primera representación y el Gobernador tuvo que amenazar al público con el cepo para que guardara el orden, y sin embargo, dicen los cronistas que quedaron tan regustados hasta el punto de pedir que se repitiera.

A pesar de esto, la población no tenía aún un lugar apropiado, y el Marqués de la Torre fue el llamado a levantar el primero, que se llamó Coliseo y después Principal, a beneficio de la Casa de Mujeres Recogidas. Concluído en 1775 duró sólo hasta 1846 en que cuando acababa de reformarlo O'Donnell y se esperaba con gran entusiasmo una compañía de ópera italiana, fué destruído por el ciclón de 1846.

Hay pocos datos acerca de su arquitectura, Bachiller y Morales se refiere a él diciendo "que su severa y desgraciada construcción le da bastante semejanza con un buque con la quilla al cielo". Continúa más adelante: "Verdad es que no podemos compararlo con la Scala de Milán, San Carlos de Nápoles, ni con otros de este orden; pero es bastante su amplitud para que pueda figurar entre los más extensos de segundo orden"; y sin embargo, se pretendía imitar en él al Príncipe de Madrid.

Allí se cantaban óperas en italiano y español, así como se daban bulliciosos bailes de disfraces. Las noches de ópera en este teatro debían ofrecer un hermoso aspecto, cuando, según nos cuenta Eugenio Sánchez de Fuentes en *Cuba Monumental, Estatuaria y Epigráfica*, "apeábanse las bellas de sus quitrines y haciendo alarde de sus gracias recorrían el espacio que mediaba entre el Hospital y el Teatro, y gozaban de la anhelada frescura de la bahía durante los entreactos de la ópera española, en tanto que los "gourmets", pocos entonces, dirigíanse al afamado restaurant de la R, donde se saboreaba una deliciosa ropa vieja".

Junto al Teatro se hallaban la Iglesia y el Hospital de Paula. De todo esto no queda más hoy que la vieja fachada de la Iglesia y las paredes ruinosas del Hospital. Vieja fachada carcomida por el tiempo, triste y solitario espectador de un mundo que ya no es el suyo. ¡Si esas piedras hablaran! Paula ofrece una de las fachadas coloniales más hermosas con su ancho arquitrabe que a manera de tenia divide los cuerpos inferiores del superior, y su gran rajadura que hace el efecto de una cicatriz. Muy pintoresca su cúpula, cuyos cristales blancos y azules, debieron dejar pasar una luz necesaria para crear el ambiente de recogimiento.

El Hospital de Paula está ligado profundamente a nuestra vida colonial, a nuestra historia. Allí estaban las mujeres enfermas, las dementes, las abandonadas las esclavas viejas, como aquella Dolores Santa Cruz de que nos habla Cirilo Villaverde, y la mujer de la calle, la amante de ninguno, de alma demasiada mundana, como dijera Bachiller.

No hay que olvidar tampoco que en sus paredes está trazada la historia de la medicina cubana. Don Nicolás José Gutiérrez, los González del Valle, Tomás Romay. Y ¿qué decir de sus benefactores? Laso de la Vega, Morell de Santa Cruz, Don Luis de las Casas, el Conde de Santa Clara y esposa.

*
* *

Pero muy pronto la Alameda de Paula iba a ser sustituída por el Nuevo Paseo o de Isabel II, que iba a ostentar estos nombres, además de Conde de Casa-Moré y Nuevo Prado o Paseo de Martí en la era republicana, obra también del Marqués de la Torre, realizada en 1772, iba de la Puerta de la Punta a la de Tierra. Allí estuvo la estatua de Isabel II, además de las fuentes de Neptuno, de los Tres Leones (trasladada de la Plaza de San Francisco), de los Genios y la Fuente Nueva. Llegó a prolongarse hasta la Fuente de la India o Noble Habana en el Campo de Marte, hoy Plaza de la Fraternidad. Constaba de cinco calles bordeadas de álamos, la del medio para carruajes y las laterales para peatones. Remataba esta Alameda, como decíamos, en el Campo de Marte o Campo Militar, ancha explanada enverjada con cuatro puertas que ostentaban los nombres de Colón, Cortés, Pizarro y Tacón, este último por ser su promotor. Este sitio, convertido hoy en nuestra modernísima Plaza de la Fraternidad, era destinado no sólo a ejercicios militares, sino a paseo de peatones.

A la hora del paseo se estacionaban cinco bandas de música a lo largo de él, y era continuo el desfile de volantas y quitrines, en que las bellas habaneras vestidas de ligerísimo linón lucían sus hombros desnudos, para lo que, según escribía un viajero francés de la época, tenían todo lo que se llama un derecho. Más de un enamorado pasaba allí la tarde para tener sólo el placer de ser saludado por la coquetería de un abanico.

En la parte más animada del paseo, frente a la Puerta de Monserrate, se construyó en 1838 el Teatro de Tacón, gracias a la actividad y celo de un catalán, Don Francisco Marty y Torrens, que había tenido mucho éxito con su pescadería. El edificio costó cerca de $200,000 y se inauguró con cinco bailes de máscaras, a los que se cuenta asistieron cerca de 8,000 personas. La fachada del edificio dejaba mucho que desear por lo modesta: una serie de arcadas con columnas dóricas empotradas. El interior se decía que era grandioso, imitaba al Real de Madrid y al Liceo de Barcelona, con adaptaciones propias al clima.

No sólo baile de máscaras hicieron famoso al Teatro de Tacón, sino sus temporadas de ópera y teatro francés: por su escena pasaron la Ristori, Sarah Bernhardt, Coquelin, etc.

Igualmente famoso fue el Café de Escauriza, llamado después "El Louvre", situado al lado, adonde se iba a refrescar después del teatro, la retreta y el paseo. Allí se daban también bailes de carnaval todos los domingos, y fue escena de más de un hecho histórico, como aquella batalla de ponche de leche contra Pancho Marty por sus prerrogativas en sus bailes para que duraran toda la noche.

*
* *

Un continuador a distancia de la obra del Marqués de la Torre fue el General Tacón, cuyo gobierno despótico iba a ser de fatal recuerdo para los cubanos, por lo que se ocupó, probablemente para encubrirse en mejorar la cosa pública, levantando edificios como el teatro de que acabamos de hablar, el embellecimiento de paseos como el anterior, y la construcción de uno nuevo que naturalmente llevaría su nombre, el Paseo Militar o de Tacón, conocido hoy entre nosotros por Paseo de Carlos III. Así se seguía fomentando el interés en costosos trenes con que deslumbrar en el paseo tardeño. Esta nueva Alameda, construida en 1838, debió recordar los bulevares parisienses, aún hoy en día, pobre y abandonada, tiene un no sé qué, que recuerda su esplendor colonial. Desde 1828 había un camino carretero que ponía en comunicación a la ciudad con el del Castillo del Príncipe y San Antonio Chiquito; por él discurrían las tropas de caballería y los campesinos, pero tan intransitable por lo anegadizo que "ni las gentes de a pie podían en la estación de las lluvias pasarlo sin grandes peligros".

Construido por Carrillo de Albornoz, constaba de tres amplias avenidas, con rotondas o glorietas, donde se alzaban la estatua de Carlos III y las de Ceres, Esculapio, de la India o Noble Habana, de los Sátiros y los Aldeanos o de las Frutas.

El hecho de estar muy alejado del centro de la ciudad hizo que estuviera poco tiempo de moda, prefiriéndose el de Isabel II; se decía que había que salir muy temprano para llegar a él antes de la caída de la tarde, por lo que se fue abandonando, volviendo a ser otra vez Paseo Militar, al ser transitado únicamente por las tropas del Príncipe, y algún que otro estudiante o catedrático que lo cruzaría presuroso para dirigirse al colegio que se acababa de abrir cerca de la Zanja.

Este Paseo de Tacón tenía como término agradable los jardines de la quinta de Recreo o de los Molinos, situada en los terrenos de la antigua estancia de Aróstegui; la casa de vivienda fue construida por Tacón y ampliada mediante un segundo piso por O'Donnell.

Oigamos el relato que nos hace José María de la Torre acerca del paseo tardeño en en *Lo que fuimos y lo que somos o La Habana antigua y moderna*, pág. 176:

"Mil elegantes carruajes de todas clases conduciendo las deidades habaneras ocupan en forma de cordon el dilatado paseo de Tacón y después el Isabel II, donde las espera una fila de gallardos jóvenes solo para el desconsuelo de verlas pasar fugitivas cuatro ó seis veces: mientras que por uno de los estremos del último paseo se vé atravesar un fúnebre carro conduciendo a la última morada al que ha dejado de existir. ¡Tal es el drama de la vida!"

"Tocan las oraciones y cada cual toma distinta dirección; esta por estar ya vestida de *punto en blanco* se dispone á pagar una visita de *cumplo-y-miento*, ó á visitar á alguna que ha dado á luz un niño (mas claro á criticar el canastillero), ó bien á ejercitar su *lengua de paloma* en algún velorio ó visita de nóvia: aquella atraida por un melífluo tema de la Lucía, se encamina hácia la retreta. Este movido por túmidos anuncios se dirige á alguna función teatral con que suelen distraernos los saltimbanquis; aquel, invitado concurre á una tertulia en que una amable beldad hace el encanto con su brillante voz ó prodijiosa ejecución de *irresistibles* danzas cubanas en el piano; este otro, mas positivista se dirige á oir instructivas lecciones en el Liceo artístico y literario. Los espléndidos establecimientos de las calles de la Muralla, Obispo y O-Reilly, así como el hermoso mercado de Tacón, brillantemente alumbrado por gaseosa y nítida luz, se cubren de compradores y curiosos que se estasian admirando las preciosidades que encierran."

"Oyense las nueve; y concluidos los melodiosos sones de la retreta vuelven los sedientos y golosos á inundar la espaciosa Lonja ó sea café de Arrillaga para gustar sus afanados helados y chocolate; la Dominica y la Marina para gozar de sus bien confeccionados dulces, la Imperial y la Columnata para absorver sus gaseosas aguas de soda: ó para refrigerarse con esquisita horchata ó nutrirse con un hermoso vaso de leche helada. Los habitantes de estramuros para satis-facer las mismas exigencias se dirigen al hermoso y elegante café de Escauriza (*rendez-vous* desde por la tarde que se llena de ociosos), ó á las confiterías y ne-verias de Tacón y de las Delicias."

"A las diez se ven cruzar por las calzadas del Cerro, de Jesus del Monte y de Marianao, las *guaguas de los enamorados*; hace el amante su saludo á su encan-to y la numerosa población se recoge, oyéndose solo desde media, hora despues la voz del vigilante, sereno y centinelas de las fortalezas..."

*

* *

Mercedes Santa Cruz, la Condesa de Merlín se dolía hace un siglo de que nuestros edi-ficios no tuvieran historia. "A Cuba le falta la poesía de los recuerdos", decía. Y yo me pregunto después de cerrar este libro de estampas de mis abuelos, ¿es posible que ningu-na de estas viñetas que han desfilado ante ustedes no tengan poesía? Es que la Merlín no supo llegar al alma de La Habana colonial, puesto que de cada repliegue de estas piedras viejas brota como una veta de poesía honda que son sus leyendas, su historia, de las que ella misma es parte.

Un amigo arquitecto escribió hace tiempo: "Un día vendrá, cuando se revaloricen las bellezas que guardan, y por la insaciable voracidad del cine, un día vendrá, repetimos, que estas estampas se animarán ante los habaneros de hoy.

Yo he querido volver a abrir ante ustedes este viejo libro de estampas ya empolvadas, caido de las manos de un bisabuelo a quien no conocí por haberme tocado nacer justa-mente un siglo después que él: Don Antonio Bachiller y Morales.

NOTAS

1. Urbino, S. de, La Habana de otros tiempos: La Iglesia y el Hospital de Paula. La Alameda y el Teatro Principal.
(Conferencia leida en el Lyceum y Lawn Tennis Club, La Habana, enero 26, 1943.)

Hotel Telégrafo. La Habana. 1890-1901

LAS FUENTES DE LAS PLAZAS, PARQUES Y PASEOS PUBLICOS DE LA HABANA COLONIAL

ABEL FERNÁNDEZ Y SIMÓN, M.C.I.C.C.

El gran Parque situado en los terrenos antes ocupados por el *Campo de Marte* fue construido a fines del siglo pasado y sus jardines y avenidas se encontraban adornadas por cinco fuentes: La Gran Fuente Central y las cuatro fuentes de los 'parterres' (Figura 5.23)

La gran fuente central se encontraba situada en la intersección de las dos grandes avenidas sombreadas de árboles que dividían el Parque en cuatro grandes "parterres". La fuente era circular, de unos 15 Mts. de diámetro por 3 de profundidad, medidas aproximadas. Estaba este estanque rodeado de una alta y artística verja de hierro, de perfil curvo con su convexidad hacia el exterior de la fuente, de modo que ofrecía absoluta protección a los millares de niños y paseantes que acudían al Parque para disfrutar de los juegos infantiles y para ver la *fuente de los caimanes* como popularmente se le llamaba, ya que en ella vivió, por largo tiempo, una numerosa familia de estos aletargados a la par que feroces saurios.

Figura 5.23. Fuente en la Plaza Colón, frente a estación de Villanueva, La Habana. (1900)

337

Sobre el fondo de la fuente, y en su centro, se construyó una gran gruta artificial formada por fragmentos de roca coralina, piedras de la playa y caracoles marinos. De esta roca nacieron hermosos ejemplares de las plantas llamadas "malangas" de fuertes tallos y nervudas hojas de color verde obscuro, siempre erectas, las que daban amable sombra a la fauna de la fuente.

Por último sobre lo cimero de la roca sobresalía un surtidor que lanzaba al aire un haz de chorros de agua, en forma de abanicos, cayendo el agua en distintas direcciones, produciendo un bello efecto.

Las fuentes de los cuatro "parterres" ya citados estaban, a su vez, divididas, cada una, en cuatro cuadros, por calles de menor ancho y en la intersección de las mismas, en el centro de un amplio espacio circular había una fuente (para cada "parterre") la que estaba formada por un pilón de piedra, de planta circular, de unos seis metros de diámetro con verja de hierro de hierro de unos dos pies de altura, formada por planchuelas curvas entrelazadas, presentando un original y artístico dibujo.

En el centro de la fuente había una gruta artificial y las malangas que constituían un motivo decorativo, ciertamente bello, que se generalizó en aquella época. Sobre lo alto de la roca una fuente de hierro fundido formado por un pequeño fuste de columna que sostenía un tazón estriado de unos 80 cms. de diametro; sobre el mismo un sencillo dado sobre el cual, a su vez, descansaba otro tazón mas pequeño rematado por un surtidor de chorros múltiples.

Las fuentes del Parque Central.

A mediados del siglo pasado el rectángulo formado por las calles de Prado, Zulueta, San José y Neptuno se hallaba dividido en cuatro pequeños parques, siendo el principal el llamado de Isabel II, frente a la acera del Louvre.

En el año de 1881 el Alcalde Municipal de la Habana Don Pedro de Balboa unificó estas diferentes partes creando así el actual *Parque Central* el que fue debidamente pavimentado, dotándolo, al propio tiempo, de un adecuado sistema de alumbrado.

Al ser realizada la distribución de los canteros de plantas y flores se concibió un original y feliz dibujo que consistió en colocar, alrededor de la estatua de Isabel II, que ocupaba el lugar central, cuatro artísticos "parterres", uno en cada una de las esquinas del Parque, formados por tres círculos de unos 8 Mts. de diametro situando sus respectivos centros en una línea paralela a los ejes de las calles principales (Prado y Zulueta); el círculo central de cada "parterre" lo constituía una sencilla fuente, mas bien un simple estanque con su verja y su surtidor al estilo típico de aquella época.

Estas cuatro fuentes, rodeadas de bellos canteros de flores, daban vida y frescura a los jardines del entonces concurrido Parque Central.

En una vista fotográfica publicada por el desaparecido e inolvidable arquitecto Sr. Luis Bay y Sevilla, en la Revista "ARQUITECTURA" de esta Ciudad, en el número del mes de Junio del año de 1944, pueden apreciarse, con claridad, los detalles de las fuentes, canteros de flores, arbolado, alumbrado y otros motivos decorativos que adornaban el referido Parque a fines del siglo pasado, destácandose en el conjunto las numerosas y artísticas farolas de las cuales algunas aún existen.

Las fuentecillas de la estatua del Ingeniero Albear.

Alrededor de la verja circular que rodea la amplia base del pedestal de marmol de la estatua de Albear, en el Parque de su nombre, (Figura 5.24) se encuentran tres pequeñas fuentes en forma de media luna o "crescente", constituidas por tres pilones construidos bajo el nivel del pavimento, limitados por un murete de piedra dura que soporta una sólida y elegante verja de hierro con flores y puntas de lanza. En el fondo de cada estanque la clásica roca artificial y sus labrados surtidores en forma de flor.

A pesar de la modestia de estas fuentecillas en cuanto a la obra en sí se refiere, tenían las mismas una sentimiental significación, ya que por los constructores del monumento les había sido encomendada la grata tarea de mantener bañados los arranques del basamento de la estatua con aquellas aguas de los manantiales de Vento, que con tanto amor y maestría supo captar y conducir a la población de la Habana el Ingeniero Albear, mediante la obra con la que obtuvo tan merecida gloria.

La pila de Arriete.

Estuvo situada al fondo del edificio destinado a Almacén de la Aduana Marítima, adosada al Convento de San Francisco con frente a la calle de San Pedro.

Figura 5.24. Fuente de Albear, en la Plaza de su nombre, La Habana. (1900)

339

Fue construída esta pila de mármol blanco a fines del siglo pasado y tenía una inscripción que decía *PILA ARRIETE, Noviembre de 1894.*--Esta pila aun existía en el año de 1916.

Se trataba de una pirámide triangular, con muro almohadillado, empotrada en la pared y rematada con una cartela donde estaba la inscripción. Media, aproximadamente un metro en la base por tres metros de altura.

La pila propiamente dicha la formaba una pequeña y profunda taza apoyada sobre un zócalo de un pie de altura; sobre la pila y adosada a la referida pirámide se levantaba una pilastra rematada por un capitel, en la que se encontraba el grifo. Sobre este capitel, y como motivo escultórico principal, una pequeña ancla con delfines entrelazados acompañada, a ambos lados, por dos conos de los que salían, a modo de cornucopia, abundantes frutas.

Fuentes en los Barrios y Arrabales de la Habana "Extramuros".

En la Alameda de Extramuros o Nuevo Prado. Este bello paseo fué construido en el año de 1772 por el Marqués de la Torre con el nombre de *Nuevo Prado,* estaba formado por un primer tramo entre la Punta y la actual calle de Neptuno; posteriormente los Gobernadores Las Casas, Someruelos y Vives continuaron la obra extendiéndola hasta la Calzada del Monte. Desde el año de 1850 el Paseo tomó el nombre de Alameda de Isabel II con una longitud total de cerca de 1,900 varas provinciales.

En las distintas plazuelas o glorietas con que contaba dicha Alameda, y en diferentes épocas, fueron colocadas, para su mejor adorno, varias fuentes escultóricas cuya descripción presentamos a continuación:

La fuente de Neptuno conocida por "El Neptunito".

Esta fue la primera fuente escultórica de alguna importancia que se colocó en los Extramuros, en el año de 1797, época en que gobernaba la Isla el General Don Juan Procopio de Passecourt, Conde de Santa Clara, aunque dicha fuente había sido comenzada por Don Luis de las Casas. Estaba situada en la amplia glorieta que formaba la Alameda en su cruce con la calle de San Antonio o Placentera (luego calle de Neptuno). Por ser de pequeño tamaño la figura del Dios, se la conocía popularmente con el nombre de "*El Neptunito*". Según la describe el historiador Sánchez de Fuentes, "era de fundición", y sobre un pedestal de mármol, imitando riscos, aparecía el Dios de pie, con "su tridente en la mano diestra. Varios delfines, también de mármol, arrojaban el agua en la fuente propiamente dicha; y un grupo de mitológicas sirenas y varias figuras alegóricas, completaban su adorno".

Según una lápida (en fragmentos) que existe en el Museo Nacional, en el año de 1827 se llevó a cabo una importante obra de reparación en esta fuente, en tiempos del Gral. Vives, a instancias del Conde de Villanueva, la que incluyó la instalación de cañerías para la circulación del agua; estas obras se realizaron bajo la dirección del caballero regidor Comisario Don José Francisco Rodríguez auxiliado por el hidráulico Mr. A. Lacarrière Latour y el sobrestante mayor de obras Don José Naranjo, alcanzando la fuente "belleza, solidez y hermosura", con lo que resultó muy beneficiada la Alameda.

En el año de 1841 esta fuente no existía, ya que se le había sustituído por otra fuente llamada de *la Cascada.* El pilón y los delfines de la fuente de Neptuno se llevaron a los jardines de la Quinta de los Molinos para formar una nueva fuente, más sencilla, cuya fotografía puede ver el curioso lector en la página 601 de la conocida obra del historiador Sánchez de Fuentes, ya referida.

La fuente de la Cascada.

Al ser demolida la fuente de Neptuno, a la que nos hemos referido anteriormente se la sustituyó en el año de 1841, por la fuente de *la Cascada* que fue construída por la Junta de Fomento, situándola en el mismo lugar.

Un cronista de la época describía esta fuente del modo siguiente "llama la atención (la nueva fuente rústica) porque se han sembrado flores y yerbas entre las piedras por donde se desliza el agua; en el piso de la glorieta se ha cubierto el lecho de la cascada resguardándolo con conchas marinas y pequeños postes como los demás del Paseo..." Se refería al nuevo Paseo del Prado o de Isabel II.

La fuente de los Genios.

Esta "elegante y costosa fuente de mármol blanco" fue colocada en la glorieta o rotonda de la Alameda, en su cruce con la calle de los Genios, por el Conde de Santa Clara, en el año de 1799, con la finalidad de proveer de agua a los vecinos de los barrios de La Punta y de San Lázaro.

A fines del año 1837 ya esta fuente se encontraba en muy malas condiciones siendo entonces demolida, utilizándose sus leones para construir una nueva fuente que se situó frente al edificio de la llamada Cárcel de Tacón (véase la Fuente Nueva).

Esta fuente tenía dos inscripciones con versos de mal gusto, los que pueden verse en la obra del historiador Valdés.

No hemos podido localizar grabado alguno que nos muestre la forma y dimensiones de esta antigua fuente, si bien los leones que formaban parte de la misma pueden verse en los grabados de la Fuente Nueva.

En el año de 1830, para remediar la carencia total de agua que sufría la fuente, se la dotó del precioso líquido mediante una cañería que fue traída desde la fuente de Neptuno.

La fuente de los Tres Leones.

Esta fuente estuvo colocada en la última glorieta de la Alameda, en su extremo Norte, cerca de la Punta: según rezan las inscripciones que dicha fuente tenía, a las que hace referencia el historiador Valdés, se comenzó su construcción por el Gobernador Don Luis de las Casas y se terminaron las obras por el Conde de Santa Clara "con los auxilios que dichos excelentísimos señores proporcionaron, ayudados de algunos vecinos". Las obras fueron dirigidas por el Teniente del Real Cuerpo de Artillería Don Cayetano de Reina, habiendo corrido las aguas el día 9 de Diciembre de 1797.

Abandonada que fue la fuente durante varios años, mutilados los leones y los genios y carente en absoluto de agua fue llamada por el vecindario *"la pila seca"*, por cuyas circunstancias el General Tacón hubo de ordenar su demolición; posteriormente se procedió a reconstruir esta fuente en el mismo lugar, tomando entonces el nombre de Fuente nueva. El historiador Sánchez de Fuentes en su magnífica obra, además de presentar un grabado que representa dicha fuente, la describe en la forma siguiente:

"La taza de que hablamos era de piedra y afectaba la forma octogonal, hallándose rodeada completamente de un verja de hierro, que descansaba en su brocal. En su centro erguíase un pedestal ático, de fábrica, y como de dos metros de altura, con su capitel, estando su neto adornado simétricamente con las armas de la Ciudad de La Habana y con las del Conde de Santa Clara. Un cilindro de piedra, estriado, como de una vara de elevación, veíase sobre el pedestal, y la remataba una gran jarra o urna de piedra. Tres leones de mármol, que le fueron añadidos, yacían recostados a su alrededor, dejando escapar de sus fauces nítidos hilos de plata que caían en la taza". (Figura 5. 25)

Fuente Nueva frente a la Cárcel de Tacón.

Según hemos explicado esta fuente se formó utilizando parte de la demolida fuente de los Tres Leones y estaba colocada en la última glorieta de la Alameda, frente al edificio de la Nueva Cárcel en el mismo lugar donde antes había estado situada la fuente de los Tres Leones: la nueva fuente fue reinstalada por el Gobernador Don Joaquín de Ezpeleta, con

Figura 5.25. Fuente en el Paseo del Prado. Antigua Localización
de la Fuente de Leones, luego La Pila Seca (1905)

342

Figura 5.26. Fuente de "El Neptunito", en El Prado, La Habana. (1903)

fondos del Gobierno, habiendo corrido sus aguas, por vez primera, el día 30 de Enero de 1839, surtiéndose del Acueducto de Fernando VII; al ser debidamente provista de agua la fuente así reconstruida fueron notablemente beneficiados los vecinos del ya populoso barrio de San Lázaro, dándosele entonces el nombre de la *Fuente Nueva*.

Existe un dibujo de F. Mialhe que fue grabado en la Litografía de la Real Sociedad Patriótica que representa la *Nueva Cárcel* de Tacón, así como la Fuente Nueva, apareciendo, en primer término, una columna conmemorativa (situada al final de la Alameda) apoyada sobre una gruesa base de piedra de sillería y rematada por una bola.

La fuente estaba formada por un artístico pilón de excelente piedra, de considerable tamaño con molduras y decoraciones talladas. En el centro del estanque se alzaba un grueso y elegante pedestal, con su fuste almohadillado y con recuadros, con su clásica base y capitel con dentellones.

Sobre el pedestal una fina figura de mujer, de mármol, de buen tamaño, descansaba en una decorada base que a su vez era sostenida sobre cuatro bolas.

Al pie del pedestal y sobre cuatro bases rectangulares, colocadas sobre el fondo del pilón, se veían, esquinados, cuatro leones de mediano tamaño, bronceados, echados sobre las patas traseras y con una de las patas delanteras apoyadas sobre una esfera, con las cabezas erguidas, arrojando el agua por sus bocas.

Al frente y el fondo del pilón principal, se colocaron dos bellas pilas circulares, pequeñas, destinadas a suministrar agua al vecindario.

343

La moderna fuente de Neptuno en el Paseo del Prado.

Estaba situada en el referido Paseo entre las calles de Refugio y de Genios, donde aún se la veía en el año de 1916. (Figura 5. 26)

La estatua de mármol que coronaba el pilar de la fuente representaba al Dios Neptuno. mediante una obra escultórica de escaso mérito. No obstante ello el pedestal (que sostenía un tazón circular), también de mármol, era de original diseño y fina talla, estando formado por un alto pilar que tenía adosados en sus caras cuatro delfines, verticales, alargados, con las cabezas hacia abajo y las colas sosteniendo el tazón moldurado. La base del pedestal estaba formada por un corto y grueso tronco de columna bellamente decorado con gruesas hojas de acanto, en alto-relieve.

Esta fuente es poco conocida y apenas si dejó huellas históricas.[2]

La fuente de la India o de Noble Habana.

Esta bella fuente fue inaugurada el 15 de Enero de 1837 y su construcción y colocación en el mismo lugar que hoy ocupa se debe a la iniciativa del Conde de Villanueva.[3] (Figura 5.27)

Figura 5.27. Fuente y Parque de la India. La Habana (1900)

344

Tanto esta fuente como la de los Leones de la Plaza de San Francisco fueron encargadas a Italia por los señores Gerolamo Rossi y Antonio Boggiano, quienes hubieron de coniiar el trabajo artístico al afamado escultor italiano Giuseppe Gaggini, basándose en los diseños preparados en La Habana por el Coronel Don Manuel Pastor con las modificaciones que les introdujo el Arquitecto italiano Tagliafichi.

El simbolismo de la estatua.—*Inspirada y bella fue, sin duda, la concepción del artista que ideó la fuente, al colocar, como remate de la misma, una figura de singular simbolismo, ya que la misma representa una doncella de la raza autóctona cubana (indios siboneyes) con sus típicos atavíos, figura airosa que personifica a la Ciudad, apartándose así de la práctica seguida usualmente de utilizar en las fuentes deidades mitológicas tales como Neptuno y Diana, Apolo y Pomona, según es frecuente ver en esta clase de monumentos.*

En relación con la representación histórica y social de esta fontana, de la que se enorgullece la Ciudad, transcribimos a continuación lo expresado por Sánchez de Fuentes en su muy conocida obra y que dice así:

"Típica y simbólicamente hermosa, de nuestra "naturaleza tropical, esta nívea escultura, embellece nuestra urbe y ocupa preeminente lugar. La fuente "de La Habana o de la India, como popularmente se le llama, es para los habaneros, algo que forma parte de su vida social, algo que se han acostumbrado a contemplar desde niños, y a ver reproducida en álbumes, postales y revistas nacionales y extranjeras. Cuando se habla de Cuba, y principalmente de La Habana, aparece siempre en primer término como un emblema peculiar y sui genneris que nos distingue de las demás ciudades de América".

Las distintas partes de que se compone la fuente. Sus formas y dimensiones.

El pilón.—*El gran vaso o pilón de la fuente es de forma elíptica y mide carca de 9 metros por su parte exterior, en su eje mayor, con una altura de 76 cms. El brocal, formado por 14 bloques de mármol, de un espesor promedio de 40 cms, es liso en su parte interior y graciosamente moldurado por su parte exterior con su base, afectando forma de cáliz.*

Las piletas.—*Por fuera del pilón, y adosadas al mismo, con igual forma y sección en su brocal, se hallan colocadas cuatro piletas (o pocetas) de mármol de un metro de ancho por dos metros de longitud, de planta semi-oval, las que, en planta, corresponden a los pedestales esquinados que soportan los delfines.*

La banqueta.—*Por fuera del pilón y envolviendo las piletas se encuentra una banqueta o andito de mármol, de planta elíptica que enmarca el monumento. Está formada por 14 bloques de 85 cms. de ancho por 20 cms. de espesor, a manera de escalón. Esta banqueta que vino con la fuente quedó incluida, conservando su posición original, al construirse posteriormente la amplia escalinata que, en la actualidad, circunda la fuente y de la que trataremos al final de este epígrafe.*

El basamento.—*En el centro de la fuente se levanta un grueso basamento de mármol, de planta rectangular de 3.50 Mts. por 2.50 Mts. y de 2.50 Mts. de altura, el que comprende cuatro pequeños pedestales, en forma esquinada o diagonal, los que sostienen las cabezas de los delfines.*

Las caras de los muros (tanto en el basamento principal como en los pedestales referidos) están formadas por hiladas de poca altura, almohadillas y rematadas por una sencilla faja moldurada, a modo de cornisilla.

En las caras anterior y posterior del basamento figuran graciosos arcos de medio punto, de doble arista, con su despiezo en dovelas, también almohadilladas, y con una clave lisa.

En el plano del fondo de dichos arcos, retirados unos 15 cms. del paramento, existen unos muros lisos donde se encuentran cabezas de león que sobresalen 25 cms. y que arrojan el agua en el pilón de la fuente, a modo de surtidores.

El pedestal de la estatua.—*Es de planta rectangular de 1.85 M. por 1.50 M. y descansa sobre el basamento, estando adornado con una sencilla base y una cornisilla finamente moldurada. En sus cuatro caras existen vaciados recuadros con alegorías, figurando, en los situados en el frente y en el fondo, coronas de flores con guirnaldas extendidas en la forma clásica y en los laterales con simples coronas de flores.*

Los delfines.—[4] *Por sus grandes dimensiones, fina talla y precioso material empleado, constituyen estos elementos escultóricos, una parte de lo más impresionante y original en el monumento, con sus enormes cabezas descansando en los pedestales bajos y sus colas, en alto, graciosamente apoyadas en la cornisilla del pedestal principal de la estatua. Sus ondulados cuerpos, por su admirable lisura, parecen ser más bien de marfil que de mármol; de las bocas de los delfines salen surtidores que arrojan chorros de agua en el pilón.*

La estatua.—*Representa la figura de una doncella india sentada, de 2.10 Mts. de altura, sosteniendo en su mano derecha un escudo de armas de la Ciudad, tallado por su cara exterior y en la mano izquierda una cornucopia.*

El puntal.—*La altura total del monumento. medida desde el pavimento hasta el remate de la corona de la figura, es de 6.80 metros.*

Los mármoles empleados.--*La pila, las piletas, la banqueta, el basamento y los pedestales de la fuente son de mármol blanco conocido en Italia con el nombre de ravacione, extraído de las mejores canteras de Carrara, de tinte parejo y sin defecto.*

La estatua y los delfines son de mármol estatuario de la mejor calidad, de sorprendente blancura.

Las referencias a la fuente, en la época de su Colocación.—*Según González del Valle, por un cronista de la época se decía lo siguiente en la edición del primero de Enero de 1838 del Diario de La Habana:*

> *"En el pasado año se ha colocado una magnífica fuente de la Habana... es la más hermosa que se conoce, lo mejor que ha venido a la América y puede figurar en cualquier corte de Europa".*

El ilustre autodidacta pinareño Don Tranquilino Sandalio de Noda, en el año de 1841, describía la fuente según los siguientes inspirados conceptos:

> *"Delante de las puertas de la Ciudad de la Habana, cerca de donde estuvo la estatua del Rey Carlos III y extremo Sud del Nuevo Prado o paseo de Extramuros y junto a las verjas y puertas del Campo de Marte se ve hoy una fuente de mármol blanco, que se alza en un pedestal cuadrilongo sobre cuyas cuatro esquinas y re-*

saltadas pilastras se apoyan cuatro enormes delfines también de mármol, cuyas lenguas de bronce sirven de surtidores al agua que vierten en la concha que rodea el pedestal y rebosándose aquella por conductos invisibles vuelve al interior sin derramarse jamás".

"Encima del todo, sobre una roca artificial, yace sentada una preciosa estatua que representa una gallarda joven india mirando hacia el Oriente; corona su cabeza un turbante de plumas y de las mismas la ciñe una ligera cintura con la cual, y el carcaj lleno de flechas que al hombro izquierdo lleva, se conoce que representa alegóricamente la ciudad de la Habana. Las armas de ella vense esculpidas en el escudo que lleva en su diestra, y en la siniestra sostiene la cornucopia de Amaltea, en la cual en vez de las manzanas y las uvas que generalmente la adornan, el autor, en un rasgo feliz de inventiva, las ha sustituído por frutas de nuestra tierra, coronadas por una piña".

"Al frente y la espalda del pedestal semeja la sillería una puerta de arco, y tiene en medio del claro un surtidor que derrama en la citada concha; alrededor de esta hay un estrecho arriate, cercado por una fortísima verja de lanzas de hierro, apoyadas en veinte faces, con sus hachas de armas, teniendo por la espalda de la fuente una puerta casi imperceptible, según lo bien ajustada de su armadura. Por fuera de la verja hay un ándito o ancho paseo circular de mármol blanco y el todo lo rodea una orla de grama de Bahama (agrostis) con diez y seis guardalados de piedra común".

La inscripcion. En la faja lisa de la cornisilla del pedestal, en la parte posterior del mismo aparece esculpida la siguiente sencilla leyenda: *POR EL CONDE DE VILLANUEVA.*

Las mejoras en la fuente durante la era republicana,—Al llevarse a cabo por la Secretaría de Obras Públicas, en el año de 1928, las obras de conversión del antiguo Parque de Colón, en lo que es hoy Plaza de la Fraternidad Americana, se realizó el cambio de posición de la fuente de la India, cuya estatua quedó mirando hacia el Norte o sea al Paseo del Prado. Aprovechando las facilidades que prestaban las grandes vigas de acero que fue necesario colocar debajo del basamento de la fuente, para su giro, se elevó dicho monumento en unos 60 cms. con lo que, al ganar en altura, quedó con mayor realce, siendo así que visto el mismo desde la esquina que forma el Paseo del Prado con la calle de San José, a unos 400 metros de distancia puede contemplarse claramente la esbelta a la par que maciza silueta de la fuente, sobre un fondo verde y variado follaje, en el bosquecillo donde descuellan las palmas reales.

Alrededor de la banqueta original se construyó, entonces una amplia escalinata de mármol blanco, formada por tres pasos de 20 cms. de altura cada uno, siendo el superior de 1.60 Mts. de ancho y los otros dos de 0.50 Mts. de ancho, con lo que se alcanzó una longitud de 4 Mts. en el eje mayor de la elipse exterior de dicha escalinata.

En esa ocasión se construyó, también, un hermoso banco o *"canapé"* de fino mármol de Isla de Pinos, el que se situó en la parte posterior de la fuente, dejando algunos metros de separación. Dicho banco está formado por un cuerpo central de 4 Mts. de longitud, de planta recta, con un espaldar de igual altura constituido por una ancha pilastra almohadilla rematada por una cornisilla con un pequeño frontón, sobre el que se alza una elegante copa sostenida por dos pequeños delfines. A ambos lados del cuerpo central, se situaron dos bancos laterales (formando un todo) de 4 Mts. de longitud cada uno, adornados con gruesas ménsulas. Al pie del banco corre una ancha y gruesa acera de bloques de mármol de la misma clase.

Fuente en la Alameda o Paseo de Tacón (Carlos III).

Esta magnífica Alameda que fue comenzada por el Gobernador Don Miguel Tacón en el año de 1835 y terminada por su sucesor el Gobernador Ezpeleta en 1839, estaba dividida por tres calles, con un ancho total de 60 varas; constaba de cinco rotondas o glorietas estando situada la primera a la entrada del Paseo, muy cerca del crucero con la calle de Belascoaín. En las cuatro glorietas restantes se colocaron otras tantas fuentes públicas las que, según el criterio de los más de los historiadores eran de escaso mérito artístico, debido tanto a la pobreza de los materiales usados como a su ordinaria ejecución; no obstante ello es indudable que dichas fuentes contribuyeron, en aquella época, al adorno de la Alameda prestándole variedad y vida al conjunto.

A continuación transcribimos una descripción de dichas fuentes hechas por el ilustre costumbrista Don Cirilo Villaverde, la que fue publicada en el año de 1841.

La fuente de Ceres o de la Columna.—"En la segunda plazuela se ostenta una columna estriada, del orden compuesto, que tiene 23 varas de altura, y da su nombre a la fuente dentro de la cual se levanta, sosteniendo su capitel una estatua de mármol que representa a la diosa Ceres, El vaso de la fuente es elíptico, de piedra, guarnecido con una reja de hierro, y tiene cuatro posetas semielípticas, para surtir de agua por la parte exterior. La columna descansa en un pedestal cuadrado, frente a cuyos cuatro ángulos hay cuatro pedestales más pequeños que coronan otras tantas estatuas, todas de mármol ordinario, representando a las estaciones del año. El agua se vierte en el tazón por ocho surtidores de bronce, cuatro en los pedestales de las estatuas y cuatro en el de la columna". Esta fuente fue terminada en el año de 1836.

La fuente de los Aldeanos o de las Frutas.—"En el árbol de la segunda fuente, que ocupo la tercer plazuela o glorieta, figura un templito griego, y sus columnas están achatadas sobre almohadillones: remata en una copa y cuatro jarras de mármol llenas de frutas fingidas. Por eso le dimos ese nombre aunque primitivamente tuvo el de los Aldeanos, que eran de yeso y por su fragilidad hubo que sustituirles cuatro estatuas de mármol representativas de la fuerza, la hermosura, la poesía y el amor, las cuales ahora se ven asentadas sobre otros tantos pedestales alrededor del árbol".
"El vaso es elíptico, las verjas de madera y el agua se vierte por ocho conductos. Por la parte oriental, embutido, en los almohadillones del árbol se halla, un escudo, de armas y por el Occidente, dentro de un medallón de piedra, se lee esta fecha: AÑO DE 1837 *La fuente de los Sátiros o de las Flores.*--"Ocupa el centro de la cuarta glorieta.
El árbol, con excepción de los almohadillones es casi igual al de la anterior. Remata en una copa de piedra, y a su alrededor hay dos leones de mármol, echados, de muy mal gusto y asimismo dos sátiros, bastante bien tallados. También tiene cuatro pedestales aislados dentro del vaso, los que sostienen jarras llenas de flores de piedra que imitan perfectamente las naturales. El vaso es más bien ochavado. Las verjas de madera: el mismo número de surtidores y por la parte exterior postes y cadenas todo alrededor que impiden el acercarse". Esta fuente correspondía a la glorieta de la entrada de la Quinta de los Molinos.

La fuente de Esculapio.—"En fin la última glorieta, la más sombría y deleitable, por sus altos y copados álamos, pinos y bambúes, la ocupa la fuente de Esculapio, cuya estatua de mármol ordinario. pésimamente labrada, se levanta solitaria sobre un pedestal de dos varas de altura, en el centro de un tazón elíptico y guarnecido con verjas de madera. Los surtidores de la fuente son cuatro pero como los de las fuentes de las Frutas y de los Sátiros carece de posetas para surtir de agua por la parte exterior, que antes está defendida por cadenas de hierro y postes de lo mismo".

Fuentes distribuídas en distintos lugares.

La pila de la Iglesia de Guadalupe.—Esta modesta pila, que proveyó de agua a los vecinos del barrio de Guadalupe, uno de los más antiguos de la Ciudad, situado en los Extramuros, estaba adosada al muro de la fachada principal de la Iglesia del mismo nombre la que fue construida en el año de 1838. Dicha fuente consistía en un pilón de piedra que tenía en su respaldo, en la pared, un sencillo adorno formado por dos clásicas pilastras no muy resaltadas y de poca altura, las que sostenían un pequeño frontón.

La pila estaba situada en la calle de Manrique (llamada entonces del *Campanario Nuevo*), en el extremo Norte de la fachada de la referida Iglesia, cuadra comprendida entre las calles de Salud y de Dragones.

La fuente de la plazuela de la iglesia de Jesús María.—En la plazuela de la Iglesia de ese antiguo barrio existía a mediados del siglo pasado una fuente pública en la que había una lápida con la siguiente inscripción: "Siendo Gob. y Cap. Gral de esta Plaza el Excmo. Sr. Conde de Santa Clara, y de su orden, se formó la fuente que está en la plazuela de este barrio, con arbitrios que proporcionó S. E sin gravamen o contribución alguna del vecindario: "baxo la dirección del teniente del Real Cuerpo de Ingenieros, digo de Artillería, Don Cayetano de Reina 15 de Abril de 1798".

En un documento del año 1827, siendo Gobernador el General Vives, del que ya hemos hecho mención, se hacía referencia a la llamada pila de Jesús María, la que era alimentada por un caño de ladrillo que, desde una gran distancia llevaba a la fuente las aguas de la Zanja Real.

Las fuentes del Mercado de Tacón.—En el año de 1836, por el Gobernador Don Miguel Tacón se reconstruyó la antigua Plaza del Mercado (llamada del Vapor) que era de madera, sustituyéndola por el gran edificio de sillería que aún existe, dándosele entonces el nombre de *Plaza de Mercado de Tacón.*

El edificio fue dividido interiormente, en aquella época, por un cuerpo central destinado a Carnicería, construyéndose en los dos patios así formados "dos hermosas fuentes".

Según el historiador Cartas dicho Mercado constaba de 74 locales en planta baja, destinados a la venta de frutos, todos los cuales estaban dotados con otras tantas "pajas de agua" alimentadas por el Acueducto de Fernando VII que había sido inaugurado en el año anterior (1835).

La fuente pública de la Casa de recreo del Conde de Villanueva en el Cerro.—En los amplios jardines de esta señorial mansión, y ocupando un espacio de unos ocho por ocho metros dentro de la propiedad, se formó un recinto rodeado por una alta tapia de gruesos pilares y lienzos de muros, unidos por arcos invertidos, en cuyo pavimentado centro se levantó una bella fuente de pilón circular con su pilar de planta cuadrada de donde salían los surtidores; este pilar sostenía otro más pequeño rematado con una elegante copa igual a las que coronaban los capiteles de los pilares del muro de aquel recinto, que por otra parte estaba abierto y accesible a los vecinos en el frente que daba a la Calzada del Cerro. Esta famosa pila prestó gran utilidad al vecindario de aquella barriada.

La pila del Horcón.—Estuvo situada en la Calzada de Cerro, en su cruce con la calle de Pila y fue construída por el Gobernador Sr. Conde de Santa Clara. Según Pérez Beato el primer lugar donde estuvo situada dicha fuente fue a la entrada de la calle de Pila y su inauguración constituyó "un acontecimiento público por la alegría que causó al vecindario". Esta popular pila se abastecía con aguas de la Zanja Real.

Según el historiador Valdés existía en dicha fuente la siguiente inscripción: "Por disposición del Excmo. Señor Conde de Santa Clara, Gobernador y Capitán General de esta Isla, y con sus auxilios, se hizo esta fuente, bajo la dirección del Teniente del Real Cuerpo de Artillería, D. Cayetano de Reina. Día 24 de Junio de 1797".

Una fuente pública en el arrabal de Jesús del Monte.—Según Cartas en el año de 1840 fué concluída una hermosa fuente en el medio del tramo de dicha Calzada entre los puentes de los arroyos de Maboa y de Agua Dulce, la que se abastecía con aguas del distante y recién construído Acueducto de Fernando VII. De este modo fue que el vecindario de ese barrio, en formación, se pudo librar del uso de las malsanas aguas que corrían por los referidos arroyos.

Las fuentes típicas de los parques habaneros de fines del siglo XIX.—Examinando la colección de fotografías de los parques habaneros que figura en la memoria del Gobierno del General Wood, a que hemos hecho referencia, aparecen algunas fuentes junto a las cuales pasamos momentos felices en nuestra ya muy lejana niñez, las que constituían por su forma y por los materiales empleados un verdadero "prototipo', repetido muchas veces en los parques habaneros.

Consistían estas sencillas pero bellas fontanas en un pilón formado por un estanque circular a más bajo nivel que el del pavimento, con su brocal de piedra moldurada, el que sostenía una reja de hierro formada por planchuelas circulares y barrotes rematados por puntas de lanza, de poca altura.

En el centro el clásico pilar formado por una roca artificial con las esplendorosas "malangas de agua" a las que ya nos hemos referido.

Existían dos tamaños de fuentes de este tipo, una pequeña, de unos tres metros de diámetro, con un sencillo surtidor central tales como las fuentes del *Parque de la Bomba*, luego de Jerez (Monserrate y Progreso), la del *Parque del Cristo*, al costado de la iglesia del mismo nombre y las pequeñas fuentes que estaban situadas alrededor de la estatua del Rey Fernando VII, en la *Plaza de Armas*.

En el otro tipo, de mayor tamaño, de unos seis metros de diámetro, el pilar central estaba constituido por una fuente de hierro fundido con sus tazones escalonados, de fino modelado, rematadas por un surtidor, tales como las cuatro fuentes de los "parterres del *Parque de Colón* (Campo de Marte) ya referida, las fuentes del *Parque de Isabel la Católica* (que así se llamaba el tramo del Paseo del Prado entre las calles de Dragones y de San José) y las fuentes de la Casa de Campo de los Gobernadores, situada en la llamada *Quinta de los Molinos*, donde aún pueden ser contempladas algunas de estas históricas y típicas fuentes coloniales.

Las fuentes abrevaderos de principios del siglo actual.—Hasta los últimos años del siglo pasado el tránsito de los vehículos por las calles de La Habana se hacía exclusivamente por "tracción animal". En efecto, millares de caballos y mulos eran utilizados para arrastrar los numerosos coches de alquiler llamados de punto o de plaza, los coches de lujo y los carros y carretones usados en el transporte de las mercaderías; aún los carros del Ferrocarril Urbano eran tirados por caballos y también existia la costumbre de usar caballos de monta para fines de utilidad o de esparcimiento.

Durante la segunda mitad del siglo pasado las bestias referidas abrevaban en las fuentes públicas que, en número considerable, existían esparcidas por toda la población, de cuyas fuentes hemos hecho, con anterioridad, completa relación, pero al ir desapareciendo las mismas ya por efecto de la acción destructora del tiempo o por haber sido eliminadas muchas de ellas por ser obstáculo al tránsito de los peatones, sobrevino la necesidad de construir nuevas fuentes abrevaderos.

Estas sencillas fuentes, de caracter utilitario, sin pretensiones artísticas, estaban formadas por pilones de piedra dura, granito artificial o hierro colado y se distribuyeron por las principales plazas de la Ciudad.

A continuación damos una lista de aquellas que existían en los primeros años del siglo actual y cuya situación hemos podido determinar con certeza.

1.—Plaza del Convento de San Francisco.
2.—Plaza de las Ursulinas.
3.—Plazuela de Empedrado y Mercaderes.
4.—Plazuela de Monserrate y Progreso.
5.—Pequeño parque de la calle Cárcel entre Habana y Aguiar.
6.—Plazuela de Compostela y O'Farrill.

Todas estas fuentes desaparecieron desde hace años, al suprimirse, en su mayor parte la tracción animal en el arrastre de los vehículos en la Ciudad.

NOTAS

1. En la Memoria oficial del Brigadier General Leonardo Wood, Gobernador de la Isla de Cuba (1901) Departamento de Obras Públicas, se encuentran grabados que representan los siguientes fuentes públicas:

   1.—Las fuentes de la Plaza de Armas.
   2.—La fuente central del Parque de Colón.
   3.—Las fuentes menores de los "parterres" del Parque de Colón.
   4.—La fuente de la India.
   5.—Las fuentes del Parque de Isabel la Católica (el Prado).
   6.—La fuente del Parque de la Bomba. (luego de Jerez).
   7.—La fuente del Parque del Cristo.
   8.—La fuente del Comercio en el Parque de la Punta.

2. El pilar de mármol de esta fuente con los cuatro delfines referidos, (sin el tazón ni la base de hojas de acanto) se encuentra en la actualidad decorando una sencilla fuente que existe frente la casa de las Fieras en el Parque Zoológico de la Ciudad de la Habana.

3. La fuente quedó colocada originalmente frente a la Puerta de Tacón, (lado Este) del Campo Militar, mirando la estatua hacia el Oriente o sea hacia las Murallas, habiendo sufrido variantes en su posición, según se ha explicado.

4. Uno de los mas finos e intimos detalles en el trabajo escultórico de la fuente, no apreciable en los grabados, lo constituye los adornos del cuerpo de los delfines; en efecto, en la parte posterior de la cabeza, junto a las aletas y en una distancia de cerca de medio metro, aparece el cuerpo del pez recubierto por una delicada vestidura de follaje formado por alargadas hojas en alto relieve, poco resaltadas, mientras que el resto del cuerpo, hasta la cola, está decorado con escamas de tamaño proporcionado, en la misma forma con que suelen ser representadas las sirenas.

Proyecto para la Academia de Arte. La Habana

352

CAPITULO VI

EL CONTEXTO CULTURAL DE LA ARQUITECTURA CUBANA

El 4 de mayo de 1942 pudiera ser considerado como un día de significación extraordinaria en la historia de la arquitectura cubana. Ese día, las personas que asistieron a la sesión de la Academia Nacional de Artes y Letras escucharon discursos que analizaban la relación entre arquitectura y sociedad presentados por dos grandes figuras de la profesión, Joaquín E. Weiss y Sánchez, quien presentó su discurso de Ingreso a la Academia, titulado Arquitectura y Democracia, y a continuación Pedro Martínez Inclán pronunció el discurso de aceptación del Dr. Weiss como miembro de la Academia.

Otros arquitectos cubanos fueron aceptados como miembros de la Academia de Artes y Letras evidenciando el respeto que la profesión alcanzó entre las personalidades más prominentes de la intelectualidad cubana y como la profesión de Arquitectura se integró a la cultura cubana de la época.

Los otros artículos en este capítulo se refieren a dos monumentos (utilizando la definición de Aldo Rossi) que tienen un lugar dominante en las tradiciones cubanas: El Malecón de La Habana, donde Bens Arrarte presenta los proyectos originales del "frente de La Habana" preparados en 1901 y finalmente, un artículo por el Arquitecto Enrique Martínez y Martínez sobre el Cementerio de Colón.

El Contexto de la Arquitectura cubana no ha sido estudiado debidamente, por lo que este tema, que podría ir desde la ciudad hasta la nación como conjunto, debería ser analizado, aumentando nuestra percepción de la cultura cubana.

Calle, Santiago de Cuba

354

ARQUITECTURA Y DEMOCRACIA

JOAQUÍN E. WEISS Y SANCHEZ

Discurso de ingreso del Académico de la Sección de Arquitectura Sr. Joaquín E. Weiss y Sánchez, pronunciando en la sesión celebrada el día 4 de mayo de 1942.

Señor Presidente;
Señores Académicos;
Señoras y Señores:

Entre las diversas artes que para su enaltecimiento y recreo practican los hombres, ocupa la Arquitectura un lugar especialísimo. No es el arte puramente técnico o utilitario de mecánico que construye o repara un artefacto cualquiera; ni aun el del ingeniero, carpintero o fundidor, cuya labor contiene escasas preocupaciones estéticas. Por otra parte, tampoco es el arte del poeta o del músico, ni siquiera el del pintor o escultor, para quienes un simple pedazo de papel, un lienzo o un pedazo de materia plasman su inspiración, proyectada esencialmente hacia su propia satisfacción intelectual o sentimental, urgencia interna que han de cumplir y que cumplen generalmente sin más dictados que los de su propio criterio artístico. No; la Arquitectura, al imponerse como condición fundamental la satisfacción simultánea de los requisitos de la *utilidad* y de la *belleza* en problemas de tanta trascendencia como los que significa el proveer alojamiento para las distintas actividades humanas, ha subordinado la labor creativa individual del arquitecto a las necesidades prácticas de la obra, y ésta a las necesidades vitales de la sociedad. Pero, si es cierto que estas circunstancias coartan a la Arquitectura, en comparación a las artes puras, en cambio, hacen de ella, mucho más que éstas, un arte "colectivo", que refleja de un modo impresionante la materia de la humanidad, de sus alternativas, de sus creencias, de sus ideales, de sus empresas y de sus posibilidades en todo momento histórico.

La Arquitectura, pues, ha estado siempre al servicio de la sociedad, que ha tenido a través de los tiempos contextura muy diversas. Sin embargo, ha debido existir siempre una forma de gobierno, una "élite" dirigente frente a la masa de los dirigidos, cuyas relaciones, variables a través de la Historia, han constituido el fundamento del sistema social. ¿Qué posición entre gobernantes y gobernados ha mantenido la Arquitectura en el curso del tiempo?... ¿Puede mantenerse el concepto de la Arquitectura como arte "popular" en el sentido de la pintura, la escultura y la música, o por el contrario, ha sido un arte de la "élite" de la *casta*, que lo ha empleado para su gloria y provecho?... ¿Finalmente, cuándo, si alguna vez, ha estado la Arquitectura al servicio de la multitud, al servicio del pueblo, y en qué forma?...

En el examen del proceso histórico relacionado con nuestra investigación seguiremos el esquema "clásico" de Edad Antigua, Edad Media y Edad Moderna, sin que ignoremos la nueva orientación "splengleriana" que estudia los hechos históricos de acuerdo con las distintas "culturas" y no con épocas determinadas, porque, sin negar la integridad de estas culturas y su evolución más o menos conclusa en sí misma, creemos igualmente evidente el influjo que han ejercido unas sobre otras al sucederse a través de los siglos, especialmente cuando han tenido una misma ubicación, y ésta ha sido tan limitada como el continente europeo, punto de partida de nuestra civilización. Es indiscutible, por ejemplo, la influencia que la cultura prehelénica ejerció sobre la griega, y la griega sobre

Figura 6.1. Escalinata de la Universidad de La Habana

la romana; y si bien parece a primera vista que el ciclo de la cultura "clásica" quedó finiquitado con la caída del antiguo Imperio romano, no hay que olvidar que los germanos invasores recuperaron poco a poco su legado a través de la Edad Media; de modo que en el Renacimiento —que, en cierto modo, es la culminación de aquélla— Europa se hallaba ya en posesión plena del patrimonio de la antigüedad greco-romana, restableciéndose en esa forma la unidad de la cultura europea. De todos modos, es precisamente nuestro propósito tratar de demostrar que, a pesar de las alternativas históricas, la Arquitectura ha sido siempre un arte de casta, producto de la rivalidad de la clase dirigente, y que el fenómeno que pudiéramos llamar "democratización" de la Arquitectura sólo se ha realizado plenamente en la época contemporánea.

La Edad Antigua

Retrotraigámonos, pues, varios milenios en la historia de la humanidad hasta los tiempos del antiguo Egipto. Sucesor y descendiente de las divinidades que habían reinado sobre el valle del Nilo, era el Faraón la manifestación viviente, la encarnación de Dios. Su eminente posición como sacerdote por excelencia no le apartaba, sin embargo, de la guerra y de la administración pública, todo lo cual dependía de él. Era quien conducía al combate los nutridos batallones de soldados; eran sus órdenes las que hacían llegar hasta los confines de su territorio todo un ejército de escribas y funcionarios, cuyos títulos se leen ya sobre los más antiguos monumentos del Egipto. E igualmente que el Faraón representaba la religión, la ley y el poder, la arquitectura egipcia, en el orden monumental, nació a su servicio y se nutrió de su clientela. La arquitectura civil o pública no existió, por no tener prácticamente funciones que llenar en un pueblo sin voz ni libertades; la misérrima arquitectura doméstica, de ladrillos secados al sol, sólo ha dejado masas informes; quedan sólo, imponentes, los grandes sepulcros reales y los grandes templos —en gran parte reales también— cuya construcción era incumbencia y prerrogativa de los Faraones.

Sin embargo, nada tan arraigado, aún en nuestros días, como el mito de la intensa veneración que los egipcios dispensaban a su rey y que los llevara a erigir, para su gloria y resguardo, gigantescas sepulturas; y de su intensa religiosidad, puesta al servicio de los dioses en la construcción de imponentes templos dedicados a su culto. Un distinguido historiador contemporáneo[1] se hace eco de esta leyenda, en cuanto a los sepulcros se refiere, cuando nos dice:

"En los umbrales de la historia vemos a los egipcios luchando gloriosamente por conseguir la inmortalidad de sus monarcas, entre los dos desiertos que limitan el valle de Nilo". Sabemos, en efecto, que era preocupación fundamental del Faraón, al ocupar el trono, comenzar la construcción de su sepultura, mansión de su vida ultraterrena. Su seguridad, su inmortalidad misma, dependían de que su cuerpo momificado pudiese perdurar indefinidamente bajo un indestructible involucro de piedra, mientras mayor y más sólido fuese mayor sería su seguridad póstuma. Por eso, desde los tiempos más remotos, escoge para su sepulcro la más resistente a las fuerzas destructoras de la gravedad, del tiempo y de los hombres a la vez que la más expresiva de la finalidad que perseguía, de las formas geométricas: la *Pirámide*. Pero, ¿cómo se erigían estas enormes construcciones? Era siempre por medio de la "corvee", de trabajos forzados, de legiones de obreros reclutados por el Faraón tan inexorablemente como reclutan sus soldados y como recaudaba sus tributos. "Hostigada por el bastón, toda esa multitud trabajaba bajo la dirección de los arquitectos, de contramaestres y de gentes del oficio, que permanecían desde el comienzo hasta el fin ligados a la empresa y ejecutaban la parte de la obra que no requería una educación técnica; y la macicez de los monumentos egipcios sólo se explica por este reclutamiento forzoso de todos los brazos obtenibles"[2].

Y efectivamente, las referencias de autores antiguos corroboran y amplían esta afirmación. Herodoto, el padre de los historiadores, es muy elocuente sobre la materia. Refiriéndose a Queops. constructor de la Gran Pirámide de Gizeh, nos dice:

"Ordenó que todos trabajasen por cuenta del público, llevando unos hasta el Nilo la piedra cortada en el monte de Arabia, y encargándose otros de pasarla al otro monte, que llaman Libia. En esta fatiga ocupaba hasta 3,000 hombres, a los cuales cada tres meses iba relevando; y sólo en construir el camino para conducir dicha piedra de sillería hizo penar y afanar a su pueblo durante diez años enteros, lo que no debe extrañarse, pues este camino, si no me engaño, es obra poco o nada inferior a la Pirámide misma que preparaba. Y en los diez años de fatiga empleados en la construcción del camino no se incluye el tiempo invertido en preparar el terreno del collado donde las Pirámides debían levantarse, y en fabricar un edificio subterráneo que sirviese para sepulcro, situado en una isla formada por una acequia que del Nilo se deriva. En cuanto a la Pirámide, se gastaron en su construcción veinte años; es una fábrica cuadrada de ocho pletros de largo en cada uno de sus lados y otros tantos de altura, de piedra labrada y ajustada perfectamente y construida de piezas tan grandes que ninguna baja de treinta pies"[3].

La actitud del pueblo hacia los monarcas que le oprimían con este género de construcciones queda igualmente establecida por la referencia que hace el mismo historiador a la memoria que guardaron los egipcios que Queops y de su hermano Quefrén:

"Muerto Queops, después de un reinado de cincuenta años", dice Heredoto, "dejó por sucesor de la corona a su hermano Quefrén, semejante a él en su conducta y gobierno. Una de las cosas en que pretendió imitar a su hermano fue en querer levantar una Pirámide, como en efecto la levantó, empero no tal que llegase en su magnitud a la de su hermano, de lo que yo mismo me cercioré, habiéndolas medido entrambas". Y continúa: "Tanto es el odio que conservan todavía contra los dos reyes, que ni acordarse quieren de sus nombres; de suerte que llaman a estas fábricas las Pirámides del pastor Filitis, que por aquellos tiempos apacentaba sus rebaños por los campos en que después se fabricaron".

Tampoco era el templo producto espontáneo de la religiosidad egipcia. El templo, como se sabe, tuvo su origen en las primitivas capillas adosadas a las Pirámides del Reino Antiguo, precursoras de los grandes templos funerarios del Nuevo Imperio. En una y otra época estas fábricas las hacía erigir el Faraón como parte del sistema funerario y litúrgico que debía asegurarle la inmortalidad. Por comparación a los templos faraónicos que han llegado a nosotros más o menos conservados, el número de los templos dedicados a las divinidades nacionales es muy superior; pero aun éstos eran monumentos erigidos por el monarca en su propia gloria y para propiciar a los dioses en su favor. Es evidente que el pueblo egipcio tenía en todo caso un acceso muy limitado al interior de los templos, y aun éste se le prohibía con frecuencia, según expresan los historiadores antiguos. De todos modos, el templo no era un lugar de reunión pública, sino el palacio de la divinidad. El culto que en ellos se verificaba era completamente esotérico, y sólo el Sacerdote y el Faraón, como jefe supremo de la Iglesia, tenía derecho a participar en él; mientras tanto, el pueblo era mantenido en ignorancia de los altos dogmas de la fe, practicando una especie de fetichismo con fórmulas y sortilegios de la más burda naturaleza. Setí I, en un rasgo de generosidad hacia los dioses, construyó su templo funerario con siete santuarios, de los cuales el central se dedicaba a su culto mientras que los laterales pertenecían a sendas divinidades que formaban como si fuera su corte de honor... El más prolífico constructor de templos fue, sin duda Ramsés II, "el Grande"; pero bueno es consignar que además de sus propias extraordinarias actividades constructivas fue un frecuente usurpador de los monumentos de sus antecesores, razón por la cual su nombre aparece relacionado con la mayor parte de los importantes edificios del antiguo Egipto. Los edificios erigidos, ampliados o determinados durante su reinado incluyen el Rameseo, su gran templo funerario y palacio en el occidente de Tebas; el templo de Amón en Luxor, la Sala Hipóstila y otras construcciones en Karnak, su propio templo y el de su padre en Abydós, el templo de su padre en El Qurna, el templo de Ptah en Menfis, varios grande edificios en Tanis; un palacio en El Qantara, y dos imponentes templos rupestres en Ibsanbul, en la Nubia. ¿Cómo pudo Ramsés II ejecutar ese vasto programa arquitectónico con el cual pretendió y consiguió la inmortalidad entre los grandes autócratas constructores? ¿Mediante la cooperación voluntaria del pueblo interesado en su conmemoración? ¿Pagando esos servicios y materiales de su propio peculio? No; lo realizó valiéndose, igual que en el caso de los sepulcros, de un ejército gratuito de obreros nacionales y extranjeros. Entre estos últimos, ¿quién no recuerda con emoción el cautiverio de lo israelitas y las penalidades a que los sometió Ramsés como instrumento de su plan de construcciones? El libro del *Éxodo*, con su acostumbrado laconismo, nos informa sobre el particular:

"Entonces pusieron sobre él" —esto es sobre el pueblo hebreo— "comisarios de tributos que los molestasen con sus cargas; y edificaron a Faraón las ciudades de los bastimentos, Fitón y Ramsés... Y amargaron su vida con servidumbre en barro y ladrillo y en toda labor de campo y en todo servicio en el cual se sirvieron de ellos con dureza"... Momento llegó en que les negaron hasta la paja que necesitaban para hacer el ladrillo: "Id, pues, y trabajad. Paja no se os dará y daréis la tarea del ladrillo".

Los propios monumentos nos ilustran en este caso sobre el recuerdo que guardó el pueblo egipcio de las penalidades sufridas como consecuencias del plan constructivo de Ramsés II. Estatuas sistemáticamente decapitadas en la Sala Hipetra de su templo funerario en Medinet-Abú; la cabeza del Faraón sonriendo sarcásticamente entre las ruinas; uno de los colosos de veinte metros de Ibsanbul mutilado; su sepulcro en el Valle de Los Reyes profanado...

Ante este somero examen de los hechos y de los monumentos históricos egipcios, la conclusión es clara e inevitable, y se concreta de un modo elocuente en las siguientes palabras de los distinguidos egiptólogos Perrot y Chipiez[4]:

"El amo absoluto, el amo temido, cuya palabra, cuyo gesto había bastado para vaciar a la hora indicada toda una provincia y para poblar de miles de hombres las canteras y los terrenos donde debían levantarse sus construcciones; el soberano que, no obstante su condición mortal, se acercaba tanto a la divinidad que casi se confundía con ella en la imaginación popular; el sacerdote de sacerdotes, el padre del pueblo, el rey ante el cual se inclinaban todas las frentes hasta tocar el suelo, llenaba con su gloria y con su majestad todos esos edificios que su aliento había hecho surgir de la tierra. Su efigie está en todas partes; ante los templos en la forma de estatuas colosales; sobre los pilotes y sobre los paramentos de los pórticos y salas en bajorrelieves innumerables, en los que está representado ya rindiendo homenaje a los dioses, ya conduciendo sus tropas al combate o trayéndolas victoriosas. El supremo esfuerzo de arquitectos y escultores se encamina a construir para el príncipe una tumba que sea más magnífica y más duradera que las de los otros hombres, o bien a erigirle una estatua que se eleve por encima de las testas de la multitud, tan alta como el poder real sobrepuja a toda dignidad. El arte egipcio, en este sentido, es un arte enteramente *monárquico*, y como tal, la expresión cabal de los sentimientos y las ideas de la sociedad que lo creó íntegramente, sin tener modelos extranjeros ni ejemplos anteriores en que inspirarse".

Si del Egipto nos trasladamos a cualesquiera de los otros Estados prehelénicos del Levante y del Asia Occidental, hallaremos un cuadro político y arquitectónico semejante; así, no será necesario detenernos prolongadamente en ellos. Monarquías autocráticas en su mayor parte, la arquitectura fue igualmente en ellos un arte áulico, privativo de la casta dominante. Recordemos, si no, los palacios en que rivalizaron los monarcas asirios: los de Sennaquerib, Essarhaddon y Assurbanipal en Nínive; el gran palacio de Sargon en Khorsabad, y el aún más extraordinario de Nabucodonosor en Babilonia, del que nos han dejado tan entusiastas descripciones los historiadores antiguos. Y recordemos, asimismo, los palacios persas de Darío, Jerjes y Artajerjes en Sussa y Persépolis; los palacios Sasánidas de Firuz-Abad, Ctesifón y Sarvistán, y más allá, los de los grandes autócratas de la India y del lejano Oriente...

Si ahora de las autocracias prehelénicas pasamos a la democracia griega, es natural que esperemos encontrar también allí un cambio radical en el carácter de los

Figura 6.2. Rectorado de la Universidad de La Habana, 1928

beneficiarios de la arquitectura y en la índole de ésta. Tan ilustres plumas se han ejercitado en loor de la democracia helénica, que no seré yo ciertamente el que la discuta. Conviene, no obstante, recordar algunas de sus características que puedan ilustrarnos con respecto a la arquitectura.

Anderson[5] resume breve y acertadamente la primera fase de la civilización griega con referencia especial a la arquitectura:

> "Cada una de las grandes ciudades de esta época era una comunidad por separado, y a menudo, aunque la tendencia general era democrática, el poder, durante el siglo VI, por lo menos, estaba en las manos de reyes o "tiranos". No sólo reinos tradicionales como Esparta, sino ciudades republicanas como Atenas, Corinto, Siracusa y Acragas, estaban bajo el dominio de tales hombres, en cuyas manos se acumulaba la riqueza obtenida de las ciudades sojuzgadas que se hallaban dentro de la esfera de influencia de las distintas capitales. Los monumentos arquitectónicos primitivos eran mayormente obra de estos hombres, construcciones por medio de las cuales trataban de mostrar ostentación o de conciliar al pueblo con su gobierno. Esta tendencia prevaleció durante el siglo VI, el período arcaico puro y simple".

Después del año 500, A. de C., aproximadamente, sobre todo después de la derrota de los Persas en Maratón, Platea y Salamina y de los Cartagineses en Himera, se produjo en el pueblo helénico una gran exaltación nacional, y fue entonces que prevaleció el gobierno "democrático" en la medida y con las limitaciones conocidas; época en la cual las construcciones pasaron a ser del arbitrio del pueblo.

Aristóteles define el ideal democrático de esta época en palabras tan concisas y sencillas, que parecen igualmente aplicables a nuestras democracias modernas.

"Es preciso", dice él, "que los magistrados sean elegidos por todos o sacados a la suerte; que las dignidades no se distribuyan según la importancia de la fortuna; que las funciones no sean jamás de larga duración; que todos los ciudadanos sean llamados a juzgar en los tribunales, y por último, que la decisión de todas las cosas dependa de la asamblea general de los ciudadanos".

En Atenas, efectivamente, la voluntad se expresaba en la asamblea popular compuesta de todos los "ciudadanos" reunidos en el Agora. Esta asamblea elegía los magistrados (arcontes), y más tarde los miembros del Senado (consejo de los Cuatrocientos), y votaba las leyes preparadas por éstos últimos. La justicia se administraba por el Tribunal del Areópago, compuesto de los arcontes que habían terminado su anterior mandato. Sin embargo, en Atenas no todos eran "ciudadanos". Por de pronto, existía la esclavitud: esclavos prisioneros de guerra, esclavos comprados en el mercado, y esclavos nacidos de esclavos; y aunque el trato a ellos dispensado parece haber sido generalmente benévolo, carecían por completo de derechos ciudadanos. Entre los mismos ciudadanos había cuatro clases o categorías, según la fortuna, cuyos derechos y deberes eran proporcionales a la riqueza. De modo que los electores y los elegibles constituían un número relativamente reducido. Así consta en las palabras del profesor Alberto Malet[6] que a continuación transcribo:

"Esta democracia era en realidad una aristocracia. Los electores eran poco numerosos (unos 15,000), y su Asamblea era como una reunión pública donde todo el mundo se conocía, tenían esclavos para hacer sus trabajos y súbditos para abastecer de dinero a la ciudad. La vida era barata y con pequeño gasto aseguraban todo su bienestar. Cada año 6,000 ciudadanos eran sacados a suerte para ser magistrados, resultando que la mitad de la ciudad administrativa a la otra mitad. Nada menos parecido a las democracias modernas, en que el pueblo, componiéndose de millones de electores, está obligado a entregar a mandatarios el cuidado de gobernarlo, mientras que él trabaja para vivir"

A tenor de esta democracia de juguete, así fue la arquitectura civil que ella suscitó. La Asamblea se reunía al aire libre, por lo que el palacio legislativo no cristalizó, ni hubieran podido los griegos, con los medios a su alcance, darle la extensión y propiedad que aquella requería. El Teatro y el Hipódromo eran construcciones descubiertas; la Estoa, un simple pórtico de columnas; la tumba, relativamente modesta, y de la casa, poco desarrollada y de construcción impermanente, apenas han llegado a nosotros ligeros vestigios. Por otra parte, la educación, casi exclusivamente de viva voz, jamás materializó en grandes construcciones docentes, y sin duda por eso sólo alcanzó a una reducida aristocracia.

El hecho es que esta primera democracia, más que por los hombres, se regía por los dioses. Civilización intensamente antropocéntrica, el culto tenía por objeto menos el asegurar la vida futura, como en el Egipto, que el lograr buen éxito en la presente. El monarca prehelénico, divinizado por sus súbditos, pasó a ser el dios humanizado de la época siguiente, por cuya voluntad, como antaño, se regían los hombres, propiamente dichos. El pensamiento no es caprichoso, ni nuestro, ni nuevo. Dice el historiador Benoit[7], refiriéndose al templo griego: "Tomaron como modelo lo mejor que había en su género, el *megaron* de los palacios micenianos, con respecto al cual la filiación del templo helénico aparece evidente y directa; igualmente, en las ciudades libertadas, la soberanía de los dioses reemplazó a la de los reyes". En sentido semejante se expresan otros autores: "Los verdaderos dueños no son ya los de la tierra, como en la arquitectura miceniano-cretense, sino los del cielo"[8.] Y nuevamente: "Los dioses presidían en Grecia la vida nacional, y lógico es que el templo presidiese la ciudad"[9].

Y, efectivamente, como dice Malet[10],

"todo lo que el hombre admira o teme en la naturaleza, el rayo, la tempestad, la luz del día, el aire fresco de las montañas o el murmullo de las olas, parecieron a los griegos manifestaciones del poder divino. Se creyeron rodeados de una multitud de seres invisibles que adornaron, haciendo de ellos personas y dándoles un nombre. Los dioses, tales como se los figuraban los griegos, eran hombres, mujeres y jóvenes cuya fuerza, inteligencia y belleza no podía alterarse ni perecer. Todo en ellos era superior a la naturaleza humana: la dimensión del cuerpo, la grandeza de pensamientos y la violencia de sus pasiones. Eran inmortales, y sus rasgos resplandecían de eterna juventud... La imaginación popular atribuyó a estos dioses costumbres parecidas a las del hombre. Hubo entre ellos parientes y matrimonios, rivalidades y uniones; se mezclaron también entre los mortales y sus aventuras fueron el asunto de una infinidad de relatos o "mitos', cuyo conjunto forma la *mitología*".

Para corroborar este aserto no hay más que recorrer las páginas de la poesía griega, como la *Odisea* y la *Ilíada*, o los historiadores antiguos, como Plinio y Herodoto, en los que se verá que no había acto alguno en la vida pública o privada griega que no comenzase con una invocación a los dioses; las fiestas principales, como las Pan-Ateneas y las Pan-Jónicas, eran fiestas religiosas; el teatro era de tema u origen religioso, y hasta los juegos atléticos se involucraban con actos religiosos. Los sacrificios estaban a la orden del día y los asuntos más graves de la comunidad se consultaban con los oráculos.

Por otra parte, el templo griego no era, como más tarde las iglesias cristianas y las mezquitas musulmanas, un lugar de congregación para uso de los hombres, sino, según las palabras de Woermann[11], únicamente "la morada de la divinidad, el hecho protector de su trono"; concepto que lo liga estrechamente al templo egipcio. El templo rigió por completo la arquitectura griega, cuyos "órdenes" se desarrollaron en él; todas las demás construcciones dependieron arquitectónicamente de las formas creadas en el templo. En Atenas y otras ciudades, la Acrópolis ocupaba el lugar más prominente de la población, el mismo que antaño fuera asiento del palacio real miceniano. Allí adonde hubiéramos esperado encontrar emplazado el Palacio legislativo o el Palacio de Justicia ateniense, se levantaba en límpido mármol el templo de la diosa Palas Atenea, patrona la ciudad. En la antigua ciudad siciliana de Selinonte, colonia dórica destruida por los cartagineses el año 409, A. de C., y que al parecer nunca contó más de unos 30,000 habitantes, se conservan las ruinas de ocho templos, el mayor de 110 metros de largo; el templo pan-jónico de Artemisa, en Éfeso, con esculturas por el genial Escopas, se contaba entre las siete maravillas del mundo...

Ante estas realidades y consideraciones, preciso es reconocer que la democracia griega, enfocada primordialmente hacia lo religioso, logró en el templo un algo grado de unidad y perfección arquitectónica, sentando un modelo del cual con dificultad ha logrado apartarse la humanidad hasta nuestros días. Pero aparte de ello, es evidente que esa democracia era demasiado elemental, demasiado "patriarcal", demasiado ingenua, y la civilización griega, dispersa en multitud de pequeñas ciudades-estados, demasiado simplista en su forma para que se suscitaran en ella los graves problemas sociales y administrativos que han afrontado y en gran parte resuelto las democracias modernas, y en los que toma parte principalísima la Arquitectura. La democracia griega era de una gran familia dominada por unos ascendientes todopoderosos, sus dioses antropomórficos, y su arquitectura, casi exclusivamente al servicio de ellos, podría con toda propiedad decirse la arquitectura de una teocracia directa.

Paralelamente con el pueblo griego, al que llegó a aprisionar entre las redes de su vasto Imperio, se desarrolló el pueblo romano. Roma tuvo, como se sabe, tres etapas o formas características de gobierno: La Monarquía, la República y el Imperio. El pueblo romano bajo los reyes se dividía en "patricios" y "plebeyos", esto es, los que eran ciudadanos, administraban el Estado y poseían casi toda la propiedad, y los que no tenían derechos ni propiedades; constituía, en efecto, una organización aristocrática fundada en el culto de los antepasados. La revolución que el año 509, A. de C., expulsó a Tarquino el Soberbio

Figura 6.3. Rectorado, Plaza Cadenas y Jardines, Universidad de La Habana (1929)

se hizo realmente en provecho de los patricios, que siguieron gobernando, pues tanto los dos Cónsules como los miembros del Senado pertenecían a dicha clase, y ambos no eran sino los órganos del gobierno y los ejecutores de la voluntad del pueblo, es decir, de la Asamblea de los Patricios. A poco, sin embargo, comenzó la lucha por la libertad, en la que los plebeyos obtuvieron una serie de conquistas progresivas, como el nombramiento de dos "tribunos", la Ley Agraria, la Ley de las Doce Tablas, la libertad de matrimonio y la asamblea por tribus, que instauró el "plebiscito". El año 300, A. de C., obtuvieron la igualdad religiosa, y por consiguiente, el derecho a ser elegido al "pontificado", con lo cual la victoria del pueblo fue completa.

Mientras tanto se había venido verificando la extraordinaria serie de conquistas que dieron a Roma el señorío de toda la cuenca del Mediterráneo, convertido en vero "mare nostrum". El año 146, A. de C., fue definitivamente destruida Cartago y su territorio convertido en provincia romana, al mismo tiempo que por el Levante quedaba subyugada Grecia. Pero, una vez desembarazada la nación de sus adversarios y competidores, comenzó la decadencia interior, la corrupción política y de las costumbres, y las guerras civiles que al cabo habrían de dar al traste con la República. La muerte de Tiberio Graco el año 133, A. de C., y poco después la de su hermano Cayo, puso de nuevo a la nobleza y a la plebe frente a frente, dando la señal de las sangrientas luchas fraticidas que habrían de seguir, y que tuvieron su epílogo en el establecimiento del Imperio poco antes de la era cristiana. Bajo los Césares, el Senado, última institución autónoma, se fue extinguiendo gradualmente en la historia romana, reemplazado por el Emperador y sus funcionarios administrativos. Como dice Wells: "Así terminó el republicanismo en Roma y cayó el primer experimento de comunidad que se gobierna a sí misma en mayor escala que una tribu o una ciudad".

Bueno es recordar, sin embargo, que durante los cinco siglos republicanos de Roma, el período de gobierno democrático, propiamente dicho, abarcó apenas dos, los dos siglos escasos que median entre la conquista de las libertades públicas y el comienzo de las guerras civiles. Y en cuanto a esta democracia, digamos, con Wells, que es asimilable a "una variedad del tipo Neanderthal en la especie a que corresponde el moderno estado democrático".

"Todo allí" —agrega Wells— "era más primitivo, más crudo, más tosco; las injusticias más flagrantes y los conflictos más ásperos... Muchos libros nuestros hablan de "democracia", de "partido popular", de "votos del pueblo", etc., como si todo ello fueran realidades con entidad como lo son hoy. Pero los senadores y políticos de Roma velaron porque tales cosa no llegaran a ser jamás realidades puras y cumplidas. Las expresiones modernas son muy engañosas como no se las cualifique con cuidado".

Por lo demás, es interesante recordar que este distinguido historiador atribuye el fracaso de este primer experimento administrativo en gran escala a tres factores primordiales: la falta de una enseñanza organizada, enfocada hacia el pensamiento y las instituciones de un estado democrático; la falta de una prensa o medio informativo y discursivo general acerca de los problemas del Estado, y a no haber concebido nunca los romanos el sistema representativo, todo ello fundamento de los grandes estados democráticos modernos.

Considerada así a grandes rasgos la historia romana, vemos que su constitución social presenta dos rasgos distintivos y persistentes: uno, su laicismo, su preocupación por lo actual, lo material y lo práctico; otro, su inclinación a la aristocracia, que resurge periódicamente en una u otra forma, como casta dominante, y ambas características se reflejan necesariamente en su arquitectura.

Fue ésta, por de pronto, marcadamente laica o civil más bien que religiosa, por lo menos en el grado que la helénica. El pueblo romano, según hemos consignado, se constituyó a base del culto de los antepasados, el "lar" o alma del primer ascendiente, y los "manes", o sea los demás parientes difuntos, sin contar con numerosos dioses familiares, todos los cuales eran venerados en capillas o altares domésticos, sin que suscitaran la necesidad de templos propiamente dichos. A estos dioses se añadieron primero los griegos, cuyos nombres se latinizaron, considerándoseles "dioses magnos", objeto de culto en grandes templos públicos, y más tarde, con motivo de la conquista de Oriente, dioses egipcios y asiáticos, como Isis, Serapis, Mitra y Cibeles. El politeísmo oficial romano llegó así a convertirse en una especie de "dilettantismo" religioso y en medio de congraciarse con los pueblos vencidos, cuyos dioses tuvieron en Roma el mejor de todos los templos, el Panteón; y así diluído, el culto oficial llegó a perder toda profundidad y toda eficacia. Dice Malet[12]

> "Ese culto no era un acto de adoración, sino un género de comercio, un contrato entre los dioses y los hombres cuyos pormenores estaban reglamentados por las leyes del Estado, como las instancias judiciales. Entre el dios y el creyente existían las mismas relaciones que entre el "patrono" y el "cliente". El primero debía protección al segundo y éste le rendía los honores deseados. Cada dios tenía una cuenta abierta, porque el pueblo romano, acostumbrado al enjuiciamiento entendía bien dar a cada cual lo que era debido, así a los hombres como a los dioses..."

A tenor de este concepto de la religión, los templos romanos no presidían la ciudad, como los griegos, a pesar de que Roma y otras ciudades contaban con diversas colinas en que hubieran podido emplazarse ventajosamente. Se situaban en la plaza pública, junto a otras construcciones civiles, como instrumento de una de las tantas actividades ciudadanas. Los propios templos a menudo se dedicaban a usos civiles; así, en el templo de la Concordia se reunía con frecuencia el Senado, y contenía una colección de objetos de arte traidos de Grecia, Egipto y las antiguas ciudades etruscas; el templo de Marte Ultor se engalanaba con estatuas de generales famosos, y en él se reunía el Senado cuando era cuestión de conceder el "triunfo" a un Senador; en el templo de Saturno se guardaba el tesoro público y una parte del templo de Castor se utilizaba como oficina de comprobación de pesos y medidas. De ahí que el templo no haya monopolizado la arquitectura romana como la griega, y sin negar el tamaño y la suntuosidad verdaderamente notables que a veces alcanzaron, cabe señalar que ello no era privativo de este género arquitectónico, sino un aspecto del amor al lujo y a la magnificencia que caracterizan toda la vida, las costumbres y la arquitectura romanas.

Así, aunque los dioses suministraron una no despreciable clientela a la arquitectura romana, se distinguió ésta más bien, como hemos dicho, en el dominio laico o civil, y justo es reconocer que cultivó en él mayor número de programas que cualquiera otra hasta los tiempos modernos. Reflejan éstos, por de pronto el poderío de los príncipes romanos y el predominio de la aristocracia en Roma durante la mayor parte de los doce siglos que median entre su fundación y su caída; aristocracia patricia en los tiempos de la República, civil y burocrática en los del Imperio, compuesta de funcionarios enriquecidos a la sombra del emperador y militares exaltados por el botín y las prebendas. La magnificencia de los palacios reales se infiere de unas historias contemporáneas y de las ruinas del monte de Palatino, de Tívoli y de Spalato. Los del monte Palatino se inspiraban en los palacios de las grandes ciudades orientales, Alejandría, Pérgamo y Éfeso. Comenzados por Augusto, fueron ampliados por los emperadores sucesivos hasta llegar a constituir en vasto y complejo conjunto de grandes salas de ceremonias, techos porticados, exedras, templos, basílicas y aposentos privados, revelando una gran habilidad en la distribución de los distintos locales, decorados suntuosamente según las normas reveladas en Pompeya, salvo que lo que aquí era estuco y pintura en Roma era mármol. La Casa Dorada de Nerón, según descripciones de Plinio, era un compendio de todo lo más extravagante en arte y riqueza de que era capaz el genio romano. La villa de Adriano en Tívoli incluía, además de los aposentos privados y salas de estado, bibliotecas, termas y estadios, reproducciones de los edificios más famosos de Grecia y el Oriente, caprichosamente distribuidos en un terreno accidentado. Una disposición muy distinta se adoptó en el palacio de Diocleciano en Spalato, en las orillas del Adriático, adonde se retiró el emperador al resignar su autoridad, en vista de la inseguridad del Imperio. Seguía aquél las líneas de un campo romano fortificado, reuniendo tras de sus espesas murallas y a lo largo de dos grandes avenidas en cruz, una ciudad en pequeño, incluyendo un templo o capilla real y el mausoleo que, en previsión, hizo erigir el emperador.

Grandes mansiones elevó asimismo la casta dominante romana en todas la épocas, cuya magnificencia atestiguan, además de los textos, las propias ruinas, no tanto en Roma, por la destrucción habida a través de los tiempos, como en Pompeya, donde fueron conservadas por la protección de las arenas volcánicas; debiendo, sin embargo, tenerse en cuenta que aquélla era una ciudad pequeña, de segunda categoría, de modo que sus mansiones eran sólo un modesto reflejo de las romanas. Bajo apelativos aplicados más o menos convencionalmente, pueden admirarse aún en Pompeya las llamadas casa de "Pansa", de "Salutio", de los "Vetios", del "poeta Trágico", de las "Nereidas", del "Fauno", del "Centenérico", de los "Amores Dorados", etc., etc., en cuya construcción rivalizó la "élite" de los patricios romanos. En ellas, mientras la vida familiar se desarrollaba tranquila en torno a los opulentos aposentos que rodeaban el bello patio o "peristilo", el patrón recibía en el anchuroso "atrio" a sus "clientes"., esto es, los desheredados que habían buscado en él una protección y un culto.

Al lado de estos esplendores de príncipes y potentados, la clase popular y los esclavos vivían en terrible hacinamiento, en las llamadas "ínsulas", sin duda mucho peores que nuestras "casas de vecindad", conocidas vulgarmente por "ciudadelas". Primero Augusto y luego otros emperadores, incluso el propio Nerón, se vieron obligados a limitar la altura y otros pormenores de estas construcciones lo que, sumado a los frecuentes y devastadores incendios ocurridos en Roma, confirman las condiciones detestables de la vivienda popular en Roma.

En un sentido, por lo menos, aparece la civilización romana, como auspiciando, por medio de instituciones materializadas en grandes obras arquitectónicas, el bienestar del pueblo. Las obras imperiales como termas, teatros, anfiteatros, estadios y a circos diríase que no constituían arquitectura de casta, sino arquitectura "popular". Pero, a poco que se reflexione, se hallará que la mayor parte de las contrucciones romanas, aparte del templo y del palacio, fueron del género que pudiéramos llamar "recreativo", obras que proveían a los inofensivos y a veces vulgares instintos del pueblo, como para que, satisfaciéndolos, pasara por alto el escamoteo de sus libertades. Recordemos en este sentido, que en Roma había ciento setenticinco días de fiesta al año, y que algunas, como la inauguración del Coliseo, duraron cien días seguidos. Como antes los Faraones del Egipto y más tarde los Obispos de la Edad Media, los príncipes romanos rivalizaron en la construcción, esta vez, de edificios destinados a "anestesiar" la voluntad del pueblo; y en las suntuosas salas de las termas y las interminables graderías de los teatros, anfiteatros y circos, se expresa con toda claridad, junto con el poder de los príncipes que dictaron su construcción y los recursos ilimitados del Imperio, la fórmula del gobierno imperial romano: "Panem et circenses"...

Aparte de estas construcciones, realizaron los romanos indudablemente muchas obras públicas, pero casi todas del género que llevaba implícito alguna utilidad administrativa o militar: basílicas, foros, caminos, puentes, acueductos, etc.. Ninguna de ellas tendía a proveer a las necesidades físicas o espirituales del pueblo a elevar su nivel cultural, o a prepararlo para ejercer debidamente las funciones de gobierno democrático. La verdad es como dice Choisy[13], que entre los romanos

> "la arquitectura constituyó un órgano de la autoridad todopoderosa para la cual la construcción de edificios públicos fue un medio de dominación. Los romanos construían para asimilarse a las naciones sometidas plegándolas a las fórmulas de la 'servidumbre'.

Podemos, pues, concretar en pocas palabras este examen de la antigua Roma diciendo que su arquitectura no realizó jamás cumplidamente el ideal de un arte democrático, porque los de arriba nunca tuvieron un deseo sincero de elevar y aliviar la carga de los de abajo, ni éstos lograron imponerse eficazmente por tiempo suficiente para lograrlo por sí mismos.

La Edad Media

Con la caída del Imperio Romano se completó un gran ciclo político y cultural en Europa. Del confuso y agitado mar en que se sumieron entonces Roma y las provincias romanas, se comenzó a formar rápidamente un proceso de cristalización política que culminó en el llamado "Sistema Feudal", el cual derivó del Imperio decadente la idea de agrupación de los más débiles en torno a los más fuertes para la mutua protección de personas y propiedades. Visto teóricamente, dice el profesor G. B. Adams[14], "el feudalismo cubría toda Europa con una red de feudos, que se elevaban en gradación el uno sobre el otro, desde el más pequeño, la hacienda del caballero, abajo, hasta el rey en la cima, que era el sumo terrateniente o que tenía el reino en nombre de Dios". Pero esta organización, que presuponía la cooperación voluntaria y sincera de todos los afectos, estuvo lejos de funcionar con eficacia y justicia, y en el estado feudal, como apunta el propio Adams, "las leyes privadas usurparon el puesto a las leyes públicas". De ese modo el paso del cesarismo al feudalismo significó, política y socialmente, el paso de un amo a varios; y el número de los que con arreglo a tal "sistema" ejercieron en alguna forma el mando y el poder consituyó, sin duda, la casta más extensa y odiosa que jamás haya gobernado el mundo europeo.

Paralelamente al sistema feudal se desarrolló en la Edad Media el Cristianismo, agente unificador que pronto supieron emplear en su provecho los gobernantes, en nombre del cual se promovieron tan frecuentes y cruentas contiendas, y que al cabo llegó a formar un Estado dentro del Estado. De estos dos poderes nació y se nutrió necesariamente la arquitectura de la Edad Media, cuyas construcciones fundamentales fueron el *castillo* y la *iglesia*. En torno al castillo feudal se formaron las ciudades medioevales que no tuvieron su inicio bajo los romanos. Era aquél el baluarte del gran señor, construido por sus vasallos, símbolo de su poderío; se levantaba orgulloso sobre las modestas viviendas circundantes como monarca entronizado que pasea la vista sobre sus súbditos prosternados. Algunos de estos castillos, con sus torres, murallas, garitas, almenas, fosos, plazas de

Figura 6.4. Escuela de Ingeniería y Arquitectura, Universidad de La Habana

armas, refectorios, capillas, salones, almacenes, etc., repetían en pequeño el esquema fundamental de las ciudades amuralladas de que formaba parte y de las que eran el último reducto. Las guerras civiles y religiosas y las luchas por la libertad, aun más que los rigores del tiempo, han destruido gran número de estos castillos. Sin embargo, algunos, más o menos restaurados, atestiguan la extensión y fortaleza que revistieron estas altivas construcciones del medioevo. El castillo de Pierrefonds, elevado sobre una eminencia del terreno, dominando las viviendas y la comarca circundantes, expresa debidamente las relaciones, en los demás órdenes, del señor feudal y de sus vasallos. El de Josselyn en Bretaña, cuya arquitectura revela la evolución de los tres siglos a través de los cuales fue reformado y ampliado, tiene en cambio el carácter de un castillo de leyenda, como si quisiese representar la apoteosis del sistema feudal. El gran palacio papal de Avignon nos recuerda la posición que ocupaba el Sumo Pontífice durante la Edad Media como genuino emperador de la Cristiandad. El castillo medioeval es un caso tan claro de arquitectura de casta, de la casta feudal cimentada sobre el linaje, la fuerza y la expoliación, que no justifica, en la argumentación que seguimos, una mayor atención. Así, pasemos a la Iglesia.

Si algún mito existe tan arraigado como el del carácter "popular" de la arquitectura egipcia, es el que envuelve a la catedral gótica y que atribuye un interés especial, una devoción particular, y hasta un uso civil de aquélla por el pueblo en la Edad Media.

368

Producto indudable, aunque indirecto, de la religiosidad contemporánea y síntesis de las artes de medioevo —época que apenas conoció instituciones populares y, por tanto, no tuvo edificios públicos— se ha querido ver en la catedral el lugar obligado de reunión ciudadana; y aún más, se ha querido ver en ella la obra amorosa del arquitecto, escultor y vidriero, en aras de su fe, propiciada por los espontáneos donativos del pueblo devoto, interesado en su construcción. Este mito se remonta a la época romántica y se formó al calor de las grandes figuras literarias y artísticas contemporáneas, como Chateaubriand, Víctor Hugo, Viollet-le-Duc, etc. Este último, perplejo ante el rápido y fenomenal desarrollo de la arquitectura gótica en el medio de incultura, violencia y penuria de la Edad Media, atribuía el estímulo propulsor a la Comuna. Para Viollet-le-Due la catedral era poco menos que un palacio municipal, un vasto monumento del orgullo cívico, erigido tanto con fines seculares como eclesiásticos, y esencialmente obra de la burguesía. Víctor Hugo se expresó así de aquélla[15]:

> "La Catedral, edificio antes tan dogmático, invadido sucesivamente por el estado llano y por la libertad, se escapa del sacerdote y cae en poder del artista; y el artista la construye a su gusto: al misterio, al mito, a la ley, suceden la fantasía y el capricho. Con tal que el sacerdote posea su basílica y su tabernáculo, no debe quejarse; las paredes pertenecen al artista".

Por primera vez se señalaba el fenómeno de un arte popular sucediendo a un arte aristocrático, y en un clima apropiado de sentimentalismo y de religiosidad, el público lo aceptó sin advertir los errores de apreciación y las inconsistencias de muchos que, después de todo, no poseían conocimientos particulares de arquitectura. Desde entonces ha transcurrido un siglo, a través de cuya perspectiva se han precisado muchos de aquellos conceptos. Poco revela el estudio de la catedral gótica que indique su "popularidad". Algunas vidrieras de las catedrales de Chartres y Bourges, donadas por distintos gremios de artesanos; algunas escenas de vida campestre esculpidas de Amiens y otros lugares; las esculturas grotescas y hasta licenciosas que aparecen aquí y allá, comprenden todos los elementos "democráticos" que se ofrecen en la ornamentación gótica. Bien poco, en verdad, en el vasto tapiz ornamental que cubre la venerable mole de las catedrales. De tales escenas, como la de un fraile beodo o algún obispo representado entre los condenados, puede decirse, efectivamente, que poco importaban al prelado, con tal que se construyera su iglesia y de que el pueblo sobrellevara la carga. Pero, además sugieren esas escenas que las relaciones entre el pueblo y el clero no eran de lo más cordiales, y eso, precisamente, lo confirman los hechos. Nada contribuyó tanto al distanciamiento del pueblo y de la Iglesia como el desarrollo de las Comunas, en las que Viollet-le-Duc veía el espíritu propulsor de la catedral.

> "Casi todas las ciudades francesas presenciaron, durante el siglo XII, la lucha, a menudo llevada a la violencia por parte de la burguesía, para emanciparse de la jurisdicción feudal del abate o del obispo; y esa lucha perduró casi siempre, aun cuando una de las dos partes obtuviese la victoria"[16]

La lista de estos conflictos es sumamente extensa. El primer intento de establecer una Comuna ocurrió en Le Mans, en fecha tan remota como el año 1019; y aunque al principio el Obispo se alió con la burguesía en contra de la autoridad condal, pronto, al sufrir los perjuicios consiguientes, cambio de partido; y privada del apoyo de la Iglesia, la Comuna fue rápidamente suprimida. Pocos años más tarde la ciudad de Beauvais se sublevó; en 1111 fue Laon la que se levantó contra su Obispo, y sólo dos años después lo hizo Amiens. En 1146 los burgueses de Sens forzaron en violenta refriega las puertas de la Abadia de St. Pierre-de Vif, y mataron al abate y a su sobrina. En Orleans fracasó un levantamiento en 1137. En Soissons los burgueses atacaron la abadía de Saint Medard en 1185. Casos semejantes se registraron en Tournai, Laon, Saint Omer, Roven, Noxons, Saint Ouen, Reims, etc., etc. Luego, la actitud del pueblo hacia el clero en la Edad Media distaba mucho de ser de humildad, veneración y reverencia.

Pero si ese era el sentimiento popular con respecto al clero, ¿cual era su actitud hacia su baluarte, la Iglesia, considerada como construcción arquitectónica...? En forma clara y dramática se refleja este sentimiento en el llamado "Culto de los Carros", que nos da a conocer una carta del obispo Haymo, de Saint Pierre-sur-Dives, publicada por Porter en su tratado de "Arquitectura Medioeval":

"Quién vio jamás, quién oyó jamás en todas la generaciones precedentes, de cosa tal que gobernantes, príncipes y potentados, poseedores de toda clase de honores y riquezas, hombres y mujeres de noble estirpe, hubieren de someter sus altaneros y escarolados cuellos, para ser atados por correas a los carros, y, como bestias de tiro, hubieren de arrastrar al asilo de Cristo cargamentos de vino, trigo, aceite, mortero, piedra, madera y cualquier otra cosa necesaria para el sustento de la vida o para la construcción de la iglesia. Además, es maravilloso ver que, si bien un millar o más de hombres y mujeres se atan a un carro —tan grande es el tamaño de éstos y tan pesada la carga que soportan— sin embargo, toda la compañía desfila en tal silencio, que ni voz ni ruido se oyen; y a no ser que lo veáis con vuestros ojos, lejos de creer que tal multitud está presente, diríase que no hay una sola persona".

Sigue relatándonos Haymo cómo durante las paradas oraba el sacerdote, y entonces, como por encanto, se apaciguaban los odios, se terminaban las discordias y se perdonaban las deudas; y al final, no infrencuentemente se veía a los inválidos y a los enfermos retornar curados de los carros a que se habían ligado. Mientras tanto, los curas que presidían sobre los diversos "carros de Cristo" exhortaban a la penitencia, a la confesion, a la lamentación y a la observancia de una mejor vida. Las gentes se postraban en el suelo hasta besar el polvo y así los viejos como los niños de tierna edad imploraban a la Madre de Dios con lágrimas y sollozos. Dícese que estas escenas tuvieron lugar primeramente en conexión con la construcción de la catedral de Chartres, y en consecuencia de los milagros quedaron después establecidas como santa institución, extendiéndose a la Normandía y otras comarcas. Y aunque pudiera haber alguna exageración en la descripción del piadoso obispo, esas escenas constituyen un cuadro vivo del espíritu religioso medioeval, en su histerismo y creencia en los milagros, su mortificación de la carne y su fanatismo, que culminaron en el dramático episodio de las Cruzadas. Pero, como bien dice Porter; no hay nada en el texto que demuestre que escenas tan extraordinarias estuvieran estimuladas por el entusiasmo popular en la arquitectura ni en la catedral como tal. Las gentes se hacían atar a los carros no porque les interesase tener una hermosa iglesia, sino porque querían obtener la salvación humillando la carne; y los obispos eran lo suficientemente astutos para utilizar el entusiasmo religioso de la multitud en provecho de la Iglesia. De que supieron emplearlo bien no cabe la menor duda; a ella debemos las grandes catedrales de la Edad Media en que la rivalidad episcopal se expresa más elocuentemente en lo que pudiéramos llamar la "competencia en altura" que en otros aspectos de la misma. Así, la nave de la catedral de Laon, erigida a mediados del siglo XII, tenía treintidós metros de altura, sobrepasando a todo lo realizado en la época románica; "Nuestra Señora de París", que siguió poco después, alcanzó treinticuatro metros; la de Reims llegó a treintiocho, la de Amiens a cuarentidós, y la de Beauvais a cuarentiocho, reto a la estática que terminó, desgraciadamente, en el desplome de las bóvedas...

Como último aspecto, tenemos el del financiamiento de la construcción de las catedrales. Es evidente que, a pesar de la inmensa riqueza de los obispados y abadías, la rivalidad existente entre diócesis vecinas, cada cual tratando de sobrepujar a la otra en la magnificencia de su catedral, llevó a la erección de edificios mucho más costosos aun de lo que podía soportar la Iglesia medioeval. Así, pues, con frecuencia se hacía necesario levantar fondos entre el pueblo; pero los medios empleados para esas exacciones por sí solos demuestran que los fieles no contribuían por entusiasmo o interés en la obra arquitectónica. Sucedíanse bula tras bula, en las que el Papa concedía indulgencias a los que visitasen determinada iglesia en determinado día y contribuyeran a su construcción. Cuando este medio fallaba, las reliquias poseidas por la catedral se paseaban a través de la comarca, invadiendo a veces otros obispados que protestaban de que fuesen así esquiladas sus ovejas...[17]

En vista pues de este cuadro religioso de la Edad Media, pintado con sus colores naturales como lo presentan los documentos contemporáneos y no con los suaves matices de la época romántica, preciso es llegar a la conclusión de que el ciudadano medioeval probablemente consideraba a la catedral y al obispo que disponía su construcción a la misma luz que los antiguos egipcios miraban al Faraón y los grandes monumentos sepulcrales y templarios que aquél les hacía erigir. Y así lo dicen las palabras de Porter:

"La catedral gótica es tan claramente el emblema del poder eclesiástico como el castillo es el emblema del poder feudal: la una distaba tanto como el otro de ser la obra del pueblo..."

La Edad Media en Europa no fue toda católica. Al lado de ella, en el Levante, se desarrolló la cultura cristiano-bizantina, al paso que la musulmana se extendió por todo el sur y aun hizo su incursión en el occidente. Pero ninguna nos detendrá mucho tiempo. En una teocracia como fue el Imperio Bizantino, es evidente que su arquitectura nunca pudo estar al servicio del pueblo; y la iglesia y el palacio absorbieron sus grandes esfuerzos monumentales. Santa Irene, Santa Sofía, San Marcos los Santos Apóstoles; el Cenuorgión, el Palacio Sagrado y el Palacio de las Blanquernas, son ciertamente grandes jalones en el sendero de la arquitectura autocrática. E igualmente la arquitectura musulmana, al servicio de una religión militante cuya suprema autoridad ejercía igualmente el gobierno militar y civil, se concretó a la mezquita, el palacio y la tumba, construcciones que igualmente alcanzaron un alto grado de monumentalidad y belleza. Las mezquitas, palacios y sepulcros del Gran Mogol en Agra, Delhi, Ahmadabad, Champanir y Fathepur-Sikri; las mezquitas y las tumbas de los Califas en el Egipto; las mezquitas y palacios africanos; la mezquita de Córdoba, el Alcázar de Sevilla y la Alhambra de Granada son monumentos impresionantes, sin duda, pero no menos el producto de la ambición, el poderío y la rivalidad de la casta que los erigió para su exclusivo goce y beneficio...

Figura 6.5. Universidad de La Habana. Detalles de los Jardines (1929)

El Renacimiento

A fines de la Edad Media exitía ya un buen número de ciudades "libres". La burguesía había conquistado un puesto en las Asambleas y Parlamentos al lado del clero y de la nobleza, gracias principalmente al apoyo que recibió en Francia, de parte de los reyes, deseosos de limitar el poder y privilegios de la nobleza; en Inglaterra, de parte de la nobleza, ansiosa de libertarse de las garras de la monarquía; en Italia, del Papa, en su afán de prevalecer sobre el emperador del Sacro Imperio germano, y en España por el valimiento que alcanzó el pueblo en la cruzada contra el moro invasor. Mientras tanto, Suiza conquistaba su libertad en la lucha de los Trece Cantones contra el duque de Borgoña, y se agrupaban las ciudades nortealemanas en la Liga de Hansa, para protegerse y comerciar libremente. En pos de estas nacientes libertades surgen los primeros palacios municipales y palacios de justicia, las primeras universidades, como las de Oxford, París y Bolonia, y también numerosas residencias burguesas, muchas de las cuales eran, a la vez, residencia y taller de comerciantes y artesanos. Pero este destello de "democracia" que deslumbró a Víctor Hugo pronto se apagó. La monarquía y la Iglesia, por igual, después de haber abatido al feudalismo, repudiaron a sus antiguos aliados, ahogando nuevamente las libertades públicas. En Inglaterra, Carlos I no reunió el Parlamento durante once años, dando lugar a la cruenta guerra civil (1642) que culminó en su decapitación y la declaración de Derechos de los Ingleses. Los Borbones marcharon en Francia, rápidamente, hacia el absolutismo, el cual, bajo Luis XIV, llegó a suprimir el libre funcionamiento de las instituciones populares. En España, Carlos V y Felipe II sojuzgaron no sólo al poder civil sino al eclesiástico, y más tarde, Fernando VII abolió el gobierno constitucional (1814), proclamándose rey absoluto. En Italia, los reyes de Nápoles y Cerdeña, el Papa y los austríacos se encargaron de abolir las libertades públicas, al paso que los poderes coligados en la Santa Alianza representan la fase culminante de la reacción contra el régimen representativo.

Así, fue el Renacimiento la época de los potentados y del absolutismo civil y religioso. Continuaron, por tanto, elevándose iglesias y catedrales que eran, como antaño, monumentos del orgullo y la rivalidad de Papas y príncipes de la Iglesia. Con la terminación de la cúpula de la Catedral de Florencia inició el gran Brunelleschi el renacimiento de la arquitectura clásica en Italia, y el hecho de que se tratara precisamente de una iglesia gótica establece la continuidad de las dos épocas. La máxima creación de este género, la gran Basílica de San Pedro, en Roma que proyectó el genial Bramante y terminó el coloso Miguel Angel, surgió, como es sabido, del propósito del Papa Julio II, de erigir un monumento capaz de cobijar el gran mausoleo personal que había encargado a Miguel Angel. Sobre esta grandiosa obra apunta Anderson[18]:

> "San Pedro y el Vaticano constituyen aquel grupo de edificios del Renacimiento que en escala y carácter son comparables favorablemente con las antiguas obras romanas. En esto hallamos un testimonio significativo de la fidelidad de la arquitectura como libro pétreo de la historia, porque en San Pedro se lee con claridad la importancia de la Iglesia en el mundo del siglo XVI y el carácter y atributos de sus dirigentes, tanto como los fines de los constructores de la fábrica material".

Con todo, fue el Renacimiento, en comparación con la Edad Media, la época de la arquitectura laica, y particularmente la de los grandes palacios. Príncipes y potentados del mosaico de pequeños Estados rivales en que a la sazón se hallaba dividida la península italiana, trataban de sobrepujarse en la construcción de magníficas mansiones, marco apropiado de su mundana grandeza. Entre los más destacados patrones de esta arquitectura de casta figuró Lucas Pitti, que ocupó elevados cargos en la República Florentina. Siendo Gonfaloniero de Justicia, e instigado por Cosme de Médicis, restableció, mediante un golpe de audacia, la llamada "Balía" o Consejo Extraordinario, que confería el poder a unos cuantos potentados, y en fin de cuentas, al propio Médicis. En recompensa, Pitti fue hecho "caballero" y Cosme, así como la Señoría, le hicieron espléndidos regalos, ejemplo que tuvo a bien imitar toda la ciudad, alcanzando los donativos" la jugosa suma de 20,000 ducados. Oigamos a Nicolas Maquiavelo[19] con respecto a la aplicación que dio Pitti a su riqueza e influencia:

"Tanto confiaba en ejercer el poder, que comenzó dos edificios uno en Florencia y otro en Ruciano, lugar que dista una milla de la ciudad, ambos de una magnificencia verdaderamente regia. El de la ciudad era el mayor de cuantos hasta entonces habían construido para sí los ciudadanos, y a fin de terminar pronto la construcción, no perdonaba ningún medio extraordinario porque no sólo los particulares le hacían regalos de cuanto podía ser útil para la edificación, sino que hasta las municipalidades vecinas y pueblos enteros le auxiliaban. Además, todos los desterrados y los que hubieren cometido homicidio o robo o cosa alguna por la cual temían condena, con tal que supieran trabajar, encontraban asilo seguro dentro de aquel palacio". Y agrega Maquiavelo: "Los demás compañeros de Pitti, si no edificaban palacios, eran tan violentos y rapaces como él; de suerte que si Florencia no tenía ninguna guerra exterior que agotaran sus recursos, acababan con ellos los mismos florentinos..."

En la propia Florencia hubo una excepción que prueba la regla, excepción, sin embargo, más aparente que real. Los Médicis, y Cosme en particular, fueron grandes mecenas de las artes; auxiliaron y estimularon a los artistas, fundaron bibliotecas y academias, y sufragaron el costo de numerosas iglesias, conventos, capillas y altares. En un gesto que revela más perspicacia que sinceridad, Cosme de Médicis, según nos relata Vasari[20], rechazó el proyecto demasiado grandioso que le preparaba Brunelleschi para su palacio urbano, diciéndole que "la envidia es una planta que no debe regarse". El que luego le construyó Michelozzi, conocido hoy por Palacio Riccardi, era, sin embargo, una construcción magnífica que hizo escuela en la arquitectura florentina. Pero aun este "Padre de la Patria", como lo designaron los florentinos a su muerte por decreto público, explotó la arquitectura sin moderación para su propia comodidad y orgullo. Así, consigna Maquiavelo que Cosme poseía nada menos que cinco residencias: "una en Florencia, tan suntuosa como merecía el personaje, y cuatro fuera de la ciudad, en Careggi, en Fiesole, en Cafaggiuolo, y en Trebbio", y añade: "todas ellas, más que casas de ciudadanos, eran palacios reales".

Tampoco se quedaron atrás, en la construcción de magníficas residencias, los príncipes de la Iglesia. Los cardenales, particularmente, fueron grandes clientes de la arquitectura. La lista de sus palacios es muy extensa, pero podemos, por lo menos recordar los más hermosos y significativos. Entre ellos figura, a principios del Alto Renacimiento romano, la inmensa fábrica conocida por Palacio de la Cancillería, construido por el cardenal Rafael Riario; siguen después, en la misma ciudad, el Palacio Giraud o Torlonia, construido por Adriano de Correto; el palacio Sora, de Nicolás Fieschi; el palacio Farnesio, de Alejandra Farnesio, luego Papa Paulo III, así como el palacio Farnesio en Caprarola, construido algo más tarde por un sobrino de aquél del mismo nombre; la villa Médicis, perteneciente a Ricci de Montepulciano; el palacio "Spada alla Regola", de Capi de Ferro; la villa Lante en Bagnaia, comenzada por el cardenal Gambara y terminada por el cardenal Montalvo; la villa Mondragone en Frascati, del cardenal Altemps; la villa D'Este en Tivoli, del Cardenal de ese apellido. Poseedor de una bella villa era también el cardenal Albani, y el propio Papa tuvo la suya conocida por Villa Pía, en los jardines del Vaticano. A fines del Renacimiento, el palacio Barberini, construido por los célebres arquitectos Maderna, Borrimini y Bernini, consagra el apellido de dos o tres generaciones de religiosos emparentados con el Papa Urbano VIII. Como bien apunta Anderson[21],

> "éstas son sólo algunas de las casas del clero erigidas sin duda en rivalidad y por la gloria de su casa, de cuya influencia y poder dependían grandemente las oportunidades de ser electos para el Papado, sin contar con los puestos apetecibles y emolumentos que ello entrañaba".

Comparado con el número de iglesias y de palacios privados los ayuntamientos, bibliotecas, hospitales, mercados, escuelas y otros edificios de utilidad pública que se erigieron durante el Renacimiento en Italia fueron sumamente escasos.

Así, a la luz de la historia escrita por los mismos que participaron en ella y de las apreciaciones contemporáneas más autorizadas, resulta evidente que un fenómeno tan extraordinario como la restauración de la antigüedad clásica en Italia, giró en la materialización arquitectónica, exclusivamente alrededor de aquellos grandes señores que fueron los Médicis, los Pitti, los Sforza, los Borgia, los Pazzi, los Chigi, los Strozzi, los Visconti, los Malatesta, y tantos más que gobernaban y pululaban en la multitud de Estados rivales, como eran Florencia, Venecia, Milán, Nápoles, Ferrara, Rímini, Mantua y los Estados papales, cuya vida no muy edificante de asesinatos, traiciones, latrocinios, violaciones y expolios se incubaba y desenvolvía a la sombra de los magníficos palacios, a la vez condición y consecuencia de su posición preponderante...

Mas si éste fue el caso en Italia, donde apenas había arraigado el Feudalismo y las ciudades mantenían cierta ficción de libertad y gobierno propio, ¿qué podemos esperar de la herencia renacentista, heredera del Feudalismo, la Francia monárquica en que el Estado llegó a eclipsarse tras la personalidad del Rey?... Habiendo logrado la unificación del país, con la consiguiente concentración del poder y la riqueza en sus manos, los monarcas franceses tendieron desde el principio a erigir grandes palacios urbanos y campestres en que desarrollar sus variadas y opulentas actividades cortesanas; y a tal punto fueron allí los usufructuarios y dictadores de la arquitectura, que los distintos períodos o etapas del Renacimiento francés se conocen por sus nombres respectivos, desde Carlos VIII hasta Luis XVI.

Tanto los Valois como los Borbones, cuyo reinado cubre la época del Renacimiento, fueron grandes constructores, y cada rama o dinastía tiene en la arquitectura un representante destacado, un constructor por excelencia: los Valois, a Francisco I; los Borbones, a Luis XIV. De Francisco I, en cierto modo uno de los más brillantes monarcas franceses, ha dicho un autor que "cambiaba de residencia con tanta facilidad como si se mudara de traje"... No bien había subido al trono en 1515, Francisco comienza el ala del castillo de Blois que lleva su nombre, y de cuya fachada constituye elemento tan destacado la famosa torre de la escalera en espiral, una de las más hermosas como fue una de las últimas de su tipo en el Renacimiento francés; pero el rey necesitaba, además, un palacio de caza en los bosques del Sologne en que poder alojarse con su alegre comitiva cortesana, durante sus frecuentes excursiones deportivas y galantes. Erige entonces, en las márgenes del Loira, el castillo de Chambord, ese gigantesco capricho arquitectónico al que habría de volver en los últimos años de su reinado, rendido por sus campañas, sus correrías y los desengaños, que le hicieron grabar sobre la vidriera de su aposento aquel conocido dístico:

Figura 6.6. Aula Magna de la Universidad de La Habana, (1930)

Souvent femme varie,
Bien fol qui s'y fie.

Retorna a sus campañas de Italia y cae prisionero en Pavia; a su regreso, ya no le atrae el Loira; prefiere el Ile-de-France, donde París había comenzado a embellecerse y adquirir importancia política y social. En recuerdo de su cautiverio edifica el Château de Madrid, en pleno bosque de Bolonia, que complementa con dos apeaderos de caza, los castillos de La Muette y Challuau. Al mismo tiempo reconstruye el palacio de Fontainebleau, y como esto le pareciera insuficiente, comienza poco después allí mismo un palacio enteramente nuevo a espaldas del antiguo. Construye sendos castillos en Villers-Cotterets y Felembray; una villa en Moret, una casa en Orleans, y finalmente hacia 1539, reconstruye el castillo de Saint Germain-en-Laye. Doce grandes obras en treinta y dos años de reinado: poco más de dos años y medio es lo que para Francisco I servía una residencia...

Si Francisco I eclipsó a todos los monarcas franceses en el número de palacios reales construidos, ampliados o reformados durante su reinado, Luis XIV le superó en la amplitud y magnificencia de sus obras. Versailles, las Tullerías y el Louvre (ya que partes tan extensas y significativas de éste se realizaron en dicha época), forman un trío de construcciones palaciales difíciles de sobrepujar; además, hizo levantar Luis XIV a Marly, cuyas obras, si concebidas al principio para servir de retiro modesto y económico del monarca, y nunca muy extensas, llegaron a integrar una de las más importantes residencias reales, que por la magnificencia de sus esculturas, pinturas, jardines y juegos de agua, consumió sumas tan importantes casi como Versailles.

Fue éste, sin embargo, el producto, más característico del más absoluto de los autócratas del Renacimiento. En efecto, aunque comenzado por su padre para servir de apeadero de caza, Versailles tuvo tan frecuentes y en conjunto gigantescas ampliaciones, que la obra primitiva es apenas discernible en el cuerpo central de la Cour de Marbre, y Versailles personifica a Luis XIV tanto como Luis XIV personificó al Estado. A tenor del creciente interés del rey por Versailles, que lo llevó a hacer de él sucesivamente su residencia personal, la de la Corte y, finalmente, la sede de todo su gobierno, el pequeño pabellón de Luis XIII fue primero reformado y más tarde envuelto literalmente por un nuevo y magnífico palacio; y como aun esta gran fábrica no bastase para alojar las numerosas actividades administrativas y servir de marco apropiado a la creciente pompa de las funciones reales, fue de nuevo ampliado con dos inmensas alas que duplicaron con exceso la superficie del edificio. Aunque tal vez esté fuera de toda posibilidad el determinar con algún grado de exactitud el costo total de una obra de esta clase, se consigna que Versailles costó al erario francés la fabulosa suma de ¡mil millones de libras!... Colbert, el celoso Ministro de Hacienda que en vano se esforzaba por reorganizar las finanzas taponando los huecos que producían en ellas los extraordinarios dispendios del rey, así censuraba la aventura de Versailles:

> "Vuestra Majestad ha regresado ahora de Versailles. Yo le suplico que me permita decirle, con este motivo, algo que me perdonará en gracia a mi celo: Esta casa sirve más para el placer y deporte de Su Majestad que para su gloria. Es muy justo que con tan gran atención como concede Vuestra Majestad a los asuntos del Estado, se permita también algo para su placer y divertimiento, pero procurando no perjudicar a su gloria; y si Vuestra Majestad tratara de encontrar en Versailles los quinientos mil escudos que se han empleado allí en dos años, tendría dificultades en encontrarlos"[22].

No era, sin embargo, que Colbert considerase impropio este género de empresas, sino, al contrario, que trataba de instar al rey a terminar los otros palacios del Louvre y las Tullerías que él, con clara visión, consideraba de mayor alcance y prestigio arquitectónico. Y en efecto, así urge a su monarca:

> "Vuestra Majestad debe considerar que, después de los actos de valor y de las victorias, nada señala mejor la grandeza de los príncipes como sus palacios y las construcciones que han llevado a cabo durante su reinado. ¡Qué lástima, pues, que el rey mejor y más grande como lo es Vuestra Majestad llegue con el tiempo a ser medido con la medida de Versailles!"[23].

De este modo aun los mejores intencionados de aquella época expresaban el concepto que tenían de la arquitectura como privilegio de los monarcas y atributos de su gloria. Luis XIV evidentemente estaba bien persuadido de ello, y hasta pensaba, sin duda, que con empresas de esta naturaleza se mostraba magnánimo hacia el pueblo, puesto que en ocasión de recabar de él Madame de Maintenon, fundadora de Saint-Cyr, dinero para los pobres, le contestó secamente: "Un rey hace limosnas gastando mucho..."[24]

Hacia 1660, cuando fue cuestión de terminar el Louvre y Las Tullerías, una real orden prohibió construir en cualquier circunstancia ni en París ni a diez leguas a la redonda, so pena de trabajos forzados en las galeras para los obreros transgresores, sólo con objeto de que al rey no le faltasen obreros para sus trabajos y de que pudiera tenerlos baratos, con lo cual el rey, como apunta acertadamente Bonnemére[25], "usurpó por igual la propiedad y el trabajo". En efecto, la prohibición general de construir a los ciudadanos, dictada por Luis XIV, fue la última consecuencia de la servidumbre de la arquitectura monumental bajo los potentados del Renacimiento.

Paralelamente con las de la monarquía se elevaron en Francia las grandes mansiones nobiliarias, puesto que si bien la unificación nacional se había efectuado en gran parte por la limitación de la influencia de la nobleza, ésta retuvo por tiempo indefinido sus posesiones, sus ingresos y muchas de sus prerrogativas. El caso más notorio de lo que pudiéramos llamar "abuso" de la arquitectura por los grandes señores franceses,   el de Fouquet, el malversador ministro de las finanzas de Luis XIV que precedió a Colbert en el mismo cargo. Fouquet, habiendo adquirido el Vizcondado de Melun, decidió construir un gran palacio campestre para reemplazar su ya suntuosa mansión de Saint-Mandé, complemento de una gran residencia urbana que poseía en París. Parece ser que un primer castillo no satisfizo al exigente ministro, siendo demolido inmediatamente y remplazado por el actual, construido entre 1657-1660[26]. La construcción del nuevo palacio, llamado de Vauz-le-Vicompte estuvo encomendada al arquitecto Le Vau, al pintor Le Brun, y al paisajista Le Nôtre, el mismo trío de geniales maestros que más tarde edificó a Versailles; así, con fondos ilimitado a su disposición, no es de extrañar que Vaux-le-Vicompte alcanzara tal magnificencia, que con razón Saint-Beuve lo ha llamado "un Versailles anticipado". De ahí que no pongamos en duda la afirmación de que los trabajos de las tres residencias de Fouquet no costaron menos de diez y ocho millones de libras[27]. El 17 de agosto de 1661 fue inaugurada esta sin igual mansión con una fiesta extraordinaria, para la cual se repartieron seis mil invitaciones y a la cual asistió el monarca en persona, que partió para ella con gran pompa en áurea carroza desde el palacio de Fontainebleau. Las fiestas comprendieron una gran cena preparada por el célebre Vatez, que costó 120,000 libras; una lotería con grandes premios; representación de "Les Facheux", de Moliére, en un teatro al aire libre decorado por Le Brum; visita al parque con sus juegos de agua; fuegos de artificio, etc.. "Fouquet" —nos dice St. Sauveur— estaba irremediablemente perdido en el espíritu del rey por la ostentación insolente de un lujo que sólo confirmaba las acusaciones de Colbert". Arrestado poco después en Nantes y procesado por peculado y rebelión, fue condenado a reclusión perpetua, de la que no lograron salvarlo ni varios ilustres literatos, amigos suyos entre ellos La Fontaine, que escribió a la sazón su "Elegia a las Ninfas de Vaux"; y así, en la fortaleza de Pignerol, acabó sus días el altanero ministro.

Al lado de la nobleza civil, como constructora de grandes mansiones, figuró en Francia la religiosa, muchos de cuyos dignatarios llegaron a ocupar altos cargos en el Estado. Desde el cardenal Francisco de Orleans, propietario del magnífico castillo gótico de Chateaudoun, ampliado a principios del Renacimiento, y del cardenal Jorge de Amboise, que reconstruyó el gran castillo de Gaillon por la misma época, hasta Richelieu que levantó bajo Luis XIII no sólo un magnífico castillo, sino toda una población que debía acompañarlo, los príncipes de la Iglesia aprovecharon todas las oportunidades de elevarse en la arquitectura a la altura de sus colegas italianos.

Un cuadro semejante de la arquitectura del Renacimiento presenta España, con los grandes palacios del rey y de la nobleza, cuya serie comienza con el inacabado palacio de Carlos V a la sombra de las moriscas construcciones de la Alhambra, a principios del Renacimiento, y continúa con los magníficos palacios de Aranjuez, de Ríofrio, de San Idelfonso y de Madrid, sin contar con la extraordinaria fábrica de El Escorial, de la que ha dicho Otto Schubert:[28]

"Es el símbolo del régimen eclesiástico-autocrático del asceta Papa-Rey Felipe II... el más alto templo del absolutismo".

Finalmente, en Inglaterra, donde a pesar de sus tempranos ensayos de gobierno democrático, habían entronizado los "lores" poseedores de grandes latifundios, y en Alemania, repartida a la sazón en multitud de Estados cuyos príncipes cultivaron un entusiasta *dilettantismo* arquitectónico, la arquitectura del Renacimiento aparece, no menos que en Italia y Francia, como arquitectura de casta.

La Edad Moderna

Considerado, pues, en conjunto el proceso histórico de la arquitectura, vemos que revela una pasmosa limitación en los géneros monumentales que produjo, concretados casi exclusivamente al palacio y a la iglesia, símbolos, respectivamente, del poder civil y del poder religioso. Al servicio de sistemas autocráticos, en una sociedad sin instituciones sociales, propiamente dichas, fue un arte exclusivista, un arte de casta, que se mantuvo siempre alejado del pueblo, el cual lo miró siempre de soslayo y a menudo con rencor, como agente indirecto de opresión y expolio. Pero estas circunstancias no habrían de perdurar indefinidamente. En el siglo XIX todos los regímenes sufrieron la conmoción del estallido de los anhelos populares largo tiempo refrenados. En Francia, después de la Revolución de 1789 que proclamó los "Derechos del Hombre", hubo la de 1830 contra Carlos X, que pretendió volver al absolutismo; la de 1848, que estableció el sufragio universal, y la de 1870 que restauró definitivamente la República. En España, sin exito hubo movimientos revolucionarios en 1830, en 1848 y en 1868. En Austria, el famoso príncipe Metternich, que dirigía los asuntos reales, fue obligado a dimitir. En Berlín se hicieron barricadas y se expulsó a los soldados; en Italia, los súbditos del Papa proclamaron la República, y los del rey de Nápoles se insurreccionaron a; grito de ¡Viva la Constitución! Un republicano italiano, Manin, arrojó a los austríacos de Venecia y estableció una República. Así, a costa de ríos de sangre, quedó establecido en toda Europa, durante el siglo XIX, el régimen *parlamentario*, y por primera vez, en la historia de la humanidad, el *sufragio universal*, sin distinción de clases o posiciones, piedras básicas de la Democracia.

Fundamentalmente significamos por "democracia" el derecho de los pueblos a gobernarse a sí mismos, a regir su propia vida, a ser dueños de sus destinos. Este es el árbol, ¿pero cuáles son sus frutos, cuáles las ventajas positivas, sociológicas, de orden personal, que deriva de este sistema el ciudadano común en la época presente...? Nadie más calificado para responder a esta pregunta que dos de los más ilustres apóstoles de la gran democracia norteamericana. Según las palabras de Jefferson, el ideal democrático se logra si en vez de establecer una aristocracia del dinero se le ofrece una oportunidad a la aristocracia de la virtud y del talento, "tan sabiamente provista por la naturaleza para la dirección de los intereses de la sociedad y tan libremente distribuida por todas sus capas". Lincoln, en su primer mensaje al Congreso, en medio de los fragores de la guerra civil, declaró:

"El objeto principal del gobierno por cuya existencia luchamos es elevar las condiciones de vida de los hombres; suprimir cargas artificiales que todos llevan a cuestas; disipar obstáculos del sendero del progreso y proporcionar a todos un comienzo sin estorbos e *iguales oportunidades en la lucha por la vida*".

La democracia de la edad moderna, como vemos, no estriba en la forma externa de gobierno, ya sea éste republicano o monárquico, ni consiste meramente en la facultad de los pueblos para gobernarse a sí mismos; ni en la libertad del individuo para hacer y decir lo que mejor le plazca, a menudo con detrimento de sus semejantes o de la sociedad de que forma parte; ni mucho menos en el encumbramiento de los audaces. La democracia, según sus más autorizados intérpretes, se basa en el aparejamiento de las oportunidades de todo ciudadano, independientemente de su posición social y económica, para desarrollar sus facultades morales e intelectuales como armas válidas en la lucha de la vida, y únicamente por medio de ellas aspirar a las posiciones dirigentes de la nación.

Ahora bien ¿cuál es el instrumento a través del cual se han de ofrecer esas oportunidades...? ¿Cuál es el medio con que cuenta el Estado para proveer los órganos necesarios para realizar esa igualación de posibilidades, la nivelación de las condiciones de vida que permitan el desarrollo de esas facultades...! ¿En qué forma pueden materializar y materializan todas esas instituciones de las democracias contemporáneas, como son los palacios legislativos, los colegios y universidades, las bibliotecas, los museos, teatros, hospitales, asilos, la vivienda sana y las actividades recreativas y deportivas, sino por medio de la arquitectura...? Dice el Dr. Philip Newel Youtz[29]:

> "Hemos estudiado por tanto tiempo el modo de ordenar nuestros edificios que hemos olvidado la manera en que los edificios ordenan nuestra conducta diaria y construyen nuestras instituciones sociales. Como estructura de las instituciones sociales la arquitectura informa a la civilización". Y continúa: "Los edificios son el molde en que se funden los procesos sociales organizados. Las multitudes fluctuantes que se derraman por nuestras ciudades reguladas y controladas por las formas ordenadas y estables de la arquitectura. Esta multitud móvil realiza pacífica y eficientemente una multitud de tareas porque todas las actividades tienen lugar entre muros que la protegen y dirigen".

Una breve ojeada a los principales programas arquitectónicos contemporáneos nos hará palpar la medida en que la arquitectura actual sirve e informa a nuestras instituciones sociales; nos hará ver cómo, a tenor de éstas, la diversificación y socialización de la arquitectura es privativa y característica de nuestra época, y cómo el fenómeno, erróneamente ubicado por Víctor Hugo en la Edad Media, de una arquitectura popular sucediendo a una arquitectura de casta, sólo se ha realizado plenamente con el advenimiento de las grandes democracias contemporáneas.

Entre los edificios más característicos que empiezan a destacarse con personalidad propia, al advenir el nuevo orden social, se cuentan los Palacios Legislativos, ya que ellos representan la facultad del pueblo para promulgar sus propias leyes. En la Edad Media las leyes las dictaba generalmente el señor feudal. Todavía en Francia, bajo Luis XIV, la Cámara de Diputados formaba parte del palacio de Versailles, donde quedaba moral y materialmente bajo la fiscalización del monarca. Posteriormente, y siguiendo la disposición de los escaños en semicírculo y del pórtico afrontado, adoptados en el antiguo Palacio Borbón, adaptado para Cámara de Diputados, se constituyeron en Europa multitud de Parlamentos que constituyen la avanzada de la nueva arquitectura democrática. En la propia América hallamos al gran Jefferson, que encontraba tiempo fuera de sus actividades políticas para cultivar la arquitectura, proyectar a raíz de la Revolución el Capitolio de Virginia (1785), dándonos el primero de los edificios gubernamentales republicanos del nuevo continente. La historia siguiente de este género de edificios en Europa y América es demasiado conocida para insistir en ella. Los cuerpos legislativos se cobijan

Figura 6.7. Detalle, Seminario de San Carlos, La Habana (1930)

hoy bajo los majestuosas cúpulas y tras los imponentes pórticos creados por la arquitectura de casta, hoy patrimonio popular, y no hay para nosotros ejemplo más elocuente y edificante como el que ofrece el contraste entre el vasto e imponente Capitolio de Washington, palacio del pueblo, y la cercana y modesta "Casa Blanca", residencia del Ejecutivo norteamericano.

Al lado de la Ley, la Justicia. Esta era administrada en la Edad Media por el señor en su castillo. De la Italia renacentista nos han llegado escasísimos palacios de justicia, propiamente dichos. En Florencia, por ejemplo, los magistrados se reunían en el palacio del Podestá o de la Señoría, y, llegado el caso, en la mansión de alguno de los potentados que componían la Balía. De los últimos tiempos medios en Francia se conserva una fábrica muy hermosa, el Palacio de Justicia de Rouen, y más tarde allí, como en Inglaterra, los primeros ensayos de gobierno democrático trajeron el establecimiento de grandes palacios de justicia nacionales y provinciales. Actualmente estos edificios, que representan la justicia del hombre administrada por el hombre, ocupan con frecuencia los lugares más destacados de la ciudad, aquellos en que en la antigüedad pagana y antropomórfica se emplazaba la mansión de la divinidad, árbitro y guía de los hombres.

Muy importantes, en la misión de procurar cultura e iguales oportunidades en la lucha por la vida, son, desde luego, las instituciones docentes, que a la vez propagan y robustecen el ideal democrático. Según las palabras de Wells,

> "aunque es cierto que la Iglesia católica, con sus propagandas, escuelas y universidades, abrió a Europa la perspectiva del moderno estado educativo, igualmente cierto es que la Iglesia católica nunca intentó ni remotamente llevar a cabo semejante idea. Sus bendiciones no solían ir acompañadas de ciencia; y si alguna vez ocurría esto, seguramente era por inadvertencia".

La docencia laica se desarrolló con suma lentitud durante la Edad Media, en pugna con la religiosa. Todavía en el Renacimiento numerosas instituciones docentes radicaban en conventos o eran atendidas por monjes[30], y sus estudios se circunscribían generalmente a teología, derecho civil y canónico y filosófico; la posibilidad de ingreso en ellas era muy limitada, siendo la mayor parte lo que pudiéramos llamar "colegios de señoritos". El gran desarrollo de las Universidades laicas parte del siglo pasado y su proyección popular sólo del presente, coincidiendo con el pleno ejercicio de los derechos democráticos. En ninguna otra época, y tal vez en ninguna otra parte como en América, se invierta tan alta proporción de la riqueza en la educación superior y tan gran proporción de la población continúe sus estudios hasta llegar a la madurez. Grandes edificios y conjuntos arquitectónicos sirven de recintos a estas instituciones, verdaderos palacios de la enseñanza como nunca soñaran las generaciones pretéritas.

Estrechamente vinculadas con las instituciones docentes en función igualitaria democrática están las bibiotecas. En la era de la escritura en papiro o en tablillas de arcilla, y aun en la del manuscrito en pergamino, las bibliotecas no pasaban de ser una curiosidad, accesible y de interés a unos pocos. La imprenta abrió en el Renacimiento nuevos horizontes a las bibliotecas y con ellas a la cultura, y con ésta a la democracia, que, como dice Wells, falló en la antigüedad, en gran parte, por falta de un órgano apropiado de divulgación de la cultura y de los ideales democráticos. La cultura popular está hoy directamente en proporción al número de bibliotecas públicas, y si esa cultura popular está tan difundida en Norte América, es porque en cada barrio, casi en cada esquina, encontramos una biblioteca pública en magníficos edificios, muchos de los cuales se cuentan entre los más sobresalientes monumentos de la época contemporánea.

La cultura difundida por las bibliotecas se complementa con la que brindan objetivamente los museos, otra gran institución de las democracias contemporáneas, ya que representando, como aquéllas, la inversión de sumas enormes, ofrece aun a los más humildes, conocimientos imposibles de obtener de otro modo. Un museo constituye un viaje en pequeño, un viaje en el tiempo y en el espacio, especialmente para aquellos que carecen de medios para viajar. Es un modo de valorar nuestra cultura frente a la de otros pueblos; es un modo de enlazarnos entre sí y con los demás pueblos y razas del mundo en un gran abrazo de confraternidad universal. Las más grandes y hermosas construcciones sirven hoy en todas partes de asientos a estas instituciones, algunas de las cuales, como el gran Museo del Louvre de París, fueron antaño sede de la autocracia exclusivista.

De la más alta significación, en el proceso de igualación social, son en las modernas democracias las instituciones de beneficencia pública, como hospitales, sanatorios y asilos. En la Edad Media los servicios hospitalarios dependían casi exclusivamente de los monasterios. No era sólo el atraso de la microbiología y de la medicina lo que causaba esas horrendas epidemias que arrasaban casi toda una ciudad, sino la insuficiencia y deficiencia de la hospitalización. Bajo Luis XIX los servicios hospitalarios se arrendaron a precio alzado a contratistas que tomaban buen cuidado de dejar morir a todo el que tenía la más mínima oportunidad de ello; los soldados heridos, particularmente, morían por millares. El cuadro que de ello nos pintan los historiadores es verdaderamente horripilante[31]. Con las modernas democracias despertó el sentido de la responsabilidad de la sociedad frente a la salud de sus miembros desvalidos; y así, las instituciones de este género ofrecen hoy a los necesitados las ventajas de la higiene y de la medicina que por tanto tiempo fueron privilegio de las clases pudientes. Estos edificios contemporáneos no sólo llenan en el más alto grado su finalidad primordial, sino que constituyen con frecuencia grandes monumentos arquitectónicos.

Nuestro moderno sistema de comunicación por mar, tierra y aire, producto de la libertad democrática de investigación y de aplicación práctica del conocimiento, ha sido factor importante en el establecimiento de la democracia, entendida como igualdad de oportunidades y participación de todos en las actividades culturales y administrativas de la nación, pues ha puesto en contacto rápido y económico al campesino con el ciudadano, llevando al campo muchos de los adelantos de la ciudad. La arquitectura acudió enseguida a informar estos nuevos servicios sociales, prolongados por el ferrocarril. Al concepto de la estación ferroviaria en su aspecto puramente utilitario e ingenieril sucedió pronto el de la estación como "puerta" de la ciudad en una época en que habían sido eliminadas las murallas. Sería imposible seguir aquí el desarrollo de las grandes construcciones que plasmaron este servicio desde su implantación a mediados del siglo XIX, y de las que constituyen grandes jalones la *Quay d'Orsay, la Gare de l'Est* y la *Gare du Nord*, en París; ésta última proyectada por Hitforf a los 69 años, y aún en uso, sin que haya envejecido apreciablemente en el curso de 60 años.... América puede enorgullecerse de poseer los más grandes y espléndidos edificios de comunicaciones, verdaderos palacios erigidos al intercambio y fraternidad de todas las clases.

El teatro ciertamente no es una institución nueva. Comenzando en Grecia como construcción al aire libre, al servicio de un rito religioso, el teatro al cabo evolucionó allí en sentido profano, produciendo aquellos grandes trágicos y comediógrafos que fueron Esquilo, Sófocles, Eurípides y Aristófanes. Sin embargo, el teatro se eclipsó en el ascetismo y la rígida disciplina feudal de la Edad Media, para surgir nuevamente con sentido religioso en los llamados "dramas místicos'. Posteriormente el teatro aparece ya como construcción arquitectónica, si bien involucrada en el palacio real, como en Versailles, o en conexión con determinadas instituciones privadas, como el Teatro Olímpico que construyó Paladio en Vicenza. Los primeros teatros monumentales de la época post-renacentista en Francia, como el Teatro de la Opera de París, eran todavía teatros "reales". Sus salas suntuosas, sus altaneras cajas de escalera, sus espléndidos "foyers" no eran sino el marco creado por el Segundo Imperio para las grandes funciones de la aristocracia. El teatro moderno no es sólo de índole "recreativa", sino "educativa"; y si en su materialización arquitectónica no tiene el ojo provocativo de los antiguos teatros reales, ofrece, no obstante, construcciones monumentales que superan en muchos aspectos a su congéneres de la antigüedad clásica, y el pueblo por millares y a un costo mínimo, se instruye y distrae sin por ello pagar el precio de sus libertades.

Mientras que en las viejas sociedades un desprecio aristocrático por todo género de actividades económicas impidió el desarrollo de edificios comerciales, en nuestras democracias modernas éstos se destacan como parte integrante de la arquitectura monumental.

> "Los edificios comerciales modernos no son meros monumentos de un sociedad monetizada, sino que expresan el punto de vista contemporáneo, que estima los negocios y el comercio como necesarios para un orden económico sano"[32].

La fábrica, el taller, es, sin duda, la variedad más radical en la especie a que aludimos, acusando una fase de la arquitectura contemporánea absolutamente sin precedentes. Requiere, en verdad, un gusto más sutil para ser apreciada arquitectónicamente, pues "todavía no cubren sus muros la yedra ni la aureolan las asociaciones históricas"; pero tiempo vendrá en que sintamos ante estos edificios el mismo placer estético que hoy provocan en nosotros los viejos puentes y molinos de piedra de la Edad Antigua y de la Media que se entretejen en el paisaje.

Con todo, tal vez el más significativo de los programas arquitectónicos de nuestras democracias sea el de la ciudad-jardín o "colonia" para obreros y proletarios de recursos mínimos, por lo mismo que las sociedades del pasado demostraron hacia él tan olímpico desdén. Este género de construcciones se inicia a mediados del siglo pasado, pero no se desarrolla hasta el presente. Los primeros caseríos-modelos aparecieron en conexión con ciertas grandes industrias, generalmente producto de la filantropía, como Bourville cerca de Birmingham (1879), Port Sunlight (1888), y Earswick, todos en Inglaterra; Puffmann, Goodyear Heights y otros en los Estados Unidos. Pero después la idea tomó la forma de colaboración social por medio de empresas anónimas, como Letchworth y Welwyn en Inglaterra; Sunnyside, Forest Hills, Radburn y Kingsport en los Estados Unidos. La última etapa ha sido aquella en que los gobiernos han emprendido por su propia cuenta y como parte de sus obligaciones democráticas la concepción, ejecución y administración de estas empresas.

Todos los gobiernos, incluso la Alemania republicana y el Austria socialista que florecieron entre las dos guerras europeas, han patrocinado activamente la construcción de estas "colonias", proyectadas por los mejores arquitectos, y que, pese a sus limitaciones económicas, han producido bellos y atractivos conjuntos arquitectónicos.

No será necesario detenernos a considerar otros géneros de la arquitectura contemporánea, como los asilos, la prisión higiénica y educativa, los bazares, los mercados, las numerosas variedades de edificios recreativos y deportivos: clubes, estadios, balnearios, etc., etc., que no harían sino confirmar nuestra premisa. Este alud de nuevos géneros de edificios al servicio de la sociedad contemporánea no puede menos de despertar en nosotros una benévola evocación del gran Hugo, porque si a pesar de su genialidad preclara no alcanzó el grado de profeta, es quizás por estar esto fuera de las posibilidades humanas. Resumiendo él mismo las ideas que le sugería el portento de la imprenta, dice en su célebre obra "Notre Dame de París":

"De cuanto venimos indicando deduciremos que la arquitectura fue hasta el siglo XV el registro principal de la humanidad; que en todo ese transcurso de tiempo no apareció en el mundo un solo pensamiento algo complicado que no se grabase en un edificio; que lo mismo las ideas populares como las religiosas tuvieron sus monumentos; que el género humano, en un palabra, no pensó nada trascendental que no lo escribiera en piedra. ¿Y por qué...? Porque todo pensamiento sea religioso o filosófico está interesado en perpetuarse, porque la idea que agitó a una generación quiere agitar a las siguientes y dejar huellas de su paso. Era inmortalidad muy precaria la del manuscrito, y un edificio es un libro mucho más firme, más duradero y más resistente. Para destruir la palabra escrita basta una tea y un turco; para destruir la palabra construida es necesaria una revolución social o una revolución terrestre. Los bárbaros han pasado sobre el Coliseo y el diluvio ha pasado tal vez sobre las Pirámides. En el siglo XV todo cambia. El pensamiento humano descubre un medio de perpetuarse no sólo más duradero y más sólido que la arquitectura, sino también más sencillo y más fácil, un medio que destrona a la arquitectura; a las letras de piedra de Orfeo van a suceder las letras de plomo de Wuttemberg. *El libro va a matar al edificio...*"

Pero, ¡no...! Lejos de ello, el edificio ha sido el complemento del libro, el que lo ha informado, protegido, difundido y sublimado... La Arquitectura es más que nunca el libro de piedra de la humanidad. En sus diversos géneros, más que nunca diferenciado, se leen claramente los postulados de nuestra civilización, de su cultura, de sus ideales, de sus posibilidades, de su democracia genuina... Que la novedad de ciertas normas arquitectónicas, concordantes con la misma novedad de nuestra civilización, no nos confunda respecto del valor o carácter monumental de nuestras construcciones contemporáneas, de su significación y perdurabilidad a través de los tiempos como valiosos exponentes de nuestra sociedad.

Al acercarse al pueblo, al ponerse a su servicio, es posible que la arquitectura haya perdido algunas de sus cualidades tradicionales, pero ha ganado otras. La arquitectura contemporánea, la arquitectura de la democracia, no tendrá la abrumadora grandeza de las pirámides faraónicas; no tendrá la deslumbradora magnificencia de los palacios de los Césares; no tendrá el ímpetu trascendental de las catedrales góticas, ni la majestad adusta de los palacios de los potentados del Renacimiento. Tiene, en cambio, esa diafanidad propia del conocimiento; una serenidad propia de la confianza del hombre en sí mismo y en las instituciones humanas; esa grandeza de masas y volúmenes que expresa la liberación y expansión del espíritu humano hacia la eternidad de su destino. Es la expresión de una civilización que quiere vivir tranquila y satisfecha con el fruto de su trabajo; que aspira a desarrollar al máximo sus facultades morales e intelectuales para beneficio de la humanidad; que aspira a ser dirigida por los más aptos, y que en ella tengan todas idénticas oportunidades para la vida; que anhela llegar pacíficamente y fraternalmente a una sociedad sin clases....

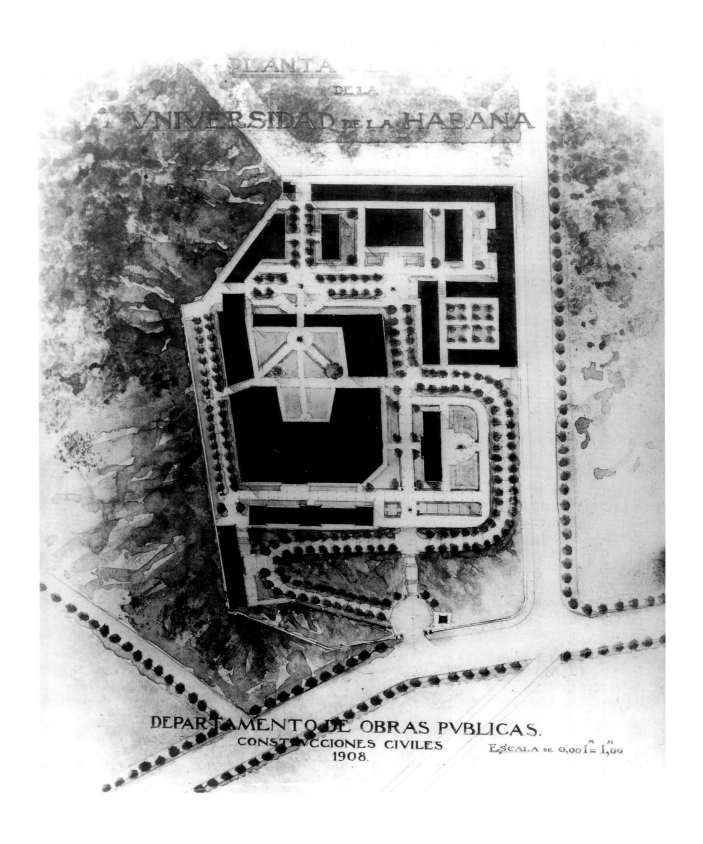

Plan de Desarrollo de la Universidad de La Habana
Departamento de Obras Públicas, La Habana 1908

CONTESTACION

AL DISCURSO DE INGRESO DEL PROFESOR JOAQUIN E. WEISS POR EL PROFESOR. PEDRO MARTINEZ INCLAN, MIEMBRO DE LA SECCION DE ARQUITECTURA

Señor Presidente:
Señores Académicos
Señoras y señores:

He sido honrado por segunda vez, en mi vida académica, con la misión de contestar el discurso de un arquitecto, electo para ocupar un sillón vacante en nuestro Senado. Y por segunda vez el azar me pone ante el difícil problema de contestar un trabajo bien meditado, magistralmente escrito y documentado con singular acierto.

Debo comenzar, de acuerdo con las normas clásicas, dando la más sincera bienvenida al ilustre recipiendario, lo que cumplo con la mayor satisfacción personal y con el orgullo que siempre he sentido por los legítimos triunfos académicos de un compañero de profesión.

Es también mi deber recordaros los méritos que justifican plenamente la acertada elección que en este caso habéis hecho, para conferirle el honor con que recompensáis esta noche sus largos años de dedicación devota al estudio y al cultivo de la más noble de las bellas artes.

El profesor Joaquín E. Weiss nació en la Habana, de padres cubanos. Ingresó, a su fundación, en el Colegio la Salle, de esta ciudad, del que fue un excelente alumno durante varios años.

Más tarde estudió dos cursos de preparación para ingresar en la Universidad cercana, en la "Cascadilla School", de Ithaca, New York.

En 1912 ingresa en la Universidad de Cornell, graduándose de arquitecto en 1916, o sea, en el tiempo reglamentario. Ello acredita su temprana condición de buen estudiante.

De 1916 a 1918 lo encontramos practicando su profesión con la firma de los arquitectos Walker and Gillet, de New York. Como se ve, interesado en el mejoramiento de sus estudios, tomó la prudente determinación de practicar su profesión en una excelente oficina de arquitectos norteamericanos, antes de venir a ejercerla en su propio país.

A su llegada a Cuba, en 1919, revalida su título en la Universidad de la Habana.

Por varios años trabaja como arquitecto de la firma Pesant Company, de esta ciudad, la cual ha construido varios grandes edificios y residencias en nuestra capital.

Más tarde constituyó con el arquitecto Carlos Maruri y Guillo una sociedad a la que debe la Habana, entre otras construcciones, no pocas bellas residencias del Vedado y otros repartos limítrofes. Pero la obra que le ha dado un renombre que ha pasado las fronteras de Cuba, es la Biblioteca de la Universidad de la Habana, que proyectó y dirigió hasta su terminación. No diseñó sólo esa obra en sí, sino también sus equipos y sus bellos muebles. Recientemente, el Gobierno belga, al ir a construir una biblioteca pública, pidió como referencias a diferentes países los planos de las últimas bibliotecas en ellos construidas. No olvidó a Cuba, ni la proyectada por el profesor Weiss, pidiendo sus planos al Rector de nuestra Universidad.

La feliz solución adoptada para esa biblioteca, en cuanto al estilo respecta, salvó una enorme dificultad: la de armonizar con los edificios clásicos y construidos en la actual Plaza Cadenas, el por él proyectado en un estilo del primer cuarto del presente siglo.

Este edificio, por su carácter, por la justeza de sus proporciones, lo funcional de sus fachadas y la afortunada interpretación de sus detalles, es el más notable edificio público, de estilo moderno, construido en Cuba hasta la fecha.

En septiembre de 1928 era nombrado instructor de la Cátedra de Historia de la Arquitectura y profesor auxiliar de la misma, en diciembre del propio año. A la muerte inesperada del profesor titular, Sr. Alberto Camacho, ocupó interinamente la cátedra vacante, en 1929.

Sacada a oposición dicha cátedra, concurrieron siete opositores entre ellos, algunos de los más conocidos arquitectos cubanos. Ganó la oposición tras ejercicios brillantes, y fue nombrado, en propiedad, profesor titular, en julio de 1930.

A partir de esta fecha no dejó un momento de trabajar en esas valiosísimas obras ya publicadas y en numerosos trabajos insertados en la "Revista de la Sociedad Cubana de Ingenieros", en la del Colegio de Arquitectos, de la fue director por varios años; y en la de la Universidad de la Habana, siendo el único arquitecto que figura como redactor de ésta última.

Entre sus obras de investigación podemos contar, en primer término, su estudio sobre el enigmático edificio de la Catedral de la Habana. Después, la obra por la cual es más conocido en toda la América, su libro titulado "Arquitectura Cubana Colonial", obra tan completa respecto de esa materia como cualquiera de las escritas en Centro y Sud América respecto de las arquitecturas coloniales respectivas. Ha sido admirablemente ilustrada con excelentes fotografías, muchas de ellas debidas al propio autor de la obra. Ella ha sido laureada por el Colegio Nacional de Arquitectos, en sesión pública, y ha merecido elogios de la crítica en diversos países extranjeros. Personalmente he podido comprobar, en mis viajes, el interés con que ha sido recibida en otros países latinos.

Ha publicado también una excelente monografía titulada "El Rascacielo", donde estudia en todos sus aspectos esos gigantes de la arquitectura contemporánea americana. Dicha obra fue comentada y elogiada por el famoso arquitecto argentino Angel Guido. Ella es también ventajosamente conocida en toda la América.

Está en prensa su última obra, "Resumen de la Historia de la Arquitectura", que tras riguroso examen ha acordado publicar la Universidad de la Habana, y que constituirá el más moderno y valioso de los libros de su clase publicados en lenguas española, y uno de los mejores y más modernos publicados en cualquier lengua.

Une nuestro nuevo compañero a sus méritos de profesional de la Arquitectura la cualidad de ser un brillante escritor. La elegancia y elevación de su prosa, que habéis podido apreciar esta noche, hubieran bastado quizá para hacerle merecer andando el tiempo, un puesto en la Sección de Literatura de esta Academia.

Como conferencista es notoriamente conocido en muchas sociedades artísticas de la Habana.

Ha sido presidente de nuestro Colegio de Arquitectos. Es actualmente Miembro de la Comisión Nacional de Arqueología y de la Comisión de Monumentos, Edificios y Lugares Históricos y Artísticos Habaneros. Es Miembro Correspondiente del Colegio de Arquitectos del Uruguay.

Tal es, en reducida síntesis, que se ha negado a ampliar su modestia, la biografía de nuestro recipiendario de esta noche.

Y paso a la parte más aventurada de mi misión, a contestar su discurso de ingreso, aportando datos que sirvan para completarlo, si es que completarse puede un trabajo concienzudamente preparado por un especialista en la materia, ventajosamente conocido, como acabáis de oír, más allá de los límites de nuestra patria.

Hemos visto cómo, despreciando el profesor Weiss el trillado recurso de adoptar clasificaciones nuevas, nacidas de modernas teorías estéticas, comenzó el examen de la más antigua quizá de las civilizaciones históricas, demostrando cómo los Faraones

Figura 6.8. Edificio Felipe Poey, Escuela de Ciencias. Universidad de La Habana. (1930)
Diseñado por el Arquitecto Pedro Martínez Inclán

mantuvieron por siglos a sus esclavos bajo el látigo, a sus hombres libres bajo el yugo de las más opresoras exacciones, para construir templos y monumentos guardianes de su mortalidad y conmemorativos, a la vez, de su poder, de sus víctimas y de su despótico gobierno.

El mismo espíritu de grandiosidad que inspiró el arte de sus templos se refleja en el trazado de sus ciudades. Si junto al templo colosal se agruparon las frágiles viviendas de los pobres, junto a las avenidas monumentales, primeras que en el mundo consigna la Historia, decoradas con sicomoros o con esfinges, aparecen calles tortuosas de barrios pobres con metro y medio de anchura.

Junto a los lujosos palacios de Tell el Amarna, de la época más brillante del Imperio Nuevo, se encontraban casas minúsculas semejantes a las del barrio obrero de Kahun, donde habitaron los artífices de la pirámide de Sesostris.

"En la antigua Khoutaton, dice el profesor Lavedan,[33] la calle del Gran Sacerdote, situada poco más o menos en su eje principal, era trazada en un barrio de residencias de lujo. Los palacios de grandes funcionarios, como en

París los de las calles de Grenelle y de Varenne, no tenían fachada a la calle, sino muros de cierre, limitando el patio de honor, cuyas puertas ornamentadas bastaban a evitar la monotonía. La gran portada, en forma de pilón, era acompañada generalmente de otra más pequeña de servicio. Allí se situaban bancos para los domésticos.

Otras casas estaban precedidas de un vasto jardín, cerrado por un muro bajo. Los árboles y las flores, visibles desde fuera, regocijaban la vista de los transeúntes. Todo el barrio Este parece haber sido una extensa ciudad-jardín. Los grandes palacios estaban rodeados de parques con estanques. Una de las casas más modestas del barrio ocupaba un terreno de 76 metros de frente por unos 23 de fondo."

Comparemos la descripción que antecede con la de un barrio obrero egipcio, tal como los de Ilahun y de la misma Tell el Amarna, estudiados sobre el terreno por Petrie[34] el famoso explorador inglés.

Las calles eran tortuosas, habiéndolas de menos de dos metros de anchura; las casas eran de un tamaño tipo, en las dos ciudades obreras citadas. Cada dos ocupaban un cuadrado de 10 metros de lado, dando, para cada una, un superficie de 50 metros cuadrados. Como eran tan pequeñas, las estrechas calles se ocupaban con muebles, hornillos y otros utensilios, sirviendo la vía pública a modo de patio común.

Estos barrios obreros que debieron de abrigar muchos miles de personas, no ocupaban más de tres o cuatro hectáreas, esto es, tres o cuatro manzanas de nuestro Vedado. Un alto muro separaba este barrio de esclavos del lujoso de los esclavistas.

Así vivieron probablemente los desgraciados obreros que construyeron la pirámide de Cheops, cortando sólo para los paramentos o caras, en montañas lejanas, y trasladándolos desde 40 millas de distancias, como habéis dicho, 2,300,000 sillares de piedra, pesando cada uno dos y media toneladas; después cubrieron el conjunto con piedras lisas, tan bien labradas y asentadas, que apenas se distinguían las juntas. No menos de 115,000 de estas placas fueron cortadas y colocadas "in situ" para asegurar la vida eterna del tirano.

¡Desgraciados los pueblos regidos por déspotas cuyas creencias religiosas no les impiden considerar a los hombres pobres menos dignos de aprecio que sus perros de caza!

Las piedras rojizas de los más colosales y majestuosos templos del mundo podrán asombrar al viajero y al artista; pero para quien los contempla a través de su propia historia, parecen destilar todavía la sangre de sus desventurados artífices de aquellos parias, de espaldas llagadas por el innoble fuete restallante del bárbaro Faraón.

Las antiguas ciudades egipcias confirman, indudablemente cuanto habéis inducido del estudio de sus monumentos.

¿A qué analizar las ciudades de la Mesopotamia, de Persas y de Medos, que fueron las clásicas ciudades del déspota? En Ecbatan, típica ciudad del tirano, siete murallas encerraban su casa y su tesoro, defendiéndolos tanto del interior como del exterior, publicando el temor al castigo con que han vivido los déspotas de todas las edades. Volvamos la vista a horizontes más risueños.

Siguiendo vuestra disertación, habéis analizado la Grecia de los tiempos clásicos y estudiado sus monumentos, para inducir muy lógicamente que la incompleta democracia griega no fue suficiente a crear una arquitectura popular, en el sentido estricto de la palabra, sino, por lo contrario, la obra teocrática del templo y de las acrópolis dominó la ciudad, mientras que los esclavos y los ciudadanos pobres vivían en las miserables casuchas que todavía podemos contemplar en algunas calles de la desenterrada

Pompeya. Ciertamente que aun la del banquero Jucundus, cuyos libros-tabletas fueron encontrados, permitiendo calcular su cuantiosa fortuna, obra que data probablemente de la época grecorromana, sería despreciada por cualquier comerciante medianamente acomodado de nuestros tiempos.

Son bien difíciles de creer las descripciones de las casas, de los héroes. Víctor Laloux[35] copia la de Alcinoo. Las paredes eran de bronce macizo, las vigas de oro, las jambas de plata; las puertas, al exterior, de bronce con anillos de oro, y el piso, de bronce también. Niños de oro sostenían antorchas encendidas para el alumbrado, y fuentes y canales adornaban y refrescaban el jardín. Parecen, dice Laloux, esas descripciones, fantasías orientales.

Breasted nos da[36] la verdadera descripción de la Atenas de Pericles y de sus viviendas, con el lenguaje sencillo y claro del maestro que se dirige a alumnos universitarios de la gran democracia americana.

"En medio del gentío, dice Breasted, podrían encontrarse cuatro esclavos, uno o dos extranjeros y cuatro ciudadanos libres, por cada diez personas. Una aristocracia de terratenientes continuaba dominando allí. Todo el que ejercía un trabajo manual era tenido en poco y no admitido en sociedad. Atenas era una colmena de expertos operarios y de pequeños talleres. Estos operarios se organizaron en gremios de albañiles, carpinteros, alfareros, joyeros, y otros, semejantes a nuestras uniones obreras. Mandados por tales operarios, existía un ejército de peones, hombres libres, poco menos que esclavos, al igual que el enjambre de cargadores que dicurrían a lo largo de los muelles del Pireo".

La rápida reconstrucción de Atenas no produjo gran cambio en las casas. Por cientos de años, en ninguna parte de Europa, existieron residencias tan bellas como las construidas en las riberas del Nilo. La vivienda del hombre rico era hecha de adobes, rara vez de sillería. Carecía de comodidades. No había chimenea y el humo no salía por el agujero abierto en el techo sino que chocaba contra éste, y se esparcía por la casa, sobre todo en invierno, lo cual era más molesto aún, por la carencia de vidrios en puertas y ventanas. Muchas habitaciones sólo contaban con una puerta para la iluminación. No existían tuberías de desagüe ni de servicios. El agua era traída por esclavos desde manantiales o fuentes vecinas. Los pisos eran de tierra con chinas incrustadas en ellas mecánicamente. La simplicidad de la casa griega contrastaba con la riqueza de los muebles.

"Las calles eran meros callejones estrechos y torcidos. No tenían pavimento ni aceras, y en días de lluvia, había que andar sobre el fango. La basura era arrojada de todas las casas a la vía pública y no existía el menor vestigio de alcantarillado. Cuando se pasaba junto a una casa de dos pisos y se oía el grito de aviso (el *agua va*, de la Europa de hace años), había que saltar para evitar el diluvio de inmundicias que caían del piso superior."

¡Y pensar que tales vergüenzas eran contemporáneas de las inmortales montañas de mármol de la acrópolis en el país más democrático de la antigüedad!

"No existían, continúa Breasted, escuelas de ninguna clase para niñas en Atenas. No existían tampoco escuelas para niños mantenidas por el Estado, ni menos casas-escuelas. El maestro era generalmente un ciudadano que había venido a menos o quizá un soldado o un extranjero.

Existía, sin embargo, en Atenas, por los menos, una biblioteca pública. Filas de cestos cilíndricos, colocados en los estantes, guardaban los libros. Las obras de Homero y de los poetas clásicos estaban escritas en papiros de 150 a 160 pies de longitud. No había luz artificial y sólo de día podía leerse bien. Los estudiosos que acudían por la noche usaban lamparillas de aceite. Pronto se juntaron a los literarios otros libros de escultura, de pintura, de arquitectura, como el de Ictinus, por ejemplo: y de medicina Reina como los de Hipócrates. Había hasta libros de texto de matemáticas, y aun más de un tratado de cocina se podía encontrar en tan antigua biblioteca."

Lo que no se sabe bien es en qué grado era accesible tal biblioteca a los ciudadanos de clases inferiores.

Cuando los muchachos atenienses, cuyos padres podían pagar los estudios, cumplían dieciocho años, dejaban la escuela para quedar convertidos en ciudadanos, en caso, desde luego, de que los padres los fueran. Entonces prestaban el juramento de Solón:

"Nunca deshonrarían sus armas; nunca abandonarían a sus compañeros de fila; pelearían por los templos sagrados y por el bienestar público, bien solos, bien con otros; dejarían su país nunca en peor, sino en mejor estado que lo hubieran encontrado; obedecerían a los magistrados y a las leyes y los defenderían contra cualquier ataque; honrarían la religión de su patria".

Este juramento motivó quizás el que fuese el patriotismo, a la vez, en Grecia, un profundo sentimiento religioso. Por eso los grandes edificios griegos fueron templos y no capitolios.

Pero hubo o se desarrolló en el pueblo heleno indudablemente desde que una democracia más o menos incompleta, un gobierno del pueblo por el pueblo, surgió en Atenas, un profundo sentimiento de orgullo nacional del que participaron todos los habitantes de la ciudad y aun del país entero; tal como el que con justos motivos sienten hoy los franceses por París, los catalanes por Barcelona, los norteamericanos por Washington, y los argentinos por Buenos Aires. Ese sentimiento de orgullo regional contribuyó en gran parte a crear los recintos sagrados y las acrópolis griegas. Ese sentimiento patriótico es el que diferencia esencialmente a los Faraones de Pericles. El déspota construye para su propia gloria y provecho, y apenas ha habido un tirano o un dictador en el mundo que no haya emprendido construcciones de gran importancia.

Cuando Pericles explica su plan de embellecimiento de Atenas que costaba alrededor de 2.250,000 pesos de nuestros días, suma exorbitante para aquellos tiempos, los viejos, afectos al antiguo régimen, murmuran y sonríen sarcásticamente. Pero los repetidos discursos de Pericles llevaron al convencimiento del gobierno popular las ventajas de su grandioso plan.

Cuando se hicieron objeciones al alto costo de las obras, empleó su último y decisivo argumento. Las sumas enormes que llevaba gastadas consumieron el tesoro público y hubo que acudir, como en los tiempos de Ramsés en Egipto, al botín y a los impuestos. Entonces los ciudadanos de Atenas protestaron. Pericles declaró que estaba dispuesto a pagar los gastos de su propio peculio; pero hizo observar que, en este caso, la gloria sería su nombre y no para el nombre de Atenas. "Los atenienses, dice un autor, no permitieron tal arreglo, aun a sabiendas de que tales obras podrían arruinar a la nación". Y las obras continuaron.

"To love our city, we must make our city lovely", es el lema de una asociación americana. Ese lema famoso es tan cierto hoy todavía como lo fue en la Grecia del siglo V.

El explica el trazado de la ciudad griega. El explica el que los dos más grandes filósofos del mundo antiguo, Platón y Aristóteles se interesasen por cuestiones de urbanismo y aun escribiesen sobre tal materia en tiempos tan remotos. El explica los admirados templos, plazas y teatro de la minúscula ciudad de Selinonte. El explica el Foro de Pompeya encuadrado por templos y edificios públicos, decorado con retratos de ciudadanos ilustres y formando un centro cívico municipal que no tenemos aún en la Habana. Las que siguen son palabras de Lavedan[37]:

> "La Grecia aporta al mundo una nueva noción de la villa, *la Polis*, El urbanismo griego recibe y acepta la herencia del Oriente; da solamente una importancia esencial a un elemento hasta entonces poco desarrollado, a la plaza pública. Desde el siglo VII se observan en Grecia algunos esfuerzos para imponer a los individuos el respeto a las reglas de interés general. El ejemplo más conocido es el que nos ofrece el siglo V con las creaciones atribuidas a Hipodamus de Mileto. En el siglo IV aparecen concepciones nuevas acerca de las relaciones del individuo con el Estado. La ciudad cesa de ser confundida con el Estado. Comienza a ser una parte en un todo. Descargada de su papel político nacional, prestará más atención a las cuestiones municipales, a los detalles prácticos de la vida cotidiana. De ella saldrá la gran floración del urbanismo helenístico".
> "Aristóteles, observa irónicamente el mismo autor, muestra en su *Política* un espíritu e interés de urbanista que contrasta singularmente con la *indiferencia moderna* por tales cuestiones".

A la Atenas de Pericles casi podrían aplicarse estas palabras: "Las exigencias defensivas y religiosas dominan. La colectividad se preocupa solamente de colocar al abrigo de una fuerte ciudadela los templos y el tesoro común. El resto, abandonado a la fantasía y a la iniciativa individuales, no cuenta para nada".

En la época helenística, el trazado de Atenas, en el cual se habían seguido en parte las reglas urbanísticas del mayor de los filósofos, y pese a su gloriosa Acrópolis, era ya objeto de burlas.

La ciudad griega confirma, pues, las apreciaciones que había hecho al estudiar sus monumentos. Atenas fue, por su disposición y trazado, más teocrática y propia para ser vista que una ciudad democrática propia para vivir en ella.

Sin embargo, señores... diré parodiando a un autor, al caer el día, un manto violeta iba envolviendo poco a poco allá, a lo lejos, las lomas cercanas al Phaleron y a Salamina, mientras las olas de un mar todavía azul rompían en las blancas riberas del Atica.

Un ejército de modestos operarios, de esclavos, de hombres libres y de maestros descendía por el camino serpeante de la Acrópolis, bordeado más tarde por pequeños monumentos conmemorativos.

Aquellos hombres humildes hablaban en voz alta con el vivo acento de los pueblos meridionales. De cuando en cuando, un grupo se detenía, y los que lo formaban se volvían para contemplar con admiración y orgullo las blancas columnatas de mármol preparadas ya para recibir la techumbre. Sus rostros arrugados, cansados y polvorientos se iluminaban de repente, y el fuego del amor patrio y del orgullo ciudadano centelleaba en sus ojos. En la próxima procesión marcharían con sus hijos para mostrarles la obra majestuosa a cuya construcción contribuyeron con el máximo esfuerzo de sus músculos y con el más noble uso de su inteligencia.

Después, continuaban su camino en busca del cuarto bajo y obscuro del cercano caserío, donde un kilex con vino ligero, un pedazo de pescado y un pastel bañado en clara miel del Himeto les esperaban para reparar el desgaste de diez horas de trabajo rudo y agotante.

Aquellos pueblos que saben del amor ciudadano y del orgullo nacional dejan obras inmortales en la historia de la humanidad.

*
* *

La historia social del pueblo romano, desde la época de los reyes a la del Imperio, pasando por la de las conquistas y la República, fue analizada en vuestro discurso para inducir que la arquitectura romana no realizó jamás cumplidamente el ideal democrático porque no lo permitió nunca la opresión de los más grandes, que eran los menos, sobre los humildes, que eran los más.

La filosofía griega había ya casi destronado a los dioses del Olimpo cuando los romanos los importaron para su pueblo con otras divinidades del Oriente. El templo no señoreó, pues, la ciudad romana.

Quizá fue el Estadio la más democrática conquista de la arquitectura griega; ese Estadio que, resucitado en el siglo pasado en todos los pueblos, representa también en nuestros tiempos, después de la Iglesia, el más democrático de los edificios públicos. En el Estadio actuaron y actúan atletas de todas las religiones, de todas las posiciones sociales y de todas las razas.

Quizá el más democrático exponente de la arquitectura romana fué la terma, o baño público, que la ingeniería moderna ha hecho desaparecer con sus adelantos en la mayoría de las ciudades. Dice César Cantú[38]:

> "Pero lo que procuró al pueblo infinito placer fue la liberalidad de Agripa, el cual hizo construir, el año que fue edil, ciento sesenta edificios donde se bañaban los ciudadanos gratuitamente en el agua caliente y en la fría. A su ejemplo, Nerón, Vespasiano, Tito, Domiciano, Severo, Aureliano, Diocleciano, Maximiano, y casi todos los emperadores que *trataron de ganar partidarios,* hicieron construir baños y estufas del mármol más precioso y con las reglas de la arquitectura mejor entendida."

Esparciano ha legado una historieta que demuestra la variedad de clases entre los asistentes a la terma romana. Adriano, el emperador, se bañaba muchas veces entre la muchedumbre del pueblo, y allí vio un día un soldado anciano que no tenía a nadie que le frotase el cuerpo, suplía esta falta restregando la espalda contra las paredes del baño. Conocíalo Adriano por haberlo visto en la guerra, y le preguntó por qué se frotaba de ese modo. "¿Por qué? —contestó el anciano—. Porque no tengo siervo alguno". El emperador le dio en el acto esclavos y con qué sostenerlos. Pero como tal acción corriera de boca en boca, y otro día encontrase el propio emperador a otros ancianos frotándose contra las paredes del baño, para inspirarle compasión, les aconsejó socarronamente que se frotaran los unos a los otros, si ello les parecía cómodo.

Desgraciadamente esos lujosos edificios públicos cuyas majestuosas ruinas me han llenado de admiración y asombro, sirvieron, como habéis dicho, para *anestesiar la voluntad del pueblo.*

La comparación de la *domus* con la *insulae* lo demuestra plenamente. El derroche de los ricos contrasta mucho más que en la Grecia clásica con la horrible y mísera condición del pobre. Dice el mismo historiador italiano Cantú: "Julio César levantó edificios espléndidos: su ingeniero Namurro, después de haber dilapidado en las Galias, fue el primero que construyó palacios enteramente cubiertos de mármol. Quince millones de sesteraus valía el de Clodio. Cicerón escribió, sobre una mesa que había costado veinte mil francos, en el discurso de acusación contra Verres, que había robado 28,000,000, y el lujo aumenta tan rápidamente, que la casa de Lépido, considerada como la más hermosa de su tiempo, treinta años después merecía el centésimo lugar". Y añade el propio autor, hablando del estado social de la época: "¡Libertad! hermoso nombre, por cierto; ¿pero quién la disfrutaba en Roma? ¿Acaso los esclavos que en número de ciento por cada hombre libre se morían de hambre sobre la tierra regada con su sudor? ¿Los clientes vilmente sometidos a sus patronos? ¿Los deudores que según la ley podían ser despedazados o bien sepultados por piedad en las prisiones? Entre los mismos ciudadanos de derecho pleno, el padre era dueño absoluto de su mujer e hijos, a quienes ponía en el mercado, cuando así acomodaba a su codicia o a sus pasiones". Esto tuvo algunas modificaciones más tarde. Pero ¿a qué continuar copiando un cuadro de motivos tan repugnantes?

Veamos ahora cómo la ciudad romana confirma las aseveraciones que habéis hecho al estudiar los edificios. Analicemos ligeramente la ciudad de Roma. Los foros, serie de plazas, o más bien, series de centros cívicos, han sustituido con regular magnificencia a las acrópolis griegas y a las ágoras. Sirvieron para las elecciones, para las propagandas y procesos políticos, y para los triunfos. Pero no encontramos en la capital del Imperio una sola calle comparable a las monumentales avenidas egipcias. La Vía Sacra, la calle de los Triunfos tiene, en algunos puntos, poco más de siete metros de anchura. La disposición del Foro Romano era más pintoresca que regular, en lo cual no perdía nada ciertamente. Los foros de César y de los emperadores tampoco obedecían a plan alguno de cuadrícula. No podemos explicarnos su capacidad en relación con las reuniones en ellos celebradas, si no fuera por los pórticos de los edificios que eran ocupados seguramente por las multitudes. Es preciso ir hasta Palmira, en el lejano Oriente, para hallar la calle, cubierta en parte, más magnificente que se haya construido jamás en todo el mundo. Tenía 1136 metros de largo y una doble fila de columnas de 17 metros de altura, con arcadas majestuosas en los cruces de calles.

Pero si los *vicus* romanos eran muy estrechos y sus casas muy altas, llegando a veces a 21 metros de altura, en cambio fueron por más de un concepto muy superiores a las calles griegas. Dice el profesor Lavedan[39].

"Los grandes problemas de la Higiene Urbana fueron resueltos por los romanos. Dispusieron, en las habitaciones, tuberías de plomo, que duran todavía y cloacas para los desagües. Las basuras y los detritus fueron transportados en carros y barcos y vertidos lejos de la población. Los ediles cuidaban de la policía urbana. Se prohibía ocupar la calle con muebles y utensilios y aun colgar las ropas a secar en lugar visible desde la vía pública. También estaba prohibido el arrojar a la calles los animales muertos. Las penas, por contravenciones, eran de azotes para los esclavos y de multas para los hombres libres".

¿Quién no sabe de la abundancia de aguas que pregonan todavía los gigantescos acueductos que atraviesan la campiña romana?

El embellecimiento de la Roma imperial, a mi entender, se debió como habéis apuntado, a la ambición y soberbia de los gobernantes, y yo agregaría que algo también acaso al orgullo ciudadano, el cual creó la Atenas de Pericles. Ello viene de todos modos en abono de la tesis que sustentáis.

* *

Y saltando por sobre el Imperio de Bizancio, nacido del de Roma, llegamos a la Edad Media, a las Dark Ages, como la llaman tan erróneamente la mayoría de escritores de habla inglesa. No es ciertamente de esa opinión el historiador Wells, a quien habéis citado más de una vez en vuestro discurso. Lo cito, a mi vez por ser un autor quizá más comunista que socialista y bien poco sospechoso de parcialidad religiosa. De él son las siguientes palabras[40]:

> "Muchas fueron durante el siglo XII las señales de que el espíritu europeo iba recobrando el vigor y sosiego necesarios para la renovación de empresas intelectuales. Ya en el siglo XI habían vuelto a empezar en Europa las discusiones filosóficas, y en ello determinó la creación de universidades grandes y prósperas en París, en Bolonia, Oxford y otras poblaciones. Las escolásticos de la Edad Media volvieron a aplicarse allí a sus trabajos, suscitando una serie de cuestiones sobre el valor y la significación de las palabras, que constituyeron el preliminar necesario para la claridad del pensamiento, en la edad de la Ciencia, que iba a seguir inmediatamente. Y brillando con luz propia, por la singularidad de su genio, estaba Roger Bacon, un franciscano de Oxford, el padre de la ciencia experimental moderna. Su nombre merece ocupar en nuestra historia un lugar, que sólo cede en preeminencia al de Aristóteles".

Pero llámese Edad Media o "Edades Obscuras" esa época sigamos el razonamiento de vuestro discurso.

Ciertamente que muchos obispos olvidando, como habéis hecho notar, su verdadera misión en la Tierra, se convirtieron en señores feudales también. Es el propio San Bernardo quien escribe: "¿Quién no se admira de que la misma persona que con la espada en la mano manda una tropa de soldados, pueda, revestido de estola, leer el Evangelio en medio de una iglesia?"

Cierto que el castillo del señor feudal no fue otra coas que el castillo de un déspota. Cierto es también que altos impuestos cobrados a viva fuerza sirvieron para completar, en algunos casos, las catedrales medioevales.

Sin embargo, Violet le Duc[41] no anda muy lejos de pensar como Wells cuando dice:

> "A nuestras catedrales va unida toda nuestra historia intelectual; ellas han abrigado, bajo sus claustros, los más célebres escritores de la Europa durante los siglos XII y XIII. Ellas formaron la educación religiosa y literaria del pueblo".

Pero renunciemos a las citas; busquemos el documento fehaciente. Examinemos la catedral gótica en sí. Louis Sullivan ha dicho[42]: "Cada edificio dice su propia historia y la dice plenamente. ¡Con qué maravillosa claridad habla al oído atento, cuán visible es su aspecto a la pupila abierta, aunque tarde algún tiempo en percibirlo! Todo él está esperando por usted, tal como toda gran verdad ha esperado, a través de los siglos, que el hombre que tenga ojos para verla la vea".

Evidentemente, todo en la catedral gótica revela un edificio destinado a abrigar grandes multitudes, en contraposición a la que sucede en otros templos de la antigüedad. Dice Violet le Duc, hablando de la de Bourges: "Ella parece, más aun que la de París, una sala destinada a gran asamblea. No sólo por su planta y por la carencia de *trampset*, sino por su sección por la disposición de dos galerías altas dando a la nave principal. Esto no era otra cosa que un medio para permitir a numerosos expectadores ver lo que pasaba en la gran nave". Y agrega: La catedral de Laon sirvió hasta el siglo XVI de lugar de reunión para los habitantes de la ciudad. Se celebraron asambleas durante los siglos XIV y XV en las catedrales de Auxerre, Paris y Sens, en las cuales se deliberaban asuntos públicos". Estas afirmaciones no han sido, que yo sepa, desmentidas con elementos que prueben lo contrario.

Por mi parte, yo preguntaría a Mr. Potter, autor que habéis citado repetidas veces, qué objeto tienen esas primorosas estatuas ó imágenes, maravillosamente esculpidas, que se encuentran ora en algunas catedrales góticas francesas, en lugares invisibles para el público; ora en la de Milán sobre el mar de mármol de sus techos, allá desde donde se contempla la nieve de los Alpes y el brillo de los lagos de la Lombardía. Nunca he podido encontrar otra explicación para ello que el espíritu religioso de sus artífices.

Si las grandes catedrales góticas que llama Violet le Duc "verdadera base de nuestra unidad nacional y el primer germen del genio francés", fueron o no populares, fueron construidas a calor del fervor religioso o no, lo habéis analizado, y no pretendo descutirlo en esta ocasión. Tampoco dicutiré si sus crecientes dimensiones se debieron al mismo orgullo ciudadano, que crea hoy, aun en poblaciones modestas, grandiosos capitolios. Pero sí mencionaré un motivo al menos para considerarlas hijas legitimias de la democracia del arte.

Dice un autor norteamericano[43] tan poco sospechoso de catecismo ni de romanticismo como el propio Wells citado antes:

> "El arte gótico es precisamente tan democrático en espíritu como son serviles el griego y el romano. Cada línea del arte gótico contradice la noción, popularmente aceptada, de que la Edad Media es un período de oscuridad y de opresión. La profusión del ornamento, la riqueza y el vigor de los pequeños *grotescos* que miran hacia fuera desde pilares y cornisa, el puro y alegre color de los frescos y de las iluminaciones, la delicia en el trabajo, que brota de los libres y bellos detalles, de los utensilios comunes de uso diario, nos cuentan la historia de una vida rica y abundante, tanto como la incontrastable lógica de la arquitectura griega nos habla de una vida opresa con el sentido de la fatalidad. En la edad de oro del edificio gótico, el hombre que dirigía el trabajo era un maestro albañil. Aquel que había ascendido en el transcurso de la obra era generalmente el más competente constructor y no un cualquiera a quien se le encargaba el trabajo por otro camino. El no se llamaba a si mismo un arquitecto, palabra derivada de griego, que significa maestro de obras".

Es una palabra, para este autor, que no es un arquitecto, las ornamentadas catedrales góticas, de casi tan lógica construcción como la de los templos griegos, son la obra maestra de los oficios, de la democracia de la arquitectura, de los maestros nacidos de la obra misma, y no del taller del artista, ni de las aulas universitarias.

De todos modos, y a pesar de las ideas que acabo de citar, con sólo algunas de las cuales estoy de completo acuerdo, convengo en que no fue la democracia, tal como la entendemos en nuestros días, el impulso que levantó hasta el cielo las finas agujas de las catedrales medioevales.

Fue a mi juicio, el más demócrata y popular de los edificios medioevales el hospital; y el hospital dio gran popularidad a la iglesia, aparte de todo sentimiento religioso. Es de notar que los hospitales de la Edad Media fueron a menudo, como demuestra con sus planos y fachadas Corroyer, en una obra coronada por la Academia Francesa de Bellas Artes[44], "soberbios edificios cuyas disposiciones recordaban las grandes salas de las abadías". Por más de un concepto, fueron muy superiores a los construidos en pleno Renacimiento, que han merecido vuestras justas críticas.

Pero vemos cómo un examen ligero de la ciudad medioeval confirma también vuestras ideas en cuanto a la ausencia de verdadera democracia en la época que estamos analizando.

Tanto la ciudad nacida al abrigo del castillo como el abrigo de la iglesia, fue de trazado, irregular unas veces, y de trazada en cuadrícula otras, como en las célebres *bastides* del Sur de Francia. Calles estrechas y polvorientas, casas antihigiénicas, gran densidad de población, fueron características de las ciudades medioevales. Al arte contribuyeron con sus edificios dominantes y con la artística disposición de sus plazas, estudiadas por el profesor vienés Camilo Sitte, quien condensó sus ideas en su libro que revolucionó por muchos años el trazado de las ciudades alemanas[45].

En cierto modo, la ciudad medioeval amurallada, como habéis justamente expuesto, es un remedo de las antiguas ciudades del despota. Su única ventaja consistió en sus modestas dimensiones relativas que no exigieron tan perentoriamente, como en las nuestras, la adopción de grandes espacios libres.

Sólo a fuerza de sacrificio y de sangre asomaron tímidamente las comunas protegidas

Figura 6.9. Edificio González Lanusa. Escuela de Derecho,
Universidad de La Habana.. (1928)

por los reyes para atacar a los señores feudales, y para oprimirlas después en provecho propio.

Creo que estáis en lo cierto, al no encontrar más que asomos de democracia en la mayoría de los edificios medioevales. Tampoco yo puedo hallar otra cosa en las ciudades de la edad Media.

Dedicáis al Renacimiento una buena parte de vuestro trabajo. Comenzáis definiendo el verdadero sentido de la democracia moderna y habéis analizado los grandes palacios florentinos, las iglesias de Roma, cualquiera de las cuales bastaría a constituir una individualidad en otra ciudad del mundo, y las viviendas de los potentados y de la Curia Romana; los célebres "chateaux" franceses, los afrancesados lugares —palacios españoles de la Granja y de Aranjuez— y aun las *manor houses* ingleses para llegar a la conclusión de que toda la arquitectura del Renacimiento, en relación con el estado social imperante, *fue una arquitectura de castas.*

Me sería imposible seguir vuestro razonamiento sin traspasar de límites que el tiempo impone a mi trabajo de esta noche.

Sólo apuntaré algunos datos en confirmación de vuestras ideas. Quizá ningún documento describe más gráficamente el estado social de las Repúblicas italianas del principio del Renacimiento que el redactado por los ciudadanos de Florencia para ser presentado a los señores de la ciudad, y el cual aparece copiado en la famosa obra de Maquiavelo. Transcribiré solamente algunos párrafos de tan interesante documento.

"En primer lugar, no se encuentra entre los ciudadanos ni unión ni compañerismo, excepto cuando son cómplices de un delito cometido bien contra su país bien contra algún ciudadano; delito que entonces sirve de lazo de unión entre ellos. Como el sentimiento religioso y el temor de Dios parecen extinguidos, juramentos y promesas han perdido su validez, y son guardados hasta tanto se encuentra un expediente para violarlos. Son adoptados únicamente como un medio de engañar, y es más aplaudido y respetado aquel cuya tunantería sea más eficiente y segura. De este modo, los hombres malos son recibidos con el aprecio debido a la virtud, y los hombres buenos son considerados únicamente como unos perfectos mentecatos".

"Con procedimientos como éstos, surge en seguida la inclinación a alguno de los partidos; hombres malos guiados por la ambición y la avaricia, los siguen, y hombres buenos, compelidos por la necesidad, siguen el mismo camino. Y lo más lamentable es tener que observar que *líderes* y agitadores de partidos tratan de santificar sus bajos designios con palabras que son todas piedad y virtud. Tienen el nombre de la libertad siempre en la boca, aunque sus acciones demuestren que son sus peores enemigos. La recompensa que desean por la victoria no es la gloria de haber dado la libertad a la ciudad, sino la satisfacción de haber vencido a sus contrarios, y de convertirse ellos mismos en dirigentes. Y para conseguirlo, no existe nada demasiado injusto, demasiado cruel, ni demasiado ambicioso, para que no se atrevan a intentarlo".

"Así, leyes y ordenanzas, paz, guerras y tratados se persiguen y se adoptan, no en beneficio del bien público, no por la gloria general del Estado, sino por la conveniencia y provecho de unos pocos individuos."

*
* *

Los Papas de la época, pontífices y monarcas temporales a la vez, apasionados por el estudio de las humanidades, nos dejaron, entre otras obras, el mayor y más famoso museo de escultura del mundo, el del Vaticano, y un monumento jamás sobrepasado hasta nuestros días en gloriosa majestad y en belleza: me refiero a San Pedro, y en particular, a la cúpula, sin rival en el mundo, que lo corona. Pero basta leer la terrible lucha, la que pasó los años de su vida entre intrigas, enredos y aun calumnias, su celebérrimo autor, para detestar aquella sociedad tan fecunda en genios como falta de sentido moral. Un hombre de carácter y honrado sentimiento religioso, como Miguel Angel Buonarroti, difícilmente podía adaptarse a una sociedad de artesanos y bufones.

En un mundo de *condottieri* que alquilan su espada, de vendettas entre facciones igualmente criminales, entre fastuosidades que debieron avergonzar a prelados que vivían en la ciudad de las catacumbas, y en medio de guerras de expoliación y de rapiña, difícilmente podía surgir una arquitectura *humana* en armonía con la justicia social.

Si volvemos la vista a Francia y contemplamos al Versailles de Luis XIV, compendio y resumen de la arquitectura francesa del siglo XVII, encontramos estos datos que confirman vuestras aseveraciones y que tomo al azar de la obra de Paul Gruyer[47]:

> "La posteridad, decía Colbert, mide a los príncipes tomando por unidad las soberbias casas que han construido durante su vida. Condé embelleció a Chantilly cuyas aguas no callaban ni de día ni de noche. Fouquet creó a Vaux. La cuestión se reducía a averiguar qué palacio sería destinado a personificar a Luis XIV ante los siglos venideros".

> "Luis XIV deseaba que las obras de Versailles avanzasen rápidamente; pero los obreros disponibles eran en número insuficiente. Entonces le ordenó a Vauban tomar 30,000 hombres del ejército, o sea, dieciséis regimientos de infantería y tres escuadrones de caballería que dejaron el mosquete por el pico y la pala. Los soldados se pusieron a trabajar al mando de sus oficiales, y la disciplina fue tan rigurosa como en campaña; nadie podía ausentarse ni por un cuarto de hora, ni siquiera los coroneles."

> "El agua llegaba ya a Maintenon; pero otra vez las palúdicas habían surgido, segando la vida de 5,000 a 6,000" hombres".

> ¿A qué asombrarnos de las víctimas sacrificadas en aras de inmortalidad de los Faraones?

> "Otras fiestas más importantes iban a seguir. Del 7 al 9 de mayo de 1664, Luis XIV ofrece a la señorita de la Vallière la primera gran fiesta de Versailles. Amar, como construir, constituía la gloria de un rey. Francisco I, el rey caballero y el más brillante de los Valois ante la historia, no hubiera nunca podido contar sus queridas, que tomaba y dejaba en todas partes. Enrique IV tuvo oficialmente hasta tres a la vez y dos esposas, habiéndose divorciado de la primera. Cinco hijos legítimos y ocho bastardos eran su orgullo, siendo educados todos juntos, bajo el cuidado de una misma institutriz. Luis XIII mismo, el apellidado *el Casto*, ¿no había soñado también en establecer en Versailles a la señorita de Lafayette? Luis XIV, después de un año de su matrimonio, se había fijado ya en una de las damas de honor de Enriqueta de Inglaterra, la mujer de Monsieur."

Habéis mencionado el costo de una fiesta de Fouquet que escandalizó a Luis XIV y que costo 120,000 libras. Pues bien, esta fiesta, dedicada a la señorita de la Vallière, costó en una sola noche, casi igual cantidad, o sean 100,000 libras.

En medio del horror por este despilfarro de vidas y de dinero nos queda un consuelo. Los arquitectos del Renacimiento trabajaron sin saberlo para las multitudes de nuestro siglo, Versailles, Vaux, Chantilly, Saint Cloud y Fontainebleau, entre otros parques y mansiones reales, sirven de parques y museos a los ciudadanos de París los sábados y los domingos de todas las semanas, como la villa de Este y otras mansiones romanas se llenan los mismo días con las caravanas de modestos obreros y burgueses de la Roma actual.

Las ciudades del Renacimiento italiano fueron hijas de la ambición de mando de sus señores, pero también del legítimo orgullo ciudadano. La plaza museo de la *Signoria* y la plaza de San Marcos son todavía las más famosas de nuestro siglo. Ennoblecida la primera con el Palazzo Vecchio y con las obras inmortales de la Loggia dei Lanzi, y la segunda con célebres arquitecturas tan diversas como las de San Marcos, Librería Vieja, Palacio Ducal, y San Giorgio y Santa Marta della Salute, que desde ella se divisan, constituyen, por su disposición y uso, lugares obligados de peregrinación para todos los artistas del mundo.

Los arquitectos el Renacimiento, Serlio y Vasari, entre estos trataron de inventar planos geométricos de ciudades, científica y artísticamente diseñadas, que tienen hoy sólo un valor histórico. Los edificios que nos dejaron, entre otros, los Bramante y los Peruzzi, los San Gallo, los Buonarroti, los Sansovino y los Palladio, sirvieron de inspiración hasta la presente centuria a los arquitectos de todo el mundo civilizado. Su arquitectura, o más bien, la arquitectura de sus imitadores, se llama ahora despectivamente, por muchos, "arquitectura de *copybook*". Un arquitecto italiano de nuestro siglo ha dicho, sin embargo, con mucha razón que empleando los antiguos elementos pueden hacerse aun obras originales y nuevas. Lo contrario equivaldría a asegurar que para escribir música moderna habría que inventar un nuevo pentagrama; y sabido es que con las mismas siete notas se han escrito las sinfonías de un Wagner y las obras de un Donizetti. Pero lo cierto es que los nuevos materiales han definitivamente eliminado la arquitectura de otros siglos.

Si hubiera alguna duda, cosa que no creo caiga dentro de los límites de lo posible, de una vuelta atrás, a la arquitectura del Renacimiento, no la habría nunca en lo que se refiere al trazado de ciudades.

Las ciudades del Renacimiento jamás fueron proyectadas desde un punto de vista económico y social, a más del artístico, como lo son en nuestros días.

Ciudades de potentados, dueños de esclavos libres, fueron también las del Renacimiento, *Ciudades de Castas*.

Hemos oído, en fin, cómo después de analizar las arquitecturas de siglos pasados llegáis a la conclusión de que la sorprendente limitación en la variedad de monumentos producidos en el mundo antiguo y en el Renacimiento, se concretan casi exclusivamente al palacio y a la iglesia, símbolos respectivos de poder civil y del poder religioso.

Analizáis después los de la época presente demostrando que palacios legislativos y de justicia, universidades, bibliotecas, museos, hospitales modernos, estaciones de ferrocarril, teatros, edificios comerciales, fábricas y talleres, nacieron al influjo de la moderna democracia, del gobierno del pueblo por el pueblo, como consecuencia del sufragio universal.

Y no cabe la menor duda de que tales edificios, y especialmente los últimos mencionados, nos llevaron a plasmar en el presente siglo una arquitectura lógica para el progreso de los pueblos y el bienestar de la humanidad. Me refiero a esa arquitectura simple y funcional que habéis preconizado, salida ni de academias ni de altas escuelas, sino de la Bauhaus de Gropius y de otras instituciones semejantes; me refiero a esa arquitectura internacional, parca de decoración, dotada de clásica belleza y de sinceridad artística, basadas esencialmente en la juzteza de proporciones y en la propiedad en el uso de los materiales, cualidades que, en mayor o menor grado desarrolladas, han caracterizado a los mejores monumentos de todas las épocas.

Hilversum y Vreewye, en Holanda, a quienes van unidos los nombres de Dudok, Verlage, Granpré, Moliére, Verhagen, Kok, Oud y otros muchos arquitectos europeos, son dos joyas de la arquitectura y del urbanismo contemporáneos que visitaban devotamente, antes de la guerra actual, todos los peregrinos del arte del siglo XX.

Los arquitectos modernos han encontrado, al fin, como habéis dicho, después de los tanteos del neoclasicismo y de los múltiples y diferentes estilos sucesivamente llamados modernos, con anterioridad al año 1925, la verdadera clave de una arquitectura que caracterizará a nuestro siglo, y que es una consecuencia lógica de las necesidades, de la vida, de las costumbres y de los adelantos de la época.

Sin embargo, ella se encuentra aún en vías de desarrollo. Tal vez será el laboratorio el edificio tipo que influirá más en la arquitectura de la segunda mitad de nuestro siglo. Para lo sucesivo, la lujosa arquitectura de palacios será desechada en absoluto. En las grandes bibliotecas públicas se acabarán las escaleras monumentales, que nadie usa, y los vestíbulos lujosos, que sean innecesarios para la circulación. Los talleres de trabajo se multiplicarán en ellas, dispuestos por especialidades, aminorando las grandiosas salas de lectura. Los museos tendrán una distribución apropiada, para que puedan sacarse de sus vitrinas los preciosos ejemplares, a fin de que sean dibujados o estudiados de cerca, aprovechándolos en multitud de pequeños talleres, para el adelanto de las artes industriales. Ello suprimirá en parte las riquísimas e interminables galerías de otros tiempos. Los restos del antiguo *foyer* que todavía se observan en el Capitol y en el Radio-City, de la gran New York, por citar ejemplos bien conocidos, serán sustituidos por piezas más funcionales y menos lujosas que permitan abaratar el espectáculo y disminuir la montaña del enorme interés sobre el dinero tomado en hipoteca por las compañías construc*toras. Las neotermas romanas de la Estación de Pensilvania y la* Estación Museo de Washington, tomarán el rumbo de la última *stradaferrata* de la Reina de las Flores, de la clásica Florencia, erigida hace poco como *puerta de entrada*, para usar vuestra propia expresión, de la más tradicional y legendaria de las ciudades italianas, de la patria de Dante, de Bruneleschi y de Buonarroti. El rascacielo, la catedral y el castillo de la plutocracia moderna caerán también bajo el peso de deudas y amortizaciones, para tomar proporciones más modestas, si es que no desaparecen de muchas ciudades. La universidades y colegios olvidarán su "Gótico Tudor", con estructuras de acero, para convertirse en obras más modestas pero más funcionales. Por poco funcional hemos visto desocupar hace ocho años uno de los más bellos edificios construidos en América, la biblioteca de la Universidad de Columbia, que por varios lustros sirvió de individualidad inconfundible a ese gran centro de enseñanza.

Pero por encima de todo, el carácter de laboratorios será la modalidad más característica de mucha obras arquitectónicas, durante la generación venidera. Museos-laboratorios, museos de artes industriales, serán preferidos a los empolvados museos de arte antiguo, llenos a menudo de ejemplares que tienen por valor intrínseco, bien su rareza, bien el deber la existencia a un artista de nombre glorioso.

Al surgir de los laboratorios técnicos desaparecerá poco a poco la práctica individual de las profesiones.

Y para todos estos laboratorios, para todos los nuevos edificios de la ciencia, de la industria y del comercio modernos, ya ha encontrado el presente siglo una arquitectura propia, el estilo del cemento armado, el estilo internacional, igualmente aplicable a todos los monumentos, edificios y viviendas de nuestra época.

Pero echemos una ojeada, para terminar, a la ciudad del siglo XX. Veamos si su estudio nos lleva a conclusiones diversas de aquellas a que nos llevara el de las ciudades de otras épocas, confirmando una vez más las conclusiones que habéis obtenido del examen concienzudo de sus monumentos.

He sustentado, en otras ocasiones, que el más grande adelante social del presente siglo lo constituyen los trazados funcionales de las ciudades modernas, proyectadas lógicamente, divididas en zonas comerciales, industriales, administrativas, gubernamentales, de residencias y universitarias, unidas por amplias avenidas de circulación, dotadas de bellos centros cívicos, orgullo de sus ciudadanos, y de un completo y lógico sistema de parques, jardines y espacios abiertos en general, usados por los habitantes de todas las edades y de todas las categorías, con los mismos derechos y con iguales ventajas, constituyendo las características más democrática de nuestra centuria y muy especialmente de las ciudades del Continente americano.

A los ridículos espacios abiertos de las ciudades griegas romanas y de la Edad Media, a las plazas bellas pero microscopicas del Renacimiento, han sucedido los parque de las ciudades modernas, ocupando a menudo, como decíamos antes, terrenos que en otros tiempos fueron cotos exclusivos de monarcas y magnates; lugares donde el hombre, la mujer y el niño, el joven y el anciano, encuentran hoy, reunidos en limitado espacio, los más bellos y pintorescos paisajes naturales, donde el espíritu se ensancha en la contemplación de la naturaleza, y el cuerpo adquiere o recobra el vigor y lozanía perdidos en la lucha de la vida diaria. A las callejuelas estrechas, han sucedido las grandes avenidas bien pavimentadas que llevan el aire y la luz a los más apartados rincones de la ciudad de nuestros días.

A las anticuadas cloacas y a las pintorescas arcadas de los acueductos del pasado han sucedido los conductos higiénicos de los alcantarillados modernos y las tuberías de agua esterilizada, servida a la presión necesaria, en cada barrio de la ciudad más populosa y del poblado más modesto, acabando así con las terrribles epidemias de otros tiempos, tales como el cólera, el tifus y la malaria.

Dos caminos diferentes han seguido en su desarrollo las ciudades del raíl y del automóvil: el de la concentración y el de la descentralización. Fueron las del primer sistema brillantemente concebidas a base de la especulación. Toda obra bella, paga. Toda obra colosal, *paga*. Las anchas avenidas, las grandes plazas, los gigantescos rascacielos, los bellos frentes al agua, los propios espacios libres de cualquier índole, hacen valer más los terrenos y rentar más a los edificios y, por lo tanto, pagan. Tal fue el axioma que llevó al sistema de concentración en algunas ciudades.

Dos causas motivaron el sistema contrario; el espíritu cristiano y filantrópico y el estudio racional de las ventajas materiales de la ciudad, científicamente creada de nuevo como un todo.

Fue el espíritu cristiano el que movió a Lever a hacer su feliz experiencia en Port Sun Light. Allí, cerca de Liverpool y junto a su fábricas de jabón, construyó una pequeña ciudad para sus obreros, rodeada de campos de cultivo para proveerla, con amplias avenidas, bellas casas higiénicas, cómodas, amplias, rodeadas de jardines; lugares para deportes en sus parques; biblioteca y museo, teatro en que actúan los propios vecinos, clubs, hospital y una bella iglesia; en fin, escuelas modernas, una de ellas industrial, adonde   concurren los hijos de obreros que demuestran, en la primaria, aptitudes convenientes.

El éxito fue tan grande, que Lever no aceptó que se considerase su obra nacida de su filantropía. El entiende que el espíritu de cooperación de sus obreros paga con creces su esfuerzo. Debe de haber sentido una *gran satisfacción*, cuando esos propios obreros suyos construyeron, en la más bella iglesia de la ciudad, por iniciativa propia, un monumento que costó varios miles de libras esterlinas a la memoria de su esposa.

Un sentimiento patriótico movió a Cadbury, el gran fabricante inglés de chocolates, a hacer algo semejante en Bournville cerca de Birmingham. Toda la propiedad y sus derechos los donó al Estado, en 1900, este gran filántropo.

Purdy[48] nos relata cómo surgió, en Inglaterra, el otro método de construcción de ciudades-jardines por empresas particulares, persiguiendo un doble fin, filantrópico y utilitario a la vez. Horsfall escribió un libro titulado "El ejemplo de Alemania", a fines del siglo pasado. En él se encomiaba lo hecho ya en la nación germana a ese respecto. Ezebener Howard, publicó algunos años después uno de los libros más sugestivos que se hayan escrito jamás, para propagar una idea, titulado "The City of Tomorrow". Pocos años más tarde surgió la famosa ciudad-jardín en Letchworth que habéis citado, en las inmediaciones de Londres. Después, en toda Europa y en America, han surgido muchas ciudades obreras, ora construidas por filántropos como Schard, Menier, Hershey, etc. ora por compañías cooperativas o particulares, tales como infinidad de pueblecillos cercanos a todas las ciudades industriales europeas y como las de Gary, Mariemont y Palos Verdes, en América, para citar sólo algunas bien conocidas. Ellas son siempre de carácter obrero no del tipo precisamente de las *garden-cities* inglesas, que, como observa Purdy, son únicas en el mundo; pero tienen trazados más o menos semejantes a los de aquéllas. Así de Welwin nació Radburn, cerca de Fair Lawn, New Jersey. Brunner el urbanista vienés, cita, en su excelente "Manual de Urbanismo", varias ciudades de esta clase construidas en Sur América y México.

La guerra actual, con su nueva arma aérea, parece haber acabado de decidir la cuestión planteada entre centralistas y descentralizadores. La ciudad del futuro será probablemente la de núcleo central, rodeado de ciudades satélites; sistema de enormes ventajas contra una desventaja económica: la del mayor costo en acueductos, alcantarillados y vías de comunicación. Los Angeles, California, puede considerarse en cierto modo como una de esas ciudades modernas descentralizadas, con sus satélites rodeados de cinturones de verdura, Hollywood, Cleardale, Pasadena, Montebello, Laguna, Inglewood y Palm-Culver.

A partir del presente siglo, las ciudades no se trazan ni crecen al azar: se proyectan y distribuyen con vista a su presente y a su futuro de treinta o cuarenta años. Siempre se hizo algo análogo cuando se trataba tanto de construir un gran edificio como una pequeña residencia. Pero el plan del más enorme de los hogares, de la ciudad, donde se nace, se crece, se come, se estudia, se trabaja, se descansa y se muere, jamás fue estudiado científicamente hasta los albores del presente siglo, cuando los planos reguladores son la pauta y la guía del desarrollo de las más bellas y populosas ciudades del mundo.

Sin embargo, el problema de la vivienda del pobre está resuelto solo a medias en contados países. La tendencia cristiana, caritativa o filantrópica, es muy limitada entre los hombres de negocios. La tendencia social, creadora de compañías de urbanización, se ha visto obstaculizada por la especulación creciente, sobre todo, en América. Gary, Indiana, (Estados Unidos) es un ejemplo de ello. Los miles de millones de pesos gastados en Inglaterra, Estados Unidos y otras muchas naciones para movilizar el capital particular con préstamos parciales o totales a bajo interés, y para construir casas decentes y económicas para los que puedan adquirirlas, todavía no ha resuelto el problema en ningún país, si se exceptúa a Holanda. Todavía se considera en los Estados Unidos que más de un 60% de sus habitantes no ganan lo suficiente para vivir cómodamente en viviendas economicas.

El nivel de vida de los pobres en países cuyos habitantes tienen la piel un poco más oscura que la raza aria, justifica todavía la aseveración de Tolstoy[49], de que la abolición de la esclavitud es, simplemente *una mentira convencional de la historia moderna.*

No obstante, las leyes cada vez se democratizan más en todos los países. El papa León XIII rompió la marcha, con la encíclica titulada "Rerum Novarum", el más avanzado documento publicado, hasta la fecha en que apareció, en pro de la justicia social. El actual Presidente de los Estados Unidos de América Franklin D. Roosevelt, no ha vacilado en gastar miles de millones en medidas de carácter social, estableciendo entre otras el llamado *Home Relief,* que ha desterrado el hambre de toda la nación. Los profesores de Oxford nos hablan ya de un sistema socialista inglés que será implantado, al finalizar la guerra actual en fábricas y talleres de la Gran Bretaña. La Constitución rusa ha adoptado, en su artículo 12, la democrática máxima del Apóstol de las Gentes, *"Aquel que no quiere trabajar, no come"* El párroco de Canterbury H. Johnson, en su libro "El Poder Soviético", dice, hablando de la Rusia de Stalin: "Nadie puede viajar a través de la Unión Soviética, como yo he hecho, y visitar república tras república, y ver la mezcla de gentes de diferentes nacionalidades, en términos de absoluta igualdad, sin sentir el hondo convencimiento de que algo nuevo ha llegado al mundo de las relaciones humanas".

Las desigualdades sociales serán menores en las ciudades modernas que lo fueron en las ciudades del pasado. El trazado de las urbes, sus grandes espacios abiertos, sus servicios públicos sus viviendas económicas y bellas y su nueva organización social y económica constituyen, mucho más que la arquitectura contemporánea, la máxima expresión de una civilización nueva, que parece conducir en línea recta a la consecución de un mundo mejor, sin clases, y sin castas, tal como lo pensó en su Sermón de la Montaña el Maestro Inmortal de Nazaret.

Hemos llegado, profesor Weiss, prácticamente, a las mismas conclusiones, siguiendo diferentes caminos.

¡Bienvenido seáis a nuestra Academia!

He dicho.

NOTAS

1. Prof. J. Pijoan, "Historia del Arte".
2. Perrot y Chipiez, "L'Art dans l'Antiquité. Egypte".
3. Herodoto, "Los Nueve Libros de la Historia", traducción del P. Bartolomé Pou.
4. Opus cit.
5. "The Architecture of Ancient Greece".
6. "Historia Griega".
7. "L'Architecture.--Antiquité'.
8. Woermann, "Historia del Arte".
9. Folch y Torres, "Resumen de la Historia General del Arte".
10. Opus cit.
11. Opus cit.
12. "Historia Romana".
13. "Histoire de l'Architecture".
14. Enciclopedia Británica: "Feudalism".
15. "Notre Dame de Paris".
16. Porter, "Medieval Architecture".
17. Porte, op. cit.
18. "The Architecture of the Renaissance in Italy".
19. "Historia de Florencia".
20. Corrado Ricci, "Le Vite del Vasari".
21. Opus cit.
22. Pijoan, "Historia del Arte".
23. Pijoan, Op. cit.
24. Eugenio Bonnemére, "La France Sous Luis XIV".

25. Op. cit.
26. Hector S. Sauveur, "Versailles".
27. Ibídem.
28. "El Barroco en España".
29. "American Life in Architecture".
30. Nuestra Universidad es un caso a la vista.
31. Eugenio Bonnemére, op. cit.
32. Philip Newell Youtz, "American Life in Architecture".
    CONTESTACIÓN AL DISCURSO DE INGRESO DEL PROFESOR JOAQUÍN E. WEISS POR EL SR. PEDRO MARTÍNEZ INCLAN, MIEMBRO DE LA SECCIÓN DE ARQUITECTURA.
33. Pierre Lavedan, "Histoire de l'Urbanisme".
34. Flinders Petrie, "Ilahun" - Kahun-Burb".
35. V. Laloux, "L'Architecture Grecque".
36. Breasted, "Ancient Times".
37. Lavedan, obra citada.
38. Cantú, "Historia Universal", tomo 2º.
39. Lavedan, obra citada.
40. Wells, "Breve historia del mundo".
41. Violet le Duc, "Dictionnaire de L'Architecture".
42. L. Sullivan, "The autobiography of an idea".
43. C. H. Whitaker, "Rameses to Rockefeller".
44. E. Corroyer, "L'architecture gothique".
45. C. Sitte, "Construcción de ciudades".
46. Machiavelli, "History of Florence", Colonial Press.
47. Paul Gruyer, "Huit jours a Versailles".
48. Purdy, "Salellite Towns".
49. Tolstoy, "Esclavitud Moderna".

EL CEMENTERIO CRISTOBAL COLON

ENRIQUE MARTÍNEZ Y MARTÍNEZ

El Cementerio de Espada, construido a principios del siglo XIX, (por el año 1853) resultaba insuficiente para las inhumaciones de los cadáveres que a diario había que dar sepultura en esta Capital, por haber aumentado considerablemente la población, por lo que, en 1854, siendo Gobernador de Cuba el Marqués de la Pezuela, concibió la idea de hacer uno de mayores dimensiones y en armonía con la población y la cultura de esta Capital.

El Marqués de la Pezuela, posteriormente, fue relevado del mando en Cuba y no se volvió a hablar de este asunto hasta que en años después, en 1858, el Ayuntamiento de la Habana, a iniciativa de sus concejales, señor José Bruzón y José Silverio Jorrín, tomó de nuevo la iniciativa, nombrando una comisión que eligiese un terreno a propósito para ese objeto, el cual se demarcó en la falda Oeste del Castillo del Príncipe, un cuadrado de 1,000 varas de lado.

Esta designación fue impugnada por las autoridades militares que estimaban que un cementerio emplazado en aquel lugar, obstruccionaba la vigilancia de esa parte de la ciudad.

En aquel entonces estaba al frente del Obispado de la Habana, Monseñor Fleix, que impugnó el derecho del Ayuntamiento de la Habana de construir ese cementerio, dado su carácter católico y por disponer el Obispado de los fondos necesarios para realizar la obra. Sometido el litigio al Consejo Superior de Administración, este organismo estuvo conforme en que el Obispado debía realizar dicha obra, no obstante, fue sometido el caso en apelación al Gobierno de Madrid, el cual resolvió en definitiva el derecho que asistía al Obispado, dictándose un Real Decreto que fue publicado en la Gaceta en 28 de junio de 1866, autorizando al Obispado de la Habana para realizar la obra, con la sola limitación que se pusiese de acuerdo con la Autoridad Civil, respecto a la elección del lugar y demás particulares relacionados con la salud pública.

El terreno elegido primeramente por el Ayuntamiento, no obstante que su designación fue ratificada en 18 de junio de 1863 por un acuerdo del Cabildo, no fue aceptado y se nombró entonces una comisión para que eligiese un nuevo terreno, la que designó un rectángulo de cuatro caballerías que se tomó de las fincas La Baeza, La Currita, La Noria, La Campana, Las Torres y La Portuguesa.

Al abandonar la mitra el Iltmo. Sr. Francisco Fleix y Solans, que la rigió desde el 26 de noviembre de 1846, por haber sido nombrado en 1865 Obispo de Tarragona, este proyecto estuvo paralizado 14 años, hasta que en 1867, por iniciativa del Dr. Antonio González del Valle, se removió otra vez, publicando dicho doctor una memoria y un proyecto de reglamento para el nuevo cementerio.

En noviembre de 1870, la Junta de Cementerios acordó designar una comisión para que redactara las bases con el objeto de hacer un concurso público para la construcción del Cementerio Cristóbal Colón, comisión que formaba, como presidente el Sr. Rafael Clavijo, Jefe de Ingenieros militares y como vocales, los Sres. Francisco Albear y Antonio Molina, ingenieros militares; Ricardo Brusqueta, ingeniero civil; Pbro. Antonio Pereira, por el Obispado; Julián Zulueta, por el Ayuntamiento, y Antonio Ecay, por la Junta de Cementerios, que actuó como secretario. Esta Comisión redactó las bases para dicho concurso, cuya convocatoria se insertó en la Gaceta del 12 de agosto de 1870, presentándose 7 proyectos, unos, suscritos por sus autores y otros, con lemas en el siguiente orden:

> Deo manes jura sancto suat.--Manuel Martínez de Quintana.--Carlos de la Baquera, lema: "Dios y la verdad".--Fe, Esperanza y Caridad.--Quod opus est.— Salut.--Pallida mors ae quo pulsat pede tabernas pauperum regnum que turres. (La pálida muerte entra por igual en las cabañas que en los palacios de los reyes).

El 19 de septiembre de 1870, el Jurado conoció de los diferentes proyectos presentados y la mayoría eligió el que tenía por lema: Pallida mors", etc., pero hubo dos votos que disintieron de la mayoría y estimaban que debía declararse desierto el concurso y convocar otro, dándoles seis meses a los concursantes para presentar sus proyectos, puesto que, estimaban que el plazo concedido era insuficiente y que las modificaciones que el Jurado había introducido en el proyecto elegido, tomarían casi el tiempo que invertiría el autor del proyecto aceptado, para modificarlo. El Jurado no aceptó la impugnación de la minoría, por estimar que el proyecto "Pallida mors", etc., estaba bien estudiado, que era el único que podía ser tomado en consideración y que las modificaciones que el Jurado había introducido en el mismo, de suprimir la cripta en la capilla central y otras en cuanto a disposición de los edificios, etc., eran de pequeña importancia y no modificaban en absoluto las líneas generales del proyecto. Abierto entonces el pliego que acompañaba el proyecto que tenía por lema: "Pallida mors", etc., resultó ser del arquitecto Calixto Loira, al cual se le entregó el premio de 2,000 escudos, según las bases del concurso y fue designado director de las obras, colocándose la primera piedra el lunes 30 de octubre del año 1871 y comenzando las obras un mes después.

Para realizar el proyecto, se subdividió éste en cuatro lotes; el primero comprendía las cercas, calzada frente a la parte Norte del Cementerio y desmonte del terreno; el segundo, comprendía la pavimentación de las calles y arbolado; el tercero, las portadas y edificios y el cuarto, la capilla central. (Figura 6.10)

Ocupa una superficie rectangular de 810 metros de Este a Oeste, por 620.20 metros de Norte a Sur. Con una cabida total de 504,458.22 metros cuadrados.

Dicha área se divide en tres partes, una de ella en el ángulo N. O. de la cerca, donde está situada la cantera de donde se extrae la piedra para los trabajos que por administración se realizan en las calles; el horno de cal y otro destinado para incinerar las basuras y demás desperdicios; otro, apartado, situado en el ángulo S. O. de la cerca, está destinado a la inhumación de los fetos y el resto de la superficie disponible constituye propiamente el cementerio.

Siguiendo la costumbre establecida desde el tiempo del Papa San Gregorio, la planta del cementerio esta formada por cinco cruces. En la antigüedad, los enterramientos en cada una de dichas cruces era de acuerdo con el rango del cadáver que se inhumaba, selección que se hacía con la mayor escrupulosidad. (Figura 6.10)

Partiendo del centro de su frente principal, existe una calzada que va de N. a S. y se corta con otra perpendicularmente en su centro, formando la cruz central; a uno y otro lado de ambas calzadas se han proyectado los cuadros denominados una de Monumentos de Primera Categoría, Segunda y Tercera; los brazos de esta cruz dividen la superficie cementerial en cuatro espacios, que se denominan cuarteles se designan por su orientación en Nordeste, Noroeste, Sureste y Suroeste. Estos cuarteles a su vez, se dividen por cuatro cruces en cuyos contornos existen los cuadros llamados Cruces de Segundo Orden.

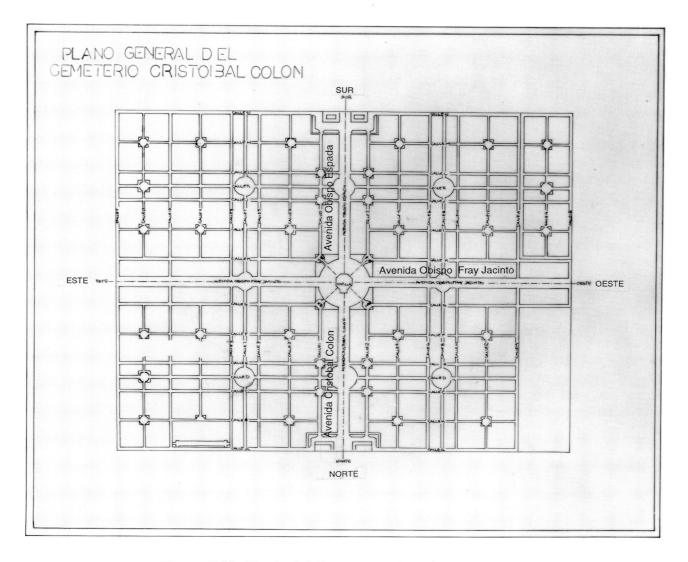

Figura 6.10. Planta del Cementerio de Colón, La Habana

Los espacios comprendidos entre los brazos de estas últimas cruces se dividen también en cuatro cuadros cada uno denominado de Campo Común.

La portada principal se encuentra situada en el centro de su lado Norte, existiendo otras portadas en sus lados Sur y Oeste. La capilla principal ocupa el centro de la cruz mayor. (Figura 6.11)

A la derecha, e izquierda de la portada principal y la del Sur existen dos cuerpos de edificios destinados a oficinas y a otros servicios.

En el cuartel Suroeste está emplazado el depósito de cadáveres y en el cuartel Sureste otro edificio destinado a depósito en general.

Las calzadas principales tienen un ancho de 21 metros, con aceras de 2 metros de ancho. Las calles situadas en los ejes de los cruces de Segundo Orden, tienen 7 metros de ancho, con aceras de 0.50 metros, y las calles que dividen los cuadros de Campo Común son de 5 metros de ancho, con aceras de 0.50 metros, a excepción de las comprendidas entre estos cuadros y los de las Cruces de Segundo Orden, así como las que corren alrededor de las cercas, que tienen 6 metros de ancho.

Con el objeto de facilitar la circulación de vehículos se proyectaron en los centros de las Cruces plazoletas de mayor o menor radio, lo mismo que en la intersección de las calles que dividen los cuadros del Campo Común.

409

Inmediatamente después de la portada principal existe una amplia plaza, que facilita la circulación en todos sentidos.

La plaza situada en la calle central entre la portada y la capilla fue proyectada con el propósito de erigir en dicho lugar un monumento a Cristóbal Colón, idea que se desechó posteriormente, colocándose dicho monumento en la Catedral de la Habana, el cual al cesar la soberanía española en Cuba, fue trasladado a España.

En la plaza situada en la propia calle central, entre la capilla y la parte Sur, se encuentra emplazado el monumento donde está inhumado el cadáver del Obispo Espada y que ha de servir en lo futuro para tumba de los obispos y arzobispos que desgraciadamente fallezcan y deban ser inhumados en esta Capital.

Los cuadros están numerados independientemente los de cada cuartel y clasificados por categorías.

A las calles se las distingue con el nombre de Avenida Cristóbal Colón, la que parte de la portada hasta la capilla; a la continuación de ésta, hasta la cerca Sur, con el de Avenida Obispo Espada y a la que va de Este a Oeste, formando la cruz principal, por la Avenida Fray Jacinto. En el resto del cementerio se han rotulado las calles, con las letras del alfabeto, hasta la letra N, que es la que circunda la cerca del Sur; en sentido perpendicular a las anteriores, las que están situadas a la derecha y paralelas a la calle central llevan los números pares desde la 2 hasta la 18, y a la izquierda de la avenida central, los números impares hasta la 17, que corre por el costado de la cerca Este.

Teniendo en cuenta el poco ancho de las aceras, que no permiten la colocación de postes con los rótulos, se han puesto en los ángulos de las mismas e incrustadas en las aceras, unas placas de hierro con la letra o el número en relieve. Esta rotulación que es reciente, ha sido de gran utilidad para que el público pueda orientarse con facilidad y encontrar el lugar de la sepultura que desee, para cuyo objeto, por la Dirección Facultativa, se le facilita gratuitamente a todo el que lo solicita, un plano del cementerio en el que se le marca el lugar que desee visitar.

Portada principal

Los planos definitivos fueron redactados por el arquitecto señor Eugenio Rayneri, puesto que los primitivos del señor Calixto de Loira, que obtuvo el premio en el concurso, el Jurado calificador le hizo algunas modificaciones, sobre todo, reduciendo las dimensiones. Dicha portada que es toda de cantería, tiene 34.40 metros de longitud y su espesor es 2.50 metros; la puerta central tiene 5.00 metros de ancho y cada una de las laterales, 2.70 metros, con cierres de rejas de hierro. La altura total hasta el remate del grupo que la termina, es de 21.66 metros, la altura sobre las puertas laterales es de 11.10 metros.

Está coronada por un grupo escultórico en mármol representando "Fe, Esperanza y Caridad", con la siguiente inscripción: "JANUA SUM PACIS". (Figuras 6.11 y 6.12)

Estilo Arquitectonico

En cuanto al estilo arquitectónico adoptado, el señor Calixto de Loira, arquitecto, autor del proyecto premiado, se expresa en los siguientes términos:

"No se puede titubear sobre la elección del estilo que debe emplearse en la construcción que nos ocupa, siendo de naturaleza esencialmente cristiana: es

410

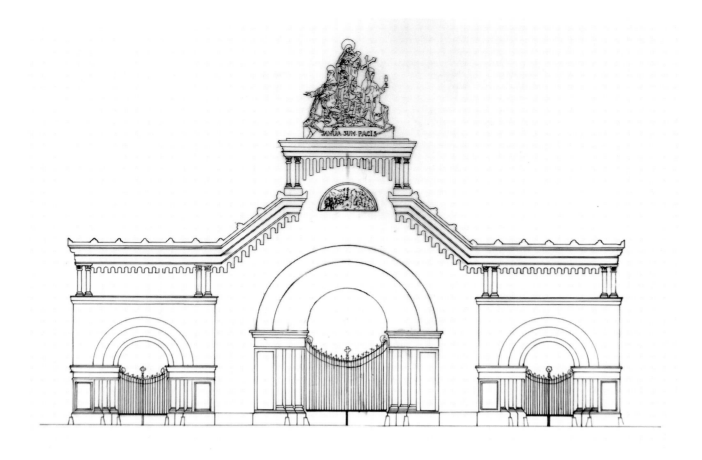

Figura 6.11 Portada principal del Cementerio de Colón, La Habana

claro lo que debe revelar en su arquitectura, teniendo para escoger por consiguiente el bizantino puro, el románico bizantino, el gótico y, por último, el renacimiento; de todos ellos, el más adecuado, tanto por su carácter severo, a la par que triste, cuanto por la sencillez en la ejecución de su decoración, al mismo tiempo que a la solidez de su forma, el románico-bizantino, pues satisface completamente y con ventaja a los otros estilos, considerando el destino del edificio y las localidades en que tiene que construirse, siendo muy fácil de probar que es el único adecuado al objeto, porque si eligiésemos el bizantino puro, que es el que más caracterizó el arte cristiano en su principio, se obtendrían formas demasiado pesadas y aun de mal gusto con relación al espíritu de la época moderna; si nos dirigimos al gótico que es de carácter completamente opuesto a este último, nos hallamos con la dificultad de ejecución, crecido costo y pocas garantías de solidez para este país, en que los fenómenos meteorológicos son los enemigos terribles de las construcciones y por último, si nos fijamos en el renacimiento, tendremos que participar de las mismas dificultades del anterior."

"No debemos pasar por alto que podríamos echar mano al estilo griego, pero sería profanar las creencias del católico que tan opuestas son al paganismo. Por todas estas razones, me ha sugerido la idea de adoptar el predicho estilo románico-bizantino."

411

Figura 6.12. Vista lateral y sección. Entrada del Cementerio de Colón, La Habana

412

Capilla principal

Es de forma octagonal, compuesta de tres cuerpos concéntricos, que siendo de alturas distintas, resultan escalonados y cuyas apotemas son 5,10 y 15 metros. El exterior de estos cuerpos, que es el más bajo, forma una galería o pórtico de arcadas de medio punto, que rodea el edificio y está llamado a prestar grandes servicios al público. De los otros dos cuerpos que constituyen la capilla propiamente dicha, el central se eleva sobre ocho pilares y sostiene una cúpula en rincón de claustro reforzada por nervios y terminada en una cruz, iluminándola suficientemente ventanas bajas, provistas de cristales, dando acceso a ellas cuatro puertas que corresponden a las grandes avenidas centrales. La principal de estas puertas se encuentra en el costado Norte y por tanto, frente a la portada del cementerio, en un cuerpo saliente, adosado a una de las caras del prisma que forma el sagrado recinto; este cuerpo se compone de tres piezas: una central, que sirve de vestíbulo y del que se pasa al santuario por un arco de ingreso y dos pequeñas laterales, en una de las cuales se halla la escalera de acceso la torre, ésta, que descansa sobre el cuerpo central, es de base octagonal, y termina en una cúpula de la misma forma de la capilla. La superficie total disponible en ésta, sin contar la galería exterior, ni el vestíbulo, y deduciendo los espacios ocupados por pilares es de 263.00 metros cuadrados, de los que 22, corresponden a la sacristía, quedando un espacio disponible para el público, de 241 metros cuadrados, de modo que unas 700 personas podrán presenciar las importantes ceremonias de nuestra augusta Religión. La elevación interior desde el pavimento hasta el florón central de la cúpula, es de 22.50 metros y la total, desde la plaza hasta la extremidad de la cruz que corona la cúpula, es de 28 metros, que lejos de ser exagerada, son las convenientes para dar a la construcción el carácter monumental que le corresponde y está en relación con la importancia de tan vasta necrópolis, cuya obra dominante debe ser la capilla.

Su estilo arquitectónico es el románico-bizantino, que tanto se presta a la severidad y carácter religioso que debe presidir en toda construcción católica. De modo que guarda perfecta armonía con las demás construcciones, y en nada se interrumpe la unidad del pensamiento, gusto artístico a que deben sujetarse las obras de dicha necrópolis. Se empleó la sillería solamente para aquellas partes de mayor exposición, o destinadas a recibir grandes cargas, y proyectando de mampostería mixta el resto de la construcción. Igual principio se ha adoptado en los accesorios todos principalmente en la ornamentación, que sin ser difusa, es la que conviene a la importancia de la construcción, concurriendo dentro de justos límites la escultura y la pintura, con sus bellezas a imprimirle el carácter que le pertenece. De suerte, que si bien se prescribió del proyecto la riqueza, no por ello se ha incurrido en la nota de mezquino, para lo cual se ha tenido muy presente que se trata de una obra destinada a perpetuar la memoria del Obispado, que con tanta solicitud la realizó.

Las cubiertas son de construcción de vigas de madera, enrajonado y soladura en los techos planos de las galerías y parte interior; las demás, son de bóvedas de concreto confeccionado en la proporción de una parte de cemento, das de arena y tres de piedra picada sin refuerzos metálicos.

El cuerpo central está cubierto por una bóveda en rincón de claustro, de planta rectangular, siendo una de sus generatrices arco de medio punto, y la otra elíptica, trasdosadas paralelamente y teniendo de montea 3.04 metros, una amplitud de 6.25 metros, y 6.08 segun las generatrices, y un grueso de 0.80 metros. En el centro de su parte superior, tiene una apertura circular de 1.70 metros de diámetro, en donde está situada una escalera de caracol que da acceso a la torre.

413

En los cuerpos laterales existen bóvedas de cañón seguido, siendo su generatriz el cuarto de círculo, montea 1.55 metros, longitud 2.80 metros y grueso 0.20 metros.

La torre está cubierta por una cúpula en rincón de claustros de arcos generatrices ojivales, cuyas amplitudes son desiguales y planta octagonal, trasdosadas en arco, tiene 2.80 metros de montea, amplitud 4.64 metros y 4.00 metros, respectivamente grueso en la clave, 0.16 metros y 0.50 metros en los arranques. La parte central, o sea, donde se sitúa el público, en los servicios religiosos. está cubierta por una bóveda en rincón de claustro, de arco generatriz ojival y planta octagonal, llevando nervios del mismo material en las aristas de la intersección salientes y entrantes: su montea es de 5.50 metros, el lado del octágono de la base es de 3.44 metros, amplitud 8.30 metros, grueso en la clave 0.30 metros y en los arranques 0.50 metros.

En la pared situada al fondo del altar mayor fue pintado por Miguel Melero "El juicio Final" y la cúpula fue también decorada por el propio artista pintando "la Ascensión del Señor". Construyó también la estatua de Santo Tomás que se encuentra situada en uno de los ángulos de la cúpula, faltando las restantes.

Todas las ventanas están provistas de cristales emplomados representando pasajes históricos de la Religión.

En la Gaceta del 18 de octubre de 1883, se insertó el anuncio para subastar dicha obra. A la licitación se presentaron 16 postores y le fue adjudicada la obra al señor Ciriaco Rodríguez.

Esta obra fue proyectada por el Director Facultativo del Cementerio señor Francisco Marcotegui, pues el Jurado que adjudicó el premio en el concurso, introdujo en los planos primitivos del señor Calixto de Loira, varias modificaciones a que había de adaptarse en su ejecución.

La recepción provisional se hizo en 6 de abril de 1886, y la definitiva, en 2 de julio del propio año, por el señor Adolfo Sáenz Yánez, arquitecto del Estado y Francisco Marcotegui.

Portada del Sur

Es de cantería y mampostería, con un grueso de 1.30 metros y tiene 20.20 metros de longitud por 11.00 metros de alto hasta el extremo de la cruz, con una sola puerta central de 4.00 metros de ancho con su reja de hierro.

Galería de Tobías

Siguiendo la costumbre antigua de los cementerios de aquella época en que las inhumaciones se hacían en nichos perforados en los paramentos de galerías subterráneas, se proyectó la que aún existe, y que se usó hasta 1875, en que por disposición superior de carácter sanitario, se prohibió que en lo sucesivo se hicieran los enterramientos en esa forma.

Se le puso ese nombre en memoria de Tobías, que pertenecía a la tribu de Neftalí y que vivió en el siglo VII antes de Jesucristo y que durante su larga vida se dedicó a hacer obras de caridad y preferentemente a sepultar los cadáveres.

Dicha galería se encuentra situada en el Cuartel NE., dando frente a la calle A y limitada por las calles 9 y 13; tiene dos entradas en sus extremos E. y O. respectivamente, con dos pequeños pórticos, de donde parten dos escaleras de piedra de San Miguel, con 32 escalones, que dan acceso a la misma; tiene 3 metros de ancho por 4 metros de altura y 95 metros de largo; en las paredes están dispuestos en tres hileras los nichos, que tienen 0.67 metros de ancho por 0.80 de alto por 2 metros de profundidad y una vez depositados los cadáveres en ellos, su frente se tapiaba con ladrillos o con una lápida de mármol, en la cual se ponían inscripciones o bajo-relieves; su construcción es de mampostería y ladrillos y está cubierta con una bóveda, por cuatro lucernarios recibe la luz y es ventilada, por sus dos entradas.

El número total de nichos es de 526, y los enterramientos se hacían por 10 años, pudiéndose después exhumar los cadáveres o bien renovar el arrendamiento del nicho respectivo. Es rara coincidencia que en el primer nicho de la tercera hilera de su entrada E. se halla inhumado el cadáver de Calixto de Loira, que fue el primer Director Facultativo del cementerio y en el último nicho de esa misma hilera, el de Félix de Azúa, que sucedió en dicho cargo al anterior.

Ampliación del cementerio

En el año 1922, rigiendo la Diócesis de la Habana el Iltmo. Doctor Pedro González Estrada, se redactó un proyecto para ampliar el cementerio por su parte E., el cual fue aprobado oportunamente por la Secretaría de Sanidad, comenzándose las obras dos meses después y una vez terminado y bendecido por el Muy Iltre. Sr. Capellán, se abrió al servicio público en primero de julio de 1934.

Tiene una longitud de 375 metros de N. a S. y su mayor ancho es de 175 metros, siendo su lado E. irregular, debido a la configuración del terreno, el cual es de la propiedad del cementerio.

Tres calles de 7.20 metros de ancho en sentido N. a S. y cuatro de N. a O., dividen la superficie que es de 55,000 metros, en 7 cuadros que se denominan A, B, C, D, E, F y G.

Todo el terreno está circundado por una cerca decorada de concreto de 2.70 metros de alto y un espesor de 0.40 metros por tres puertas se comunica con el cementerio primitivo.

Directores facultativos

El señor Calixto de Loira, arquitecto graduado de la Escuela de San Fernando, de Madrid, autor del proyecto premiado en el concurso tuvo a su cargo la construcción del cementerio hasta el año 1872 en que falleció; le sucedió el señor Eugenio Rayneri, que fue sustituído por el señor Félix Azúa, hasta 1873, que falleció, siendo designado entonces el señor Gustavo Valdés, ingeniero del ejército español que desempeñó el cargo hasta 1874, en que lo ocupó el señor Ricardo Galbis, ingeniero de caminos y puentes hasta 1875; al cesar éste fue nombrado el señor Francisco Marcotegui y García que lo desempeñó hasta 1914, en que falleció. Su sentida pérdida privó al Obispado de la Habana de un fiel servidor; fue un profesional competente y trabajó incansablemente durante su larga vida con acierto y acrisolada honradez; permítasenos rendir este modesto recuerdo a su inmaculada memoria. Le sucedió el autor de este trabajo que lo desempeña actualmente.

ARQUEOLOGIA CUBANA

Publicamos hoy el valioso levantamiento que ha hecho el artista Agustín Rodríguez Gómez, de la portada del cementerio de Colón con sus plantas y sus elevaciones que fue la construcción religiosa más notable que se hizo en la ciudad durante el siglo XIX. En diversos trabajos que se publicaron en nuestra Revista hemos destacado las excelencias del cementerio, de su grandioso acceso y de la capilla central, que fueron proyectadas por el arquitecto de San Fernando de Madrid, Calixto de Loira; y es posible que esos trabajos influenciaran al Dr. Carlos de la Torre, el administrador actual quien con gran acierto encargó el levantamiento y los dibujos de la notable portada al hombre que lleva casi un cuarto de siglo dibujando con amor los principales espécimens, edificios civiles, palacios, casonas, iglesias y detalles de las mismas de nuestra arquitectura colonial.

Agustín Rodríguez Gómez en otro país, ya se le hubiera nombrado Miembro de la Junta Nacional de Arqueología y Etnología. También su obra que ha sido recogida toda en las páginas de ARQUITECTURA, debió haberse publicado por el Ministro de Educación o por la Sección de cultura. Si se hubiera constituido el Archivo de Monumentos Históricos, los trabajos de Gómez formarían la base y él sería el hombre insustituible para jefe de ese departamento.

Dentro de algunos años, de nuestra arquitectura colonial estudiada y revalorada a partir del 1915, quedará bien poco, la piqueta demoledora de los propietarios a quienes no interesa en mucho que sus casonas estén declaradas Monumentos Históricos habrá acabado con ellas, quedando sólo como recuerdo los dibujos y los levantamientos hechos por Gómez.

Y para completar la información, reproducimos unas notas históricas sobre el concurso que se realizó para la construcción del Cementerio así como los trabajos de los distintos directores que en ella se sucedieron.

(Esta nota se incluyó en el artículo original como introducción a los dibujos del Sr. Agustín Rodríguez).

EL MALECÓN DE LA HABANA

SU RECONSTRUCCION ACTUAL. DATOS HISTORICOS
EL PRIMER PROYECTO HECHO EN 1901

JOSÉ MARÍA BENS ARRARTE

Figura 6.13. El Malecón
Proyecto del Cuerpo de Ingenieros del Ejercito de los E.E.U.U., Habana. 1900

Entre las numerosas obras de importancia que se ejecutan en toda la Isla por el Ministro de Obras Públicas, el Arq. Ing. Manuel Febles Valdés, de cuyos trabajos se ha hecho eco nuestra prensa, en repetidas ocasiones haciéndole justicia, figura la reconstrucción del principal paseo y vía de numeroso tránsito de la Capital, o sea el Malecón de La Habana.

Estos trabajos que han requerido horas extraordinaria de labor y que describiremos con información gráfica en otros números y que tienen por objeto una correcta ordenación del tránsito, con la evitación de accidente y la protección a los peatones, así como también un nuevo reparto de sus áreas en los alrededores del Parque de Maceo con nuevas reservaciones para el estacionamiento y nuevas áreas de sombra o solaz para el público, son de tal magnitud que nos ha parecido de actualidad reproducir los primeros capítulos de su historia, o sea cuando se proyectó allá por el 1901, ya que también pronto cumplirá su primer cincuentenario.

Como ilustración reproducimos una vista en perspectiva de aquel primer paseo proyectado con árboles y jardines en la época del coche o vehículo de tracción animal, y para una población que entonces tenía La Habana de unos 250,000 habitantes, aproximadamente. (Figura 6.13)

Anotaremos de paso que aún quedan tres viejas propiedades o ruinas que no se acogieron a la nueva alineación frente al mar construyendo sus fachadas. No hay razones que justifiquen esta desidia en contra de los intereses de todos.

Es celebrar que en aquella época la construcción de una parte, ya que el primer tramo sólo llegó hasta la calle de Lealtad, de lo que es hoy *el palco escénico de la urbe, la cornisa o el balcón de una Habana asoleada que se mira en el mar*, se haya hecho con los productos de la venta de los terrenos.

INFORMES DEL SUPERINTENDENTE DEL DEPARTAMENTO DE CALLES Y DEL INGENIERO JEFE DE LA CIUDAD

Septiembre 25 de 1901.

W. J. Barden
Primer Teniente del Cuerpo de Ingenieros, E.U. de A.,
Jefe de ingenieros.
Ciudad de la Habana.

Señor:

En el caso que la Ciudad obtenga del Estado la propiedad que pertenece a éste de la parte Norte de la calle de San Lázaro, sobre el cual se está construyendo el (Boulevard) Malecón, tengo el honor de manifestarle que las casas en la calle de San Lázaro, que no sean las que estén situadas detrás de la línea trazada para el propuesto Malecón, podrán ser obligadas a venir a dicha línea bajo los siguientes artículos de las Ordenanzas de Construcción.

Artículo 54: La valuación para indemnizaciones debido a la rectificación de un barrio existente o subdivisión legalmente aprobada, deberá ser hecha tomando en cuenta el valor del edificio o terrenos en el momento en que la mejora sea proyectada. A este fin, antes que la rectificación se lleve a cabo, los precios actuales deberán ser ajustados para futuras indemnizaciones.

Artículo 58: En los planos para el alineamiento de una calle o plaza, una vez aprobados, todas las casas en el mismo están actualmente (de facto) obligadas a venir a la línea, tan pronto como ellas sean demolidas o reconstruidas.

Artículo 66: Si debido a la nueva alineación cualquier propietario sea notificado o requerido para mover hacia adelante su línea de construcción, él tendrá que pagar por el terreno así adquirido. En la valuación de dicho terreno, además de las instrucciones dadas en el Artículo 54, los peritos tomarán en cuenta la longitud del terreno cedido, la clase de propiedad que es, las alteraciones que deberán ser hechas en la distribución interior de la misma, el demérito o mejora que dicha propiedad recibirá de ahí en adelante y en cualesquiera circunstancias que pueda afectar a la misma.

Artículo 67: Si el propietario de la tierra alineada rehusara adquirir la porción cedida a él de la vía pública para rectificar la línea de la calle o plaza, la Ciudad está autorizada para desposeerlo de la propiedad completa, pagando por ello el valor total que tenía antes de recibir las mejoras del alineamiento.

Artículo 70: Cuando una indemnización tiene que ser pagada a un propietario cuyos terrenos han sido tomados y al mismo tiempo recibir de él una mayor o menor cantidad por el beneficio obtenido en esa o cualquier otra de sus propiedades, deberá haber compensación entre ambas partes y aún cooperación, recibiendo o pagando cualquiera de las partes el exceso de compensación.

De esta manera se demuestra que los actuales dueños propiedades en la calle de San Lázaro pueden ser obligados a venir a la nueva línea del Malecón. No hay, sin embargo, en estos artículos nada que determine el tiempo en el cual esto sea hecho. Yo sugeriría que pudiera ser conveniente fijar el valor de la tierra, la cual puede ser vendida por la Ciudad después que ella obtenga la posesión de la misma, de acuerdo con los artículos antes mencionados, ofrecerla a los dueños de propiedades colindantes, a su valor fijado, estipulando que ellos comiencen las operaciones de construcción dentro de un año a partir de la fecha de la oferta. Si ellos no compraran la tierra dentro del tiempo especificado, entonces el precio será aumentado en un 25% y se les concederá otro año para comprar al precio aumentado. Si al final del segundo año fallara en comprar la propiedad, que la Ciudad confisque la propiedad perteneciente a aquellos quienes rehusaron comprar la propiedad intervenida, pagando por consiguiente, su valor en el tiempo que la primera oferta fue hecha y subastando la confiscada con la propiedad intervenida en una sola parcela al mayor postor.

Muy respetuosamente,

(firmado) W. N. McDonald,
Ingeniero Ayudante
Superintendente del Departamento de Calles

* * *

419

Septiembre 28, de 1901.

Ayudante General,
Departamento de Cuba.

Señor

Tengo el honor de adjuntarle carta del Superintendente de Departamento de Calles, junto con el plano que me muestra en rojo la tierra entre la línea sur de la acera interior del nuevo paseo a lo largo del Golfo, y los edificios actuales, estos últimos acordes con la línea de propiedad. Esta tierra pertenece al Estado y de acuerdo con la Ley Foraker no pueden ser vendidos. Es conveniente, sin embargo, que si fuera posible, algunos arreglos sean hechos, por los cuales, los dueños de propiedades con frente a la calle de San Lázaro puedan asegurar la posesión de esta tierra y así permitir el avance de sus edificios a la línea de la nueva acera. Un número de aplicaciones hechas por los dueños de propiedades a este efecto han sido remitidas recientemente a esta oficina desde el Ayuntamiento, pero en cada caso se les ha dicho que bajo la Ley existente no parecía posible que sus peticiones pudieran ser concedidas.

Si fuera posible para el Estado transferir esta tierra a la Ciudad en alguna forma que ésta pudiera venderla, sería muy conveniente y de beneficio para la Ciudad, al completar las mejoras proyectadas para la construcción del Malecón y el paseo.

Presumiendo que esta transferencia pueda ser hecha, el método de la venta por la Ciudad a los actuales dueños de propiedades en la calle da San Lázaro deberá recibir cuidadosa consideración. Puede sugerirse que sea ofrecida en venta a ellos a un precio fijo por metro, bajo la condición de que las compras sean hechas dentro de un año, y la construcción de la casa sobre la nueva línea comenzará dentro de un plazo fijo de tiempo, a partir de la fecha de compra. Si la ventaja de esta oferta no es tomada en el primer año, el precio deberá ser aumentado para el segundo año y así sucesivamente. El señor McDonald piensa que de acuerdo con los párrafos de la actual Ley Municipal, descriptos en su carta, la propiedad pudiera ser expropiada y entonces vendida al mayor postor, en caso de que el dueño fallara en hacer dicha compra y venir a la nueva línea.

Parece conveniente que si fuera posible, este o cualquier otro método pudiera ser adoptado por el cual todas las casas pudieran ser traidas a la línea, para que el paseo pudiera ser embellecido a su mayor expresión.

El número aproximado de metros cuadrados para ser vendido es de 6420 los cuales, si se venden a $20.00 por metro serían $128,000 y si a $30.00 por metro serían $192,600, los cuales probablemente serían más que suficientes para cubrir el costo, hasta completarlo, del muro y del paseo hasta la calle Lealtad. La tierra recientemente comprada al señor Serafín de León en La Punta fue pagada al precio de $30.00 por metro.

La situación del muro puede ser considerada actualmente hasta la calle de Lealtad y no se cree conveniente intentar disponer de algunas de las propiedades al oeste de dicha calle por el momento.

Respetuosamente se pide que a este asunto le sea dado la más cuidadosa consideración por las autoridades competentes.

Una fotografía mostrando una sección y perspectiva del paseo proyectado es incluída.

Muy respetuosamente, Su obediente servidor,

(firmado) W. J. Barden,
Primer Teniente, Cuerpo de Ingenieros,
E. U. de A.
Ingeniero Jefe de la Ciudad de la Habana

(3 adjuntos)

Figura 6.14. El Malecón de La Habana

INFORME DEL SECRETARIO DE FINANZAS "LA PROYECTADA AVENIDA ES DE TAL IMPORTANCIA Y UTILIDAD, QUE TODAS LAS COSAS QUE TIENDAN AL LOGRO DE SU ESTADO LEGAL, DEBEN SER RESUELTAS SIN DEMORA". LEOPOLDO CANCIO

La Habana, Octubre 26, 1901.

Brigadier General Leonard Wood,
Gobernador Militar de Cuba.

Señor:

Los artículos de las Ordenanzas de Construcción, transcriptos por el Jefe de Ingenieros, son claros y precisos y demuestran el perfecto derecho de la Ciudad para demandar de los propietarios quienes están contiguos a la tierra liberada por la ejecución de los trabajos del Malecón o Avenida del Golfo, a acercar sus construcciones hasta la nueva línea en los términos determinados en los mismos. La única novedad contenida en la recomendación del Ingeniero Jefe es la marca del término en el cual los propietarios deben ejecutar los nuevos trabajos, porque el artículo 58, que es uno de los transcriptos, dice, que la obligación de venir al alineamiento de la calle es exigible a medida que las casas vayan siendo demolidas o reedificadas.

Procede, en consecuencia, que el Gobierno Militar adopte una medida especial para la proyectada Avenida del Golfo, basándose en la necesidad del saneamiento de la Ciudad, modificando el artículo 58 de las Ordenanzas, o una medida de carácter general modificando todo el capítulo 4 de las mismas Ordenanzas para que el alineamiento sea exigible en toda la Ciudad en los términos, períodos y condiciones acordados por la autoridad competente, con la condición de que las resoluciones transmitidas en cada caso sean de carácter general y nunca contra determinadas clases o individuos, la obligación de conservar el alineamiento cuando los edificios o casas sean demolidos, reedificados o alterados.

Siendo entendido lo anterior y como las tierras son distribuidas por el Estado, porque ellas pertenecen a la zona polémica del antiguo Castillo de la Punta o a la zona marítima que nunca ha sido poseída por la Municipalidad o por partes privadas bajo el título de propietario, procede que, el nuevo camino urbano aprobado y el alineamiento publicado en la forma determinada por las Ordenanzas, este Departamento esté autorizado para ejecutar la cesión o traspaso de las parcelas de tierra, el Departamento de Ingenieros o el Arquitecto Municipal suministre los planos e informaciones; y, si el Estado o el Gobierno Militar decide la cesión del sobrante de las tierras a la Municipalidad, el Alcalde será la parte que ejecutará la cesión y los documento necesarios, manteniendo una cuenta especial de los traspasos de dominio, para el reembolso de los gastos hechos por el Tesoro de la Isla, al cual esos ingresos serán enviados.

La proyectada avenida es de tal importancia y utilidad, que todas las cosas que tiendan al logro de su estado legal, deben ser resueltas sin demora; y este Departamento tendrá el mayor placer en cooperar a su ejecución. La Ley Foraker no puede ser un obstáculo, porque ninguna concesión a partes privadas o a compañías la interfiere, es más bien un trabajo ejecutado por la Administración con fondos públicos con la observancia de las Ordenanzas Municipales de Construcción y regulaciones urbanas, sistema que ha sido ya aceptado en otros casos análogos y que está inspirado en el bienestar público sin detrimento para el debido respeto de las leyes.

Muy respetuosamente.

(firmado) Leopoldo Cancio,
Secretario de Finanzas

RESOLUCION PRIMER ENDOSO

Cuartel General del Gobernador Militar

Habana, Noviembre 4 de 1901

Respetuosamente dirigido al Ingeniero Jefe
de la Ciudad de La Habana:

El Estado continuará haciendo las obras del Malecón y venderá las pequeñas parcelas de tierra aquí referidas a individuos privados al precio de $35.00 por metro hasta nueva orden. El Ingeniero Jefe de la Ciudad de La Habana indicará enseguida la conveniente extensión lineal de frente y sugerirá las regulaciones que garanticen las apropiadas estructuras cuyas fachadas miren al paseo.

Cada venta será hecha por la solicitud del dueño de la propiedad contigua, al contado, y deben tener la aprobación del Gobernador Militar.

Por dirección del Gobernador Militar,

(firmado) H. L. Scott,
Ayudante General

Figura 6.15. el Malecón de La Habana (1924)

CAPITULO VII

IMÁGENES DEL FUTURO: ARQUITECTURA Y URBANISMO

El capítulo final de este libro presenta tres artículos que cubren diversos aspectos de una visión del futuro de la arquitectura y el Urbanismo en Cuba. El primero por Emeterio S. Santovenia, discute en 1935 el posible papel que La Habana antigua pudiera desempeñar en el desarrollo económico de Cuba.

Muy distinto es la propuesta de Martínez Inclán presentada al VII Congreso Panamericano de Arquitectos celebrado en la Habana en 1950. La ponencia es una adaptación de la Carta de Atenas del CIAM a la realidad cubana. Martínez Inclán recomienda nueva legislación, asi como políticas nacionales, provinciales y locales que pudieran facilitar el desarrollo de las ciudades cubanas en el futuro.

Finalmente, y en forma consistente con la preocupación de Martínez Inclán, se incluye el texto de La Carta de Machu Picchu, donde un grupo de arquitectos de diversos países también revisó la Carta de Atenas, produciendo, en 1977, una declaración de principio que pudiera guiar los esfuerzos para mejorar la calidad de vida de los residentes de las ciudades Latinoamericanas en el futuro inmediato.

Cuando terminábamos de preparar este libro, a principios de 1994, era evidente que grandes cambios estaban comenzando a ocurrir en Cuba. El proceso afectará fundamentalmente a las ciudades cubanas, por lo que consideramos que este capítulo pudiera ser de utilidad en fomentar un proceso urbanístico que guíe a las ciudades cubanas hacia metas que sean consistentes con las realizaciones logradas durante cuatro siglos anteriores de la vida urbana. La ciudad cubana creció y se consolidó integrándose, en la mayoría de los casos a un medio ambiente de belleza singular. El reto a futuras generaciones es continuar, y superar esta tradición.

Casa Colonial, cerca de la Plazoleta de Luz, La Habana

EL DESTINO HISTÓRICO DE LA HABANA ANTIGUA

EMETÉRIO S. SANTOVENIA

Hablemos de La Habana antigua. Pero, antes de avanzar, hay que decir qué debemos entender por La Habana antigua. ¿La que Pánfilo de Narváez y Bartolomé de las Casas erigieron en la región meridional del cacicazgo que aquí hubo? ¿La que de allí fue trasplantada a las márgenes del río Almendares? ¿La que, en definitiva, quedó establecida en la orilla occidental del puerto de Carenas? O, en un sentido más práctico, ¿la de los siglos anteriores al actual, La Habana en que se plasmaron los pronunciamientos físicos del arte y los hábitos netamente coloniales?

Detenerse a deslindar esos campos seguramente supondría tanto como invertir en algo subalterno el tiempo necesario para hablar de La Habana antigua, me apresuro a decir que, escogiendo de aquí y de allí, de lo primitivo que desapareció a causa de su propia endeblez y de lo de más acá de que han quedado señales como para perpetua memoria, voy a referirme a distintas cosas acaecidas y creadas en diferentes tiempos, de la villa, luego ciudad, de San Cristóbal de La Habana.

* * *

De aquella fundación de 1515 al sur de lo que hoy es La Habana nada quedó. Narváez erigió allí una villa más, motivo de su segunda excursión al occidente de la isla. Obró por inspiración de Diego Velázquez y con la colaboración para él poco grata a todas horas, del misericordioso Las Casas. Con los pobres medios de que disponía, entre montes y breñas, echó los cimientos de la nueva población, siguiendo la usanza adoptada por Velázquez.

¿Cómo se creaba una villa en los días de la conquista? Vamos a verlo. Lo primero consistía en escoger el paraje, que no siempre resultaba el más adecuado. Luego, sobre el terreno, quien hacía de cabeza en el grupo de pobladores castellanos trazaba las calles perpendicularmente, aunque sin cuidarse mucho de hacerlo con absoluta exactitud. Al centro, en la convergencia de las vías principales, se dejaba espacio para una plaza. En torno a la plaza eran elegidos sendos solares para la casa del gobierno municipal, para un templo del culto católico y para un edificio destinado a las granjerías reales. De esta manera, en la disposición de cada villa, los tres soportes de la conquista —el Rey, la Iglesia y el Municipio— tenían asiento fijo y preferente. Por último cuando iban alzándose las sencillas casas de la villa —casi todas, si no todas, de tabla y guano o yagua y paja— en lo cimero de cada una se clavaba una cruz. La cruz anunciaba que allí contaba con señorío propio la doctrina de la fe católica, única admitida y propagada por los virreyes, gobernadores, justicias, oficiales, caballeros, escuderos y hombres buenos de los tiempos en que los monarcas españoles empezaban a acostumbrarse a que el Sol no se pusiera en sus dominios.

La primitiva villa de San Cristóbal desapareció totalmente al ser elegido otro lugar para su asiento. Del escogido por segunda vez tampoco quedó huella. En cambio, en el tercero echó raíces la colonización. En 1519, veintisiete años después del hallazgo de Cuba por Colón, a orillas del Puerto de Carenas, visitado y bautizado por Sebastián de Ocampo, se reunió el cabildo y se cantó la misa que señalaron ostensiblemente el traslado, que iba a ser definitivo, de la villa de San Cristóbal de La Habana.

* * *

Figura 7.1. La Loma del Angel, La Habana

Pasaron los años. Pasaban lustros. La villa de San Cristóbal de La Habana, en tanto, seguía rezagada en el concierto de las poblaciones cubanas. Baracoa perdió su categoría de capital. No la obtuvo San Cristóbal, sino Santiago de Cuba. En Santiago también se fijó el obispado cubano. Pero San Cristóbal de La Habana tenía un gran puerto. Y, apenas iniciada la expansión hispánica, desde Cuba, hacia el mediodía de la América del Norte y hacia otras regiones continentales, este puerto, que había de ser apellidado Llave del Nuevo Mundo, empezó a reforzar las bases del crecimiento y auge de la villa que a él unió su suerte.

* * *

Como San Cristóbal de La Habana, adquiría importancia por la excepcional posición de su puerto, éste comenzó a ser fortificado. Ya a mediados de siglo XVI, por efecto de repetidos actos oficiales, de hecho la villa pasó a ser asiento de la primera autoridad de la colonia. Además, y esto constituyó un precedente significativo, llegado fue el tiempo en que, por debilitaciones, flaquezas e insuficiencias de los gobernadores de condición civil, los nombrados procedían de las filas militares y recio tono militar daban a sus determinaciones y pronunciamientos.

Juan de Avila, hecho gobernador de Cuba, había hablado despectivamente de la primera fortaleza de San Cristóbal: "... pues ni ella es fortaleza ni otra cosa para lo ser sino solamente el nombre..." —escribía al Rey—. Pero las circunstancias mejoraron la situación de la villa en cuanto a sus defensas. Hasta un suceso adverso, su destrucción por Jacques de Sores —uno de los mejores corsarios que había en Francia e Inglaterra, según la crónica de la época— favoreció la construcción de fortalezas en San Cristóbal de La Habana. Y poco a poco, en el curso de dos centurias, los navegantes, al acercarse al Puerto de Carenas, fueron contemplando los castillos de La Fuerza, La Punta, El Morro, La Cabaña, Atarés y El Príncipe. Estos empinados castillos, muy en armonía con los tiempos y peligros que Cuba corría y con la postura de San Cristóbal de La Habana en la carta geográfica, daban aspecto especial y rango propio a la capital de la Isla.

* * *

Ya tenía San Cristóbal de La Habana condición de plaza de primer orden en el mundo americano, y, sin embargo, su aspecto general era lamentable. En el recinto de la población había casas de guano. Sus calles, desempedradas y en la estación de las lluvias poco menos que intransitables por el exceso de fango, servían de depósito permanente a los detritus de un núcleo urbano crecido y desprovisto todavía de sumideros y desagües. No sin razón pudo decirse que La Habana era ciudad por las reales concesiones que la colocaban en ese rango, pero no por los progresos materiales alcanzados.

Uno de los mejores gobernantes que en Cuba han sido, Felipe de Fonsdeviela, más conocido por Marqués de la Torre, tomó a su cargo el inicio de la transformación de la ciudad de La Habana, dando a sus calles, paseos y edificios públicos la higiene y decencia que venían demandando. La dominación inglesa, con ser tan fructuosa, no había logrado impulsar decisivamente, por su brevedad, ese lado de la vida habanera. El Marqués de la Torre, a la vez que terminaba el plan de defensa comenzado por Ricla, concluyendo las obras de reparación y construcción de los castillos principales de la capital de la Isla afrontó trabajos públicos a elevar el nivel de La Habana como ciudad civilizada.

* * *

Figura 7.2. Calle Teniente Rey. La Habana (1906)

Allá por las postrimerías del siglo XVIII empezó a tomarse en serio el aspecto de las calles de La Habana. Lo que para mejorarlas se hacía al principio era elementalísimo. Los vecinos y sus esclavos acudían con bateas a arreglar las vías públicas de la ciudad. La administración municipal comenzó a cooperar débilmente en esa obra de adelanto. Existían una junta de calles, un director facultativo de enlosado y empedrado y un sobrestante. Dos regidores del Ayuntamiento inspeccionaban los trabajos e intervenían en los gastos. Uno de esos funcionarios fue el conde de O'Reilly, quien cayó en la flaqueza de hacerse asesorar por un capitán Cayetano Reina. No hubo en cierta ocasión armonía entre el civil y el militar, y —para ofrecer un mal ejemplo más a la posteridad— el gobierno resolvió que sólo el hombre de armas continuase con la dirección de las calles.

Las calles, cuyo piso era de tierra, fueron empedradas, de acuerdo con el ensayo hecho en la que, por esa razón misma, se llamó entonces de lo Empedrado y luego del Empedrado. Chinas pelonas eran empleadas en esa labor de mejoramiento de las vías públicas. Ya los moradores de La Habana iban saliendo del fango primitivo, aunque, por lo demás, su higiene no podía adelantarse a los tiempos, que eran de aquellos en que cada vecino aprovechaba la obscuridad de la noche para arrojar a la calle todas las aguas sucias y demás líquidos resultantes del gobierno de la casa, al grito de "¡Agua va!"

Más de dos siglos pasó La Habana sin que sus calles tuviesen nombres propios. Cuando surgió la necesidad de bautizarlas, como luego en el curso de los años, casi todas las denominaciones respondieron a realidades significativas. Porque el obispo Pedro Agustín Morell de Santa Cruz—hijo de las Antillas, rebelde a los enemigos de la España de su época, historiador brillante e introductor de las abejas en Cuba—solía pasearse por una de las calles nacidas en las inmediaciones del Templete, esa calle se denominó primeramente del Obispado y más adelante del Obispo. Del Inquisidor se llamó otra, porque en una de sus casas vivió Antón Claudio de la Luz, comisario segundo de la Inquisición. A otra le fue puesto el nombre de la Picota, porque en ella, en la esquina a la de Jesús María, estuvo la picota o palo donde se azotaba a los reos.

* * *

Un gobernante colonial de la décima nona de las centurias cristianas, execrado por lo férreo y abusivo de su mando político, se distinguió también, para ganar mejores títulos por cierto, como excelente administrador de la cosa pública. Estoy hablando de Miguel Tacón. Fue agrio e injusto en sus determinaciones concerniente a los derechos de los hombres nacidos en Cuba. Pero conllevó con espíritu constructivo la vida material del país que rigió tan duramente. Mejoró paseos y caminos: así fomentó la buena época del quitrín y la volanta. Levantó edificios. Pareció, en suma, un continuador, a distancia, de la obra edificativa del Marqués de la Torre. Por ahí hay casonas, abandonadas y destartaladas, que recuerdan a Tacón y están pidiendo una rápida intervención restauradora para embellecimiento de La Habana.

* * *

Un censo algo detallado de las cosas de La Habana antigua puede ser de grande utilidad para La Habana contemporánea. La Habana de nuestros días, que aspira a ser centro de atracción del turismo, debe brindar a éste algunos alicientes de curiosidad artística, siquiera de vejez cautivadora, curiosidad y vejez a la que son extraños muy pocos de cuantos de su país salen en busca de ángulos de observación distintos y de distintos motivos emocionales.

Las estampas de La Habana antigua son magnífica prueba gráfica del interés sumo de muchas cosas de ese ayer, en parte desaparecido, pero en parte salvado para la posteridad, de la que demanda cuidados y destacamientos. Pero todavía hay otros residuos del pasado que, sin haber logrado notoriedad, son utilizables en la hora de ahora.

De La Habana antigua nos quedan paseos y plazas, calles a que la buena diligencia puede devolver su aspecto añejo, la antigua Maestranza de Artillería, el caserón donde estuvo el Cuartel de Artillería, el castillo de El Príncipe y la Quinta de los Molinos, residencia que fue de los capitanes generales de la extinta colonia de la que se llamó Siempre Fiel Isla de Cuba.

* * *

La Secretaría de Obras Públicas ha iniciado una excelente labor de restauración de La Habana antigua en la Plaza de la Catedral. En aquel rincón de la ciudad, circundado de edificios de neto estilo colonial, con balcones que son verdaderas joyas, y de las expresi-

Figura 7.3. La calle de O'Reilly, La Habana. (1900)

432

vas piedras de la principal de las iglesias de la diócesis, ha resucitado una vejez placentera, llena de arte y evocaciones.

Otra cosa buena que ocupa a los ingenieros de Obras Públicas es la definitiva adaptación de la Maestranza de Artillería a Biblioteca Nacional. El Club Rotario de La Habana tiene en su crédito de felices y fructuosas iniciativas la de haber acelerado la ejecución de ese proyecto, llamado a salvar a La Habana de hoy del bochorno de no contar con una biblioteca pública digna de su rango. La que fue Maestranza de Artillería no sólo será adecuado recinto de la Biblioteca Nacional: será también, por su estructura un lienzo de La Habana antigua.

* * *

Aquel viejo caserón que fue cuartel de Artillería de La Habana, allá por el final de la calle de Compostela, rendirá un servicio inapreciable el día en que sea reconstruido con destino al Archivo Nacional, que actualmente guarda allí sus riquísimos fondos. Una adaptación inteligente, realizada con vistas a la arquitectura colonial, dados el lugar en que se encuentra el edificio y la aplicación que provisionalmente tiene y debe en definitiva alcanzar, se traducirá en innegable mejoramiento urbano de la ciudad.

La Habana tiene Museo, todo un Museo Nacional, con la doble riqueza de ser tesoro de

Figura 7.4. Calle Tacón, La Habana (1898)

bellas artes y de reliquias históricas. Pero a estas alturas de la vida republicana ese Museo Nacional, en cuanto a su residencia, no ha pasado de la categoría de un inquilino sujeto a frecuentes mudanzas y amenazado a veces por apremiadores desahucios. El Museo Nacional puede quedar bien instalado en ese asiento de lo antihigiénico que hoy es la llamada Plaza del Polvorín, bello ornamento de La Habana cuando sus arcadas exhiban la piedra de magnífica cantería de que están hechas.

Una vetusta construcción habanera, el castillo de El Príncipe, está pidiendo una aplicación en armonía con el prestigio de sus muros y la posición excepcional que ocupa. Aquella colina es uno de los admirables miradores con que cuenta La Habana. Su embellecimiento y el empleo del castillo en una función de docencia o cultura constituirán una obra de provecho material y esparcimiento espiritual. Un funicular que, desde la base de la colina, de acceso espectacular a la misma ¿no completará el trabajo de convertir aquello en punto de atracción para todos, no menos para los no turistas que para los turistas?

* * *

No hay que limitar la actividad pública a buscar aplicaciones prácticas a las cosas de La Habana antigua, aun cuando, al cabo, tengan una finalidad realista las iniciativas que se desarrollen en torno a esas buenas vejeces. He aquí algunas de tales iniciativas: reconstruir, para exhibición permanente, en la calle de la Picota la que allí hubo para azotar a los reos, empedrar de chinas pelonas una calle antigua —la de Peña Pobre, por ejemplo—, suprimir las aceras en la del Obispo y destinarla exclusivamente al tránsito de peatones y convertir la Quinta de los Molinos en parque público de la capital.

Los vecinos de la calle del Obispo —pongo por caso— pueden estudiar, discutir y hasta votar acerca de la conveniencia que para sus propios negocios ha de derivarse del proyecto de renovar aquella vía, aunque esto parezca algo paradójico, devolviéndole en lo posible el aspecto que tenía en los tiempos en que por ella se paseaba el ilustrísimo señor don Pedro Agustín Morell de Santa Cruz. Calles muy principales de la vieja Europa, dedicadas especialmente al comercio, se mantienen sin aceras, a veces con pisos de losas y cerradas al tránsito de vehículos, con lo que su realce es inconfundible y su importancia manifiesta, porque brindan alicientes y comodidades excepcionales. ¿Por qué no intentar en La Habana de hoy resucitar así una buena calle de La Habana de ayer?

* * *

Quienes en Cuba están llamados a encauzar hábilmente el turismo —esa posible gran fuente de riqueza nacional por algunos llamada nuestra segunda zafra— pueden meditar, quizá con provecho, sobre otro punto: la existencia en La Habana de buenos quitrines, volantas y coches tirados por caballos. El viajero ansioso de sensaciones diferentes, dentro del marco de La Habana antigua que debe fomentarse, bien se hallará instalado en un vehículo de las épocas que rememoran las cosas añejas por las que está pasando su vista. En Florencia, por ejemplo, nada se halla tan en concordancia con la visita admirativa a los monumentos del período de sus grandezas históricas como utilizar un carruaje al parecer reñido con estos tiempos de automóviles y aviones. Así, el empleo de quitrines, volantas y coches tirados por caballos —empresa que tal vez demande la subvención de un turismo bien organizado— es capaz de ofrecer al forastero ávido de motivos emocionales el complemento de una visión plena de La Habana antigua.

* * *

Figura 7.5. Castillo de San Salvador de la Punta, La Habana. (1904)

Precísase continuar y extender la acción enderezada a poner La Habana de ayer al servicio de La Habana de hoy. Como debe surgir una Cuba Nueva, en la que sus propugnadores prevemos el deslizamiento de la vida nacional por cauces justos y edificativos, también es necesario propugnar el advenimiento de La Habana Nueva, servida en gran parte por La Habana de otros tiempos. No hay contradicción en esto. Por el contrario, nada puede ser más útil en el afán de dotar de atractivos provechosos a nuestra capital que la restauración de sus reliquias urbanas.

La Habana antigua tiene su destino histórico en los tiempos que corren. El destino histórico de La Habana antigua consiste en realzar precisamente la majestad de La Habana de hoy. El pasado al servicio del presente y del futuro, en función social y económica, satisface necesidades de muy varia índole en la hora de ahora de los pueblos civilizados. Tal es el sentido que ha de tener la restauración de La Habana antigua si aspira a triunfar y vigorizar los alicientes de La Habana que hoy mira hacia atrás pensando en lo que ha de venir.

Casa en la Avenida de Bélgica. La Habana

CODIGO DE URBANISMO

CARTA DE ATENAS — CARTA DE LA HABANA

(Una contribución a la promulgación de la Carta de América, tomando como base la de Atenas, del grupo del CIAM francés, la cual constituye ya un cuerpo organizado de doctrina urbanística.)

ARQ. PEDRO MARTINEZ INCLAN

La ciudad y su región: generalidades

1. La ciudad no es otra cosa que una parte del conjunto económico, social y político que constituye la región.

2. *Los problemas urbanísticos de la región están íntimamente ligados a los de la provincia y a los de la nación.*

3. Yuxtapuestos a lo económico, lo social y lo político, valores de orden psicológico y fisiológico inherentes a la persona humana, introducen en el debate, preocupaciones de orden individual y de orden colectivo.

4. Estas constantes psicológicas y biológicas sufrirán la influencia del medio: situación geográfica y topográfica, situación económica y situación política.

    a) de la situación geográfica y topográfica: de la naturaleza de los elementos, agua, tierra, suelo, clima.

    b) de la situación económica: de los recursos de la región como también de los contactos naturales o artificiales exterior.

    c) de la situación política: sistema administrativo.

    d) *del sistema social imperante: el aliento o represión gubernamental o la iniciativa privada.*

5. Circunstancias particulares han, a través de la Historia, determinando las características de la ciudad: defensa militar, descubrimientos científicos, *aprovechamiento o explotación de medios o productos naturales*, administraciones sucesivas, desarrollo progresivo de las comunicaciones de los medios de transporte (vías terrestres, acuáticas, del carril y aéreas).

6. Las razones que presiden el desarrollo de las ciudades, están pues, sometidas a cambios continuos.

7. El advenimiento de la era maquinista ha provocado inmensas perturbaciones en la manera de conducirse los hombres, en cuanto al modo de repartirse sobre la tierra y en cuanto a sus empresas. Movimiento irrefrenado de concentración en ciudades, gracias a las velocidades mecánicas, evolución brutal, sin precedente y que es universal. El caos ha entrado en las ciudades.

8. *Esas evoluciones mecánicas que crearon el conflicto, pueden sin embargo ser utilizadas para conjurarlo, en todo o en parte.*

Habitación

9. La población es demasiado densa en los centros históricos de las ciudades (se

Figura 7.6. La Carretera Central, Cuba, (1938)

encuentran hasta 1,000 y aun 1,500 habitantes por hectáreas) así como en ciertas zonas de expansión del siglo XIX.

10. En ciudades compuestas de edificios de pocos pisos, la densidad de construcción es aún más perjudicial que la de población.

11. En sectores urbanos congestionados, las condiciones de la habitación son nefastas por falta de espacio suficiente de las casas, falta de áreas verdes disponibles, falta, en fin, de mantenimiento adecuado de los edificios (explotación basada sobre la especulación).

12. El crecimiento de la ciudad, devora, a medida que avanza, las áreas verdes limítrofes sobre las cuales se emplazaron los cinturones sucesivos. Este alejamiento, cada vez mayor, de los elementos naturales, aumenta en igual grado el desorden de la higiene. *Pueden considerarse como privilegiadas las ciudades en que se conservan fajas de verdura radiales, separando sus distritos (buffer zones).*

13. Las construcciones destinadas a la habitación, están mal repartidas sobre la superficie de la ciudad y en contradicción con las buenas necesidades de la higiene.

14. Los distritos más densos se encuentran en las zonas menos favorecidas (laderas mal orientadas, sectores cubiertos de nieblas, de gases industriales, accesibles a las inundaciones, etc.)

438

15. Las construcciones aireadas (habitaciones cómodas) ocupan las zonas favorecidas, al abrigo de vientos hostiles, provistas de vistas y ensanches agradables sobre perspectivas paisajistas, lago, mar, montes, etc., y con un asolamiento abundante.

16. *Construcciones particulares de lujo, monopolizan el uso de lugares que debieran ser de uso público, tales como, playas y riberas.*

17. Esta repartición parcial de la habitación es sancionada por la costumbre y por disposiciones edilicias consideradas como justificadas: la zonificación.

18. Las construcciones elevadas a lo largo de las vías de comunicación *y de los carrefours* o cruces de calzadas, son perjudiciales a la habitación: ruidos, polvo, gas nocivo.

19. La alineación tradicional de habitaciones al borde de las calles, no asegura el asoleamiento más que de una parte mínima de las habitaciones. *Impide o dificulta el ensanche de las vías.*

20. La repartición de residencias colectivas es arbitraria.

21. Muy particularmente, las escuelas son situadas frecuentemente junto a vías de circulación, demasiado alejadas de las habitaciones y desprovistas de terrenos para deportes, jardines de experimentación y estacionamiento de vehículos.

22. Los suburbios son dispuestos u ordenados sin plan y sin enlaces normales con la ciudad, sin vida económica propia y *sin provisiones para las exigencias de la vida social: verdaderos dormitorios colectivos.*

23. Se ha tratado de incorporarlos al dominio administrativo.

24. *En ciertos casos la política partidarista los convierte en términos municipales independientes, para multiplicación de cargos electivos y burocráticos como único fin.*

25. No son a menudo más que una aglomeración de barracas: y la reparación de sus vías es difícilmente presupuestable.

26. *Ningún Estado cuenta con suficientes recursos para resolver por sí sólo el problema de la vivienda, tal como se presenta en nuestro siglo.*

27. *Causas especiales tales como salarios muy bajos y otras, pueden justificar plenamente la construcción directa por las autoridades locales o nacionales de viviendas económicas, en determinadas ciudades o regiones.*

28. Las construcciones para gentes acomodadas son emprendidas con interés por capitales privados. Las económicas, que requieren administración más costosa y mantenimiento más elevados, necesitan ser protegidas con concesiones especiales para despertar el interés de los hombres de negocios.

Debe exigirse

29. ...que los barrios de habitación ocupen en lo sucesivo, en el espacio urbano, los mejores emplazamientos: aprovechando la topografía de acuerdo con el clima, proveyendo el asoleamiento favorable y áreas verdes adecuadas.

30. *...que se substituyan los suburbios dormitorios por ciudades satélites o por unidades urbanas.*

31. ...que la determinación de las zonas de habitación sea dictada por razones de higiene, aparte de las de circulación, ubicación y belleza.

32. ...que se tenga presente que la mejor medida para evitar ruidos molestos y humos nocivos, es la zonificación urbana bien estudiada.

33. *...que sean impuestas densidades razonables según las formas de habitación, determinadas por la naturaleza misma del terreno y por la ubicación de éste en relación al conjunto urbano; así como por las costumbres tradicionales en la región.*

34. ...que se fije un número mínimo de horas de asoleamiento para cada habitación.

35. ...que sea prohibido el alineamiento de las habitaciones a lo largo de las vías de comunicación.

36. ...que se tengan en cuenta los recursos de las técnicas modernas para elevar construcciones altas, *tanto en lo que se refiere a la función como a la estética.*

37. ...que emplazadas a gran distancia las unas de las otras, dejen libre el terreno a favor de grandes áreas verdes suficientes no sólo para el asoleamiento perfecto de los edificios sino también para la expansión y otras necesidades funcionales de sus moradores.

38. *...que se cuide en las remodelaciones de barrios antiguos de que las transformaciones efectuadas respondan más bien a fines de higiene y belleza que a negocios especulativos, cuando ellas son ejecutadas por compañías particulares: subvencionándolas hasta donde fuere preciso para asegurar densidades de población y de construcción, y rentas bajas.*

39. *...que se hagan préstamos a bajo interés y largos plazos, exención de contribuciones e impuestos durante el tiempo de adquisición o por un cierto plazo, nunca muy corto, facilidades para la urbanización y construcción de distritos económicos, incluso cesión de terrenos, exención de derechos de aduanas u otros análogos a las empresas o entidades que construyan viviendas económicas: que se hagan todas las concesiones posibles a fin de aumentar considerablemente, con aportes privados, la cantidad incluida para fomento de tales construcciones en los presupuestos nacionales.*

40. *...que las concesiones o subvenciones hechas a compañías o entidades constructoras de viviendas económicas de diversos tipos, sean más importantes para las dedicadas a construcción de aquéllos cuya necesidad más perentoria hayan demostrado las estadísticas llevadas a cabo previamente, conducidas por técnicos especializados.*

41. ...que en tesis general, se fomente siempre la construcción de viviendas económicas por medio de empresas y capitales privados.

Espacios y tiempos libres

42. Los espacios libres son en general insuficientes y mal ubicados.

43. Cuando los espacios libres son de una extensión suficiente, suelen ser mal distribuídos y por esa causa, poco utilizados por la masa de los habitantes.

44. *Una falta de previsión para la adquisición de terrenos, suele ser la causa principal de esos defectos.*

45. La situación excéntrica de espacios libres, no se presta al mejoramiento de las condiciones de la habitación en las zonas congestionadas de las ciudades. *De ahí la importancia de las fajas de terrenos libres, radiales entre distritos (buffer zones).*

46. Las raras instalaciones deportivas eran en general, situadas próximas a las concurrentes a ellas y equipadas provisionalmente sobre terrenos destinados a recibir futuros distritos industriales o residenciales (método precario y trastornos incesantes).

47. Los terrenos que pudieran ser usados para las vacaciones hebdomedarias o fines de semana, son a menudo mal enlazados a la ciudad.

Debe exigirse

48. *...que se provean amplios cinturones de verdura en ciudades en que sea imposible la provisión de áreas verdes importantes en sus distritos ya construidos. Que se proyecten siempre sistemas completos de parques de área apropiada y no parques aislados, separando a tiempo terrenos necesarios para el presente y para un futuro próximo.*

49. ...que todo distrito de habitación tenga en lo adelante las áreas verdes necesarias para el ordenamiento racional de juegos y deportes de niños, adolescentes y adultos.

50. *...que es recomendable a ese efecto la adopción de supermanzanas en sus trazados.*

51. ...que las manzanas insalubres sean demolidas y reemplazadas por áreas verdes: así los barrios limítrofes serán higienizados.

52. ...que estas nuevas áreas verdes obedezcan a fines claramente definidos: contener jardines de niños, escuelas, centros juveniles y todos los edificios de uso comunal íntimamente ligados a la habitación.

53. *...que la superficie de campos de juegos y deportes para cada distrito se fije, no por cifras tipo, sino habida cuenta de las necesidades de aquél y de su sistema de trazada.*

54. ...que se provean lugares convenientemente preparados para las vacaciones hebdomedarias.

55. ...parques, *vías-parques*, terrenos de deportes, stadiums, playas, etc.

56. ...que se inventaríen y planifiquen, ríos, bosques, colinas, montañas, valles, lagos, mar, etc., determinado su uso, tanto en los planos regionales como en el oficial de la nación.

57. *...que se eviten concesiones de playas y riberas para uso exclusivo de particulares, salvo casos excepcionales de interés público.*

58. ...que se conserven en todo caso zonas marítimas y fluviales, amplias, de anchuras suficien*tes, a lo largo de playas y riberas.*

Trabajo

59. Los lugares de trabajo no están dispuestos racionalmente en el complejo urbano: industrias, oficios, negocios, administración, comercio.

60. *Tampoco suelen estarlo los centros de estudio y de trabajo intelectual.*

61. El enlace entre la habitación y los lugares de trabajo, no es normal: representa recorridos desmesurados.

62. Las horas de mayor concurrencia alcanzan un estado caótico.

63. Por ausencia de todo programa: empuje incontrolado de las ciudades, ausencia de previsión, especulación sobre terrenos, etc., la industria se instala al azar, no obedeciendo a regla alguna, *o bien a la única condición de que exista cercana alguna línea férrea: lo que multiplica pavorosamente los pasos a nivel.*

64. En las ciudades, las oficinas están concentradas en *cités* de negocios. Las *cités* de negocios están instaladas en lugares privilegiados de la ciudad, provistos de los más completos sistemas de circulación, son pronto presa de la especulación. Siendo de negocios privados, la organización útil a su desarrollo natural, se echa de menos.

Hace falta exigir

65. ...que las distancias entre lugares de trabajo y de la habitación sean reducidas a un mínimum.

66. ...que los sectores industriales sean independientes de los sectores de la habitación: separados los unos de los otros por zonas de verdura y *constituyendo unidades urbanas completas siempre que fuere posible.*

67. ...que las industrias sean cuidadosamente clasificadas de acuerdo con su carácter y necesidades, y mayor o menor grado de perjuicios que su ubicación puede reportar a las habitaciones vecinas.

68. ...que, hasta donde convenga, se distribuyan las grandes industrias en ciudades satélites de población limitada, completas y autónomas.

69. ...que los oficios, íntimamente ligados a la vida urbana, de donde directamente proceden, puedan ocupar lugares claramente asignados en el interior de la ciudad.

70. ...que las zonas industriales importantes se sitúen contiguas a vías férreas, carreteras y puertos: bien orientadas para que los humos no perjudiquen a las zonas de habitación, *dejando amplios espacios libres entre ellas y los distritos cercanos.*

71. *...que cuando las cercanías de puertos existan o se instalen industrias necesariamente dependientes de dichos puertos, éstas serán agrupadas convenientemente y separadas de las zonas limítrofes, cuando no sea posible por áreas verdes, por amplias avenidas al menos, provistas de céspedes y arbolado.*

72. *...que hasta donde fuere posible se evite dentro de la ciudad la multiplicación de pequeñas zonas industriales: siendo preferible el reunirlas en una sola bien orientada, cuando no pudieran ser trasladadas fuera de la ciudad.*

73. ...que la ciudad de negocios consagrada a la administración pública o privada, sea provista de buenas comunicaciones con los distritos de la habitación así como con las industrias menores domiciliadas en la ciudad o en sus proximidades.

74. *...que al permitir la construcción de grandes edificios, tales como centros de oficinas, hoteles, etc., se exija en ellos mismos o en sus inmediaciones, lugares apropiados para circulación; y estacionamiento de autos que habrán de fomentar: así como para los establecimientos auxiliares necesarios para su funcionamiento.*

Circulación

75. La red actual de vías urbanas es el conjunto de ramificaciones desarrolladas alrededor de las grandes vías de comunicación: estas últimas se remontan a más allá de la Edad Media y a veces a la Antigüedad *Clásica.*

76. *Las leyes de Indias y los viejos hábitos han originado en América trazados en cuadrícula y algunas vías radiales, limitadas por construcciones a uno y otro lado: rara vez cuentan con avenidas de circunvalación ocupando el lugar de las antiguas fortificaciones.*

77. Concebidas para recibir peatones o carros, las vías urbanas no responden ya hoy en día a los medios de transporte mecánicos.

78. *Construidos a uno y otro lado de ellas edificios comerciales importantes que aumentan la circulación y el estacionamiento de autos, para carga y descarga de mercancías, suelen convertirse en graves problemas de costosísimas soluciones.*

79. Las dimensiones de calles, en lo adelante inapropiadas, se oponen a la utilización de las nuevas velocidades mecánicas y al desarrollo regular de la ciudad.

80. Las distancias entre calles son demasiado cortas.

81. *En América se ha abusado de los carrefours circulares a nivel, en el cruce de numerosas vías: los cuales no responden a las actuales necesidades de la circulación.*

82. El ancho de las calles es insuficiente, *particularmente en algunos distritos como por ejemplo, junto a los puertos: rara vez satisfacen en ciudades populosas a las exigencias funcionales de la circulación y a la estética, del arbolado.*

83. *Ensancharlas es a menudo una operación onerosa y además insuficiente.*

84. *Diagonales, trazadas para descongestionar barrios antiguos, son a veces las vías más congestionadas de la ciudad.*

85. *Siempre es preferible la apertura de una gran vía nueva a pequeños ensanches de varias calles.*

86. Frente a las velocidades mecánicas actuales, la red de calles aparece irracional, falta de exactitud, de flexibilidad, de diversidad y de adaptación.

87. *No es el menos grave inconveniente para la circulación en núcleos centrales, la falta de lugares apropiados para el estacionamiento de autos.*

88. *Los trabajos de orden suntuario suelen prodigarse confundiendo la haussmanización con la planificación moderna de ciudades: olvidando que en la Planificación como en Arquitectura, "la forma sigue a la función."*

89. Los trazados de orden suntuario persiguiendo fines representativos han podido o pueden constituir pesadas trabas a la circulación, *especialmente en ciudades en que no exista una zonificación bien estudiada.*

90. En numerosos casos la red de vías férreas (caminos de hierro) ha venido a ser con relación a la extensión de la ciudad, un obstáculo grave a la urbanización. Encierra distritos de habitación privándolos de contactos útiles con elementos vitales de la ciudad. *Sus pasos a nivel constituyen impedimentos casi insuperables para la circulación, en vías importantes.*

Es necesario exigir

91. ...que se hagan investigaciones útiles, basadas en estadísticas rigurosas, del conjunto de la circulación en la ciudad y en la región. Este trabajo revelará las corrientes de circulación y la calidad de sus caudales.

92. *...que tales estadísticas sean hechas sin embargo, con sólo la exactitud práctica que requieran en cada caso, evitando exactitudes superfluas y costosas; siendo su objeto principal el de servir de guía para el trazado siempre indispensable de una red primaria de vías maestras y espacios libres que incluya sistemas de parques y de aeropuertos.*

93. ...que las vías de circulación sean clasificadas según su naturaleza y construídas en cada caso en función de los vehículos, de sus velocidades *y dimensiones y de las distancias entre cruces sucesivos sin olvidar la naturaleza de los distritos que atraviesan.*

94. *...que se empleen, cuando fuere posible, secciones elásticas en calles.*

95. *...que no se permitan en vías de circulación rápida, paso alguno a nivel ni construcciones de ningún género frente a ellas.*

96. ...que los cruces de circulación sean dispuestos en circulación continua a diferentes niveles.

97. *...que debe evitarse la prodigalidad de estos cruces en nuevos trazados.*

98. *...que cuando fuere indispensable llevar muchas vías a un centro focal, se procure conducirlas a una ancha avenida que encierre varias hactáreas de terreno rodeándolas. Estas hectáreas podrán ser construidas en todo o en parte.*

99. ...que el peatón y el ciclista puedan seguir caminos distintos que los autos.

100. ...que en todo caso se procure separar las circulaciones lentas de las circulaciones rápidas.

101. ...que sean diferentes las calles según sus destinos, de paseo, comerciales, industriales, de tránsito rápido, lento, continuo, *vías-maestras, vías parques, mixtas.*

102. ...que por medio de zonas de verdura se aíslen en principio, los cursos de gran circulación, *teniendo aquéllas un ancho mínimo que permite pasar de una a otra dirección de tránsito sin interrumpirlo.*

103. *...que se organicen sistemas de conjunto, y no parciales, de estacionamiento de autos, especialmente en núcleos centrales de ciudades, ora superficiales, ora subterráneos, o bien elevados en edificios construidos ad hoc. Demoliciones de edificios insalubres o ruinosos pueden contribuir a resolver este problema.*

104. *...que se substituya la antigua práctica de siembra de árboles alineados junto a vías regionales, por el más efectivo y artístico de grupos de vegetación, alternados a cierta distancia, con vistas, de acuerdo con las variaciones del paisaje.*

105. ...que se provea de alumbrado conveniente a las vías de la región.

Patrocinio histórico de las ciudades

106. Los valores arquitectónicos deben ser salvaguardados (edificios aislados en conjuntos urbanos.)

107. Serán salvaguardados si son expresión de una cultura anterior y cuando responden a un interés general.

108. ...si su conservación no entraña el sacrificio de poblaciones mantenidas en condiciones malsanas.

109 ...cuando es posible remediar su perspectiva por medios radicales: por ejemplo, por la desviación de elementos vitales de circulación y aun por el emplazamiento de centros considerados hasta entonces como inmutables.

110. *En todo caso, será admitido como máximo un sacrificio proporcional al interés arqueológico, histórico, o artístico del edificio.*

111. *Las restauraciones de monumentos históricos, no serán emprendidas bajo ningún pretexto, cuando no existan suficientes documentos auténticos que muestren su estado primitivo.*

112. La destrucción de edificios ruinosos e insalubres situados alrededor de monumentos históricos proveerá la ocasión de crear áreas verdes.

Estética Urbana

113. *Las relaciones en materia de Estética Urbana serán suficientemente generales y flexibles para no anular iniciativas que rompan con la rutina establecida.*

114. *La ubicación de ciudades será determinada teniendo en cuenta su aspecto artístico como complemento indispensable del aspecto funcional.*

115. *Los lugares próximos a puertos, estaciones terminales de ferrocarriles, los aeródromos, así como las vías de entrada y salida deben considerarse como sus vestíbulos y tratados de acuerdo con tal concepto.*

116. *Si bien las bellas perspectivas naturales suelen ser de alto valor artístico, son también deseables perspectivas monumentales que den individualidad a la ciudad.*

Figura 7.6. Calle Empedrado y Avenida del Puerto, La Habana. (1906)

117. *La agrupación de edificios públicos o semipúblicos frente a plazas, es siempre deseable desde un punto de vista artístico.*

118. *Son los edificios en el conjunto urbano la más alta nota de estética ciudadana y el más alto exponente de la cultura artística de un pueblo.*

119. *Son los grandes parques públicos en lo pintoresco, lo que los edificios en lo monumental, en relación a la Estética Ciudadana.*

120. *En todo centro cívico o agrupación de edificios públicos, deben figurar al menos, necesariamente, una plaza y un "carrefour": la primera para satisfacer las necesidades del arte y el segundo para satisfacer las de la circulación.*

121. *El rascacielo aislado, debida y artísticamente concebido, constituye una individualidad envidiable de los distritos de ciudades modernas.*

122. El empleo de estilos del pasado, bajo pretexto de estética, en las construcciones nuevas erigidas en las zonas históricas, tiene consecuencias nefastas: la conservación de tales usos o la introducción de tales iniciativas, no será tolerada bajo ninguna forma.

123. *Tampoco será impuesto en parte alguna de la ciudad un estilo determinado, sea el que fuere. Libertad artística, tan amplia como la individual, será norma en relación al uso de estilos arquitectónicos.*

124. *El problema estético de las medianeras, contiguas a edificios de menor altura, no ha recibido aún una solución satisfactoria.*

445

125. *Las alineaciones discontinuas, rara vez satisfacen en los centros de ciudades lo que la estética exige.*

126. *Las cercas en frentes de habitaciones económicas, nada adicionan a la belleza del distrito o centro de población. Debe tenerse en cuenta, ante todo, su carácter.*

128. *Los monumentos escultóricos, en general, constituyen los más artísticos y educativos ornamentos de la ciudad.*

129. *Son siempre preferibles para ser colocados en plazas públicas los monumentos que conmemoran, no simples individuos, sino hechos o ideas notables.*

130. *La situación en la ciudad o en la región de un monumento escultórico debe ser estudiada cuidadosamente teniendo en cuenta el sitio escogido, la forma y dimensiones de aquél y el personaje histórico que conmemora. Si es puramente decorativa su función, inscripciones educativas son deseables.*

131. *Las supervisiones por comisiones de vecinos, asesoradas por urbanistas, son preferibles a restricciones específicas establecidas en materia de estética para los distritos de habitación por los reglamentos municipales.*

132. *Los lugares históricos o artísticos de gran interés, los paisajes naturales y los distritos suburbanos de residencias no deben ser invadidos por anuncios ni muestras.*

133. *La reglamentación de anuncios en zonas comerciales, debe ser dirigida más que a restringir su uso, a mejorar sus valores artísticos.*

134. *Cualquier lugar público gana en valor estético cuando se suprimen en él construcciones utilitarias, tales como, kioscos u otras semejantes.*

135. *La iluminación constituye un poderoso elemento estético en la ciudad moderna.*

Legislación

136. *Una Ley de Planificación Nacional regirá y dará unidad a las planificaciones locales.*

137. *El Ministerio de Urbanismo o bien el más alto organismo de planificación nacional, estarán autorizados para hacer y mantener en los casos que la Ley determine, declaraciones de "non edificandi" y de "non modificandi" en relación a bienes inmuebles de cualquier género.*

138. *Leyes de expropiación forzosa basadas en los postulados enunciados en los apartados, penúltimo y antepenúltimo de esta Carta, son indispensables para lograr la planificación metódica y ordenada de una nación y aun de una ciudad o región cualquiera.*

139. *En la realización de obras importantes que exijan expropiaciones, los propietarios de bienes expropiados deben tener representación legal, adecuada y efectiva, en la comisión o comisiones oficiales que actúen en dichas expropiaciones.*

140. *Una reglamentación del cobro de la plusvalía motivada por obras públicas debe figurar en toda Ley de Planificación Nacional por ser aquélla indispensable para ejecutar o llevar a cabo grandes planes de mejoras. Se redactará con vistas a fomentar, más bien que a destruir, la cooperación privada a las obras públicas.*

141. *Una cierta cantidad deberá ser abonada al organismo oficial correspondiente por individuos o entidades cuyos bienes se compruebe claramente haber sido beneficiados y aumentados de valor con las mejoras hechas.*

142. *El método de reembolso (recoupement, excess condenation) es hasta el presente el más equitativo cuando es honradamente aplicado para resarcirse del costo, o de parte del costo de las mejoras hechas, por el organismo que las ejecuta. Ello no excluye el empleo de otros sistemas sin embargo. Cuando se emplee el de contribucio-*

nes o impuestos éstos serán tan bajos anualmente como posible para evitar grandes e injustos desembolsos a una sola generación, a menos que la obra hecha sea de duración corta.

143. *Cuando fuere imposible determinar de un modo concluyente los límites de los distritos o regiones beneficiados con una obra o reforma de importancia, su costo, en todo o en parte, deberá ser recuperado por medio de impuestos generales a toda la ciudad o a toda la nación según el caso.*

144. *Reglamentos u Ordenanzas apropiados deben formar parte de todo proyecto importante de planificación urbana o rural.*

145. Los dos principios clásicos, "salus populi suprema lex" y "utere tuo ut allienum non leadas" serán tenidos muy en cuenta en toda legislación relativa a planificación, sea esta local o nacional: todo ello, sin perder de vista el derecho inmanente de propiedad, base del "status" social.

Conclusiones

La mayor parte de las ciudades estudiadas, ofrecen hoy en día la imagen del caos: estas ciudades no responden en modo alguno a su destino que será el de satisfacer a las necesidades primordiales biológicas y psicológicas de sus poblaciones.

147. En la mayoría de las ciudades existe una enorme desproporción entre sus recursos económicos y las responsabilidades sociales y administrativas de la municipalidad.

148. Esta situación revela, desde el principio de la era maquinista, la adición incesante de intereses privados.

149. La violencia de los intereses privados provoca una ruptura de equilibrio desastrosa entre el empuje de las fuerzas económicas de una parte y la debilidad del control administrativo y la impotente solidaridad social de la otra.

150. *No es menos nefasta la violencia de la política partidarista interviniendo en la confección de planes de obras públicas. El acaparamiento de votos por medio de obras públicas inútiles, innecesarias, o de ninguna urgencia, con preferencia a otras básicas y fundamentales, conduce a consecuencias de trascendencia nacional impidiendo o retardando la planificación de la nación.*

151. Si bien las ciudades están en estado permanente de transformación, su desarrollo es conducido sin precisión ni control y sin que sean tenidos en cuenta los principios del Urbanismo contemporáneo, perfeccionado en medios técnicos bien calificados.

152. La ciudad debe asegurar por encima del plan espiritual y material, la libertad individual y el beneficio de la acción colectiva.

153. Las dimensiones de todos los elementos en el dispositivo urbano no pueden ser regidos más que por la escala humana.

154. Las claves del Urbanismo se hallan en las cuatro funciones: habitar, trabajar, divertirse (tiempo libre), circular.

155. Los planos *reguladores* determinarán la estructura de cada uno de los sectores atribuidos a las cuatro funciones-claves y ellos fijarán su emplazamiento respectivo en el conjunto.

156. El ciclo de funciones cuotidianas: habitar, trabajar, recrearse, será arreglado por el Urbanismo en la más estricta economía, siendo considerada la habitación como centro mismo de las preocupaciones urbanísticas y el punto de enlace de todas las medidas.

157. *Esto no significa sin embargo, que de las tres gracias del Urbanismo Contemporáneo, higiene, circulación y belleza debe sacrificarse la última en grado considerable, por razones económicas. Los valores espirituales deben equilibrarse a los materiales en la vida social y por lo tanto en la planificación de ciudades.*

158. *Tampoco significa que la planificación particular de la vivienda deba preceder a la planificación general de la ciudad: "Housing follows planning" es un axioma de planificación urbana y rural.*

159. *La solución del problema de la vivienda suele involucrarse en grandes ciudades con obras de "haussmanización" antes de haber sido adoptados para ellas planos reguladores oficiales. Ello constituye un grave error.*

160. Las nuevas velocidades mecánicas han transformado el medio urbano, instaurando un peligro permanente, provocando el embotellamiento y la parálisis de las comunicaciones y comprometiendo la higiene.

161. *Todas las medidas ensayadas en las grandes urbes para mejorar su circulación, han sido impotentes para evitar congestiones intolerables en las horas de máxima demanda. Una descentralización progresiva es cada vez más urgente en las grandes metrópolis.*

162. *Dicha descentralización puede obtenerse por muy diferentes medios: remodelación de antiguos distritos, división de la ciudad en cierto número de unidades urbanas funcionales y autónomas, creación de ciudades satélites de diferente carácter, favoreciendo la corriente ya iniciada en las grandes metrópolis, de emigración a los campos de las grandes industrias, creándose verdaderas ciudades industriales de población y área limitadas.*

163. El principio de la circulación urbana y suburbana debe ser revisado. Debe hacerse una clasificación de las velocidades disponibles.

164. La reforma de la zonificación poniendo en armonía las funciones-claves de la ciudad, creará entre aquéllas, enlaces naturales debiendo ser prevista para su consolidación una red nacional de grandes arterias.

165. La simple zonificación, sin embargo, sólo en casos muy particulares resuelve por sí sola los problemas de circulación congestionada de las grandes ciudades.

166. El urbanismo es una ciencia de tres y no de dos dimensiones. Haciendo intervenir el elemento "*altura*", se obtendrá una solución parcial a las circulaciones modernas así como al "*tiempo libre*", por medio de la explotación de los espacios abiertos, por tal medio creados.

167. La ciudad deber ser estudiada en el conjunto de su región de influencia. Un plano nacional relacionará científicamente los planos reguladores locales de toda la nación.

168. El límite de cada aglomeración será en función de su radio de acción económica. Su máximo desarrollo *y por ende su población, serán limitados de acuerdo con la experiencia obtenida en el propio país o en países de condiciones físicas, económicas, étnicas y sociales semejantes.*

169. La ciudad, definida pues, como una unidad funcional o *conjunto organizado de unidades funcionales*, deberá crecer armoniosamente en cada una de sus partes: disponiendo de espacios y enlaces que muestren en equilibrio las diferentes etapas de su desarrollo.

170. *Los distritos dormitorios deben desaparecer substituidos por unidades completas autónomas.*

171. Es de la más urgente necesidad el que cada ciudad establezca su programa, dictando leyes que permitan su realización.

172. *El Estado debe, por medio de su máximo organismo de planificación, prestar a ese fin la ayuda necesaria a los municipios en el caso de que ella fuere menester.*

173. El programa será redactado mediante rigurosos análisis hechos por especialistas. El determinará las etapas en tiempo y espacio. Reunirá, en fecunda unión los recursos naturales del lugar, la topografía del conjunto, los datos económicos, las necesidades sociológicas, los valores espirituales.

174. *Al antiguo concepto de "rus in urbe" se substituirá el moderno de "urbs in rure" en materia de planificación.*

175. *La zonas de cultivo y ganadería base de la alimentación de los pueblos, deben ser fomentadas, cuando posible, por todos los medios en las regiones de los centros de población, sean éstos ciudades satélites o unidades urbanas funcionales.*

176. A éste y a cualquier otro efecto urbanístico los límites municipales, en tesis general, no tienen que ser respetados cuando se trata de planificación de ciudades.

177. La planificación subterránea por lo que respecta a la vivienda será cuidadosamente reglamentada teniendo en cuenta los principios básicos de la higiene pública.

178. El núcleo central del Urbanismo está constituído por una célula, la habitación (la casa) y por su inserción en un grupo, formando una unidad de residencia, de tamaño suficiente para constituir una unidad funcional, debidamente conectada con las unidades vecinas.

179. A partir de esta unidad-casa en el espacio urbano, vienen las relaciones entre la habitación, los lugares de trabajo y las instalaciones consagradas al tiempo libre.

180. Para resolver esta gran tarea es indispensable utilizar los recursos de la técnica moderna. Ella con el concurso de sus especialistas dotará el arte de construir de todas las seguridades de la ciencia y lo enriquecerá con invenciones innumerables.

181. La escala de trabajos a emprender urgentemente para el ordenamiento de las ciudades y la enorme división de la propiedad rural, son dos realidades antagónicas.

182. Esta peligrosa contraposición plantea una de las cuestiones más peligrosas de la época: la urgencia de reglamentar por un medio legal la disposición de todo suelo útil para equilibrar las necesidades colectivas.

183. En tesis general, el interés privado será siempre subordinado al interés colectivo.

184. Es de fundamental importancia la creación de Ministerios de Urbanismo completamente independientes de los de Obras Públicas y provistos de amplias y bien definidas facultades legales, incluso la de fijar el uso de todos los terrenos útiles para poder llevar a cabo la planificación general de la nación.

Figura 7.8 Castillo de la Cabaña desde Casablanca, (1880-1908)

LA CARTA DE MACHU-PICCHU

DOCUMENTO PREPARADO POR UN GRUPO DE ARQUITECTOS
CONVOCADOS POR LA
UNIVERSIDAD NACIONAL FEDERICO VILLAREAL
LIMA, PERU, 1977

Un cantor de Machu Picchu, entre el millar de sus brillantes metáforas, la ha definido "la ciudad perdida como la más alta vasija que contuvo al silencio..." Nosotros, un grupo de arquitectos, nos hemos abocado a la ambiciosa tarea de romper ese silencio; esa es la misión que inspira esta Carta.

Han pasado casi 45 años desde que el CIAM elaboró un documento sobre teoría y metodología de planificación que tomo el nombre de la "Carta de Atenas". Muchos nuevos fenómenos han surgido durante ese lapso que requieren una revisión de la Carta que la complemente con un documento de enfoque y amplitud mundial que debería ser analizado inter-disciplinariamente en una discusión internacional que incluyera intelectuales y profesionales, institutos de investigación y universidades de todos los países.

Han existido algunos esfuerzos para modernizar la Carta de Atenas. El presente documento sólo intenta ser punto de partida para tal empresa, debiendo manifestar en primer lugar que la Carta de Atenas de 1933 es todavía un documento fundamental para nuestra época que puede ser puesto al día pero no negado. Muchos de sus 95 Puntos son todavía válidos como testimonios de la vitalidad y continuidad del movimiento moderno, tanto en planificación como en arquitectura.

Atenas, 1933, Machu Picchu 1977. Los lugares son significativos. Atenas se irguió como la cuna de la civilización occidental; Machu Picchu simboliza la contribución cultural independiente de otro mundo. Atenas representó la racionalidad personificada por Aristóteles y Platón. Machu Picchu representa todo lo que no involucra la mentalidad global iluminística y todo lo que no es clasificable por su lógica.

Ciudad y Región

La Carta de Atenas reconoció la unidad esencial de las ciudades y sus regiones circundantes. La falla de la sociedad al enfrentar las necesidades del crecimiento urbano y los cambios socio-económicos requieren la reafirmación de este principio en términos más espécíficos y urgentes.

Hoy las características del proceso de urbanización a través del mundo han hecho crítica la necesidad de un uso más efectivo de los recursos naturales y humanos. Planificar como un medio sistemático de analizar necesidades, incluyendo problemas y oportunidades y guiando el crecimiento y desarrollo urbano dentro de los límites de los recursos disponibles, es una obligación fundamental de los gobiernos en lo concerniente a los asentamientos humanos.

La planificación, en el contexto contemporáneo de urbanización, debe reflejar la unidad dinámica de las ciudades y sus regiones circundantes, tanto como las relaciones funcionales esenciales entre barrios, distritos y otras áreas urbanas.

Las técnicas y disciplinas del planeamiento deben ser aplicadas a toda la escala de asentamientos humanos, barrios, distritos, ciudades, áreas metropolitanas, estados,

Figura 7.9. Un grupo de los autores de la carta de Machu-Picchu contemplan el Acto de Firma en la ciudadela Inca. (De izquierda a derecha, Luis Miró Quesada (Peru), Felipe J. Prestamo, George R. Collins, Columbia University, EEUU Bruno Zevi, Universitá Di Roma (Italy) and Reginald Malconson, The University of Michigan, (EEUU)

regiones y naciones para guiar la localización, su secuencia y características de desarrollo.

El objetivo del planeamiento en general, incluyendo el planeamiento económico, el diseño y planeamiento urbano y la arquitectura, es finalmente la interpretación de las necesidades humanas y la realización, en un contexto de oportunidad, de formas y servicios urbanos apropiados para la población. Para lograr estos fines se requiere un proceso continuo y sistemático de interacción entre las profesiones de diseño, los pobladores de las ciudades y su liderazo comunitario y político.

La desarticulación entre el planeamiento económico a nivel nacional y regional, y el planeamiento para el desarrollo urbano, ha originado la dilapidación de recursos y ha reducido la eficacia de ambos. Las áreas urbanas muy frequentemente reflejan los efectos adversos secundarios y específicos de decisiones económicas, basadas en consideraciones amplias y relativamente abstractas, originadas por estrategias de planeamiento económico a largo plazo.

Tales decisiones a nivel nacional no han considerado directamente las prioridades ni las soluciones a los problemas de las áreas urbanas, ni las conexiones operacionales entre la estrategia económica general y el planeamiento de desarrollo urbano, razones por las cuales los beneficios potenciales del planeamiento y la arquitectura no llegan a la gran mayoría.

El Crecimiento Urbano

Desde la Carta de Atenas a nuestros días, la población del mundo se ha duplicado, dando lugar a la llamada triple crisis: ecológica, energética y de alimentación. Pero el ritmo del crecimiento de las grandes ciudades es muy superior al demográfico general, provocando un proceso de deterioración urbana, con su secuela de escasez de vivienda, deterioración de servicios urbanos y transportes públicos y empeoramiento de la calidad de la vida.

Las soluciones urbanistas propugnadas por la Carta de Atenas, no tuvieron en cuenta este acelerado crecimiento, fomentado por la inmigración rural, que constituye la raíz del problema de la ciudad de nuestros días.

Dentro del crecimiento caótico de las ciudades, podemos diferenciar dos modalidades:

La primera corresponde a las regiones industrializadas donde se produce una emigración de la población de mayores ingresos a los suburbios que el automóvil ha hecho posible, abandonando las áreas centrales de la ciudad a los nuevos inmigrantes que carecen del poder económico y formación cultural necesarios para mantener propiamente la estructura urbana en general y los servicios públicos en particular.

La segunda modalidad corresponde a las ciudades en regiones en desarrollo, caracterizándose por la masiva inmigración rural que se asienta en barrios marginales, carentes de servicios y de infraestructura urbana. Este fenómeno no puede ser resuelto, ni siquiera controlado por los dispositivos y medidas que están al alcance del planeamiento urbano. Dichas técnicas apenas pueden intentar la incorporación de las áreas marginales al organismo urbano y muchas veces, las medidas que se adoptan para regularizar marginalidad, dotación de servicios públicos, sanidad ambiental, programas de vivienda, etc., contribuyen paradójicamente a agravar el problema al convertirse en incentivos que incrementan los movimientos migratorios.

Estos cambios cuantitativos producen transformaciones fundamentales cualitativas, hasta el punto que el problema urbano se nos presenta como totalmente distinto.

Concepto de Sector

La Carta de Atenas señala que las claves del urbanismo se encuentran en las cuatro funciones básicas de: habitar, trabajar, recrearse y circular, y que los planes deben fijar su estructura y emplazamiento.

Ello ha determinado ciudades divididas en sectores donde un proceso analítico de clasificación ha sido usado como un proceso sintético de ordenamiento urbano. El resultado es la existencia de ciudades con una vida urbana anémica al nivel de relación humana, donde en extremo, cada local arquitectónico deviene en un objeto aislado y en donde no se considera que la movilidad humana determina un espacio fluyente.

Actualmente se ha tomado conciencia de que el proceso urbanístico no consiste en dividir en sectores sino en crear a cabalidad una integración polifuncional y contextual.

Vivienda

A diferencia de la Carta de Atenas, consideramos que la comunicación humana es un factor predominante en la razón de ser de la ciudad. Por tanto, la planificación de la ciudad y de la vivienda debe reconocer este hecho.

Consideramos, igualmente, que la calidad de vida y la integración con el medio ambiente natural debe ser un objetivo básico en la concepción de los espacios habitables.

La vivienda popular no será considerada como un objeto de consumo subsidiario, sino como un poderoso instrumento de desarrollo social.

El diseño de la vivienda debe tener la necesaria flexibilidad a fin de adaptarse a la dinámica social, facilitando para ello la participación creadora del usuario. Al mismo tiempo deben diseñarse elementos constructivos que puedan fabricarse masivamente para ser utilizados por los usuarios y que económicamente estén a su alcance.

El mismo espíritu de integración que hace la comunicación entre los residentes de la ciudad un elemento básico de la vida urbana, debe servir de norma a la localización y estructuración de áreas residenciales para diversas comunidades y grupos, sin imponer distinciones inaceptables al decoro humano.

Transporte en las Ciudades

Las ciudades deberán planear y mantener el transporte público masivo, considerándolo como un elemento básico en el proceso de la planificación urbana.

El costo social del sistema de transporte deberá ser apropiadamente evaluado y debidamente considerado en la planificación del crecimiento de nuestras ciudades.

En la Carta de Atenas es explícito que la circulación es una de las funciones urbanas básicas, e implícito que ésta depende mayormente del automóvil como medio de transporte individual. Después de 44 años se ha comprobado que no hay solución óptima, diferenciando, multiplicando y solucionando cruces de vías. Por tanto, hay que enfatizar que la solución a la función de la circulación debe procurarse mediante la subordinación del transporte individual al transporte colectivo.

Los urbanistas deben conceptuar que la ciudad es una estructura en desarrollo, cuya forma final no puede ser definida, por lo que deben considerar las nociones de flexibilidad y expansión urbanas. El transporte y la comunicación forman una serie de redes interconectadas que sirven como sistema articulado entre espacios interiores y exteriores, y deberán ser diseñados en forma tal que puedan experimentar indefinidamente cambios de extensión y forma.

Disponibilidad del Suelo Urbano

La Carta de Atenas planteó la necesidad de un ordenamiento legal que permitiera disponer sin trabas del suelo urbano para satisfacer las necesidades colectivas, para lo que estableció que el interés privado debía subordinarse al interés colectivo.

A pesar de diversos esfuerzos realizados desde 1933, las dificultades en la disponibilidad de la tierra urbana se mantienen como un obstáculo básico al planeamiento urbano por lo que es deseable que se desarrollen y adopten soluciones legislativas eficientes, capaces de producir un mejoramiento sustantivo a un corto plazo.

Recursos Naturales y Contaminación Ambiental

Una de las formas que más atentan hoy contra la naturaleza es la contaminación ambiental que ha ido agravándose en proporciones sin precedentes y potencialmente catastróficas, como consecuencia directa de la urbanización no planeada y la explotación excesiva de recursos.

En las áreas urbanizadas a través del mundo, la población está cada vez más sometida a condiciones ambientales que son incompatible5 con normas y conceptos razonables de salud y bienestar humano. Las características no aceptables incluyen el predominio de cantidades excesivas y peligrosas de substancias tóxicas en el aire, agua y alimentos de la población urbana, además de los niveles dañinos de ruido.

Las políticas oficiales que normen el desarrollo urbano deberán incluir medidas inmediatas para prevenir que se acentúe la degradación del medio ambiente urbano y lograr la restauración de la integridad básica del mismo de acuerdo con las normas de salud y bienestar social.

Estas medidas deben ser consideradas en el planeamiento urbano y económico, en el diseño arquitectónico, en los criterios y normas de ingeniería y en las políticas de desarrollo.

Preservación y Defensa de los Valores Culturales y patrimonio Histórico-Monumental

La identidad y el carácter de una ciudad están dados por su estructura física y también por sus características sociológicas. Por ello se hace necesario que no sólo se preserve y conserve el Patrimonio Histórico-Monumental, sino que se asuma también la defensa del Patrimonio Cultural, conservando los valores que son de fundamental importancia para afirmar la personalidad comunal o nacional y/o aquellos que tienen un auténtico significado para la cultura en general.

Asimismo, es imprescindible que en la labor de conservación, restauración y reciclaje de las zonas monumentales y monumentos históricos y arquitectónicos, se considere su integración al proceso del desarrollo urbano, como único medio que posibilite el financiamiento de dicha labor y el mantenimiento de la operación.

En el proceso de reciclaje de estas zonas debe considerarse la posibilidad de construir en ellas edificios de arquitectura contemporánea de gran calidad.

Tecnologia

La Carta de Atenas se refirió tangencialmente al proceso tecnológico al discutir el impacto de la actividad industrial en la ciudad.

En los últimos 45 años, el mundo ha experimentado un desarrollo tecnológico sin precedentes que ha afectado a nuestras ciudades y también a la práctica de la arquitectura y urbanismo.

La tecnología se ha desarrollado explosivamente en algunas regiones del mundo, y su difusión y aplicación eficaz es uno de los problemas básicos de nuestra época.

Hoy, el desarrollo científico y tecnológico y la intercomunicación entre los pueblos, permite superar las condicionantes locales y ofrecer los más amplios recursos para resolver los problemas urbanísticos y arquitectónicos. El mal uso de esta posibilidad determina que, frecuentemente, se adopten materiales, técnicas y características formales como resultado de pruritos de novedad y complejos de dependencia cultural.

En este sentido, usualmente, el impacto del desarrollo tecnológico-mecánico ha determinado que la arquitectura sea un proceso de crear ambientes artificialmente condicionados, concebidos en función a un clima y a una iluminación no naturales. Ello puede ser una solución a determinados problemas, pero la arquitectura debe ser el proceso de crear ambientes condicionados en función de elementos naturales.

Debe entenderse lúcidamente que la tecnología es medio y no fin, que ella debe aplicarse en función de una realidad y de sus posibilidades como resultado de una seria labor de investigación y experimentación, labor que los gobiernos deben tener en cuenta.

La dificultad de utilizar procesos altamente mecanizados o materiales constructivos sumamente industrializados no debe significar una mengua de rigor técnico y de cabal respuesta arquitectónica a las exigencies del problema a resolver, sino más bien, un mayor rigor en el planeamiento de las soluciones posibles en el medio.

La tecnología constructiva debe considerar la posibilidad de reciclar los materiales a fin de lograr transformar los elementos constructivos en recursos renovables.

Implementacion

Arquitectos, urbanistas y las autoridades pertinentes deben crear conciencia en los gobiernos de que la planificación urbana y regional es un proceso dinámico, que incluye la formulación de planes y su implementación correspondiente. Dicho proceso debe ser capaz de adaptarse a los cambios que la ciudad experimenta como organismo viviente tanto en aspectos físicos como culturales.

Asimismo, se deberán crear para cada ciudad y región normas y principios edilicios y urbanos que estén de acuerdo con su medio ambiente, sus recursos y sus propias características formales. No se deberá tratar de copiar soluciones o enfoques de otros medios o culturas.

Diseño Urbano y Arquitectónico

La Carta de Atenas no trató acerca de diseño arquitectónico. Quienes la formularon no lo consideraron necesario porque estaban de acuerdo en que la arquitectura era el "juego sabio de volúmenes puros bajo la luz". La "Ville Radieuse" de Le Corbusier fue compuesta de tales volumenes. Aplicó un lenguaje arquitectónico de matiz cubista, perfectamente coherente con un concepto que separó la ciudad en partes funcionales.

Durante las últimas décadas para la arquitectura contemporánea el problema principal no es más el juego visual de volúmenes puros, sino la creación de espacios sociales para vivir en ellos. Aqui el acento no está ya en el continente sino en el contenido, no en la caja aislada, por muy bella y sofisticada que sea, sino en la continuidad de la textura urbana. En 1933, el esfuerzo fue para desintegrar el objeto arquitectónico y la ciudad en sus componentes. En 1977, el objetivo debe ser reintegrar esos componentes que, fuera de sus relaciones formales, han perdido vitalidad y significado. Para precisar: la reintegración tanto en la arquitectura como en el planeamiento, no significa la integración o priori del clasicismo. Debe quedar claramente establecido que las recientes tendencias hacia el resurgimiento de la tradición del "Beaux Arts" son anti-históricas a un grado grotesco, y no tienen el valor que justifique su discusión. Pero ellos son síntoma de una obsolescencia del lenguaje arquitectónico de lo que debemos estar alertas para no regresar a una especie de cínico eclectismo del siglo XIX, sino ir hacia una etapa de mayor madurez del movimiento moderno. Las conquistas de los años treinta, cuando la Carta de Atenas fue promulgada, son todavía válidas. Ellas conciernen a:

a) El análisis del contenido de los edificios y de sus funciones.
b) El principio de disonancia.

456

c) La visión espacio-tiempo antiperspectiva.
d) La desarticulación del tradicional edificio-caja.
e) La reunificación de la ingeniería estructural y la arquitectura.

A estas "constantes" o "Invariables" del lenguaje arquitectónico han sido añadidas:

f) La temporalidad del espacio.
g) La reintegración edificio-ciudad-paisaje.

La temporalidad del espacio es la mayor contribución de Frank Lloyd Wright y corresponde a la visión dinámica del espacio-tiempo-cubista, pero aplica este enfoque no sólo a los volúmenes sino también a los valores sociales.

La reintegración edificio-ciudad-paisajes es una consecuencia de la unidad entre ciudad y campo. Es tiempo de exhortar a los arquitectos para que tomen conciencia del desarrollo histórico del movimiento moderno y cesen de multiplicar paisajes urbanos obsoletos hechos de cajas monumentales, sean verticales u horizontales, opacas, reflejantes o transparentes. El nuevo concepto de urbanización pide la continuidad de edificación, lo que implica que cada edificio no sea un objeto finito, sino un elemento del "continuum" que requiere un diálogo con otros elementos para completar su propia imagen.

El principio de lo no finito no es nuevo. Fue explorado por los Maneristas y, en una manera explosiva, por Miguel Angel. Sin embargo, en nuestra época, no sólo es un principio visual sino fundamentalmente social. La experiencia artística en las últimas décadas de la música y las artes visuales ha demostrado que los artistas ya no producen un objeto finito; ellos se detienen a la mitad o a las tres cuartas del proceso, de manera que el espectador no sea un contemplador pasivo de la obra artística, sino un factor activo de su mensaje polivalente. En el campo constructivo la participación del usuario es aun más importante y concreta. Significa que el pueblo debe participar activa y creativamente en cada fase del proceso de diseño pudiendo así los usuarios integrarse en el trabajo del arquitecto.

El enfoque no finito no disminuye el prestigio del planificador o del arquitecto. Las teorías de la relatividad y de la indeterminación no han disminuido el prestigio de los científicos. Al contrario, lo incrementan, porque un científico no dogmático es mucho más respetado que en el viejo "deux ex machina". Si el pueblo está comprendido en el proceso de diseño, la relevancia del arquitecto será enfatizada y la inventiva arquitectónica será más grande y rica. Al momento que los arquitectos se liberen de los preceptos académicos y de lo finito, su imaginación será estimulada por el inmenso patrimonio de la arquitectura popular, de esa "arquitectura sin arquitectos" que tanto se ha estudiado en las últimas décadas.

Aquí, no obstante, se debe ser cuidadoso. El hecho de reconocer que los edificios vernaculares tienen mucho que contribuir a la imaginación arquitectónica, no significa que deben ser imitados. Tal actitud, hoy de moda, es tan absurda como lo fue la copia del Partenón. El problema es totalmente diferente de la imitación. Es un hecho probado que el máximo enfoque cultural del diseño arquitectónico se encuentra y se fusiona naturalmente con los idiomas populares. Para ello este enfoque deberá estar libre de convenciones tales como las órdenes vitruvianas, el Beaux Arts, así como los Cinco Principios de Le Corbusier de 1921.

Las terracerías agrícolas del antiguo Perú han captado la admiración del mundo por su monumentalidad y por el espíritu de respeto al medio natural que ellas manifestaron. Son expresiones volumétricas y espirituales que constituyen un monumento imperecedero a la vida.

Esta Carta se presenta, modestamente, imbuida de esos mismos ideales.

(El documento original fue suscrito, una vez leído, en el Intihuatana Eterno, Machu-Picchu, a los 12 días del mes de Diciembre, 1997, siendo las 14:15 horas).

Relación de miembros del grupo, redactores de la Carta y firmantes del Acta final:

Arq. Santiago Agurto C., Comisión Organizadora, Lima; Arq. Fernando Belaúnde Terry Comisión Organizadora, Lima; Arq. Félix Candela HF AIA, HM RIBA, University of Illinois, Chicago; Arq. Francisco Carbajal de la Cruz, Instituto Politécnico Nacional, México D.F.; Prof. George R. Collins, Columbia University, New York City; Arq. Leonard J. Currie, F AIA, AIP, University of Illinois, Chicago; Prof. Jorge Glusberg, Escuela de Altos Estudios del CAYC, Buenos Aires; Arq. Mark T. Jaroszewicz, AIA, University of Florida, Gainesville, Florida; Arq. Oscar Ladrón de Guevara Avilés, Universidad Nacional San Antonio Abad, Cusco; Arq. Alejandro Leal, Universidad Nacional Autónoma de Mexico, Mexico, D.F.; Arq. Reginald Malconson, AIA, The University of Michigan, Ann Arbor; Arq. Dorn McGrath, AIP, The George Washington University, Washington, D.C.; Arq. Luis Miró Quesada, Comisión Organizadora, Lima; Arq. Carlos Morales Maquiavelo, Comisión Organizadora, Lima; Arq. Guillermo Payet, Comisión Organizadora, Lima; Arq. Pablo Pimentel, Ministerio de Desarrollo Urbano, Barquisimeto, Caracas; Arq. Felipe J. Prestamo, AIP, Assoc. AIA, School of Engineering and Environmental Design, University of Miami, Coral Gables, Florida; Arq. Héctor Velarde Bergmann, Comisión Organizadora, Lima; Arq. Fruto Vivaz, Facultad de Arquitectura, Universidad Central de Venezuela, Caracas; Arq. Bruno Zevi, Università di Roma, Roma

Certificaron la firma del Documento:

Arq. Manuel Ungaro Zavallos, Presidente, Comisión Organizadora, Lima; Arq. Guido Tisoc Vásquez, Coordinador, Comisión Organizadora, Lima; Arq. Oscar Alvarez Bermeo, Sub-coordinador, Comisión Organizadora, Lima;

(El acta fue tambien firmada por un distinguido grupo de invitados y por representantes de los estudiantes de todas las facultades de arquitectura en el Perú).

BIBLIOGRAFIA

Se han recopilado todas las citas bibliográficas de los trabajos incluidos en este libro y se han añadido algunas publicaciones que fueron utilizadas por el editor como guia para identificar material histórico relevante al propósito de esta obra.

Algunas de las citas no están completas, de acuerdo con normas contemporáneas referentes a citas bibliográficas, pero se han incluído en la misma forma en que fueron publicadas originalmente.

Los artículos incluidos en este libro están marcados con un asterisco(*)

Esta bibliografia puede ser útil a aquellos lectores que esten interesados en entender cuáles fueron los parametros teóricos que difinieron la obra de los autores.

Aguilera, Javier (1992). *Comentario sobre la versión inicial del documento Las Siete Villas de Velázquez*, (Carta al autor) Madrid.

Aguirre, Sergio (1974). *Eco de Caminos*, La Habana, Editorial de Ciencias Sociales.

Alvarez Tavío y Longa, Fernando *(Sin fecha)*. *Arquitectura Colonial Cubana del Siglo XIX*, trabajo presentado en la Universidad Católica Santo Tomás de Villanueva, La Habana.

Ancell, Carlos F. (1941). Un esquema de la Pintura Cubana. Revista *Arquitectura*, febrero.

Arroyo, Anita (1943). *Las Artes Industriales en Cuba*. La Habana.

Artiles, Jenaro (1946). *La Habana de Velázquez*, La Habana, Municipio de La Habana.

Baquero, Gastón. *La mítica ciudad de La Habana*, publicado en *Enciclopedia de Cuba*.

Barrios, Bernardo, G. (1924). *Origen y Desarrollo de la Pintura en Cuba*. Anales de la Academia Nacional de Artes y Letras. Tomo VIII, Nos. 1-4 enero-diciembre.
(1928). La Caricatura Comtemporanea. *Evolución de la Cultura Cubana. Las Bellas Artes en Cuba*. Vol. XVIII, 1928.

Bastan Lacaza, Carlos (1985). *Viejos Planos de la Habana Vieja en La Habana Vieja, Mapas y Planos en los Archivos de España*. PEACE Ministerio de Asuntos Exteriores de España, Dirección General de Relaciones Culturales, Instituto de Cooperación Iberoamericana, Madrid, España. (páginas 17-20)
(1992). *Comentarios sobre la versión inicial del documento Las Siete Villas de Velázquez* (Carta al Autor) Madrid.

Batista, Eugenio (1948). *Educación Arquitectónica*, inédita.

Bay Sevilla, Luis (1937). Las Murallas de la Habana. Revista Arquitectura, enero-febrero 1940.
(1940). Pintura Retrospectiva Cubana. Revista *Arquitectura*, enero-febrero 1940.

*Bens Arrarte, José María (1942). La Habana del Siglo XVI y su admirable evolución rural y urbana en *Arquitectura*, La Habana, octubre, 1942 (pp.383-387, 409-410)
(1935). Arquitectura Colonial. Revista *Arquitectura*, diciembre.

*Bens Arrarte, José María (1948). Apuntes sobre La Habana del Siglo XVIII, en *Arquitectura*, Número 260 páginas 190-193. La Habana.

*Bens Arrarte, José María. (1945). Estudio Sobre La Habana del Siglo XVII, en *Arquitectura*, Números 148-149. Páginas 376-380. La Habana.

*Bens Arrarte, José María (1956). El Malecón de La Habana, Su Reconstrucción Actual. Datos Históricos. El Primer Proyecto hecho en 1901, en *Arquitectura*, Número 262 páginas 34-38. Arquitectura Colonial. Revista Arquitectura, diciembre.

*Bens Arrarte, José María (1955)). Los Avances Urbanísticos de La Habana, en *Arquitectura*, Número 261, páginas 188-197, La Habana.

*Bens Arrarte, José María (1954). Urbanismo y Arquitectura: La Habana Colonial Durante el Siglo XIX, y Principios del Siglo XX en *Arquitectura*, Número 260 páginas 486-504.

Betancourt, L.V. (1929). *Artículos de Costumbres*. Colección de Libros Cubanos, La Habana.

Bosch, Juan (1987). *Cuba, la Isla Fascinante*, Santiago de Chile, Editorial Universitaria S.A.

Brown Castillo, Gerardo (1952). *Cuba Colonial*, La Habana, Jesús Montero, Editor.

Calcagno, Francisco (1878). *Diccionario Biográfico Cubano*, New York.

Calzada, Andrés (1933). *Historia de la Arquitectura Española. Barcelona Labor.*

Camnitzer, Luis (1994). *New Art of Cuba*, Austin, University of Texas Press.

Carnoy Martin y Jorge Werthein (1980). *Cuba: cambio económico y reforma educativa (1955-1978)*, México, Editorial Nueva Imagen. (1970).

Carpentier, Alejo (1970). *La Ciudad de las Columnas*, Barcelona, Editorial Lumen.

Carrera, Justiz, Francisco (Sin Fecha). *Las Instituciones Locales de Cuba.*

Castellanos, Jorge e Isabel (1988). *Cultura Afrocubana*, Miami, Ediciones Universal.

Castillo Meléndez, Francisco (1987). *La Defensa de la Isla de Cuba en la Segunda Mitad del Siglo XVII*, Sevilla, Publicaciónes de la Excma. Diputación Provincial de Sevilla.

Chacón y Calvo, J.M. (1937). Cartas Censoras de la Conquista. *Revista Cubana*, diciembre 1933.

_____. (1933). Ideario de la Colonización de Cuba en *Revista Bimestre Cubana*, julio-octubre, Vol. XXXII Nos. 1-2.

Colección de Documentos Inéditos Relativos al Descubrimiento, Conquista y Organización de las Antiguas Posesiones Españolas de Ultramar, Serie 2. (17 Volúmenes) Madrid, 1885 - 1925. España.

Chateloin, Felicia (1989). *La Habana de Tacón*, La Habana, Editorial Letras Cubanas.

Consejo de la Hispanidad (1943). *Recopilación de Leyes de los Reinos de las Indias.* (3 Volúmenes) Madrid, España. (Publicada originalmente en 1791).

Cuba: estilo de desarrollo y políticas sociales (1980). México, Siglo Veintiuno.

de Armas, Ramón Eduardo Torres-Cuevas y Ana Cairo Ballester (1984). *Historia de la Universidad de La Habana: 1728-1929*, La Habana, Editorial de Ciencias Sociales. Rodríguez Piña, Javier (1988). *Cuba, México, Alianza* Editorial Mexicana.

de Castro, Martha (1940). *El Arte en Cuba*, Miami, Ediciones Universal.

*de Castro, Martha (1948). El Arte Cubano Colonial, en *Revista de la Universidad de La Habana*. Primera parte en volumen 25, números 76-81, páginas 257-276. Segunda Parte, volumen 26 (1949). Números 82-87, páginas 49-86. La Habana.

*de Castro, Martha (1943). Plazas y Paseos de la Habana Colonial en *Arquitectura*, 115, páginas 62-70. La Habana.

de Andueza, J. M. (1841). *Isla de Cuba Pintoresca, Histórica, Política, Literaria, Mercantil e Industrial. Recuerdo, Apuntes, Impresiones de Dos Epocas*, Madrid, Boix.

de Arrate, José María Félix (sin fecha). *Llave del Nuevo Mundo, Antemural de las Indias Occidentales. La Habana descripta: Noticias de su fundación, aumento y estado.* Habana. Imprenta de las Vdas. de Arazoza y Soler.

de Castro, Martha (1940). *Contribución al estudio de la Arquitectura Cubana: Algunas Ideas Acerca de Nuestro Barroco Colonial.* La Habana.
(1942). *Un ensayo de aplicación de la teoría de Wölfflin a la Arquitectura Colonial Cubana.* Habana.

de Soto, Luis (1927). *La Escultura en Cuba*, La Habana.
(1929). *The Main Currents in Cuban Architecture*, tesis presentada para el grado de "Master of Arts", Columbia University.

de Las Casas, Bartolomé (1951). *Historia de las Indias* Edición de Millares Carlo y estudio preliminar de Lewis Hanke. (3 volúmenes) Fondo de Cultura Económica, México D. F. México.

de la Torre, José M. (1857). *Lo que fuimos y lo que somos, o La Habana Antigua y Moderna*. Habana.

Deive, Carlos Esteban (1989). *Las Emigraciones Dominicanas a Cuba* (1795-1808), Santo Domingo, Fundación Cultural Dominicana.

Del Pulgar, Hernando (1878). *Crónica de los Reyes Católicos*. Biblioteca Autónoma Española, Madrid, España.

Documentos Inéditos relativos al Descubrimiento, Conquista y Colonización de las Posesiones Españolas en América y Oceanía, sacados en su mayor parte del Real Archivo de Indias. 1864-1884, (42 volúmenes) Madrid, España

Enciclopedia de Cuba (1974). San Juan y Madrid, Editorial Enciclopedia y Clásicos Cubanos.

Esténger, Rafael (1974). *Sincera Historia de Cuba*, Medellín, Editorial Bedout.

Estudios Históricos Americanos (1953). México, El Colegio de México.

Exposición de Cartografía y Urbanismo (1942). Cincuentenario del Descubrimiento de América. Fotografías y Grabados Antiguos de Cuba. La Habana, octubre.

Fernández de Castro, José Antonio (1923). *Medio Siglo de Historia Colonial en Cuba*. Habana. R. Veloso.

Fernandez de Oviedo y Valdés, Gonzalo (1526). *Sumario de la Natural y General Historia de las Indias*, Toledo, España (Re-impreso en 1959), Madrid, España.

*Fernández y Simón, Abel (1955). Evolución Urbana de la Ciudad de La Habana durante su Epoca Colonial en Ingeniería Civil, Volúmen 6, páginas 429-452, La Habana.

*Fernández y Simón, Abel (1956). Los distintos Tipos de Urbanizaciones que fueron Establecidas en la Ciudad de La Habana durante su Epoca colonial, en Ingeniería, Volúmen VII, número 8, páginas 559-629. La Habana.

*Fernández y Simón, Abel, (1957). Las Fuentes de las Plazas, Parques y Paseos P•úblicos de La Habana Colonial, en *Arquitectura*, páginas 36-46, La Habana.

Fleming, John, Hugh Honour, Nikolaus Pevsner (1980). *Dictionary of Architecture*, Londres, Penguin.

Garay Unibaso, Francisco (sin fecha). *Correos Marítimos Españoles*, Bilbao, Editorial Mensajero.

García Alvarez, Alejandro (1990). *La Gran Burguesía Comercial en Cuba 1899-1920*, La Habana, Editorial de Ciencias Sociales.

García de Coronado, Domitila (1888). *Cementerio de la Habana. Apuntes históricos de su fundación*. Habana. La Propaganda Literaria.

García del Pino, César y Alicia Melis Cappa (1988). *Documentos para la historia de Cuba,* La Habana, Editorial de Ciencias Sociales.

Giménez Lanier, J. y Maza y Santos, A. (1946). La Restauración de la Parroquia Mayor de San Juan Bautista de Remedios. Revista *Arquitectura.* Abril.

Gonzalez del Valle, Francisco (1952). *La Habana en 1841. Obra Póstuma Ordenada y Revisada por Raquel Catalá.* Oficina del Historiador de la Habana. Colección Histórica Cubana y Américana. La Habana.

Graetz, Rick (1990). *Cuba: The Land, The People,* Helena, American Geographic Publishing.

Güel, Conde de (1923). *La Sculture Polychrome religieuse espagnole.* París.

Guerra, Ramiro (1952). José M. Pérez Cabrera, Juan J. Remos, Emeterio S. Santovenia, (1952). *Historia de la Nación Cubana,* La Habana, Editorial Historia de la Nación Cubana.
(1971). *Manual de Historia de Cuba,* La Habana, Editorial de Ciencias Sociales.
(1974). *Mudos Testigos,* La Habana, Editorial de Ciencias Sociales.
(1974). *En el camino de la independencia,* La Habana, Editorial de Ciencias Sociales.

Guillermo, Jorge (1992). *Cuba: Five Hundred Years of Image,* Amsterdam, Thoth Publishers.

Hazard, Samuel (1871). *Cuba with Pen and Pencil,* Hartford, Hartford Publishing Company.

Herrera López, Pedro A. (1976). *El Castillo de La Fuerza,* La Habana, Archivo del C. N. C. R. M.

(1986). *Historia de Cuba,* La Habana, Editorial de Ciencias Sociales.

Huerta Martínez, Angel (1992). *La Enseñanza Primaria en Cuba en el Siglo XIX (1812-1868),* Sevilla, Publicaciones de la Excma. Diputación Provincial de Sevilla.

Jensen, Larry R. (1988). *Children of Colonial Despotism: Press, Politics, and Culture in Cuba, 1790-1840.* Tampa, University of South Florida Press.

Jiménez Pastrana, Juan (1983). *Los Chinos en la Historia de Cuba: 1847-1930,* La Habana, Editorial de Ciencias Sociales.

Kostof, Spiro (1985). *A History of Architecture,* New York, Oxford University Press.

Kuethe, Allan J. (1986). *Cuba, 1753-1815,* Knoxville, The University of Tennessee.

Le Riverend, Julio Brusone (1992). *La Habana,* Madrid, Editorial Mapfre.

Le Riverend, Julio (1974). *Historia Económica de Cuba,* La Habana, Ministerio de Educación.

Leal Spengler, Eusebio (1988). *La Habana, ciudad antigua*, La Habana, Editorial Letras Cubanas.

Lebroc Martínez, Reinerio (1985). *Episcopologio*, Miami, Ediciones Hispamerican.

Levine, Robert M. (1990). *Cuba in the 1850s*, Tampa, University of South Florida Press.

Lezcano Abella, Mario, Vicente de Escobar y Florez (1942). Víctor Patricio de Landaluze. Revista *Arquitectura*, Mayo-junio.

Loy, Ramón, (1940). *Tres Siglos de Pintura en Cuba*. Periódico *El Mundo* La Habana, abril 14.

Luciano Franco, José (1974). *Ensayos Históricos*, La Habana, Editorial de Ciencias Sociales.

Luzón, José Luis (1987). *Economía, Población y Territorio en Cuba (1899-1983)*, Madrid, Ediciones Cultura Hispánica del Instituto de Cooperación Iberoamericana.

Madden, Richard R. (1964). *La Isla de Cuba*, La Habana, Editorial del Consejo Nacional de Cultura.

Maluquer de Motes, Jordi (1992). *Nación e Inmigración: los españoles en Cuba* (ss. XIX y XX), Barcelona, Ediciones Jucar.

Mañach, Jorge (1924). *La Pintura en Cuba*. Desde Sus orígenes a 1900. Revista Cuba Contemporanea, Tomo XXXVI.
(1928). *Evolución de la Cultura Cubana*, Vol. XVIII. Las Bellas Artes en Cuba.

Marrero, Leví (1972). *Cuba: Economía y Sociedad*. (15 volúmenes) Editorial Playor, S.A. Madrid, España.

Marrero, Leví (1981). *Geografía de Cuba*, Miami, La Moderna Poesía.

Martínez y Martínez, Enrique (1955). El Cementerio Cristobal Colón, en Arquitectura, Número 261, páginas 341-347. La Habana.

*Martínez Inclán, Pedro, (1925) *La Habana Actual. Estudios de la Capital de Cuba, desde el punto de vista de la Arquitectura de Ciudades*. P. Fernández y Cia. La Habana.

Martínez Inclán, Pedro (1929). *Una Investigación Arqueológica Interesante*, conferencia en la Sección de Arquitectura, Academia de Artes y Letras, La Habana abril 7.

*Martínez Inclán, Pedro (1948). "Código de Urbanismo, Carta de Atenas, Carta de La Habana" en *Arquitectura*, Número 152, páginas 287-293.

Masó, Calixto (1976). *Historia de Cuba*, Miami, Ediciones Universal.

Massip, Salvador (1948). *Factores Geográficos de la Cubanidad*. La Habana, Cuba.

Mendoza Zeledón, Carlos (1943). *Los Primeros Constructores de la Villa de la Habana, Revista Arquitectura*, febrero, (1943). Año XI, No 115; marzo 1943, Año XI, No. 116; abril, Año XI, No. 117.

Mesa, Roberto (1990). *El colonialismo español en la crisis del XIX español*, Madrid, Ediciones de Cultura Hispánica.

Mesa-Lago, Carmelo (1985). *La Economía en Cuba Socialista*, Madrid, Editorial Playor.

*Montoulieu y de la Torre, Enrique J. (1953). El Crecimiento de La Habana y su Regularización de *Ingeniería Civil*, Volumen 4, páginas 567-588. La Habana.

Morales, Vidal (1969). *Curso de Historia de Cuba*, Miami, Lorié.

Moreno Fraginals, Manuel (1987). *El Ingenio*, La Habana, Editorial de Ciencias Sociales.

Moreno Fraginals, Manuel R. y José J. Moreno Masó (1993). *Guerra, emigración y muerte: el ejército español en Cuba como vía migratoria*, Barcelona, Ediciones Jucar.

Morison, Samuel Eliot (1945). *El Almirante del Mar Océano, La Vida de Cristobal Colón*, (Traducción al Español por Luis A. Arocena). Buenos Aires, Argentina.

Norberg, Schulz, Christian (1982). *Genius Loci: Toward a Phenomenology of Architecture*, Rizzoli, New York, New York.

Palm, Erwin, Walter (1984). *Los Monumentos Arquitectónicos de la Española*. Editora de Santo Domingo, Santo Domingo, República Dominicana.

Patronato Restaurador de la Iglesia de Santa María del Rosario (1942). *La Iglesia de Santa María del Rosario* La Habana.

Pedro Deschamps Chapeaux (1971). *El negro en la economía habanera del siglo XIX*, La Habana, Editorial de Ciencias Sociales.

Perez Beato, Manuel (1936). *Ingenieros Cubanos, Siglos XVI, XVII y XVIII*, Habana.
(1938). *Los Castillos de la Chorrera y de Cojimar.* Revista de Arqueología. Noviembre, año 1, No. 2.
(1936). *Habana antigua; apuntes históricos*, La Habana, Seoane, Fernández.
(1941). *Ingenieros de Cuba*, La Habana.

Pérez Cabrera, José Manuel (1962). *Historiografía de Cuba*, México, Instituto Panamericano de Geografía e Historia.

Pérez-Cisneros, Enrique (1987). *La abolición de la esclavitud en Cuba*, San José.

Peyre, (Sin fecha) *Historia des Beaux Arts*, París, Frace.

Pichardo, Esteban (1985). *Diccionario provincial casi razonado de voces y frases cubanas*, La Habana, Editorial de Ciencias Sociales.

Pino Santos, Oscar (1983). *Cuba: Historia y Economía*, La Habana, Editorial de Ciencias Sociales.

Portell-Vilá, Herminio (1986). *Nueva Historia de la República de Cuba*, Miami, La Moderna Poesía.

Pratt y Puig, Francisco (1943). *Las imágenes de Santa María del Rosario*, Diario de La Marina, Suplemento Literario. Abril 9.

Pruna Goodgall, Pedro M. (1991). *Los Jesuitas en Cuba hasta 1767*, La Habana, Editorial de Ciencias Sociales.

Quintana, Nicolás (1974). *Evolución Histórica de la Arquitectura en Cuba*, publicado en *Enciclopedia de Cuba*.

Ramírez, Serafin (1891). *La Habana Artística*, La Habana.

Ramos, Domingo (1941). Tres maestros del Paisaje: E. Chartrand, V. Sanz Carta y A. Rodriguez Morey. *Anales de la Academia Nacional de Artes y Letras*. Tomo XII, Año XXVI, julio, 1940, septiembre.

Ramos, Marcos Antonio (1986). *Panorama del Protestantismo en Cuba*, San José y Miami, Editorial Caribe.

Revista Geográfica Española, Presencia de España en Cuba, Madrid.

Ribeiro, Darcy (1992). *Las Américas y la Civilización*, La Habana, Ediciones Casa de las Américas.

Rodríguez Demorizi, Emilio (1878). *El Pleito Ovando-Tapia: Comienzos del Urbanismo en América*. Editora del Caribe, Santo Domingo, Republica Dominicana.

Rodríguez, Eduardo Luis (1990). *"Ideas y Realizaciones en la Arquitectura Residencial del Movimiento Moderno en Cuba"*.

Roig de Leuchsenring, Emilio (1963). *La Habana, Cuba: Apuntes históricos*, La Habana, Editora del Consejo Nacional de Cultura.

Roig de Leuchsenring, Emilio (1965). *Historia de la Habana, Actas Capitulares*. La Habana Cuba.

Roldán de Montaud, Inés (1990). *La Hacienda en Cuba durante la Guerra de los Diez Años (1868-1878)*, Madrid, Instituto de Cooperación Iberoamericana.

Romero y Romero, Catalina (1989). *Fundaciones Españolas en América: Una Sucesión Cronológica en La Ciudad Hispanoamericana, El Sueño de un Orden*, Secretaría General Técnica. Centro de Estudios Históricos de Obras Públicas y Urbanismo, Madrid, España.

Rosain, Domingo (1875). *Necrópolis de La Habana*. La Habana.

Rossi, Aldo (1982). *La Arquitectura de la Ciudad*. Gustavo Gili, S.A. Barcelona, España.

Salas y Quiroga, Jacinto (1964). *Viajes*, La Habana, Editora del Consejo Nacional de Cultura.

Sánchez Agusti, María (1984). *Edificios Públicos de La Habana en el siglo XVIII*, Valladolid, Universidad de Valladolid.

Sánchez de Fuentes, Eugenio (1916). *Cuba Monumental Estatuaria y Epigráfica*. La Habana.

Santa Cruz, Mercedes (1981). *La Habana*, Madrid.

Santovenia, Emiterio S. (1935). El Destino Histórico de La Habana Antigua. *Revista de la Universidad de La Habana*, Año 11, Número 8-9, páginas 57-65. La Habana.

Sapieha, Nicolás (1990). *Old Havana, Cuba*, Londres, Tauris Parke Books.

Segre, Roberto (1969). *Diez Años de Arquitectura en Cuba*, La Habana, Ediciones de la Revista *Unión*.

Segre, Roberto (1983). *La Arquitectura en Cuba, un Panorama de la Cultura Cubana*, La Habana, Editora Política.

Sehwerert Ferrer, Arnaldo (sin fecha). *Camagüey la ciudad legendaria*, trabajo presentado al VI Congreso Histórico Municipal Interamericano.

Simon and Schuster's Pocket Guide to Architecture (1980). New York, Simon and Schuster.

Stanislawski, Dan (1947). Early Spanish Town Planning in the New World, en *Geographical Review* Vol 37, (pp 94 -105)

Stubbs, Jean (1989). *Tabaco en la Periferia*, La Habana, Editorial de Ciencias Sociales.

Tabío y Estrella Rey, Ernesto E. (1979). *Prehistoria de Cuba*, La Habana, Editorial de Ciencias Sociales.

Thomas, Hugh (1971). *Cuba: The Pursuit of Freedom*, Harper and Row.

Torrents, Nissa (1989). *La Habana*, Barcelona, Ediciones Destino.

Torres Cuevas, Eduardo (1986). *Esclavitud y Sociedad*, La Habana, Editorial de Ciencias Sociales.

Toussaint, Manuel (1956). *Información de Méritos y Servicios de Alonso Garcia Bravo, Alarife que trazó la Ciudad de México*. Fondo de Cultura Económica. Ciudad México, México.

Universidad de la Habana (1940). *300 Años de Arte en Cuba*. Catálogo de la Exposición de la Universidad de La Habana. La Habana.

Villaverde, Cirilo (1941). *Cecilia Valdés o la Loma del Angel*. La Habana.

*Weis y Sanchez, Joaquín (1942). Arquitectura y Democracia en *Anales de la Academia Nacional de Artes y Letras*, páginas 52-96. contestación por Pedro Martínez Inclán páginas 97-126.

Weiss, Joaquín (1979). *La Arquitectura Colonial Cubana* (3 Vols) Editorial Letras Cubanas La Habana, Cuba.
(1936). *La Casa de Ayer y de Hoy. Revista Arquitectura*. Junio.

Wood, Yolanda (1990). *De la Plástica Cubana y Caribeña*, La Habana, Editorial Letras Cubanas.

Wright, Irene A. (1927). *Historia Documentada de San Cristóbal de la Habana en el Siglo XVI* (2 Vols.) Academia de la Historia de Cuba, La Habana, Cuba.

Zanetti Lecuona, Oscar y Alejandro García Alvarez (1987). *Caminos para el Azúcar*, La Habana, Editorial de Ciencias Sociales.

LISTA DE ILUSTRACIONES Y SUS FUENTES

Las fotos incluidas en este libro fueron obtenidas de la Biblioteca del Congreso (Library of Congress) en Washington, D.C., Division of Prints and Photographs". Los mapas y gráficos provienen de otras fuentes, como se indica en cada caso.

Capítulo I. Cinco Siglos de Historia: Arquitectura y Urbanismo en Cuba.

Capitulo II. Las Siete Villas de Velázquez en la etapa inicial de la urbanización de Hispano América.

Todos los planos incluidos en este capítulo fueron reproducidos de publicaciones de la Dirección General de Bellas Artes y Archivo, Centro de Estudio Históricos, Madrid, España.

Capítulo III. La Habana: De Aldea a Ciudad Amurallada.

Capítulo IV. Las Bases de La Habana Metropolitana.

Capítulo V. Arquitectura, Arte y Urbanismo.

Capítulo VI. El Contexto Cultural de la Arquitectura Cubana.

Capítulo VII. Imágenes del futuro: Arquitectura y Urbanismo.

LISTA DE AUTORES

Felipe J. Préstamo. Es el editor y autor de dos artículos incluidos en este libro. Obtuvo el título de Arquitecto en la Universidad de La Habana en 1954. Se especializó en Vivienda y Planeamiento en el Centro de Vivienda y Planeamiento (CINVA) en la Universidad Nacional de Colombia, Bogotá, 1955. Tiene un grado de Maestría en Planificación del Massachusetts Institute of Technology, Cambridge, Massachusetts, 1965 y además ostenta un grado de Doctor en Educación de la Universidad de la Florida, Gainesville, en 1990.

Ha ejercido en su especialidad de Planificación Urbana en Cuba, Panamá, Colombia, Venezuela y Ecuador. En Estados Unidos fue "Principal Planner" en el Departamento de Planificación Urbana, para el "Comprehensive Plan" de Dade County y para el "Trasnportation Plan" del Condado. En el campo docente ha sido Profesor en la Universidad Nacional de Colombia, Bogotá y es profesor de Arquitectura en la University of Miami desde 1969. Es autor de diversos artículos publicados en Inglaterra, Portugal, México, Perú y Estados Unidos. Su interés académico es la Arquitectura de la ciudad.

Marcos Antonio Ramos. Es Profesor de Historia de la Iglesia y Estudios Latinoamericanos en South Florida Center for Theological Studies, institución en la cual se ha desempeñado también como Decano Académico. Con anterioridad ocupó cargos docentes en el Miami Christian College, New Orleans Baptist Theological Seminary, etc.. Después de recibir su formación como docente en Cuba, obtuvo un diploma de estudios pastorales de los seminarios bautistas en Estados Unidos. Se graduó en Teología del Seminario Bíblico Latinoamericano de San José, Costa Rica (adscrito a la Escuela Ecuménica de Ciencias de la Religión de la UNCR) y de Periodismo en London School of Journalism. Se le han conferido además los grados de Doctor en Historia (PWU) y Doctor en Letras (Mercy College) y grados honoríficos en Religión. El Dr. Ramos es autor de siete libros publicados, entre los cuales se encuentran textos de historia de Cuba, especialidades a las que ha dedicado su carrera académica. Ha obtenido varios galardones literarios y periodísticos y es miembro de número de la Academia Norteamericana Correspondiente de la Real Academia Española. Sus columnas son publicadas por *El Nuevo Herald* de Miami y por varios diarios hispanoamericanos. El escribió el ensayo *Cinco Siglos de Historia: Arquitectura y Urbanismo en Cuba*, especialmente para este libro.

José María Bens Arrarte. Obtuvo el título de Arquitecto en la Universidad de La Habana en 1914. Estudió en la Ecole Nationale Superiure des Beaux Arts in París desde 1922 hasta 1926 cuando completa la tesis de grado (Un Palacio de Justicia para La Habana) y es aceptado en la Societé des Architects Diplomés pour le Government Francais. Bens Arrarte fue el Primer Arquitecto Proyectista del Capitolio Nacional, donde diseñó diversos salones. Viajó extensamente por Europa y escribió artículos sobre Historia de la Arquitectura en Cuba. Fue uno de los más activos miembros del Colegio de Arquitectos de Cuba y de otras sociedades culturales. Trabajó por muchos años en el Departamento de Urbanismo de la Ciudad de La Habana.

Martha de Castro y de Cárdenas (1912-1979). Graduada de Doctora en Pedagogía, Universidad de La Habana, 1939, y Doctora en Filosofía y Letras en 1940. Obtuvo un Master of Arts, en Columbia University en 1942. Fue profesora de Historia del Arte en University of Kansas, Lawrence, Kansas, University of Wisconsin, Madison Wisconsin, University of New Mexico, University of Nebraska and University of Miami.

Fue autora de numerosos artículos y participó activamente en el desarrollo de instituciones culturales en Cuba.

Abel Fernández y Simón. Se gradúo de Arquitecto y de Ingeniero Civil en la Universidad de La Habana. Escribió un gran número de artículos sobre aspectos históricos del Urbanismo en Cuba. También se interesó en los problemas del abastecimiento de agua a la Ciudad de La Habana. Fernández y Simón fue Sub-director del acueducto de La Habana y desempeñó otros cargos de importancia profesional.

Pedro Martínez Inclán (1883-1957). Se graduó de Arquitecto en la Universidad de La Habana en 1910. Ejerció como Arquitecto solo y en cooperación con otros destacados profesionales cubanos. Fue Jefe de la Sección de Arquitectura y Urbanismo del Municipio de La Habana y Profesor Titular de la Cátedra de Arquitectura de Ciudades, Parques y Jardines. Fue autor de innumerables artículos publicados en Cuba y en el exterior. Propuso legislación a nivel nacional y municipal en Urbanismo y Vivienda Popular.

Enrique Martínez y Martínez. Graduado de Arquitecto de la Universidad de La Habana, practicó la profesión en varias firmas profesionales. Fue designado Director Facultativo del Cementerio Colón por el Obispado de La Habana en 1914. Guió el desarrollo y preservación del Cementerio hasta su retiro.

Enrique J. Montoulieu y de la Torre. (1879-1951). Sé graduó de Ingeniero Civil de "Harvard University", Cambridge, Massachusetts en 1904. Fue Ingeniero Jefe de la Dirección del Acueducto de La Habana. Desarrolló numerosos proyectos para ampliar y mejorar el abastecimiento de agua a La Habana. Participó activamente en asociaciones profesionales en Cuba y en Estados Unidos y fue uno de los pioneros en tratar de solucionar la dotación de servicios de agua a la Ciudad. Estuvo siempre preocupado con la integración de su especialidad como ingeniero con el arte y ciencia del Urbanismo.

Emeterio S. Santovenia y Echaide. (1889-1952). Doctor en Derecho Civil, Universidad de La Habana en 1920. Fue autor de innumerables artículos y libros sobre Historia de Cuba. Fue Senador de la República en 1940 y en 1944, ocupó el cargo de Ministro de Estado (1943-1944). Fue Presidente del Banco de Fomento Agrícola e Industrial de Cuba, 1952-1958. Participó activamente en diversas instituciones culturales de carácter nacional e internacional.

Joaquin E. Weiss. Recibió el título de Arquitecto de Cornell University, en 1916. Ejerció en Estados Unidos por dos años y después practicó arquitectura creando su firma con el arquitecto Carlos Maruri. Diseñó la Biblioteca de la Universidad de La Habana. Fue profesor titular de Historia de la Arquitectura en la Universidad de La Habana desde 1930 hasta su retiro. Escribió numerosos artículos y libros. Su *Resumen de la Historia de la Arquitectura* es considerado un valioso texto y su *Arquitectura Colonial Cubana* en tres volumenes es la referencia básica en este campo.

COLECCIÓN CUBA Y SUS JUECES
(libros de historia y política publicados por EDICIONES UNIVERSAL):